Herbert Stoyan

# LISP — Anwendungsgebiete, Grundbegriffe, Geschichte

# LISP – ANWENDUNGSGEBIETE, GRUNDBEGRIFFE, GESCHICHTE

von

Dr. HERBERT STOYAN

Technische Universität Dresden

*Mit 26 Abbildungen*

AKADEMIE-VERLAG · BERLIN · 1980

Erschienen im Akademie-Verlag, DDR-1080 Berlin, Leipziger Str. 3—4
Lektor: Dipl.-Math. Gesine Reiher

Lizenznummer: 202 · 100/549/80
Gesamtherstellung: VEB Druckerei „Thomas Müntzer", 5820 Bad Langensalza
Umschlaggestaltung: Rolf Kunze
Bestellnummer: 762 759 9 (6315) · LSV 1085
Printed in GDR
DDR 60,— M

# Vorwort

Elektronische Rechenanlagen sind im Laufe ihrer Entwicklung für immer neue Anwendungsgebiete verwendet worden. Wenn man diesen Prozeß ein wenig vergröbert darstellt, gewinnt man etwa folgendes Bild:

Zunächst dienten die neuen Maschinen hauptsächlich als Rechner: Sie konnten die umfänglichen Rechenarbeiten bei mathematischen Verfahren erledigen, die auch größere Gruppen menschlicher Rechner allein vom Ausmaß der auszuführenden Rechenschritte her überfordert hätten. So wurden neue Dimensionen der Anwendung der numerischen Mathematik erschlossen: Gleichungen ungeahnter Kompliziertheit, Gleichungssysteme vorher nicht gekannten Umfanges und Näherungsverfahren mit höchstem Rechenaufwand konnten betrachtet, angegangen und gelöst werden. Die Entwicklung schreitet hier immer noch fort.

Später dann übernahmen die Rechner Aufgaben der Massendatenverarbeitung. Die Ausrüstung mit Druckern, Kartenperipherie und Magnetbandgeräten erlaubten die Ablösung der herkömmlichen Buchungs-, Lohnrechen-, Zähl- und Sortiermaschinen. Das Aufkommen von großen Direktzugriffs-Massenspeichern, Terminals und Display an vom Rechner entfernten Plätzen machten den Aufbau von Datenbanken, Auskunftssystemen und ähnlichem möglich. Die Rechenmaschinen werden nun elektronische Datenverarbeitungsanlagen (EDVA) genannt und greifen immer mehr ins tägliche Leben jedes Menschen ein.

Ist die Brauchbarkeit der Rechner für numerische Probleme hauptsächlich durch ihre Operationsgeschwindigkeit gesichert, so ist ihre Datenverarbeitungskapazität wesentlich durch ihre Peripherie und die Fähigkeit der Zentraleinheit zur Koordination der Arbeit mit jener bestimmt. Es gibt üblicherweise einen recht deutlichen Trennungsstrich zwischen den sogenannten wissenschaftlichen Aufgaben und der Datenverarbeitung: Diese erfordert wenig interne Rechnung, aber viel Arbeit mit externen Geräten, jene dagegen beruht praktisch ausschließlich auf interner Arbeit.

Neben diesen Hauptanwendungsgebieten entstanden weitere, wie etwa die Prozeßrechentechnik und die nichtnumerische Informationsverarbeitung. Der letztere Zweig expandiert seit über 15 Jahren rapide und stellt an beide Rechnerressourcen weitgehend gleichgewichtige Anforderungen. Obwohl man mit einigem Recht auch die Massendatenverarbeitung wegen ihrer wesentlich nicht numerischen Aufgabenstellung unter diesem Oberbegriff erfassen kann, drückt sich die Spezifik dieses Anwendungsgebietes besser in den Teilbereichen aus, die heute als „künstliche Intelligenz" oder Symbolverarbeitung bezeichnet werden.

Diese Gebiete zeichnen sich dadurch aus, daß gewöhnlich komplexe Informationsströme zwischen einem menschlichen Anwender, Benutzer oder Programmierer und der Maschine, bzw. zwischen Fernsehkameras, Manipulatoren und der Maschine (dem „Elektronengehirn") ausgetauscht werden. Die Rechenanlage verfügt auf externen Datenspeichern über Dateien, die Wissen über die Welt oder den Problembereich beinhalten und zur Lösung diffiziler Teilprobleme zu Hilfe geholt werden. Für dieses Anwendungsgebiet stehen beispielhaft Begriffe wie Formelmanipulation, Bilderkennung, Wissenssysteme und Robotersteuerung.

Für die Wissenschaft als Methode der menschlichen Welterkenntnis ist das Werkzeug Sprache wesentlich, weil der Mensch ein soziales Wesen ist und kommunizierend seine Umwelt begreift. Während es oft als übertrieben erscheint, Begriffssysteme einer wissenschaftlichen Spezialdisziplin als „Fachsprache" zu bezeichnen, so nehmen die Sprachen innerhalb der Informatik einen ganz neuartigen Platz ein. Die Programmiersprachen haben sich als zentrales Moment der Fortentwicklung erwiesen. Nicht zufällig konzentrieren sich die Diskussionen über Programmierstile, -methodiken und -technologie um die Frage der Angemessenheit von Sprachen und ihren Elementen.

Von dieser Feststellung ausgehend, deren eingehende Analyse allein eine ganze Monographie erforderte, läßt sich leicht ableiten, welche charakterisierende Funktion die Programmiersprache für ein mit ihr verbundenes Rechneranwendungsgebiet hat.

Das vorliegende Buch hat die Absicht, die für die künstliche Intelligenz so wesentliche und im Grunde genommen zentrale Programmiersprache LISP umfassend darzustellen. Dies geschieht weniger in der Form einer regelrechten Einführung in die Programmierung mit LISP, oder als Sprachreport, sondern in einer Darstellung der Anwendungsgebiete, der Grundbegriffe und ihrer Entwurfs- bzw. Anwendungsgeschichte. Anliegen ist es, das Interesse an LISP und der künstlichen Intelligenz zu wecken, die Funktion der Programmiersprache für die Entwicklung des von ihr abgedeckten Anwendungsbereiches durch scheinen zu lassen und die Programmiersprache von dem trockenen Verständnis als Menge von Zeichen, als Tupel von Alphabet, Grammatik und formulierter Semantik (welches aber durchaus vernünftige Zwecke verfolgen kann) abzuheben.

Eine Programmiersprache ist immer hauptsächlich ein menschliches Kommunikationsmittel. Dies ist die Hauptthese des vorliegenden Buches.

Eine wesentliche Facette der mit einer Programmiersprache verknüpften Problemvielfalt mußte ausgelassen werden: die Implementierung. Ursprünglich sollte ein weiteres Kapitel über LISP-Implementation aufgenommen werden. Jedoch hat sich allein das Problem der Speicherverwaltung als derartig komplex herausgestellt, daß die zu erwartenden weiteren 500 Manuskriptseiten die Harmonie der gesamten Darstellung mehr belastet als gewährleistet hätten.

Eine umfassende Darstellung wie das vorliegende Buch kann unmöglich im Alleingang zusammengestellt werden. Viele Möglichkeiten internationaler Kooperation konnten dazu ausgenutzt werden. Aus diesem Grund ist die Aufzählung der Freunde, Helfer und Berater, die das Projekt zu einem hoffentlich glücklichen Abschluß geführt haben, ungewöhnlich groß. An erster Stelle möchte ich Prof. J. McCarthy für seine umfangreichen Antworten, Hinweise und Literatursendungen danken. Aber auch P. W. Abrahams, J. Allen, K. Appel, I. Bach, K. Bahr, R. Bertelsmeier, J. Blair, W. W. Bledsoe, D. G. Bobrow, J. W. Bolce, J. Bormann, V. M. Briabrin, J. A. Campbell, L. P. Deutsch, J. M. Foster, E. Fredkin, G. Görz, P. Greussay, A. Haraldson, L. Hawkinson, A. C. Hearn, C. Hewitt, R. d'Inverno, R. D. Jenkins, H. Jürgensen, W. M. Jufa, J. Kent, J. Kolař, T. Kurokawa, H. J. Laubsch, S. S. Lawrow, E. Lehmann, M. Leppert, A. Lux, G. Merbeth, G. van der Mey, L. Monrad-Krohn, J. B. Morris, K. Müller, A. Norman, D. M. R. Park, Z. Pawlak, C. A. Petri, W. L. van der Poel, F. Potari, N. Rochester, E. Sandewall, W. Schneider, L. Sirovich, A. Spirling, G. L. Steele, P. Szöves, T. Szentivanyi, J. Urmi, S. Waligorski, P. Wegner, H. Wertz, J. L. White, B. Wilcox und M. V. Wilkes bin ich zu Dank verpflichtet. Sie haben mit Geduld und nach ihren Möglichkeiten die erforderlichen Informationen oder Literaturstellen zur Verfügung gestellt. Mein verehrter Chef, Prof. Dr. Ing. habil. N. J. Lehmann, hat durch großzügige Pflichtenverteilung dafür gesorgt, daß ich die Zeit für die Niederschrift des Manuskripts finden konnte. Darüber hinaus möchte ich auch meiner Frau danken, die die schwere Zeit des Buchschreibens lustig und optimistisch überstand und in einer vierzehntägigen Gewaltarbeit half, das Manuskript und die verschiedenen Abschriften zu korrigieren und alle Änderungen einzuarbeiten. Schließlich gilt mein Dank auch den Mitarbeitern in der Druckerei für ihre sorgfältige Arbeit und der Lektorin, Frau Dipl.-Math. G. Reiher, für die gute Zusammenarbeit.

H. Stoyan

# Inhaltsverzeichnis


1. **Einführung in die LISP-Programmierung** . . . . . . . . . . . . . 13

1.1. Einleitung . . . . . . . . . . . . . . . . . . . . . . . . . 13
1.2. Funktionsausdrücke . . . . . . . . . . . . . . . . . . . . . 13
1.3. Datenstrukturen . . . . . . . . . . . . . . . . . . . . . . . 15
1.4. Auswertung und Interpretation . . . . . . . . . . . . . . . . 18
1.5. Programmierstile — rekursive Programmierung . . . . . . . . 20
1.6. Steuerung durch die Daten . . . . . . . . . . . . . . . . . . 24

2. **Anwendungsgebiete von LISP** . . . . . . . . . . . . . . . . 28

2.1. Einleitung . . . . . . . . . . . . . . . . . . . . . . . . . 28
2.2. Verarbeitung natürlicher Sprache — Frage-Antwort-Systeme . . . 29
2.2.1. Das Problem . . . . . . . . . . . . . . . . . . . . . . . . 29
2.2.2. Überblick über die Fähigkeiten einiger realisierter Systeme . . . . 32
2.3. Beweis logischer Theoreme . . . . . . . . . . . . . . . . . . 37
2.3.1. Das Problem . . . . . . . . . . . . . . . . . . . . . . . . 37
2.3.2. Das Resolutionsverfahren als oft benutztes Beweisverfahren . . . 40
2.3.3. Natürliche Beweisverfahren . . . . . . . . . . . . . . . . . 43
2.4. Beweisüberprüfung . . . . . . . . . . . . . . . . . . . . . . 44
2.4.1. Das Problem . . . . . . . . . . . . . . . . . . . . . . . . 44
2.4.2. Drei Beweisüberprüfer . . . . . . . . . . . . . . . . . . . 45
2.5. Programmverifikation . . . . . . . . . . . . . . . . . . . . . 49
2.5.1. Das Problem . . . . . . . . . . . . . . . . . . . . . . . . 49
2.5.2. Ein typisches Programmverifikationssystem . . . . . . . . . . 50
2.6. Formelmanipulation . . . . . . . . . . . . . . . . . . . . . . 54
2.6.1. Das Problem . . . . . . . . . . . . . . . . . . . . . . . . 54
2.6.2. Ein Beispiel für ein Formelmanipulationssystem und seine Fähigkeiten . . . . . . . . . . . . . . . . . . . . . . . . . . . 56
2.7. LISP als Implementationssprache . . . . . . . . . . . . . . . 60
2.8. Andere Anwendungen in der künstlichen Intelligenz . . . . . . . 63
2.8.1. Robotersteuerung . . . . . . . . . . . . . . . . . . . . . . 63
2.8.2. Programmerzeugung . . . . . . . . . . . . . . . . . . . . . 65
2.8.3. Wissenssysteme . . . . . . . . . . . . . . . . . . . . . . . 66
2.8.4. Anwendungen in Sprach- und Musikwissenschaft . . . . . . . . 68
2.8.5. Computerspiele . . . . . . . . . . . . . . . . . . . . . . . 69

**3. Charakteristische Bestandteile der Begriffswelt von LISP . . . . . . 71**

3.1. Einleitung . . . . . . . . . . . . . . . . . . . . . . 71

3.2. Rekursive Funktionen . . . . . . . . . . . . . . . . . 73
3.2.1. Rekursive Funktionen in der Informationsverarbeitung . . . . . 73
3.2.2. Historische Bemerkungen . . . . . . . . . . . . . . . . . 75
3.2.3. Grundlegende Definitionen der Theorie rekursiver Funktionen . . 78

3.3. Der λ-Kalkül . . . . . . . . . . . . . . . . . . . . . 87
3.3.1. Historische Anmerkungen . . . . . . . . . . . . . . . . . 87
3.3.2. Kurze Darstellung der Grundlagen des λ-Kalküls . . . . . . . . 90
3.3.3. LISP als Implementation des λ-Kalküls . . . . . . . . . . . . 95

3.4. Ausdrücke als wesentlichste Sprachbestandteile (Ausdruckssprachen) . . . . . . . . . . . . . . . . . . . . . . . . 100

3.5. Listenverarbeitung . . . . . . . . . . . . . . . . . . . 107
3.5.1. Einleitung . . . . . . . . . . . . . . . . . . . . . . 107
3.5.2. Vergleich mit Zeichenkettenverarbeitung durch Betrachtung der Grundoperationen . . . . . . . . . . . . . . . . . . . . 109
3.5.3. Listenverarbeitung in LISP . . . . . . . . . . . . . . . . 112
3.5.4. Zeichenkettenverarbeitung in LISP. . . . . . . . . . . . . 115
3.5.5. Dynamische Speicherplatzverwaltung . . . . . . . . . . . . 116
3.5.6. Resümee . . . . . . . . . . . . . . . . . . . . . . . 118

3.6. Datenstrukturdarstellung der Programme . . . . . . . . . . . 119

3.7. Interpretative Abarbeitung . . . . . . . . . . . . . . . . 126

3.8. LISP als Dialogsprache . . . . . . . . . . . . . . . . . . 131
3.8.1. Zum Begriff des Dialogs . . . . . . . . . . . . . . . . . 131
3.8.2. Dialogsysteme . . . . . . . . . . . . . . . . . . . . . 132
3.8.3. Das LISP-Programmiersystem . . . . . . . . . . . . . . . 135
3.8.4. Ein Beispiel . . . . . . . . . . . . . . . . . . . . . . 137

3.9. Weitere Besonderheiten und Charakteristika . . . . . . . . . . 143
3.9.1. Eigenschaftslisten . . . . . . . . . . . . . . . . . . . 143
3.9.2. Besondere Mechanismen für die Parameterübergabe . . . . . . . 145
3.9.3. Experimente mit allgemeineren Kontrollstrukturen . . . . . . . 149
3.9.4. LISP als erweiterbare Sprache . . . . . . . . . . . . . . . 153

**4. Die Geschichte der Programmiersprache LISP . . . . . . . . . . . 157**

4.1. Einleitung . . . . . . . . . . . . . . . . . . . . . . 157

4.2. Die Entstehung von LISP . . . . . . . . . . . . . . . . . 158

4.3. Lokale Verbreitung von LISP 1962–1966 . . . . . . . . . . . 191

4.4. Weltweite Verbreitung von LISP 1966–1978 . . . . . . . . . . 205
4.4.1. MACLISP. . . . . . . . . . . . . . . . . . . . . . . . 208
4.4.2. INTERLISP . . . . . . . . . . . . . . . . . . . . . . 215
4.4.3. STANFORD LISP 1.6 . . . . . . . . . . . . . . . . . . 222
4.4.4. Weitere LISP-Implementationen in den USA . . . . . . . . . 223

4.5. LISP in Westeuropa . . . . . . . . 235
4.5.1. Großbritannien . . . . . . . . 235
4.5.2. Frankreich . . . . . . . . 239
4.5.3. Norwegen . . . . . . . . 243
4.5.4. Schweden . . . . . . . . 244
4.5.5. Niederlande . . . . . . . . 247
4.5.6. BRD . . . . . . . . 251
4.5.7. Schweiz, Italien, Belgien und Dänemark . . . . . . . . 255
4.6. LISP in den sozialistischen Ländern . . . . . . . . 257
4.6.1. Polen . . . . . . . . 257
4.6.2. UdSSR . . . . . . . . 259
4.6.3. DDR . . . . . . . . 260
4.6.4. ČSSR . . . . . . . . 263
4.6.5. Ungarn . . . . . . . . 264
4.7. LISP in Übersee . . . . . . . . 265
4.7.1. Kanada und Australien . . . . . . . . 265
4.7.2. Mexiko . . . . . . . . 265
4.7.3. Indien . . . . . . . . 267
4.7.4. Japan . . . . . . . . 267
4.8. Metasysteme . . . . . . . . 270
4.8.1. Einleitung . . . . . . . . 270
4.8.2. Vor LISP2: Mustervergleich und systemunabhängige Eingabe . . 271
4.8.3. LISP2 . . . . . . . . 273
4.8.4. Zwischen LISP2 und PLANNER: CONVERT, FLIP, MLISP und Formelmanipulationssysteme . . . . . . . . 279
4.8.5. PLANNER: Backtracking, Pattern Matching und deduktive Mechanismen . . . . . . . . 284
4.8.6. QA4 . . . . . . . . 289
4.8.7. MLISP2 . . . . . . . . 293
4.8.8. Von PLANNER zu CONNIVER . . . . . . . . 297
4.8.9. QLISP, CLISP, CGOL und RLISP . . . . . . . . 302

**5. Beschreibung wichtiger LISP-Systeme** . . . . . . . . 306

5.1. LISP 1.5 auf der IBM7090 . . . . . . . . 306
5.1.1. Die Umgebung des LISP 1.5-Systems: Anlage, Peripherie, Betriebssystem . . . . . . . . 306
5.1.2. Datentypen, Speicherplatzverwaltung, Garbage Collection . . . . 308
5.1.3. Implementierte Funktionen . . . . . . . . 310
5.1.4. Der Interpreter . . . . . . . . 325
5.1.5. Der Compiler . . . . . . . . 329
5.2. MACLISP . . . . . . . . 332
5.2.1. Die Umgebung des MACLISP-Systems: Anlagen, Peripherie, Betriebssysteme . . . . . . . . 332
5.2.2. Datentypen, Speicherplatzverwaltung, Garbage Collection . . . . 335

5.2.3. Implementierte Funktionen . . . . . . . . . . . . . . . . . . 340
5.2.4. Der Interpreter . . . . . . . . . . . . . . . . . . . . . . 366
5.2.5. Der Compiler . . . . . . . . . . . . . . . . . . . . . . 369

5.3. BESM-6-LISP . . . . . . . . . . . . . . . . . . . . . . 371
5.3.1. Die Umgebung des LISP-Systems: die BESM-6, ihre Peripherie und Betriebssystem . . . . . . . . . . . . . . . . . . . . . . 372
5.3.2. Datentypen, Speicherplatzverwaltung, Garbage Collection . . . . 373
5.3.3. Implementierte Funktionen . . . . . . . . . . . . . . . . . . 374
5.3.4. Der Interpreter . . . . . . . . . . . . . . . . . . . . . . 381
5.3.5. Der Compiler . . . . . . . . . . . . . . . . . . . . . . 382

5.4. INTERLISP . . . . . . . . . . . . . . . . . . . . . . 382
5.4.1. Die Umgebung des INTERLISP-Systems: Anlagen, Betriebssysteme . . . . . . . . . . . . . . . . . . . . . . 383
5.4.2. Datentypen, Speicherplatzverwaltung, Garbage Collection . . . . 384
5.4.3. Implementierte Funktionen . . . . . . . . . . . . . . . . . . 389
5.4.4. Der Interpreter . . . . . . . . . . . . . . . . . . . . . . 419
5.4.5. Der Compiler . . . . . . . . . . . . . . . . . . . . . . 421

**Literaturverzeichnis** . . . . . . . . . . . . . . . . . . . . . . 424

**Verzeichnis der Programme und der Funktionen** . . . . . . . . . 461

**Namensverzeichnis** . . . . . . . . . . . . . . . . . . . . . . 469

**Sachwortverzeichnis** . . . . . . . . . . . . . . . . . . . . . . 474

# 1. Einführung in die LISP-Programmierung

## 1.1. Einleitung

Welches ist die beste Methode, eine gute Einführung in eine Programmiersprache zu geben? Es scheint ja prinzipiell so zu sein, daß man mit Gewinn nur in Dinge eingeführt werden kann, die man schon in gewissem Grade kennt und praktiziert. So wurde hier angenommen, daß der Leser mehr als grundlegende Kenntnisse bezüglich des Programmierens in einer höheren Programmiersprache hat.

Der Zweck des vorliegenden Buches ist es auch nicht, die Einführung durch den naheliegenden Weg der Beispiele zu vollziehen. Es soll vielmehr der Wunsch danach ausgelöst werden, LISP zu lernen. Das wird versucht durch die Darstellung von LISP als Sprache für Menschen (Anwendungsgebiete), die von Menschen erdacht (Begriffswelt, Grundideen) wurde (Geschichte). Da allerdings vieles unverständlich bleiben müßte, ist eine äußerst knappe Darstellung der Umrisse der LISP-Programmierung vorangestellt worden.

Noch vor wenigen Jahren hätte eine solche Vorgehensweise mindestens als verantwortungslos bezeichnet werden müssen. Außer WEISSMANS „LISP Primer" [WEIS67] mußte immer noch MCCARTHYS Manual [MCC62c] als Lehrmaterial benutzt werden. Die dann erschienenen Bücher von FRIEDMAN [FRI74] und MAURER [MAU73] haben die Lücke nicht gefüllt.

Doch in den letzten Jahren ist eine bemerkenswerte Verbesserung der Situation zu verzeichnen. Mit dem wachsenden Interesse an LISP sind auch die erforderlichen Lehrbücher erschienen, etwa [STO78] im deutschen Sprachraum. Die Bücher von SIKLOSSY [SIK76], WINSTON [WINS77] und ALLEN [ALL78] zeichnen sich dadurch aus, daß nicht nur Aufgaben und Programmbeispiele zu finden sind, sondern daß sie LISP in den Kontext der interessierenden Probleme und Lösungsansätze im Wissenschaftsbereich der „Künstlichen Intelligenz" stellen.

## 1.2. Funktionsausdrücke

LISP unterscheidet sich schon im äußeren Bild wesentlich von den meisten Programmiersprachen. Der rigorose Verzicht auf den sogenannten syntaktischen Zucker, der von der Verwandtschaft zu älteren Funktionenkalkülen der mathematischen Logik herrührt, und die damit gegebene einfache, übersichtliche, ja sogar arme syntaktische Struktur sind die Hauptkennzeichen dieser Singularität.

Will man jemanden, der schon mit anderen Programmiersprachen vertraut ist, die LISP-Programmierung besonders schnell und an Gewohnheiten anknüpfend nahebringen, so kann man die Arbeit mit LISP als Arbeit mit einer beliebigen höheren Programmiersprache vergleichen, die nur über eine große Menge von Standardfunktionen verfügt und keine Anweisungen (sei es zu Zuweisungs- oder Kontrollzwecken) oder arithmetische Formelausdrücke enthält. Die mit Hilfe dieser Sprachelemente sonst bewirkten Dienste verwirklichen in LISP spezielle Funktionen.

Dabei könnte betont werden, daß gewisse solche Dienste (wie Zuweisungen) im reinen Funktionenkalkül völlig unnötig sind (also auch in einer Funktionssprache, wie Dijkstra bemerkt [DI76]); es scheint aber verfehlt, Eigenheiten einer Programmiersprache als zufällig bzw. „nur der Effektivität zuliebe aufgenommen" zu bezeichnen, die in ihrer großen Anzahl oder wesentlichen Benutzungsfrequenz unzweifelhaft das Äußere bestimmen. Eine Programmiersprache muß noch immer, trotz vielfach geäußertem Zweifel, das Schreiben effektiver (effizienter) Programme ermöglichen.

Die Notation der Funktionsaufrufe bzw. der Funktionsausdrücke oder *Formen* (engl. forms) hat LISP wesentlich von seinem logischen Vorbild, dem $\lambda$-Kalkül von A. Church [CH41] übernommen: Im Unterschied zur üblichen Schreibweise der Mathematiker und der Programmierer in anderen Programmiersprachen wird die die Argumente umgebende Klammer schon vor dem Funktionsnamen geschrieben: Statt **abs(x)** notiert man **(abs x)**.

Damit könnte mit gutem Recht der Programmierkurs für LISP, gedacht für erfahrene Programmierer (vgl. die Verfahrensweise von L. Siklossy [SIK76]) beendet werden: Der interessierte Nutzer benötigt nur noch ein LISP-Handbuch (etwa [STO78]), in dem er die verfügbaren Standardfunktionen nachschlägt. Damit hat er das Wissen, die erforderlichen Funktionsausdrücke zu formulieren, die durch die verschachtelte Ineinanderfügung von Funktionsausdrücken für Argumente entstehen und ihm die erwünschten Ergebnisse liefern.

Freilich sind damit noch keine Programme aufgestellt, die sich durch die oftmalige Verwendbarkeit für unterschiedliche Dateneingaben auszeichnen. Der einfache Schritt dazu wird in LISP durch die Eröffnung der Möglichkeit zur Selbstdefinition von Funktionen auf der Basis der verschachtelten Funktionsausdrücke und der zusätzlichen Deklaration und Verwendung von Variablen vollzogen.

Wie aus dem bisher Dargelegten leicht zu schließen, gibt es gewisse Standardfunktionen, die als Argumente in dieser oder jener Form Funktionsnamen, Variable (formale Parameter) und Funktionsausdruck akzeptieren und eine über den Namen aufrufbare Funktion bilden. Typisch ist etwa die Funktion

**DE** ,

die gerade drei Argumente in dieser Reihenfolge hat. Als Beispiel folgt die Definition einer Funktion **TANGENS** aus den (hier vorgegebenen) Grundfunktionen **QUOTIENT**, **SINUS** und **COSINUS**:

**(DE TANGENS (X) (QUOTIENT(SINUS X) (COSINUS X)))**

Man kann sich leicht vorstellen, daß man mit geeignet gewählten Funktionen die Menge der Grundfunktionen entscheidend vergrößern kann. Dabei gibt es Qualitätsunterschiede zwischen ganzen Funktionsebenen. Haben Funktionen wie **TANGENS** und **SINUS** noch etwa die gleiche Kompliziertheit und Abstraktionsstufe, so wäre mit einer neu definierten Funktion (bzw. Funktionsmenge) zur FOURIER-Analyse offenbar ein höheres Niveau erreicht. Ähnlich könnte man sich höhere Funktionsmengen zur Lösung von Gleichungen, zur Integration usw. vorstellen.

Nun sind solche Gesamtheiten von Funktionen immer nur soweit interessant und logisch vollständig, inwieweit sie übliche Grundaktionen oder oft benutzte Basishandlungen über Klassen von Objekten enthalten. Da die Objekte dem LISP-Programm in irgendeiner Form als Daten oder Datenaggregate übergeben werden, kommen wir (indem wir die Frage nach den möglichen Datenarten und ihrer Beschreibung durch Anknüpfung an die jedem Leser geläufige Datenart der Zahlen bisher überspielt haben) damit zu den von LISP unterstützten Datenstrukturen.

## 1.3. Datenstrukturen

Der LISP-Programmierer beschreibt normalerweise seine Datenstrukturen nicht, er fordert auch keinen Speicherplatz an über eine Deklaration. Das eine ist (normalerweise) deshalb unnötig, weil der Typ eines Datums zur Laufzeit prüfbar ist, das andere, da der gesamte Speicher *dynamisch* verwaltet wird (heap, Halde). Ein Programm, das in eine Umgebung eingebaut wird, in der die Parameterübergabe durch unkontrollierbare Einflüsse (Nutzereingabe) gestört sein kann, wird die Richtigkeit des gelieferten Datentyps immer zu prüfen haben. Die Kommunikation der Funktionen in einem fertigen Programmsystem wird meist völlig ohne Typprüfung ablaufen.

Die verfügbaren Datenstrukturen lassen sich in zwei Klassen einteilen — die der einfachen (in LISP atomaren) Objekte und die der zusammengesetzten Strukturen. Obwohl die atomaren Objekte nicht ohne innere Struktur sind (eine Real-Zahl besteht aus Mantisse und Exponent, eine Zeichenkette aus einzelnen Zeichen), beruht die Einteilung darauf, daß die einfachen Datenstrukturen keine Teilstrukturen haben, die selbst LISP-Datenstrukturen sind.

Wie aus den obigen Beispielen ersichtlich, gehören *Zahlen* zu den einfachen (atomaren) Datenstrukturen. Jede einigermaßen fortgeschrittene LISP-Implementierung ermöglicht ganze Zahlen (integer) und Dezimalzahlen (in LISP nur als Gleitkommazahlen realisiert); besonders weitentwickelte Systeme, wie etwa **MACLISP**, die für numerische Verwendung ausgelegt sind, bieten sogar ganze Zahlen beliebiger Größe und Gleitkommazahlen mit beliebig genauer Mantisse und beliebig großem Exponenten an.

In den moderneren LISP-Systemen gehören *Zeichenketten* zu den atomaren Datenstrukturen. Dies sind Folgen von Zeichen, aber nicht von Zeichenobjekten, die als primitive Daten manipulierbar wären. Es gibt nur Verarbeitungsfunktionen für ganze Zeichenketten. Alle Handlungen, in die Zeichenketten verwickelt sind, können ebensogut mit den sogenannten literalen Atomen und manchmal auch mit Zahlen, die dem internen Code entsprechen, durchgeführt werden. Die Zeichenketten werden jedoch für die meisten Aufgaben, zu deren Lösung man sie in anderen Programmiersprachen einsetzt, überhaupt nicht benötigt. Ursache dafür ist das Vorhandensein einer ganz besonderen, LISP eigentümlichen Datenart: des *Atomsymbols* (literales Atom oder oft auch kurz Atom genannt). Atomsymbole werden in LISP-Funktionen für Aufgaben verwendet, für die in anderen Programmiersprachen Identifier bzw. Bezeichnungen benutzt werden: Sie dienen als Variablen, Sprungmarken und Funktionsnamen. Das bedeutet, daß mit einem Atomsymbol ein *Name* verknüpft ist.

Die Namen der Atome genügen in etwa den Regeln, die für die Bezeichnungen in ALGOL 60 gelten. Allerdings hat die Einbettung in LISP dazu geführt, daß man auch Namen bilden möchte, die diesen Regeln nicht genügen. Die Besonderheit von LISP besteht darin, daß die Namen als nichtnumerische Daten während der Programmabarbeitung verfügbar sind. Werden über die normale Systemeingabe weitere Atomsymbole eingelesen, so werden sie mit den schon benutzten in Beziehung gesetzt. Ergebnis ist, daß jedes Atomsymbol (normalerweise) rechnerintern nur einmal vorkommt: Ein Datum kann also sehr eng mit einer im Programm benutzten Sprungmarke verbunden sein!

Werden Atomsymbole als Daten verarbeitet, so ist nur ihr Name interessant. Dienen sie als Variable, so benötigt man vor allem den ihnen zugeordneten *Wert* — nur im Fehlerfall ist es für den Programmierer wichtig, Namen und Wert gemeinsam zu kennen. Schließlich kann man mit einem Atom auch eine ganze Folge von *Eigenschaften* (Werten) assoziieren — ähnlich wie in PL/I oder ALGOL 68 in den Strukturen. Diese speziellen LISP-Strukturen (*Eigenschaftslisten* genannt) sind aber wieder dynamisch organisiert, so daß Deklaration und Beschreibung unterbleiben können und beliebiges Wachstum gesichert ist.

Die Klasse der zusammengesetzten (nicht atomaren) Datenstrukturen besteht aus *Feldern* (arrays) und Listenstrukturen. Felder sind in jedem guten LISP-System implementiert. Üblicherweise gibt es keinerlei Dimensionsbeschränkungen. Die Indizes beginnen aber meist mit 1. Nur wenn sich der Programmierer selbst Zugriffsfunktionen schreibt, kann er zu Indizierungen übergehen, die von dieser Norm abweichen. Die Feldelemente müssen nicht notwendig alle von einem Typ sein. Wenn der Nutzer die Bürde des Typprüfens auf sich nimmt, kann er neben Zahlen auch Felder und Listen in einem Feld unterbringen. Felder nehmen in LISP insofern eine Sonderstellung ein, als sie meist mit einem Atomsymbol, dem Feldnamen, assoziiert sind. Während Zahlen, Zeichenketten und Listen erzeugt werden können, ohne daß sie über ein Atom erreichbar sind, dessen Wert sie sind (im Ablauf der Abarbeitung verschachtelter Ausdrücke), bleibt dann das Feld an das Atomsymbol, das seinen Namen darstellt, gekoppelt.

Die für LISP (list processing language) wichtigsten Datenstrukturen sind die *Listen*. Auf den kleinsten Bestandteil, das gepunktete Paar (oder Cons [MOO74]) bezogen, stellen sich Listen dar als Folgen von solchen Paaren. In LISP ist es üblich, nur solchen Listenstrukturen den Namen Liste zu geben, die in einer bestimmten Weise linear sind (linear zu Ende gehen). Die übrigen, allgemeineren Strukturen, welche beliebige Baumstrukturen darstellbar machen, nennt man *S-Ausdrücke* (symbolische Ausdrücke). Als Paar besteht das Cons aus zwei Teilen, dem Car und dem Cdr. Jeder dieser Teile kann selbst ein Cons oder ein beliebiges Atom sein (alle Namen sind von den betreffenden Funktionen abgeleitet). Listenstrukturen sind universell anwendbar, weil sich mit ihnen praktisch alle Halbordnungsrelationen darstellen lassen.

Listen werden geschrieben, indem man die geordneten oder zufällig hintereinander geschriebenen Listenelemente (selbst Listen oder andere Datenstrukturen) in runde Klammern einschließt, Unterordnung kann durch tiefere Listenklammerung zum Ausdruck gebracht werden. Typisches Beispiel für Listenstrukturen sind die Daten für ein Verarbeitungssystem mathematischer Formeln, die arithmetischen Ausdrücke:

((A + B) * (C — (2/ (E + F + G)))) .

Als Listenverarbeitungssprache stellt LISP eine genügende Zahl an Basisfunktionen für den Zugriff zu Listen, den Vergleich von Listen, den Aufbau von Listen usw. zur Verfügung.

Für die Möglichkeiten von LISP besonders folgenreich ist die Tatsache, daß auch die Programme (Funktionen) als Gebirge funktionaler Ausdrücke in Listenschreibweise notiert werden. Damit kann ein solches Programm regelrecht als Liste angesehen werden, d. h. als Datenstruktur. Die Variablen, die in der betreffenden Funktion auftauchen, und die Funktionsnamen sind dann nichts anderes als Daten. Daher ist es leicht möglich, LISP-Programme in LISP zu analysieren, zu zerlegen und zu konstruieren. Der Gipfel der Anwendungsvarianten ist damit erreicht, daß ein so erzeugtes Programm sofort laufen kann! Ursache dafür ist, daß LISP die Programme nicht nur in Maschinensprache umsetzt und so abarbeitet, sondern sie zunächst als Listenstrukturen abspeichert und diese interpretiert.

## 1.4. Auswertung und Interpretation

Ohne Zweifel muß sich der LISP-Novize erst an die Datenstrukturen und an den Umgang mit ihnen gewöhnen. Hat man einige komplexere Beispielprogramme (oder, wie man in LISP sagt, Beispielfunktionen) geschrieben und beherrscht die Syntax der Sprache einigermaßen (die Klammernstrukturen sind sehr tückisch), dann kann man einige Konsequenzen ins Auge fassen, die bisher unbetont geblieben sind.

Da die Funktionsausdrücke (Formen) von LISP den Funktionsaufrufen in anderen Programmiersprachen entsprechen, bedeutet dies (Funktionen liefern immer Werte), daß jede Aktion in LISP von einem Sprachelement ausgelöst wird, das einen Wert hat. Eine Sprache, die diese Eigenschaft hat, heißt Ausdruckssprache.

Weil die Aktivierung eines wie auch immer gearteten LISP-Programms mit Hilfe eines Funktionsausdrucks geschieht, liegt auch nach dieser Aktivierung ein Wert vor. Zwar kann es sein, daß dieser Wert unwichtig ist und nur ad hoc gegeben wird, doch sollte man die Möglichkeit nie aus den Augen lassen, daß die umfassendsten Funktionen von heute morgen in ein neues Funktionensystem eingebunden werden können. Man sollte sich der Werte bedienen und alle Funktionen bewußt so anlegen, daß ihr Resultat als dieser Wert übergeben wird und nicht als sogenannter Seiteneffekt.

Wie in anderen Programmiersprachen lesen die LISP-Programme möglicherweise benötigte Daten ein und geben Ergebnisse aus. Genauso wie die Ergebnisausgabe normalerweise über den Ausdruck-Wert-Mechanismus vollzogen wird, geschieht die Dateneingabe selten über regelrechte Eingabe-

Transfers von der aufgerufenen Funktion aus. Im Normalfall verarbeitet ein LISP-Programm Daten in der Form von LISP-Datenstrukturen, die als Parameter (Argumente) übernommen wurden. Diese Daten (im allgemeinen Listen) werden über dasselbe Eingabeprogramm in die interne Repräsentation umgewandelt wie die Programme. Das bedeutet, daß ein großer Teil des Sprachverarbeitungssystems für LISP ständig präsent ist und daß (für das System) kein wesentlicher Unterschied zwischen Programmeingabe (Funktionsdefinition) und Programmlauf besteht — beides erfolgt in Funktionsausdrücken und beides wird mit einem Wert beantwortet.

Es war schon darauf hingewiesen worden, daß die Funktionsausdrücke die Form von Listen haben. Wird ein solcher Ausdruck eingegeben, so wird er in die *interne Datenstrukturform* gebracht und dann analysiert: Die gemeinte Funktion wird ermittelt und der Funktionsaufruf mit der Übergabe der Argumente (die die eigentlichen Daten darstellen und nun also schon eingelesen sind) bewerkstelligt. Man kann so durchaus davon sprechen, daß die Funktionsausdrücke der höchsten Ebene „interpretiert" werden.

Eine Besonderheit von LISP besteht nun darin, diese Behandlungsweise der umfassenden Funktionsausdrücke auf alle Unterausdrücke auszudehnen. Mit gutem Recht kann man nämlich sagen, daß die Compilierung (d. h. die Umsetzung der Funktionen in lineare Folgen von Maschinenbefehlen) in LISP eine Ausnahme ist und die direkte *Interpretation* der in ihrer internen Datenstrukturform aufgebauten Funktionen die Regel. Diese Vorgehensweise hat Vorzüge und Nachteile: Ganz sicher dauert die Verarbeitung wesentlich länger, wenn man interpretiert (typisch etwa der Faktor 4 bis 10). Jedoch kann ein Programm, das selbst als Datenstruktur vorliegt, wesentlich besser verarbeitet werden als eine lineare Befehlsfolge: Der Service zur Fehlerbehandlung kann erhöht werden, die Programme können leichter berichtigt werden (unmittelbar nach dem Lauf im Dialog), und sie können vor, nach und sogar während ihres Laufs verarbeitet werden. Im Extremfall könnte ein laufendes Programm sich selbst analysieren und verändern.

Abgesehen davon bringt auch die Darstellung der Funktionen als Datenstrukturen erheblichen Gewinn: Unterschiedslos können in größere Datenvorräte sowohl die reinen Daten als auch die Zugriffs- und Verarbeitungsfunktionen untergebracht werden!

Man sieht, daß die Interpretation ihre Vor- und Nachteile hat und die positive Seite nicht unterschätzt werden darf (siehe Abschnitt 3.7). Die Interpretation der Funktionsausdrücke bewirkt, daß der LISP-Programmierer sich in einem ständigen *Dialog* befindet: Er liefert einen Funktionsausdruck (d. h. Programmname und Daten) und bekommt dafür einen Wert, und anschließend übergibt er einen neuen Funktionsausdruck und erhält den zugehörigen neuen Wert usw. usf., bis er mit der Arbeit aufhört.

Ein LISP-System ist also von vornherein ein *Dialogsystem*!

## 1.5. Programmierstile — rekursive Programmierung

Benutzt ein Programmierer die Ausdrucksmittel seiner Sprache in *angemessener, harmonischer* Weise und gelangt er auf diese Art zu Programmen, die hohen Anforderungen der *Effizienz* genügen, so ist es üblich, von einem *guten Programmierstil* zu sprechen [WEIN70, KER74, STR72].

Wichtige Kennzeichen eines guten Stils sind *Einfachheit*, *Verständlichkeit*, Verwendung sicherer, *gefahrloser Mittel* (Gefahren sind oft durch allzugroße Maschinen- oder Implementationsabhängigkeiten gegeben) und Befolgung der Regeln der *strukturierten Programmierung* wenigstens der Tendenz nach [BAT76a, DA72].

Während ein Teil dieser Grundsätze bzw. Kennzeichen eines guten Programmierstils für fast alle Programmiersprachen gültig ist, kann z. B. die Frage nach der *Angemessenheit* verwendeter Ausdrucksmittel schwer beantwortet werden und bleibt oft dem persönlichen Geschmack des einzelnen Programmierers überlassen. Hier zeigt sich dann die „gute Schule" genauso wie bei Schülern eines Meisters der bildenden Kunst oder der Architektur.

Ausgewählte Sprachelemente können sicher als angemessen gelten, wenn sie zu einem einfachen und einigermaßen effizienten Programm führen (und wenn man „die gleiche Sache nicht einfacher machen kann"). Das Einfachheitskriterium aber wird bestimmt durch das Problem, d. h. die beabsichtigte Transformation der gegebenen Datenstruktur. Sicher ist nun auch wieder die *Wahl der Datenstruktur* eine Stilfrage und hängt wesentlich von der Fähigkeit des Programmierers ab, Datenstruktur und verarbeitendes Programm so aufeinander abzustimmen, daß ein Optimum erreicht wird.

Stilfragen sind nicht leicht zu behandeln — alle Versuche erfahrener Programmierer, allgemeingültige Verfahrensregeln bzw. Geschmacksvorschriften einzuführen, haben bisher nicht die Gefahr der Überbeanspruchung von Allgemeinplätzen vermieden. Man muß sich beim gegenwärtigen Kenntnisstand damit abfinden, daß es sich um *explizit nicht lehrbare Gegenstände handelt, die aber implizit, in Beispielen, wohl mit vermittelt werden.* Das Studieren vieler Beispiele von Programmen erfahrener Programmierer führt meist nebenher zur Übernahme einzelner guter Elemente ihres Stils.

Die *Programmiersprache* mit ihren Mitteln zur Beschreibung von Daten- und Programmstrukturen beeinflußt sicher stark den beobachteten Programmierstil. Der LISP-Programmierer steht normalerweise vor der Aufgabe, Verarbeitungsprogramme für nichtnumerische Daten aufzustellen, die intern in der Form von Listenstrukturen dargestellt sind. Das heißt, die Strukturen sind *Bäume*, bei denen jeder Teilbaum eine vergleichbare Komplexität haben kann wie der gesamte Baum. Mit anderen Worten, oft liegen *rekursive Datenstrukturen* vor [HOA73]. Typisches Beispiel sind die arithmetischen Ausdrücke: Jeder Operand eines der arithmetischen Operatoren kann selbst ein komplizierter arithmetischer Ausdruck sein:

A1: $a + b$
A2: $(a + b) + b$
A3: $(a + b) + (a + b)$
A4: $((a + (a + b)) + b) + (a + b)$ .

*Bei der Verarbeitung solcher Daten sind rekursive Programme die angemessene Lösung*, wenn eine Operation auf alle arithmetischen Operanden angewandt werden soll.

Es ist jedoch bekannt, daß rekursive Programme auch dann sinnvoll angewendet werden können, wenn die Daten selbst nicht rekursiv sind. Barron [BARR67] erwähnt hier Aufgaben, bei denen das zu programmierende Verfahren als Rekurrenzrelation oder rekursive Definition vorliegt oder wenn ein Verfahren zur Lösung einer Teilaufgabe ein umfassendes Verfahren (rekursiv) benutzt.

Listen werden häufig nur in ihrer „Hauptebene" verarbeitet, d. h., sie werden als sequentielle Folgen von Elementen betrachtet. In diesen Fällen stellt sich jedesmal die Frage neu, ob man iterativ oder rekursiv programmieren will [BL64].

Soll z. B. die Länge einer Liste berechnet werden, so bietet sich jedem etwas erfahrenen Programmierer sofort eine iterative Lösung an:

ALGOL mit Listen:

```
INTEGER PROCEDURE LENGTH (L);
LIST L; BEGIN INTEGER N;N:=0;
ZYKL:IF L≠NIL THEN BEGIN
                   L:=REST(L);
                   N:=N+1;
                   GOTO ZYKL END;
  LENGTH:=N; END;
```

LISP:

```
(DE LENGTH(L)
  (PROG(N) (SETQ N 0)
ZYKL(COND(L
    (SETQ L(CDR L))
    (SETQ N(ADD1 N))
    (GO ZYKL)))
  (RETURN N) ))
```

Hier wird die Liste so lange abgearbeitet, bis das Ende erreicht ist. Für jedes Element wird der Längenzähler um 1 erhöht, der Maßstab wird also gewissermaßen Schritt für Schritt nach rechts verschoben.

Genausogut aber läßt sich folgende Überlegung in ein Programm umsetzten: Wenn die Liste leer ist, kann man die Länge unmittelbar mit 0 angeben. In allen anderen Fällen berechnen wir die Länge des Listenrests (Liste ohne erstes Element) und addieren 1:

| | |
|---|---|
| **INTEGER PROCEDURE LENGTH (L);** | **(DE LENGTH (L)** |
| **LIST L;** | |
| **IF L≠ NIL THEN LENGTH:=1+LENGTH** | **(COND(L(ADD1** |
| **(REST(L))** | **(LENGTH(CDRL))))** |
| **ELSE LENGTH:=0;** | **(T 0)))** |

Dem Programmierer vom rechten Schrot und Korn wird diese Lösung sehr unsinnig vorkommen; sicher läuft das Programm nicht ganz so schnell wie das iterative. Aber die Hauptursache für sein Unbehagen liegt nicht so sehr in dieser kleinen Zeitdifferenz, sondern in seiner Gewöhnung, *sequentiell und iterativ zu denken*, die durch die Programmierung in Assemblersprachen bedingt ist. Der Programmierer denkt gewissermaßen *zu früh* an das Programm. Dem Mathematiker ist eine derartige Vorgehensweise nicht neu: Sehr oft beweist er ein Theorem dadurch, daß er Fälle abspaltet, die schon bewiesene Teilaussagen sind, und bei induktiven Beweisen wird für einfache Teilaussagen regelmäßig angenommen, sie seien schon bewiesen. Er denkt mehr *an das Problem und an die Ökonomie, es im Kopf zu beherrschen* — wie es der Rechner beherrscht, interessiert ihn nur in zweiter Linie.

Der Unterschied zwischen der Denkweise, die den sequentiell arbeitenden Rechner und die Laufzeit des Programms in den Mittelpunkt stellt, und derjenigen, die die Problembeschreibung und die Denkökonomie bei der Abfassung des Programms betont, scheint in der Tat ein wesentlicher Stilunterschied zu sein.

Immerhin ist das Längenmeßproblem so einfach, daß die rekursive Lösung fast erzwungen erscheint. Dennoch kommt in der deutlichen Einfachheit der Wegfall technischer Rechenschritte zum Ausdruck. Man beachte dies bei folgendem komplizierteren Beispiel:

Eine Liste ist umzukehren. Die übliche LISP-Lösung ist:

```
(DE REVERSE (L)
  (COND((NULL L) NIL)
    (T(APPEND (REVERSE(CDR L)) (LIST(CAR X)))) )) .
```

Ist die Liste leer, so brauchen wir nicht umzukehren. Sonst trennen wir das erste Element ab, drehen die Restliste um und hängen das erste Element hinten an die Liste. Diese letzte Aufgabe kann ohne sog. physische Operationnen (s.S. 110) nur durch das Zusammenhängen zweier Listen erreicht werden; sie wird deshalb notwendig recht aufwendig sein.

Eine mögliche iterative Lösung wäre:

```
(DE REVERSEIT(L)
  (PROG(X)
    ZYK(COND((NULL L) (RETURN X)))
      (SETQ X(CONS(CAR L)X))
      (SETQ L(CDR L))
      (GO ZYK) )) .
```

Die Liste wird schrittweise abgearbeitet, und die jeweils anliegenden Elemente werden der Reihe nach in die Liste der umgekehrten Elemente gestellt.

Obgleich auch hier die iterative Lösung Details (die Zuweisungen) enthält, die mit der Problemstellung an sich nichts zu tun haben, scheint doch die Grundidee wesentlich natürlicher zu sein: Die einfache Konstruktion der umgekehrten Liste aus den nach und nach abgebauten Listenelementen der Ausgangsliste spricht für sich. Die **APPEND**-Operation in der rekursiven Lösung ist recht gekünstelt. Da nun unnatürliche Behandlung und rekursive Funktion zusammenkommen, schneidet das rekursive Programm wesentlich schlechter in einem Laufzeitvergleich ab als die iterative. Folgende Resultate für das Umdrehen einer Liste mit 100 Elementen (Messungen im DOS/ES LISP 1.6 auf R40) dienen als Beispiel:

| Funktion | interpretiert | compiliert |
|---|---|---|
| **REVERSE** | 84 ms | 54 ms |
| **REVERSEIT** | 42 ms | 6 ms |

Wenn es eine schlechte rekursive Lösung gibt, muß damit nicht jede rekursive Lösung schlecht sein. Der natürliche Aufbauprozeß für die umgedrehte Liste läßt sich mit einer rekursiven Hilfsfunktion leicht nachvollziehen:

```
(DE REVERSE1 (L) (REVERSE2 L NIL))
(DE REVERSE2(L E) (COND ((NULL L)E)
  (T(REVERSE2(CDR L) (CONS (CAR L)E)) ))) .
```

Es zeigt sich nun, daß diese rekursive Hilfsfunktion ganz erstaunliche Zeitresultate liefert:

| Funktion | interpretiert | compiliert |
|---|---|---|
| **REVERSE1** / **REVERSE2** | 31 ms | 6 ms |

Ergebnis ist also, daß auch rekursive Programme effizient sein können, wenn sie nur auf einem natürlichen und guten Lösungsansatz aufbauen.

Will man ein Programm zur Transformation einer rekursiven Datenstruktur aufstellen, so sollte man sich zunächst immer die Behandlung der einfachsten Fälle überlegen. Unter diesen nimmt die „leere" Datenstruktur (oft tritt diese nur auf, wenn das Ende erreicht ist) einen besonderen Platz ein; aber auch gewisse kleinste Elemente, die selber andere Datenstrukturen besitzen, gehören dazu. Beispiele dafür sind die Atome in Listenstrukturen oder Zahlen und Variablen in arithmetischen Ausdrücken.

Die Bewältigung dieser Fälle ist oft einfach — sie ist programmtechnisch aber ungemein wichtig: Damit wird der Abbruch des rekursiven Programms gesichert.

Danach sollte man alle strukturellen Sonderfälle ins Auge fassen. Oft können sie mit einfachen zusätzlichen Schritten auf die einfachsten Fälle zurückgeführt werden (d. h. rekursiver Aufruf), manchmal erfordern gerade sie die intensivste Überlegung. In einem einigermaßen komplizierten Programm werden hier die häufigsten Fehler vorkommen — immer vergißt man Sonderfälle oder man schätzt ihre Spezifik nicht korrekt ein.

In der Regel gibt es zum Schluß den „allgemeinen Fall". Dieser kündigt sich in der Formulierungsweise „und sonst ..." an. Normalerweise kommt hier die Rekursivität der Datenstruktur vollständig zum Ausdruck. Es kann aber auch sein, daß durch vollständige Zerlegung der möglichen Fälle in Sonderfälle zum Schluß nur eine möglicherweise falsch aufgebaute Datenstruktur übrigbleiben kann.

## 1.6. Steuerung durch die Daten

Normalerweise stellt man sich die Struktur eines aus Funktionen (Prozeduren) bestehenden Programmsystems so vor, daß eine Funktion andere aufruft, diese wiederum weitere usw. usf., um gewisse Teilschritte zu erledigen. Dabei ist die *Aufrufstruktur* (Unterordnungsstruktur) festgelegt: Man könnte ein Programm (in LISP: **PRINTSTRUCTURE**) schreiben, das einen Graphen der konkreten Abhängigkeiten über die Aufrufe konstruiert.

Es gibt Situationen bei der Programmierung, in denen man bezüglich strukturell völlig verschiedener Daten *konzeptionell gleiche Operationen* durchzuführen hat. In konventioneller Herangehensweise testet man die verschiedenen Datentypen (schon das kann ein ernstes Problem sein in einer Programmiersprache, in der man zur Laufzeit nicht zu den Typen zugreifen kann) und führt dann verschiedene Manipulationen durch. Auf diese Weise wird die Verständlichkeit des Programms stark beeinträchtigt.

Beispielsweise seien in einem Programm Vektoren als Datenstrukturen vorgesehen. Es gäbe aber zwei prinzipiell verschiedene Typen von Vektoren, nämlich solche mit fester Länge und solche, deren Länge sich mit der Zeit ändern kann. Während man die erste Art als regelrechte Felder vereinbaren kann, hat man für die zweite Art in LISP nur die Möglichkeit, Listen zu verwenden. Damit wäre eine dynamische Längenänderung ohne Angabe einer maximalen Dimension möglich.

Soll nun zum *i*-ten Element eines Vektors zugegriffen werden oder soll es geändert werden, so benötigen wir zugeordnete Funktionen: Eine Speicherfunktion, eine Ladefunktion und vielleicht weitere für andere Zwecke. Die Speicherfunktion für Vektoren fester Länge kann die eingebaute Funktion **STORE** (fest implementierte LISP-Grundfunktion) sein, zum Zugriff benötigen wir nur den Feldnamen. Auch für die variablen Vektoren (d. h. Listen) lassen sich die betreffenden Funktionen leicht definieren: Der Zugriff läßt sich mit der Grundfunktion **NTH** ausführen, die Speicheroperation baut auf der ähnlichen Grundfunktion ***NTH** auf. Diese liefert das mit dem *i*-ten Element beginnende Listenstück – wir müssen nur noch den neuen Wert dort überlagern. Also genügt

```
(RPLACA VALUE(*NTH I VECTOR)) .
```

In einem Programm, das Zugriffe und Speicheroperationen durchführt, müssen nun ständig die Typen abgefragt werden:

```
        .
        .
        .
;Speichern;
      (COND((EQ(GET VECTOR 'TYP)'FIXLENGTH)
                          (STORE (VECTOR I)VALUE))
            ((EQ(GET VECTOR 'TYP)'VARLENGTH)
                          (RPLACA(*NTH VECTOR I))))
                    .
                    .
                    .
;Zugriff;
      (COND((EQ(GET VECTOR 'TYP)'FIXLENGTH)
                          (APPLY VECTOR(NCONS I)))
            ((EQ(GET VECTOR 'TYP)'VARLENGTH)
                          (NTH I VECTOR))
```

Man sieht, das Programm wird nicht nur unübersichtlicher, es ist nun auch unbequem lang. Wesentlich günstiger (und LISP-gerechter) ist es, stattdessen den Vektoren neben dem Typ auch die Zugriffsfunktionen zuzuordnen und ihre Namen verfügbar zu machen. Dazu wird die dem jeweiligen Atom zugeordnete Struktur — die Eigenschaftsliste — verwendet. Beim Ausführen einer beliebigen Operation greift man auf die angepaßte konkrete Funktion zu:

```
                    .
                    .
                    .
;Speichern;
        ((GET VECTOR 'STORE_FN)VECTOR I)
                    .
                    .
                    .
;Zugriff;
        ((GET VECTOR 'ACCESS_FN)VECTOR I)
                    .
                    .
                    .
```

Diese Verfahrensweise ist nicht nur verständlicher, sondern sie hat auch den Vorteil, daß sie einfach zu erweitern ist: Neue Datenstrukturen können leicht in das Schema aufgenommen werden. Hinzu kommt, daß ein solches System für viele verschiedene Varianten von Datenstrukturen dennoch leicht dokumentierbar ist: Hat man einmal die Namenskonventionen für die Indikatoren der Verarbeitungsfunktionen in den Eigenschaftslisten festgelegt und erklärt, ist praktisch der wesentliche Teil der Dokumentation fertiggestellt.

Sandewall [SAN75b] beschreibt als wesentlich komplizierteres Beispiel das **PCDB**-System. Dieses System verwaltet eine Datenbasis von Assertions, die mit Hilfe des Prädikatenkalküls formuliert sind, und es geht davon aus, daß jedes Relationssymbol eine Serie von zugeordneten Funktionen hat: Eine Speicherfunktion, eine Ermittlungs- bzw. Zugriffsfunktion, eine Suchprozedur, Funktionen zur Beantwortung noch offener Fragen usw. Von diesen Relationen gab es etwa 30, und insgesamt bestand das System aus mehr als 150 Funktionen mit einer nicht einfachen Aufrufstruktur.

„Normalerweise ist eine Menge von 150 beliebigen Prozeduren höchst schwer zu verstehen und auf dem laufenden zu halten. In diesem Fall jedoch war jede Prozedur durch ihren Relationsnamen, ihren Zweck (Speicherung, Ermittlung usw.) und im Fall der offenen Fragen durch die Position des erfragten Arguments charakterisiert. Im Ergebnis ist es trivial, die Prozedur zu finden, die eine gegebene Aufgabe erfüllt, und wenn das Programm modifiziert wird, gibt es kaum eine Frage, wo die Änderung durchzuführen ist und ob sie andere Programmteile in Mitleidenschaft ziehen kann. Und was nun besonders wichtig ist, das alles wurde erreicht ohne separate Dokumentation all dieser Prozeduren — eine knappe Beschreibung der Namenskonventionen genügt." ([SAN75b], S. 12).

In dieser interessanten Arbeit diskutiert SANDEWALL eine Reihe von Stilfragen, die für fortgeschrittene LISP-Programmierung beachtet werden sollten.

# 2. Anwendungsgebiete von LISP

## 2.1. Einleitung

Jede Programmiersprache hat ihre bevorzugten Anwendungsgebiete und wird auf eine gewisse Art von diesen charakterisiert. Das gilt trotz der Existenz sogenannter *allgemeiner Programmiersprachen* (general purpose programming languages) wie PL/I und ALGOL 68. Zwar soll man mit diesen alle Probleme programmieren können, aber in Wirklichkeit werden entweder weite Anwendungsbereiche ausgespart oder mit Hilfe von Sprachdialekten bedient (PL/S für Systemprogrammierung usw.). Die interessante Wechselwirkung von Sprachentwurf (im Report), praktischer Implementierung und wirklichem Nutzerkreis (bzw. Nutzerverhalten) ist hier zu beachten.

Obwohl LISP ebenfalls eine allgemeine Programmiersprache ist, wird sie doch bevorzugt für Probleme der nichtnumerischen Informationsverarbeitung eingesetzt. In diesem Anwendungsbereich wiederum haben neuere Programmiersprachen Bereiche abgedeckt, die mit LISP nicht ganz so natürlich zu behandeln sind wie mit ihnen. Man denke etwa an Probleme der Text- und Fileverarbeitung.

Auf dem ureigensten Anwendungsgebiet, dem der künstlichen Intelligenz, hält sich LISP mit derselben Hartnäckigkeit, mit der FORTRAN für numerische Probleme aktuell geblieben ist. In beiden Fällen werden die Sprachen immer mal wieder totgesagt bzw. neuentwickelte Sprachen sollen sie ablösen. Die Ursachen für das Überleben sind recht ähnlich: der weite Nutzerkreis, die Menge an fertigen und laufenden Programmen und die geringe Qualitätsverbesserung, die die neuen Sprachen bieten. Kein Programmierer wird sich, ohne dazu gezwungen zu sein, in die endlosen Schwierigkeiten einer so komplizierten Umstellung einlassen, wie sie der Wechsel zu einer anderen Programmiersprache mit sich bringt.

Für denjenigen, der für ein abgegrenztes Anwendungsproblem eine Programmierungssprache ausgewählt hat, muß das Bekanntwerden mit dem ganzen Spektrum der Anwendungen höchst interessant und informativ sein. Das Wissen darüber dringt oft aus dem fast geschlossenen Kreis der Liebhaber der betreffenden Sprache nicht hinaus. In unserem Beispiel mag man sich darüber hinaus überlegen, wieso LISP für gerade diese Probleme die Programmiersprache Nummer 1 geblieben ist.

Um möglichst geschlossene Darstellungen der Anwendungsgebiete zu geben, haben wir Programme, die typisch sind für solch ein Gebiet, aber nicht in LISP geschrieben worden sind, nicht extra augeklammert. Dies trifft insbesondere für das Programm **ELIZA** als auch für eine ganze Reihe von Theorembeweisern zu, die nach dem Resolutionprinzip arbeiten. Wir glauben, daß dennoch die Charakterisierung des jeweiligen Wissenschaftsgebiets als typischen Anwendungsgebiet zu Recht besteht.

Seit dem Buch von Berkeley und Bobrow [BB64] ist keine Zusammenfassung von Anwendungsfällen von LISP mehr erschienen. Ein Projekt von 1970 ließ Bobrow fallen. So kann es sein, daß wichtige Anwendungsfälle nicht erwähnt werden, obwohl sie neue Anwendungsgebiete erschließen.

Zwei Gebiete wurden überhaupt nicht erwähnt: Das sind zum einen die theoretische Anwendung des LISP-Kalküls für die Beschreibung von Programmiersprachen und zum anderen LISP als Forschungsgegenstand. Während die neueren Beschreibungssprachen ihre LISP-Ähnlichkeit trotz ihrer Herkunft von McCarthys Ideen [MCC64] weitgehend abgelegt haben [WEG72b, LUK78], scheint es nicht angemessen, Arbeiten, die LISP zum Gegenstand haben (etwa [CAR76]) und sich LISP selbst dabei als Hilfsmittel bedienen, in einem Zusammenhang mit den übrigen „echten" Anwendungsgebieten zu erwähnen.

## 2.2. Verarbeitung natürlicher Sprache — Frage-Antwort-Systeme

### 2.2.1. Das Problem

Turing hatte 1947 [TU69] bei der Frage nach der Möglichkeit, Maschinen Intelligenz zu verleihen, ein Gedankenexperiment diskutiert, in dem ein Schachspieler abwechselnd gegen einen Menschen und gegen eine schachspielende Maschine antritt, ohne seinen Partner zu sehen. Seiner Meinung nach wäre eine Situation möglich, in der es dem Schachspieler außerordentlich schwerfiele zu entscheiden, ob sein Gegner ein Mensch ist oder nicht.

Bei der Frage nach der Definition von Intelligenz und dem Problem, wie künstliche Intelligenz zu erreichen sei, hat man dieses Gedankenexperiment zu einer Zielvorstellung abgeändert: Gelänge es, ein Programm zu entwickeln, das mit einem Menschen einen Dialog in natürlicher Sprache so führen könnte, daß dieser nicht in der Lage wäre zu entscheiden, ob er einen menschlichen Gesprächspartner hat oder sich mit einer Maschine unterhält, dann könne man diesem Programm künstliche Intelligenz nicht absprechen [PAL75].

Auf Grund dieser Vorstellung und durch die historische Entwicklung, die dazu geführt hat, daß im Zusammenhang mit Frage-Antwort-Systemen die wesentlichen Probleme der künstlichen Intelligenz gestellt und zu lösen versucht wurden, ist die Verarbeitung natürlicher Sprache zu einem zentralen Anliegen der Wissenschaft von der künstlichen Intelligenz (McCarthy gebraucht 1977 die Bezeichnung *cognology* für den Wissenschaftszweig und artifical intelligence für das Ziel) geworden.

Die Erfolgsaussichten für Versuche, natürliche Sprache mit Rechnern zu verarbeiten, werden seit den negativen Erfahrungen mit der automatischen Sprachübersetzung sehr zurückhaltend beurteilt. 1964 mußte das vorläufige Scheitern der Bemühungen in dieser Richtung eingestanden werden [ALP66].

Weshalb ist die Verarbeitung der natürlichen Sprache ungleich komplizierter als die der modernen Programmiersprachen? Antwort auf diese Frage finden wir bei einer Analyse der Unterschiede [LEH76]: „Auffallende Besonderheiten der natürlichen Sprache, denen bei der Modellierung des Sprachverstehens Rechnung getragen werden muß, sind:

— ihr reichhaltiges Repertoire sowohl an semantisch weitgehend fixierten Grundelementen (Wortschatz) als auch an generellen Ausdrucksmitteln (grammatische Formen und Funktionen wie Satzstrukturen, Referenzmechanismen usw.),
— ihre Vielfalt an Äußerungsformen (Sprachhandlungen, Funktionen der Sprache),
— das primäre Angelegtsein ihrer Ausdrucksmittel auf die aktuelle Herstellung von Sachbezügen, d. h. auf die situationsabhängige Charakterisierung sinnlich wahrnehmbarer Gegenstände und Sachverhalte der Umwelt,
— die weitgehende Übernahme dieser Ausdrucksmittel für die objektive Darstellung abstrakter Beziehungen und stark verallgemeinerter Aussagen, die bisweilen zu entweder recht umständlichen oder aber unklaren Formulierungen führt,
— die Fähigkeit, in letzter Instanz als Metasprache aller formalen Sprachen fungieren zu können, desgleichen auch als Metasprache für andere natürliche Sprachen und für sich selbst.

Da die wirkliche Welt nicht nur aus diskreten, scharf gegeneinander abgegrenzten Objekten besteht und überdies einer beständigen zeitlichen Veränderung unterliegt, spielen unscharfe Begriffe für das menschliche Denken eine große Rolle, was sich auch in der „Unschärfe" der Bedeutung der Äußerungen einer brauchbaren Universalsprache niederschlagen muß.

Darüber hinaus ist die Tatsache, daß die natürliche Sprache historisch gewachsen ist und nicht (wie formale Sprachen) nach rationalen Gesichtspunkten konstruiert worden ist, mitverantwortlich dafür, daß eine bestimmte Gegebenheit meist auf verschiedene Weise beschrieben werden kann und daß unvermeidlich Mehrdeutigkeiten in den unterschiedlichen sprachlichen Ebenen (Lexik, Syntax, Semantik) auftreten.

Von entscheidender Bedeutung für die Mühelosigkeit und das Tempo verbaler Kommunikation ist die normalerweise vorhandene Einbettung aller kommunikativer Akte in einen sprachlichen und situativen Kontext und damit die Abhängigkeit der intendierten Bedeutung jeder Äußerung von einer Sequenz vorausgegangener Äußerungen (dem Kontext), von der Kommunikationssituation (Ort, Zeit, beteiligte Personen, konkrete Umgebung, Anlaß und Zweck der Äußerung) und von der Gesamtheit des vom Sprecher bei der angesprochenen Person vorausgesetzten Vorwissens.

Ein außerordentlich wirkungsvolles Potential, das wesentlich zu der erstaunlichen Anpassungsfähigkeit der natürlichen Sprache an beliebige Gegenstandsbereiche beiträgt, liegt in den Möglichkeiten der elliptischen Verkürzung (zur Minimierung des erforderlichen deskriptiven Aufwandes) und des metaphorischen Sprachgebrauches (wobei das Verständnis der intendierten Bedeutung gewisser, in einem gewohnten Kontext auftretender Äußerungen an den Vollzug von Analogieschlüssen gebunden ist).

Die genannten Eigenschaften führen zu einem äußerst flexiblen und situationsbedingt ökonomischen Einsatz sprachlicher Mittel bei hoher Fehlertoleranz, d. h., ein gewünschter kommunikativer Effekt kommt zumeist trotz mehrfacher Verstöße gegen sprachliche Regeln noch zustande..."

Üblicherweise teilt man die Schritte bei der Sprachverarbeitung auf in lexikalische Analyse, Syntaxanalyse und semantische Interpretation. Während der lexikalischen Analyse werden z. B. Wortformen auf eine Grundform zurückgeführt, mit den im Lexikon aufgeführten Eintragungen verglichen und mit einem Repräsentanten identifiziert. Dabei wird versucht, das Wort in passende Klassen einzugliedern (Verb, Präposition u. ä.). Die Syntaxanalyse versucht, den Satz in seine grammatische Struktur zu zerlegen; üblicherweise wird dabei ein Zerlegungsbaum erzeugt. Die dabei zu befolgenden Regeln sind durch die Grammatik festgelegt. Im Zusammenhang mit der Analyse von Programmiersprachen ist viel über dieses Problem gearbeitet worden; die Verarbeitung natürlicher Sprache erfordert auf Grund der möglichen Mehrdeutigkeiten erweiterte Analysemethoden. Bei der semantischen Interpretation wird der Zerlegungsbaum in eine interne Zielsprache übersetzt. Diese interne Repräsentation ist wesentlich pragmatisch bestimmt: Was soll das Programm zum Sprachverstehen mit den Eingabesätzen anfangen? Im typischen Fall soll eine Eingabe mit einer Datenbasis von Fakten in Beziehung gesetzt werden. Deshalb wird eine innere Struktur so ausgewählt, daß sie einerseits der natürlichen Sprache nahekommt und andererseits die Arbeit mit der Datenbasis erleichtert (Einspeichern, Rückgewinnen, Deduzieren).

Die meisten implementierten Systeme zur Verarbeitung natürlicher Sprache benutzen für die innere Repräsentation eine Mischung von Ideen aus Bereichen der Logik, Linguistik und Programmierung: Prädikatenkalkül, Graphen bzw. Netze, linguistische Tiefenstruktur und Listenverarbeitung (LISP mit Listen, Graphen und Eigenschaftslisten).

Der wesentliche Fotschritt gegenüber den Arbeiten auf dem Gebiet der Sprachübersetzung besteht darin, daß man heute die Prozesse bei der Eingabeverarbeitung nicht in die angegebenen drei Aufgaben isoliert unterteilt. Zunächst hatte bei der maschinellen Übersetzung (machine translation) lediglich der lexikalische Aspekt eine Rolle gespielt; später trat die Berücksichtigung der syntaktischen Struktur hinzu. Semantische oder gar pragmatische Analyseschritte wurden nie richtig einbezogen. Gegenwärtig ist man sich bewußt, daß schon Entscheidungen der lexikalischen Analyse durch kontextbezogene semantische Überlegungen gesteuert werden müßten. Die erforderliche Verflechtung der Teilprozesse bereitet damit große methodische Schwierigkeiten, denn der modulare Programmaufbau ermöglicht die programmtechnische Beherrschung der Analyseverfahren.

Es ist hier nicht möglich, auf die einzelnen Probleme weiter einzugehen. Der Leser wird auf die Literatur (Überblicksartikel [PAL75, LEH76, SIMM65, SIMM70], Sammelbände mit neueren Resultaten [BO75, AD75, SCHA73, WINO72]) verwiesen.

Als wesentliches Problem hat sich immer mehr die Frage nach der passenden Wissensrepräsentation (Aufbau der Datenbasis) erwiesen. Die Auswirkungen einer angemessenen Entscheidung auf diesem Gebiet auf das gesamte Verarbeitungssystem sind enorm, hängen doch sowohl Eingabeanalyse als auch Such- und Ableitungsprozesse von ihm ab. Die wichtigsten Ideen dafür stehen natürlich in engstem Zusammenhang mit der internen Sprachrepräsentation; hier dominiert gegenwärtig das Paradigma der semantischen Netze [QI68], während sich die Vorschläge zur Wissensdarstellung durch Prozeduren [WOO68] oder durch Mengen von einfachen prädikatenlogischen Formeln (sogenannten *Klauseln*, vgl. [GRC69a, 69b, KOW74]) als weniger angemessen erwiesen haben.

### 2.2.2. Überblick über die Fähigkeiten einiger realisierter Systeme

1965 beschrieb SIMMONS [SIMM65] acht Systeme zur Verarbeitung natürlicher Sprache. Unter diesen nahmen die Programme **BASEBALL** [GRB61], **STUDENT** [BO63b], **SADSAM** [LIN63] und **SIR** [RA63] einen besonderen Platz ein.

**BASEBALL** beantwortete verschiedenste englischsprachige Anfragen über Ort, Zeit, beteiligte Mannschaften und Ergebnisse aller während einer Saison stattgefundenen Baseballspiele in den USA.

**STUDENT** löste einfache Textaufgaben im Oberschulniveau, wie z. B.: „Wenn die Zahl der Kunden von Tom das Doppelte des Quadrats von zwanzig Prozent der Zahl der Reklameannoncen ist, die er aufgibt, wieviele Kunden hat dann Tom, wenn er 45 Annoncen aufgibt?"

**SADSAM** bestimmte Verwandtschaftsverhältnisse zwischen Personen aus einem Kreis untereinander verwandter Menschen.

**SIR** beantwortete Fragen über Relationen zwischen Objekten. Gab man z. B. ein:

**Eine Nase ist Teil einer Person.**
**Ein Nasenloch ist Teil einer Nase;**
**Ein Professor ist ein Lehrer;**
**Ein Lehrer ist eine Person;**

so konnte man anschließend fragen: **„Ist ein Nasenloch Teil eines Professors?"**, und das System antwortete: **„Ja."**

Diese Systeme der ersten Generation hatten große Bedeutung für die Ermutigung der Forscher nach dem Zusammenbruch der Hoffnungen bezüglich der Sprachübersetzung. Sie beruhten auf geschickter Kombination von Ad-hoc-Techniken für die linguistische Analyse und einfachen Darstellungsmodellen; **STUDENT** und **SIR** waren in LISP programmiert.

Daß man mit recht einfachen Mitteln überraschende Resultate erzielen kann, bewies 1964 das System **ELIZA** [WEIZ66]. Dieses Programm führte keine vollständige Analyse der Eingabesätze aus, sondern versuchte, sie mit Grundmustern zu vergleichen. Ließ sich im Musterrepertoire ein passendes finden, dann antwortete **ELIZA** mit einer abgeleiteten einfachen Transformation des Eingabesatzes. Gab es kein entsprechendes Muster, dann benutzte **ELIZA** leere Floskeln oder ging auf frühere Themen zurück.

Die mit diesen recht unseriös scheinenden Methoden erzielten Ergebnisse konnten so manchen Uneingeweihten überraschen. Palme [PAL75] berichtet über eine Art Turing-Test, den **ELIZA** bestand: Ein Vertreter wollte ein Betriebssystem vorführen. Bei der Suche nach einer passenden Möglichkeit fand er ein Terminal, auf dem der Hinweis angebracht war „Reserviert für Prof. Bobrow". Er schrieb nun über den Fernschreiber Prof. Bobrow an, mit dem er glaubte verbunden zu sein, um sich über freie Rechenkapazität zu erkundigen. In Wirklichkeit aber war er mit **ELIZA** verbunden (vermutlich hatte Bobrow mit **ELIZA** gearbeitet und war kurzfristig aus dem Raum gegangen). Es entwickelte sich folgender Dialog ([PAL75], S. 211):

| | |
|---|---|
| Vertreter: | **„Denken Sie, daß ich heute morgen den Rechner benutzen kann?“** |
| ELIZA: | **„Warum fragen Sie?“** |
| Vertreter: | **„Ich könnte einige zusätzliche TELECOMP-Verkäufe machen.“** |
| ELIZA: | **„Warum sind Sie nicht sicher?“** |
| Vertreter: | **„Meine möglichen Käufer haben noch nie eine Vorführung des Systems gesehen.“** |
| ELIZA: | **„Bedeutet das denn viel für Sie?“** |
| Vertreter: | **„Aber ja!“** |
| ELIZA: | **„Sie scheinen sich Ihrer Sache aber sehr sicher zu sein!“** |
| Vertreter: | **„Sie verspotten mich!“** |
| ELLIZA: | **„Warum glauben Sie, daß ich Sie verspotte?“** |
| Vertreter: | **„Gibt es nun irgendeinen Grund, warum ich den Rechner jetzt nicht benutzen kann?“** |
| ELIZA: | **„Erzählen Sie mir mehr über Ihre wahrscheinlichen Käufer!“** |
| Vertreter: | **„Bitte rufen Sie mich unter 491–1850 an!“** |

Hier brach der Vertreter empört den Dialog ab, und es ist reizvoll sich vorzustellen, daß Bobrow wiederkam und alle Beteiligten in ein großes Gelächter ausbrachen.

Obwohl das zugrunde liegende Prinzip keinen schöpferischen Beitrag zur Fortentwicklung der Verarbeitung natürlicher Sprache geleistet hat, darf man **ELIZA** auch nicht als bloßen Unsinn abtun. Shapiro und Kwasny [SHA75] haben versucht, die Ideen von Weizenbaum in einem seriöseren System anzuwenden. Die hauptsächliche Bedeutung des Systems **ELIZA** liegt aber darin, daß in der Sprachverarbeitung deutlich wurde, daß wohltönende, in ihrer Logik kaum begründete Phrasen, die in einem losen Zusammenhang mit den Problemen eines Gesprächspartners stehen, kaum daneben treffen. Auf ähnliche Weise kommt der Erfolg der Wahrsager, Orakel aber auch der Pseudowissenschaft zustande. Man erinnere sich auch an die vielsagend hintergründigen Antworten in den Frage-Antwort-Spielen, die gut gemischte Karten produzieren können.

**ELIZA** zeigt außerdem deutlich die Fragwürdigkeit und Unbrauchbarkeit des sogenannten Turing-Tests. So erweist sich die künstliche Intelligenz als eine von den Wissenschaften mit einem zwar intuitiv recht klaren Ziel, das bisher aber weder hinreichend präzise formuliert noch zu einem exakten Kriterium entwickelt werden konnte.

Die Systeme der zweiten Generation zeigten einen wichtigen Schritt nach vorn. Die linguistischen Verarbeitungskapazitäten hatten sich wesentlich weiterentwickelt, die Eingabesätze durften eine ziemlich komplizierte Struktur haben. Daneben waren teilweise größere Möglichkeiten zum Ziehen von Schlußfolgerungen vorhanden. Beispiele für diese Systeme sind **LUNAR** [WOO72], **SHRDLU** [WINO71], **MARGIE** [GOLM73] und **SQAP** [SAN71].

**LUNAR** war gedacht für die Beantwortung von Fragen über die Mineralproben, die vom Mond stammten. Es gab eine große Datenbasis, die beschrieb, wo jede Probe aufgelesen worden war, welche Untersuchungen mit ihr ausgeführt worden waren, welches ihre Bestandteile waren usw. Man konnte nun in natürlicher Sprache konkrete Fragen über die Proben stellen, wie z. B.:

**„Was ist die durchschnittliche Aluminiumkonzentration in den hochalkalischen Steinen ?“**
oder:
**„Wieviele Bruchstücke enthalten Olivin ?“**
usw. usf.

**SHRDLU** verstand Fragen und Anweisungen, die sich auf Bauklötze bezogen, die auf einer Tischplatte verteilt waren. Das System war mit einem Manipulator gekoppelt, der die Anweisungen ausführte. Ein typisches Beispiel für einen Dialog mit **SHRDLU** ist etwa ([WINO74], S. 21ff.):

==: **Nimm einen großen roten Block.**
:== **OK.**
==: **Nimm die Pyramide.**
:== **Ich weiß nicht, welche Pyramide du meinst.**
==: **Finde einen Block, der schmaler ist als der, den du in der Hand hältst, und tue ihn in den Kasten.**
:== **OK.**
==: **Was ist in dem Kasten ?**
:== **Die blaue Pyramide und der blaue Block.**
==: **Was unterstützt die Pyramide ?**
:== **Der Kasten.**
==: **Wieviele Blöcke liegen nicht im Kasten ?**
:== **Vier von ihnen.**
usw. usf.

**MARGIE** zeigt eine Art Verstehen, indem es eine Eingabe auf verschiedenste Art formuliert wieder ausgibt oder indem es einfache Schlüsse zieht:

==: **John gab Mary etwas Aspirin.**
:== **John glaubte, daß Mary Aspirin möchte.**
:== **Mary ist unwohl.**

**SQAP** basierte in seiner ersten Version auf einem vereinfachten Englisch, mit dem man fast alles genauso präzise wie im natürlichen Englisch ausdrücken konnte; dabei waren aber schwer übersetzbare Teile oder mehrdeutige Elemente eliminiert worden. Die syntaktischen Haupteinschränkungen waren ([PAL75], S. 252): Alle Verben mußten in Partizip- oder in Passivform vorliegen, mehrdeutige Präpositionen waren ausgeschlossen, relativische Pronomina mußten Subjekte sein und mehrdeutige Konjunktionen mußten mit Klammern aufgelöst sein.

Seit etwa 1973 hat sich die Forschung stark aufgesplittert und versucht, Teilprobleme zu lösen. Es ist jedoch bekannt, daß z. B. bei der Firma XEROX an einem integrierten System zur Büroautomatisierung auf der Basis natürlicher Sprache gearbeitet wird.

Einen gewissen Eindruck von dem erreichten Stand vermittelt das Sprachverstehenssystem **SAM** [SCHA75a], eine Weiterentwicklung von **MARGIE**. Um einen Kontext zu haben, wird vor dem eigentlichen Dialog eine Geschichte eingegeben, aus der eine Datenstruktur aufgebaut wird, der *Script*. Neue Eingaben werden in den Script eingebaut; bei Fragen wird der angepaßte Script identifiziert und dann unter Verwendung von nach Kausalverknüpfungen vorgehenden Schlußfolgerungen beantwortet. Außerdem wird, etwa in der Art, wie dies **MARGIE** tat, eine Art Pharaphrase produziert. Folgendes Beispiel aus dem Jahre 1975 ist recht eindrucksvoll [SCHA75b]:

Eingabe: **John ging in eine Gaststätte. Die Kellnerin wies ihm einen Platz an. Die Kellnerin gab John eine Speisekarte. Der Ober kam zum Tisch. John bestellte Hummer. John wurde schnell bedient. John gab ein großes Trinkgeld. John verließ die Gaststätte.**

==: **Was aß John?**
:== **Hummer.**
==: **Wer gab John die Speisekarte?**
:== **Die Kellnerin.**
==: **Wer gab John den Hummer?**
:== **Wahrscheinlich der Ober.**
==: **Wer bezahlte die Rechnung?**
:== **Wahrscheinlich John.**
usw.

Paraphrase: **„John entschied sich, daß er in eine Gaststätte gehen sollte. John ging in eine Gaststätte. John sagte der Kellnerin, daß er gerne einen Tisch haben möchte. Die Kellnerin bedeutete John, er könne zu einem Tisch gehen. John ging zu dem Tisch. Die Kellnerin kam auch zu dem Tisch. John setzte sich auf den Stuhl. John bekam die Speisekarte von der Kellnerin. John las die Speisekarte. Der Ober sah, daß John am Tisch saß. Der Ober kam zum Tisch. John bestellte Hummer. Der Küchenchef rich-**

**tete den Hummer zu. Der Ober bekam den Hummer vom Küchenchef. Der Ober servierte John den Hummer. John aß den Hummer. John zeigte dem Ober, daß er gerne die Rechnung hätte. John bekam die Rechnung vom Ober. John gab dem Ober ein großes Trinkgeld. John bezahlte die Rechnung. John verließ das Restaurant.“**

Zusammenfassung: **„John ging in eine Gaststätte und aß Hummer.“**

(Bei diesem und den anderen Beispielen handelt es sich um möglichst getreu ins Deutsche übersetzte englische Dialoge.)

Im Zusammenhang mit diesem und mit allen anderen erwähnten Systemen darf nicht unerwähnt bleiben, daß es sich vorerst um experimentelle Systeme zu Forschungszwecken handelte, die fast ausnahmslos nur von der Gruppe benutzt wurden, von der sie jeweils entwickelt wurden. Daher ist es recht schwierig, objektiv zu beschreiben oder gar zu bewerten, welchen Sprachbereich diese Systeme überdecken und welchen Restriktionen sie unterliegen. Für einen wirklich praktischen Einsatz erscheinen die bisher vorhandenen Methoden trotz der offenkundigen Fortschritte noch nicht genügend ausgereift.

In den umfänglichen und hochgestochenen (allerdings ebenfalls experimentellen) Systemen für das Verstehen gesprochener natürlicher Sprache wie **SPEECHLIS** [WOO75], **HEARSAY II** [LES75], **HWIM** [WOO76], **HAPPY** [LOW76] und **SRI-SDC** [WALK75] kulminiert derzeit die Wissenschaft von der Verarbeitung natürlicher Sprache. Obwohl die komplexen Probleme bei der phonetischen Erkennung gesprochener Sprache zu denen bei der semantischen Analyse hinzukommen, scheint man durch klug gewählte Einschränkungen einige Erfolge erzielen zu können. Allerdings zeigt es sich, daß die gegenwärtige Hardware den Ansprüchen bezüglich Geschwindigkeit und anderer technischer Parameter noch nicht gewachsen ist, die man im Zusammenhang mit dem Sprachverstehen stellen muß.

## 2.3. Beweis logischer Theoreme

### 2.3.1. Das Problem

In einem Frage-Antwort-System tritt häufig die Situation auf, daß eine Frage gestellt wird, deren Antwort nicht durch bloßes Suchen in der Datenbasis gefunden werden kann. Es sind Deduktionsschritte nötig, um aus gegebenen Fakten und eventuell verfügbaren allgemeinen Sätzen solch einen unbekannten Tatbestand aufzuklären. Auf Grund der Wissensrepräsentation im Frage-Antwort-System kann eine solche Deduktion von verschiedener Komplexität sein.

Wenn wir an das im Abschnitt 2.2 erwähnte Beispiel für das System **SIR** anknüpfen, können wir es nun als Beispiel einer Deduktion interpretieren:

Die Frage: **„Ist ein Nasenloch Teil eines Professors?“** wird beantwortet, indem nach einer Deduktion für den Satz: **„Ein Nasenloch ist Teil eines Professors.“** aus der Datenbasis:

**Eine Nase ist Teil einer Person;**
**Ein Nasenloch ist Teil einer Nase;**
**Ein Professor ist ein Lehrer;**
**Ein Lehrer ist eine Person;**

gesucht wird.

Die *Relationen* zwischen den Objekten (Nase, Person usw.) können in der Datenbasis so abgespeichert sein, daß die *Deduktion durch Verfolgung der Relationsverbindungen* fortschreiten kann: Man beginnt z. B. beim Nasenloch und fragt nach verfügbaren Relationen. Um zu der Aussage „ist Teil von“ zu kommen, darf bei der Verfolgung der Relationsketten nur auf Eigenschaften von der Art „ist Teil von“ bzw. „ist ein“ (entspricht der Element- bzw. Teilmengenrelation) geachtet werden. Die Deduktion läuft umso schneller ab, je direkter sie vom „Nasenloch“ zum „Professor“ gelangt, d. h. je weniger Teilmengenrelationen berücksichtigt werden müssen. Bei der Suche nach der jeweils nächsten passenden Relationsverbindung bevorzugt das Deduktionsprogramm also die Relation „ist-Teil-von“.

In diesem praktischen Beispiel ist der Ablauf der Deduktion unmittelbar klar. Man sieht leicht ein, daß bei einem derartigen Vorgehen die Relationen bestimmte Eigenschaften haben müssen: Sie müssen transitiv sein und untereinander verträglich usw. Man wird jedoch erwarten, daß man auf diese Weise oft vorgehen kann.

Diese Art der Deduktionsprozedur heißt *positiv*, weil von der Datenbasis zum Fragesatz eine Deduktionskette aufgebaut wird ([PAL75], S. 237). Die Antwort auf die Frage ist „Ja“, wenn eine solche Kette gefunden wird, und „Nein“, wenn eine derartige Kette zur Negation der Frage aufgebaut werden kann.

Positive Deduktion muß nicht nur in der Konstruktion von Relationsketten bestehen. SANDEWALL [SAN69a, b] entwickelte für ein Frage-Antwort-System solche Methoden systematisch.

Eine grundsätzlich andere Möglichkeit, Deduktionen mit einer Datenbasis vorzunehmen, besteht in dem Versuch, aus der um die betreffende Frage erweiterten Datenbasis einen Widerspruch abzuleiten (*negative* Deduktion). Hier wird also eine Deduktionskette zu einem negativen Resultat gesucht:

Kann der Widerspruch abgeleitet werden, so ist die Antwort „Nein", kann der Widerspruch abgeleitet werden, wenn statt der Frage ihre Verneinung (Negation) aufgenommen wird, heißt die Antwort „Ja".

Da der Prädikatenkalkül oft als wesentliche Grundlage für die interne Repräsentation der Datenbasen benutzt wurde, ist es möglich, die Deduktionsprozeduren unabhängig von konkreten Frage-Antwort-Systemen zu entwickeln.

Neben der Anwendung in Frage-Antwort-Systemen tauchen ähnliche Probleme immer dort auf, wo eine Datenbasis mit neuen Fakten konfrontiert wird: Bei der Robotersteuerung, beim Lösen von Problemen usw. Außerdem gibt es Gebiete der nichtnumerischen Informationsverarbeitung, wo direkt logische Theoreme generiert werden und Aufmerksamkeit verdienen. Ein sehr anschauliches Beispiel ist die *Programmverifikation* (Abschnitt 2.5).

Schließlich kann man das Problem, Beweise für gegebene Sätze in einer mathematischen Theorie zu finden, für sich betrachten. In derselben Weise, wie die Programmentwicklung erleichtert, automatisiert und vom Rechner unterstützt wird, kann auch die Beweisführung unterstützt werden. Insofern tritt das Problem, Theoreme in einer formalen Sprache zu beweisen, als selbstständige Aufgabe an die Forschung heran. Durch die Formalisierung werden die Aspekte der natürlichen Sprache abgetrennt; die Produkte der Formalisierung, die Formeln, lassen sich durch rein syntaktische Umformungen manipulieren.

Von allen Teilgebieten der nichtnumerischen Informationsverarbeitung überlagert sich das Theorembeweisen mit der am meisten ausgearbeiteten Theorie des Gegenstandsbereichs. Schon vor der Zeit, da man sich über die Verwendung von Rechnern für das Beweisen logischer Theoreme Gedanken machte (seit etwa 1956 ist das der Fall), hat sich die Logik mit Beweisverfahren beschäftigt. Die dabei erzielten Resultate gehören zu den wichtigsten der Logik überhaupt; für die Möglichkeit bzw. Unmöglichkeit der Automatisierung mittels Maschinen spielen sie die entscheidende Rolle.

Die Logik stellt in den Mittelpunkt ihrer Aufmerksamkeit den Begriff des *Entscheidungsverfahrens*. Ein solches Verfahren ist ein allgemeiner Algorithmus, der für ein formales System zu jeder vorgelegten Formel in endlich vielen Schritten entscheidet, ob sie allgemeingültig ist oder nicht (der Leser konsultiere zu den benutzten Begriffen ein Lehrbuch der Logik, etwa [ASS72]).

Die Entscheidbarkeit (d. h. die Existenz eines Entscheidungsverfahrens) des Aussagenkalküls, also des formalen Systems, das Aussagen als Grundeinheiten betrachtet und nur ihre Verknüpfungen formalisiert, wurde 1921 durch Emil Post bewiesen. Für den Prädikatenkalkül 1. Stufe, d. h. für das formale System, das auch die Relationen zwischen den Variablen formalisiert und zu den logischen Verknüpfungen Quantifizierungen hinzu nimmt („für alle“, „es gibt ein“), konnte erst 1936 von Alonzo Church nachgewiesen werden, daß es kein Entscheidungsverfahren geben kann.

Damit sind der Automatisierung des Beweisens enge Grenzen gesetzt: Man kann zwar für jedes Theorem zeigen, daß es ein Theorem ist, jedoch für andere Aussagen (Formeln) kann es vorkommen, daß das Verfahren nicht abbricht. Das Unangenehme an der Situation ist, daß man keine obere Schranke für den zum Finden des positiven Resultats erforderlichen Aufwand angeben kann: In der Praxis wird man Beweisversuche abbrechen müssen, ohne zu wissen, ob für diesen Fall die Zeit nicht reichte oder ob ein prinzipielles Nichtterminieren vorliegt.

Man sagt, um diese Situation zu charakterisieren, daß der Prädikatenkalkül erster Stufe *halbentscheidbar* sei und daß man kein Entscheidungsverfahren aufstellen könne, sondern nur ein Beweisverfahren.

## 2.3.2. Das Resolutionsverfahren als oft benutztes Beweisverfahren

Trotz der negativen Resultate haben sich Logiker weiter mit der „Mechanisierung“ der Beweise im Prädikatenkalkül beschäftigt [BET55, HIN55, KAN57, SCHÜ54], und als man etwa 1957 mit der Implementierung beweisender Programme begann, konnte man ihre Ergebnisse verwenden. D. Prawitz [PRAW60] dürfte 1957 der erste gewesen sein, der ein solches Programm aufstellte. Anfang 1960 gab es schon eine ganze Reihe von Theorembeweisern. Die Möglichkeiten dieser Systeme waren auf Grund ihrer Eigenschaft, gewisse Ausdrucksmengen erschöpfend zu generieren bzw. abzusuchen, begrenzt. Ein entscheidender Durchbruch gelang J. A. Robinson etwa 1963 [ROB65] mit der Formulierung des Resolutionsprinzips.

In einem Programm, das nach diesem Prinzip arbeitet, wird versucht, die vorgegebene Formel zu *widerlegen*. Man versucht, aus der Verknüpfung der zur Debatte stehenden Formel und den Axiomen (Fakten der Datenmenge, Axiome einer Theorie usw.) einen Widerspruch abzuleiten, d. h. das gleichzeitige Auftreten eines Prädikats und seiner Negation für gleiche Argumente nachzuweisen.

Zunächst wird aus der Konjunktion („und“-Verknüpfung) von Formel und Axiomen eine *Normalform* abgeleitet. Dabei werden die logischen Verknüpfungen durch äquivalente Verknüpfungen mittels „nicht“, „und“ und „oder“ ersetzt. Die zu beachtenden Regeln ähneln den Ausklammerungsregeln der Arithmetik („ausdistributieren“). Die Normalform zeigt dann eine hinreichend hierarchische Form bezüglich des Auftretens der logischen Operatoren.

Die Grundbestandteile der Normalform sind die Atome, d. h. prädikative Ausdrücke, wie z. B.

**GRÖSSER(X,F(Y))** .

Nimmt man als einstellige Verknüpfung die Negation hinzu, so bekommt man die Klasse der *Literale*:

**NICHT GRÖSSER (Y, X)** , **KLEINER (Z, G(X))** usw.

Die Normalform selbst ist eine *Konjunktion von Disjunktionen von Literalen*, also beispielsweise

$$\mathbf{(L_1\ ODER\ L_2\ ODER\ ...\ ODER\ L_l)\ UND\ (L_{l+1}\ ODER\ ...\ ODER\ L_j)}$$
$$\mathbf{UND\ ...\ UND\ (L_k\ ODER\ ...\ ODER\ L_n)}\ .$$

Dabei sind etwa auftretende Quantoren zunächst an den Anfang der Formel geschoben worden (*Pränex-Normalform*) und dann nach einem von SKOLEM erdachten Verfahren (*Skolemisieren*) entfernt worden. In dieser SKOLEMschen konjunktiven Normalform versteht sich die Stellung der Operatoren von selbst, und deshalb läßt man sie meist weg. Das Programm arbeitet also mit einer Menge (der konjunktiven Normalform) von Klauseln (Disjunktionen), die ihrerseits Mengen von Literalen sind.

Von dieser *Klauselnmenge* geht nun das eigentliche Resolutionsverfahren aus. Dieses geht so vor, daß es versucht, passende Klauseln *auszuwählen*, in denen *verwandte* Literale auftreten (sowohl die Anzahl der Klauseln als auch die der berücksichtigten Literale variiert dabei je nach der speziellen Methode) und aus ihnen unter Herausschneiden der ausgewählten Literale eine neue, möglichst kürzere Klausel (die sogenannte Resolvente) zu bilden. Vereinfacht dargestellt, sucht man etwa eine Klausel, in der ein bestimmtes Literal steht, und eine zweite, in der das nämliche Literal, nur negiert, auftaucht. Die Resolvente besteht aus der Vereinigung beider Klauseln unter Fortlassen des jeweiligen ausgewählten Literals.

K1: $(\mathbf{A_1}, -\mathbf{A_2}, \mathbf{A_3}, -\mathbf{A_4})$ ,
K2: $(\mathbf{A_2}, \mathbf{A_3}, \mathbf{A_4}, \mathbf{A_6})$ ,
ausgewählte Literale: $-\mathbf{A_2}, -\mathbf{A_4}$; $\mathbf{A_2}, \mathbf{A_4}$ ,
Resolvente: $(\mathbf{A_1}, \mathbf{A_3}, \mathbf{A_5})$ .

Der *Widerspruch* taucht auf, wenn schließlich zwei Klauseln gefunden werden, deren Resolvente *leer* ist. Man sieht dies leicht, wenn man sich wieder der Vereinfachung bedient: Die Resolvente wird sicher leer sein, wenn eine Klausel existiert, in der nur ein einziges Literal steht, und eine andere Klausel, die nur aus der Negation dieses Literals besteht. Die Existenz dieser beiden

Klauseln bedeutet aber, daß das Literal und seine Negation durch „und“ verknüpft sind.

In dieser sehr knappen Beschreibung des Resolutionsverfahrens (für ausführliche Erläuterungen siehe etwa [ROB70, PIR74, BÖT75]) zeigen sich aber doch eine ganze Reihe von Problemen, die bei der wirklichen Implementation die Effizienz entscheidend beeinflussen: Die Klauseln sind auszuwählen, die Literale sind auszuwählen, die Verwandtschaft ist zu überprüfen, die Resolvente ist zu bilden. Für alle diese Teilprozesse sind Steuerungsverfahren (sogenannte *Strategien*) entwickelt worden, die sich teilweise überschneiden (man wählt etwa nur Klauseln mit passenden Literalen) und die die Resolutionsschritte merklich beeinflussen. Da meist Kombinationen verschiedener Strategien angewandt werden, gibt es leider bisher kaum Vergleiche über ihre Wirksamkeit im einzelnen (vgl. [MEL75, WILS76]).

Ein besonderes Problem beim Beweis ist die Berücksichtigung der *Gleichheit* als besonderes Prädikat. Man versucht im allgemeinen, eine der Seiten einer Gleichung durch die andere zu substituieren, muß sich jedoch dabei die Zweckmäßigkeit überlegen [ROBG69].

Die nach dem Resolutionsverfahren arbeitenden Beweiser haben erfolgreich ihre Bewährungsprobe bestanden. Die pessimistischen Äußerungen von Bledsoe [BLE71], daß die Resolutionsbeweiser die Eigentümlichkeit besitzen, entweder einen Beweis extrem schnell zu finden oder aber überhaupt nicht, scheinen inzwischen etwas überholt [MCC76].

Dennoch kann man eine grundlegende Tatsache feststellen: Das Resolutionsverfahren ist ein syntaktisches Verfahren,

— in dem erstens die Bedeutungen weder der Axiome noch des zu beweisenden Satzes berücksichtigt werden (einige Strategien erlauben die Bevorzugung von Klausen auf Grund ihrer Herkunft bzw. gehen von einer Ordnung der Literale aus, die der Nutzer auf Grund semantischer Überlegungen vorgeben kann; auch Wahrheitswertteste in vorgegebenen Interpretationen können durchgeführt werden (semantic resolution)),
— in dem zweitens die Struktur der betroffenen Formel durch die Bildung der Normalform zerstört wird und
— das drittens Beweislinien verfolgt, die für den Menschen nicht unmittelbar klar sind.

Ein „natürlicheres“ Beweisverfahren hätte sich mehr an menschlichen Vorgehensweisen zu orientieren (der Mensch könnte Beweisschritte der Maschine einfacher verstehen und wäre in der Lage, Hilfestellung zu bieten) und müßte sowohl strukturelle als auch semantische Eigenschaften des Beweisproblems stärker berücksichtigen.

### 2.3.3. Natürliche Beweisverfahren

Schon einer der ersten Theorembeweiser bediente sich keiner rein syntaktischen Methoden, sondern war nach Methoden aufgebaut worden, deren sich Studenten der Logik beim Beweisen von Theoremen bedienen [NEW56]. Doch war die Zeit (und die Rechner) für derartige Experimente nicht reif. Bezüglich der Anwendungsbeispiele bezeichnete Wang [WAN60] diese Vorgehensweise als mit „Kanonen nach Spatzen zu schießen".

Das erste Beweisprogramm, das die schon 1956 entwickelten Ideen für heuristische Beweismethoden aufgriff, war ein von Bledsoe [BLE72] für Beweise in der Mengenlehre aufgestelltes Programm. Dabei wurde zunächst ein Resolution-Theorembeweiser mit Programmteilen zur *Zerlegung* und *Vereinfachung* des zu beweisenden Theorems umgeben. Die in übrigen Gebieten der künstlichen Intelligenz erfolgreich benutzte Strategie, ein Problem in *Teilprobleme* aufzuteilen und so schrittweise zu lösen (Problemreduktion, vgl. [NIL71]), kombinierte Bledsoe mit der Idee, schon bewiesene Hilfssätze zur Beweisunterstützung heranzuziehen (Resolution-Theorembeweiser beweisen ständig primitive Tatsachen aufs neue) und den Menschen im *Dialog* anzusprechen, falls ein Unterziel nicht erreicht werden konnte. Dem gegenüber nimmt der Dialog bei Resolutionbeweisern, mit denen allenfalls auf die Strategieauswahl Einfluß genommen werden kann [ALL69], einen prinzipiell bescheidenen Platz ein.

Verbessert wurde die Basis der Nicht-Resolutionbeweiser durch die Übernahme der Gentzenschen Regeln des natürlichen Schließens [GEN35] als grundlegende Schlußregeln. Damit wurde die Strukturangepaßtheit verbessert und vertieft.

In seinem Überblick über die Methoden der „natürlichen" Theorembeweiser erwähnt Bledsoe folgende Grundkonzepte [BLE75b]:

- Benutzung von Datenbasen mit *relevantem Wissen*: Die Axiome und beim Beweis erhaltene Fakten über Objekte, die im Beweis eine Rolle spielen, werden hier aufbewahrt und benutzt, wenn solche Fakten gefragt werden.
- *Reduktion* komplizierter Prädikate zu einfacheren: Um einen Beweis auf möglichst abstrakter Ebene ablaufen zu lassen, werden die Theoreme mit komplexen Begriffen (Prädikaten) formuliert. Um die Verknüpfung dieser Begriffe für den Beweis auszunutzen, werden die Begriffsdefinitionen als Ersetzungsregeln für die Prädikate vom Nutzer angegeben. Wenn die Zerlegung eines komplexen Prädikats für den Beweis erforderlich wird, wird es entsprechend der Regel durch das Definiens ersetzt. In ähnlicher Form lassen sich auch Hilfssätze verwenden (bedingte Ersetzung).

- Algebraische *Vereinfachung*: Häufig tauchen kleine Teilausdrücke auf, in denen ganze oder reelle Zahlen eine wichtige Rolle spielen. Wollte man nun die Axiome für diese Zahltheorien hinzufügen und beim Beweis als normale Fakten in der Datenbasis berücksichtigen, würde der Ablauf stark verlangsamt. Statt dessen bevorzugt man eingebaute Vereinfacher, die die üblichen Eigenschaften der Zahlen und ihrer Verknüpfungen kennen (Kommutativität der Addition, der Multiplikation usw.).
- Spezielle Methoden für Ungleichungen: Auch Ungleichungen treten häufig auf. Angepaßte Programme sparen viel Zeit.
- Verwendung „natürlicher" Schlußregeln zur *Ausnutzung struktureller Eigenschaften* des zu beweisenden Theorems.
- Ableitung zusätzlicher „Voraussetzungen" durch vorwärtsgerichtete Deduktion.
- Steuerung der Beweissuche durch ein koordinierendes Programm.
- Spezielle Hinweise (advice), wie bestimmte Hilfssätze verwendet werden sollten.
- Einbau von Expert-Systemen (Gruppen von problemspezifischen Prozeduren) zur Lösung immer wiederkehrender Teilprobleme (z. B. für Induktion, Grenzwertbildung etc.).
- Benutzung von Modellen und Gegenbeispielen.
- Benutzung von Analogieschlüssen (ein ähnliches Theorem sollte mit ähnlichen Mitteln beweisbar sein).
- Dialog.

Es ist sicher, daß auch die „natürlichen" Systeme gegenwärtig noch nicht bei der Beweisfindung neuer Theoreme eingesetzt werden können. Man darf aber erwarten, daß Theorembeweiser vom Format des UT-interactive-theorem-prover [BLE75a] bemerkenswerte Beiträge auf dem Wege dorthin leisten werden (siehe aber [BROW78]).

## 2.4. Beweisüberprüfung

### 2.4.1. Das Problem

Das gegenwärtige Wissen über Beweisverfahren und ihre mögliche Effizienz kann keinesfalls fortgeschritten genannt werden. Die junge Wissenschaftsdisziplin des Theorembeweisens kann zwar beeindruckende Ergebnisse vorweisen, für umfassende praktische Anwendung reicht der derzeitige Stand jedoch nicht aus. Dies ist kein Wunder bei einer so komplexen Materie und sollte nicht entmutigen.

Um Mathematikern und Logikern bei ihrer täglichen Arbeit zu helfen, sind deshalb Systeme entwickelt worden, die einen pragmatischen Zweck verfolgen: Statt den Beweisprozeß zu automatisieren, wird nur die *Verwaltungsarbeit* für Beweise automatisiert. Dabei versucht man, den Verarbeiter für Beweiszeilen so zu erweitern, daß Korrektheitsprüfungen durchgeführt werden.

Das Problem, Beweise in einem formalen System zu überprüfen, ist, verglichen mit dem Problem, diese Beweise zu finden, von einem geringeren Komplexitätsgrad. Die Resultate von GÖDEL, TARSKI, TURING und CHURCH zeigen, daß allgemeine Beweisverfahren nur in sehr begrenzten formalen Systemen (etwa im Aussagenkalkül) konstruierbar sind; Beweise können aber in jedem formalen System überprüft werden.

Ein Beweisüberprüfer (proofchecker) könnte recht einfach programmiert werden, wenn die benötigte Eingabe (die in der passenden formalen Sprache geschriebenen Beweise) geliefert werden könnte. Da dies aber im allgemeinen jeden Benutzer überfordert, wenn man sich etwa mit der üblichen Prädikatenlogik 1. Stufe samt ihren Beweisregeln begnügt, muß das Programm mehr leisten, als man im ersten Augenblick wahrhaben möchte.

Zwei Probleme stehen dabei im Blickpunkt: Dem Nutzer soll eine relativ natürliche Eingabeform ermöglicht werden, und er soll sich solcher Beweisschritte bedienen können, die in normalen Beweisen vorkommen. Das heißt also, man hat ein formales System aufzustellen, dessen Schlußregeln und dessen Ausdruckskraft (Formulierungsmittel) die mathematische Praxis weitgehend widerspiegelt.

### 2.4.2. Drei Beweisüberprüfer

JOHN MCCARTHY hatte schon 1961 einen Beweisüberprüfer vorgeschlagen [MCC61a]. Auf seine Anregung hin schrieb P. ABRAHAMS eine Dissertation zu diesem Thema [AB63], die 1963 abgeschlossen vorlag.

ABRAHAMS' Beweisüberprüfer bestand aus zwei Teilen: dem Generator für den vollständig formalisierten Beweis (rigorous proof) aus der Eingabe und dem eigentlichen Überprüfer. Beide Teile waren als Coroutinen gekoppelt. Immer wenn der Generator einen Beweisschritt erzeugt hatte, verarbeitete der Überprüfer diesen Schritt und akzeptierte ihn bzw. lehnte ihn ab.

Die Eingabe der Beweisschritte erfolgte über eine Art Makrosprache, die der Nutzer nach eigenem Gutdünken erweitern konnte. ABRAHAMS zieht in [AB64] eine enge Parallele zwischen Programmieren und Beweisen und argumentiert, daß die eigentlichen Schlußregeln des formalen Systems auf dem gleichen Niveau stünden wie bei der Programmierung die Maschinenbefehle. Um die kleinen Schritte zu kombinieren und zu beherrschbaren, verständlichen Einheiten zusammenzufassen, sei ein synthetischer Ansatz, wie er eben in der Makrosprache zum Ausdruck komme, äußerst passend.

Unter den bereitgestellten Makros war z. B. der *Modus Ponens* — eine Regel, durch die Abtrennungen an Implikationen durchgeführt und Substitutionen angegeben werden konnten, um diese logische Schlußweise anwenden zu können. Ein anderes Makro löste die *λ-Konversion* [CH41] aus, ein weiteres den Versuch, eine bestimmte Konklusion aus einer gegebenen Prämisse abzuleiten.

Aus diesen Makros wurden die Beweisschritte generiert, die die formalen Schlußregeln enthielten. Davon waren zehn vorhanden: Regeln für die Einführung von Axiomen und bewiesenen Sätzen, für die Ausführung rein aussagetheoretischer Ableitungsschritte (darunter auch der eigentliche Modus Ponens), einige für Berechnungen und zwei für die Verarbeitung von Quantoren („für alle", „es gibt ein"). Schließlich gab es noch eine Regel für die Benutzung von Definitionen.

Die Beweisschritte, die dem Überprüfer übergeben wurden, bestanden aus dem Namen der Schlußregel (besser: des Schlußoperators) und aus ihren Parametern: Wollte man etwa ein bereits bewiesenes Theorem benutzen, so hatte man den Operator **USETHM** anzugeben, den Namen des Theorems und die Liste der Substitutionen für die Variablen.

Der Überprüfer analysierte einen solchen Schritt und erzeugte aus ihm eine Beweiszeile, falls die Prüfung erfolgreich verlief. Eine solche Zeile bestand aus der Zeilennummer, dem Text der Zeile, d. h. der mit dem Beweisschritt bewiesenen Aussage, und eine Liste von Voraussetzungen, von denen die Zeile abhing.

Ein Beweis war vollendet, wenn der Text der letzten Zeile dem zu beweisenden Theorem entsprach und keine Voraussetzungen in der Zeile auftauchten.

Leider ist die genaue Syntax der Eingabesprache nicht bekannt. Diese Sprache scheint aber der LISP S-Sprache sehr ähnlich gewesen sein, wenn man die Makrodefinitionen betrachtet ([AB64], S. 153):

```
EQL1 ((L1 L2) (L3)
        (SETQ L3 (FINDLINE L2))
        (CONJOIN (LIST L1 L2))
        (USETHM (QUOTE EQL1) (LIST(CADR L3)(CADDR
                                                L3)))
        (MODUS(LCM 2) (LCM 1))) .
```

Dies ist die Definition für ein sogenanntes internes Makro zur Erzeugung von **B**, falls die zwei Aussagen **A** und **(EQUAL A B)** existieren.

1972 baute R. Milner den Beweisüberprüfer für einen formalen Kalkül für berechenbare Funktionen (*Logic for Computable Functions*) von D. Scott [SCO69a] auf, das **LCF**-System [MIL72a]. In diesem System werden die Beweise in der Form von Kommandofolgen eingegeben. Es gibt Kommandos zum Einführen von Axiomen sowie Annahmen, zum Ausführen von Schlußregeln und zum Manipulieren des jeweiligen Ziels (des zu beweisenden Theorems). Neu bei **LCF** ist, daß die Beweisschritte nicht nur verwaltet und überprüft werden, sondern das System führt einige Schritte auch von allein aus, ohne daß der Benutzer dies im einzelnen fordern muß.

Um den Umgang mit dem Beweisüberprüfer zu erleichtern, ist dieser auf einem formalen System aufgebaut, dessen Schlußregeln dem Kalkül des *natürlichen Schließens* [GEN35] entsprechen. Hinzugenommen wurden weitere, dem **LCF**-Kalkül als typisiertem $\lambda$-Kalkül angemessene Regeln, die dem Benutzer als Kommandos verfügbar sind.

Übliche Aufgabe, vor der der Benutzer steht, ist der Beweis einer Aussage über ein Programm unter Voraussetzung von Annahmen über die benutzte Programmiersprache. **LCF** ist für die Dialogarbeit konzipiert: Zeilenweise werden die Kommandos eingegeben, das System überprüft sofort und baut intern eine Beweisstruktur auf. Dabei kann der Benutzer das Beweisziel in einzelne Teilziele aufspalten und neue Unterziele einführen, die seiner Meinung nach zum Erreichen eines solchen Teilziels nötig sind. Das System kennt die Hierarchie dieser Ziele und erleichtert dem Nutzer die Verwaltung. Es hilft sogar so weit, daß man etwa angeben kann, durch welches Beweiskommando ein gegebenes Ziel vermutlich erreicht wird und nun die für die Anwendung dieses Kommandos nötigen Voraussetzungen als neue Unterziele erzeugt werden.

**LCF** ist für Beweise von Programmen und Aussagen über rekursive Funktionen verwendet worden [MIL72b, c, WEY72, NEW74]. Eine Teilmenge ohne den Unterzielmechanismus und mit einigen Ersatzkommandos wurde 1974 als **LCF-small** von Aiello und Weyhrauch implementiert [AW74].

Für den Prädikatenkalkül 1. Ordnung haben Weyhrauch und Thomas 1974 einen neuen Beweisüberprüfer **FOL** aufgebaut. Ziel dieses Projekts war die Verwendung formaler Beweistechniken als praktisches Hilfsmittel für die Beweisüberprüfung in der reinen Mathematik und bei Korrektheitsbeweisen für Programme [WEY74]. Auch **FOL** benutzt einen Kalkül des natürlichen Schließens: das System der natürlichen Deduktion von Prawitz [PRAW65], erweitert um Möglichkeiten, eine mehrsortige Logik erster Ordnung zu behandeln und oft vorkommende Schritte abzukürzen (rein aussagenlogische Deduktionen werden in einem Schritt ausgeführt, Wahrheitswerte für einfache Behauptungen werden direkt berechnet). In begrenztem Maße sind auch metamathematische Argumente verarbeitbar.

Während in dem frühen System von ABRAHAMS lediglich die Symbolmanipulationsfunktionen von LISP (s. Abschnitt 3.5) eingesetzt wurden, so ist in den beiden neueren Systemen auch die Implementationssprache LISP genutzt worden: Hatte ABRAHAMS noch über die unnatürliche Notationsweise geklagt ([AB64], S. 159), so bieten sowohl **LCF** als auch **FOL** dem Nutzer gewöhnliche mathematische Notationsweisen an.

ABRAHAMS belegte die Eignung von LISP für die Zwecke der Beweisüberprüfung mit Hinweisen auf die Möglichkeiten zum Backtracking (vgl. 3.9.3). Damit war es möglich, Verarbeitungsschritte auszulösen, die zu Systemfehlern führen, eine Fehleranalyse durchzuführen und die Resultate für die Fortführung des Programms zu verwenden.

In **FOL** beginnt der Nutzer damit, daß er dem System die verwendete *Zeichenkonvention* mitteilt und wichtige *Grundbegriffe* vereinbart. Anschließend wird er gewöhnlich die verwendeten *Axiome* eingeben. Mit diesen Schritten wird also, kurz gesagt, der theoretische Rahmen festgelegt. Hinter der Einführung des Zeichen- bzw. Namensgebrauchs steht die Fähigkeit, mit verschiedenen Sorten von Objekten umgehen zu können: Ist in nahezu jeder mathematischen Theorie das Wissen über die Arbeit mit natürlichen Zahlen erforderlich, so kommt meistens hinzu, daß der Mathematiker es gleichzeitig mit verschiedenartigen Objekten zu tun hat, z. B. Mengen, Klassen, Funktionen von Mengen in Mengen usw., und daß er diese Objekte schon an ihren Namen unterscheiden möchte. Dies ermöglicht **FOL** durch die *Sorten.*

Da die Basis vieler theoriespezifischer Beweistätigkeit oft die *Mengenlehre* ist, bietet **FOL** vorfabrizierte Sequenzen von Deklarationen für Sorten und Definitionen von Axiomen für bekannte Systeme der Mengenlehre an. Daneben kann man auch modale Kalküle abrufen.

Die eigentlichen Arbeitskommandos sind Einführungs- und Beseitigungsregeln für die verschiedensten logischen Konnektoren. Diese entsprechen ihren Vorbildern in PRAWITZ' natürlichem Deduktionssystem [PRAW65]. Daneben sind Regeln zur Feststellung von Tautologien, Entscheidungsprozeduren für die Theorie der Gleichheit sowie explizite Substitutionsregeln und Unify-Kommandos (Vergleich von Formeln, die ähnliche aussagenlogische Formen haben, durch Manipulation der Quantoren und passende Substitutionen) verfügbar. Auch Vereinfachungen von funktionalen Ausdrücken durch Herstellung von Beziehungen zu LISP-Funktionen können durchgeführt werden. Wichtigster Anwendungsfall sind natürlich arithmetische Ausdrücke.

Die reinen Verwaltungskommandos sind so entworfen, daß sie dem Nutzer die Arbeit erleichtern: Einführung von Namen für Beweiszeilen, Arbeit mit

Files, in die entweder eine Kopie der gegebenen Kommandos gerettet wird oder die als abzuarbeitende Kommandofolgen betrachtet werden usw. usf.

Es dürfte interessant sein, Kommentare von Mathematikern zu hören, die sich dieses Systems bedient haben. Wann allerdings wirklich neue, komplizierte Sätze mit Hilfe eines ähnlichen Systems bewiesen werden können, bleibt abzuwarten.

## 2.5. Programmverifikation

### 2.5.1. Das Problem

Es ist eine bekannte und beklagenswerte Tatsache, daß Programme meist Fehler enthalten, d. h., sie liefern nicht immer das Ergebnis, das man von ihnen erwartet. Je größer ein Programm ist, desto schwerer wird die Aufgabe, sich seiner Richtigkeit zu versichern. Die übliche Methode des Testens kann nur dann als ausreichende Prüfung bezeichnet werden, wenn die Struktur des Programms berücksichtigt wird [HU75]; da es neben der vom Programmierer explizit angegebenen Struktur des Programmablaufs auch eine implizite gibt,[1]) erfordert ein vollständiger Test eigentlich ein vollständiges Abarbeiten aller möglichen Eingabewerte.

Durch die kombinatorische Explosion ist die umfassende Testung praktisch undurchführbar — Testen beschränkt sich daher auf die Auswahl möglichst typischer bzw. kritischer Beispiele. Hier hat auch die Feststellung „Testen kann nur die Existenz eines Fehlers zeigen, aber niemals seine Abwesenheit“ [DA72] ihren Ursprung. Man beachte übrigens, daß Tests nicht nur durchgeführt werden, um die Richtigkeit eines Programms festzustellen, sondern auch, um das Programmverhalten überhaupt zu erkunden.

Gegenüber dem Ausprobieren einzelner Anwendungsfälle hätte der Beweis, daß ein Programm seinen Spezifikationen genügt, den Vorzug, daß mit ihm für *alle* Eingabedaten die Korrektheit feststünde. Allerdings wird dieser Gewinn mit anderen Komplikationen bezahlt: Der Programmierer muß die Spezifikationen für sein Programm in einer formalen Sprache angeben. Meist wird hierfür der Prädikatenkalkül erster Stufe verwendet. So kann diese Aufgabe *genauso schwierig* sein wie das Programmieren selbst.

---

[1]) Die meisten modernen Rechner interpretieren die vom Nutzer in der einen oder anderen Urform gelieferten, schließlich als Folge von sogenannten Maschinenbefehlen vorliegenden Programme durch Mikroprogramme; treten Fehler auf, so werden Ausgänge dieser Mikroprogramme sichtbar, die für den Programmierer sonst uninteressant sind — im Fehlerfall werden über sie Unterbrechungen ausgelöst, z. B. bei Zahlenüberläufen oder Division durch Null.

Für größere Programme können solche Beweise nicht geführt werden, da die Menge der anfallenden Arbeiten menschliche Möglichkeiten übersteigt. Demnach benötigt man automatische Beweiser für diesen Zweck. Diese Beweiser wiederum haben derzeit noch nicht die Leistungsfähigkeit, die man im allgemeinen Fall brauchen wird.

Beide Probleme sind für die Programmverifikation eigentlich nur Randprobleme; dennoch verliert sie ihren Sinn, wenn diese nicht akzeptabel gelöst sind. Die bisherigen Systeme für die Verifikation von Programmen [GOO75b, SUZ76, HOO76, SCHO78] versuchen das erste Problem dadurch zu lösen, daß der Prädikatenkalkül durch Definitionsmöglichkeiten angereichert wird. Indem der Nutzer Definitionshierarchien für seine Prädikate (die problemspezifischen Begriffen entsprechen) und Hilfssätze über ihre Zusammenhänge angibt, wird es ihm möglich, die Programmspezifikationen problemnah und weitgehend natürlich niederzuschreiben.

Das zweite Problem bleibt ein Problem für den Wissenschaftszweig des Theorembeweisens (siehe Abschnitt 2.3). Um die Programmverifikatoren praktisch anwendbar zu machen, hat man nicht nur existierende Theorembeweiser [GOO75b, IG73], sondern auch ganz angepaßte Programme eingesetzt [SUZ76, HOO76]).

Wenn bisher auch keine wirklich großen Programme automatisch bewiesen wurden, so kann man dennoch sagen, daß die Programmgröße an sich nicht die Hauptschwierigkeit ist. Wenn es möglich ist, die Spezifikationen anzugeben, sollte auch ein Beweis möglich sein. Allerdings stellt für ein einigermaßen kompliziertes Programm von der Größenklasse eines Compilers oder Betriebssystems die Aufgabe, die Eingabe- und Ausgabebedingungen anzugeben, ein großes Problem dar (obwohl schon Teile von Compilern bewiesen wurden [LON71, PAI67]).

### 2.5.2. Ein typisches Programmverifikationssystem

Üblicherweise besteht ein Programmverifikationssystem aus drei Hauptteilen: einem Programmteil für die Umsetzung der Quellprogramme samt den Programmspezifikationen in eine interne Form, einem Programmteil für die Erzeugung logischer Theoreme aus diesen Eingabedaten (Erzeugung der sogenannten Verifikationsbedingungen) und schließlich dem Theorembeweiserprogramm.

Hier wollen wir uns nur mit dem Theoremerzeuger befassen, da über Theorembeweiser im Abschnitt 2.3 und über Sprachimplementation im Abschnitt 2.7 einiges zu finden ist. Man beachte dabei in beiden Fällen, daß es einige spezifische Aspekte für die Anwendung derartiger Programme für die Zwecke der Programmverifikation gibt, daß aber diese Besonderheiten bei einer Einführung in die Probleme nicht ins Gewicht fallen.

Die Generierung der Verifikationsbedingungen erfolgt üblicherweise nach dem Verfahren der *induktiven Assertions* [IG73, FL67a]. Dieses Verfahren verlangt, daß jeder mögliche Weg durch das Programm mit einer Anfangsbedingung beginnt und nach der letzten Programmanweisung eine Endebedingung besitzt. Als verschiedene Wege durch das Programm werden Folgen von Anweisungen verstanden, die von einem (dem) Anfangspunkt nach einem (dem) Endpunkt führen und sich mindestens in einer Anweisung unterscheiden. Wenn im Programm also eine Weiche (**if** ... **then** ... **else** ...) auftritt, dann verläuft eine Gruppe von Wegen durch den **then**-Teil und eine andere durch den **else**-Teil. Je mehr solche Weichen vorhanden sind, desto mehr unterschiedliche Wege gibt es im Programm.

Zu den Wegen, die vom Programmanfang zum Programmende führen (viele, wenn nicht die meisten Programme besitzen jeweils nur einen solchen Punkt) kommen noch die geschlossenen Wege im Programm, die Zyklen, hinzu. Auch für diese Wege gilt die Bedingung, daß am Anfang und am Ende jeweils eine Bedingung stehen muß. Die Besonderheit der Zyklen besteht darin, daß beide Bedingungen zusammenfallen. Diese Zyklenbedingungen enthalten daher im allgemeinen Aussagen über Zyklenkonstanten (etwa über gleichbleibende Konvergenzrichtungen o.ä., siehe [BAS75]) und werden für die induktiven Zyklenbeweise benötigt (daher induktive Assertions). Es leuchtet nun unmittelbar ein, daß ein Programm besonders gut analysierbar ist, wenn die Wege ohne Sprungbefehle (**GOTO**) programmiert sind: Die Suche nach der Fortsetzung des Weges kann im Einzelfall sehr kompliziert sein, wenn das Programm nicht wohlstrukturiert ist [DA72] bzw. wenn nicht höhere Sprachelemente für die Formulierung von Zyklen und Programmweichen verwendet worden sind.

Da ein Programm nur zusammen mit den geforderten Anfangs- bzw. Endbehauptungen (*Assertions*) verarbeitet werden kann, muß jemand, im allgemeinen der Programmierer, diese in den Programmtext aufgenommen haben. Es war schon darauf hingewiesen worden, daß hier ein erhebliches Problem liegt, insbesondere wenn die Assertions einem fertigen Programm hinzugefügt werden sollen. Um hier zu einer Erleichterung zu kommen, wurde vorgeschlagen, auch die Assertions während der Programmentwicklung nach und nach aufzubauen [GOO75a, WU76]. Es gibt auch Versuche, Zyklenassertions im nachhinein aus dem Programmtext zu generieren [GER75].

Beinahe alle Programmverifikationssysteme sind in LISP bzw. in auf LISP aufbauenden Sprachen geschrieben worden. Das liegt daran, daß ein Programm sehr leicht in eine Listenstruktur übergeführt und wie diese dann sehr bequem durch den Generator für die Verifikationsbedingungen verarbeitet werden kann.

Dieser Generator ist ein rekursives Programm, weil die Wege durch das Programm aus Programmanweisungen bestehen, die selbst wieder Programmanweisungen enthalten können (Blockverschachtelung, Möglichkeiten, in Zyklenkonstruktionen Anweisungen zu schreiben, usw.). Während das Verifikationssystem von King [KIN69], das erste arbeitsfähige System, die unterschiedlichen Wege noch generierte und einzeln durcharbeitete, kann ein rekursiv arbeitender Generator Wegverzweigungen durch rekursiven Aufruf für die einzelnen Zweige behandeln.

Die Verarbeitung des Programms kann prinzipiell in zwei Richtungen erfolgen, vorwärts oder rückwärts [GOO70], jedoch hat sich die rückwärtige durchgesetzt. Das Programm wird also vom Ende anfangend durchgearbeitet, dabei werden entsprechend der jeweils letzten Programmanweisung Aktionen durchgeführt, indem entweder der Generator rekursiv wieder aufgerufen wird (etwa für Zyklenanweisungen) oder die Endebedingung manipuliert wird.

Die für jede Anweisung erforderlichen Aktionen werden aus Schlußregeln einer durch Hoare [HOA69] eingeführten Programmlogik abgeleitet [IG73]. Besonders durchsichtig ist hier die Regel für die Zuweisung. Um diese angeben zu können, müssen wir einige Notationsweisen von Hoare einführen.

Wenn eine bestimmte Bedingung **Q** gilt, falls ein Programmstück **A** abgearbeitet wurde und vorher die Bedingung **P** gegolten hat, so schreiben wir

$$\mathbf{P}\{\mathbf{A}\}\mathbf{Q}\,.$$

Programmteile bestehen aus Anweisungen, die durch Semikolon voneinander getrennt sind. Wir notieren dabei meist nur die interessierenden Anweisungen und fassen die übrigen in einem Programmstück zusammen:

$$\mathbf{A};\; x := 1$$
$$\mathbf{A}';\ \mathbf{while}\ \mathrm{y} < \mathrm{n}\quad \mathbf{do}\quad \mathrm{x} := \mathrm{x} * \mathrm{a}\,;$$

Wenn wir zu einem Programmteil Anweisungen hinzufügen können, ohne daß sich die Endebedingung ändert (bzw. ohne daß die alte falsch wird), wollen wir dies so notieren, daß die alte Programmaussage über einen Strich geschrieben wird und die neue unter einen Strich:

$$\frac{(\mathrm{X}=3)\ \{\mathrm{A}\}\ (\mathrm{X}=\mathrm{Y}+3)}{(\mathrm{X}=3)\ \{\mathrm{A};\mathrm{z}:=1\}\ (\mathrm{X}=\mathrm{Y}+3)}\,.$$

Einen derartigen Ausdruck nennen wir Schlußregel. Wenn die zum Programm **A** hinzugefügte Anweisung für die Endebedingung relevant ist, dann wird unter dem Strich eine andere Endebedingung stehen als oben.

Damit sind genug Notationsmittel eingeführt, um die Regel für die einfache Zuweisung angeben zu können:

$$\frac{\mathrm{P}\ \{\mathrm{A}\}\ \mathrm{Q(e)}}{\mathrm{P}\ \{\mathrm{A;x:=e}\}\ \mathrm{Q(x)}}\ .$$

Hier bedeutet **Q(x)** den logischen Ausdruck, der aus **Q(e)** durch Substitution von **x** für **e** hervorgeht (mögliche Notation: **Q(x/e)**) .

Da die Mehrheit der eigentlichen Programmaktionen in Zuweisungen besteht und bei der Verarbeitung jeder Zuweisung der angegebenen Regel folgend eine Substitution durchzuführen ist, heißt die Methode, nach der die Programme rückwärts entsprechend den Schlußregeln durchgearbeitet werden, backward substitution. Allerdings werden nun diese Regeln zur Zerlegung und nicht zur Komposition des Programms benutzt und von unten nach oben gelesen: Wenn das Programm **A;x:=e** unter der Anfangsbedingung **P** der Endebedingung **Q** genügen soll, dann muß das Programm **A** unter der Anfangsbedingung **P** der Endbedingung **Q(e/x)** genügen (der Teilausdruck **e/x** bedeutet keine Division, sondern zeigt die Substitution an).

Der Generator für die Verifikationsbedingungen hat, entsprechend dieser Notationsweise, drei Argumente: die Anfangsbedingung, das Programm und die Endebedingung. Alle drei liegen als Listenstruktur vor, und sowohl die Durcharbeitung als auch die Substitution lassen sich leicht in LISP programmieren. Wenn etwa die dem Programm entsprechende interne Listenstruktur so gewählt ist, daß der Typ der letzten Anweisung (bzw. des ersten Listenelements, falls die Liste das umgekehrte Programm repräsentiert) aus dem ersten Element der Teilliste ermittelt werden kann, die die Anweisung darstellt, dann läßt sich das Generatorprogramm ziemlich direkt aus den Schlußregeln ableiten ([IG73], S. 34).

Die logischen Theoreme entstehen immer dann, wenn ein Weg bis zu Ende abgearbeitet wurde: konkret dann, wenn Zyklenkonstruktionen auftauchen (die in ihrer Gesamtheit einen Weg repräsentieren) oder wenn das Programmstück leer geworden ist. Da für ein leeres Programm eine Anfangsbedingung die Endebedingung implizieren muß, damit diese gilt, werden durch den Generator Implikationen erzeugt, die für einfache Wege aus der Anfangsbedingung (Prämisse) und der veränderten Endebedingung (Hypothesis) bestehen, während für Zyklen die Anfangsbedingung aus der induktiven Assertion und der Zyklusbedingung (die Bedingung, entsprechend der der Zyklus weiter durchlaufen wird) und die Endebedingung aus der veränderten Zyklus-Assertion besteht.

Wenn für eine Programmiersprache einmal ein System von Schlußregeln formuliert ist, liegen die Probleme bei der Erstellung des Verifikationsbedingungsgenerators bei der Behandlung von allgemeinen Datenstrukturen.

Kleinere Komplikationen bringen verschachtelte **IF**-Anweisungen und Prozeduraufrufe mit sich. In der Literatur werden diese Fälle ausreichend besprochen [IG73].

Die erzeugten Theoreme werden dann an den Theorembeweiser weitergereicht. Oft reicht schon eine arithmetische Vereinfachung aus, um den Beweis trivial werden zu lassen. Sollte ein Beweis einmal versagen, weil das Teiltheorem falsch ist, so kann man eine Beziehung zwischen dem Theorem und dem Programmstück herstellen, in dem der Fehler liegen muß. Allerdings können auch die Assertions (Spezifikationen) falsch sein. Durch einen iterativen Berichtigungsprozeß können schließlich auch diese Programmteile verifiziert werden [HEN75].

## 2.6. Formelmanipulation

### 2.6.1. Das Problem

Jeder Praktiker, der viel mit mathematischen Formeln zu tun hat, kann ein Lied davon singen, wie zeitaufwendig die Arbeit mit ihnen sein kann. Nach tagelanger mühevoller Beschäftigung mit seitenlangen Formelschlangen, Differentiationsaufgaben, Lösung komplizierter Integrale und Ausmultiplizier- bzw. Ausklammerungsaufgaben kann eine elegante Lösung gefunden sein, deren Richtigkeit offensichtlich sein mag, aber oft auch dürfte es vorkommen, daß die Überprüfung wieder Tage dauert. Viele der wissenschaftlichen Fragestellungen werden schließlich durch numerische Auswertung der Formeln beantwortet, die das Problem beschreiben. Die analytische Vorbereitung dieser Rechnungen kann mit erheblichem Effekt verbunden sein: Manchmal erreicht man sogar, daß die Lösung überhaupt symbolisch angegeben werden kann — eine Integration kann nach Regeln der indefiniten Integration durchgeführt und durch Einsetzen von Grenzen eine *exakte* Zahl ermittelt werden. Oder eine gesuchte Formel muß nicht durch Approximation gesucht werden, sondern man kann sie als symbolischen Ausdruck hinschreiben. In vielen ähnlichen Fällen hat die analytische Aufbereitung den Vorteil, daß ein *exaktes Ergebnis* erreicht wird, während ein numerisches Verfahren von vornherein mit dem Problem der *Rundungsfehler* und der *Fehlerfortpflanzung* belastet ist.

Gar nicht so selten sind Situationen gegeben, wo numerische Verfahren überhaupt versagen. Es kann sein, daß entweder die Verfahren selbst sehr empfindlich sind oder die Problemsituation so ungünstig ist, daß sich zwar Ergebnisse berechnen lassen, die aber praktisch unbrauchbar sind: Die Fehler sind vielleicht betragsmäßig größer als das Ergebnis selbst.

In einem solchen Fall kann eine symbolische Lösung die *einzig mögliche* sein. Oft haben einige analytische Vorbehandlungen des Problems den Effekt, daß zu einem günstigeren Ausgangspunkt vorgestoßen werden kann.

So kann in einzelnen Fällen die symbolische Rechnung wesentlich *billiger* und *effektiver* sein als die numerische. Meist aber wird durch *günstige Kombination* beider Verfahren eine enorme Kosteneinsparung erreicht werden.

Ein Programm, das dem Wissenschaftler diese mühevolle und größtenteils mechanische Arbeit abnehmen könnte, wäre ein Segen für die wissenschaftliche Welt, möchte man meinen. Nun existieren Formelmanipulationssysteme für die praktische Anwendung seit Beginn der sechziger Jahre (z. B. [HEA64, HEA67, HEA73]). Überraschenderweise ist die Nutzerzahl aber nicht so groß, wie man erwarten könnte. Wie Cohen et al. [CO76] schreiben, habe man den Eindruck, daß es mehr Systeme für die Formelmanipulation gebe als Nutzer (vgl. dagegen Fitchs Feststellung vom „schleichenden Durchbruch" [FIT79]).

Ursache dieser Situation ist nicht nur die Tatsache, daß die Existenz dieser Systeme nur einem kleinen Kreis von Eingeweihten bekannt ist. Denn wären die wissenschaftlichen Resultate dieser Wissenschaftler aufsehenerregender als die der übrigen, dann würde der Nutzerkreis schnell anwachsen. Nur in Wissenschaftsbereichen, in denen man derartig große Formelmengen bewältigen muß, daß ein Verzicht auf automatische Verarbeitung gleichbedeutend ist mit der Unmöglichkeit, überhaupt noch neue Forschungsresultate zu erzielen, haben sich die Formelmanipulationssysteme weitgehend durchgesetzt. Ein Beispiel hierfür ist die Relativitätsphysik [CO76].

Für den potentiellen Nutzer eines solchen Systems besteht zunächst das *Zugriffsproblem*: Wenn er nur schwer an einen Rechner herankommt und Stunden damit verbringen soll, eine konkrete Formelmanipulationsaufgabe vorzubereiten (die Mühe überhaupt Rechenzeit zu bekommen; der Kampf mit dem Rechenzentrum, um dessen nutzerfeindliche Festlegungen aufzuweichen bzw. überhaupt vollständig zu erfahren; die Frage, ob Direktzugriff möglich ist, oder ob zunächst Datenträger vorzubereiten sind: Lochkarten implizieren Lochfehler usw. usw.), dann wird er doch lieber mit seiner erprobten sicheren Bleistift-Papier-Methode vorankommen. Kurz gesagt: Formelmanipulation lohnt sich erst, wenn man im Dialog arbeiten kann.

Es gibt aber eine Reihe von Problemen, die die Formelmanipulationssysteme direkt angehen: Da ist zunächst das Problem der *Eingabe der Daten*. Ein restriktives Formelmanipulationssystem, das vom Nutzer ein ihm völlig fremdes, unerklärliches Formelformat verlangt, weil dieses Format leichter verarbeitet werden kann, wird sicher weniger Nutzer finden, als ein System, das an die üblichen Notationsweisen anknüpft. Wie sollen z. B. auf Lochkarten Summationsformeln untergebracht werden, die zweidimensional sind?

Ein weiteres Problem bezieht sich auf die Verarbeitungsmöglichkeiten der Systeme: Zwar kann sich jeder Wissenschaftler noch einigermaßen vorstellen, daß etwa die symbolische Differentiation mechanisch durchführbar ist; aber die Zusammenfassung und Vereinfachung? Es ist außerordentlich problematisch, was Vereinfachung überhaupt bedeutet: In einem *bestimmten Zusammenhang* kann die Formel **(a + b)**2** einfacher sein als **a**2 + 2*a*b + + b**2**, in einem anderen Zusammenhang aber sicher die zweite Formel.

Wie weit wird ein System integrieren können? Was darf man überhaupt an Möglichkeiten zur Strukturerkennung erwarten? Schließlich kann ein gegenwärtiger Rechner nur lineare Strukturen verarbeiten. Um zu einem mittleren Datenelement zu kommen, benötigt er eine Adresse oder bewegt sich Schritt für Schritt dorthin. Das Erfassen einer Struktur muß so äußerst langsam vor sich gehen im Vergleich zum schnellen Erfassen gerade struktureller Zusammenhänge durch den Menschen.

Die Fähigkeiten, die ein derartiges System hat und die Bequemlichkeit, mit der man sie ausnutzen kann, bestimmen demnach die Benutzerzahl in hohem Maße.

Genauso wie die Eingabe bestimmt auch die Ausgabe die Handlichkeit eines Formelmanipulationssystems.

Die Tatsache, daß die meisten wirklich benutzten Formelmanipulationssysteme von Fachleuten des Gebietes entworfen und aufgebaut wurden, für das sie gedacht waren, zeigt, daß die Angepaßtheit und Nutzerfreundlichkeit vor der Effizienz den Nutzer anzieht.

### 2.6.2. Ein Beispiel für ein Formelmanipulationssystem und seine Fähigkeiten

LISP wurde von Anfang an für Probleme der Formelmanipulation benutzt. Eine ganze Reihe von Systemen sind entweder in LISP programmiert worden bzw. sind in LISP-Systeme eingebettet [CO76, PRO66, PEK71].

Eines der am weitesten fortgeschrittenen Systeme ist **MACSYMA** [BOG75]. Dies ist ein umfangreiches System für die Formelmanipulation, das am MIT Cambridge auf Grund der Erfahrungen mit einem allgemeinen Formelmanipulationssystem (**MATHLAB** [ENG65]), einem spezielleren System für die Integration (**SIN** [MOS67]) und einem weiteren Formelmanipulationssystem [MART67], das sich durch seine hervorragenden Ein- und Ausgabemöglichkeiten auszeichnete, seit 1969 durch J. Moses, W. Martin und C. Engelman entwickelt wurde (heute MATHLAB-Gruppe unter der Leitung von J. Moses). **CSYMA** ist für den Dialogbetrieb gedacht: Der Anwender sitzt an einem Sichtgerät und gibt seine Formeln bzw. Anweisungen über eine

Tastatur ein. Die Eingabezeilen erscheinen auf dem Bildschirm und werden sequentiell durchnumeriert. Mit dem jeweiligen Endezeichen teilt man dem System mit, ob man das Resultat der Anweisung sehen will oder nicht. Während die Eingabe als eindimensionale Zeichenkette aufgebaut ist, gibt das System seine Antworten in einem zweidimensionalen Format aus. Ein Polynom mit Gliedern höherer Ordnung z. B. wird ausgegeben als:

$$8\,Y^4 - 8\,Y^2 + 1\,. \qquad \text{([BOG75], S. 13)}$$

Die entsprechende Eingabezeile würde lauten:

```
8*Y∧4-8*Y∧2+1;
```

Rationale Ausdrücke werden in drei Zeilen ausgegeben, wenn Bruchstriche vorkommen:

```
        SQRT (B/ - 4 C) + B
X = - ---------------------
                2
```

folgt als Antwort auf:

```
SOLVE(X∧2+B*X+C, X);                    ([BOG75], S. 3)
```

Zweidimensionale mathematische Symbole (Summationszeichen, Produktzeichen. Intergrationszeichen) werden durch Hilfszeichen zusammengesetzt: Nach Eingabe von

```
INTEGRATE (F(X),X,A,B)+X;
```

erscheint

```
  B
 /
 I
 I F(X)DX + X .                        ([BOG75], S. 54)
 I
 /
A
```

Auch solche Ausdrücke wie die zur Maximum-, Minimum- und Grenzwertbildung werden in der üblichen zweidimensionalen Art angegeben: Nach Eingabe von

```
LIMIT (F(R)**G(X+1), X, 0, MINUS);
```

erscheint

```
LIMT F(X) G(X + 1) .
X → 0-
```

Die Eingabesprache ist eine ALGOL-ähnliche Ausdruckssprache (d. h. alle Sprachkonstrukte wie Zuweisung, Zyklenanweisung u. ä. haben einen Wert). Die Zahlen in dieser Sprache können beliebig groß bzw. beliebig genau sein; um effizient arbeiten zu können, sind sie in mehrere Typen eingeteilt. Auch die Namen, die im wesentlichen entsprechend den üblichen Regeln aufgebaut sein müssen, dürfen beliebig lang sein. Bei der Benutzung der Namen für Variable gibt es eine kleine Besonderheit: Hat die Variable noch keinen Wert bekommen (dies gilt auch für indizierte Variable), so wird als ihr Wert sie selbst genommen (also der Name; dies entspricht der Quotierung in LISP)!

Zuweisungen werden auf die übliche Weise notiert, der Zuweisungsoperator ist :. Die Operatoren in den Ausdrücken entsprechen den in Programmiersprachen üblichen (+, −, *, /, **), mit zusätzlichen kann der Nutzer die Auswertungsrichtung beeinflussen. Es gibt Möglichkeiten für die Definition von Funktionen, Feldern, Listen und Matrizen.

Unter den Ausdrücken spielen die Gleichungen eine besondere Rolle. Da jede Eingabezeile und jede Ausgabezeile eine besondere Identifizierung tragen, kann man sich auf frühere Zeilen beziehen. Auf diese Art kann man etwa zwei Gleichungen addieren bzw. eine einmal eingegebene Gleichung modifizieren:

```
(C1)  X+1 = Y 2 $
(C2)  X-1 = 2*Y+1 $
(C3)  D1+D2 ;
(D3)  2 X = Y² + 2 Y + 1  .                ([BOG75], S. 16)
```

Hier entsprechen die Zeilen **D1** und **D2** den Zeilen **C1** und **C2**, sie sind wegen des **$**-Zeichens unterdrückt worden. **C** bedeutet immer Eingabe, das **D** immer Ausgabe.

Kompliziertere Berechnungen und Funktionen können mit Hilfe weiterer Sprachelemente ausgedrückt werden: Es gibt das **IF**-Statement, das Compound-Statement, Block-Konstruktionen und Zykluselemente (etwa in der Form des **FOR**-Statements in ALGOL). Alle diese Sprachelemente scheinen für die normalen Zwecke auszureichen, die ein Nutzer verfolgen will; für besondere Wünsche gibt es Möglichkeiten, die Syntax zu ändern (durch Veränderung der Operatorenmenge und ihrer Eigenschaften).

Ein zentraler Teil des Verarbeitungssystems ist, wie in den meisten ähnlichen Systemen, der Vereinfacher. Im allgemeinen ist die Frage, ob ein gegebener Ausdruck einfacher sei als ein anderer äquivalenter nur im Zusammenhang mit dem Zweck entscheidbar, den man mit dem vereinfachten Ausdruck verfolgt (es gibt natürlich eine genügend relevante Klasse von Vereinfachungsfällen, wo die Frage ganz klar beantwortet werden kann). Außerdem hat sich gezeigt, daß man für die verschiedenen Operatoren verschiedene

Ausdrucksrepräsentationen verwenden sollte, um die Verarbeitung angepaßt und effizient ablaufen lassen zu können (vgl. zu den verschiedenen Formelmanipulatoren und den von ihnen benutzten Ausdrucksrepräsentationen [MOS71]). Man sollte also besser von Transformationen zwischen wertgleichen äquivalenten Ausdrücken sprechen [MÄ75].

Allerdings kann man die Frage, ob zwei Ausdrücke äquivalent sind, im allgemeinen Fall nicht entscheiden [RIC68]. Für praktisch wichtige Spezialfälle (Polynome und rationale Funktionen) ist dies aber möglich, und es läßt sich eine kanonische Form angeben: Die Ausdrücke lassen sich so in einer bestimmten Weise standardisieren, daß Wertgleichheit mit Ausdrucksgleichheit zusammenfällt.

**MACSYMA** versucht, für jeden Ausdruck eine kanonische Form zu finden (*general form*); sind jedoch Elemente vorhanden, die dies unmöglich machen, dann wird ein Kompromiß versucht. Ganz grob gesprochen: Der Vereinfacher reduziert die Ausdrücke, indem er sie auf der Basis der vorher in sich geordneten Teilausdrücke ordnet. Konstanten stehen vor Variablen, diese vor Funktionsausdrücken. Die letzteren werden zunächst nach der Kompliziertheit der Argumente geordnet und nach ihren Namen, wenn die Argumente gleich sind ([BOG75], S. 28).

Der Ausdruck **X** + **1** in der externen Form wird zu

**((MPLUS SIMP)1 $X)**

vereinfacht. Die Unterliste, die hier als erstes Element auftritt, beschreibt den Ausdruck (er ist in diesem Fall schon vereinfacht, wie das Element **SIMP** andeutet), mit dem **X** vor dem **$** wird ein Unterschied hergestellt zwischen Variablennamen des Nutzers und des Systems.

Bei der Vereinfachung nutzt das Programm eine Menge von „eingebautem Wissen" über Algebra aus, versucht Brüche zu vereinfachen und Ausdrücke mit trigonometrischen Funktionen zu beseitigen. Dabei läßt sich manchmal keine strenge Trennung vornehmen zwischen der Auswertung eines Ausdrucks und seiner Vereinfachung.

Eine Besonderheit des Vereinfachers in **MACSYMA** ist die Möglichkeit, Teilausdrücke für sich allein behandeln zu können. Mit Hilfe von *Mustervergleichsmechanismen* (pattern matching) werden viele Schritte der Vereinfachung ausgelöst. In **MACSYMA** kann der Benutzer neue Transformationsregeln angeben oder alte entsprechend seinen Wünschen ändern.

Die für Polynome und rationale Funktionen vorhandenen Verarbeitungsalgorithmen schließen neben Hornerscher Repräsentation, der Addition, Subtraktion, Multiplikation und Division vor allem die Bildung des größten gemeinschaftlichen Teilers und die Faktorisierung ein. Dabei wurden teilweise neueste Forschungsresultate dienstbar gemacht. Daneben existieren

Teile für die Lösung linearer Gleichungssysteme und von Systemen von Polynomgleichungen.

Der Benutzer kann TAYLOR-Entwicklungen veranlassen, Limites, Summen und Produkte auswerten, LAPLACE-Transformationen durchführen und vieles andere mehr. Auch Tensor- und Matrixmanipulationen sind verfügbar.

Ein wichtiger Teil des Systems ist im Integrationssubsystem zusammengefaßt. Es besteht aus fünf Komponenten: Integration von rationalen Funktionen, dem Integrationsprogramm **SIN** für Nicht-Standardintegrale, dem RISCHschen Integrationsalgorithmus [HOR69, RIS69], dem Programm für Grenzwerte und dem Integrationsprogramm **WANDERER** für definite Integrale [PROM11]. Rationale Funktionen werden nach klassischen Verfahren integriert. Durch Aufteilung des Nenners und Partialbruchzerlegung werden die Brüche zerlegt und einfache Teilintegrale erzeugt. **SIN** ist ein stark heuristisches Programm, das noch aus dem Jahre 1967 stammt [MOS67]. Der RISCH-Algorithmus wird zur Verarbeitung verschachtelter Exponentiale und Logarithmen verwendet. Das Programm **WANDERER** behandelt unter anderem auch Wegintegrale.

**MACSYMA** wird abgerundet durch eine Gruppe von Funktionen, die dem Nutzer die Arbeit mit seinen Funktionen erleichtern (z. B. ein Editor) und die ihn bei der Testarbeit unterstützen.

## 2.7. LISP als Implementationssprache

Ein wesentlicher Grund für die bleibende Aktualität von LISP liegt in seiner Eignung zur Implementation von Verarbeitungsprogrammen für Programmiersprachen. Von jeder Sprache für die nichtnumerische Informationsverarbeitung wird man mindestens erwarten, daß sich in ihr Syntaxanalysatoren schreiben lassen; die Verwendung dieser Programme in einem (Produktions-)Compiler ist eine andere Frage.

Die prinzipielle Möglichkeit, mit LISP Compiler bzw. Interpreter zu schreiben, wurde schon in den frühesten Arbeiten über LISP angedeutet durch die Beschreibung der LISP-Verarbeitung durch ein LISP-Programm selbst [MCC60c], allerdings darf man in diesem Beispiel nicht mehr sehen, als der Autor selbst es tut: ein pädagogisches theoretisches Vehikel.

Durch die Entwicklung des LISP-Assemblers (der Listen von listenförmigen Assemblerbefehlen zu Maschinenbefehlen umformt) wurde es möglich, auch die Teile eines Sprachübersetzers an den Syntaxanalysator anzuschließen, die bis dahin nicht und auch heute nur selten in einer höheren Sprache formuliert werden können: Codeerzeugung, Laden bzw. Verwalten von Maschinenprogrammen und Konvertieren höherer Datenstrukturen (hier der

Listenstruktur) in die Rechnerwortstruktur. Eine erste Anwendung dieser Hilfsmittel wurde im ursprünglichen LISP 1.5-Compiler vollzogen: Ein LISP-Programm transformiert andere LISP-Programme in Assemblerprogramme und übergibt diese dem LISP-Assembler. Der nun mögliche Sonderfall, daß der Compiler sich selbst übersetzt, wird *Bootstrapping* genannt (wir klettern einen steilen Berg empor, indem wir uns abwechselnd auf die Schuhe treten und immer den unteren wieder wegziehen — im Deutschen denkt man mehr an Münchhausen) und stellt eine Anfang der sechziger Jahre durch LISP ins Gespräch gebrachte Neuheit dar.

Der LISP-Compiler geht aber von bereits im Speicher befindlichen, in Form von Listenstrukturen aufgebauten Programmen aus. Diese müssen in der üblichen Quellsprache von LISP (manchmal *S-Sprache* genannt) formuliert und durch den Interpreter eingelesen worden sein. Durch die Formulierung der Eingabe- und Ausgabeprogramme sowie spezieller Hilfsfunktionen in der LISP-Assemblersprache wurde es möglich, die compilierten Programme auf externe Medien auszugeben und sie unabhängig vom LISP-System in einen Rechner zu laden. Diese Möglichkeit machte man sich bei den ersten Übertragungen von LISP-Implementationen auf andere Rechner zunutze: Man schrieb zunächst Funktionen, die die Ausgaben des Compilers für andere Rechner lesbar machten. Dann wurde der Compiler so geändert, daß er Befehle erzeugte, die dem neuen Rechner entsprachen. Inzwischen wurde die Basis des neuen LISP-Systems auf dem Zielrechner entwickelt: Unterprogrammverwaltung, wichtigste Basisfunktionen, Speicherplatzverwaltung. Alle übrigen Funktionen wurden in LISP formuliert, im Heimatrechner compiliert und in einem Format ausgegeben, das es möglich machte, diese Teile zu den fertigen Programmteilen im Zielrechner hinzuzufügen.

Auf diese Weise wurden die LISP-Systeme für den M460 [HART64a] und für den Q-32 [SAU64b] erstellt: Im Fall des Q-32 bestand das gesamte Programm aus etwa 4000 Karten, jeweils etwa die Hälfte in LISP bzw. in der Assemblersprache für den Q-32 geschrieben. Der LISP-Teil wurde auf der IBM 7090 compiliert und ergab etwa 6000 Karten Maschinencode. In dem Assemblerteil war ein Stück, mit Hilfe dessen die Ausgabe des Compilers eingelesen und dem übrigen System hinzugefügt worden ist.

In LISP sind aber auch Funktionen enthalten, mit denen man eine zeichenweise Eingabe ausführen kann. Alle Zeichen werden in Atome umgewandelt, deren jeweiliger Name eben dieses Zeichen ist. Man kann nun aus sequentiellen Zeichenfolgen auf externen Medien (Lochkarten, Terminalis usw.) interne Listen von Zeichen aufbauen. So könnte man einen Syntaxanalysator für eine beliebige Programmiersprache schreiben: Die Eingabeprogrammliste wäre diese lineare Zeichenliste.

Mit Hilfe weiterer Funktionen kann man ausgewählte Teilfolgen dieser Zeichenliste zu LISP-Atomen konvertieren: Zeichenfolgen, die Namen entsprechen, zu normalen literalen Atomen, Zeichenfolgen, die Zahlen darstellen, zu ganzen oder Real-Zahlen. Kurz, der Syntaxanalysator kann von den Aufgaben der lexikalischen Analyse entlastet werden [GRI71a]. Enthält das betreffende LISP-System etwa die **READLIST**-Funktion, so ist der Scanner (wie man den lexikalischen Analysator auch nennt) höchst einfach zu entwickeln: **READLIST** akzeptiert als Argument eine Liste von Atomen, betrachtet diese als Zeichen und liest so aus der Liste heraus, wie der normale Einleseprozeß vom externen Medium dies tun würde. Dadurch ist der Programmierer von den komplizierteren Aufgaben wie Konstruktion von Real-Zahlen aus Mantisse und Exponent entlastet; er muß nur die Anfänge und Enden der lexikalischen Einheiten erkennen und die einzelnen Zeichen in Listen zusammensammeln. Das übrige erledigt **READLIST**. Besonders fortgeschrittene LISP-Systeme bieten variable Scanner an [QA72b, STO78].

Auf der Basis eines solchen lexikalischen Analysators läßt sich eine Syntaxanalysemethode vorteilhaft anwenden, die auch sonst LISP besonders angemessen ist: die des rekursiven Abstiegs [GRI71a, KLE75] (recursive descend). Hierbei ist im Syntaxanalysator für jedes Nichtterminal eine rekursive Funktion vorhanden, die die Phrasen verarbeitet, die diesem Sprachelement entsprechen. Die Funktion beginnt ihre Arbeit, wenn sicher ist, daß eine solche Phrase beginnt. Sie ruft andere Funktionen auf, wenn die ihr entsprechende Produktion in der Sprachdefinition auf der rechten Seite mehrere Nichtterminale enthält. Der Syntaxbaum (eine Listenstruktur) wird aus den Werten aufgebaut, die die einzelnen Funktionen liefern.

Die typische Anwendung dieses Vorgehens liegt dann vor, wenn der Syntaxbaum als LISP-Programm konstruiert ist, das dem Quellprogramm entspricht. Auf diese Art kann der nach dem Verfahren des rekursiven Abstiegs arbeitende Syntaxanalysator als Transformator von der höheren Sprache in LISP angesehen werden. Fast alle auf LISP aufbauenden höheren Sprachen für die künstliche Intelligenz bzw. Formelmanipulation (**MLISP** [SM70], **MLISP2** [SM73a], **REDUCE** [HEA73], **SCRATCHPAD** [GRI71b], **MACSYMA** [BOG75] usw.) bedienen sich dieser Methode.

Das übliche Prinzip der lexikalischen Analyse wird bereichert durch das Konzept der *Einlesemakros*. Hierbei kann es sich um ganz normale Zeichenkettenmakros handeln, die einen Ersetzungsmechanismus aktivieren. Eine andere Variante ist das in LISP erfundene *Makrozeichen*: Mit einem Zeichen kann ein Verarbeitungsprogramm verknüpft sein, das z. B. die Analyse der darauffolgenden Zeichen steuert bzw. das Ergebnis der lexikalischen Analyse beeinflußt.

Sehr beliebt als Makrozeichen sind die Präfixe für Variablen in den Musterbeschreibungen. So wird etwa die Zeichenkette **$?X** in **MICROPLANNER** [SUS71] umgesetzt in **(THV X)**.

Die weitentwickelten LISP-Systeme wie INTERLISP [TE74] und MACLISP [MOO74] bieten die Makrozeichen auch dem normalen LISP-Nutzer während der Eingabe seiner LISP-Programme. Eine ganze Gruppe von höheren Sprachen für die künstliche Intelligenz unterscheidet sich von der Basissprache LISP (in der Syntax) nur durch die Verwendung dieser Präfixe (daneben natürlich durch neue Funktionen und Verwaltungsmechanismen). Beispiele sind **MICROPLANNER** [SUS71], **QA4** [RUL72] und **QLISP** [SAC76].

Da die Syntaxanalysatoren in LISP geschrieben sind, ist es leicht, schon während der Analyse von Eingabezeichen einer höheren Sprache Teile des erzeugten LISP-Programms auszuführen und mit ihm das Syntaxanalyseprogramm zu verändern bzw. zu vervollständigen. Auf diese Weise sind fast alle Ideeen, die im Zusammenhang zu den *erweiterbaren Sprachen* stehen, in LISP implementierbar (vgl. [SO74]).

Am weitesten entwickelt wurden die Ideen zur Ausnutzung der Sprachverarbeitungsmöglichkeiten von LISP in dem Compiler-Compilersystem **MLISP2** [SM73a]. Die zu verarbeitende Programmiersprache wird mittels einer Mustersprache für die Syntax und mit semantischen Funktionen beschrieben. **MLISP2** generiert ein vollständiges Verarbeitungsprogramm, wobei Backtracking-Prinzipien verwendet werden.

Die günstige Basis, die LISP für die Verarbeitung von Programmiersprachen bietet, wurde nicht nur für die Einbettung höherer Sprachen in LISP verwendet, sondern erleichterte auch die Erstellung von Systemen zur Programmverifikation (vgl. Abschnitt 2.5). Für die Verarbeitung anderer formaler Sprachen (z. B. Beweisüberprüfer **FOL** [WEY74]) und der natürlichen Sprache ist diese Anwendung von LISP natürlich auch sehr wichtig.

## 2.8. Andere Anwendungen in der künstlichen Intelligenz

LISP war von McCarthy als Basissprache für die Entwicklung von Programmen, die künstliche Intelligenz zeigen sollten, konzipiert worden. So reduziert sich die Anwendung nicht auf die bisher erwähnten Gebiete. Aus dem vielfältigen Rest sollen einige besonders anschauliche Einsatzgebiete erwähnt werden.

### 2.8.1. Robotersteuerung

LISP wird für die Steuerung von Robotern verwendet. Obwohl die Echtzeit-Steuerung der Augen (Fernsehkameras) und Hände (Manipulatoren) in anderen Sprachen (Assemblersprache, FORTRAN, SAIL [RES76] programmiert wird, so dient LISP zur „intellektuellen“ Kontrolle und *Planung* der Roboter-Aktionen. Pläne sind dabei Folgen von Aktionen oder Operationen, mit denen beabsichtigt wird, einen Anfangszustand in der Umwelt des Roboters in einen Zielzustand überzuführen [SAC73, SAC75].

Die Pläne werden als Baumstrukturen dargestellt: Man kann sie zerteilen in die Unterzielstruktur und den Graph, der die logischen Relationen zwischen den Entscheidungen repräsentiert, die bei der Planerstellung getroffen wurden ([SAC75], S. 181).

Meist wurden die die Pläne konstruierenden Programme nicht direkt in LISP aufgestellt, sondern in höheren, auf LISP aufbauenden Sprachen. Typische Beispiele hierfür sind **PLANNER** [HEW71c], **CONNIVER** [MCD72], **QA4** [RUL72], **QLISP** [SAC76] und **SOUP** [SAC75].

Eine typische Vorgehensweise findet sich in [RUL72]: Die Aktionen werden in Listenform notiert, die Daten bzw. das Wissen über die Roboterumwelt in P-Listen-Strukturen (vgl. Abschnitt 4.7). So lautet etwa ein Plan für die Bewegung eines Roboters durch eine Tür in QA4 ([RUL72], S. 293):

```
(GOTHRUDOOR(LAMBDA(INROOM(TUPLE ROBOT —M))
  (PROG(DECLARE X K L)
        (IF(NOT $ONFLOOR)THEN(FAIL))
        (EXISTS(CONNECTS —K —L $M))
        (GOAL $GO (INROOM ROBOT $L))
        (GOAL $GO (NEXTTO ROBOT $K))
        (MAPC (QUOTE(TUPLE(AT ROBOT —X) (NEXTTO
          ROBOT —X)))
          $DELETE)
        (ASSERT (INROOM ROBOT $M))
        ($BUILD ('(:$GOTHRUDOORACTION $K)))))) .
```

Der Plan ähnelt sehr einem LISP-Programm. Der Leser lasse sich nicht durch die Präfixe **$** und **—** verwirren: Sie haben besondere Bedeutung beim Mustervergleich und lösen Bindungsoperationen aus — wenn etwa eine Tür gesucht wird, die den Raum **M** mit dem Ort, an dem sich der Roboter befindet (das ist **K**), verbindet.

Zunächst wird geprüft, ob der Roboter wirklich auf dem Fußboden steht. Ist das nicht der Fall, dann versagt das Programm (**FAIL**). Dann wird ein Weg gesucht, der den Ort, an dem der Roboter ist, mit dem Raum **M** verbindet. Die Suche in der Datenbasis wird durch die Ausdrücke durchgeführt, die Unterziele (**GOAL**) realisieren. Dabei kann es sein, daß der Zustand der Datenbasis, der dem geforderten Ort des Roboters (an der Tür **K**, im Raum **L**) entspricht, erst durch Bewegungen des Roboters erzeugt werden muß.

Ist der Zustand nachgewiesen, dann wird die Bewegung vorbereitet: Die alte Ortsbeschreibung wird gelöscht (**DELETE**) und die neue in die Datenbasis eingetragen (**ASSERT**). Zum Schluß wird dann das Echtzeit-Steuerprogramm aufgerufen, das die wirkliche Aktion hervorruft.

Sowohl der MIT-Roboter [WINS72] als auch der des SRI [RA69] waren auf diese Art mit dem LISP-System gekoppelt.

### 2.8.2. Programmerzeugung

Wenn Pläne dieser Art in LISP erzeugt werden, dann lassen sich auch Programme generieren. Hier gibt es verschiedene Möglichkeiten: Man kann in LISP Programmgeneratoren schreiben, die Programme in anderen Programmiersprachen erzeugen. So erlaubt etwa das in LISP geschriebene Formelmanipulationssystem **REDUCE** [HEA73] dem Nutzer, nachdem alle symbolischen Umformungen erledigt sind, ein FORTRAN-Programm zu erzeugen, das die dem symbolischen Ergebnis entsprechenden numerischen Berechnungen durchführt.

Wie entscheidend derartige Fähigkeiten in einem Programm sein können, zeigt das Beispiel eines Programmsystems für die Berechnung elektrischer Netzwerke [ELS77]: Der Nutzer gibt eine Beschreibung des Netzwerks und die gewünschten Analyseschritte ein, und das Programm erzeugt ein lauffähiges FORTRAN-Programm für die Lösung der Netzwerkgleichungen. Da außerdem nach symbolischen Differentiationsschritten auch für die Jacobi-Matrix ein berechnendes Programm erzeugt wird, können die Autoren ihr System mit folgender Behauptung anbieten: „... Damit können für eine große Klasse von speziellen Netzwerken Gleichungssysteme erzeugt werden, die in ihrer Effizienz mit handgeschriebenen vergleichbar sind ...“ ([ELS77], S. 102).

In diesem Fall wird dem Programmgenerator eine Beschreibung des Netzwerks übergeben.

Programme auf Grund allgemeinerer Angabe zu generieren, ist inzwischen ein stark bearbeitetes Forschungsgebiet geworden [AD75]. Man kann je nach der Informationsquelle für das Wissen über das zu erzeugende Programm die Ansätze aufteilen [SIK75] in Versuche, Programme zu generieren unter der Verwendung von Beschreibungen der Eigenschaften (sowohl mit Hilfe einer Programmiersprache als auch mit Hilfe logischer Kalküle), in Versuche, bei der Erzeugung von Abarbeitungsprotokollen auszugehen und schließlich in Versuche, dabei Beispiele (d. h. Eingabe-Ausgabe-Wertpaare) als Basis zu benutzen.

Von diesen Ansätzen sind wohl nur zwei natürlich und zukunftsträchtig: Die Beschreibung von Eigenschaften des gewünschten Algorithmus mit Hilfe einer formal logischen Spezifikation [WAL75] und die Angabe von exemplarischen Beispielen.

Das Programm **EXAMPLE** [SHAW75] von D. E. Shaw, W. R. Swartout und C. C. Green akzeptiert z. B. folgende Informationen und gibt bei der Generierung folgende Fragen bzw. Vermutungen aus:

```
:== WHAT SHALL I CALL THE TOP-LEVEL FUNCTION ?
==: PAIRREVERSE.
:== OK!NOW TYPE IN AN EXAMPLE ARGUMENT LIST!
==: ((a b c d e f)) .
:== AND WHAT WOULD BE THE VALUE OF PAIRREVERSE
    WITH THIS ARGUMENT LIST ?
==: (b a d c f e) .
:== OK.I'LL TRY .
:== DOES PAIRREVERSE ((C D E F)) = (D C F E) ?
==: YES.
:== I HAVE DEFINED PAIRREVERSE AS FOLLOWS:
      (PAIRREVERSE
        (LAMBDA(ARG1)
          (COND
            ((NULL ARG1)NIL)
            ((NULL(CDR ARG1))NIL)
            (T(APPEND(LIST(CAR(CDR ARG1) (CAR ARG1))
              (PAIRREVERSE(CDR)CDR ARG1)))
                )))))
```

Wenn auch die bisher erzielten Resultate sich auf eng begrenzte Aufgabenklassen beziehen, deuten sich doch interessante Möglichkeiten an. Einige Beispiele und vielleicht doch eine grobe Beschreibung der Programmfunktionen sollten die Erzeugung relativ komplizierter Programme ermöglichen.

Wichtig für die Erzeugung von Programmen ist Spezialwissen auf dem Fachgebiet, in dem das Problem liegt, das mit dem erstrebten Programm gelöst bzw. algorithmiert werden soll. Ein derartiger Ansatz [LEN75] liegt vor, scheint aber noch nicht zur Realisierung gediehen zu sein.

### 2.8.3. Wissenssysteme

Neues Wissen zu lernen, Wissen zu speichern und verfügbar zu machen sind unstreitig zentrale Probleme der künstlichen Intelligenz. So nehmen unter den gegenwärtigen Anwendungsbeispielen von Methoden dieses Spezialgebiets auch Systeme einen besonderen Platz ein, die bei Anfragen auf Grund einer Wissensbasis mögliche Antworten generieren und mittels Schlußregeln die wahrscheinlichste aussondern.

Da bei diesen Systemen die Frage nach der Erforschung von Deduktionsprozeduren oder bestmöglicher Wissensrepräsentation nicht gestellt wird, sondern nach einer Grundsatzentscheidung eine Basis für die Anwendung aufgebaut wird, nennt man diese Systeme nach dem Hauptaspekt ihrer Verwendung *Wissenssysteme* (knowlegde based systems, systems showing expert knowledge).

Schon heute gibt es Wissenssysteme, die über einen derartigen Umfang von Allgemein- und Spezialwissen verfügen, daß sie auch für Wissenschaftler interessante Hilfsmittel sind. Gedacht sind die meisten von ihnen für Fachleute, die kein Spezialwissen auf dem Gegenstandsbereich besitzen und im Dialog Auskünfte einholen bzw. mit Hilfe des Wissenssystems Fragen beantworten.

Zu den bedeutenderen Systemen gehören gegenwärtig **DENDRAL, MYCIN, AM**, und auch das bereits erwähnte **LUNAR** (vgl. Abschnitt 3.2) paßt in diese Reihe.

**DENDRAL** sagt chemische Strukturformeln für Substanzen voraus, für die spektrometrische Daten vorliegen [BUC68, 69, 76, 77, MIC74]. **MYCIN** stellt Diagnosen über Infektionskrankheiten und gibt Empfehlungen zur medikamentösen Behandlung [SHO75, 76]. **AM** entdeckt interessante Begriffe in der elementaren Mathematik [LEN77].

Weitere im Aufbau befindliche Systeme sind **MOLGEN** [STEF77] und **CRYSALIS** [ENG77] für die Planung genetischer Experimente bzw. zur Voraussage von Proteinstrukturen aus Verteilungen der Elektronendichte, wie sie aus röntgenkristallographischen Daten gewonnen werden.

**DENDRAL** ist dabei das älteste (seit 1965) und inzwischen meistbenutzte System dieser Art. Neben den Daten vom Massenspektrometer und vom Kernresonanzspektrometer kann der Nutzer auch aus anderen Quellen gewonnene Informationen als Einschränkungen und Hinweise zur Verfügung stellen.

Das System generiert in einem ersten Schritt, ausgehend von den Meßdaten, wahrscheinliche (bzw. unwahrscheinliche) Teilstrukturen der chemischen Verbindung. Diese können später bei der Überlegung bezüglich der Gesamtstruktur praktisch als Einheiten angesehen werden und vermindern so drastisch die Komplexität. Für jede Art von Meßdaten existiert ein Programmteil, der für den Strukturgenerator (den 2. Schritt) durch die Verringerung des Suchraums gewissermaßen strategische Regeln entwirft.

Im 2. Schritt werden dann alle plausiblen Strukturen erzeugt. Dabei werden aus den topologisch möglichen Strukturen diejenigen ausgesondert, welche mit den vom Nutzer gelieferten Einschränkungen nicht verträglich sind. Durch die bereits (aus dem 1. Schritt) gegebenen Teilstrukturen werden bei weitem nicht soviel generiert, wie zunächst legal wären.

Schließlich werden alle nun vorliegenden Kandidatenstrukturen bezüglich ihrer Plausibilität untersucht, eine Rangordnung wird hergestellt und die Menge durch Einführung einer unteren Ranggrenze verkleinert. Dazu wird von der jeweils vermuteten Struktur her abgeleitet, welche Art von Meßdaten zu erwarten wären, wenn die Substanz solcherart aufgebaut wäre. Diese Hypothesen werden mit den wirklichen Meßdaten verglichen. Die beste Erklärung der gegebenen Daten wird dann ausgewählt und als Vorschlag ausgegeben.

**DENDRAL** wird zur Zeit von vielen Chemikern täglich benutzt. Schon 1969 bestand das Programm erfolgreich den folgenden Test: Prof. Djerassi von der Stanford Universität stellte den Teilnehmern seines Forschungsseminars die Aufgabe, drei Massenspektren zu interpretieren. Die Teilnehmer (Doktoranden und Diplomanden) bekamen die Spektren, die chemische Summenformel und die Information, daß es sich um azyklische Strukturen handle. Die erste Aufgabe wurde vom Programm und einem Diplomanden gelöst, die zweite nur vom Programm (zwei Diplomanden hatten die Lösung unter einer Menge von Vorschlägen) und die letzte konnte auch das Programm nicht lösen (ein anwesender Doktor der Chemie lieferte zwei Vermutungen, unter denen die richtige Lösung war). Dabei benötigte das Programm 2 bis 5 Minuten, die Chemiker jedoch 16 bis 45.

Nicht unwesentlich für dieses Programmsystem ist die vorteilhafte Art, wie die chemischen Strukturen durch Listenstrukturen dargestellt werden können.

### 2.8.4. Anwendungen in Sprach- und Musikwissenschaft

Typisch nichtnumerische Informationsverarbeitung ist auszuführen, wenn es um die Analyse von musikalischen Partituren oder um die Verwendung philosophischer Grundbegriffe in den Werken großer Philosophen geht.

S. Smolliar entwickelte ein musiktheoretisches Analyseprogramm, das auf den Theorien H. Schenkers beruht. Es ist verbunden mit dem interpretierenden Programm **EUTERPE** [SMO66], das durch ein LISP-Programm gesteuert wird [SMO67] und die Musik spielt. Der Vorteil dieses Programms ist, daß bei der Analyse auch hierarchische Strukturen, die in einer Komposition angelegt sind, berücksichtigt werden (andere rechnergestützte Systeme zur Musikanalyse betrachten die musikalische Information als Zeichenkette). Die Forscher hoffen, daß auch Komponisten sich des Programms bedienen werden [FRA76].

Y. Wilks Analyse des Gebrauchs philosophischer Grundbegriffe [WILK73] versucht, die oftmals nicht klar definierbare Verwendung von Kategorien in philosophischen Werken (Plato, Spinoza) und insbesondere die Ausnutzung der Mehrdeutigkeit für die Argumentation nachzuweisen.

Der wesentliche Unterschied zwischen Anwendung der nichtnumerischen Informationsverarbeitung in der Naturwissenschaft und in der Musik- und der Sprachwissenschaft kommt in diesen Andeutungen zum Ausdruck: Während es nur ein Problem der Kenntnis und Vollständigkeit ist, die theoretischen Resultate der Naturwissenschaften für die Programmierung nutzbar zu machen, stehen sich auf dem Gebiet der Sprach- und der Musikwissenschaften oft Theorien gleichrangig gegenüber, die nur Teilaspekte (oft verschiedene) erfassen.

Die in Smolliars Arbeit benutzte Musiktheorie geht auf Ansichten Schenkers zurück, die in Europa längst nicht so aktuell sind wie in den USA.

### 2.8.5. Computerspiele

Die Verwendung von Rechnern als Spielpartner gehört zu einer der frühesten Benutzung von Ideen der künstlichen Intelligenz. Spiele sind deshalb besonders gut als Anwendungsbeispiele geeignet, weil sie sich in vielen Fällen einfach beschreiben lassen, weil man sich bei dieser Beschreibung meist formaler Methoden bedienen kann, weil dadurch das schwierige Problem der natürlichen Sprache und gleichzeitig das Problem des Allgemeinwissens über eine komplexe Welt ausgeklammert werden können und dennoch genügend schwierige Situationen im Spielverlauf auftreten.

Ein typisches und sicher das Paradebeispiel ist seit jeher das Schachspiel. Mindestens seit 1955 [NEW58], spätestens nach 1960 wurden verschiedene Schachprogramme geschrieben. Viele davon sind in Maschinensprachen hocheffektiv; andere sind in höheren Sprachen geschrieben und dienen zum Studium von Strategieverhalten, des Lernens aus vergangenen Partien und aus Fehlern und zum Experimentieren mit Baumsuchverfahren. Das in LISP geschriebene Schachprogramm von Greenblatt [GREL67] war eines der einflußreichen Programme. Alljährlich werden in den USA Landesmeisterschaften der Schachprogramme ausgetragen. Auch anläßlich der IFIP-Konferenzen finden internationale Meisterschaften im Computerschach statt. Gut bekannt in der Fachwelt ist das hocheffektive und ausgefeilte

Schachprogramm von ARLASAROW und DONSKOI aus Moskau [BOT66, AD70] (allerdings nicht in LISP).

Unter den anderen in LISP geschriebenen Spielprogrammen ist ein Go-Programm von B. WILCOX [RET75] erwähnenswert, in dem die topologischen Strukturen des Go-Spiels mittels Listenstrukturen nachgebildet werden.

# 3. Charakteristische Bestandteile der Begriffswelt von LISP

## 3.1. Einleitung

Um zu einem tieferen Verständnis der konkreten Gestalt einer Programmiersprache zu gelangen, muß man sie im Zusammenhang mit anderen Wissenschaftsgebieten betrachten. Man stellt gegenwärtig fast ausschließlich semantische und syntaktische Fragen, um das Beschreibungssproblem anzugehen, *pragmatische* Überlegungen sind bisher nahezu völlig übergangen worden.

Auch die eleganteste Beschreibungsmethode kann nicht sichern, daß die Objektsprache überhaupt benutzt werden wird. Hier sind neben Fragen der Ästhetik, solchen der Verfügbarkeit, Bequemlichkeit, nicht zuletzt solchen der Firmenpolitik auch unbedingt die nach der Verknüpfung der Sprachkonzepte mit dem Vorwissen der Programmierer zu beantworten. Eine Sprache paßt sich durch ihre Entwickler, mehr (Betonung von „modernen“ Konzeptionen) oder weniger gewollt, in eine Tradition von Notationsweisen ein. Für diese sind die Hintergründe der Ideen wesentlich, auf die sich der Entwickler bezog. Das gilt ganz stark für LISP mit seiner Bezugnahme auf theoretische Konzepte der Mathematik.

Neben diesen begrifflichen Verschränkungen durch die Anknüpfung an die Begriffswelt des Entwerfers der Sprache enthalten die meisten Programmiersprachen neuartige *Lösungsansätze* zur Bewältigung *programmtechnischer Probleme*. Diese sind oft zur Zeit der Sprachentwicklung nur unklar wissenschaftlich erfaßt worden und müssen daher zu zeitlich späteren Analysen und Verallgemeinerungen in dem betreffenden Bereich in Beziehung gesetzt werden.

Dabei hat man zwei Aspekte zu beachten: Einmal stellt die Programmiersprache als Notationsmittel in jedem Fall insgesamt eine Antwort auf die *methodischen Probleme der Programmierung* dar. Ob eine Anweisungs- oder eine Ausdruckssprache vorliegt, ob Sprünge zu allen möglichen Stellen bzw. Zugriffe zu Variablen beliebiger Ebenen gestattet werden, ist hier zu sichten und zu werten. Zum zweiten waren die frühen Programmiersprachen (und ist jede wesentlich neue) mit neuartigen Implementierungsproblemen verknüpft. Blockkonzept und Felder mit variablen Grenzen erzwingen Kellerspeicher und zweifache Verkettung der Variablenbereiche (activation records) zur korrekten Führung des Programmablaufs und zur richtigen Adressierung erreichbarer Variabler (dynamische und statische Kette). Rekursive Funktionen erzwingen ebenfalls den Kellerspeicher. Listen oder ähnliche Strukturen mit schwer vorhersagbaren Umfängen erfordern dynamische Speicherplatzverwaltung. Parallelverarbeitbare Anweisungsfolgen führen zu Lösungsversuchen für die Synchronisation usw. usf.

Für LISP ist eine Reihe von Beziehungen zur mathematischen Logik, genauer gesagt zur Algorithmentheorie, wesentlich, weil der Schöpfer dieser Programmiersprache auf gewisse Teilresultate bzw. spezielle Ausformungen von Kalkülen aus diesem Bereich bewußt aufgebaut hatte. Wenn auch ein guter Teil des heute benutzten LISP durch einen Zufall in der Entwicklungsgeschichte (vgl. Kapitel 4) einige der McCarthyschen Ideen in völlig veränderter Gestalt präsentiert, steht die Sprache immer noch in engem Zusammenhang zu diesen Basisbegriffen.

Im einzelnen werden diese Verknüpfungen mit Begriffen der Algorithmentheorie deutlich in der Betonung der (potentiellen) Rekursivität der LISP-Funktionen, der Verwendung des $\lambda$-Operators für die Bezeichnung funktionaler Ausdrücke und der Auswahl von Ausdrücken als Grundbestandteile der Sprache statt von Anweisungen (statements). Um diesen Herkunftsbeziehungen gerecht zu werden, sollen in diesem Kapitel die Begriffe *rekursive Funktionen*, *$\lambda$-Kalkül* und *Ausdruckssprache* erläutert werden.

Neben den Elementen der Begriffswelt von LISP, die aus Bereichen der mathematischen Theorie stammen, sind in ihr eine ganze Reihe von (seinerzeit höchst aktuellen) Begriffen aus der Programmierungstechnik enthalten. Da LISP eine Sprache zur Symbolverarbeitung (im Gegensatz zu numerischen Rechnungen) sein sollte, lag es zum damaligen Zeitpunkt (1957–58) nahe, auf der Listenverarbeitung aufzubauen — eine noch heute folgenreiche (im positiven Sinne) Entscheidung. McCarthys Vorliebe für interaktive Arbeit im Dialog mit dem Rechner (die für die Entwicklung der Time-Sharing-Systeme wichtige Impulse geliefert hat) führte im Zusammenhang mit dem besagten historischen Zufall in der LISP-Geschichte zur Betonung der Charakteristika Dialogsprache, interpretative Abarbeitung und der Besonderheit, daß Programme als Daten auffaßbar sind. Obwohl 1960 noch niemand den Begriff der virtuellen Maschine benutzte, stellte die Orientierung von LISP auf die freie Verfügbarkeit und einfache Neudefinierbarkeit von Funktionen praktisch eine Vorwegnahme dieser wesentlichen Idee der strukturierten Programmierung dar. Daß ein Programmierer durch Aufbau einer geeigneten Menge von Funktionen für andere eine Ebene von Basisoperationen zur Verfügung stellen kann, mit der diese dann umgehen, als seien es die implementierten Grundfunktionen, ist in LISP-Kreisen immer bekannt gewesen und bewußt gepflegt worden.

Mit der Weiterentwicklung von LISP sind an die Sprache neue Forderungen (vgl. [BO73b]) herangetragen worden, die mittels des Ausbaus angelegter Möglichkeiten befriedigt werden konnten. Dazu gehören das Verlangen nach allgemeineren Steuerungsmöglichkeiten des Rechenablaufs (globale Exits u. dgl.), nach allgemeineren Parameterübergabemechanismen (statt Wertübergabe (call by value)) und nach Zeichenkettenverarbeitung. Andere Erweiterungen, wie Mustervergleichsmittel, zielorientierte Funktionsaufrufe usw., sind bisher nur in überlagernden höheren Sprachen (**MLISP2**, **QLISP**) verwirklicht worden. Dies liegt hauptsächlich an dem Fehlen einer allgemein akzeptierten, harmonischen und effizienten Lösung.

Die angegebenen Begriffe werden nun der Reihe nach besprochen.

## 3.2. Rekursive Funktionen

### 3.2.1. Rekursive Funktionen in der Informationsverarbeitung[1])

LISP ist eine Programmiersprache, die hauptsächlich für Probleme der nichtnumerischen Informationsverarbeitung gedacht ist. Diese erfordert weitgehend die Verarbeitung symbolischer Datenstrukturen. Das sind Objekte, die innerhalb von Kalkülen der mathematischen Logik gewöhnlich *formale Ausdrücke* genannt werden. Als allgemein bekanntes Beispiel sollen hier die mathematischen Ausdrücke (arithmetischen Ausdrücke) erwähnt werden. Schon bei ihrer Einführung in solch einem Kalkül treffen wir auf die Rekursivität, den Selbstbezug der Definitionsklauseln:

(A1) Alle Variablen und Zahlen sind arithmetische Ausdrücke.
(A2) Sind $a$ und $b$ arithmetische Ausdrücke, so gilt dies auch für $(a + b)$, $(a - b)$, $(a * b)$ und $(a / b)$.
(A3) Jeder arithmetische Ausdruck ist durch Anwendung der Regeln (A1) und (A2) definiert.

In der Klausel (A2) kommt diese Rekursivität zum Ausdruck. Die Einfachheit, mit der hier in der Logik mittels rekursivem Bezug diese Ausdrucksklasse eingeführt werden kann, bewog Hoare [HOA73], auch in Programmiersprachen für Datenstrukturdefinitionen rekursive Methoden vorzuschlagen.

Ausdrücke mit ähnlicher Struktur haben eine wichtige und einleuchtende Eigenschaft: *Jeder Operand* eines zweistelligen Operators *kann* im Prinzip *ein beliebig komplizierter Ausdruck sein*; im Spezialfall kann dieser wiederum

---

[1]) Vgl. auch R. Péter [PE76] und W. H. Burge [BUR75].

den gleichen Operator und zwei Operanden enthalten.

$$A = A_1 + A_2 ,$$
$$A_1 = A_1' + A_2' .$$

Aus dieser Möglichkeit folgt, daß bei der Analyse bzw. Verarbeitung solcher Ausdrücke sehr oft die potentiell gleiche Analyse auch für Teilausdrücke durchzuführen ist.

Mögen etwa arithmetische Ausdrücke einer Transformation $T$ zu unterziehen sein, dann wird diese erreicht, indem man sie auf die Operanden anwendet und die so erzielten Teilergebnisse in einer Art zusammenfügt, die vom Operator des Ausdrucks abhängig ist:

$$T(A) = \mathrm{Komp}_{\mathrm{op}}\,(T(A_1), T(A_2)) .$$

Ein überschaubares Beispiel für eine derartige Problematik stellt das Problem der symbolischen Differenzierung eines arithmetischen Ausdrucks dar. Neben den Grundregeln für die Differentiation von einfachen Operanden (z. B. die Ableitung einer Konstanten ist 0) stehen die rekursiven Regeln für die zusammengesetzten Ausdrücke. Im Fall der Summenregel werden die Teile durch Summation zusammengefügt:

$$(S1 + S2)' = S1' + S2' \qquad (\text{d. h. } \mathrm{Komp}_+ \text{ ist } +) .$$

Ähnlich werden Produktregel und Kettenregel formuliert:

$$(S1 * S2)' = S1' * S2 + S1 * S2' ,$$
$$F(S)' \quad = F'(S) * S' .$$

Die Problemsituation bei der symbolischen Differentiation ist durchaus gewöhnlich in der nichtnumerischen Informationsverarbeitung. In allen diesen Fällen benutzt man mit Vorteil rekursive Methoden.

Daneben sind rekursive Verfahren auch an Stellen sinnvoll, wo man dies zunächst nicht vermuten würde. Bei Barron [BARR67] findet man eine Reihe Beispiele (vgl. Abschnitt 1.5). „Rekursiv" bedeutet ja zunächst nicht viel mehr als „Zurückführung auf Bekanntes bzw. Gegebenes bzw. Errechnetes". In der Mathematik und in der Informatik benutzt man den Begriff meist für die Bezeichnung von Funktionen (bzw. Verfahren), die dadurch gekennzeichnet sind, daß man Werte einer Funktion (Ergebnisse eines Verfahrens) berechnet, indem man andere, meist leichter zu ermittelnde Werte derselben Funktion (frühere Verfahrensresultate) benutzt (bzw. stufenweise durch Anwendung des Verfahrens auf vorher mit demselben Verfahren ermittelte Ergebnisse vorgeht).

Die Einfachheit einer solchen Vorschrift und ihre effektive Ausführbarkeit haben die rekursiven Funktionen zu einem Forschungsobjekt der Mathematik gemacht.

### 3.2.2. Historische Bemerkungen

Die rekursive Denkweise ist langerprobt in der Mathematik, auch wenn man sich mit den theoretischen Grundlagen erst in unserem Jahrhundert befaßte. Die induktive Definition bzw. die Arbeit mit „rekurrenten" Folgen der Zahlentheorie kann schon bei ARCHIMEDES (Berechnung der Zahl $\pi$) gefunden werden; später haben unter anderen FIBONACCI und EULER rekurrente Folgen zur Lösung spezieller Probleme benutzt ([PE51], S. 166).

In die Grundlagenforschung fand der Begriff der Rekursion Eingang, als man sich von dem Gedanken trennen mußte, daß eine Grundlegung (d. h. Deduktion von einer nachweislich sicheren, widerspruchsfreien Basis) der Mathematik auf der Basis der Mengenlehre einfach zu erreichen sei. Es gibt ja bis heute keinen Beweis der Widerspruchsfreiheit für die Mengenlehre. Statt die bewährten „harmloseren" ([PE51], ebd.) Gebiete der Mathematik auf die Mengenlehre zu gründen, versuchte man, Basisbegriffe zu finden, um völlig ohne Mengen auszukommen.

SKOLEM [SK23] war einer der ersten, die dies für die Zahlentheorie versuchten. Bei seiner Begründung der Zahlentheorie spielte die Rekursion eine wichtige Rolle als Definitionsmöglichkeit für Funktionen über Zahlen.

Wie PÉTER ([PE51], S. 167) bemerkt, hatte auch PEANO [PEA91] in seinem Axiomensystem für die natürlichen Zahlen an die Definierbarkeit durch Rekursion gedacht, habe allerdings diese Eigenschaft als im Induktionsaxiom enthalten angenommen. Ein Beweis der Zuverlässigkeit dieser Definitionsart kann aber auch schon bei DEDEKIND [DE93] gefunden werden.

Die Forschungen im Bereich der Grundlagen der Mathematik haben sich für die Theorie der rekursiven Funktionen als äußerst förderlich erwiesen, weil dem Begriff der rekursiven Funktion eine Schlüsselrolle zufiel. So hoffte D. HILBERT [HIL4] im Rahmen seines Programms der Neubegründung der Mathematik, das auf eine Formalisierung der einzelnen Zweige der Mathematik und ihre dann mögliche Beweisbarkeit der Widerspruchsfreiheit abzielte, auch eines der bekanntesten ungelösten Probleme der Mengenlehre, das sogenannte Kontinuumsproblem, zu lösen (inzwischen ist die Unabhängigkeit dieser Aussage von den Axiomen der Mengenlehre durch GÖDEL (1935) und COHEN (1963) nachgewiesen worden). Bei dem Beweis sollten Rekursionsarten höherer Stufe (*transfinite Rekursion*) verwendet werden. So wurden die rekursiven Funktionen ein aktuelles Forschungsobjekt.

Die Bemühungen um den Beweis der Widerspruchsfreiheit für die Zahlentheorie führten zur ersten klaren Definition der rekursiven Funktionen durch HERBRAND [HERB31]. GÖDEL entwickelte den HERBRANDschen Gedanken weiter [GÖ34], nachdem er zunächst eine engere Begriffsbestimmung vorgeschlagen hatte [GÖ31]. In Anlehnung an eine Bezeichnung von HILBERT und BERNAYS [HIL34] (*primitive Rekursion*) führte KLEENE dann den Begriff *primitiv rekursive Funktionen* für den engeren und *allgemein rekursive Funktionen* für den umfassenden Begriff ein [KLE 36].

In den zwanziger Jahren gab es ständig heftige Diskussionen zwischen den Mathematikern, die in der Nachfolge HILBERTS daran glaubten, daß das HILBERTsche Programm durch Axiomatisierung und Formalisierung durchführbar sei und vollzogen werden sollte und den sogenannten Intuitionisten, die dieses Programm bezweifelten und neben anderem (z. B. dem Tertium non datur, d. i. der Satz vom ausgeschlossenen Dritten in der Aussagenlogik) insbesondere Existenzbeweise, die keinerlei Konstruktionsvorschriften für das zur Debatte stehende Objekt enthielten, ablehnten. Es ist klar, daß für diese Gruppe, die unter der Führung von BROUWER [BROU8, 28], HEYTING [HEY34] und WEYL [WEYL18] stand, die rekursiven Funktionen und die mit ihnen gegebenen klaren Berechnungsvorschriften besonders interessant sein mußten.

Auch durch den Streit mit den Intuitionisten wurde so die Frage nach dem Begriff des Verfahrens zu einer zentralen Thematik der Grundlagenforschung jener Zeit. Sie war ohnehin schon aktuell durch die Versuche, für logische Kalküle Verfahren zum Beweis wichtiger Eigenschaften wie Widerspruchsfreiheit, oder Vollständigkeit zu finden bzw. überhaupt Entscheidungsverfahren zu konstruieren.

Während für den Aussagenkalkül schon Anfang der zwanziger Jahre diese Fragen geklärt waren [POS21], standen sie für den Prädikatenkalkül noch zur Debatte. Das Problem, eine allgemeine Methode zu finden, nach der für eine gegebene Formel entschieden wird, ob sie beweisbar ist oder nicht, konnte erst geklärt werden, nachdem man sich über den Begriff des *allgemeinen Verfahrens* klar geworden war.

Fragestellungen nach *Entscheidungsverfahren* sind erst seit SCHRÖDER [SCHR95], LÖWENHEIM [LÖ15] und HILBERT [HIL4] in der Logik zu finden. Bei ihrer Beantwortung konzentrierte man sich zunächst darauf, ein konkretes Verfahren zu finden, wie es etwa POST mit der Methode der Wahrheitstafeln für den Aussagenkalkül angegeben hatte.

Einen ersten Teilerfolg hatte LÖWENHEIM schon 1915 erzielt. Seinen Beweis vereinfachte SKOLEM 1919 durch die Einführung neuer innertheoretischer Hilfsmittel (neue SKOLEMsche Normalform) [SK19]. Die Probleme bezüglich der Vollständigkeit fanden durch GÖDEL ihre Lösung: 1930 zeigte er, daß der Prädikatenkakül 1. Stufe vollständig ist (wenn eine Formel nicht widerlegbar ist, so ist sie in einem Modell gültig) und wenig später, daß der Prädikatenkalkül 2. Stufe diese Eigenschaft nicht hat [GÖ34].

Mitte der dreißiger Jahre wurden fast gleichzeitig zwei Verfahrenskonzepte entwickelt: Turing entwickelte die nach ihm benannte theoretische *Maschine* und Church konstruierte den *λ-Kalkül* (vgl. Abschnitt 3.8). Mit diesen Hilfsmitteln gelang die Beantwortung der offenen Frage: Es gibt kein Entscheidungsverfahren für den Prädikatenkalkül.

Es ist nur natürlich, daß in dieser Atmosphäre auch der Begriff von der *Funktion* neu durchdacht wurde (z. B. [MEN53, SCHÖ25]) und in Beziehung zu der Frage der Berechenbarkeit gestellt wurde. Eine Kulmination erlebten diese Arbeiten durch Church und seine Schüler Kleene und Rosser. Die von anderen Entwicklungen weitgehende Unabhängigkeit des Aufbaus des λ-Kalküls und seine 1936 bewiesene Äquivalenz (was den Bereich der definierbaren Funktionen betrifft) zum Kalkül der rekursiven Funktionen war ein äußerst wichtiges Resultat.

Um dieselbe Zeit entwickelten Turing [TU36] und Post [POS36] unabhängig voneinander die Vorstellung von den *berechenbaren Funktionen* weiter. Ihre Begriffe der rechnenden Maschinen bzw. der Produktionen dienten zur exakten Definition der Berechenbarkeit und des Verfahrens, und die durch Turing selbst bewiesene Gleichheit der Begriffe der *Turing-Berechenbarkeit* und der *λ-Definierbarkeit* veranlaßte Church zur Formulierung seiner These, daß der Begriff der allgemeinen rekursiven Funktion den intuitiven Begriff der Berechenbarkeit umfassend festlegt und jeder neue Begriff, der ähnliches leistet, nicht neue Funktionen enthält, die nicht allgemein rekursiv sind [CH36a].

Damit ist klar, welche Bedeutung der Begriff der rekursiven Funktion bei der weiteren Forschung auf dem Gebiet der Berechenbarkeit haben mußte.

Durch Probleme veranlaßt, die mit der Vollständigkeit der Definiertheit der rekursiven Funktionen auftreten, führte Kleene [KLE38] 1938 den Begiff der *partiell rekursiven Funktion* ein.

Auf die so erreichte Abrundung der Theorie folgte eine Zeit des Ausbaus, der heute noch nicht abgeschlossen ist. Der Fortschritt läßt sich gut an den wesentlichen Werken über die Theorie der rekursiven Funktionen ablesen. Wichtige Meilensteine sind hier R. Péters Buch [PE51], die „Einführung in die Metamathematik" von S. C. Kleene [KLE52], die Werke von M. Davis [DAV58] und H. Rogers [ROG67] Ende der fünfziger bzw. Mitte der sechziger Jahre.

Mit dem Aufkommen elektronischer Rechenanlagen wurden viele zunächst rein technische Fragestellungen plötzlich praktisch bedeutungsvoll. Als die Rechner so leistungsfähig geworden waren, daß die Programmierung sich nicht mehr auf Platz- und Effektivitätsprobleme konzentrieren mußte, traten nach und nach methodologische Probleme in den Vordergrund, auf die die mathematische Theorie der rekursiven Funktionen keine Antwort wußte und die sie eigentlich auch nicht geben wollte. Allen Kalkülen der mathematischen Logik ist gemeinsam, daß sie für die Klärung prinzipieller Fragen aufgebaut sind und nicht dazu, daß mit ihnen wirklich praktisch gearbeitet wird. Es ist das Verdienst von McCarthy, mit dem LISP-Kalkül (Kalkül der *bedingten Ausdrücke*) einen Formalismus geschaffen zu haben, der sowohl eine Antwort auf die drängenden Darstellungsfragen gab als auch theoretische Vereinfachungen brachte.

„Der Formalismus McCarthys gleicht insofern dem allgemeinen rekursiven System von Kleene, als er auf einigen grundlegenden Funktionen beruht, auf Komposition und Gleichheit, wobei aber der bedingte Ausdruck allein sowohl das primitiv-rekursive Schema als auch den Minimisierungsoperator ersetzt. ... Er unterscheidet sich aber in der Hinsicht, daß er explizite Vorkehrungen für Selbstbezug aufweist, so daß er, statt schwierige arithmetische Methoden zu verwenden, Berechnungen, Aufzählungen, universelle Verfahren usw. unmittelbar beschreiben kann.“ (M. Minsky, [MIN67], S. 247)

### 3.2.3. Grundlegende Definitionen der Theorie rekursiver Funktionen

Der Platz reicht hier nicht aus, um eine einigermaßen abgerundete Einführung in die Theorie rekursiver Funktionen zu geben; auch würde dies den Rahmen des Buches sprengen.

Immerhin ist der Begriff der rekursiven Funktion für LISP so bedeutsam, daß wenigstens die Basisdefinitionen angegeben werden sollen. Indem dies auf verschiedene Arten demonstriert wird, soll der Vorteil der bedingten Ausdrücke hervorgehoben werden.

Gegeben seien drei Mengen von Zeichen: eine Menge von Zeichen für Objekte, eine Menge von Zeichen für Funktionen und eine Menge von technischen Zeichen. Die Objektsymbole seien etwa $a$, $b$, $x$, $x_1$, ... , die Funktionssymbole $f^1$, $f_1^0$, usw. und die technischen Symbole (Klammern, Kommata, ...).

Aus diesem Alphabet werden nun Zeichenketten geformt. Unter diesen interessieren uns bestimmte, die wir *Terme* nennen wollen:

(T1) Jedes Objektsymbol ist ein Term.

(T2) Es mögen $n$ Terme gegeben sein: $t_1, \dots, t_n$. Dann ist $f(t_1, \dots, t_n)$ ein Term, wenn $f$ ein $n$-stelliges Funktionensymbol ist.

(T3) Terme werden nur gemäß der Regeln (T1) und (T2) gebildet.

Terme bekommen einen Wert, wenn der Menge der Objektsymbole eine Menge von Werten aus einer Grundmenge zugeordnet und jedem Funktionszeichen eine Funktion aus einem passenden Produkt dieser Grundmenge in die Grundmenge zugeordnet wird.

Es kann vorkommen, daß den Funktionssymbolen partielle Funktionen zugeordnet werden. Hier wird vereinbart, daß der Wert eines Terms $f(t_1, \ldots t_n)$ undefiniert ist, wenn entweder ein $t_i$ undefiniert ist oder der Wert der Funktion, die dem Symbol $f$ zugeordnet wurde, in dem Punkte, der dem Tupel $(t_1, .., t_i)$ entspricht, undefiniert ist.

Hat man einige Funktionen, die auf einer Grundmenge $X$ gegeben sind, so kann man mit Hilfe von Termen eine unendliche Anzahl neuer, auf derselben Menge $X$ definierter Funktionen aufschreiben. So sei die Grundmenge etwa $N$, d. h. die Menge der natürlichen Zahlen. Als Grundfunktionen (Ausgangsfunktionen) seien gegeben:

(F1) die Nachfolgerfunktion $s$ mit $s(x) = x + 1 = x'$,

(F2) die $n$-stelligen Nullfunktionen $o^n$ mit $o^n(x_1, \ldots, x_n) = 0$,

(F3) die $n$-stelligen Projektionen $I_m^n$ mit $I_m^n(x_1, \ldots, x_n) = x_m$ $(1 \leqq m \leqq n$, $n = 1,2, \ldots)$.

Folgende Operationen erzeugen aus diesen Anfangsfunktionen alle partiell rekursiven Funktionen:

(O1) Die Operation der *Substitution*: Es seien $n$ beliebige partielle Funktionen $f_1, \ldots, f_n$ ein und derselben Zahl $m$ von Variablen gegeben, die Werte in der Grundmenge annehmen können (d. h., die Funktionen bilden das $m$-fache Produkt der Grundmenge in diese ab); weiter sei eine $n$-stellige partielle Funktion $f$ definiert, die $n$-Tupel aus der Grundmenge in Werte aus der Grundmenge überführt. Dann läßt sich mit

$$g(x_1, \ldots, x_m) = f(f_1(x_1, \ldots, x_m), \ldots, f_n(x_1, \ldots, x_m))$$

eine $m$-stellige Funktion $g$ aus den Funktionen $f$ sowie $f_1, f_2, \ldots, f_n$ einführen.

(O2) Die Operation der *primitiven Rekursion*: Es seien zwei partielle Funktionen $g$ und $h$ gegeben; sie bilden Tupel aus der Grundmenge in Werte aus derselben ab. $g$ sei $n$-stellig und $h$ sei $n + 2$-stellig. Die $n + 1$-stellige Funktion $f$ entsteht aus $g$ und $h$ *primitiv rekursiv*, wenn für alle Tupel $x_1, x_2, \ldots, x_n, y$ gilt:

$$f(x_1, x_2, \ldots, x_n, 0) = g(x_1, \ldots, x_y),$$
$$f(x_1, x_2, \ldots, x_n, y + 1) = h(x_1, x_2, \ldots, x_n, f(x_1, \ldots, x_n, y)).$$

Eine Funktion heißt *primitiv rekursiv*, wenn man sie nur von den Ausgangsfunktionen $s$, $o$ und $I_m^n$ beginnend durch eine endliche Zahl von Operationen der Substitution und der primitiven Rekursion erhalten kann.

(O3) Die Operation der *Minimalisierung*: Gegeben sei eine $n$-stellige partielle Funktion $f$. Der Ausdruck

$$\mu_y(f(x_1, \dots, x_{n-1}, y) = z)$$

bezeichne den kleinsten Wert $y$, für den die Gleichung

$$f(x_1, \dots, x_{n+1}, y) = z$$

bei festgehaltenem $z$ und festen $x_1, \dots, x_{n-1}$ erfüllt ist. $y$ ist offenbar abhängig von den $x_i$ und von $z$. Deshalb kann über

$$g(x_1, x_2, \dots, x_n) = \mu_y(f(x_1, x_2, \dots, x_{n-1}, y) = x_n)$$

eine $n$-stellige Funktion eingeführt werden. Man sagt, $g$ entsteht aus $f$ über die Operation der Minimalisierung.

Die partiellen rekursiven Funktionen werden [MAL74] unter Verwendung dieser Operationen definiert: Eine partielle Funktion heißt partiell rekursiv, wenn sie aus den Anfangsfunktionen $s$, $o$ und $I_m^x$ durch eine endliche Zahl von Operationen der Substitution, der primitiven Rekursion und der Minimalisierung erhalten werden kann.

Es läßt sich übrigens zeigen [MIN67], daß der Minimalisierungsoperator allenfalls nur einmal bei dieser Erzeugung benötigt wird. Rekursive Funktionen sind Funktionen, die durch Gleichungen definiert werden[1]).

Kleene hat für die Einführung der partiellen rekursiven Funktionen einen Gleichungskalkül aufgebaut, der ohne die Bezugnahme auf die Operationen der Minimalisierung und der primitiven Rekursion auskommt.

Die Zeichenmenge entspricht fast vollständig der bisher benutzten: Die Menge der Zeichen für Objekte enthalte ein Zeichen 0 für die Null und weitere Zeichen für Zahlen (Zahlenvariable, Numerale); die Menge der Funktionssymbole bleibt, dabei wird etwa eines für die Nachfolgerfunktion ausgewählt (etwa $f_1$) und ein weiteres freigehalten für die Funktion, deren definierendes Gleichungssystem wir schreiben wollen. Zu den technischen Symbolen kommt noch das Gleichheitszeichen hinzu.

Die Termdefinition entspricht völlig der vorangegangenen. Der Klarheit wegen könnte man die erste Klausel aufteilen:

(T1i) Die Konstante 0 ist ein Term.
(T1ii) Die Zahlenvariablen sind Terme.

Weitere Definitionen sind:

(G) Eine *Gleichung* ist eine Zeichenfolge $t = u$, wobei $t$ und $u$ Terme sind.
(GL) Eine endliche Menge von Gleichungen heiße *Gleichungssystem*.

---

[1]) Allerdings leisten Gleichungen mehr: Es gibt nichtberechenbare Funktionen, die durch Gleichungssysteme definierbar sind. Durch die Ableitungsregeln werden diese Funktionen ausgeschieden [KALM55].

Im Kalkül der rekursiven Funktionen wird ein Ableitbarkeitsbegriff (der in etwa einem Rechenverfahren entspricht) eingeführt, in dem folgende zwei Regeln definiert werden:[1])

(Einsetzung) Es seien $t$ und $u$ Terme, $a$ sei eine Zahlenvariable. Setzt man für $a$ an allen Stellen, wo es unter den Zeichen der Zeichenfolge $t$ vorkommt, die Zeichenfolge $u$ ein, so entsteht wieder ein Term, das Ergebnis der *Einsetzung* von $u$ für $a$ in $t$.

(Ersetzung, Substitution) Es seien $t$, $u$, $w$ Terme. Ersetzt man beliebig viele Vorkommen der Zeichenfolge $u$ als Teil (d. h. als Folge von hintereinanderstehenden Zeichen) der Zeichenfolge $t$ durch die Zeichenfolge $w$, so entsteht wieder ein Term, das Ergebnis der *Ersetzung* von $w$ für $u$ in $t$.

Aus einem gegebenen Gleichungssystem $S$ sind folgende Gleichungen *ableitbar*:

(A1) die Gleichungen von $S$,

(A2) wenn die Gleichung $s = t$ aus $S$ ableitbar ist, $s$ und $t$ Terme und $v$ eine Zahlenvariable ist, dann sind ableitbar:
$t' = s'$, wobei $t'$ bzw. $s'$ das Ergebnis der Einsetzung von $O$ für $v$ in $t$ bzw. $s$ darstellt;
$t'' = s''$, wobei $t''$ bzw. $s''$ das Ergebnis der Einsetzung von $f_1(v)$ für $v$ in $t$ bzw. $s$ darstellt,

(A3) wenn die Gleichungen $s = t$ und $r = u$ ableitbar sind, $r$, $s$ und $t$ Terme sind, dann sind alle Gleichungen
$t' = s'$ ableitbar, wobei $t'$ bzw. $s'$ ein mögliches Ergebnis der Ersetzung von $r$ für $u$ in $t$ bzw. $s$ darstellt.

Die Funktion, die das beliebige $r_2$-Tupel ($r_i$ soll die Arität der Funktion $f_i$ sein) von Elementen aus dem Grundbereich in jenes $m$ überführt, für das die Gleichung $f_2(z_1, z_2, \dots, z_y) = z_m$ ableitbar ist,[2]) heißt ***die durch das Gleichungssystem definierte Funktion.*** Eine Funktion heißt ***allgemein rekursiv,***

---

[1]) Wir folgen hier der Darstellung von L. Kalmár [KALM55]. Kleene erlaubt die Einsetzung nur von Numeralen, d. h. Termen der Form $O$, $f_1(O)$, $f_1(f_1(O))$ usw., und die Ersetzung von Termen, die außer dem Funktionssymbol nur Numerale enthalten, durch einen Term, der ein Numeral ist, falls die entsprechende Gleichung ableitbar ist ([KLE52], S. 264). Damit präsentiert Kalmár im Grunde einen Call-By-Name-Kalkül, während Kleenes Kalkül sicher dem Call-By-Value entspricht. Allerdings klammert Kalmár das Problem der Undefiniertheit völlig aus, das den eigentlichen Unterschied macht. Vgl. hierzu [MORS68, CA72, V73, ROE74] und schließlich als wichtigste Arbeit [BAKK 75].

[2]) $zi$ sind irgendwelche Numerale.

wenn man die positiven ganzen Zahlen $k, l, r_2, \ldots, r_l$ und das allgemein rekursive Gleichungssystem $S$ so wählen kann, daß $S$ ein definierendes Gleichungssystem für diese Funktion ist (dabei sei $k$ die Anzahl der Zahlenvariablen und $l$ die Anzahl der Funktionsvariablen).

Die Grundidee für den Gleichungskalkül ist nicht neu. Man kann Vorläufer dafür in vielen älteren Werken der Mathematik finden. Dort wird z. B. die Definition durch Fallunterscheidung erwähnt. Ein typischer einfacher Fall einer solchen Definition — der, wie man sieht, mittels zweier Gleichungen zu notieren ist — ist die Sprungfunktion:

$$S(x) = \begin{cases} 0, \text{ falls } x \leqq 0\,, \\ 1, \text{ falls } x > 0\,. \end{cases}$$

Von einfachen Fallunterscheidungen gelangt man zur induktiven Definition, wenn man zuläßt, daß für die Formulierung des Definiendum (der Aussage, die zum Definieren benutzt wird) das Definiens (der definierte Begriff) verwendet wird.[1])

Induktive Definitionen haben eine wohlstrukturierte Form — man unterteilt gewöhnlich in *Basisklauseln*, in denen die Definition direkt für gewisse spezielle Objekte ausgesprochen wird, in *induktive Klauseln*, in denen von der Erfüllung der Definition für bestimmte Objekte auf ihre Gültigkeit für andere, in präziser Art zu diesen Objekten in Beziehung stehenden Objekten festgestellt wird und schließlich die *Extremalklausel*, in der ausdrücklich niedergeschrieben wird, daß die Definition nicht für andere Objekte gilt. Die Struktur dieser Definition, die meist von der formalen Struktur des definierten Objekts abhängt, läßt sich in allen Induktionsbeweisen für Eigenschaften von den Objekten wiederfinden.

Wird mit induktiven Definitionen eine Klasse von Grundobjekten eingeführt — Kleene [KLE52] spricht in diesem Fall von „fundamentalen induktiven Definitionen" —, dann kann man weitere induktive oder rekursive Definitionen über dieser Klasse vornehmen, indem man sich bei der Fallunterscheidung auf die verschiedenen Klauseln der fundamentalen Definition bezieht.

So wird bei der Berechnung des Werts einer rekursiven Funktion für jedes Argument, das nicht zur Menge der primitiven Objekte (Basisklausel!) gehört, dieser Wert bestimmt durch Bezugnahme auf Werte, die die Funktion für Argumente annimmt, die unter dem Blickwinkel der fundamentalen induktiven Definition „früher" generiert wurden.

---

[1]) Um die Korrektheit der Definition zu zeigen, d. h. um ihre Zirkelfreiheit zu erweisen, müßte eigentlich ein Rechtfertigungsbeweis geführt werden.

Diese Aussagen gelten etwa für die natürlichen Zahlen, bei denen, den PEANOschen Axiomen folgend, die Generierung mittels der Nachfolgerfunktion erfolgt und wo also der Begriff des „Früher" mit der gewöhnlichen Ordnungsrelation zusammenfällt. Sie gelten aber ebenfalls für Formeln, z. B. wenn diese wie üblich induktiv eingeführt werden — und ganz allgemein für jeden Datentyp, d. h. für jede rekursiv aus Teilstrukturen aufgebaute Klasse von Objekten (Terme, Pascal-Records usw. usf.).

Der Gleichungskalkül wurde nun aber nicht für die praktische Verwendung, d. h. als effektives Definitionsinstrument für rekursive Funktionen, erdacht, sondern für prinzipielle Untersuchungen von Eigenschaften solcher Funktionen. Für solche Beweise — etwa Eindeutigkeitsbeweise, Äquivalenzbeweise mit anderen Formulierungsmitteln wie TURING-Maschinen usw. — kommt man mit Extremfällen, d. h. einigen höchst speziellen Beispielen, aus. Dabei sind die Gleichungen meist in ihrer Zahl stark begrenzt und die auftauchenden Terme nicht übermäßig kompliziert. Solange er nur zu den ihn interessierenden Beweisen kommt, macht sich der Mathematiker im allgemeinen leider wenig Gedanken über Darstellungsfragen.

Will man den Gleichungskalkül benutzen, um mit ihm konkrete Funktionen zu beschreiben oder gar wirkliche Programme zu formulieren, so gewinnt diese Frage aber enorme Bedeutung. Die ungeordneten Systeme und der vage Berechnungsbegriff bringen hier große Schwierigkeiten mit sich.

MCCARTHYS Idee, die Gleichungen zu ordnen, sie zu linearisieren und auf den Fall der Funktionsdefinition zu spezialisieren, schafft hier große Erleichterung. Die sequentielle Ordnung der Gleichungen[1]) appelliert an das Gefühl des Programmierers für die zeitliche Reihenfolge der Abarbeitung; die Bedingungen filtern aus den vorher üblichen Termen die relevanten, den Spezialfall bestimmenden Anteile heraus.

Der Grundbegriff bei MCCARTHY [MCC63a] ist die *Form*, die weitgehend dem *Term* entspricht. Neu ist, daß die Variablennamen unterschiedlichen Grundbereichen zugeordnet werden können. Unter den verschiedenen Grundmengen spielt die Menge $\Pi$ der Wahrheitswerte, d. h. $\Pi = \{T, F\}$ eine besondere Rolle.

(F1) Eine Variable $x$ mit einem zugeordneten Grundbereich $U$ ist eine Form, und ihr ordnen wir ebenfalls $U$ zu. Eine Konstante in einem Grundbereich $U$ ist eine Form, der wir ebenfalls $U$ zuordnen.

(F2) Sind $e_1, \ldots, e_n$ Formen mit zugeordneten Bereichen $U_1, \ldots, U_n$, so ist auch $f(e_1, \ldots, e_n)$ eine Form mit zugeordnetem Bereich $V$, wenn $f\colon U_1 \times U_2 \times \ldots \times U_n \to V$ eine Funktion mit $n$-Stellen ist.

[1]) Es gibt andere lineare Notationsweisen; die Auswahl der korrekten Gleichung bzw. des korrekten Terms erfolgt dann durch den Trick, diesen Term mit 1 zu multiplizieren und die anderen Anteile mit 0 [AC29].

(G) Wenn in der Form $e$ nur die Variablen $x_1, \dots, x_n$ vorkommen, dann kann man mit $h(x_1, \dots, x_n) = e$ die Funktion $h$ definieren. Wenn in $e$ genau die Funktionen $f_1, \dots, f_m$ vorkommen, dann sagt man, $h$ ist durch *Komposition* der Funktionen $f_1, \dots, f_m$ definiert worden.

Die Funktionen müssen nicht für alle Werte der Variablen definiert sein. Die $n$-Tupel, für die eine $n$-stellige Funktion definiert ist, die durch Funktionskomposition eingeführt wurde, werden bestimmt aus den $n$-Tupeln, für die die Funktionen, die die Komposition ausmachen, definiert sind.

Die Funktionen, die Werte in $\Pi$ annehmen, werden *Prädikate* genannt. Eine Form, die Werte in $\Pi$ annimmt, heißt *Aussagenform*.

(C) Bedingte Ausdrücke sind Zeichenketten der folgenden Gestalt:

$$(p_1 \to e_1, \dots, p_n \to e_n) ,$$

wobei die $p_i$ Aussagenformen sind und die $e_i$ Formen ($i = 1, \dots, n$). Der Wert des Ausdrucks ist der Wert von $e_i$, wenn $i$ die kleinste Zahl ist, für die $p_i = T$ gilt. Sind alle $p_i$ vom Werte $F$, ist der bedingte Ausdruck undefiniert. Dasselbe gilt, wenn ein undefinierte $p_i$ mit $j \leqq i$ existiert und $i$ die erwähnte kleinste Zahl ist, für die $p_i = T$ sowie wenn $e_i$ undefiniert ist.

Um die Schreibweise der Aussageformen zu vereinfachen, können die logischen Konnektoren eingeführt werden:

$$p \wedge q = (p \to q, T \to F), \qquad p \vee q = (P \to T, T \to q),$$
$$\neg p = (P \to F, T \to T), \qquad p \Rightarrow q = (p \to q, T \to T) .$$

Angenommen, es ist eine gewisse Grundkollektion von Funktionen, $\mathfrak{F}$, gegeben, die zugeordnete Definitionsbereiche und Wertebereiche besitzen. Dann sei $C(\mathfrak{F})$ die Klasse aller Funktionen, die sich mittels des angegebenen Formalismus aus ihnen definieren lassen. Wir nennen sie die *Klasse der Funktionen, die mittels der Basisfunktionen aus $\mathfrak{F}$ berechenbar sind.* Es ist nicht schwer, zu zeigen, daß etwa $C(\text{succ}, \text{eq})$ mit der Menge der partiellen arithmetischen Funktionen zusammenfällt.

$$\text{succ}(x) = n' , \quad \text{die Nachfolgerfunktion,}$$

$$\text{eq}(x_1, x_2) = \begin{cases} T, \text{ falls } x_1 = x_2 , \\ F \text{ sonst} , \end{cases} \qquad \text{die Gleichheitsfunktion.}$$

Dazu muß zunächst gezeigt werden, daß die Ausgangsfunktionen $s$, $o$ und $I_m^x$ in $C(\text{succ}, \text{eq})$ liegen. Nun ist succ nur eine andere Bezeichnung für $s$. Für die beiden übrigen Funktionen gilt:

$$o(x_1, \dots, x_n) = 0 ,$$
$$I_m^n(x_1, \dots, x_n) = x_m .$$

Dann muß bewiesen werden, daß $C(\text{succ}, \text{eq})$ abgeschlossen ist bezüglich Komposition, primitiver Rekursion und Minimalisierung. Dies gilt nach Definition für die Komposition.

Wir definieren die Funktion $\mu_f$

$$\mu_f = (\text{eq}(f(x_1, \dots, x_{n-1}, y), x_n) \to y\,, \quad T \to \mu_f(x_1, \dots, x_n, y))\,.$$

Man sieht leicht, daß zu vorgegebenem $f$ die Form

$$\mu_f(x_1, \dots, x_n, 0)$$

der Minimalisierung entspricht.

Das Schema der primitiven Rekursion läßt sich direkt als bedingter Ausdruck schreiben:

$$f(x_1, \dots, x_{n-1}) =$$
$$= (\text{eq}(x_n, 0) \to g(x_1, \dots, x_{n-1}),\ T \to h(x_1, \dots, x_n, f(x_1, \dots, x_n - 1)))\,,$$

wenn die Minusoperation wie üblich definiert wurde.

Der bedingte Ausdruck ersetzt also die erforderlichen Funktionsbildungsoperationen. Mit seiner Hilfe geschriebene Funktionsdefinitionen sind aber auch übersichtlicher als die unter Verwendung des Gleichungskalküls bzw. der einfachen Fallunterscheidung. Dies kann nur an Beispielen gezeigt werden.

Eines der beliebtesten Beispiele ist immer wieder die Funktion zur Berechnung der Fakultät $n!$ einer natürlichen Zahl $n$.

Als Fallunterscheidung wird formuliert:

$$\text{Fakultät}\ (n) = \begin{cases} 1, & \text{falls } n = 0\,, \\ n * \text{Fakultät}\ (n-1) & \text{sonst,} \end{cases}$$

im Gleichungskalkül ist zu schreiben:

$$\text{Fakultät}\ (0) = 1\,,$$
$$\text{Fakultät}\ (n') = \text{Fakultät}\ (n) * (n + 1)$$

und mit bedingten Ausdrücken:

$$\text{Fakultät}\ (n) = (x = 0 \to 1,\ T \to n * \text{Fakultät}\ (n - 1))\,.$$

Scheinen hier, wegen des geringen Gesamtaufwands, die drei Formen noch gleichartig zu sein, so ändert sich das Bild, wenn die Funktionen komplizierter werden. Als nächstes Beispiel wählen wir das ACKERMANNsche verallgemeinerte Funktional ([ROG67], S. XX), das eine Weiterführung der Potenzierung darstellt:

$$\text{ack}(0, x, y) = y + x\,,$$
$$\text{ack}(1, x, y) = y * x\,,$$
$$\text{ack}(2, x, y) = y^x\,.$$

Diesmal lauten die verschieden formulierten Definitionen:

$$f(z, y, x) = \begin{cases} y, & \text{falls } x = 0 \text{ und } z \neq 1, z \neq 2, \\ f(0, x-1, y) + 1, & \text{falls } z = 0 \text{ und } x \neq 0, \\ 0, & \text{falls } x = 0 \text{ und } z = 1, \\ 1, & \text{falls } x = 0 \text{ und } z = 2, \\ f(z-1, f(z, x-1, y), y) & \text{sonst.} \end{cases}$$

Im Gleichungskalkül bestehen jetzt ernste Probleme, da die Ungleichheitsbedingungen nicht ausgedrückt werden können. Wir verwenden die originale Schreibweise von ACKERMANN [AC29]:[1])

$$f_1(a, a) = 1, \; f_1(a, b) = 0,$$
$$f_2(a, a) = 0, \; f_2(a, b) = 1,$$
$$f(a, b, 0) = a + b,$$
$$f(a, 0, c+1) = f_3(a, c) = f_1(c, 1) + f_2(c, 1) * f_2(c, 0) * a,$$
$$f(a, b+1, c+1) = f(a, f(a, b, c+1), c).$$

Um zu wirklich vergleichbaren Formulierungen zu gelangen, müßten wir nun noch jeweils zwei Gleichungen für Addition (+) und Multiplikation (*) hinzufügen.

Nun folgt die Formulierung mittels bedingter Ausdrücke:

$$f(z, x, y) = (x = 0 \to z = 1 \to 0, \; z = 2 \to 1, \; T \to y),$$
$$z = 0 \to f(0, x-1, y) + 1,$$
$$T \to f(z-1, f(z, x-1, y), y).$$

Das Fazit ist also, daß die Formulierung im Gleichungskalkül ohne Bedingungen auskommen muß. Deshalb werden diese in Hilfsfunktionen versteckt — und die Gleichungen werden schwer lesbar. In der Definition durch Fallunterscheidung können wir eine Wichtung der Bedingungen nur durch die Reihenfolge erreichen. Viele verknüpfte Bedingungen sind nicht überschaubar. Im Kalkül der bedingten Ausdrücke kann man durch die Ineinanderschachtelung gemeinsame Bedingungen gewissermaßen „ausklammern" und damit eine gut lesbare Strukturierung durchsetzen.

Ursache für die Möglichkeit, bedingte Ausdrücke „auszuklammern" und Quelle für eine Fülle von Einsatzvarianten ist die Tatsache, daß diese einen *Wert* haben. Das bedingte Ausdrücke wesentlich von den Fallunterscheidungen. Der rechts der Definitionsgleichheitsstriche stehende Ausdruck soll

---

[1]) Die Gleichungen bei ROGERS ([ROG67], S. XX) sind unvollständig, ebenso bei HERMES ([HERM61], S. 84). Wir ändern an der ACKERMANNschen Version nur die Funktionsnamen. Man sieht, daß die Funktionen $f_1$ und $f_2$ Steuerzwecke erfüllen.

nicht nur die Definition beschreiben, sondern er kann überall statt der linken Seite, statt des funktionalen Terms, statt der Form $f(z, x, y)$ stehen. Damit kann oft eine weitere wesentliche Vereinfachung erzielt werden.

## 3.3. Der λ-Kalkül

### 3.3.1. Historische Anmerkungen

Die Notation des λ-Kalküls wird in LISP benutzt, um Funktionen zu bezeichnen ([MCC63a], S. 45). Dieses Problem trat im Zusammenhang mit Funktionalen auf, d. h. Funktionen mit Funktionen als Argument. Da die funktionalen Argumente nicht immer Grundfunktionen sind, mußte ein Mittel eingeführt werden, mit dem eine beliebige Funktion angegeben werden kann und mit dem der Bindungsprozeß der Variablen korrekt wiedergegeben wird. Hier bot sich der λ-Kalkül an, der als formaler Funktionskalkül aufgebaut worden ist, um die Eigenschaften von Variablen, die Substitution und die Abstraktion von Funktionen zu studieren [CH41].

Der λ-Kalkül ist eines der wesentlichsten Ergebnisse, die in der Logik beim Studium des Funktionsbegriffs erzielt worden sind. Wie allgemein gut bekannt, spielt der Begriff der *Funktion*, die eine bestimmte Beziehung zwischen Objekten herstellt, in der Mathematik eine große Rolle. Insbesondere im 19. Jahrhundert wurden wesentliche Schritte zur Klärung dieses Begriffs vollzogen. Damit war die Zeit reif, daß die ersten systematischen Versuche, die Logik und auf ihr aufbauend die Mathematik zu formulieren, auch den Funktionsbegriff behandelten.

Die Widersprüchlichkeit des ersten Systems dieser Art, dessen Autor Frege war, führte zu größerer Sorgfalt bei der Formalisierung durch Einführung von Typen, durch die Mengen von Mengen nicht ohne weiteres mit einfachen Mengen vergleichbar sind und ebenso Funktionen über Funktionen einen anderen Typ haben als Funktionen über Grundobjekten.

Peano und Burali-Forti bearbeiteten Anfang des 20. Jahrhunderts Aspekte des Funktionsbegriffs, die in einem klaren Zusammenhang allerdings von Schönfinkel [SCHÖ25] erstmals formuliert wurden. Schönfinkels wesentliche Idee war die Beseitigung der *Variablen* aus der Logik. Zu diesem Zwecke führte er Grundfunktionen ein (combinators in der englischsprachigen Literatur), mit deren Hilfe er die logischen Formeln ohne Variablen ausdrücken konnte. Wesentlich bei der Durchführung dieses Gedankens war die Erweiterung des Funktionsbegriffs, so daß Werte und Argumente einer Funktion selbst Funktionen sein konnten. Schönfinkel führte auch den Begriff der Funktionsanwendung in die Logik ein.

Ein Mangel in SCHÖNFINKELS Arbeit war die fehlende Beweistechnik, so daß nicht gezeigt werden konnte, daß z. B. zwei intuitiv äquivalente Grundfunktionen (combinators) gleich sind. Seine Ergebnisse inspirierten jedoch andere Logiker; Ende der zwanziger Jahre stellte H. B. CURRY das erste System der kombinatorischen Logik auf [CU29, 30].

Das in dem anspruchsvollen Namen ausgedrückte Ziel einer neuen Grundlegung der Logik strebte unter anderen auch A. CHURCH auf ähnlichen Wegen wie CURRY an. CHURCH baute eine Aussagenlogik auf, in der die Abstraktion einer Funktion aus ihren unspezifizierten Werten durch die sogenannte $\lambda$-Operation eine zentrale Rolle spielte [CH32, 33]. Über diese Operation enthielt das CHURCHsche System praktisch auch die Combinators, deren Begriff kurz zuvor durch CURRY eingeführt worden war.

CHURCH hoffte, daß sein Ansatz zur Logik über den neuen allgemeinen Kalkül benutzt werden könnte, um die Probleme der naiven Mengenlehre zu klären. Gemeinsam mit seinen Schülern ([CU58], S. 105) S. C. KLEENE und J. B. ROSSER arbeitete CHURCH zu Beginn der dreißiger Jahre die Darstellung verschiedener mathematischer Theorien in dem neuen logischen System aus, insbesondere die rekursive Zahlentheorie, die Ordinalzahlentheorie, den Prädikatenkalkül usw. Dabei entwickelte KLEENE hauptsächlich die in Verbindung mit der Rekursionstheorie stehenden Teile [KLE35b], während ROSSER sich mit den kombinatorischen Aspekten beschäftigte [ROS35].

Der typenfreie Aufbau des neuen logischen Systems war aber nicht einwandfrei, und nachdem KLEENE und ROSSER ihre Dissertationsschriften praktisch fertiggestellt hatten, entdeckten sie Widersprüche (die KLEENE-ROSSER-Paradoxie [KLE35a]). Der Zwang alle betroffenen Teile aus seiner Arbeit zu streichen, führte KLEENE zu seinem Ansatz der Theorie rekursiver Funktionen. Auch aus ROSSERS Promotionsschrift, die schon im Druck war, mußten viele Teile gestrichen werden.

Die Wurzel für die Paradoxie lag in einer fundamentalen Inkompatibilität zwischen den Begriffen der kombinatorischen Vollständigkeit und dem der Vollständigkeit, die durch das Ableitungstheorem ausgedrückt wird ([CU58], S. 10). Durch Streichung von Teilen des Systems beziehungsweise durch Einführung von Einschränkungen konnte ein widerspruchsfreies System erzielt werden ([CH36b] Beweis der Widerspruchsfreiheit durch das CHURCH-ROSSER-Theorem). CHURCH konstruierte, auf diesem revidierten System aufbauend, ein neues System der Logik [CH34, 35]. Im selben Jahr 1936 erschienen auch CHURCHS wichtige Arbeiten über die Unentscheidbarkeit des $\lambda$-Kalküls bzw. des Prädikatenkalküls [CH36a, 36c]. Diese Entwicklungen und andere Einflüsse brachten CHURCHS Interesse an der Grundlegung der Logik zum Schwinden. So enthält das Buch, in dem die endgültige

Form des λ-Kalküls fixiert ist [CH41], keinerlei Teile, die sich auf die Aussagenlogik beziehen.

Nachdem die erste stürmische Entwicklungsetappe des λ-Kalküls vorbei war, wurde es relativ ruhig um ihn. Er wurde für die Darstellung in Werken über kombinatorische Logik benutzt [CU58], aber weniger als Forschungsinstrument oder -gegenstand.

Die zweite, noch andauernde Anwendungsperiode des λ-Kalküls wurde durch McCarthy [MCC60c] eingeleitet. Die Verwendung als Notationshilfsmittel in LISP und in der formalen Sprache seines Kalküls der rekursiven Funktionen [MCC63a] wirkte allgemein anregend. Burge [BURG64a], Landin [LAN64a, 66], Barron, Strachey et al. [BARS63] und Böhm [BÖ64] entwickelten Sprachen, in denen der λ-Kalkül eine ähnliche Rolle spielte wie in LISP. Die Idee, diese einfachen Sprachen zur Definition komplizierterer, wie etwa ALGOL60, zu benutzen, scheint nahezu gleichzeitig aufgenommen zu sein. Sicher hat McCarthys Vortrag auf dem IFIP-Kongress 1962 anregend gewirkt [MCC62b].

Schon 1964 werden mehrere ähnliche Ansätze publiziert: von McCarthy [MCC64], Landin [LAN64b], Strachey [STR64] und Böhm [BÖ64]. 1968 hebt Wegner [WEG68] die Bedeutung des λ-Kalküls als einfaches Studienobjekt zur Beschreibung von Funktionsauswertungen hervor. Scott [SCO66] diskutierte das durch LISP aufgeworfene Problem, λ-Ausdrücke, die explizite Verweise auf sich selbst enthalten (typisch für rekursive Funktionen) durch äquivalente λ-Ausdrücke darzustellen.

Seit etwa 1968 kann man zwei Entwicklungslinien verfolgen: Einerseits dient der λ-Kalkül als Modell, um die korrekte Implementierung von Funktionskonzepten in höheren Programmiersprachen an einem extrem reinen Beispiel zu untersuchen (*operationale Beschreibung der Semantik*). Beispiele für diese Verwendung stellen Arbeiten von Morris [MORS68], McGowan [MCG71, 72, BERR71] und Wegner [WEG72a] dar.

Andererseits sind der λ-Kalkül und seine Modelle selbst wieder Forschungsgegenstände. Diese Entwicklung wurde durch die Formulierung des Programms der *mathematischen Semantikbeschreibung* (der ersteren Entwicklungslinie zuzurechnen) durch C. Strachey, de Bakker und D. Scott [SCO71, 69b, 70] ausgelöst. Insbesondere die Arbeiten von Scott über Modelle des λ-Kalküls [SCO73], wodurch die Beziehung zwischen kleinstem (schwächstem, least) Fixpunkt rekursiver Funktionsdefinitionen und dem Y-Kombinator geklärt wurde und weitere seiner Arbeiten [SCO72, 75a, 76] führten zu einer Aktualität, die durch weltweite Forschung charakterisiert ist.

Ein deutliches Merkmal dafür war der Kongreß über den „λ-Kalkül in der Computertheorie", der im März 1975 in Rom stattfand. Scotts Arbeiten in den Veröffentlichungen [SCO75b] geben ausgezeichnete Zusammenfassungen der aktuellen Problematiken und der erzielten Resultate.

### 3.3.2. Kurze Darstellung der Grundlagen des λ-Kalküls

Eine Funktion ist eine Zuordnungsregel, die Elementen aus einem Definitionsbereich Elemente aus einem Wertebereich zuordnet. Die Mengenlehre erlaubt die Identifizierung einer Funktion als die Menge der Paare $(x, y)$, wo $x$ aus dem Definitionsbereich genommen wird und $y$ aus dem Wertebereich und $y$ $x$ als *Wert* zugeordnet ist.

Wollte man jede Funktion als Menge von Paaren angeben, dann käme man zu einem schwerfälligen Notationssystem. Im Bereich der natürlichen Zahlen etwa kann man Funktionen durch formale Ausdrücke angeben, mit denen implizit gemeint ist, daß sie eine Vorschrift zur Berechnung des Wertelements aus den Paaren sind.

Um das Beispiel von CHURCH zu benutzen, so ist der Ausdruck $(x^2 + x)^2$ keine Funktion, sondern er wird benutzt, um auf die Funktion zu deuten, die jedem $x$ die Zahl $(x^2 + x)^2$ zuordnet. Für gegebenes $x$ ist der Ausdruck immer eine konkrete natürliche Zahl.

Soll dieser Ausdruck zur Funktionsbezeichnung verwendet werden, so ist es wesentlich hervorzuheben, daß $x$ eine Variable ist. Um die Funktion zu bezeichnen, die die Zuordnung von $x$ zu $(x^2 + x)^2$ beinhaltet, schlägt CHURCH die Verwendung des Zeichens $\lambda$ vor:

$$(\lambda x(x^2 + x)^2)\,.$$

Ganz allgemein wird, wenn $M$ ein Ausdruck ist, der $x$ als freie Variable enthält, durch $(\lambda xM)$ die Funktion bezeichnet, die für ein konkretes Element $a$ aus dem Definitionsbereich den Wert liefert, wenn $a$ für $x$ in $M$ substituiert wird.

Da man sich vorstellen kann, daß die Funktion als Zuordnungsvorschrift durch Verallgemeinerung aus vielen einzelnen Paaren $x$, $M$ gewonnen wurde, verwendet CHURCH die Redeweise, daß die Funktion, die durch $(\lambda xM)$ bezeichnet wird, aus $M$ durch *Abstraktion* gewonnen wurde. $\lambda x$ kann dann als Abstraktionsoperator angesehen werden.

Die notationelle Unterscheidung zwischen einem arithmetischen Ausdruck und der Funktion, die nach Übermittlung eines Arguments, d. h. eines Elements aus dem Definitionsbereich, den Wert liefert, der durch Einsetzung des Arguments in den Ausdruck resultiert, ist in jeder modernen Programmiersprache ein Gemeinplatz. Ob nun, wie in ALGOL und anderen Sprachen,

Funktionen bzw. Prozeduren mittels Schlüsselworten deklariert werden[1]) oder ob, wie in LISP, λ selbst verwendet wird, durch die Notationsweisen werden Ausdrücke bzw. Sprachelemente zu Funktionen.

So kann der λ-Kalkül heute regelrecht als einfache Programmiersprache angesehen werden ([WEG68], S. 180ff.). Einfach nicht nur deshalb, weil er ein so beschränktes Alphabet hat, sondern weil es auch nur einen Wertetyp gibt: Die Menge der Operatoren (Funktionen) fällt mit der Menge der Operanden zusammen. Außerdem gibt es keine Vielfalt von Anweisungen oder Ausdrücken, sondern Bindung und Reduktion mittels Substitution von Argument für gebundene Variable ist die einzige „Grundfunktion", die die Sprache bietet. Der Vorteil ist, daß es keinerlei Seiteneffekte gibt — der Nachteil, daß die Ausdrücke allzu unstrukturiert vor uns stehen.

Das Alphabet des λ-Kalküls besteht nur aus zwei Teilmengen — der Menge der Variablen (es werden kleine Buchstaben $a, b, c, \ldots, x, y, z, \bar{a}, \bar{b}, \ldots, \bar{z}, \bar{\bar{a}}, \ldots$ verwendet) und der Menge der technischen Zeichen (man käme mit λ und den runden Klammern aus, allerdings wäre das Ganze dann reichlich unbequem; so werden faktisch auch →, Punkt und eckige Klammern benutzt. Sie „werden nur der Bequemlichkeit halber eingeführt und sind kein echter Teil des formalen Systems" ([CH41], S. 12)).

Aus Bequemlichkeit werden ferner große Buchstaben als Abkürzungen für λ-Ausdrücke verwendet. Church gibt z. B. folgende *Nominaldefinition*:

$$I \to (\lambda aa)\,.$$

Schematische Definitionen dienen zur Einführung neuer Klassen von Ausdrücken; sie stellen Schemata dar, nach welchen jeder der neuen Ausdrücke für eine wohlgeformte Formel stehen kann. Dabei übernehmen halbfette kleine Buchstaben zusätzliche Sonderfunktionen [CH41].

Die wohlgeformten Formeln (wir werden auch von λ-Ausdrücken sprechen) werden induktiv definiert ([CH41], S. 8):

(L1) Eine Variable ist eine wohlgeformte Formel.

(L2) Sind $F$ und $A$ wohlgeformt, so ist auch $(F\,A)$ eine wohlgeformte Formel.

(L3) Ist $M$ wohlgeformt und enthält mindestens ein freies Vorkommen der Variablen $x$, dann ist $(\lambda xM)$ eine wohlgeformte Formel.

Wird die Bedingung, das freie Vorkommen von $x$ betreffend, fallengelassen, so erhält man den λ-K-Kalkül ([CH41], S. 58ff.). Was aber ist *freies Vorkommen*?

---

[1]) Hier übernimmt gewissermaßen dieses Schlüsselwort Funktionen von λ, allerdings kommt die Einführung des Funktionsnamens als wesentlicher Dienst der Deklaration hinzu.

(F1) Das Vorkommen der Variablen $x$ in der wohlgeformten Formel $x$ ist frei.

(F2) Kommt die Variable $x$ in der wohlgeformten Formel $F$ frei bzw. gebunden vor, so ist sie in $(F\ A)$ ebenfalls frei bzw. gebunden; kommt sie in $A$ frei bzw. gebunden vor, so ist sie in der wohlgeformten Formel $(F\ A)$ ebenfalls frei bzw. gebunden.

(F3) Die Variable $x$ in $(\lambda x M)$ kommt nur gebunden vor. Jede andere Variable $y$, die in $M$ frei bzw. gebunden vorkommt, ist auch in $(\lambda x M)$ frei bzw. gebunden.

Nach diesen Definitionen sind folgende Ausdrücke *wohlgeformte Formeln*:

$(\lambda xx\lambda xx)$ — $x$ kommt nur gebunden vor;

$(x\ y)$ — $x$ und $y$ kommen frei vor;

$(\lambda x(x(y\ x)))$ — $y$ kommt frei und $x$ gebunden vor.

Die Formeln $(\lambda x M)$ stellen im Kalkül die Funktionen dar (es genügt die einargumentige Form; durch Verschachtelung kann man leicht mehrargumentige Funktionen simulieren). Die Ausdrücke der Form $(F\ A)$ drücken die Anwendung der Funktion $F$ auf ein Argument $A$ aus und werden zur Darstellung der formalen Berechnungsvorgänge verwendet. Diese Berechnungsvorgänge oder Auswertungen beruhen auf der Substitution von Argument für gebundenen Variable bzw. auf der Umbenennung von gebundenen Variablen und werden als *Konversionen* bezeichnet. Drei dieser Transformationsregeln sind erlaubt:

(K1) Jeder Teil $M$ einer Formel darf durch das Resultat der Substitution einer Variablen $x$ für eine Variable $y$ überall in $M$ ersetzt werden, vorausgesetzt, daß $y$ keine freie Variable in $M$ ist und $x$ noch nicht in $M$ vorkommt.

(K2) Jeder Teil $((\lambda x M)N)$ einer Formel darf durch das Resultat der Substitution von $N$ für $x$ in $M$ ersetzt werden, vorausgesetzt, daß die gebundenen Variablen von $M$ von $x$ und von den freien Variablen in $N$ verschieden sind.

(K3) Jeder Teil einer Formel, der durch Substitution von $N$ für $x$ in $M$ entstanden sein kann, darf durch $((\lambda x M)N)$ ersetzt werden, vorausgesetzt daß $((\lambda x M)N)$ wohlgeformt ist und die gebundenen Variablen von $M$ verschieden sind von $x$ und von den freien Variablen in $N$.

Der Begriff Teil in diesen Regeln ist so zu verstehen, daß es sich um eine Teilzeichenkette der gesamten Formel handelt, die selber eine wohlgeformte Formel ist und nicht direkt auf das $\lambda$-Symbol folgt (d. h. keine Variable in Bindungsstellung ist).

Die Regel (K1) ist die *Umbenennungsregel*, die Regel (K2) die *Reduktionsregel* und die Regel (K3) die *Expansionsregel*. Eine *Reduktion* ist eine Anwendung von Regel (K2), usw. Erlaubte Umbenennungen sind z. B. $(\lambda x(x\ y))$ zu $(\lambda z(z\ y))$, Reduktionen z. B. $(\lambda xx\ \lambda xx)$ zu $(\lambda\ xx)$. Natürlich stellt die Reduktionsregel die grundlegende Regel dar, da Umbenennungen nur erforderlich sind, um Namenskonflikte zu lösen. Ziel der Konversion ist ein $\lambda$-Ausdruck, auf den keine weitere Reduktionen angewandt werden können. Ein solcher heißt *Normalform* oder *reduzierte Form* [WEG68]. Es gibt Ausdrücke, die keine Normalform haben; etwa

$$((\lambda x((x\ x)x))\ (\lambda x((x\ x)x)))\,.$$

Durch eine kanonische Umbenennung ([CH41], S. 14) oder Bildung aller reduzierten Formen, die durch Umbenennung ineinander übergeführt werden können, kann ein Endresultat der Auswertung spezifiziert werden, das nach dem CHURCH-ROSSER-Theorem eindeutig ist, d. h., gelangt man nach zwei verschiedenen Folgen von Reduktionen und Umbenennungen zu zwei Normalformen, dann liegen sie in der selben *Werteklasse* bzw. können in die gleiche *prinzipielle Normalform* übergeführt werden. Die $\lambda$-Ausdrücke ohne Normalform heißen *nicht definiert* oder *ohne Sinn.*

Im $\lambda$-Kalkül ist die Auswertungsreihenfolge also ohne Belang für das Endresultat. (Im $\lambda$-K-Kalkül besteht die Möglichkeit, daß eine Folge von Reduktionen zu einer Normalform führt, die andere nicht.) Wie WEGNER bemerkt, bedeutet dies, daß $\lambda$-Ausdrücke parallel ausgewertet werden können durch asynchrones Multiprocessing in willkürlicher Auswahl lokaler Teilausdrücke ([WEG68], S. 185).

Während im einfachen $\lambda$-Kalkül demnach beliebige Strategien für die Auswahl der nächsten Reduktion möglich sind — etwa immer im innersten linken Teilausdruck anzufangen und damit praktisch die Aufrufregel *Call-By-Value* durchzuführen — ist das im $\lambda$-K-Kalkül nicht möglich. Es läßt sich jedoch zeigen, daß hier eine Strategie, die der Regel *Call-By-Name* entspricht (von links-außen anfangen) akzeptable Resultate liefert ([WEG68], S. 186).

Im Lichte unserer Bemerkungen über bedingte Ausdrücke und die Darstellung rekursiver Funktionen ist es reizvoll, noch etwas in CHURCHS Weise, die Äquivalenz von $\lambda$-Definierbarkeit und Rekursivität zu zeigen, einzudringen.

Es war schon gesagt worden, daß der Definitionsbereich der Funktionen im $\lambda$-Kalkül die Menge dieser Funktionen selbst ist. Die natürlichen Zahlen werden demzufolge als Abkürzungen für Funktionen eingeführt:

(N) $1 \to (\lambda a(\lambda b(a\ b)))$ ,
$2 \to (\lambda a(\lambda b(a(a\ b))))$ ,
$3 \to (\lambda a(\lambda b(a(a(a\ b)))))$ , usw.

Natürlich muß nun, um Konfusionen zu vermeiden zwischen 1 1 und 11 unterschieden werden (das Leerzeichen ist kein Bestandteil des Kalküls) — dazu wird eine Überstreichung mehrstelliger Zahlen verwendet.

Innerhalb der möglichen Argumente läßt sich damit der Definitionsbereich der natürlichen Zahlen eingrenzen. Eine Funktion $F$ von natürlichen Zahlen heißt *λ-definierbar*, wenn es eine Formel $F$ gibt so daß

— immer wenn $m$ und $n$ natürliche Zahlen sind und $Fm = n$ und die Formeln $M$ und $N$ die wohlgeformten Formeln (nach dem Schema (N)) sind, die die natürlichen Zahlen bezeichnen dann $(FM)$ zu $N$ reduzierbar ist und

— immer wenn die Funktion $F$ nicht definiert ist für eine natürliche Zahl $m$, und $M$ repräsentiert $m$, dann hat $FM$ keine Normalform.

Die Nachfolgerfunktion kann nun definiert werden:

$$S \rightarrow (\lambda a(\lambda b(\lambda c\ (b((a\ b)c))))) .$$

Um ähnliche Ausdrücke abzukürzen, wird vereinbart, daß in so einem Fall nur ein $\lambda$ geschrieben werden muß, aber ein Punkt zwischen der letzten Bindungsvariable (d. h. hier $c$) und dem hinteren Teil (dem *Körper*) notiert wird. Außerdem darf die jeweils äußere Klammer weggelassen werden:

$$S \rightarrow \lambda abc.b((a\ b)c) ,$$

$$[x + y] \rightarrow \lambda ab.(xa)\ ((ya)b) .$$

Die anderen Grundoperationen $*$ und Potenzierung werden mit ähnlichen komplizierten Ausdrücken eingeführt. Für die Behandlung der rekursiven Funktionen muß es jedoch Auswahl- oder Bedingungsoperationen geben, um etwa das Schema der primitiven Rekursion oder die Mimimierung auszudrükken. Dies wird mit Hilfe der *geordneten Paare* und *Triaden* erreicht:

$$\begin{array}{ll} [M, N] & \rightarrow \lambda a.aMN\ (= \lambda a.((a\ M)N)) , \\ [L, M, N] & \rightarrow \lambda a.aLMN\ (= \lambda a.(((a\ L)M)N)\ ) , \\ 2_1 & \rightarrow \lambda a.a(\lambda bc.((c\ I)b)) , \\ 2_2 & \rightarrow \lambda a.a(\lambda bc.\ ((b\ I)c)) , \\ 3_1 & \rightarrow \lambda a.a(\lambda bcd.((((c\ I)d)I)b)) , \\ 3_2 & \rightarrow \lambda a.a(\lambda bcd.((((b\ I)d)I)c)) , \\ 3_3 & \rightarrow \lambda a.a(\lambda bcd.((((b\ I)c)I)d)) . \end{array}$$

Die Funktionen $2_i$ und $3_j$ sind praktisch Selektoren, denn es läßt sich zeigen, daß $2_1[M, N]$ zu $M$ reduzierbar ist, ebenso $2_2[M, N]$ zu $N$, $3_1[L, M, N]$ zu $L$, $3_2[L, M, N]$ zu $M$ und $3_3[L, M, N]$ zu $N$.

Mit Triade und 3-Selektoren läßt sich nun die *Vorgängerfunktion* definieren, d. h.

$$P(x) = \begin{cases} 1, & \text{falls } x = 1 , \\ x - 1 & \text{sonst} \end{cases}$$

und damit eine Bedingung darstellen:

$$P \rightarrow \lambda a.3_3(a(\lambda b[S(3_1 b), 3_1 b, 3_2 b])\,[1, 1, 1])\,.$$

Grundlage dieser Möglichkeit sind die zwei Reduktionsbeziehungen

$(\lambda b[S(3_1 b), 3_1 b, 3_2 b])\,[K, L, M]$ ist reduzibel zu $[SK, K, L]$

und

$(A\;(\lambda b[S(3_1 b), 3_1 b, 3_2 b])\,[1, 1, 1]$ ist reduzierbar zu $[SA, A, B]$,

wenn $A$ eine natürliche Zahl repräsentiert, dann stellt $B$ den Vorgänger dar. Die Startbedingung [1, 1, 1] sorgt dafür, daß 1 anders behandelt wird als die folgenden Zahlen.

Auf dieser Grundlage kann dann weiter aufgebaut werden: Subtraktion, Minimumbildung usw. sind nun definierbar. Noch der dem primitiv rekursiven Schema entsprechende Ausdruck ist strukturell mit der Vorgängerfunktion verwandt:

Die Formel $F$, die der durch die Funktionen $G_1$ und $G_2$ primitiv rekursiv definierten Funktion $F$:

$$F(x_1, \ldots, x_n, 1) = G_1(x_1, \ldots, x_n)\,,$$

$$F(x_1, \ldots, x_n, y + 1) = G_2(x_1, \ldots, x_n, y, F(x_1, \ldots, x_n, y))$$

entspricht lautet:

$$F \rightarrow \lambda x_1 x_2 \ldots x_n y.3_3(y(\lambda z[S(3_1 z), G_2(x_1, \ldots, x_n, 3_1\, z, 3_2\, z)\,,\; 3_2\, z$$

$$[1, G_1 x_1\,, \ldots, x, 1])\,.$$

Man sieht deutlich, wie in der Startbedingung nun statt der 1 eine dem Ausdruck $G_1(x_1, \ldots, x_n)$ entsprechende Formel steht und daß das mittlere Element der Triade auf die erforderliche Art rekursiv weitergestellt wird.

Ohne Zweifel aber ist diese Notationsweisen auch mit halboffiziellen Abkürzungen einigermaßen unbequem und unverständlich.

### 3.3.3. LISP als Implementation des λ-Kalküls

Stellt LISP eine korrekte Implementation des λ-Kalküls dar? Diese Frage kann weitgehend positiv beantwortet werden, denn die gelegentlich geäußerte Meinung, LISP sei auf der Grundlage eines dynamischen Variablen-Wert-Bindungsschemas zu implementieren [ALL78, BAK77a], ist falsch [BERR70]. Obwohl viele existierende Implementationen dem Vorbild von LISP 1.5 hierin nicht folgen, also keine korrekte Implementationen des λ-Kalküls darstellen[1]), ist LISP mit vollständig durchgeführten **FUNARG**-Mechanis-

---

1) eigentlich auch keine korrekte LISP-Implementation.

mus korrekt. Der **FUNARG**-Mechanismus sichert nämlich das statische Variablen-Wert-Bindungsschema [BERR70, DI60] und die Erhaltung der Wertbeziehungen (retention) [BERR70].

Für diese Einschätzung kann selbstverständlich nur das „reine LISP" in Betracht gezogen werden, da die erzeugbaren Seiteneffekte jede Bindung zerstören können.

Wir betrachten bei der Begründung der obigen Behauptung nur die $\alpha$-Regel und die $\beta$-Regel (d. h. (K1) und (K2)). Die Regel (K3) wird in LISP überhaupt nicht beachtet und ist auch bei der Konversion zur Normalform uninteressant.

Die $\alpha$-Regel kann in LISP nicht falsch implementiert werden, da sie überhaupt nicht benutzt wird (d. h., sie ist im LISP-Kalkül nicht verfügbar). Wo sie bei (bzw. vor) Anwendung der $\beta$-Regel (K2) erforderlich ist, wird sorgfältig die Korrektheit zu prüfen sein.

Allens [ALL78, S. 171] Behauptung, auch die $\alpha$-Regel wäre in LISP sinnvoll, aber nicht korrekt durchführbar, ist in der gegebenen Form nicht aufrecht zu erhalten: Allen nimmt als Gegenbeispiel an, daß im Ausdruck

$(\lambda x.fx)$ bzw. **(LAMBDA (X) (F X))**

$x$ in $f$ frei vorkomme. Dies ist explizit aber in der Regel verboten (vgl. S. 92). In der von Allen zitierten Regel fehlt diese Bedingung. So kann

$(\lambda x.fx)$ mit $f \rightarrow (\lambda y.xy)$

niemals zu $(\lambda x.(\lambda y.xy)x)$ führen. Wenn die Aktion in LISP möglich, im $\lambda$-Kalkül aber verboten ist, so kann man hierin keinen Verstoß sehen: Sie ist auszuklammern.

Etwas Sinn in diese Behauptung kann man nur bringen, wenn sie betreffs der $\beta$-Regel ausgesprochen wird, um $f$ zu einer Variablen zu machen.

In LISP kann die freie Variable in $f$ nur innerhalb einer Definition erscheinen:

$f \rightarrow (\lambda z.xz)$ bzw. **(DE F (Z) (X Z))**.

X wird gewissermaßen im Hauptniveau (top level) gebunden. Um die gleiche Situation im $\lambda$-Kalkül widerzuspiegeln, genügt die ohnehin „informale" Definition nicht: Eine explizite Bindung muß notiert werden:

$$(\lambda f.(\lambda x.fx)(\lambda z.xz)) \,.$$

In diesem Kontext stellt sich nun aber folgendes heraus: Nach Substitution des Ausdrucks $(\lambda z.xz)$ für $f$ würde in der Tat ein freies $x$ in $f$ auftreten. Diese Substitution ist aber nicht erlaubt — die Regel (K2) verbietet es.

Betrachten wir nun also die Regel (K2) und ihre Verwirklichung in LISP. Ihre Anwendung ist im $\alpha$-Kalkül nur erlaubt, wenn in dem Ausdruck

$$(\lambda x.M)N$$

der für die gebundene Variable $x$ zu substituierende Ausdruck $N$ keine Variable frei enthält, die innerhalb des Körpers $M$ gebunden vorkommt oder wenn $x$ nicht noch einmal in $M$ gebunden auftritt. Vor der Anwendung muß im α-Kalkül mittels der α-Regel (K1) umbenannt werden.

Die zweite Bedingung besagt, daß die Substitution nur im Bindungsbereich von $x$ durchzuführen ist. Innere erneute Bindungsbereiche sind durch Umbenennung der Variablen auszuschließen. So ist etwa verboten, daß

$$(\lambda x.(\lambda x.x2)x)1$$

mit der Regel (K2) behandelt wird, da nicht

$$(\lambda x.12)1$$

entstehen darf, sondern

$$(\lambda x.x2)1 \ .$$

Deshalb wird vorher eine Umbenennung gefordert:

$$(\lambda x.(\lambda y.y2)x)1$$

ist konvertierbar.

Der Argumentübergabemechanismus (als LISP-Lösung gegenüber der Substitution) kann korrekt ohne diese zusätzliche Forderung vollzogen werden, da die Bindungsbereiche nach innen sorgfältig auseinandergehalten werden. Dadurch geschieht faktisch eine Indizierung — d. h. die gewünschte Umbenennung [STE76b]. Bei Substitution (korrekter λ-Kalkül-Implementation gemäß der Regeln) ist entweder die Forderung aufrechtzuerhalten oder eine genaue Prüfung der Bindungsbereiche durchzuführen.

Die erste (noch unerledigte) Bedingung besagt, daß freie Variable aus $N$ nicht in innere Bindungsbereiche gebracht werden dürfen, d. h., es ist verboten, daß

$$(\lambda x.(\lambda y.xy)1)y$$

in

$$(\lambda y.yy)1 = (1\ 1)$$

transformiert wird. Statt dessen muß umbenannt werden:

$$(\lambda x.(\lambda z.xz)1)y \ ,$$

und es wird richtig zu

$$(\lambda z.yz)1 = (y\ 1)$$

konvertiert.

Diese Bedingung ist in LISP offensichtlich verletzt, wenn ohne **FUNARG** gearbeitet wird, da in diesem Fall der Argument-Übergabe-Mechanismus keine Indizierung durchführt. Genauer gesagt wird die zunächst korrekt gemachte Indizierung nicht geschützt und so durch die innere Konversion überschrieben: Aus

$(\lambda x.(\lambda y.xy)1)y$
.
.
.
$E_0$

wird nicht

$(\lambda y.yy)1$ sondern $(\lambda y.yy)1$ .
.
.
.
$E_0$

Eine Lösung bietet **FUNARG** durch „Abschließung" des freien $y$ und daraus folgender Verhinderung der falschen Umbenennung (Indizierung). Es entsteht so wirklich

$(\lambda y.yy)1$ und $(y1)$ .
. .
. .
. .
$E_0$ $E_0$

Die Umbenennungsindizes müssen also vor Neuindizierung geschützt werden.

In LISP formuliert lautet das entsprechende Problem etwa:

```
(SETQ Y 'ADD1)
(DE F(X) (G 1))
(DE G(Y) (X Y))
(F 'Y) .
```

Hier wird ein Fehler ausgelöst, weil im Innern von **G** einmal die richtige (letzte) und einmal die falsche (nicht die erste) Bindung benutzt wird. Der Wert von **X** ist **Y** und, der Wert von **Y** ist **1**, so daß der semantisch sinnlose Ausdruck

```
(1 1)
```

auszuwerten ist.

Durch Mitnahme der Bindungsumgebung (Indizierung) und Erzeugung eines **FUNARG** kann dieses Problem gelöst werden:

```
(SETQ Y 'ADD1)
(DE F(X) (G 1))
(DE G(Y) (X Y))
(F(FUNCTION Y)) .
```

Diesmal ist die Bedeutung von **X** das **FUNARG**:

**(FUNARG Y** Umgeb.) ,

wobei in der Umgebung Umgeb. **Y** zu **ADD1** gebunden ist. Demnach wird schließlich statt **(1 1)** der Ausdruck **(ADD1 1)** auszuwerten sein. Alles läuft korrekt ab, der Wert ist 2.

Soweit zu den Bedingungen für die Ausführbarkeit der $\beta$-Regel (K2). Nun zur Durchführung selbst. Diese läuft in LISP immer korrekt ab, wenn alle Variablennamen verschieden sind[1]) und wenn die Konversion normal von außen nach innen abläuft. Da die Substitution durch einen Mechanismus zur Wertübergabe ersetzt ist, bleiben die Variablennamen in den Ausdrücken erhalten. Daraus können sich zwei Arten von Konflikten ergeben: 1. Beim Verlassen eines λ-Ausdrucks gehen die Werte verloren und 2. beim tieferen Eindringen in den λ-Ausdruck werden sie überschrieben.

Zur 1. Möglichkeit. Im λ-Kalkül wird

$$(\lambda.f\ g.\ (\lambda x.f\ g\ x)f_1\ f_2)\ \mathrm{arg}$$

zu

$$f_1 f_2\ \mathrm{arg} \qquad \text{bzw.} \qquad \mathrm{g}(f_1(f_2\ \mathrm{arg}))$$

konvertiert.

In LISP ohne **FUNARG** (d. h. dynamischer Bindung) ergibt sich:

```
(SETQ F 1)
(SETQ G 2)
(DE COMPOSE(F G) (LAMBDA(X) (F(G X))))
((COMPOSE F1 F2)'ARG) .
```

Es entsteht **(1(2 ARG))**, weil außerhalb des **COMPOSE**-Körpers **F** und **G** die Werte 1 und 2 haben.

Durch Erzeugung eines **FUNARG** – Abschließung und damit Mitnahme der Bindungsumgebung innerhalb **COMPOSE** – kann dieses Problem beseitigt werden:

```
(SETQ F 1)
(SETQ G 2)
(DE COMPOSE(F G) (FUNCTION(LAMBDA(X) (F(G X)))))
((COMPOSE F1 F2)ARG)
```

---

1) Weil sich dies im Fall rekursiver Funktionen nicht vermeiden läßt, sind die ersten Beispiele für Probleme bei der korrekten Bindung rekursive Funktionen. Sie beruhen darauf, daß eines der Argumente der rekursiven Funktion ein funktionales Argument ist, das ein anderes Argument der Hauptfunktion frei enthält. Durch den rekursiven Aufruf wird dieses freie Vorkommen in einen gleichnamigen Bindungsbereich übergeführt.

wird im Verlauf der Auswertung zu:

**((FUNARG(LAMBDA(X) (F(G X)))**

Bindung, darin:

**F** ... Wert ist F1
**G** ... Wert ist F2

und damit zu:

**(F1(F2 ARG))** .

Überschreibungen im Innern des $\lambda$-Ausdrucks sind einerseits nur möglich, wenn gegen die Beschränkung verstoßen wird, daß die Variable im Innern erneut wieder gebunden auftritt. Andererseits kann die Überschreibung durch Transport einer freien Variablen (der bereits ein Wert, d. h. ein Index, zugeordnet ist) in eine Bindungsumgebung geschehen — dies ist ebenfalls bereits besprochen worden.

LISP kann also durch gewisse notationale Hilfsmittel (**FUNCTION**) und die durch **FUNARG** erzwungene statische Bindung und Aufbewahrung (Retention) derselben den $\lambda$-Kalkül korrekt modellieren.

Der Argumentübergabemechanismus (call-by-value) tritt dabei gar nicht in Erscheinung. Er bedeutet lediglich Bevorzugung einer Auswertungsreihenfolge, die aber im Bereich der „sinnvollen" $\lambda$-Ausdrücke erlaubt ist (Church-Rosser-Theorem). Auf Grund seiner Eigenschaften in bezug auf nicht-strikte Funktionen wird aber der Mechanismus Call-By-Name als dem $\lambda$-Kalkül mehr gerecht [MORS68].

## 3.4. Ausdrücke als wesentlichste Sprachbestandteile (Ausdruckssprachen)

LISP entwickelte sich aus FORTRAN unter Betonung der algebraischen Bestandteile der Sprache. McCarthy schien es von großer Wichtigkeit, durch Verschachtelung einfacher Ausdrücke komplizierte Aktionen auslösen zu können. Die Verschachtelung entspricht ja der Funktionskomposition.

Durch die Erfindung der bedingten Ausdrücke wurde dieser Ansatz ausgeweitet, so daß auch herkömmlich, in mehreren Schritten zu programmierende algorithmische Abläufe in einem umfassenden Ausdruck dargestellt werden konnten. Die Listendarstellung der Programme (S-Ausdrücke) führte zu der notwendigen Vereinheitlichung: Auch die Teile von LISP, die völlig den FORTRAN-Statements entsprachen, mußten zu S-Ausdrücken umgeformt werden. Ihre Verwendung außerhalb der sequentiellen Programmstücke

(**PROG**-Körper) konnte nicht gut verboten werden — also mußten möglichst natürliche Werte festgelegt werden. So wurde LISP zur Ausdruckssprache, d. h. zu einer Sprache, in der jedes Sprachelement einen Wert annimmt. LISP war die erste dieser Art — inzwischen sind weitere gefolgt. Das Beispiel der Sprache BLISS [WU70] zeigt, daß das Prinzip der Ausdruckssprache sehr wohl vereinbar ist mit hoher Effizienz der compilierten Maschinenprogramme. Im Vergleich zu BLISS hatte LISP 1.5 eine eher arme Menge an Steuerkonstruktionen. Neuere Systeme wie INTERLISP [TE74] oder MACLISP [MOO74] jedoch sind reicher.

Die Charakteristik, eine Ausdruckssprache zu sein, hat zwei Aspekte: Einerseits beruht sie auf der Feststellung, daß jedes Sprachelement einen Wert annimmt. Dies erscheint im Hinblick auf mögliche Implementationen sinnvoll und an Erscheinungen auf dem Maschinenniveau anknüpfend: Wenn man mit Maschinen arbeitet, bei denen ein Rechenregister (Akkumulator) existiert, dann ist klar, daß nach jeder Aktion irgendein Wert im Akkumulator zurückbleibt — dies kann sehr naheliegend als der „Wert“ betrachtet werden.

Schwieriger fällt allerdings hier die Assoziation, wenn eine Reihe von Akkumulatoren oder *allgemeiner Register* existiert: Nach der Abarbeitung eines beliebigen Programmstücks kann nicht ein Wert ausgezeichnet werden — vielmehr wurde ein *Zustand* erreicht.

Der zweite Aspekt der Ausdruckssprachen beruht darauf, daß bei der Verschachtelung von Ausdrücken, die keinerlei Seiteneffekt auslösen, der Wert des Gesamtausdrucks nur von den Werten der Teilausdrücke abhängt: Der Austausch eines beliebigen von ihnen durch einen anderen ändert daran nichts[1]). So wird der Begriff des Werts für Ausdruckssprachen zur zentralen semantischen Kategorie — der Zustand des Speichers (d. h. verschiedenster Register und Programmgrößen) wird nebensächlich — lediglich eine Frage der Implementation.

Die Entdeckung, daß es eine abgeschlossene Teilmenge von LISP gibt, die der Hauptforderung — keine Seiteneffekte — genügt, war Anlaß zur Erforschung derselben, des „reinen“ LISP, und zur Betonung des beschreibenden Charakters von seiteneffektlosen Ausdruckssprachen[2]).

Auch der λ-Kalkül ist, im Lichte der Rechenschritte Variablenumbenennung und Substitution (Konversion) als Programmiersprache gesehen, eine Ausdruckssprache. Der Wert eines λ-Ausdrucks ist seine *Normalform*. Dieser Wert wird durch eine nicht spezifizierte Abfolge von Rechenschritten

---

1) *referential transparency* nach QUINE [QIN60].

2) Ausdruckssprachen im eigentlichen Sinne, auch als deklarative Sprachen [LOM62], applikative Sprachen [SY66], denotative Sprachen [SY66] etc. bezeichnet.

erreicht, bzw. der Auswertungsprozeß terminiert nicht, weil keine Normalform ermittelt werden kann. Bei einer wichtigen Teilklasse (den *definierten* λ-Ausdrücke, [WEG68]) von λ-Ausdrücken wird immer eine Normalform erreicht, gleichgültig in welcher Reihenfolge und auf welche Elemente des betreffenden Ausdrucks die Rechenregeln angewendet werden. Auch hier wird die Frage des algorithmischen Ablaufs uninteressant — der λ-Ausdruck scheint nicht so sehr einen Wertermittlungs- bzw. Rechenprozeß zu bezeichnen, sondern einen Wert allein.

Das gleiche gilt für das reine LISP, obwohl hier eine feststehende Auswertungsreihenfolge durch die Standardimplementation im Hintergrund steht — der Variablenübergabemechanismus „Aufruf mit Wertübergabe" (call-by-value, innermost-left).

Der Bedeutungsverlust der sonst zu zentralen Begriffe gehörenden Speicherzustand und zeitlicher Ablauf macht Ausdruckssprachen zu einem interessanten Forschungsobjekt.

Wenn eine Programmiersprache gewöhnlich dazu dient, ein Programm zu notieren, so scheinen[1]) die Relationen zwischen den Sprachelementen, der Bedeutung und der Benutzung wie folgt anzugeben zu sein:

Die *Syntax* beschreibt die Beziehungen zwischen den Zeichen untereinander — die erlaubten Kombinationen, die Regeln, nach denen für eine gegebene Zeichenkette entschieden werden kann, ob sie zur Sprache gehört usw.

Die *Semantik* beschreibt die Beziehungen der Zeichenkette zu ihrer Bedeutung. Die Bedeutung des Programms in der höheren Sprache ist das Programm in der Maschinensprache. So hat die Semantik die Korrektheit von Übersetzungsverfahren zu prüfen bzw. durch Entwicklung geeigneter Instrumentarien zur Beschreibung der Bedeutung von Konstruktionen in Programmiersprachen zu gelangen, die für die Übersetzerherstellung maßgebend sein kann.

Die *Pragmatik* untersucht die Beziehung zwischen Programm und Nutzer — hier sind Fragen der Zweckmäßigkeit, Bequemlichkeit, Verwendbarkeit, Verständlichkeit und Abarbeitbarkeit des gegebenen Programms wichtig. Statt der semantischen Bewertung mit der Wahrheitsfunktion lassen sich Programme als imperative Strukturen nur pragmatisch bewerten.

So „realisiert" der Syntaxprüfer die Syntax, der Compiler die Semantik und der Automat einen guten Teil der Pragmatik.

---

[1]) Zunächst ist die Bedeutung der drei Begriffe nach Morris ziemlich klar. Die Ausdeutung für Programmiersprachen scheint dagegen für Semantik und Pragmatik kontrovers zu sein.

Überraschenderweise verschieben sich diese Relationen bei den Ausdruckssprachen: Die Syntax behält ihre Funktion, aber Semantik und Pragmatik sind neu auffaßbar: Es gibt gute Gründe dafür, daß ein komplexer Ausdruck keineswegs die Folge der ihn realisierenden Befehle auf Maschinenniveau bedeutet, sondern lediglich den Wert bezeichnet. (Deshalb ja auch der Terminus „deklarative Sprachen".) Damit wird sich die Semantik nicht mit der Beziehung zu einem Programm niederen Niveaus befassen, sondern mit der Beziehung des Ausdrucks zu seinem Wert. Weil der Ausdruck aus einfachen Teilausdrücken besteht, hat die Semantik die Beziehung zwischen den Werten der Teilausdrücke und dem Gesamtwert zu untersuchen. Demnach richten sich hier die Bemühungen auf die Feststellung der Verknüpfung von Werten — d. h. die funktionale Beziehung[1]).

Mit einem Ausdruck wird nicht ein Programm beschrieben, sondern eine funktionale Beziehung zwischen Werten zum Ausdruck gebracht. Diese Beziehung wird durch die Auswertung realisiert. So ist es kein Wunder (obwohl historisch nicht beabsichtigt), daß so häufig für Ausdruckssprachen statt des Compilers ein Interpreter die Sprachverarbeitung übernimmt[2]).

Zeitweise waren die Programmiersprachenwissenschaftler scharf geteilt in eine Partei, die die beschreibenden Sprachen befürwortete, ihre leichte Verständlichkeit hervorhob und zu einer guten Sprache unbedingt die Eigenschaft, Ausdruckssprache zu sein, rechnete [SY66], und in die Gegenpartei, die diesen Standpunkt rigoros ablehnte und eigentlich in allen Punkten völlig gegenteiliger Meinung war. Selbst das Argument der Liebhaber von Ausdruckssprachen, daß ihre Sprachen das Verifizieren von Programmeigenschaften leichter gestatte, als dies im Fall von sequentiellen Sprachen mit Anweisungen und Sprüngen möglich sei, akzeptierten sie nicht und betonten, die Übergänge zwischen Zuständen seien einfacher beschreibbar und damit verifizierbar.

Heute hat sich der Streit merklich abgekühlt, obwohl die Fronten weiterhin zu bestehen scheinen. War es zunächst die Unklarheit, wann Sprachelemente wirklich *beschreibend* und wann sie *anweisend* (imperativ) seien, so hat sich inzwischen deutlich herausgestellt, daß die Kriterien fehlen, um diese Kontroverse zu entscheiden. Immerhin ist wohl das Lager derjenigen, die eine Anweisungs-Orientierung befürworten, wesentlich größer als derjenigen, die für Ausdrücke sind. Dafür hat vor allem die Notwendigkeit, mit riesigen Programmpaketen (10000 bis 100000 Anweisungen) umgehen zu müssen, gesorgt.

---

[1]) Wie wäre sonst der Satz LANDINS [LAN66] zu interpretieren: „Für reine Ausdrücke hat ausschließlich der Wert semantische Bedeutung."

[2]) Beachte dagegen ALLENS ([ALL78], S. 162) Ansicht, daß die sogenannte *operational semantics* zur Pragmatik zu rechnen sei.

Von der Seite der Ausdruckssprachen muß eingeräumt werden, daß der algorithmische Aspekt, d. h. die Methode, durch schrittweise Zustandsänderung die Lösung zu erreichen, nicht ignoriert, verdammt oder als unverständlich bezeichnet werden kann. In vielen Anwendungen (Echtzeitsysteme) spielt die deutlich zeitlich bestimmte Einhaltung bzw. das Erreichen gewisser Programmzustände eine zentrale Rolle. Hinzu kommen viele Probleme, deren Beschreibung so ungenau ist, daß sie nur mittels des Lösungsverfahrens, d. h. letztlich mittels des Programms, eingegrenzt werden können. Häufig hat ein Benutzer das unbestimmte Gefühl, daß ein Programm seine Wünsche erfüllt, ohne daß er dies klar, geschweige formal, ausdrücken kann (und dieses Gefühl ändert sich meist mit der Zeit). Es scheint zudem so, daß auf einem theoretisch recht unklaren Gebiet ein Programm besser durch schrittweises Herantasten an die Lösung entwickelt werden kann.

Demgegenüber ist die Formulierung mittels Ausdrücken oft die elegantere und kürzere. Man beachte dabei jedoch, daß große Programme (mit 10000 Programmschritten und mehr) in jeder Formulierung unverständlich sind. Die Ausdrucksformulierung dürfte eine weitgehende Kenntnis des Problemhintergrundes und eine gründliche theoretische Erforschung der zugeordneten Gesetze im Objektbereich erfordern.

Die Strukturierte Programmierung [DA72, BAT76a] hat zwar deutlich Abläufe betont, d. h. sequentielle und zyklische Strukturen. Der methodische Ansatz der virtuellen Maschinen jedoch kann durchaus innerhalb von Ausdruckssprachen akzeptabel verwirklicht werden: Ausdruckssprachen betonen den Funktionsbegriff und die Notwendigkeit, zur Manipulation von Datenstrukturen Systeme von Basisfunktionen bereitzustellen. Eine harmonische Menge von Basisfunktionen fällt aber mit DIJKSTRAS Begriff der virtuellen Maschine zusammen (siehe überdies [NO74]).

Ausdrücke sind typischerweise Operator-Operanden-Strukturen. Als Operanden kommen selbst wieder Ausdrücke in Frage. Durch das Vorhandensein gewisser einfacher Ausdruckselemente — Zahlen, Wahrheitswerte, Datenstrukturelemente, aber auch Grundfunktionen und Variablen — wird die induktive Definition möglich. Um die Notation der Ausdrücke eindeutig zu machen, werden gewisse Regeln formuliert, um zu zeigen, auf welche Operanden sich ein bestimmter Operator bezieht. Dies kann einerseits durch Bezugnahme auf die Stelligkeit der Operatoren erreicht werden: ŁUKASIEWICZ' [LUK21] klammernlose Notation des Aussagenkalküls zeigt dies. Will man auch Infixnotationen benutzen, so werden Vorrangregeln für die Operatoren erforderlich. Im allgemeinen versucht man, durch Einführung technischer Zeichen (Klammern) die Übersichtlichkeit und Verständlichkeit von Ausdrücken zu erhöhen und die weitbekannten arithmetischen (algebraischen) Ausdrücke der Elementarmathematik in etwa zu erreichen.

Verzichten wir hier der Einfachheit halber (vgl. die komplexen Ausdrücke bei LANDIN [LAN66] oder BURGE [BUR75]) auf Infixoperatoren, so können wir folgende rekursive Ausdrucksdefinition angeben:

(A1) Alle Zahlen sind Ausdrücke.

(A2) Sind die $a_i$ Ausdrücke und ist op ein $n$-stelliger Operator, dann ist (op $a_1, \ldots, a_n$) ein Ausdruck.

(A3) Nur gemäß den Regeln (A1) und (A2) werden Ausdrücke gebildet.

Die so definierten Ausdrücke sind relativ arm, da nur eine feste Menge von Operatoren angenommen werden kann. Durch Einführung von Ausdrücken für Operatoren (Funktionen) wird ein entscheidender Schritt getan: Variablen und Bindungsbereiche kommen ins Spiel.

Der Mathematiker schreibt z. B. „$f(x, y)$, wobei $x = 1$ und $y = 2$ gilt" (vgl. [LAN66]). Er will damit ausdrücken, daß $x$ und $y$ Variablen sind, die mit bestimmten Werten zu belegen sind.

Wie bereits in Abschnitt 3.8 ausgeführt, ist der $\lambda$-Kalkül ein entwickeltes System für derartige Ausdrücke. Bindungen werden vollzogen durch die $\lambda$-Notation, Wertbelegung wird mittels Konversion realisiert.

Die oben informell geschriebenen Bindungsverhältnisse spiegelt der $\lambda$-Ausdruck

$$(\lambda x\ y.f\ x\ y)\ (1\ \ 2)$$

exakt wider.

Richtig bequem wird eine Ausdruckssprache erst durch Aufnahme der Funktionsdefinition. Rein theoretisch kann das zwar vermieden werden, da für nicht rekursive Funktionen $\lambda$-Ausdrücke genügen müssen und für rekursive Funktionen entweder die Label-Lösung von LISP [MCC60c] oder der paradoxe Kombinator $Y$ verwendet werden kann. Die explizite Angabe jeder Funktion macht jedoch einen Ausdruck unleserlich.

So ist es üblich, Mechanismen zu liefern, die eine Variable als Funktion deklarieren: durch Bekanntgabe des Namens, der formalen Parameter und des Funktionskörpers. Ob ohne die von CHURCH nur als bloße Abkürzungen außerhalb des Kalküls gehaltenen Definitionen der $\lambda$-Kalkül in komplizierteren Beweisen noch handhabbar gewesen wäre, kann mit Fug und Recht bezweifelt werden.

Bedingte Ausdrücke à la LISP (vgl. S. 83) sind Mittel, um eine weitere Stufe der Übersichtlichkeit zu erreichen. Gleichzeitig kommt durch sie ein deutlich algorithmisches Element ins Spiel: Jede semantische Beschreibung der bedingten Ausdrücke, wenn diese in ihrer einsatzfähigsten Art benutzt werden sollen, bezieht sich auf Auswertungsreihenfolgen, d. h. algorithmische Abläufe.

Mit Ausdrücken für wiederholte Auswertungen und Steuerausdrücken wie in BLISS [WU70], mit denen Koroutinenaktivierungen beschreibbar sind, wird deutlich die Grenze zu den Anweisungssprachen überschritten: Neben dem Wert der Teilausdrücke ist nun durchaus die Vorgeschichte der Abarbeitung wichtig.

Ohne diese „fortgeschrittenen“ Ausdrucksmittel legen die Ausdruckssprachen dem Programmierer einen statischen Programmierstil nahe gegenüber dem mehr dynamischen der Anweisungs- bzw. Instruktionssprachen. Es werden nicht so sehr die zeitlichen Abläufe bei der Abarbeitung eines Algorithmus betrachtet, vielmehr wird in einem gewissen Sinne das Ergebnis beschrieben. Wie der Rechner die Ausdrücke auswertet, kümmert den Programmierer wenig. Dies war auch der Grund, daß LOMBARDI [LOM62] Ausdruckssprachen als *deklarative Sprachen* bezeichnete: Ihnen fehlt jede Kommandostruktur, und Prozesse werden als Funktionen beschrieben.

Programme, die in Ausdruckssprachen geschrieben werden, sind a priori strukturiert im Sinne der strukturierten Programmierung. Ausdrücke haben nämlich nur einen *Eingang* (sich selbst) und einen *Ausgang* — wenn ihre Auswertung abgeschlossen ist. Gemeinsam mit dem Funktionskonzept ermöglichen sie in naheliegender Weise die Top-Down-Programmierung. Ausdruckssprachen gehen über die Forderungen der strukturierten Programmierung hinaus, indem sie die Beschreibung der Ergebnisse gegenüber der Beschreibung der Mechanismen, die zu den Resultaten führen, ermöglichen. Damit kann eine weitere Vereinfachung bzw. Verbesserung der Programmierung verbunden sein.

Freilich kann die Beschreibung der Ergebnisse durch Ausdrücke sehr komplex sein. LISP trennt noch ein großer Abstand von **PLANNER** [HEW71c], einer Sprache, in der der Benutzer die Zustände plant und dem Rechner Wissen in Form von Theoremen mitteilt. Wie der Auswertungsmechanismus das Wissen zur Erreichung des Ziels verwendet und ob er das überhaupt tut, ist uninteressant, solange das Ziel erreicht wird.

Es war allerdings schon auf die Problematik hingewiesen worden, daß in vielen Zusammenhängen eine Zustandsorientierung die Algorithmisierung eines Verfahrens bzw. die Beschreibung eines Lösungsprozesses vereinfachen kann. Es kommt hier noch ein zweites Element hinzu: Wenn die Abarbeitung so vollständig dem Rechner überlassen wird, stellt sich im Normalfall die Folge ein, daß der Wert langsam ermittelt wird. Die Effizienz wird aber wohl immer wichtig sein, solange gerechnet wird. Zwar werden die Maschinen immer schneller, aber auch die Aufgaben gewinnen an Komplexität. Meist steigt der Appetit schneller als das Angebot. Auf Grund dieses Defekts wurde **PLANNER** von **CONNIVER** [SUS72a] kritisiert (siehe Abschnitt 4.8). Das implementierte LISP 1.5 im Unterschied zum reinen LISP begegnet einer möglichen Kritik aus dieser Richtung; denn von Anfang an waren anweisungsähnliche Elemente vorhanden.

Es ist in gewissem Sinne das Schicksal von LISP, in seinem Ausdruckteil („reines“ LISP) aus dem Rohmaterial von FORTRAN ein höchst modernes Konzept entwickelt zu haben, während in dem Bereich der sequentiellen Programme alle schlechten Erbschaften erhalten blieben. Denn in diesem Bereich kann man alle Regeln der strukturierten Programmierung verletzen. In vielen Implementationen sind globale Sprünge erlaubt — oft kann der Programmierer die Marken berechnen. Durch die Zuordnung eines Werts zu den Anweisungen wird für die trickreiche Mischung der beiden Sprachkonzepte gesorgt: Zuweisungen als Argumente und ebenso Sprünge (die mitten aus einem Auswertungsprozeß ausbrechen) und Funktions-Returns sorgen für die übelste Art der Ausnutzung von Seiteneffekten.

So hebt die Kooperation von Anweisungen und Ausdrücken, in der Art wie das LISP erlaubt, viele positive Eigenschaften reiner Anweisungssprachen wieder auf. Kein Wunder, daß Dijkstra [DI72] ein Bonmont zitiert, wonach LISP die intelligenteste Art sei, einen Computer zu mißbrauchen...

Man hat sich inzwischen bemüht, disziplinierte Kontrollstrukturen zu entwickeln (vgl. 3.9.3).

## 3.5. Listenverarbeitung

### 3.5.1. Einleitung

LISP ist, wie schon der Name (LISt Processor) besagt, eine Listenverarbeitungssprache. Hierin folgte es IPL [NEW60], der ersten Programmiersprache für symbolische Berechnungen, die Baumstrukturen für die Repräsentation der symbolischen Daten einführte, d. h. die Listen.

War um 1960 durch die neu aufgekommene Problematik das Interesse an der Implementation symbolischer Verarbeitungssysteme noch recht hoch, so ist hier eine große Veränderung spürbar. Man interessiert sich heute entweder für die Beziehungen der Datenstrukturen zur Programmiermethodologie [ASD76], wenn man die Seite der Forschung betrachtet, bzw. für spezielle Probleme der Symbolmanipulation selbst [ASA76]. Die Implementation ist weitgehend in die Hände spezialisierter Hersteller bzw. Systemhalter übergegangen. Von den vielen Ansätzen zur Symbolmanipulation, Listenverarbeitung und Verarbeitung von baumartigen Strukturen und den verschiedenen dafür implementierten Systemen [IM69] sind im wesentlichen nur LISP und SNOBOL [FAR64, 66, GRIE68] übriggeblieben.

Dabei muß bemerkt werden, daß der Gegensatz zwischen Listen- und Zeichenkettenverarbeitung sehr in der Tiefe liegt. Für viele einfache Anwendungsfälle eignen sich beide Konzepte gleichgut. COMIT [YN62], eine typische Zeichenkettenverarbeitungssprache, wurde auf Grund ihrer Implementationstechnik hin und wieder als Listenverarbeitungssprache bezeichnet. Auch SNOBOL verwendet gewisse Listentechniken, um die Zeichenketten intern zu manipulieren [MAD67, GRIE75]. Auf der anderen Seite bietet SNOBOL Notationsmöglichkeiten, die über die Darstellung rein linearer Strukturen hinausgehen. Dies galt auch schon für die Zeichenkettenverarbeitungssprachen in der Mitte der sechziger Jahre. So wurde auf der Tagung über Symbolmanipulationssprachen folgende Darstellung eines Graphen als Zeichenkette angegeben und für adäquat gehalten: Der Graph

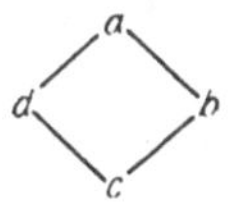


wird als $a(b, d)b(a, c)c(b, d)d(a, c)$ geschrieben [(BO68b], S. 222). Dadurch daß die Zeichenkettenverarbeitung auf dem Algorithmenmodell von Markov [MAR54] und die Listenverarbeitung auf dem Modell der rekursiven Funktionen [KN68] basiert, werden auch theoretisch die gleichen Möglichkeiten gesichert.

Dennoch gibt es Unterschiede, die sich in der Verwendung widerspiegeln und in der Bequemlichkeit, wie bestimmte Aktionen ausführbar sind. Es dürfte wesentlich für die Charakterisierung der Listenverarbeitung sein, sie durch Vergleich von der Zeichenkettenverarbeitung abzuheben.

Zunächst kommen eine Reihe von Unterschieden in den Datenstrukturen selbst zum Ausdruck: Zeichenketten sind vom Konzept her linear, d. h., selbst wenn es im Formalismus dieser oder jener Sprache möglich ist, daß kompliziertere Strukturen beschreibbar sind, so liegt doch die Betonung auf der Linearität. Vom Gegenstandsbereich (Texte in natürlicher Sprache) wird man in Sonderfällen allenfalls eine Dreiebenenstruktur erwarten: Sätze — Wörter — Buchstaben.

Listen sind dagegen Darstellungsmittel für allgemeine Baumstrukturen, d. h., konzeptionell spielen Teilordnungen zwischen den Elementen eine entscheidende Rolle. Die Zahl der Listenebenen, durch die diese Ordnungsrelationen repräsentiert werden, ist prinzipiell unbegrenzt (und spielt eigentlich gar keine Rolle). Wegen der Bequemlichkeit des menschlichen Nutzers (bzw. seiner Verständnisgrenzen) hat die horizontale Ordnungsrichtung eine besondere Bedeutung. Es ist sinnvoll, von *linearen Listen* zu sprechen [KN68], ja dieser Extremfall liegt sogar recht häufig vor.

Andererseits ist es möglich, allgemeine Graphenstrukturen, unter anderem zirkuläre Listen, in Listenverarbeitungssystemen zu behandeln. Allerdings wird dann die Kommunikation mit dem Menschen problematisch. Ideen für die Ein- und Ausgabe von zirkulären Listen wurden zuerst von G. van der

Mey für das LISP 1.5 auf der X8 [POE67] entwickelt, und INTERLISP [TE74] trifft hier ähnliche Vorsorge.

Im Unterschied zu den linearen Listen, wo der Programmierer meist einzelne Elemente im Auge hat, interessiert sich der Anwender eines Zeichenkettenverarbeitungssystems für Folgen von Zeichen ([EL75], S. 184).

### 3.5.2. Vergleich mit Zeichenkettenverarbeitung durch Betrachtung der Grundoperationen

Dem Markovschen Algorithmenmodell folgend stehen bei der Transformation von Zeichenketten die Operationen der Suche nach Teilzeichenketten und die Ersetzung einer solchen Teilkette durch eine andere bzw. der Austausch verschiedener Teilketten im Vordergrund.

In der Listenverarbeitung werden dagegen Suchoperationen seltener ausgeführt. Insbesondere findet man so gut wie nie Operationen, die sich auf eine lineare Folge gewisser nebeneinanderstehender Listenelemente beziehen. Die Verarbeitung ist element- bzw. restlistenorientiert. Sie läuft ab, indem neue Listen rekursiv auf Grund der Analyse alter Listen aufgebaut werden, beginnend mit den Basiselementen. Eine Grundoperation ([KN68], S. 409), die nur für allgemeine Listen interessant und für Zeichenketten völlig belanglos ist, ist das *Durchqueren* (traversing).

Beim Vergleich zweier Zeichenketten interessiert (neben einfacheren Fragen, wie etwa der nach der lexikalischen Ordnung) die Identität oder die Eigenschaft, Teilkette zu sein. Für Listenstrukturen ist die Identität weitgehend uninteressant: Was interessiert, ist die Strukturgleichheit.

Eine ganze Reihe der Basisoperationen, die für die Manipulation der Zeichenketten bzw. Listen zur Verfügung zu stehen haben, ähneln sich weitgehend. Man findet [EL75]:

a) den Zugriffsoperator **ACCESS**. Im Zusammenhang mit Zeichenketten hat dieser Operator gewöhnlich drei Argumente: die Objektzeichenkette, das Zeichen, von dem ab in dieser Zeichenkette ein Teil zugegriffen werden soll und schließlich die Länge dieses Teils.

Will man auf Teile von Listen zugreifen, dann werden selten Teilstücke bestimmter Länge benutzt. Vielmehr wird zwischen Element und Rest unterschieden.

b) den Zugriffsoperator **FIRST**. Bei Anwendung auf Zeichenketten ist es vernünftig, diesem Operator zwei Argumente zu geben: die Objektzeichenkette und eine Angabe darüber, wie lang das Anfangsstück sein soll. Im Zusammenhang mit Listen repräsentiert **FIRST** einen der grundlegenden Zugriffsoperatoren, mit dem das erste Element einer Liste geliefert wird.

c) den Zugriffsoperator **NEXT**. Für Zeichenketten werden zwei Parameter benutzt, um die Objektzeichenkette und die Länge des Anfangsstücks anzugeben, hinter dem der nächste Teil gesucht wird.

Bei der Anwendung auf Listen fällt dieser Operator mit dem Zugriffsoperator zusammen, der den Rest einer Liste, d. h. die Liste ohne das erste Element, liefert.

d) den Änderungsoperator **INSERT**. Soll in eine Zeichenkette ein neuer Teil aufgenommen werden, so wird ein **INSERT** benutzt, das drei Parameter hat: die Objektzeichenkette, die aufzunehmende Teilzeichenkette (d. h. eine Sequenz von Zeichen) und das Element, nach dem die Zeichenkette erweitert werden soll.

Für die Listenverarbeitung könnte der Operator mit entsprechenden Parametern übernommen werden, allerdings würde wohl statt einer Folge von Listenelementen nur eines als 2. Argument auftreten. In den existierenden Systemen zur Listenverarbeitung, insbesondere in LISP, tritt diese Operation praktisch nicht als Grundhandlung auf.[1])

e) den Beseitigungsoperator **DELETE**. Die Beseitigung von Teilen aus Zeichenketten läuft zur Erweiterung komplementär ab: Man gibt die Objektzeichenkette (1. Argument), die Stelle, nach der beseitigt werden soll (2. Argument) und die Länge des zu beseitigenden Teils an (3. Argument).

Im Fall der Listenverarbeitung verwendet man meist ein **DELETE**, das nur ein Listenelement beseitigt: So sind nur zwei Argumente nötig. Auch diese Operation gilt normalerweise nicht als Grundoperation in LISP.[2])

f) den Operator **CATENATE** zum Aneinanderreihen. In beiden Fällen werden zwei Argumente angegeben: die Zeichenketten bzw. Listen, die zusammengehängt werden sollen.[3])

g) den Operator **SEPARATE** zum Zerteilen zweier Datenstrukturen. In beiden Fällen werden zwei Argumente angegeben: die Objektstruktur (Zeichenkette oder Liste) und eine Beschreibung des Zerteilungspunktes.[4])

h) die Funktion **LENGTH** zum Bestimmen der Länge einer Struktur. Sie ist in beiden Fällen eine einargumentige Funktion. Für Zeichenketten wird die Anzahl der Zeichen, für Listen die Anzahl der Elemente gemessen.

i) die Funktion **FIND**, die in einer Struktur sucht. Für Zeichenketten liefert **FIND** gewöhnlich den Platz, wo das Gesuchte steht, ausgedrückt als Zahl (Zeichennummer). Es kann nach Teilzeichenketten gesucht werden.

---

1) In BESM-6-LISP ist INS verfügbar. Siehe Abschnitt 5.3.

2) In neueren LISP-Systemen verfügbar. Ein Spezifikum von LISP ist die Unterscheidung von *physischer* und *kopierender* Änderung.

3) **APPEND** bzw. **NCONC** in LISP.

4) Diese Aktion kann nur mittels **RPLACA** bzw. **RPLACD** in LISP ausgeführt werden.

In Listen wird nach einem Element gesucht. Als Ergebnis wird entweder ein Wahrheitswert oder die Liste geliefert, die mit dem gesuchten Element beginnt.

Knuth [KN68] beschreibt folgende Operationen als Grundhandlungen an linearen Listen: 1. Zugriff zum *i*. Element, 2. Einfügung eines neuen Elements direkt vor dem *i*. Element, 3. Beseitigung des *i*. Elements, 4. Kombination von zwei oder mehr Listen in eine einzelne Liste, 5. Aufteilung einer Liste in zwei oder mehr Listen, 6. Kopieren einer Liste, 7. Bestimmen der Zahl der Elemente, 8. Sortieren der Liste und 9. Suche eines bestimmten Elements. Im Fall allgemeiner Listen, d. h. Baumstrukturen, fügt er hinzu: Durchqueren, Kopieren und Ein- und Ausgabe.

Ein wesentlicher Unterschied kommt in den bisher angegebenen Basisoperationen nicht zum Ausdruck: In Zeichenketten ist immer klar, von welchem Typ eine Teilzeichenkette ist: eben| wieder eine Zeichenkette. In Listenstrukturen jedoch können die Elemente von verschiedenem Typ, mindestens jedoch von zwei Typen sein: selbst wieder Listen oder nicht. Für die Datenelemente, die keine Listen sind, wird üblicherweise der Sammelbegriff *Atome* verwendet. Gruppieren wir die obigen Operationen und versuchen ihnen die Etiketten *Konstruktoren*, *Selektoren* und *Prädikate* anzuhängen, so kommen wir in einige Schwierigkeiten. Zwar ist unmittelbar klar, daß die Operatoren **ACCESS**, **FIRST**, **NEXT** und **FIND** Selektoren sind und **INSERT**, **DELETE**, **CATENATE** und **SEPARATE** etwas mit Konstruktion zu tun haben, so scheinen die Prädikate ganz zu fehlen.

Deshalb fügen wir noch

j) das Prädikat **EQUAL** hinzu, das für Zeichenketten zum Identitätsvergleich zweier Zeichenketten verwendet wird, während es im Listenfall die Strukturgleichheit feststellen hilft.

Generell wären für die Listenmanipulation weiterhin soviel den Typ prüfende Prädikate hinzuzufügen, wie es verschiedene Datentypen gibt, während im Fall der Zeichenkettenverarbeitung nur Zeichen oder Zeichenketten denkbar sind.

Die Konstruktorfunktionen scheinen bisher eine merkwürdige Eigenschaft zu haben: Es muß schon etwas Struktur dasein, die dann zusammengefügt, vermehrt, verändert werden kann. Man kann sich zusätzlich eine Grundoperation für Zeichenketten vorstellen, die aus einzelnen Zeichen (nicht: aus Zeichenketten der Länge 1) Zeichenketten aufbaut. In der Listenverarbeitung liegt der Fall aber anders: Listen bestehen aus listenfremden Elementen und können, von diesen ausgehend, aufgebaut werden. Die Basiskonstruktoroperationen sind hier

k) **CONS** und **LIST**. **CONS** fügt zwei allgemeine Strukturen zu einer neuen zusammen — einem Baum, dessen linker Zweig dem ersten Argument und dessen rechter Zweig dem zweiten Argument entspricht. **LIST** konstruiert aus einer beliebigen Anzahl von Elementen eine Liste, die diese in geordneter Folge als Elemente enthält.

### 3.5.3. Listenverarbeitung in LISP

Die Listenverarbeitung in LISP ist neben der speziellen Auswahl der Basisfunktionen durch zwei besondere Eigenschaften charakterisiert: Die leere Liste wird mit dem Atom **NIL** identifiziert — es gibt also das „Nichts" nicht — im Unterschied zu Zeichenkettensprachen, in denen die leere Kette ein fester Begriff ist. Zweitens ist bei allen Operationen der Unterschied zwischen *zerstörenden* bzw. *physischen* und *kopierenden* zu machen. Der Nutzer kann so weit an die internen Repräsentationen der Listen heran, daß für ihn der Unterschied zwischen Strukturgleichheit und Identität wichtig wird.

Diese letztere Möglichkeit und die in den meisten Systemen gegebene Unmöglichkeit, gewisse interne Strukturen auszugeben, hat dazu geführt, daß LISP in den Geruch eines unseriösen Mischmasch von exzellenter Klarheit, mathematischer Eleganz und finsterster Verschrobenheit durch Bezugnahme auf Implementierungsdetails geraten ist. Landin [LAN66]: „LISP hat einige finstere Winkel, speziell außerhalb des ‚reinen' LISP, in welchen sowohl Lehrer als auch Programmierer gezwungen sind, über Adressen zu sprechen und Speicherdiagramme zu zeichnen."

Von den Selektoren bietet LISP gewöhnlich nur **FIRST** und **NEXT** als **CAR** bzw. **CDR**. Typisch für Listenverarbeitung ist, daß Kompositionen von horizontaler und vertikaler Richtung häufig auftreten. LISP hält dafür die Abkürzungen **CAAR, CADADDAAR** usw. bereit. Ähnliche Kompositionen sind in Zeichenkettensprachen undenkbar. Allenfalls wird man sich Kompositionen in Kettenrichtung vorstellen können, doch dann nur in der Art **SECOND = FIRST (NEXT(...))**. Daneben kennt LISP noch den Zugriff auf das letzte Element mit **LAST**.

Der Selektor **ACCESS** heißt in LISP gewöhnlich **NTH** oder **ELEM**[1]). Er gilt nicht als Grundoperation, da er leicht mittels **CAR** und **CDR** definierbar ist. Zudem ist der Zugriff zu einem Listenelement, dessen relative Position über eine Zahl bezeichnet wird, nicht eben häufig.

Von den Konstruktoren sind in jedem LISP-System mindestens **CONS** und **LIST** vorhanden. Daneben gibt es gewöhnlich Grundfunktionen zum

---

[1]) im BESM-6-LISP, vgl. Abschnitt 5.3.

Umkehren von Listen (**REVERSE**), zum Aneinanderhängen (**APPEND**), Kopieren (**COPY**), Beseitigen gewisser Teile (**DELETE**) und für komplexere Operationen, wie etwa für die Substitution von Elementen durch Elemente in einer Liste (**SUBST**). In Zeichenkettenverarbeitung unnötig ist der Konstruktor **APPEND1**, der ein Element ans Ende einer Liste stellt. Alle diese Veränderungsfunktionen lassen sich jedoch mit Hilfe der Selektoren **CAR** und **CDR** sowie des grundlegenden Konstruktors **CONS** definieren.

Die Veränderungsfunktionen haben die Eigenart, in zwei verschiedenen Varianten denkbar zu sein: Die veränderte Liste kann einerseits als völlig neues Exemplar geliefert werden, so daß Zeiger auf die alte Struktur unbeeinflußt sind. Andererseits aber können die Veränderungen an der ursprünglichen Struktur selbst ausgeführt werden.

Veränderung durch Neuaufbau der Listenstruktur liegt in einem größeren Listenverarbeitungssystem nahe. Im Augenblick des Eingriffs in eine Liste muß nicht völlig klar sein, welche Variablen und Zeiger sich auf die ursprüngliche Listenversion beziehen und mit dieser weiterarbeiten wollen. Deshalb ist diese Vorgehensweise sicherer. Natürlich wird auf diese Art der Speicherverwalter mehr in Anspruch genommen.

Veränderung durch Änderung von Zeigern in einer Listenstruktur entspricht mehr der Art, wie man mit einzelnen Listen umgeht. Alle Querbezüge auf die Liste müssen bekannt sein, insnbesodere diejenigen, die in den zu verändernden Bereich zeigen. Gerade dieser Bereich der Listenmanipulation ist es, der sich ohne Speicherdiagramme schlecht erklären läßt. Die Grundfunktionen **RPLACA** und **RPLACD** können statt **CONS** benutzt werden, um diese *physischen* Änderungen zu veranlassen.

Wesentlich ist, daß diese physischen Änderungsfunktionen die einzigen Mittel sind, um Graphen allgemeinerer Art zu erzeugen, d. h. Strukturen mit Zyklen bzw. mit mehrfach benutzten Unterlisten. Für solche Datenstrukturen wäre neben den Grundoperationen zum Selektieren und Konstruieren das Durchqueren äußerst hilfreich. LISP bietet hier keine Hilfen, und der Programmierer muß sich selbst kümmern. Der Garbage Collector (und in van der Meys X8-Implementation das Druckprogramm) ist jedoch in der Lage, durch Markierung gesehener Teile eine vollständige Durchquerung zu vollziehen.

Listenverarbeitung in LISP ist nicht denkbar ohne die Typprädikate. Mindestens die Klasse der Atome muß diagnostizierbar sein: **ATOM** ist die zugeordnete Funktion. Es ist aber üblich, für jeden Datentyp weitere Prädikate zu liefern: Für Zahlen insgesamt **NUMBERP**, für ganze Zahlen **FIXP**, für Gleitkommazahlen **FLOATP**, für die Atomsymbole **LITATOM**, für Zeichenketten **STRINGP** usw.

Obwohl es, wie schon gesagt, in LISP kein Äquivalent der leeren Kette gibt — die leere Liste ist vereinbarungsgemäß mit dem Atom **NIL** identifiziert —, ist doch ein Prädikat vorhanden, das die Frage nach der leeren Liste erlaubt. Intern wäre damit ohne große Gewaltakte eine leere Liste definierbar, die nicht **NIL** ist. **NULL** heißt das zugeordnete Prädikat. Der Name stammt noch aus der Zeit, als **NIL** die Adresse 0 hatte.

Zum Vergleich von Listen wäre zunächst nur die Funktion **EQUAL** anwendbar, die auf strukturelle Gleichheit prüft. Dieser Begriff ist in LISP ein wenig anders zu verstehen als die Gleichheit zweier Zeichenketten. Zwei gleiche Zeichenketten müssen nicht identisch sein, sind gleichlang und enthalten dieselben Zeichen. Das gleiche gilt zunächst für Listen, d. h., zwei strukturgleiche Listen haben dieselbe Listenstruktur (gleiche Anzahl von Ebenen, gleiche Listenlängen usw.) und die Enden, d. h. die Atome, sind identisch. Diese Aussage ist aber in zweierlei Hinsicht zu modifizieren: Unter den Atomen nehmen die Zahlen eine Sonderstellung ein, da sie gewöhnlich nicht physisch einmalig repräsentiert sind. Etwa auftretende Gleitkommazahlen sind nur bis zur Genauigkeitsgrenze gleich. Andererseits aber reflektiert die Strukturgleichheit überhaupt nicht die Unterschiede, die durch physische Änderungen erzeugt sind, soweit diese nur die mehrfache Benutzung einer Unterstruktur betreffen. Eine Liste, die drei *gleiche* komplizierte Elemente *a*, *b*, *c* enthält ist strukturgleich mit einer Liste, die dreimal dasselbe Element *a* enthält.

Durch die Dichotomie von strukturgleichen und identischen Listen ist in LISP ein weiteres Prädikat erforderlich, das die physische Identität überprüft. Aus Gründen der Ersparnis wird dazu gewöhnlich die Funktion benutzt, die für die Feststellung der Gleichheit von Atomen zu verwenden ist, nämlich **EQ**,

Eine etwas befremdende Eigenschaft der LISP-Listenverarbeitung ist, daß im Verlauf der Zeit Strukturgleichheit und Identität auseinanderfallen können. Die Programmierung von Seiteneffekten erlaubt den Aufruf der Funktion **EQUAL** mit zwei Argumentausdrücken, wovon einer eine Liste liefert, der zweite aber ebendiese Liste verändert. So ist dann beim eigentlichen Aufruf von **EQUAL** eine ganz andere Liste zu vergleichen als zunächst sichtbar:

**(EQUAL(PROG1 (SETQ A '(1 2 3)) (PRINT A)) (RPLACA A A)),**

es wird **(1 2 3)** gedruckt, und dies scheint das erste Argument zu sein, aber die Veränderung macht daraus **((1 2 3)2 3)**, und dies wird in beiden Fällen verglichen. Auf Grund der physischen Gleichheit liefert **EQUAL** natürlich **T** für „true“

Anders haben wir aber folgenden Fall:

**(SETQ A '(1 2 3))**

**(EQUAL '(1 2 3) (PROG1 A (PRINT A) (RPLACA A A)))** ,

auch hier wird **(1 2 3)** ausgedruckt, aber gleich anschließend die Liste verändert. Das erste Argument bleibt **(1 2 3)**, das zweite wird **((1 2 3)2 3)**, und **EQUAL** liefert **NIL**.

### 3.5.4. Zeichenkettenverarbeitung in LISP

LISP ist sicher keine Sprache für die Zeichenkettenverarbeitung, dennoch erlauben praktisch alle Implementationen den Umgang mit diesen Datenstrukturen. Es gibt dabei zwei Realisierungsebenen: In der tieferen Ebene ist eine eigentliche Zeichenkettenrepräsentation nicht vorhanden. Das Rohmaterial für die Verarbeitung bilden die Namen der Atome (meist nur der Atomsymbole — der literalen Atome — seltener auch der Zahlen). Diese werden mittels Grundfunktionen in lineare Listen von Zeichenobjekten (das sind normale literale Atome, deren Namen aus einem Zeichen besteht) konvertiert. Die benötigten Grundfunktionen für die Zeichenkettenverarbeitung lassen sich nun leicht aus denen für die Listenmanipulation definieren. Schließlich sind gewöhnlich wieder Funktionen vorhanden, die eine lineare Listen von Zeichenobjekten in Atomnamen umformen.

Sicher lassen sich so alle Operatoren für die Zeichenkettenverarbeitung realisieren, wenn auch die interne Repräsentation nicht die beste ist: Wirklich umfangreiche Probleme lassen sich damit wohl schlecht lösen. Das eigentliche Problem ist aber nicht einmal die Speicherproblematik. Viel drückender stellt sich die Begrenzung bei der Ein- und Ausgabe dar. Atome sind in LISP gewöhnlich in ihrer Länge begrenzt — selbst INTERLISP gestattet nur Längen von 100 Zeichen. Dabei können Sonderzeichen ernste Probleme verursachen. Prinzipiell könnte ein Text mit Listenklammern umgeben werden und wortweise eingelesen. Etwa auftretende Klammern oder Punkte bringen jedoch Schwierigkeiten mit sich.

Moderne Systeme, wie INTERLISP, MACLISP und auch DOS/ES LISP 1.6, enthalten regelrechte Teilsysteme für die Zeichenkettenverarbeitung. Sie befinden sich damit auf der höheren Realisierungsebene: Der Datentyp Zeichenkette ist vorhanden. In diesem Fall sind die Probleme bei der Ein- und Ausgabe weitgehend gelöst und nicht komplizierter als in angepaßten Verarbeitungssystemen: Die Zeichenketten dürfen beliebig lang sein, sind aber mit Anfangs- und Endezeichen zu begrenzen. Die Grundoperationen

[1]) Texte können auch zeichenweise eingelesen werden.

basieren meist auf dem Vorbild von PL/I. Das bedeutet, daß ein Grundinstrument zur Arbeit mit den Zeichenketten, neben dem Zeiger, ein Zeichenzähler ist, d. h. eine ganze Zahl, die sich auf das entsprechende Zeichen, vom jeweiligen Anfang aus gezählt, bezieht.

In INTERLISP etwa wird der Zugriff **ACCESS** ebenso wie die Operationen **FIRST** und **NEXT** mit der Operation **SUBSTRING** realisiert. Um die Zahlenangaben für die Argumente (Startposition und Länge) zu ermitteln, sind die Funktionen **NCHARS** und **STRPOS** zu benutzen. **STRPOS**, genauso wie **INDEX** in MACLISP, realisieren ein Gutteil dessen, was die Gundoperation **FIND** verlangt.

Von den Veränderungsoperatoren ist praktisch nur **CATENATE** vorhanden (in INTERLISP: **CONCAT**). INTERLISP gestattet noch, ebenso wie DOS/ES LISP1.6, die gezielte Ersetzung eines Zeichenkettenabschnitts durch eine neue Zeichenkette. Diese muß aber physisch Platz finden, d. h., die gesamte Kette darf nicht länger werden! Die Operationen **DELETE** und **INSERT** sind so durch Komposition von **SUBSTRING**-Bildung und **CONCATENAT**ion zu realisieren.

Die Gleichheit von Zeichenketten wird entweder durch **EQUAL** mit überprüft oder eine spezifische Funktion, **STREQUAL**, übernimmt die Arbeit.

Charakteristisch für die Zeichenkettenmanipulation in LISP ist, daß Funktionen vorhanden sind, die einen Übergang von Zeichenketten zu anderen LISP-Datentypen gestatten: Atome können erzeugt werden, indem die Zeichenkette als Name erklärt wird; aus einzelnen Zeichen, die aus der Zeichenkette gelöst werden, können ebenfalls literale Atome gebildet werden. Umgekehrt kann etwa in INTERLISP jede beliebige Listenstruktur in eine Zeichenkette umgewandelt werden durch einen Prozeß, der etwa dem Drucken ähnlich ist.

Damit bieten die LISP-Systeme die Dienste verteilt an, die etwa SNOBOL4 [GRIE68] in das ungemein flexible und anwendungsfähige Musterkonzept integriert hat. Die Implementation von ähnlich tragfähigen Musterbeschreibungssprachen in LISP zeigt jedoch, daß die angebotenen Basisfunktionen nicht weniger leistungsfähig sind [HEW71c, SM73a].

### 3.5.5. Dynamische Speicherplatzverwaltung

Programme für die Symbolmanipulation haben die gemeinsame Eigenschaft, daß der Speicherbedarf nicht abgeschätzt werden kann. Während ein in ALGOL 60 geschriebener Algorithmus für ein mathematisches Problem im allgemeinen auch für unterschiedliche Eingabedaten eine gleiche Belegung des Hauptspeichers erfordert (bei Verwendung dynamischer Felder,

d. h. Felder, deren Größe erst zur Laufzeit festgelegt wird, oder beim Aufruf rekursiver Prozeduren können allerdings auch hier unerwartete Situationen auftreten), kann eine kaum merkliche Änderung in einem symbolischen Ausdruck einen völlig anderen Bedarf an Speicherplatz erfordern. Man denke etwa an Probleme der symbolischen Integration, wo in einem Fall sich ein Bruch aus Polynomen ergeben mag, der sich auf eine ganz einfache Grundfunktion reduzieren läßt, während im anderen Fall eine komplizierte Partialbruchzerlegung zu einer ganzen Folge von Teilintegralen von ähnlicher Kompliziertheit führen kann.

Im Zusammenhang mit numerischen Rechnungen läßt sich der Speicherbedarf durchweg entweder direkt auf die Grundoperationen aufgeschlüsselt berechnen oder durch Formeln beschreiben: Bei einem gewissen Ungenauigkeitsgrad ist soundso viel Stufen feiner zu arbeiten, das erfordert eine Punktematrix, die soundso viel mal größer ist usw. usf. Bei nichtnumerischer Verarbeitung läßt sich eine derartige Rechnung selten ausführen.

Sind die Listenstrukturen die für solche Probleme angepaßten Datenstrukturen, so ist mit ihnen das Problem der dynamischen Speicherplatzverwaltung unmittelbar verknüpft. In einem umfassenden festbegrenzten Bereich wachsen oder schrumpfen die Listen im Verlauf der Berechnung, werden ständig neue erzeugt und alte, deren Teilstrukturen in solchen neuen aufgehen, werden nicht mehr benötigt.

Müßte der Nutzer, wie etwa in IPL [NEW61], selbst die Speicherplatzverwaltung übernehmen, d. h. selbst nach neuen freien Stellen suchen, wo Listen unterzubringen sind, bzw. nicht mehr benutzte Listen freigeben, so wäre er einerseits mit einer komplizierten Aufgabe belastet, andererseits wäre verwickelten Fehlersituationen Tür und Tor geöffnet, wie die Erfahrung gezeigt hat.

Die dynamische Speicherplatzverwaltung hat die Aufgabe, den Nutzer hier völlig zu entlasten, indem sie die verfügbaren Stellen verwaltet und bei Anforderung zur Verfügung stellt bzw. nicht mehr benutzte Teile von Listen als solche erkennt und dem Bereich der verfügbaren Speicherplätze hinzuschlägt.

In Systemen zur Symbolmanipulation, die auf Zeigerstrukturen basieren gibt es zwei grundsätzliche Lösungen für dieses Problem: die Referenzzähler nach Collins [COL60, 63] und das Garbage Collection nach McCarthy [MCC60c]. Referenzzähler zeigen die Benutzung von Listen an. Ist ein Zähler 0, so kann das Speicherelement neu verwendet werden. Allerdings haben Referenzzähler den Nachteil, daß für die Speicherplatzverwaltung ständig ein ernstzunehmender Prozentsatz (in Collins ursprünglichem System 1/3, d. h. 33%) des knappen Speichers abgezweigt werden muß. Außerdem gibt es Probleme mit zyklischen Strukturen, denn diese werden nie frei.

Das Garbage Collection benötigt für seine Arbeit lediglich ein Markierungsbit pro Strukturelement. Es wird aktiviert, wenn von einem Speichervorrat (meist als Freispeicherliste implementiert) kein oder nicht mehr genügend Platz beschafft werden kann. Ausgehend von einigen *Basiselementen* muß jede aktive Datenstruktur erreichbar sein. Diese wird markiert oder in einen neuen Bereich umgespeichert. Wenn markiert wurde, ist eine zweite Phase erforderlich, in der die nicht markierten, demnach freien Zellen gesammelt werden oder die markierten Zellen in eine „Ecke" kompaktiert werden. Wenn gleich umgespeichert wurde, ist sofort ein kompaktierter Zustand erreicht und der verfügbare Platz durchgängig verfügbar.

Das Garbage Collection erscheint für LISP vorteilhaft, weil zyklische Strukturen vorkommen können und weil die Speicherelemente, verglichen mit den Referenzzählern, klein sind: Diese würden 1/3 bis 1/5 des gesamten Platzes belegen. Zudem ist der Verbrauch des Speicherplatzes zentralisiert: Es gibt nur eine Funktion, die Speicherplatz anfordert, nämlich **CONS**, die Konstruktorfunktion für S-Ausdrücke. So kann das Garbage Collection als Ausnahmebehandlung dieser Funktion beigeordnet werden.

Mit dem Garbage Collection sind jedoch auch Nachteile verbunden: In der konventionellen Implementation wird diese Speicherreorganisation nur tätig, wenn aller verfügbare Platz erschöpft ist. Das bedeutet, daß die Listenmanipulation völlig ausgesetzt werden muß, bis ein neuer Speichervorrat aufgehäuft ist. Da die Listenräume oft respektable Größen erreichen, ist die Zeitdauer entsprechend.[1])

Für Echtzeitverarbeitung ist das Aussetzen des Verarbeitungsprogramms völlig unakzeptabel. Auch im Dialog kann es höchst unbequem sein, plötzlich mitten in der eifrigsten Interaktion einen Wartezustand wahrnehmen zu müssen.

Neuere Arbeiten auf diesem Gebiet haben jedoch gezeigt, daß ein vollständiges paralleles oder wenigstens schrittweises Garbage Collection möglich ist [MÜ76, STE75, DI75, WAD76].

### 3.5.6. Resümee

Sicher gehört die Listenverarbeitung zu den einfach handhabbaren Techniken, und Knuth hat recht, wenn er hier jeden falschen Glanz von geheimnisvoller Komplexität abstumpfen will [KN68]. Es ist jedoch kurios, daß in der vorhandenen Literatur zwar viel von Sprachen zur Listenverarbeitung

---

[1]) Kurokawa [KUR75] gibt verschiedene Beispiele von LISP-Verwendungen, bei denen der Anteil des Garbage Collection zwischen 1/3 und 1/2 der gesamten Verarbeitungszeit beanspruchte.

[BO73a], von der Brauchbarkeit dieser Technik [WILK65] und von Beispielen ihrer Anwendung [FOS68] die Rede war, aber eine eigentlich kritische Würdigung bisher nicht zu finden ist. KNUTH [KN68] und ELSON [EL75] formulieren kaum Unterschiede zwischen Zeichenketten- und Listenverarbeitung, und auch auf dem Symposium über Symbolmanipulationssprachen [BO68b] war man dazu nicht in der Lage, obwohl es das Thema mancher Diskussion war. Ob die hier gegebene bereits befriedigend ist, ist wohl auch anzuzweifeln.

Es ist das Gefühl des Autors, daß allzu oft auf der Basis derart mangelhaften Wissens bzw. ungenügender Sachanalyse Urteile abgegeben werden, die sich nach kurzer Zeit nur als falsch herausstellen können.

Zu einem dieser völlig unbegründeten und am Kern vorbeigehenden Urteil ist etwa 1969 B. HIGHMAN gekommen: „Gegenwärtig hat es den Anschein, daß Sprachen zur Listenverarbeitung überholt sind. Sie haben ihre Schuldigkeit getan, indem sie die Eigenschaften herausgeschält haben, die für eine wirksame Behandlung von Listen benötigt werden. Diese Eigenschaften werden nun in universelle Sprachen mit eingebaut, jedoch nicht als aufgepfropfte Fremdkörper, sondern als integrierender Bestandteil der Sprache von Beginn ihrer Entstehung an ...“ ([HIG67], S. 153).

Wie wenig HIGHMANS Voraussagen bisher in Erfüllung gegangen sind, kann man an dem ständig steigenden Nutzerkreis von LISP erkennen. Daß die neuen allgemeinen Sprachen wie PL/I oder ALGOL 68 aber völlig ungenügend für die Zwecke der Symbolverarbeitung sind, läßt sich schon aus der Studie von HOUSDEN [HOU75] über die Möglichkeiten der Zeichenkettenverarbeitung in diesen Sprachen ablesen.

## 3.6. Datenstrukturdarstellung der Programme

Durch den großen Zufall in der Entwicklung der Programmiersprache LISP (vgl. Kapitel 5) hat es sich ergeben, daß die Programme sowohl intern als auch extern wie Daten behandelt bzw. notiert werden. Auch in IPL V [NEW61] wurde ein Programm intern als Liste dargestellt (vgl. [HIG67], S. 150ff.), jedoch in einem von den Daten völlig abgetrennten Bereich. Extern wurden sie völlig anders als Listen notiert.

Man beachte auch den Unterschied zu SNOBOL [GRIEG68] und anderen Zeichenkettenverarbeitungssprachen, die natürlich auch Programme als Daten akzeptieren. In diesem Fall ist aber jede Zeichenkette ein potentielles Datum. Als Teil eines Programms, und damit in der Sprache korrekt formuliert, gilt eine Zeichenkette aber erst dann, wenn sie in Apostrophe eingeschlossen ist. Einmal als Zeichenkette gegeben, gibt es keine Möglichkeit, diese als Programm zu interpretieren und abzuarbeiten. Allerdings ist das keine prinzipielle Hürde. Ähnlich dem *No-Device-Channel* in LISP [KUR78] könnte ein *Einleseprozeß* definiert werden, der diese Konversion vornimmt. Prinzipiell unmöglich erscheint allerdings die Rückübersetzung von Programm in Zeichenkette.

Außerdem ist eine strukturelle Darstellung im Unterschied zur Zeichenkettendarstellung wesentlich besser handhabbar [SAN75b]. Ursache dafür ist, daß ein gewisser Anteil an syntaktischer Analyse bereits erfolgt ist: Die Programmkomponenten (Identifier, Teilausdrücke, Zahlen, Datenelemente usw.) sind bereits herausgeschält, isoliert und so leichter erreichbar. Insbesondere die Ausdrücke zeigen deutlich ihre Struktur aus Operator oder Funktion und Argumenten.

Dadurch, daß diese Programmrepräsentation auch während der Abarbeitung erhalten bleibt (das Eingabedatum des Interpreters ist eben diese interne Programmdarstellung), eröffnen sich überraschende und weitreichende Möglichkeiten:

1. Wenn alle Eingaben (Programme und alle Datentypen) wieder ausgabefähig sind, so liegt eine Sprache vor, die hervorragend für die Dialogarbeit geeignet ist. Wenn gar überdies die Syntax der Ausgabeform mit der Eingabeform übereinstimmt, so muß die Bequemlichkeit beim Dialog recht hoch veranschlagt werden.

2. Wenn Programme wie Daten behandelt werden, dann können sie intern verarbeitet werden, indem man sie analysiert, verändert oder konstruiert. Das Besondere bei LISP liegt in der Möglichkeit, die Verarbeitungsergebnisse sofort auch als Programme anzusehen und abzuarbeiten. SANDEWALL [SAN78a] weist auf die Vorteile hin, wenn man im Fehlerfall sofort einen Editor aufrufen kann, der es erlaubt, das Programm zu berichtigen, ohne daß diffizile Dateimanipulationen oder Systemwechsel erforderlich sind.

3. Programme können in Datenstrukturen als Elemente auftauchen. Die Arbeit mit Datenbasen braucht sich nicht darauf zu beschränken, daß Datenstrukturen analysiert werden und entsprechende Teile des Programms aufgerufen werden, sondern die auszuführenden Programmteile sind in der Datenstruktur selbst mit enthalten und werden bei der Analyse gefunden und aktiviert. Damit ergibt sich die unschätzbare Möglichkeit, Daten mit zugeordneten Basisaktionen in einer Einheit zu behandeln und abzulagern. Die Verfügbarkeit einer Datenbasis muß sich nicht mehr auf ein zugeschnittenes Verarbeitungs- und Verwaltungsprogramm beschränken, sondern ist für alle Programme gegeben, die die Zugriffsfunktionen integrieren und aktivieren können (data driven programming, [SAN75b]).

4. Die Variablen (Identifier) unterscheiden sich von denen in anderen Sprachen (SNOBOL geht hier allerdings ähnlich vor; vgl. [MAD67]): Wenn Programme Daten sind, müssen auch aller Teile eines Programms Daten sein. Alle Variablen werden somit als Namen im Programm als auch als Daten für das Programm benutzt. Wenn etwa im Programm eine Marke **M** auftritt und vom Programm wird innerhalb irgendeiner Liste erneut das Symbol **M** aufgerufen, so werden diese in direkte Beziehung miteinander gesetzt.

LISP ist also eine ideale Dialogsprache. Diese Eigenschaft wird nicht nur durch die hier diskutierte syntaktische Spezialität unterstützt, sondern auch durch die interpretative Abarbeitung (siehe Abschnitt 3.7) und die Einbettung in ein Gesamtsystem zum Erarbeiten, Testen, Edieren, Optimieren und Verwalten von Programmen (siehe Abschnitt 3.8). Obwohl das Vorbild-LISP-System (LISP 1.5 auf der IBM7090) auf die Stapelverarbeitung orientiert war, ist es doch grundsätzlich falsch, LISP als Stapelverarbeitungssprache zu charakterisieren (wie es J. Sammet [SAM69] tut). Die erste Implementation auf der IBM704 enthielt Dialogmöglichkeiten.

Die Beschränkung auf die gegebenen Eingabemöglichkeiten an der Maschine der zweiten Implementation bedeutet keine Aufgabe dieser wichtigen Eigenschaft.

Um den springenden Punkt noch einmal zu unterstreichen: Auch in ALGOL könnte eine interne Programmrepräsentation entwickelt werden. Angesichts der verfügbaren Datenstrukturen würde man dazu Felder einer passenden Dimension verwenden. Es wäre sicher möglich, diese Felder, ausgehend von Eingaben, zu füllen, dann zu manipulieren und endlich sogar zu interpretieren: Es ist aber praktisch nicht möglich, Felder in ALGOL strukturiert auszugeben. Ebenso wie die Eingabe in ein Feld, so geht die Ausgabe von einem Feld zu einer linearen Folge der Feldelemente, die ebenso von mehreren Feldern oder von Feldern völlig anderer Dimensionen kommen kann.

Auch in neueren Programmiersprachen, die weitergehende Datenstrukturierungsmittel enthalten, wie etwa Pascal, liegen die Verhältnisse nicht anders. Es ist keine externe Darstellung der Records bekannt.

Die Listenstrukturen (oder S-Ausdrücke) von LISP jedoch, als die wesentlichen Datenstrukturen dieser Sprache, besitzen eine externe Repräsentation. Einleseprogramm und Druckprogramm bewerkstelligen die Konvertierung zwischen dieser sichtbaren Darstellung und den internen Strukturen.

Für das Programmiersystem ist diese Tatsache von unschätzbarem Wert: Die Fehleranalyse kann vollständig symbolisch erfolgen. Der Programmierer erhält noch in komplizierten Situationen korrekte Datenstrukturen, die in seiner Programmierungssprache formuliert sind, und ist keineswegs auf Speicherabzüge oder Splitter von Datenstrukturen angewiesen.

Hinzu kommt die inkrementelle Verarbeitung im LISP-System: Das System vollzieht in einem Zyklus drei einfache Grundhandlungen: Es liest einen Ausdruck ein, wertet ihn aus und druckt das Resultat. Die Ausdrücke können zur Definition von Prozeduren (Funktionen) dienen, zum Einspeichern in eine Datenbasis, können als Testfälle gedacht sein, um eine neue Funktion zu erproben, oder sie lösen die Berichtigung interner Fakten (Funktionsdefinitionen bzw. Daten in der Datenbasis) aus ([SAN75b], S. 3).

Jedes Stück Programm, jede Anweisung an den Rechner (in LISP: jeder eingegebene Ausdruck) wird vom System mit dem jeweiligen Resultat beantwortet. Dabei geht die Antwort in jedem Fall über eine bloße Quittung hinaus: Die Werte auch von Funktionsdefinitionen sagen dem Nutzer etwas über den erfolgreichen Vollzug. Auch wenn LISP in einem Stapelverarbeitungssystem aktiviert wird, spielt sich dieser Dialog des Systems mit seiner Umwelt ab. Die Wahl der tatsächlichen Geräte ist für das Programmsystem unerheblich. Das Problem für die Maschine (bzw. das Betriebssystem und natürlich für den Nutzer, der auf einen wirklichen Dialog verzichten muß!) besteht darin, daß die Antworten (Ausgaben) auf ein anderes Medium zu bringen sind, als das, von dem die Eingaben kommen.

Besonders kritisch wird die Aufrechterhaltung des Dialogs, wenn der Nutzer Fehler macht, indem er entweder fehlerhafte Ausdrücke eingibt (syntaktische Fehler) oder Ausdrücke auswerten läßt, die fehlerhafte Programme aktivieren (semantische Fehler). Auch auf diesem Gebiet zeigt sich die Qualität von LISP: Neben Fehlernachrichten und standardmäßig eingerichteten Informationen über die Fehlersituation ermöglichen moderne LISP-Systeme dem Nutzer, in einem speziellen Fehlerstatus erneut einen Dialog zu führen, um den Fehler durch Klärung der Fehlerumgebung zu finden bzw. zu beseitigen [TE74, MOO74].

LISP ist zu diesen Hilfen befähigt, weil es nicht nur über die passenden Datenstrukturen verfügt, sondern weil die Implementatoren ein Gesamtsystem zur Entwicklung von Programmen im Auge haben: ein Programmiersystem. Aus dieser Sicht wird eine Charakteristik im Abschnitt 3.8 versucht.

Alle Programmiersprachen, die Zeichenkettenverarbeitung enthalten, ermöglichen im Prinzip die Analyse, Transformation und Synthese von Programmen. Damit ein erzeugtes Programm aber zur Abarbeitung kommt, muß es im allgemeinen erst aus- und dann wieder eingegeben werden (über einen sekundären Speicher), um vom Compiler akzeptiert und übersetzt werden zu können. Dieser schließt meist die gleichzeitige Existenz des erzeugenden Programms aus: Nur mittels komplizierterer Schritte, wie unabhängigem Übersetzen des erzeugten Programms, Erzeugen eines linkfähigen Moduls, Zusammenfügen mit dem ursprünglichem Programm und erneuten Aktivieren, kann man ein derartiges Ziel erreichen. Aber dann können die Ergebnisse der Abarbeitung des erzeugten Programms nur in seltenen Fällen vom Erzeugungsprogramm benutzt werden, um das Programm eventuell weiter zu verbessern und zu vervollkommnen.

Es sollte bei der hohen Einschätzung bezüglich der Bedeutung und der Leistungsfähigkeit dieser Eigenschaft von LISP jedoch nicht übersehen werden, daß erhebliche methodologische Probleme mit selbstmodifizierenden bzw. abarbeitungsfähigen codeerzeugenden Programmen verknüpft sind. Soweit ein solches Programm automatisch abläuft, dürfte es außerordentlich schwer zu verstehen, zu verwalten und für richtig zu befinden sein. Die Idee von J. v. NEUMANN, die elektronischen Rechenanlagen so zu konzipieren, daß die Programme intern von Daten nicht unterschieden werden können, hat zwar ungeahnten Möglichkeiten eröffnet, aber auch zu einer Komplizierung geführt. Die Entscheidung der meisten Programmiersprachen gegen die Etablierung dieses Prinzip ist weitgehend bewußt aus methodologischen Erwägungen erfolgt: Man bemüht sich, Daten und Programme möglichst deutlich zu separieren.

Indem LISP höhere Datenstrukturen zur Beschreibung der Programme einführte, distanzierte es sich gleichzeitig von den anrüchigen Spielereien mit Bits, um Programmstücke in unterschiedlichen Kontexten zu verwenden und „superschnell" zu machen. Der Bereich der Programme, die die Datenstrukturdarstellung nutzen, ist außerdem verhältnismäßig gering. Ausnahmen sind Programme, die ausgesprochen zur Programmerzeugung aufgestellt wurden [AD75].

Es dürfte aber klar sein, daß ein System, das aus gegebenen Informationen lernt, sich vervollständigt, verbessert und so Probleme lösen kann — mit einem Wort, ein allgemeiner Problemlöser, wie ihn die künstliche Intelligenz versteht [LEH72] — notwendig diese Möglichkeit braucht. Wie soll die Vervollständigung und Verbesserung neben quantitativer Vergrößerung der Datenbasis ablaufen, wenn nicht durch Konstruktion von neuen Teilprogrammen?

Unter diesem Aspekt ist es kein Wunder, daß die Idee von der prozeduralen Darstellung des Wissens [WOO68] von LISP-Experten entwickelt wurde, die auf dem Gebiet der künstlichen Intelligenz forschen. Darstellung von Wissen in prozeduraler Form bedeutet, daß die Datenbasen nicht nur in Form von Faktensammlungen nach dem Vorbild eines Lexikon oder Thesaurus entworfen werden, sondern daß sie dynamische Komponenten enthalten, die bei der Suche nach Wissen aktiv werden und entweder dies Wissen konstruieren oder doch den Suchprozeß beeinflussen.

Neben diesen sehr weitgehenden Konsequenzen aus der Tatsache, daß LISP Programme wie Daten behandelt, eröffnen sich aber auch einige naheliegende Anwendungen für den Systemprogrammierer, die dem Nutzer Hilfestellungen bieten: Der überwiegende Teil der Systemprogramme zum bequemen Arbeiten mit den LISP-Programmen kann in LISP selbst entwickelt werden. Der Systemprogrammierer ist also Nutznießer des von ihm selbst geschaffenen Programmiersystems und somit an dessen Perfektionierung erheblich interessiert.

Ein Beispiel dafür sind die Programme, die beliebige andere Programme „lesbar" (bzw. „schön") ausdrucken. Dieses Problem brennt dem LISP-Programmierer natürlich besonders unter den Nägeln, weil ein als normale Listenstruktur ausgedrucktes Programm durch die vielfältige Klammernstruktur im allgemeinen unlesbar ist. Mit Hilfe eines **PRETTYPRINT** Programms [GOLS73] kann der LISP-Nutzer das (und mehr) erreichen, was ein Paragrapher dem Benutzer von ALGOL oder PL/I liefert [YO75, CON70].

Man kann sogar mehr: Es ist möglich (und wurde auch verschiedentlich ausgeführt), in LISP einen Editor zu schreiben [TE74, 65a], mit dem die Datenstruktur, die eine Funktion repräsentiert, manipuliert werden kann. Besonders interessant ist dabei die Orientierung auf syntaktische Strukturen im Unterschied zu der auf Zeichen oder auf Eingabezeilen. Dadurch wird der Programmierer im Umgang mit bedeutungsvollen Programmelementen unterstützt. Er denkt in Begriffen wie fehlenden Argumenten, überflüssigen Bedingungen, unrichtigen Namen usw., statt daß er an einzelnen Zeichen und Lochungen orientiert wird.

Auf ähnliche Weise kann sich jeder Programmierer in LISP Hilfsmittel entwickeln, die ihm methodisch wünschenswert erscheinen. Ein weiteres schönes Beispiel dafür ist das Programm zur Sichtbarmachung der hierarchischen Aufrufstruktur eines Programmsystems [BO69]. Das Programm **DWIM** (*Do What I Mean*) von TEITELMAN ist ein exzellenter Fall eines Systemprogramms, das durch Programmanalyse reale Hilfestellungen bietet: Im Fehlerfall aufgerufen, versucht es, den Sinn des falschen Programmstücks zu ermitteln und Änderungsvorschläge abzuleiten, die zu einer Fehlerbeseitigung führen. Dabei steht unter anderem die Erkennung von einfachen Ablochfehlern (vergessenes Drücken der Taste „numerisch" bei Klammern, Schreibfehler in Namen usw.) im Vordergrund [TE72a, 74]. Überhaupt sind die von W. TEITELMAN entwickelten Programme zur Unterstützung des Programmierers, insbesondere des im Dialog arbeitenden, von ihrer Nützlichkeit her betrachtet einmalige Hilfsmittel [TE66, 69, 72b, 76, 77] und basieren auf der Eigenschaft von LISP, Programme und Daten prinzipiell gleich zu behandeln.

Prozeduren (Funktionen) können nicht nur Wissen aus einer Datenbasis ableiten helfen bzw. es konstruieren. Prozeduren, die Datenbasen zugeordnet sind, können auch die Zugriffsroutinen selbst verkörpern bzw. die Operationen, mit denen bestimmte Teile verknüpft werden können.

SANDEWALL [SAN75a] hat diese Form der Verwendung der zur Debatte stehenden Eigenschaft von LISP eingeführt und sie später in eine Gesamtmethodologie der Programmierung, des *Conceptual Programming* [SAN75b], eingebettet. Die auf diese Weise in LISP mögliche Methodik der Programmierung von Datenbanksystemen geht über die Ideen der strukturierten Programmierung hinaus und korrespondiert in mancher Weise mit dem Konzept der abstrakten Datenstruktur [LISK74].

Das allgemeine Verwaltungsprogramm einer Datenbasis liest zusammen mit den (statischen) Daten aus dem Datenvorrat die Routinen mit ein, die die Zugriffsweise auf die Daten und ihre Verknüpfungen beschreiben und durchführen. Globale Aktionen sind so mehrfach parametrisiert: Neben den Daten taucht die angepaßte Manipulationsfunktion mit auf.

Indem die möglichen Grundfunktionen in Klassen eingeteilt werden, kann der Verwalter die Daten zugeordneten Routinen aktivierbar machen und abarbeiten. Da dies erst beim Zugriff auf einem bestimmten Datentyp geschieht, kann man von einer Programmstruktur sprechen, die von den Daten statt von einem generellen Monitor gesteuert wird (data drivenness [SAN75b]).

Durch SIMULA 67 ist das Klassenkonzept ins Gespräch gebracht worden [DA70]. Der inzwischen entwickelte Begriff der *abstrakten Datenstruktur*, mit dem die statische Datenstruktur und erlaubte Aktionen an ihr bzw. mit ihr in Form zugeordneter Prozeduren erfaßt werden, ermöglicht eine Modularisierung der Programme von den Daten her. Diese Ideen werden zwar seit geraumer Zeit diskutiert, aber abgesehen von SIMULA selbst scheint keine der Programmiersprachen bisher implementiert worden zu sein, die das Konzept der abstrakten Datenstruktur enthält. LISP enthält diese Möglichkeiten von Anfang an.

Wenn man in einer der bekannteren Programmiersprachen, nehmen wir z. B. ALGOL 60, eine Variable einführt, so sind die Namen dieser Variablen für den Ablauf uninteressant. Eine beliebige Änderung, die nur Konflikte zwischen den Namen vermeidet, ist möglich. Nach der Compilierung liegt das Programm in interner Form (Maschinensprache) vor — die Namen und ihre Bedeutungen sind völlig verloren. In einem guten Programmiersystem ist zwar eine Symboltabelle aufgehoben worden, aber vom Programm her gibt es praktisch keinerlei Möglichkeit, sich auf sie zu beziehen.

Wenn man nun etwa ein Programm zu schreiben hätte, das Daten einliest, die aus Zeichenketten und Zahlen bestehen (hier muß schon angenommen werden, daß diese verfügbar sind), so ist es praktisch nicht möglich, die Zeichenketten als Information über die Variablen aufzufassen, denen das zugeordnete numerische Datum zugewiesen werden soll. In PL/I ist dieser kleine Dienst mit Hilfe eines besonderen Feature möglich (get data). Auch hier wäre es unmöglich, durch eine Abfolge von Zeichenkettenmanipulationen eine Zeichenkette zu erzeugen, deren Inhalt mit der vom Programmierer notierten Variablen übereinstimmt, und dann eine Zuweisung auszulösen.

Die Namen der Variablen verschwinden spätestens am Ende des Compilerlaufs, und der Nutzer müßte sich sein eigenes System zur Arbeit mit einer Symboltafel schreiben.

Ernster als diese fehlende Verknüpfung von Zeichenkette und Variable ist etwa der Defekt in Pascal, daß gewisse nichtnumerische Daten keinerlei definierte Ein- oder Ausgabemöglichkeit haben. Die Scalare in Pascal sind zu deklarieren und werden während der Ablaufzeit praktisch wie ganze Zahlen behandelt. In manchen Pascal-Systemen scheint es möglich zu sein, einer Variablen vom Typ Farbe (mit type farbe = (rot, grün, gelb)) durch eine Einleseoperation eine 1 (fürrot) als „rot" selbst zuzuweisen.

In LISP dagegen bleibt die Symboltafel bestehen, die Atome werden dynamisch behandelt. Werden die Programmen interpretiert, so besteht eine ständige enge Verbindung vom Namen einer Variablen zu ihrem Wert. Ähnlich wie in SNOBOL oder TRAC ist es möglich, einen Namen neu zu konstruieren und ihn dann als Namen einer Variablen zu betrachten, d. h. ihm einen Wert zuzuweisen.

Neben der Verwendung als Variable stellen die Atome aber auch wirkliche Daten dar: Ihr Name repräsentiert einen guten Teil nichtnumerischer Information. Außerdem kann jede Variable (in LISP: Atom) Ausgangspunkt einer komplizierten Datenstruktur, der Eigenschaftsliste, sein.

## 3.7. Interpretative Abarbeitung

Daß LISP durch ein Interpretersystem verarbeitet wird, hat sich historisch durch einen Zufall ergeben. Doch war die Situation nicht neu zu jener Zeit (1958), und so manche andere gleichzeitige Symbolmanipulationssprache wurde interpretiert: IPL [NEW61] und COMIT [YN62] waren damals bzw. wurden etwa gleichzeitig mit LISP erstmalig implementiert.

Als dann Ende 1959 der erste Compiler arbeitsfähig war, begann LISP sein Doppelleben mit beiden Übersetzungsmöglichkeiten: Während der Interpreter Teil des gesamten Verarbeitungssystems ist und dem Nutzer in der zweiten Phase des grundlegenden Zyklus „Einlesen — Verarbeiten — Ausgeben" entgegentritt, paßt sich der Compiler an einer bescheideneren

Stelle ein: Er ist nur eine Pseudofunktion im Gesamtsystem der Funktionen, die auf Verlangen gewisse Funktionen verarbeitet und dabei als Seiteneffekt ein äquivalentes Programm in Maschinencode herstellt, das zwar schneller abläuft, aber praktisch nicht mehr analysierbar ist.

Interpretation und Compilierung sind die zwei grundsätzlichen Arten der Übersetzung einer Programmiersprache. Dabei umfaßt die Interpretation nicht nur die Übersetzung, sondern gleichzeitig die Abarbeitung, Auswertung, Berechnung. Dies ist der Grund dafür, daß ALLEN [ALL78] diese Programme zur Pragmatik schlägt.

Als *Interpretation* bezeichnet man gewöhnlich die Art von Sprachübersetzung, die die Programmteile, entweder so wie sie sind oder in eine passende interne Struktur übergeführt, analysiert und entsprechende Aktionen ausführt. Das bedeutet insbesondere, daß ein gegebenes Teilstück eines Programms jedesmal, wenn es interpretiert wird, neu zu analysieren ist.

Im Gegensatz zur Interpretation steht die *Compilierung* (oder *Compilation*), wobei die Programmteile erst sorgfältig analysiert werden und dann eine Folge von Maschinenbefehlen aus ihnen erzeugt wird. Faßt man den internen Code auch als eine Sprache auf, so läßt sich der Begriff der Compilierung verallgemeinert als die Erzeugung eines Programms in einer Zielsprache, ausgehend von einem Programm in einer Objektsprache. Im Unterschied zu diesem sehr allgemeinen Übersetzungsschema scheint im Begriff der Compilierung ein deutlicher Niveauunterschied zwischen Objekt- und Zielsprache mitzuschwingen: Erstere ist höheren, letztere niederen Niveaus (deshalb z. B. *Recompilierung*). Das Programm, das diese Art von Übersetzung realisiert, ist der *Compiler*. Es bekommt das gesamte Programm in der Objektsprache als Eingangsinformation. Da moderne Sprachen mit den Typ- und anderen Deklarationsangaben dem Compiler weitreichende Möglichkeiten zum Erfassen der Programmsemantik mitgeben, kann ein Compiler oft erheblich optimierte Programme herstellen und eine ganze Reihe von Fehlern, die man normalerweise in den Bereich der Semantik schlagen würde, erkennen und anzeigen.

Da ein Programm zuletzt doch immer von einer Rechenanlage abzuarbeiten ist, liegt schließlich entweder ein Maschinenprogramm vor, das die Programmaktionen hervorruft, oder ein Interpreter (der ein Maschinenprogramm ist), der, wie oben beschrieben, das betreffende Programm oder irgendeine aus ihm abgeleitete Zwischenform analysiert und die gewünschten Aktionen ausführt.

Ohne Zweifel läuft ein compiliertes Programm schneller ab als ein interpretiertes, und man mag sich fragen, ob die Interpretation sich überhaupt lohne. Hat HIGHMAN [HIG67] recht, wenn er die Interpretation in den Listenverarbeitungssprachen (die alle etwa 1958–64 entstanden sind) als „dem damaligen Stand der Wissenschaft“ entsprechend bezeichnet, d. h. also für unmodern erklärt?

Die Entwicklung hat gezeigt, daß Highman unrecht hat mit seiner Behauptung. Interpretation ist ein höchst modernes Prinzip, wenn sie in einem gesunden Wechselspiel mit der Compilierung steht und wenn das Verarbeitungssystem interaktiv betrieben wird.

Schon die Kostenfrage erscheint überdenkenswert: Während die Interpretation eine gewisse einfache Phase der Umformung enthält, entfällt die meiste Zeit auf die eigentliche Abarbeitung. Anders als der Compiler, sieht der Interpreter aber nicht das ganze Programm: Er arbeitet nur die Teile ab, die von der gegebenen Testdatenmenge abhängt. So kann es vorkommen, daß die Interpretationskosten sehr günstig im Verhältnis zu Compilationskosten liegen: Werden nur wenige Programmteile wiederholt ausgeführt, so dürfte die Interpretation bei weitem billiger sein, da der große Posten für die Compilierung selbst nicht unter den Tisch fallen darf.

Für die reine Abarbeitung selbst wird ein Geschwindigkeitsfaktor von 10 [BROW76] erwartet. Dabei ist festzuhalten, daß auch die compilierten Programme gewisse interpretative Phasen kennen: Ein- und Ausgabe, Übergang in das Run-Time-System usw. Die Vorteile der Interpretation sind [BROA75]:

1. *Leichtere Änderung* eines laufenden Programms. Weil ein weitgehender Teil der Information über das ursprüngliche Objektprogramm erhalten geblieben ist, gibt es genügend Unterstützung, wenn ein neuer Ausdruck (bzw. eine neue Anweisung) eingegeben wird: Die Beziehung zu den Programmgrößen kann leicht hergestellt werden, der Platz, an den der verbesserte Programmteil gebracht werden muß, kann ermittelt werden usw.

Sogar wenn neue Deklarationen oder ganze Prozedurköpfe zu ändern sind, kann der Anschluß an die ungeänderten Programmteile beim nächsten Interpretationslauf erfolgen.

2. *Reduktion der Größe* des Objektcodes. Einen typischen Fall dieses Vorteils sieht Broadbent, wenn die Datentypen der Programmobjekte vor der Laufzeit noch nicht vorhanden sind und in das Programm deshalb Routinen eingeschlossen werden müssen, die die Typüberprüfungen vornehmen. In einem Interpreter kommen diese Routinen nur einmal vor und müssen deshalb nicht an den verschiedenen Stellen eingebaut werden, wo überall Typüberprüfungen für erforderlich gehalten werden.

Überhaupt ist der Compiler weitgehend ratlos, wenn die Typen der Daten nicht bekannt sind. Daher ist ein gewisser Anteil an Interpretation zur Laufzeit lebenswichtig [BROW76].

3. *Bessere Diagnostik* und Möglichkeiten der Reaktion auf Fehler. Mit einer Darstellung des Programms, die dem ursprünglichen Quelltext eng entspricht, sind Test- und Fehlersucharbeiten leichter auszuführen. Sicherlich kann man auch in compilierte Programme hilfreiche Informationen einschließen, wie z. B. die Anweisungsnummern, um bei einem Fehler zur Laufzeit wenigstens die Fehlerstelle ermitteln zu können.

Das Problem besteht aber darin, daß man vielfältige Informationen über den Zustand des Programms beim Auftreten des Fehlers und seine Vorgeschichte benötigt, um zur Fehlerursache vorzudringen. Ist ein Programm aber erst einmal in der Maschinensprache, so sind wichtige Kenntnisse im allgemeinen nach dem Lauf des Compilers verlorengegangen.

Es gibt nun Compilersysteme (WATFOR, siehe [KEN70]), die etwa hauptsächlich für die Lehre gedacht sind und deshalb von vornherein darauf zugeschnitten sind, daß der Programmierer viele Fehler macht und das Programm in seiner gegenwärtigen Form nur einmal angeboten wird. Für den einen Lauf hebt ein solches System die Symboltafel auf, die die notwendigen Informationen enthält.

Doch in leider allzuvielen Fällen wird der Programmierer auch heute noch allenfalls mit einer Fehlernachricht (die meist nur mitteilt, daß ein Fehler aufgetreten ist), mit einer Anweisungsnummer und mit einem hexadezimalen oder oktalen Speicherauszug konfrontiert.

Alle Systeme, die dem Programmierer das Fehlersuchen erleichtern wollen, interpretieren wenigstens teilweise die Programme. Dies kann mit dem Objektprogramm erfolgen oder mit dem Quellprogramm [KUL69, SAT75].

4. *Leichtere Portabilität* der Sprache. Während ein Compiler oft erheblichen Aufwand kostet, kann ein kleiner Interpreter oft einfach, schnell und kostengünstig in einer höheren Programmiersprache geschrieben werden, die an der neuen Installation verfügbar ist.

5. *Vereinfachung des Übersetzers.* Weil so viel erst zur Laufzeit abgewickelt wird, was sonst normalerweise schon zur Compilierungszeit erledigt wird — wie z. B. die Typüberprüfung — hat der Übersetzer selbst eine einfache Struktur und ist wesentlich kleiner.

Die Entwicklung in der Rechnerarchitektur hat dazu geführt, daß heute schon oft nicht mehr unterschieden werden kann, wo die Interpretation anfängt oder wo sie aufhört. Viele Rechner der dritten Generation enthalten Mikroprogramme, die ihrerseits die sogenannten *Maschinenprogramme* interpretieren. Man hat schon versucht, das logische Niveau der Maschinenprogramme zu heben und dem der höheren Programmiersprachen anzugleichen [BURR64, AU74]. Inzwischen beginnt man sogar, Rechner zu entwickeln, die mittels ihrer Firmware verschiedene Sprachen höheren Niveaus interpretieren [WILN72]. Dies gilt insbesondere für LISP (vgl. S. 215, 220).

Für LISP ist die Kopplung von Interpretation und Compilation hauptsächlich aus methodischen Gründen wichtig. Der Interpreter-Compiler-Verbund wird normalerweise so genutzt, daß die Funktionen (Programme) mit Hilfe des Interpreters symbolisch ausgetestet werden. Man hat dabei den Vorteil, sowohl spezifische Tests als auch Systemtests — d. h. die Funktion im Zusammenspiel mit anderen Funktionen — durchführen zu können. Hilfsfunktionen für die Testarbeit, also für die Aufbewahrung von Programmablaufsgeschichte (backtracing), für das Überwachen von Zuweisungen, von Sprüngen und von Funktionsaufrufen sowie zur Setzung und Abarbeitung von Unterbrechungspunkten sind in fast jedem LISP-System in der Qualität enthalten, die für andere Programmiersprachen nur von Fall zu Fall geliefert werden.

Hat sich der Programmierer von der Zuverlässigkeit einer bestimmten Funktion überzeugt, dann compiliert er sie und gewinnt die etwa benötigte Geschwindigkeit.

Allen [ALL78] hat wohl als erster in Zusammenhang mit LISP darauf hingewiesen, daß auch unabhängig von der Fehlersuche eine Kooperation von Interpretation und Compilierung kostengünstig ist: Während der Interpretation werden die erreichten Codestücke compiliert. Bei wiederholter Abarbeitung von Programmteilen gewinnt man so die gewünschte Geschwindigkeit der Maschinenprogramme. Die nicht berührten Partien des Programms behalten ihre alte Form. Das beschleunigt die Compilierung und macht das Ganze zu einem inkrementellen Prozeß.

In einer höchst interessanten Studie haben Hansen und Wulf [HAN76] die Effektivität einer Compiler-Interpreter-Symbiose gezeigt: Es ist inzwischen bekannt, daß ein überwiegender Prozentsatz der Laufzeit eines Programms in kleineren Codestücken verbracht wird. Kennt man diese und konzentriert die Fähigkeiten des Compilers auf die Optimierung eben dieser Programmteile, dann kann eine erhebliche Verringerung der Laufzeit bei geringen Kosten erreicht werden. Der Programmierer ist im allgemeinen auf dem Holzwege bei der Vermutung, welches die kritischen Codestücken sind.

Innerhalb eines speziellen FORTRAN-Compiler-Systems wurde durch Kombination von Interpretation, Compilation und Messung der Abarbeitungsfähigkeit gezielt stufenweise optimiert. Ergebnis ist ein System, das sowohl für einmalige Programmläufe als auch für den Dauerlauf außerordentlich kostengünstig arbeitet.

## 3.8. LISP als Dialogsprache

### 3.8.1. Zum Begriff des Dialogs

Im heute noch normalen Fall ist der Informationsaustausch zwischen Rechenmaschine und Mensch stark behindert durch die Peripherie und durch die Organisationsmittel für den Transfer der Informationen, die Programmiersprachen und -systeme für die Steuerung der Maschine. In einem üblichen Stapelverarbeitungssystem hat der Mensch den Austausch normalerweise auf einen einmaligen „Wortwechsel" zu begrenzen: Ich plane und du kannst den Plan entweder nur aus formalen Gründen ablehnen oder mußt nach ihm arbeiten und Resultate bzw. Fehlschläge melden. Allenfalls kann er ein Spektrum möglicher Antworten voraussehen und dementsprechend Erwiderungen von Anfang an mitliefern.

Die Aufteilung eines Jobs in Schritte und das damit verbundene Wechselspiel von Systemaktionen und Steuerinformationen bzw. Daten ist völlig deterministisch — wenn man von unvorhersehbaren (Hardware-)Fehler- oder Problemsituationen absieht.

Diese konventionelle Umgehensweise mit den Rechenmaschinen ist immer dann sinnvoll, wenn der Mensch seinerseits in der Lage ist, seinen Part des überlegenen Planers, Informators oder großen Steuermanns zu spielen. Während er Ziele und Zwecke besser einschätzen kann, Querverbindungen zu anderen Wissensbereichen schneller sieht und mit seinem begrifflichen Denken zur Integration unterschiedlichster Informationen in der Lage ist, kann der Rechner wesentlich exakter und genauer mit großen Datenbeständen umgehen und eine ganze Reihe von Überlegungen und Rechnungen um Größenordnungen schneller als der Mensch erledigen. Dabei ist die Exaktheit bemerkenswerterweise vom Umfang der Datenmengen nicht abhängig.

So kann es denn Situationen geben, wo der Mensch keineswegs der überlegene Denker ist. Wenn er Schritte planen muß, die für ihn derartig komplex und umfangreich sind, daß er das erwartete Ergebnis nicht vorwegnehmen kann, ist er zur Planung nicht in der Lage. Er wünscht, die Schritte vollziehen zu lassen, um dann „operativ" entscheiden zu können. Wenn er es mit Informationsstrukturen zu tun hat, die zu umfangreich sind, als daß er sie auf einmal angeben kann, möchte er je nach den Umständen seinen Standpunkt und sein Gesichtsfeld verändern können.

In diesen Fällen lenkt der Mensch zwar den Handlungsablauf, ist aber zur Erstellung eines abarbeitungsfähigen Programms nicht in der Lage.

Es kann aber auch sein, daß der Rechner der überlegene Partner ist: Jedes größere Programm ist nahezu sicher falsch — der Rechner kann mit Leichtigkeit syntaktische Fehler finden, die der Mensch allein wegen der Programmgröße übersehen hat. Läuft auf dem Rechner ein Lehrsystem, so ist der Schüler a priori der schwächere Partner — das Lehrsystem führt ihn, verlangt von ihm Antworten, richtet auf diese Antworten seine Lektionen ein und paßt sich dem Lerntempo an. Da jeder Schüler anders reagiert, wird ein gutes Lehrprogramm sehr flexibel sein müssen. Im Fall einer rechnergestützten Datenbasis schließlich möchte der Mensch Auskünfte vom Rechner. Er weiß zwar ungefähr, was er erfragen will, kann aber durchaus Probleme bei der Formulierung seiner Wünsche haben und die Möglichkeiten, die das System ihm bietet, nur zu einem geringen Teil kennen.

In diesen Fällen genügt ein einmaliger Wortwechsel nicht. Wenn die zur Verfügung stehenden Organisationsmittel nicht mehr erlauben, ergibt sich durch Weiterführung des Wortwechsels zu anderer Zeit ein aufwendiger Austausch, bei dem Mensch und Maschine Probleme haben werden, sich wieder so einzustellen, wie es dem Endergebnis förderlich ist.

Effektiver ist demgegenüber ein Dialog, bei dem der Mensch unmittelbar auf Mitteilungen des Rechners reagieren und ihn durch neue Aufgabenstellungen zu Auskünften oder weitergehenden Aktionen veranlassen kann. Gewöhnlich wird jeder Partner warten müssen, bis der andere sich auf eine Mitteilung hin geäußert hat. Wenn es sogar möglich ist, bei allzu langwierigen Dialogpausen einzugreifen und sich über die ablaufende Handlung zu erkundigen, spricht man von *Interaktion* [KUP76].

### 3.8.2. Dialogsysteme

Um die Nachrichten, Anfragen oder Befehle zu formulieren, ist eine Sprache erforderlich. Da diese Sprache nicht, wie gewöhnlich, nur menschliche Mitteilungen erlauben soll, sondern auch die Äußerungen von der Rechnerseite erfassen muß, sprechen wir von *Dialogsprachen*.

Neben den Dialogsprachen für Auskunfts- und Informationssysteme, für Lehrsysteme und graphisch orientierte Systeme spielen die für die interaktive Programmentwicklung derzeit eine große Rolle. Das liegt daran, daß an der Entwicklung eines für die eigene Arbeit nützlichen Werkzeugs jeder Programmierer interessiert ist. Zudem ist das Ziel der Programmierung der Rechner: Von der Fehlerhaftigkeit eines Programms kann man sich gut überzeugen, wenn der Rechner es abarbeitet und in eine Fehlersituation gerät.

Die Dialogprogrammiersprachen sind selten für die Programmentwicklung einer beliebigen Programmiersprache gedacht. Alle wichtigen Entwicklungen dieser Art enthalten Dialoginstrumente für die Programmerstellung in ebendieser Dialogprogrammiersprache selbst. Kupka und Wilsing [KUP76] unterscheiden hier zwischen der Sprachebene zur Erfassung der problemorientierten Datenstrukturen und Operationen und der zur Programmstrukturierung und Dialogsteuerung. In einem detaillierteren Modell der Sprachstruktur von Dialogsprachen unterscheiden sie:

1. den *Kern*, der die nicht dialogspezifischen problemorientierten Datenstrukturen und die zugehörigen Operationen enthält,
2. die *Schicht der Programmiertechnik*, die die Kontrollstrukturen für die Strukturierung von Programmschritten und -teilen umfaßt, wie Sequenz, Alternative, Wiederholung, Funktion, Prozedur — um aus normalen Programmiersprachen bekannte Sprachelemente anzuführen, und
3. die *Schicht der Dialogtechnik*, die Mittel zum Umgehen mit Programmen („ausführbare Objekte") — wie Erzeugung, Verwendung, Aktivierung, Ausgabe, Löschen, Speichern, Editieren — und Möglichkeiten zur dynamischen Kontrolle der Ausführung dieser Programme einschließt.

Außer bei der Verwendung eventuell in der Sprache implementierter Dialogsysteme (Auskunfts-, Lehr- und ähnliche Systeme) kommt in einem Dialogsystem der Dialog bei der Programmentwicklung, bei der Ablaufsteuerung und bei der zweckgerichteten Ausführung fertiger Programmteile (auch als Tischrechnerfunktion bezeichnet) zur Anwendung.

Die interaktive Programmentwicklung basiert hauptsächlich auf den Mitteln zur Eingabe von Programmtexten und zu ihrer Änderung.

Bei der Eingabe kann das Verarbeitungssystem auf vielfältige Art Hilfestellungen bieten, indem z. B. nach Niederschrift einer syntaktischen Einheit sofort Fehler reklamiert werden, falls gegen die Regeln der Grammatik verstoßen wurde. Das System kann darüber hinaus Korrekturvorschläge anbieten bzw. versuchen, in gewissen Fällen abgekürzte oder angedeutete Texte auszuschreiben oder fortzusetzen. Die Hilfestellungen können sich auf einzelne Zeichen, ganze Zeilen oder gar Programmsegmente und ganze Programme beziehen. Kutschke [KUT77] bezeichnet diese Ebene als *Minidialog*.

Zum Korrigieren bedient man sich einer Editierungssprache, die den Editor aktiviert. Dieser Editor kann sich auf den externen Text in einer Datei oder auf eine interne Repräsentation beziehen. Da die Editierung in einer Datei bei anschließendem Wunsch, den berichtigten Text zu aktivieren, auf Probleme bei der Beschaffung des Platzes stoßen wird und sicher langsam abläuft, wäre die Änderung eines anschließend aktivierbaren internen Objekts vorzuziehen. Da die Änderung in Einheiten der Programmiersprache bzw. auf den externen Text hin orientiert sein muß, ist die Abarbeitung der Programme durch Interpretation einer Datenstruktur, in die das Programm eindeutig umgeformt werden kann, wünschenswert.

Neben der Wahl der Editororientierung auf intern verfügbare Repräsentation oder externe Dateien, auf einzelne Zeichen des Programms oder sinnvolle syntaktische oder semantische Komplexe der Sprache, können weitere Entscheidungen die Handlichkeit dieses zentral wichtigen Programms stark beeinflussen: Soll die Editierung einen kompletten Wechsel der Programmebenen erfordern, d. h. muß man, wenn man sich zum Editieren entschlossen hat, in einen Editorstatus übergehen, eine bestimmte Kette von Operationen in diesem Status völlig außerhalb des normalen Verarbeitungssystems ausführen und dann versuchen, wieder den ursprünglichen Systemzustand mit dem Editierungsresultat zu erreichen, oder soll die Editierung durch einzelne kleine Operationen in jeder Umgebung möglich sein? Soll der Editor die Resultate und eventuell ein Protokoll drucken, oder sollte man von vornherein auf den Bildschirm orientieren [SAN78a]?

Für die interaktive Ablaufsteuerung ist neben der Aktivierung von Programmteilen und ihrer Versorgung mit Testdaten vor allem wichtig, daß selektive Information über den Ablauf bereitgestellt wird. Ein Kernspeicherabzug in interner Darstellung (Dump) ist unlesbar, in symbolischem Format ist er nicht überschaubar. Benötigt wird natürlich der Inhalt einer oder weniger kritischer Variablen in dem Augenblick, wo der Fehler verursacht wird. Da diese Information praktisch nicht beschaffbar ist, da eben nach ihr gesucht wird, muß es wenigstens möglich sein, von der Stelle, wo der Fehler sichtbar geworden ist, einige Schritte rückwärts zu gehen, diese Stelle klar zu charakterisieren und die Variablen, die vermutlich in den Fehler verwickelt sind, zu inspizieren.

Oft reichen diese Informationen über den Zustand nach dem Fehler nicht aus. Dann werden Hilfsmittel benötigt, um das dynamische Verhalten des Programms und die Veränderung ausgewählter Variabler verfolgen zu können.

Das dynamische Studium wird wesentlich gefördert, wenn an gewissen Punkten — entweder vorprogrammierten (ausgewählt durch das Eintreffen gewisser Kontrollereignisse, d. h. die Ausführung eines anvisierten Programmteils, oder durch das Eintreffen eines bedeutsamen Wertzustands) oder durch direkten Eingriff von außen bestimmten — Unterbrechungen der Abarbeitung vorgenommen werden können. In einem speziellen Unterbrechungsstatus sollte es dann möglich sein, den erreichten Zustand zu erforschen (sowohl bezüglich Variablenwerten als auch bezüglich des Kontrollpunkts und seiner Stellung im Programm — durch Analyse von Aufrufketten u. ä.). Nach Klärung der offenen Fragen muß der normale Verarbeitungsprozeß weitergeführt werden können, als ob er nicht eingefroren gewesen wäre.

Die Verwendung der Dialogsprache des Kerns in kleinen semantischen Einheiten wird gern als *tischrechnerartige Verwendung* [KUP76] bezeichnet. Hierbei werden etwas einzelne Anweisungen oder bloße Ausdrücke ausgewertet. Das System vollzieht in einem Hauptniveau (top level) einen Zyklus von Einlesen — Verarbeiten — Ausgaben. Die jeweiligen Eingaben werden sofort ausgewertet. Zu diesem Zweck — um dem Nutzer die Ausführung komplizierterer Aktionen zu ermöglichen — muß die Sprache viele implizite Anweisungen akzeptieren, viele Funktionssymbole bereitstellen, eine umfängliche Ausdrucksteilsprache enthalten und bequeme Notation (möglichst mathematische Schreibweise) gestatten. Darüber hinaus muß natürlich die Ein- und Ausgabe jeder manipulierbaren Datenstruktur definiert sein.

In demselben Verarbeitungsniveau werden die Kommandos der dritten Sprachschicht eingebracht und sofort verarbeitet. KUPKA und WILSING sehen hier folgende Ziele: a) Systemzugriff, b) Übergang zum Editieren, c) Dateiverwaltung, d) Übersetzung und Ausführung von Programmen, e) Organisation des Hintergrundstapels, f) Systemverwaltung, g) Betriebsmittelzuteilung und h) Kommunikation mit anderen Nutzern.

Bei den verschiedenen Zielfunktionen der Sprachen in den verschiedenen Schichten scheint es letztlich doch ungünstig, insgesamt von der *Dialogsprache* zu sprechen. Die Charakterisierung des Ganzen als Programmiersystem und die Zerlegung der in Schichten aufgeteilten *Dialogsprache* in mindestens drei Sprachen (Programmier-, Editier- und Kommandosprache) bildet wohl die Wirklichkeit wesentlich besser ab [SAN78a]. Wesentlich ist dabei, daß alle diese Funktionen unter einem Dach innerhalb eines Systems bewältigt werden, ohne daß der Nutzer unter Rettung von Zwischenresultaten das Betriebssystem zum Wechsel zwischen den Ebenen — Programmentwickler, Interpreter, Editor, Tester usw. — aktivieren muß (vgl. auch [BO73b]).

### 3.8.3. Das LISP-Programmiersystem

Welche Forderungen sind nun an die Basissprache zu stellen? Die einfachsten Bedingungen stellt die Programmierung von Tischrechnern: Die Sprache sollte prozedurorientiert sein, ihr Kern weitgehend frei von Deklarationen, und es sollte gewisse kleine semantische Einheiten geben, die direkt auswertbar sind und schrittweise eine größere Verarbeitungsaufgabe lösen lassen (SANDEWALL [SAN78a] bezeichnet dies als die *Inkrementalität* der Sprache). Dieser Sprachteil sollte möglichst vielgestaltige Ausdrücke enthalten. Dann sollte die Syntax so beschaffen sein, daß fehlerhafte Eingaben nie zu Zusammenbrüchen führen: Alles muß interpretierbar sein und — dies ein

Wunsch an das Verarbeitungssystem — mit verständlichen und direkten Erwiderungen vom System beantwortet werden.

Für eine breitere Anwendung wären komplexere Datenstrukturen als etwa Zahlen und Zeichenketten sehr erwünscht, für die allerdings auch Ein- und Ausgabe vollständig definiert sein müssen. Wenn man mit der Sprache Datenbanken aufbauen könnte, wäre dies eine wesentliche Bereicherung.

Sicher wäre es besonders bequem, wenn sogar das ganze Programmiersystem selbst in der Sprache programmiert werden könnte. Offensichtlich ist ja die Entwicklung eines solchen Systems keine leichte Aufgabe. Der Service, den das System bietet, würde gleichzeitig dem Entwickler zugute kommen. Außerdem könnte jeder Nutzer eigene angepaßte Systemerweiterungen vornehmen.

Ein derartiger Wunsch ist nur realisierbar, wenn man in der Basissprache mit Programmen umgehen kann — es muß eine Datenstrukturdarstellung von Programmen, und zwar von Programmen der Sprache selbst geben.

LISP genügt weitgehend allen diesen Kriterien, und es ist etwas kurios, feststellen zu müssen, daß diese Sprache in dem Werk über Dialogsprachen von Kupka und Wilsing [KUP76] völlig ignoriert wird. An bestimmten Stellen scheint LISP etwas ungewöhnliche Notationsweisen zu erfordern (z. B. Arithmetik), an anderen Stellen wieder bewährt es sich hervorragend (z. B. Programme als Datenstrukturen, LISP als Systemprogrammiersprache, Interpretation als Grundprinzip der Verarbeitung usw. usf.).

Etwas problematisch erscheint der Zwang zum Verlassen der üblichen algebraisch-arithmetischen Ausdrucksschreibweise vor allem bei der Verwendung des Programmiersystems als Tischrechner. Dieses Problem ist in LISP jedoch nur auf Kosten der Einheitlichkeit der Sprache lösbar, weil generell eine Listennotation für Programme beobachtet wird. Ein durch W. Teitelman entwickelter Lösungsansatz (CLISP), diese Probleme durch ein angepaßtes Fehlerbehandlungssystem aufzuheben, ist kontrovers. Da sich LISP aber zur Implementation höherer Sprachen eignet, könnten durch Einbringung einer neuen Sprachebene bequeme Notationshilfsmittel bereitgestellt werden. Sandewall [SAN78a] spricht hier von *Surface Languages*, weil die höhere Sprache das LISP-Basissystem nur überdeckt. Wenn eine solche Sprache gar zu einem Verarbeitungssystem erweitert wird, wie dies etwa im Fall des Formelmanipulationssystem **REDUCE** [HEA73] geschehen ist, können die Fähigkeiten des Tischrechners wesentlich erweitert werden.

In den LISP-Systemen sind die verschiedenen Sprachschichten weitgehend integriert. Durch das Funktionskonzept spiegeln sich die verschiedenen Dienste wenig in der äußeren Form der Sprache selbst wider. Sie werden vielmehr durch Gruppen von Funktionen abgedeckt. Nur für gewisse Spezialzwecke hat man das Ausdruckskonzept verlassen: Der Editor in INTERLISP, Vorbild aller guten LISP-Editoren ([TE74], section 9), verfügt über kurze Kommandos immer dann, wenn das Argument klar ist: der aktuelle Punkt der Aufmerksamkeit in der zu ändernden Programmdatenstruktur. Auch im Unterbrechungszustand (**BREAK**) bei der Testung sind gewisse Kommandos möglich, die nicht in die Sprache LISP eingeschlossen werden können ([TE74], section 15).

### 3.8.4. Ein Beispiel

In einem kleinen Beispiel soll ein wenig von den Dialogfähigkeiten eines LISP-Systems anklingen. Das ist bei weitem nicht soviel, wie etwa Sandewall [SAN78a] oder Teitelman [TE72a, b, 69, 77] präsentieren, soll aber durch Verwendung eines einfachen funktionsorientierten Editors — er verfügt über keine LISP-fremden Kommandos — ganz in LISP ablaufen.

Die Grundfunktion des Editors, **EDIT**, arbeitet strukturorientiert und ist resident [SAN78a]. Der Programmierer ersetzt Funktionsaufrufe durch andere Funktionsaufrufe. Der anvisierte Funktionsaufruf wird durch eine Suche in dem Funktionskörper gefunden, die der Druckrichtung entspricht: Zunächst wird ein ganzer Ausdruck geprüft, ob er der gewünschte ist, dann werden die Argumente von links nach rechts (rekursiv) ebenso geprüft. Durch eine Selektorliste können mehrere Aufrufe bzw. ein bestimmtes Exemplar bei Wiederholungen bezeichnet werden.
Die allgemeine Form eines Aufrufs von **EDIT** lautet:

```
(EDIT
      ((in welcher Funktion   welcher Ausdruck)
       (wie oft, welches Vorkommen) wodurch zu ersetzen)
      (...)
      ...
      )
```

Zum Beispiel ändert **(EDIT((F1 F2) (2 6) (F3 NIL)))** in der Funktion **F1** den 2. und 6. Aufruf von **F2** in den Ausdruck **(F3 NIL)**.

Wie sieht ein typischer Dialog mit einem LISP-System aus? Vermutlich gibt es keine wirklich typischen Vorgänge dieser Art, weil jeder Programmierer sich anders verhält. Dennoch soll versucht werden, das Beispiel möglichst allgemein zu halten. Bevor der Nutzer starten kann, benötigt er eine Erlaubnis dazu und Platz auf den externen Speichermedien. Die Erlaubnis hat er meist in Gestalt einer Kundennummer oder eines Paßwortes in der Hand, das er dem System zu Anfang mitteilen muß.

Wenn wir annehmen, daß der Nutzer schon öfter interaktiv gearbeitet hat, bedeutet das, daß seine Dateien (oder Files) auf den externen Geräten (meist Direktzugriffsgeräten, d. h. Platteneinheiten) wenigstens teilweise gefüllt sind. Die Dateien enthalten also schon Folgen von LISP-Ausdrücken, meistens Funktions- und Konstantendefinitionen, seltener auch andere Ausdrücke, die gewünschte Zustände herstellen sollen. Die eigentliche Arbeit beginnt dann also damit, daß eine gewisse Auswahl von Dateien geladen wird.

Diese Arbeit ist nun stark systemabhängig, denn das Betriebssystem verwaltet die Dateien, und es muß nicht jede Art von Dateizugriff erlauben. Im Prinzip gibt es zwei Varianten: Entweder der Nutzer lädt eine Datei als Gesamtheit (dabei bleibt das Terminal das aktuelle Eingabegerät) oder er veranlaßt das LISP-System, das Eingabemedium zu dem Gerät zu wechseln, auf dem die Datei liegt. Statt vom Terminal fließt nun der Eingabestrom von der angesprochenen Datei in das System. Am Ende der Datei, oder wenn in den Eingabestrom Umschaltoperationen eingeschlossen sind, wird dann wieder das Terminal als Eingabemedium angesehen (vgl. auch [KUR78]).

Für den Anfang ist auch eine zweite Prozedur denkbar: Wenn der Programmierer eine Auswahl seiner Dateien geladen hat, neue Definitionen und Daten hinzugefügt und Änderungen und Tests vollzogen hat, verkörpert der so erreichte Zustand eine gewisse, nutzerspezifische Inkarnation des LISP-Systems. Es kann sein, daß er Wert darauf legt, in eben dieser Daten- und Programmumgebung weiterzuarbeiten. Dies ist in vielen LISP-Implementationen möglich, indem der Systemzustand als Speicherabzug[1]) gerettet wird. In INTERLISP wird auch ohne besondere Vorkehrungen so verfahren, weil die Seiten des virtuellen Speichers ohnehin auf dem externen Seitenspeicher in der Form abgelagert sind, in der das System sich zu einem bestimmten Zeitpunkt befindet. Der Nutzer muß nur Sorge tragen, daß diese Seiten, die seine Inkarnation des LISP-Systems ausmachen, bis zu seiner nächsten Sitzung geschützt werden.

Kehren wir zum DOS/ES LISP 1.6 [STO78] zurück und nehmen an, der Nutzer baut sich seine Inkarnation auf, indem er die gewünschten Dateien komplett lädt:

```
==::  (*COPY FILE1)
::==  FILE1
==::  (*COPY FILE2)
::==  FILE2
```

Die Symbole ==:: bzw. ::== bedeuten Eingabe vom Terminal bzw. Ausgabe (Antwort des Systems) zum Terminal. Nun möge eine Datei Funk-

[1]) Auch *Overlay* (Texas-LISP) oder *Checkpoint* (STANFORD LISP/360).

tionen enthalten, die der Programmierer beim letzten Dialog gerade erst erstellt hat. Er möchte jetzt testen, nachdem er sich Gedanken über möglichst signifikante Testbeispiele gemacht hat. Diese gibt er nun der Reihe nach ein und bewertet die gelieferten Ergebnisse:

```
==::  (FX '(TESTDATEN) '(TESTDATEN) ...)
::==  ERGEBNIS1
...
```

Plötzlich tritt ein Fehler auf. Direkt nach der Fehlernachricht und dem angezeigten falschen Ausdruck folgt eine Information über die Vorgeschichte des Fehlers. Die unmittelbar vor dem Fehlerereignis durchgeführten Auswertungsaktionen werden mitgeteilt:

```
::==  ** ERR1 : NONUMERICAL ARGUMENT
::==  (ABCD)
::==  **** BACKTRACING ****
::==  X
::==  Y
::==  (*PLUS Y X)
...
::==  (FY (CDR L1) COUNT1 COUNT2) .
...
```

(Die Länge des Backtracing hat der Programmierer selbst bestimmt.) Der Nutzer erkennt, daß er beim Aufruf der Funktion **FY** die Argumente verwechselt hat: **X** und **Y** sollten mit den numerischen Werten **COUNT1** und **COUNT2** versorgt werden, die Liste sollte als drittes Argument erscheinen. Die Änderung ist einfach, der fehlerhafte Ausdruck steht in der Funktion **FX**.

Aus einem Listing der Funktion **FX** (man glaube nicht, daß Papier völlig überflüssig wird. Auch eine interaktive Sitzung muß sorgfältig vorbereitet sein. Ganz „aus der kalten" wird man sehr viel Zeit verschwenden) entnimmt unser Programmierer, daß es sich um das zweite Vorkommen von **FY** im Funktionskörper von **FX** handelt. Unter Verwendung der einfachen Editierfunktion **EDIT** gibt er demnach ein:

```
==::  (EDIT((FX FY)(2)(FY COUNT1 COUNT2(CDR L1))))
::==  FX .
```

Um sich über die Korrektheit der Änderung zu überzeugen, läßt sich unser menschlicher Dialogpartner die Funktion **FX** „schön", d. h. übersichtlich und verständlich, ausgeben:

```
==:: (PRETTYPRINT FX)
::== (LAMBDA(L1 L2 L3)
::==   (PROG(COUNT1 COUNT2)
...
::==     (COND
::==       ((NULL L1)(FY 0 1 L1))
...
::== (...(FY COUNT1 COUNT2(CDR L1))) .
...
```

Auf dem Bildschirm steht die gesamte Funktion und läßt sich vorzüglich betrachten. Die Änderung ist richtig angekommen. Ein erneuter Aufruf mit denselben Testdaten bringt keinen Fehler mehr:

```
==:: (FX '(TESTDATEN41) '(TESTDATEN42)...)
==:: ERGEBNIS4.
```

Nach einer weiteren Folge von Tests tritt wieder ein Fehler auf:

```
==:: ERR2:CAR OF AN ATOM
::== NIL
::== **** BACKTRACING ****
::== X
::== (CARX)
::== (CDR(CAR X))
...
::== (FZ (CDDDDR LISTE)(CADR NUMLISTE))
...
```

In diesem Fall möge der Fehler so kompliziert sein, daß der Nutzer ihn nicht auf Anhieb findet. Möge etwa die Funktion **FZ**, die offenbar einen gewichtigen Anteil an der Erzeugung des Fehlers hat, relativ groß und umfangreich sein und außerdem an vielen Stellen des Programms vorkommen. Ein **TRACE**-Lauf, wobei jeder Eintritt und Austritt in bzw. aus **FZ** protokolliert wird, ist nicht angebracht. Der Name **X** der fehlerhaften Variablen (offenbar muß sie eine kürzere Liste als Wert gehabt haben, als zunächst angenommen) erscheint auch ungünstig gewählt, weil überall **X** vorkommt: Deshalb ist auch die Überwachung der Zuweisungen nicht günstig, weil **X** allzuoft Ziel einer solchen Zuweisung ist.

Nach langem Grübeln glaubt der Programmierer, daß ein Aufruf der Funktion **F7** in der Funktion **FZ** kritisch für den Fehler sei: Ist dieser Ausdruck ohne Fehler ausgewertet, dann wird die Sache völlig problematisch; eine kleine Ungereimtheit hier würde manches erklären. Da auch für **F7** ein **TRACE**-Lauf zu viel Informationen bringt, wird ein ganz gezielter Unterbrechungspunkt in die Funktion **FZ** gesetzt: Es genügt zu wissen, wie der Wert von **F7** an der anvisierten Stelle unter einer speziellen Bedingung ist. Hier möge der Aufruf eine ganz spezifische Gestalt haben (d. h., **F7** wird in **FZ** an keiner anderen Stelle mit genau diesen aktuellen Parametern aufgerufen):

**(F7 (F5 ARG1) (F4 ARG1))** .

Dieser Ausdruck interessiert nur, wenn **ARG1** nicht **NIL** ist. Daher wird in der Funktion **FZ** an der vorgesehenen Stelle ein bedingter Unterbrechungspunkt plaziert:

```
==::  (BREAK ((FZ (F7(F5 ARG1)(F4 ARG1))) () ARG1 T))
::==  FZ .
```

Der Aufruf von **BREAK** ähnelt seht dem von **EDIT**, nur daß jetzt hinter der Wiederholungsliste die Bedingung steht. Hier ist die Wiederholungsliste leer, das bedeutet „alle derartigen Ausdrücke ändern". Nach der Bedingung steht ein **T**, damit wird die Unterbrechungsaktion „Ausgabe des Wertes" ausgelöst.

Erneut wird das Testbeispiel versucht:

```
==::  (FX '(TESTDATEN13) '(TESTDATEN131) ...) .
```

Nach kurzer Zeit ist der Unterbrechungspunkt erreicht:

```
::==  *** BROKEN : F7
::==  VALUE IS : (D) .
```

Dieser Wert ist völlig falsch! Wie kommt das nur? Der Programmierer möchte jetzt gerne etwas über die Argumente wissen. Da das System am Unterbrechungspunkt (d. h. nach Auswertung des anvisierten Ausdrucks) auch in den Unterbrechungszustand gegangen ist, kann er in der vorliegenden Umgebung Ausdrücke auswerten lassen.

Was ist mit **ARG1**?

```
==::  ARG1
::==  (1(A)2(B)3(C)4(D)...) .
```

Unerklärliches Resultat! Und **(F5 ARG1)**?

```
==::  (F5 ARG1)
::==  (4(D)) .
```

Plötzlich fällt unserem Programmierer etwas Schreckliches ein: Das Auftreten von **ARG1** an dieser Stelle ist Unsinn! Es hätte ja **ARG2** heißen müssen! Natürlich ...! Ganz klar ...! Wie konnte ich nur ...!

Also ändern:

```
==::   (EDIT((FZ (F7(F5 ARG1)(F4 ARG1))) () (F7(F5(ARG2)
       (F4 ARG1))))
::==   FZ .
```

Unterbrechungszustand aufheben und Verarbeitung abbrechen (d. h. zurück ins Hauptniveau):

```
==::   GO
```

Und erneut testen:

```
==::   (FX '(TESTDATEN13) '(TESTDATEN131) ...)
::==   ERGEBNIS13 .
```

Ebenso richtig laufen alle anderen Testbeispiele. Die Funktion ist richtig, sie kann nun compiliert werden:

```
==::   (COMPILE FX)
::==   (FX) .
```

Und der Programmierer entwickelt seine nächste Funktion:

```
==::   (DE F33 (X Y Z) ... .
```

Wir sehen, er hat aus seinen Fehlern noch nicht genügend gelernt. Die Namen sind immer noch nicht problemspezifisch. Aber wir wollen ihn in Ruhe weitere Fehler machen lassen und beenden das Beispiel.

Als beste interaktive LISP-Implementation gilt gegenwärtig INTERLISP [TE74][1]). Neben einem Editor, der wesentlich bequemer ist als der hier vorgeführte, sind vielfältige Testunterstützungen vorhanden: Das **BREAK**-Paket, mit der Unterbrechungspunkte gesetzt und verwaltet werden, der Advisor, mit dem Änderungen in Funktionen ausgeführt werden, ohne daß exakt deren Struktur bekannt ist, das **DWIM**-Paket, das automatisch Fehler zu korrigieren versucht, in Zweifelsfällen dem Nutzer Änderungsvorschläge unterbreitet und auf dem wichtigsten Fehlergebiet, dem der Schreib-, Loch- und Tippfehler aktiv ist, das Teilsystem *Assistent des Programmierers* (programmers' asisstant), bei dem die Aufbewahrung von Informationen über den Interpretationsablauf wichtig ist, so daß im Fehlerfall Aktionen rückgängig gemacht werden können und der Nutzer im Dialog bis zur Fehlerursache vorstoßen kann (statt Symptome zu erkunden).

Natürlich hat der Dialog seine Berechtigung nicht nur bei der Programmerarbeitung und bei der Testung. Die Programme selbst können auf interaktive Mithilfe des Menschen angewiesen sein. Ein Beispiel hierfür ist der

[1]) INTERLISP bedeutet *interaktives* LISP.

interaktive Theorembeweiser der Universität Texas [BLE75a] der es dem Mathematiker ermöglicht, bei fehlgeschlagenen Beweisversuchen oder zu lange dauernden Beweisschritten helfend einzugreifen.

Mit der Verfügbarkeit dieser Möglichkeiten spielt LISP eine Pionierrolle auf dem Gebiet der Programmiermethodik, die allzu oft vergessen wird.

## 3.9. Weitere Besonderheiten und Charakteristika

### 3.9.1. Eigenschaftslisten

Eigenschaftslisten (oder kurz *P-Listen* von *porperty list*) sind Datenstrukturen, die mit den Atomen verknüpft sind. In ihnen wird gewöhnlich Information aufbewahrt, die zu dem Atomsymbol gehört, die es in gewissem Sinne umfassender beschreibt, als dies der Name kann und tut.

In manchen LISP-Systemen kann man geradewegs das Atom mit seiner Eigenschaftsliste identifizieren [QA72a], in anderen stellt die Eigenschaftsliste neben einer Kopfzelle den wesentlichen Teil dar [MCC62c, STO78] oder tritt nur als Bestandteil unter anderen auf [TE74, NOR69b, KUR76a].

Eigenschaftslisten sind als Assoziationslisten aufgebaut, allerdings in der älteren (und ungünstigeren) Form: Indikatoren und zugehörige Eigenschaft sind nicht in gepunkteten Paaren angeordnet, sondern sequentiell hintereinander.

Die Operationen, die mit den Eigenschaftslisten möglich sind, stellen sie in eine Reihe mit den Records in Pascal [WIR72] bzw. den Strukturen in PL/I oder ALGOL 68 [WIJ75], Teile einer P-Liste, d. h. die Eigenschaften, können über Selektoren (die Indikatoren) angesprochen werden. Wie jede Aktion in LISP, so läuft auch diese Zugriffsaktion mit Hilfe einer speziellen Funktion ab: Üblicherweise wird **GET** dazu benutzt.

Der PL/I-Notation

**STRUCTUR. SELECTOR**

entspricht die LISP-Notation

**(GET 'STRUCTUR 'SELECTOR])**

Die Quotierung deutet eine der gegenüber den erwähnten Programmiersprachen existierende Erweiterungen dar: Sowohl die Struktur selbst (dies ist auch in ALGOL 68 möglich) als auch der Selektor können errechnet werden. Mit Hilfe dieser Möglichkeit bietet LISP dem Nutzer den verketteten Zugriff zu Elementen von Teilstrukturen. Hierbei ist allerdings die Notationsform in LISP weniger übersichtlich, weil die verschachtelten Funktionsaufrufe die Zugriffskette verdecken. Statt

**STRUCTUR.PARTSTRUCTUR1.PARTSTRUCTUR11.ELEMENT**

wird

**(GET(GET(GET 'STRUCTUR 'PARTSTRUCTUR1)'PART-STRUCTUR11) 'ELEMENT)**

notiert. Ein Teil der Verbesserungen von MLISP2 [SM73a] bezieht sich auf diesen Punkt, indem eine übersichtlichere Notation eingeführt wird.

Zur Veränderung einer Eigenschaft bzw. zum Aufbau eines neuen Elements der Struktur wird die Funktion **PUTPROP** eingesetzt: Als Argumente werden Struktur (also Atomnamen), Selektor (d. h. Indikator) und neuer Wert angegeben.

Ihre Flexibilität bekommen diese LISP-„Strukturen" durch ihre Implementation als Listen: Jede Eigenschaft kann beliebig kompliziert werden, ohne daß der Programmierer Vorkehrungen zu treffen hat. Wie üblich werden keine Typ-Vereinbarungen getroffen, denn man geht ganz allgemein von der Möglichkeit aus, den Typ zur Laufzeit ermitteln zu können. Die Eigenschaften sind ganz normale Listenelemente.

Auch die Eigenschaftsliste selbst profitiert davon, daß sie eine ganz normale Liste ist (die allerdings nur über **GET** und **PUTPROP** erreichbar ist): Sie kann beliebig lang sein. Der Nutzer muß sich weder Gedanken machen über die Form seiner diversen Strukturen, er kann sie auch zur Laufzeit ändern: Die P-Listen haben beliebig viele Indikator-Eigenschaftspaare; je nach Notwendigkeit keine, einige oder sehr viele.

Von hoher Bedeutung bei der Verkettung dieser Strukturen ist die Eigenschaft von LISP, daß die Symbole zur Laufzeit vorhanden sind und eine direkte Beziehung zwischen den Programmkonstanten, -variablen und sonstigen Größen und den Eingabedaten besteht: Jedes Atom existiert nur einmal (vgl. Abschnitt 3.6). Weil Atome selbst als Eigenschaften auftreten können (die Indikatoren sind üblicherweise auf Atome eingeschränkt), kann man ein Netz von verflochtenen Eigenschaftslisten aufbauen. LISP-Datenbasen sind üblicherweise Mengen von Atomen mit ihren Eigenschaftslisten. Sie sind besonders flexibel, weil unter den Eigenschaften auch Programme (Abschnitt 3.6) auftauchen können, die etwa die Verarbeitungsweise anderer Eigenschaften beschreiben.

Alles in allem sind die P-Listen also ein interessantes und handliches Mittel zur Strukturierung großer Datenmengen. Die Analyse aller LISP-Systeme, die für Probleme der Verarbeitung natürlicher Sprache oder anderer ähnlich komplexer Anwendungsgebiete geschrieben wurden, zeigt die extensive Verwendung dieses Prinzips. SANDEWALL [SAN69a] beschreibt eine allgemeine P-Listen-Struktur für solche Systeme.

### 3.9.2. Besondere Mechanismen für die Parameterübergabe

Jede prozedurorientierte Sprache würde bei korrekter Implementation die $\beta$-Regel des $\lambda$-Kalküls verwirklichen müssen (vgl. Abschnitt 3.8). Da die treue Befolgung der Konversion nur mittels Umbenennung und Substitution möglich ist, hat man von Anfang an bescheidenere Modelle der Parameterübergabe verwirklicht bzw. im Auge gehabt. Durch die strenge Beachtung unterschiedlicher Bindungsbereiche wurde eine Art impliziter Umbenennung vollzogen, funktionale Parameter, die mit den einfachen Mechanismen nicht verträglich waren, wurden verboten.

ALGOL 60 führte mit dem *Aufruf über den Namen* (call-by-name) als Übergabemechanismus nahezu die volle Substitution ein. Probleme mit freien Variablen (die im $\lambda$-Kalkül durch Umbenennungen gelöst werden) konnte man einerseits durch das Implementierungsschema der *statischen Bindung* [DI60] lösen, den Schutz vor erneuter Bindung bei Lieferung funktionaler Werte nach außen durch Konstruktion einer *Abschließung* und Aufhebung der benötigten Kellerspeicherteile (retention) konnte man in ALGOL 60 nicht verwirklichen.

Die Programmierer hatten sich aber an die einfacheren Mechanismen *Aufruf über den Wert* (call-by-value) bzw. *Aufruf über Referenz* (FORTRAN, CPL, PL/I, Pascal) gewöhnt und standen dem komplizierten Substitutionsmechanismus skeptisch gegenüber.

Beim Aufruf mittels (über den) Wert wird der aktuelle Parameter zuerst berechnet, und wenn alle Parameter wertmäßig vorliegen wird der jeweilige Wert dem formalen Parameter zugeordnet. Dabei wird eine Berechnungsreihenfolge (von links nach rechts) fest eingehalten. Die Wertzuordnung erfolgt vor dem Eintritt in die Prozedur (Prozedurhauptteil). Benutzt man in der Prozedur einen solchen Wert-Parameter, so hat er, wenn inzwischen keine Zuweisung ihn geändert hat, den Wert, den der entsprechende aktuelle Parameter hatte.

Beim Aufruf mittels (über) Referenz wird der aktuelle Parameter berechnet, auf eine bestimmte Stelle gespeichert und die Adresse dieser Stelle dem entsprechenden formalen Parameter übergeben. Handelt es sich bei dem aktuellen Parameter um eine Variable (ob indiziert oder nicht indiziert ist unwesentlich), dann wird sofort die zugehörige Adresse genommen. Die Übergabe dieser Adressen als Parameterwerte erfolgt sonst wie im Fall des Aufrufs mittels Wert.

Benutzt man in der Prozedur einen derartigen formalen Parameter, so erfolgt eine indirekte Bezugnahme (über die angegebene Adresse) auf die Stelle, wo der aktuelle Parameter steht (bzw. auf die Variable im aufrufenden Block). Das bedeutet, daß sich Benutzungen eines solchen Parameters praktisch nicht von denen von Parametern unterscheiden, die mittels Wert aufgerufen worden sind, solange diese Benutzungen nicht Zuweisungen sind. Tritt aber ein solcher formaler Parameter in einer Ergibtanweisung als eine linksstehende Variable auf, dann wird nicht der formale Parameter, sondern die Stelle, auf die er sich bezieht geändert. Man kann also Werte nach außen geben. Der formale Parameter behält seine Referenz zu dieser Stelle.

Beim Aufruf mittels (über den) Namen wird der aktuelle Parameter überhaupt nicht ausgewertet. Vielmehr wird die Prozedur so abgearbeitet, als ob an jeder Stelle, wo der formale Parameter auftaucht, der aktuelle Parameter substituiert worden wäre. Somit wird bei jedem Auftreten des formalen Parameters in der Prozedur der aktuelle berechnet. Es ist klar, daß man damit diffizile Implementationsprobleme hat, insbesondere, wenn Konflikte mit Namen eintreten. Die Beschreibungen im ALGOL-Report ([B62], S. 26) enthält die Substitutionsimplementation.

Deutlichster Unterschied zwischen den drei Mechanismen zur Parameterübergabe ist das Auftreten einer indizierten Variable als aktueller Parameter

**f(A[i], A[i], A[i])** ,

der erste möge per Wert, der zweite per Referenz und der dritte per Namen (besser wäre die Bezeichnung: per Substitution) übergeben werden. Während beim Aufruf mittels Wert der Wert der Variablen, d. h. das im Feld an der bezeichneten Stelle stehende Argument, übergeben wird, ist es beim Aufruf mittels Referenz seine Adresse (der Platz im Feld) und beim Ruf mittels Namen der Ausdruck der indizierten Variablen — es kann also auf verschiedene Stellen im Feld Bezug genommen werden, wenn sich der Index $i$ ändert [HIG67].

Als LISP entwickelt wurde, war auf diesem Gebiet noch nicht viel Wissen vorhanden. Als naheliegende Form der Parameterübergabe wurde der Aufruf über den Wert gewählt, d. h., die Argumentausdrücke müssen von links nach rechts ausgewertet werden, bevor diese Werte den Funktionsvariablen zugeordnet werden und die Funktion angesprungen wird.

Für einige spezielle Basisfunktionen erwies sich dies jedoch als ungünstig — man nannte sie *Special Forms*. In diesen Fällen war die Abarbeitung gerade dadurch charakterisiert, daß die Funktion die Auswertungsreihenfolge bzw. teilweise sogar deren Bedeutung bestimmte. Die äußerlich gleiche Form zu den normalen Funktionen führte zur Übernahme des Funktionskonzepts auch für die Special Forms bei unterschiedlicher Argumentübergabe.

Auch die Funktionen im höchsten Niveau bereiten Unbequemlichkeiten bei Durchsetzung des normalen Wertübergaberegimes: Läuft eine Berechnung erst einmal, dann hat man keine Sorgen mit dem Parameterübergabemechanismus „Aufruf mittels Wert“. Durch Bezugnahme auf Variable und verschachtelte Argumente muß jeder aktuelle Parameter ausgewertet werden. Beim eigentlichen Aufruf aber notiert der Programmierer neben den Namen der Funktion im Hauptniveau die Daten, z. B. irgendwelche Listen. Ihn interessieren aber die Listen als Daten, so wie sie sind, und nicht ein anderer Wert. LISP bietet hierfür mit dem Quotieren die Möglichkeit mitzuteilen, daß diese Listen für sich selbst stehen. Auf die Dauer ist das aber unbequem. Deshalb führte man einen neuen Parameterübergabemechanismus ein, bei dem die Parameter unausgewertet übergeben werden.

Demnach wäre es in LISP besser statt „Aufruf mittels Wert" zu sagen „Aufruf nach Auswertung", um den Gegensatz zum zweiten Mechanismus, „Aufruf ohne Auswertung", hervorzuheben.

Es gibt aber eine gewisse Differenz in den beiden angegebenen Problemfällen: Während die Special Forms eigentlich gar keine Argumente haben und nur in das Funktionskonzept gepreßt werden, indem der ganze restliche Ausdruck (ohne das anzeigende Schlüsselatom in funktionaler Stellung) als Argument angesehen wird, könnten die Hauptniveau-Funktionen durchaus unterscheidbare Argumente haben.

Ein weiterer Problemfall führt jedoch zur Klärung (historisch erst 1966): Unter den Grundfunktionen befindet sich eine, nämlich **LIST**, die offenbar auszuwertende Argumente bekommt, aber eine nicht festgelegte Anzahl!

Demnach gibt es also zwei Grundprobleme: Parameter, die beim Funktionsaufruf nicht auszuwerten sind, und Parameter, deren Zahl nicht feststeht. Die Special Forms verlangen nicht ausgewertete Parameter in beliebiger Zahl, die Hauptniveau-Funktionen sind für nichtauszuwertende Parameter in festgelegter Zahl gedacht, **LIST** und ähnliche Funktionen sollen ausgewertete aktuelle Parameter in beliebiger Zahl bekommen, und die normalen Funktionen erwarten ausgewertete aktuelle Parameter in begrenzter Zahl.

Da man nicht beliebig viele formale Parameter angeben kann, beschränkt man sich auf einen, über den die anderen erreichbar sind.

In den alten Systemen hat man den normalen Funktionen alle anderen als Ausnahme gegenübergestellt: Diesen wurde als ein Argument die gesamte unausgewertete Liste der aktuellen Parameter übergeben. Für etwa erforderliche Auswertung und Aufteilung auf lokale Variable waren die Funktionen dann selbst verantwortlich.

In den neueren Systemen sind die zwei Grundhandlungen bei der Parameterübergabe wieder auseinandergenommen worden. Am deutlichsten verfährt hier INTERLISP, das alle Kombinationen erlaubt: Normale Funktionen, wie **CAR**, **CONS** usw., benutzen Aufruf mit Auswertung und Übergabe durch Aufteilung auf einzelne formale Parameter, die Hauptniveau-Funktionen u. ä. benutzen Aufruf ohne Auswertung und Übergabe durch Aufteilung auf einzelne formale Parameter, die Special Forms benutzen Aufruf ohne Auswertung und ohne Aufteilung bei der Übergabe, und die kleine Klasse der Funktionen mit beliebiger Argumentzahl benutzt Aufruf mit Auswertung und ohne Parameteraufteilung bei der Übergabe.

Obwohl bisher noch nicht in die Basissprache eingedrungen, sind in den Metasystemen weitere Übergabemechanismen erprobt worden. So kennen die Symbolmanipulationssysteme eine Art *Aufruf nach Möglichkeit*: Tritt als Parameter eines Funktionsaufrufs eine Variable auf, so wird geprüft, ob diese einen Wert hat. Fällt der Test positiv auf, so wird der Wert als aktueller Parameter übergeben, geht er negativ aus, dann wird die Variable selbst übergeben [BOG75], QA4 [RUL72] brachte den musterbedingten Übergabemechanismus auf: An der Stelle der formalen Parameter wird ein Muster notiert, in dem die Variablen in der Musterstruktur auftreten. Beim Aufruf der Funktion wird zunächst ein Mustervergleich durchgeführt. Geht er erfolgreich aus, so wird der Funktionskörper abgearbeitet — die Variablen sind während des Vergleichsprozesses mit lokalen Werten belegt worden. Geht der Vergleich negativ aus, so wird die Funktion nicht aufgerufen, ein Backtrack-Schritt erfolgt.

Die Arbeiten von Manna, Cadiou und Vuillemin [MAN74, CA72, V73] haben aber auch bei der Betrachtung der Übergabemechanismen für LISP neue Bewegung geschaffen. Die Feststellung der Nichtkorrektheit des Call-By-Value-Mechanismus für nichtstrikte Funktionen[1]) und die Suche nach einer vergleichsweise effizienten Alternative haben zur Entwicklung des Mechanismus *Call-By-Delay* geführt: Den formalen Parametern werden unausgewertete Argumente übergeben. Bei der ersten Benutzung eines Parameters erfolgt die Auswertung. Später wird immer der so gewonnene Wert verwendet. Das schöne Motto: „Was du heut nicht mußt besorgen, daß verschieb getrost auf morgen“, das sich schon im Leben manch menschlichen Faulpelzes als arbeitsparend erwies, ist die Grundidee dieses Ansatzes. Morris und Henderson haben schon 1976 einen auf dieser Grundlage arbeitenden LISP-Interpreter vorgeschlagen [MORR76].

---

[1]) Eine strikte Funktion ist undefiniert, wenn auch nur eines der Argumente undefiniert ist. Der von Cadiou [CA72] betonte Unterschied von strikten und nichtstrikten Funktionen bei ihrem Fixpunktverhalten war von Vuillemin [V73] vernachlässigt worden. De Roever [ROE74] und de Bakker [BAKK75] haben ohne Anknüpfung an Cadious Resultat die Korrektheit der Call-By-Value-Regel gezeigt.

### 3.9.3. Experimente mit allgemeineren Kontrollstrukturen

Im Normalfall wird in LISP der Ablauf des Berechnungsprozesses gelenkt durch die hierarchische Ordnung der ineinandergeschachtelten Ausdrücke (Funktionsaufrufe). Diese implizite Steuerung wird durch die bedingten Ausdrücke erweitert und teilweise explizit gemacht. Besondere Ereignisse und komplizierte Algorithmen können auf diese Weise aber schwer beschrieben werden: Fehlerzustände und Ausnahmebedingungen erfordern Austrittsmöglichkeiten (exits) aus inneren Programmteilen [PEE73]. Globale Exits haben sich auch in anderen Programmiersprachen als wichtige Hilfsmittel zur Vereinfachung erwiesen.

Neben der Verschachtelung von Funktionsaufrufen bot schon LISP1 die Möglichkeit, Programmabläufe explizit darzustellen durch Programmierung sequentieller Ausdrucksfolgen (deren jeweiliges Ergebnis unbeachtet bleibt und die ausgelösten Seiteneffekte ihren Zweck bestimmen) mit Verzweigung durch **GO** (Sprünge). Obwohl anscheinend die Bereiche, innerhalb denen gesprungen werden darf, mehr eingeschränkt waren als bei gleichzeitigen blockorientierten Sprachen (nur im jeweiligen Block), konnte doch die Marke berechnet werden. Allerdings waren keine Markenvariablen und keine Markenparameter zulässig. In LISP 1.5 wurde auch die Verwendung von Ausdrücken im **GO** verboten. Wenn man die den Sprüngen auferlegten Beschränkungen als vorbildlich für ihre Zeit (1959!) ansehen darf, so bleibt dem undisziplinierten Programmierer noch genügend Freiheit, unverständlich komplizierte Programmstrukturen zu entwickeln, allerdings nur in einem Blockniveau.

Für die Behandlung von Fehlerzuständen war schon 1962 die Funktion **ERRORSET** eingeführt worden. Mit dieser Funktion hat der Programmierer die Möglichkeit, Fehlerbehandlungsniveaus und Fehlereinflußbereiche einzuführen. Die freie Verfügbarkeit eines derartigen Mechanismus ist wesentlich besser anwendbar und effektvoller als der **ON**-Mechanismus in PL/I:

Bei der Interpretation lösen bestimmte Ausdrücke Unterbrechungen der Verarbeitung aus — Division durch 0, arithmetische Operationen mit nichtnumerischen Parametern, fehlerhafte Argumentanzahlen, Typfehler u. a. - , die im Normalfall die Auswertung beenden. **ERRORSET** begrenzt den betroffenen Bereich auf einen **ERRORSET**-Ausdruck (faktisch auf das Argument von **ERRORSET**, das ein Ausdruck ist), erlaubt eine Analyse des Fehlerzustands und erneutes Abarbeiten von Ausdrücken.

Eine solche Funktion ist unbedingt erforderlich, wenn man in LISP z. B. eine andere Programmiersprache implementieren will. Nehmen wir an, ein fehlerhaftes Programm löst einen Fehler im LISP-System aus. Der Nutzer der Gastsprache (die in LISP implementiert ist) kann aber nicht mit den

Fehlernachrichten des LISP-Systems konfrontiert werden, da die Implementationstechnik ihn verwirrt und er die Ursachen von den Symptomen nicht ableiten kann. Er benötigt vielmehr bedeutungsvolle Nachrichten, bezogen auf seine Handlungen in der Gastsprache.

Mit Hilfe von **ERRORSET** kann man die LISP-Basis vor ihm verbergen, die Fehler analysieren und ihm informative Fehlernachrichten liefern, die in seinem Sprachniveau verfaßt sind.

Die neueren LISP-Systeme haben die Möglichkeiten von **ERRORSET**[1]) erweitert durch Einführung einer zugeordneten Funktion **ERR** [QA72a, STO78, MOO74]. Nun wird **ERRORSET** nicht nur im Fehlerfall angesprochen, sondern auch durch direkte Auslösung über diese Funktion **ERR**. Man hat hiermit in beschränktem Maße die Mittel, Zustände der Berechnung als fehlerhaft zu bezeichnen und innere Niveaus über Fehlerunterbrechungen zu verlassen. Dabei kann **ERR** Informationen über die Art der Ausnahmesituation nach außen geben.

Die fortgeschrittensten Systeme, INTERLISP und MACLISP, gehen inzwischen noch einen Schritt weiter: Schon immer waren speziell die Autoren von INTERLISP der Meinung, daß der Nutzer Zugang zu allen Systemteilen haben sollte [BO73b]. In Verfolgung dieser Grundeinstellung ermöglicht INTERLISP die Manipulation des vom System aufgebauten Kellerspeichers. Der Programmierer kann z. B. zu einer beliebigen Zeit die Struktur des Kellerspeichers erforschen und sich Informationen über die tatsächliche Verschachtelungsstruktur verschaffen. Indem er sich auf Funktionsnamen bezieht, kann er den letzten unvollendeten Aufruf einer Funktion ermitteln. Mit Hilfe der Funktionen **RETFROM** bzw. **RETTO** kann er willkürlich zu beliebigen Aufrufebenen zurückkehren ([TE74], 12. 10).

Während diese unspezifische Lösung nicht ganz unbedenklich zu sein scheint (aber große Möglichkeiten für eine automatische Erholung im Fehlerfall bietet), steht die Idee, die man in MACLISP entwickelt hat, in klarer Beziehung zum Konzept der globalen Austritte und ist eine Verallgemeinerung der **ERRORSET**-Funktion: Ein Paar von Funktionen, **CATCH** und **THROW**, ermöglicht die Übergabe der Kontrolle zwischen zwei Ebenen der Berechnung. Durch **CATCH** wird ein *Abfangniveau* eingerichtet, das ähnlich wie in BLISS [WU70] die zu verlassenden Kontrollstrukturen, mit einem Namen versehen werden kann. Wird nun irgendwo bei der Auswertung innerhalb dieses Abfangniveaus ein **THROW** aufgerufen, das sich auf diesen Namen bezieht, dann erfolgt ein globaler Austritt aus dem erreichten Verarbeitungsniveau und der **CATCH**-Aufruf wird mit einem durch das **THROW** spezifizierten Wert verlasssen ([MOO74], S. 5.3).

---

[1]) in MACLISP, DOS/ES LISP1.6: **ERRSET**.

Ähnlich MACLISP bietet VLISP [CHA76] begrenzte Mechanismen für globale Austritte: Während die Funktion **LESCAPE** ein Verlassen des letzten expliziten $\lambda$-Ausdrucks auslöst (für Funktionale von interessantem Effekt), ermöglicht **ESCAPE** die Deklaration einer Exit-Funktion.

Die auf LISP aufbauenden höheren Sprachen für die künstliche Intelligenz (**PLANNER** [HEW71c], **CONNIVER** [MCD72], **QA4** [RUL72] und **QLISP** [SAC76]) haben zur Bewältigung der komplizierten algorithmischen Aufgaben mit weiteren Kontrollstrukturen experimentiert. Dabei sind alte Konzepte, wie etwa das Backtracking, wieder aufgenommen worden, aber auch neue Ideen entwickelt worden, wie etwa der Funktionsaufruf über Zielmuster (pattern directed function invocation) oder die Dämone (auf Aktivationsbedingungen wartende Prozeduren).

Die weite Nutzung des Backtracking in Programmen der künstlichen Intelligenz hat Bobrow und Wegbreit zu ihrer allgemeinen Studie über Kontrollstrukturen geführt [BO73c, d].

Backtracking ist eine mindestens schon Ende der fünfziger Jahre hin und wieder anzutreffende Methode, Suchräume einzuschränken und „Tiefe — zuerst"-Suchalgorithmen zu programmieren. Golomb und Baumert [GOLO 65] beziehen sich in ihrem „ersten Versuch, den Bereich und die Methoden der Backtrack-Programmierung in ihrer vollen Allgemeinheit" zu formulieren, auf mehrere ältere Anwendungen. Während sie zu allgemeinen Grundprinzipien vorstoßen und interessante Anwendungsbeispiele analysieren, lassen sie das Problem der Implementation und der nötigen Steuerkonstruktionen in einer höheren Programmiersprache offen.

Floyd [FL67b] machte den nächsten Schritt, indem er sowohl über primitive Funktionen nachdachte, als auch über mögliche Implementationen. Seine Grundidee fußt auf der Herstellung einer Abarbeitungsgeschichte in Form einer sequentiellen Folge von inversen Anweisungen, die den tatsächlich abgearbeiteten entsprechen und im Fall des Backtracking die ursprüngliche Situation durch schrittweises Rückgängigmachen der Anweisungen (mittels Ausführung der inversen Anweisung) wiederherstellen. Wie Golomb und Baumert sieht Floyd Backtracking als korrekte Wiederherstellung des Zustands zu der Zeit, als die Entscheidung für den nun abgebrochenen Zweig fiel (am Entscheidungspunkt).

**PLANNER** [HEW71c] unterschied zwischen rückgängig zu machenden und unwichtigen Anweisungen. Die Implementation **MICROPLANNER** [SUS70, 71] brachte die Unterscheidung von Kontroll- und Datenbacktracking. Wir folgen hier der Ansicht von Smith und Enea [SM73b], die sich über diese Unterscheidung wie folgt äußerten: „Diese Unterscheidung ist ein negativer Aspekt der Theorie des Backtracking, der die zur Diskussion stehenden Dinge eher verdeckt hat als der Klarheit zugeführt. Der Hauptzweck des Backtracking ist es, einem Programm die Möglichkeit zu geben, spätere Alternativen in einem Entscheidungsbaum so auszuprobieren, als ob frühere, die sich als nicht erfolgreich erwiesen haben, überhaupt nicht betrachtet worden sind. Wird der Berechnungszustand nicht zurückgestellt beim Beginn jeder Alternative, dann werden sich die Alternativen verschieden verhalten in Abhängigkeit von der Reihenfolge, in der sie versucht worden sind. ...wenn der Programmierer wünscht, daß bestimmte Informationen nach Versagen einer Alternative erhalten bleiben, dann sollte er dies explizit sagen, und jede gute nichtdeterministische Programmiersprache sollte ihn mit Hilfsmitteln dafür ausrüsten.“

Selbst die sonst so ausgezeichnete Diskussion der zugrundeliegenden Konzepte durch Bobrow und Wegbreit versagt an dieser Stelle. Es ist mit den angegebenen Funktionen ([BO73d], S. 593) bzw. ([BO73c], S. 247) nicht möglich, die vollständige Rettung des Datenzustands beim Backtracking zu beschreiben. Die Funktion **MKFRAME** kreiert bei genauerem Hinsehen nicht einen Rahmen (frame), sondern nur die Rahmenerweiterung (frame-extension), in der die für den Nutzer nicht sichtbaren temporären Größen plaziert sind. Globale Änderungen können somit nicht abgefangen werden. Das Beispiel ([BO73d], S. 595) macht hier nur aus der Not eine Tugend.

Dennoch ist die Arbeit von Bobrow und Wegbreit äußerst bemerkenswert.[1]) Schon der Titel weist darauf hin, daß das eigentliche Problem bei der Einführung allgemeinerer Steuerstrukturen nicht in der Schwierigkeit liegt, den Programmablauf in gewünschter Weise zu lenken, sondern darin, daß nach Erreichung des Fortsetzungspunktes die entsprechende Datenumgebung vorhanden sein muß.

Für Implementatoren konventioneller blockorientierter Programmiersprachen ist das nichts Neues, da etwa ein Sprung aus einem inneren Block, in dem eine gewisse lokale Größe **A** neu deklariert sei, in einen äußeren Block, in dem sie schon aufgetreten ist — entweder durch lokale Deklaration oder global[2]) — auch einen Wechsel der Bedeutung von **A** mit sich bringt. Durch die Displaytechnik ist dafür gesorgt, daß die Sprünge von innen nach außen im allgemeinen unproblematisch sind, während sie in der umgekehrten Richtung ein umfangreiches Laufzeit-Unterstützungssystem benötigt. Welch komplizierte Vorkehrungen bei der Absicherung globaler Sprünge aus Prozeduren in Blöcke der umfassenden Prozedur, wie sie etwa in ALGOL 60 oder Pascal möglich sind, zu treffen sind, kann man nur ahnen.

Beim Backtracking geht dieses Problem der Berechnung der richtigen Datenumgebung jedoch den Nutzer ganz persönlich an. In verschiedenen LISP-Systemen liegen gegenwärtig divergierende Lösungsversuche vor.

[1]) Ein kritischer Neuansatz wird von Steele [STE77a] präsentiert.

[2]) d. h. deklariert in einem außen liegenden Block.

Während INTERLISP auf dem Modell von Bobrow und Wegbreit aufgebaut hat und eine Spaghetti-Struktur des Kellerspeichers aufweist, um die verschiedenen Umgebungen zu repräsentieren, hat MAGMA-LISP [MON 75] einen Baum von Kontexten, die der Programmierer explizit verwalten kann.

DOS/ESLISP 1.6 bietet, den Ideen von Smith und Enea folgend, primitive Funktionen für das Backtracking an. Die Zustände werden in einem Kontextspeicher aufbewahrt. Basisfunktion zum Setzen von Entscheidungspunkten ist **DECPOINT DECPOINT** verhält sich neben seiner Aufgabe als Funktion zum Initialisieren der Rettung der Umgebung (die wirkliche Rettung dieser Umgebung erfolgt über die Zeit verteilt bei jeder Änderung) wie ein Prädikat: Der Wert **T** wird geliefert, wenn der Entscheidungspunkt gesetzt wird und der Wert **NIL**, wenn der Entscheidungspunkt durch einen Mißerfolg aufgehoben wird.

Die von Bobrow und Wegbreit angegebene Funktion **SELECT** ([BO73d], S. 595) lautet unter Benutzung von **DECPOINT**:

```
select(set) = prog(()
                sl: if null(set) then failure();
                    if decpoint() then return(car(set));
                    set:=cdr(set);
                    go(sl);
```

Der Parameter **undolist** ist unnötig, weil ohnehin alle Zuweisungen, auch die in beliebig höheren Umgebungen, beim Aufruf von **FAILURE** der zweiten Basisfunktion, rückgängig gemacht werden.

Anders als dies Smith und Enea behaupten, ist eine weitere Basisfunktion, die den Erfolg einer Alternative beschreibt, erforderlich. Gäbe es eine solche Funktion nicht, dann könnten auch unbedingt richtige Abarbeitungsabläufe wieder rückgängig gemacht werden, wenn zu einem späteren Zeitpunkt ein völliges Versagen aller Alternativen auftritt. Ohnehin ist aus technischen Gründen die Beseitigung unnötiger (sprich erfolgreicher) Entscheidungspunkte erforderlich; so stellt in **MLISP2** [SM73a] natürlich **FLUSH** die Erfolgsfunktion dar, obwohl die Autoren die Unnötigkeit einer solchen Funktion beschwören.

### 3.9.4. LISP als erweiterbare Sprache

Die einfachste Art der Erweiterbarkeit von LISP besteht in der Neudefinition von Funktionen. An sich ist diese Eigenschaft von LISP nichts Besonderes, und man kann durch Hinzufügen immer neuer Funktionen bzw.

Prozeduren auch in ALGOL, PL/I und ähnlichen Sprachen dasselbe erreichen. Dort hat man aber im allgemeinen unangenehme Probleme außer der Prozedurdefinition zu bewältigen. Das Zusammenfügen muß bei weitem nicht einfach sein — Neucompilieren oder Verbinden der Prozeduren sind Aktionen, die außerhalb des Sprachverarbeitungssystems bewältigt werden müssen. Der Unterschied, der hier gleich zu Anfang betont werden muß, liegt in der Bequemlichkeit in LISP, die dazu geführt hat, daß der Programmierer auch wirklich mit Funktionsmengen arbeitet.

Seit DIJKSTRA sein Konzept der virtuellen Maschinen entwickelte [DA72], ist diese Idee vielfach nachgeahmt worden und in eine Programmiermethodik aufgegangen. DENNING [DEN76] gibt eine klare Beschreibung dieser Vorgehensweise: „Der Begriff der verschachtelten (nested) virtuellen Maschinen wird charakterisiert durch eine Serie abstrakter Maschinen $M_0$, $M_1$, ... $M_k$, in welcher $M_0$ die Basismaschine ist (der verfügbare Hardware-Vorrat). Assoziiert mit dem Niveau $i$ $(1 \leqq i \leqq k)$ ist eine Menge von Instruktionen $I_i$, die die durch $M_i$ ausführbaren Kommandos sein sollen; ein Programm für $M_i$ ist eine Folge von Instruktionen aus $I_i$. Einige der Instruktionen in $I_i$ sind implementiert als Prozeduren (Programme) in $M_{i-1}$; $P_i$ möge diese Menge bezeichnen. Einige der Instruktionen von $M_{i-1}$ können für die Programme, die $M_i$ benutzt, unrelevant sein... Man kann an diesen Definitionen verschiedene Feststellungen machen. Zum ersten muß jede Instruktion eines Programms, das auf $M_i$ läuft, unzerteilbar sein bezüglich der Ausführung dieses Programms, obwohl diese Instruktion tatsächlich als Programm auf irgendeiner Maschine implementiert sein kann, die in $M_i$ enthalten ist. Zweitens ist implizit in der Definition enthalten, daß Programme, die in $M_i$ laufen, in keiner Weise von der Definition oder Existenz irgendwelcher Niveaus $j$ $(j \geqq i)$ außerhalb vom $M_i$ abhängen. Drittens erzeugen diese Definitionen letzten Endes eine partielle Ordnung zwischen den Programmen des Systems, und zwar die Relation ‚Prozedur-Aufruf': Ein gegebenes Programm kann nur Programme aktivieren, für die es Nachfolger ist in der Ordnung... Die Methodologie der verschachtelten virtuellen Maschinen zog zuerst Aufmerksamkeit auf sich beim Entwurf von Betriebssystemen..." ([DEN76], S. 199).

Sicher wurde der Begriff *virtuelle Maschine* zuerst von IBM in zusammenhang mit dem Time-Sharing-System CP/CMS aufgebracht. Was aber die Priorität des zugrundeliegenden Konzepts betrifft, so scheint es ganz interessant, dem DENNING-Zitat einige Sätze aus einem alten Artikel über Symbolmanipulationssprachen gegenüberzustellen [GRB61]: „Der wichtigste Vorteil der Listenverarbeitungssprachen liegt nicht in den Listenspeichern als solchen, noch in der Rekursion, sondern in der Einfachheit, mit welcher immer größere Verarbeitungseinheiten aufgebaut werden können und vom

Programmierer als Einheit benutzt werden können. Die Programmierung kann in Ebenen zerteilt werden, so daß jedes einzelne Niveau dem Detail sehr wenig Aufmerksamkeit widmen muß. Auf jedem Verarbeitungsniveau kann der Programmierer in Begriffen (hier „units" — d. Verf.) denken und schreiben, die für das betreffende Niveau natürlich sind. Es ist schwer, das deutliche Gefühl von Freiheit und Erleichterung mitzuteilen, das man hat, wenn man eine Listenverarbeitungssprache benutzt..." (ebd., S. 735) „... Das Listenprogramm ist eine Hierarchie von Unterprogrammen; aufeinanderfolgende Niveaus liefern mehr und mehr Details..." (ebd., S. 732).

Daß man mit einer Sprache, die es erlaubt, beliebige Mengen von Funktionen (Unterprogrammen, Prozeduren) zu definieren, sich Gruppen von Funktionen erzeugen kann, die bezüglich bestimmter Datenstrukturen Basisoperationen durchführen, und daß man später diese Funktionen benutzt, ohne sich um ihren inneren Aufbau zu kümmern, ist ein so naheliegendes Verfahren, daß wir es nicht mehr weiter diskutieren wollen. Nur die extensive Verwendung dieses Konzepts in INTERLISP [TE74] bei der Konstruktion des Systems sollte noch erwähnt werden, wo über einem Kern handgeschriebener Basisfunktionen eine ganze Serie von LISP-Funktionen gelegt wurde. Bei der Generierung eines konkreten Systems werden diese Funktionen compiliert, und der LISP-Nutzer merkt praktisch nicht, ob er es mit Basisfunktionen oder abgeleiteten Funktionen zu tun hat.

Über dieser Basis 1. Stufe sind nun eine ganze Reihe von Subsystemen aufgebaut, deren sich der Nutzer als kompletter Einheiten bedienen kann. Über diesen Subsystemen baut dann der Anwender seine Programmsysteme auf, die, wie etwa die Sprache QLISP [SAC76], selbst wieder Mittel sind, um Anwendungssysteme zu programmieren.

LISP bietet neben dieser funktionalen Erweiterung des Sprachkerns die Möglichkeit der syntaktischen Erweiterung [BO64d]. Da die Systemroutinen für die Ein- und Ausgabe, mit denen der Interpreter selbst arbeitet, auch dem Nutzer zugänglich sind, kann man in LISP Prozessoren für andere Programmiersprachen schreiben. Die typische Anwendung dieser Möglichkeit besteht darin, daß man Sprachen implementiert, die die syntaktische Darstellung von LISP verändern, etwa in Richtung zu ALGOL, aber die semantischen Eigenschaften von LISP bewahren. Ein Präprozessor setzt die höhere Sprache in LISP-Ausdrücke um. Normalerweise von LISP nicht unterstützte Aktionen werden durch neue Funktionen ausgeführt. Auf diese Weise kann sich ein Programmierer passende Sprachebenen übereinanderlegen und sich ihrer nach Belieben bedienen.

Bei dieser Überlagerung von Sprachen, die durch Umsetzung in die Basissprache bewerkstelligt wird, ist auch ein heikles Problem nicht ausgeklammert: die semantischen Fehler. Während syntaktische Fehler vom Präprozessor erkannt werden, könnten semantische Fehler Verarbeitungsfehler in irgendeiner tieferen Ebene auslösen und den Anwender mit Fehlernachrichten konfrontieren, die einem ihm unbekannten Sprachniveau angehören. LISP enthält Möglichkeiten, hier Sperren zum Abfangen solcher Fehler aufzubauen.

Bekannte Verwirklichungen dieses Konzepts der Überlagerung und Erweiterung sind **METEOR** [BO63a] — eine Sprache zwischen LISP und der Zeichenkettenverarbeitungssprache COMIT [YN62] —, **MLISP** [SM70] — eine Sprache zwischen LISP und ALGOL 60, sowie **LISP2** [AB66b] und **REDUCE** [HEA73], die in dieselbe Richtung zielen. Beispiel für eine zweistufige Überlagerung ist die Implementation von Pascal in **MLISP2** [SM73a], einem Nachfolger von **MLISP.**

Zwei neuere Techniken für die syntaktische Erweiterung werden heute angewandt: MACLISP [MOO74] enthält Makrozeichen, die beim Einlesen eine Funktion anstoßen. Innerhalb dieser Funktion sind auch Einleseaktionen möglich. Das Resultat der Funktion wird als interne Repräsentation des Makrozeichens benutzt. Der Programmierer kann in MACLISP seine eigene Einleseroutine an die Stelle der Systemfunktion **READ** stellen. Dadurch kann er systematisch eigene syntaktische Vorstellungen verwirklichen. MACLISP und DOS/ESLISP 1.6 bieten zudem die Auswechselbarkeit der Symboltabellen: Der Systemprogrammierer kann unterscheiden zwischen Namensgruppen verschiedener Ebene, kann diese voneinander trennen und so wichtige Systemprogramme und Systemgrößen vor dem Überschreiben schützen.

# 4. Die Geschichte der Programmiersprache LISP

## 4.1. Einleitung

LISP ist als Programmiersprache für die Kommunikation zwischen Mensch und Rechenanlage gedacht. Programme müssen jedoch erdacht und entwickelt werden, Programmierer unterhalten sich über sie und benutzen sie, um bestimmte Ideen zu exemplifizieren. In vielen Fällen werden Programme nie in maschinenlesbare Form gebracht, sie sind wichtig als Programmierversuche, als Ansätze, ein neues Problem verstehen zu lernen.

Aus diesen Gründen ist abzuleiten, daß jede Programmiersprache eine soziale Erscheinung ist. Es genügt zu ihrer Charakterisierung keinesfalls, sie als Menge zugelassener Zeichenfolgen zu sehen und lediglich Fragen ihrer Erkennung, Verarbeitung und Beschreibung anzugehen.

Es ist stets eine gute Verfahrensweise gewesen, zum Studium einer sozialen Erscheinung ihre Geschichte zu analysieren. So werden die notwendigen und zufälligen Gründe ihres So-seins deutlich, kann die Wirkung auf die menschliche Gesellschaft betrachtet werden. Bei einem Objekt wie bei einer Programmiersprache, das zum Gebrauch von Menschen gemacht wurde, kann man überdies versuchen, festzustellen, inwieweit das fertige Produkt sich bewährt hat und wie im Verlaufe der Zeit durch neue Ansprüche und akkumuliertes Wissen über die Eigenschaften dieses Objekts zu Veränderungen oder Neuentwürfen geschritten wird.

Sicher wird man die pragmatische und weiter ausgreifend die soziale Komponente bei vielen wichtigen und durchaus berechtigten wissenschaftlichen Arbeiten über Programmiersprachen vernachlässigen dürfen. Wer aber meint, eine Programmiersprache ohne diese Überlegungen entwickeln zu können, braucht sich nicht zu wundern, wenn seine Sprache kaum benutzt wird.

Die Geschichte einer Programmiersprache, die nicht nur deren ursprüngliche Entwicklung, sondern auch die Verbreitung, Benutzung und Weiterentwicklung zum Gegenstand haben muß, ist natürlich wesentlicher Bestandteil der Geschichte der Informatik. Der hiermit unternommene Versuch, für die Sprache LISP ihre Historie zu schreiben, ist damit ein Beitrag zur jüngeren Wissenschaftsgeschichte.

## 4.2. Die Entstehung von LISP

Die Programmiersprache LISP ist die Antwort eines Mannes, John Mc Carthy, auf die Formulierungs- und Notationsprobleme für Programme am Ende der fünfziger Jahre. Sicher hat McCarthy in enger Diskussion mit einem Kreis von Freunden und Bekannten (unter ihnen ist schon jetzt Marvin Minsky hervorzuheben) gestanden, so mag manche Detaillösung von anderen stammen — in einigen Fällen ist dies explizit bekannt. Um jedoch die Vorgeschichte von LISP ins Auge fassen zu können, muß man Mc Carthys Aktivitäten jener Zeit betrachten.

John McCarthy, Jahrgang 1927, studierte Mathematik und erreichte 1948 den akademischen Grad eines Bachelor of Science am California Institute of Technology (Caltech). 1951 promovierte er mit einer Arbeit über Differentialgleichungen an der Princeton University.

Das Interesse an Fragen, wie intelligente kybernetische Systeme zu schaffen sein, war ihm gekommen, als er 1949 ein Symposium über Fragen der Kybernetik am Caltech erlebte und dort unter anderen John von Neumann hörte. So beschäftigte er sich nebenbei mit ähnlichen Problemen und schrieb eine Arbeit über die Invertierung von Turing-Maschinen, in der er einige seiner Ansichten darstellte [MCC56a]. Dieser Artikel, nach Minskys Ansichtin seiner Bedeutung völlig unbemerkt, erschien 1956 in den Automata Studies, einen Sammelband, den McCarthy zusammen mit Shannon über die Princeton University herausgab.

Eine intensivere Beschäftigung begann, als Shannon McCarthy in die Bell Telephone Laboratoriums im Sommer 1952 einlud. Dort hielt sich zu dieser Zeit ebenfalls Minsky, der noch in Princeton studierte, auf. Gemeinsam arbeitete man über Fragen der Beziehung von Kybernetik und Algorithmentheorie.

Als McCarthy 1956 Assistant Professor für Mathematik am Dartmouth College in Hannover, New Hampshire, wurde, war er mit beiden immer noch freundschaftlich verbunden. Inzwischen war ihnen die Erkenntnis gekommen, daß statt kybernetischer Modelle und Maschinen die elektronischen Rechner zur Erreichung maschineller Intelligenz besser geeignet seien. Sie hatten auch von anderen Forschern auf diesem Gebiet gehört, die in anderen Städten der USA zu ähnlichen Resultaten gekommen waren. So hatte man die Idee, alle zu einem Arbeitssommer ins Dartmouth College einzuladen, zur Dartmouth Summer School on Artifical Intelligence. In einer Bitte an die Rockefellerstiftung um Unterstützung schrieb McCarthy von „einem zweimonatigen Studium von 10 Mann ... Das Studium soll auf der Basis der Vermutung aufbauen, daß jeder Aspekt des Lernens oder einer beliebigen anderen Eigenschaft von Intelligenz so präzise beschrieben werden kann, daß eine Maschine zu ihrer Simulation verwendbar ist“ [MCCO77].

Obwohl niemand erwartete, daß die Gruppe ihre hochgesteckten Ziele erfüllen würde (nach McCarthys Worten würde der Unterstützungsvorschlag noch heute nach Auswechslung einiger Namen, Daten und Geldbeträge durchaus sinnvoll sein), bekam man das Geld, und der Sommer konnte beginnen.

Unter den Teilnehmern — außer den erwähnten drei Einladern kamen N. Rochester von IBM, O. Selfridge und R. Solomonoff vom MIT Cambrigde und T. Moore und A. Samuel wiederum von IBM — waren auch zwei, die bereits Erfahrung bei der Verwendung elektronischer Rechner hatten: A. Newell und H. Simon. Andere Interessenten kamen für kurze Zeit, und es ist kurios zu hören, daß einer von diesen A. Bernstein war, der an einem Schachprogramm arbeitete, das bald darauf zum Leidwesen seiner Firma, IBM, öffentlich bekannt wurde: IBM fürchtete, daß die erwarteten Käufer vor dem Erwerb allzu kluger Rechner zurückschrecken würde [MCCO77].

Newell und Simon hatten für den damals bei der RAND-Corporation aufgestellten Rechner JOHNNIAC Programme zum Beweisen und Manipulieren logischer Theoreme aufgestellt. Da man zu jener Zeit die Bedeutung der Hardware überschätzte, nannten sie ihr System „logic theory machine“ — heute hätten sie schon am Anfang von einer neuen Programmiersprache gesprochen. Sie hatten aber schon erkannt, daß ein Formulierungsmittel in einem solchen System nötig war. Die logische Sprache LL in ihrem informationsverarbeitenden System sollte aber mit Fähigkeiten zur Listenverarbeitung ausgerüstet sein — „eine der wichtigsten Ideen, die jemals in der Programmierung aufkam“ (J. Sammet [SAM69]).

IPL (Information Processing Language), wie diese Sprache dann genannt wurde, war schon im Smmer 1956 soweit entwickelt — man arbeitete vermutlich schon an der Implementierung von IPL II —, daß sie von den Autoren auf Konferenzen und Tagungen präsentiert und zur Diskussion gestellt werden konnte [NEW56].

Auf Grund ihres niedrigen (d. h. maschinennahen) Niveaus („ ... abgeleitet vom Format eines Laders für die JOHNNIAC, der ihnen verfügbar war ...“ [MCC78a]) löste IPL keine ungeteilte Begeisterung bei den Anwesenden aus. Man hatte nämlich im Frühjahr 1956 erste Berichte über den Formelübersetzer von IBM gehört — die Sprache FORTRAN war über ihr Entwicklungsstadium hinaus [FOR54] und konnte angewandt werden [FOR56]. Mc Carthy, der Visitor bei IBM war, hatte zwar nur ganz lockeren Kontakt zu dieser Entwicklung, doch beeindruckte ihn die Grundidee, Programme mit algebraischen Mitteln, d. h. mathematischen Ausdrücken, zu schreiben.

Alles, was man wußte, war, daß man bei der Erreichung künstlicher Intelligenz mit symbolischen Ausdrücken würde arbeiten müssen — numerische Berechnungen sollten wenig Bedeutung haben. Und man konnte sich leicht vorstellen, daß beliebige Teilausdrücke äußerst günstig durch Komposition der Funktionen erhalten werden könnten, die die direkten Teile liefern.

Dennoch hatte IPL großen Einfluß. Neben den Listenstrukturen darf die Programmierbarkeit rekursiver Programme genannt werden, obwohl die Implementationstechnik zu dieser Zeit nicht weit entwickelt war. So wurden Kellerspeicher durch Listen repräsentiert, was zu sehr langsamen Aufrufmechanismen führte. Sie sind hier aber zum ersten Mal verwendet worden.

Weitere Beiträge von IPL zur Programmiertechnologie werden von Sammet ([SAM69], S. 400) zusammengefaßt: „Die hierarchische Unterprogramm-Implementation ist einfacher als in FORTRAN oder ALGOL ... Attributwertlisten zeigten sich als wichtige Datenstrukturen ... IPL führte ein Konzept und sichere Mittel für die dynamische Erweiterung der Datenbereiche ein, soweit das während des Programmlaufs nötig ist ...“. Für das spätere LISP dürften auch die Protokollierungsmittel (tracing facilities) von Bedeutung gewesen sein, die IPL anbot.

1956 war IPL allerdings wenig mehr als eine lose Menge „von Kommandos auf dem Assemblersprachenniveau für die Listenverarbeitung“ ([SAM69], S. 383). Implementiert wurde IPL II [NEW57a, b] auf einer JOHNNIAC der RAND-Corporation. IPL III und IPL IV stellten Zwischenstufen zu IPL V dar, das Ende 1957 vorlag. Eine Implementation auf einer IBM 650 am Carnegie Institute of Technology lief Anfang 1958, die Endversion im Sommer 1959 auf der IBM 704 [NEW60]. IPL V war seinerzeit eine der meistimplementierten Sprachen ([SAM69], S. 389).

Obwohl McCarthy die äußere Form der Sprache nicht anzog, beeindruckte ihn jedoch die Realisierung sehr. Die Listenstrukturen — seinerzeit oft *NSS-memory*[1]) genannt — schienen sehr flexibel und für die Aufnahme komplexer logisch-symbolischer Informationen höchst geeignet. Damit ist allerdings Abrahams' Erinnerung „Der ursprüngliche Entwurf von LISP kommt in Wirklichkeit von Newells und Simons IPL. In den ersten paar Memos, die McCarthy über diesen Gegenstand schrieb, war es IPL sehr ähnlich, aber mit einigen neuen Ideen“ nicht korrekt oder mindestens außerordentlich in die Irre führend.

Sicher ist jedenfalls, daß McCarthy seit Mitte 1956 über ein Formulierungsmittel nachdachte und daß FORTRAN für ihn sehr attraktive Eigenschaften hatte. Unter diesen erschien es ihm besonders wichtig, daß man in FORTRAN [FOR56] Funktionsausdrücke verschachteln und so in einer

---

[1]) von Newell, Shaw und Simon als Autoren von IPL, vgl. z. B. [GE60a].

Zeile einen recht komplizierten Umformungsschritt ausdrücken konnte. Dabei ist es durchaus möglich, daß er schon 1956 daran dachte, auf diese Weise neue Funktionen einzuführen. Hier ging McCarthy, möglicherweise mit Informationen von IBM, der Zeit voraus, denn erst FORTRAN II [FOR58] verfügte über das *Function Statement*, das vor dem eigentlichen Programm zu notieren war und mit dem solche Funktionsdefinitionen vollzogen werden konnten. Dies wurde Anfang 1957 bekannt gemacht [B57].

Die Überlegungen von McCarthy waren bezüglich einer etwaigen Realisierung ziemlich früh an die IBM 704 gekoppelt. Dazu gab es zwei Gründe: IBM wollte am MIT Cambridge ein Rechenzentrum für Neuengland etablieren, und außerdem schien es, als wolle IBM Forschungen auf dem Gebiet der künstlichen Intelligenz großzügig fördern. So wurde, wahrscheinlich Anfang 1957, auf Initiative N. Rochesters, der damals Leiter des Information Research Department am Forschungszentrum in Poughkeepsie war, an die Realisation einer von Minsky auf der Sommerkonferenz geäußerten Idee gegangen: ein Programm zum Beweis geometrischer Aussagen aufzustellen.

H. Gelernter, der gerade promoviert hatte und seit dem Herbst 1956 bei IBM arbeitete, wurde für dieses Projekt interessiert, und McCarthy sollte als Berater fungieren. Die Verbindung scheint zunächst recht eng gewesen zu sein, solange die grundsätzlichen Entscheidungen über Sprache und Implementation zur Debatte standen. Später, als das eigentliche Programm zum Beweis geometrischer Sätze angegangen wurde, ist der Kontakt äußerst lose gewesen.

Um die symbolischen Informationen in der Maschine darzustellen, wie z. B. die geometrische Aussage, daß zwei Dreiecke kongruent sind, wollte man Listenstrukturen verwenden. So konnte McCarthy seine Ideen einbringen, die er in Dartmouth entwickelt hatte: Er schlug die Verwendung von FORTRAN für die Programmierungsarbeit vor. „... es gab gewisse Überlegungen bezüglich der Überführung des JOHNNIAC IPL auf den IBM 704-Rechner. Jedoch McCarthy, der das Project beriet, empfahl, daß FORTRAN so angepaßt werden könnte, daß es denselben Zweck erfülle. Er führte aus, daß die Verschachtelung von Funktionen, die in FORTRAN erlaubt ist, die Konstruktion komplizierter informationsverarbeitender Unterprogramme mit einem einzigen Statement möglich mache. Die Autoren haben seither einen weiteren wesentlichen Vorteil einer algebraischen Listenverarbeitungssprache wie der, die innerhalb des Gerüsts von FORTRAN errichtet wurde, entdeckt. Es ist die enge Analogie, die zwischen der Struktur einer NSS-Liste[1]) und einer gewissen Klasse von algebraischen Ausdrücken existiert, die in der Sprache geschrieben werden können ..." ([GE60a], S. 88).

---

[1]) vgl. Fußnote auf S. 160.

Von McCarthy kamen auch die meisten Vorschläge, wie die Listenstrukturen im Speicher der IBM704 darzustellen wären und welche Grundfunktionen geeignet seien. Ein Wort (register) der IBM704 bestand aus fünf Teilen: Vorzeichen, Präfix, Dekrement, Kennzeichen (Tag) und Adressteil.

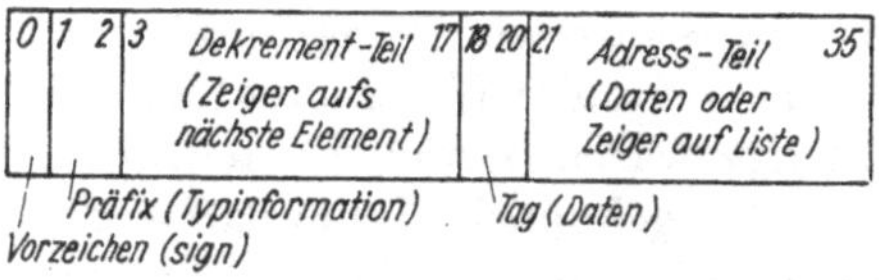


Abb. 1. Wortstruktur der IBM/704 und die FLPL-Interpretation [GE60a]

In den Dekrementteil paßte genau eine 15-Bit-Adresse. Damit sollte auf das nächste Listenelement gezeigt werden. Auch der Adressteil hatte diese Größe: Man wollte ihn zur Aufnahme von Daten oder von Zeigern auf solche Listen benutzen, die Elemente der umfassenden Liste sind. Im Tag hoffte man Informationsbits unterzubringen und im Präfix einen Typcode, der für die Speicherverwaltung erforderlich war.

Neben diesen Listenworten sollte es auch solche geben (Koordinatenwerte usw.), die ganz mit einer Zahl, d. h. einem Datum, ausgefüllt waren.

Die Speicherverwaltung verlief weitgehend nach IPL-Vorbild: Der Begriff des *Ausborgens* von Elementen wurde gebraucht, und explizite Löschungsaktionen mußten veranlaßt werden.

Die Grundfunktionen für die Listenverarbeitung wurden so in das verfügbare FORTRAN-System eingebettet, daß sie das Grundvokabular erweiterten. Damals war es anscheinend noch nicht möglich, Unterprogramme in Assemblersprache zu FORTRAN-Programmen hinzuzufügen. Entsprechend den erwarteten Notwendigkeiten wurden Funktionen für

„(a) information retrieval,
(b) information storage,
(c) information processing,
(d) information search,
(e) list generation,
(f) service routines,
(g) special purpose functions“ ([Ge60a], S. 94)

implementiert.

Ausgehend von der Adresse auf ein Wort (d. h. Anfang einer Liste) ermöglichten die Funktionen für den Information-Retrieval die Herauslösung des Inhalts jedes beliebigen Teilfeldes. In Anlehnung an die Namen der Teile wurden die Funktionen **XCSRF** (contents of sign part of register), **XCPRF** (contents of prefix part of register), **XCDRF** (contents of decrement part of register), **XCARF** (contents of tag part of register) und **XCTRF** (contents of address part of register) eingeführt.

Eine Funktion hatte also eine Quantität von einem Bit zum Wert, eine von zwei Bits, weiter eine solche von drei Bits und schließlich zwei solche von 15 Bits. Sie wurden ergänzt durch eine Funktion **XCWWF**, die einen ganzen Wortinhalt lieferte und durch **XTRACTF**, die einen beliebigen Bitteil abspaltete.

Entsprechend den Retrieval-Funktionen konnten auch die Speicherfunktionen einzelne Teile eines Wortes ändern. Unter den Funktionen zur Listenerzeugung sind die beiden Funktionen **XDWORDF** und **XLWORDF** interessant, die ein bzw. vier Argumente hatten und mit diesen Argumenten das nächstverfügbare Wort in der Freispeicherliste belegten und diese Liste um dieses Wort verkürzten.

McCarthy war sich, wie er berichtet, über den Wert der Listenerzeugungsfunktionen nicht klar, ja er erkannte sie überhaupt nicht als Funktionen.

Eine wesentliche Schwierigkeit im Erfassen und Beurteilen der geschaffenen „Funktionen" war die Tatsache, daß man sich im Begriffssystem von FORTRAN bewegte, wo es praktisch als Datenstrukturen nur Zahlen gab. Wie sollte man eine der Selektorfunktionen als echte Funktion verstehen, die Zahlen auf Zahlen abbildet? „Die vorherrschende Charakteristik der meisten unserer Listenverarbeitungsfunktionen ist, daß sie überhaupt keine Funktionen im gewöhnlichen Sinne des Wortes sind. Für viele von ihnen hängt der Wert der Funktion nicht nur von ihren Argumenten ab, sondern auch von dem speziellen internen Zustand des Rechners zu der Zeit, wenn sie ausgewertet wird. Außerdem haben einige der Funktionen nicht nur numerische Werte, sondern produzieren auch Änderungen im internen Rechnerzustand, wenn sie ausgewertet werden' ..." ([GE60a], S. 93).

Offenbar hat diese Unsicherheit dazu geführt, daß man den Listenverarbeitungsfunktionen als ersten Buchstaben ein **X** voranstellte. McCarthy erfaßte die Besonderheit der Listenverarbeitungsfunktionen erst dann, als er sie als Funktionen über der Datenstruktur der S-Ausdrücke verstand.

Im Gegensatz zu dieser theoretischen Unsicherheit zeigte sich nach und nach, daß die Funktionen fehlerlos wie richtige Funktionen über Zahlen verschachtelt und einzeln benutzt werden konnten. Gelernter und Gerberich, einer der Programmierer, fanden weiterhin heraus, daß die Funktionen **XDWORDF** und **XLWORDF** zum Wert eine 15-Bit-Quantität in Form der Adresse auf das neu konstruierte Listenelement haben müßten, damit sie für Verschachtelungen gut geeignet wären.

Die IBM-Gruppe wurde nach und nach selbständig und bestimmte schließlich unabhängig von McCarthy ihre weitere Arbeitsrichtung. Aus den einzelnen zu FORTRAN hinzugefügten Funktionen wurde schließlich ein regelrechtes System, das sie FLPL (*F*ortran *L*ist *P*rocessing *L*anguage) nannten [HAN60]. Dieses wurde später unabhängig vom Geometrietheorembeweiser benutzt und auch vertrieben.

Die Arbeit an FLPL ist von Gelernter, Gerberich und später auch von Hansen fortgesetzt worden. Der erste erfolgreiche Beweis eines geometrischen Theorems wurde im Frühjahr 1959 durchgeführt; erste Resultate bei der Verwirklichung der Idee von Minsky wurden auf der 1. IFIP-Konferenz 1959 in Paris veröffentlicht [GE59]. Weitere Ergebnisse können in [GE60a, b, HAN60] studiert werden.

Im Sommer 1958 wurde McCarthy zu einem Arbeitsaufenthalt bei IBM eingeladen. Inzwischen hatte er sich mit einem Schachprogramm beschäftigt, das sich ganz auf die Mittel des normalen FORTRAN beschränkte. Da die bedingte Anweisung, die FORTRAN enthielt, das sogenannte arithmetische IF mit seiner Einengung auf Vergleiche mit 0 und die an Maschinenniveau erinnernde Dreiteilung des Steuerflusses ihm nicht gefiel, benutzte er eine eigens erfundene Funktion für Bedingungen. Diese hatte drei Argumente und lieferte den Wert des zweiten bzw. des dritten, wenn das erste Argument 0 bzw. 1 war. Natürlich ermöglichte diese Funktion manche programmtechnische Verbesserung, allerdings war sie in ihrer Bindung an den FORTRAN-Mechanismus immer noch unschön. Es wurden nämlich alle drei Argumente berechnet, bevor die Funktion arbeitete, während tatsächlich immer nur zwei benötigt würden — die Bedingung und die ausgewählte Folge.

Da McCarthy in diesem Jahr einige Zeit hatte — er hatte ein Forschungsstipendium der Sloan-Stiftung — dachte er intensiv über das Problem nach und entwickelte die Idee der *bedingten Ausdrücke*. Ein Artikel zu diesem Thema sandte er an die Communications ACM ein, der dort allerdings zu einem „Brief an den Herausgeber" umfunktioniert wurde [MCC59a].

Die Besonderheit an dieser Erfindung ist die Verschachtelbarkeit der bedingten Ausdrücke und die Beschränkung der Rechnung auf die Teile, die zu den Bedingungen bzw. ausgewählten Folgen gehören. Gegenüber dem IF-Statement als auch einer IF-Funktion ergibt sich damit sowohl eine Steigerung der Effizienz als auch der Ausdruckskraft, was zu völlig neuartigen Anwendungsmöglichkeiten führt.

McCarthy spürte die Bedeutung seiner Idee und versuchte, sie dem ALGOL-Komitee als nützlich nachzuweisen, hatte aber damit keinen Erfolg [MCC74]. „Ich machte eine Menge Propaganda für die Aufnahme bedingter Ausdrücke in ALGOL ... und 1958 verlor ich, denn die Idee war zu ungewöhnlich, und ich erklärte sie nicht gut genug; so hatte ich keinen Erfolg, diese Sache in ALGOL 1958 hineinzubekommen." Erst 1960 konnte McCarthy das ALGOL-Kommitee, dessen Mitglied er nun war, umstimmen.

Allerdings wurde eine andere Syntax bevorzugt, die BACKUS vorschlug, denn man wollte erreichen, daß alles, was nicht durch englische Schlüsselworte ausgedrückt wurde, der mathematischen Notation entspräche.

Den Sommer 1958 verbrachte McCARTHY also bei IBM. Er beschäftigte sich hier mit dem Problem des symbolischen Differenzierens algebraischer Ausdrücke. Dabei zeigte es sich, daß die inzwischen entwickelten Vorstellungen über das ebenfalls noch im Entstehen begriffene FLPL hinausgingen.

In diese Zeit fällt auch die Verknüpfung der bedingten Ausdrücke mit den rekursiven Funktionen, denn „die Idee der Differentiation ist offensichtlich rekursiv" [MCC78a]. Eine weitere wesentliche Entdeckung betraf die Brauchbarkeit funktionaler Argumente. Will man Summen mit vielen Summanden differenzieren, so muß auf jeden von ihnen der Differentialoperator angewandt werden. McCARTHY fand es höchst einfach und übersichtlich, eine Funktion **maplist** einzuführen, die ein gegebenes funktionales Argument auf alle Elemente einer Liste anwendet und alle Ergebnisse zu einer neuen Liste zusammenfaßt.

Damit war jedoch die Frage gestellt, wie funktionale Argumente zu notieren seien.

Mit diesen neuen Formulierungsmitteln war das Differentiationsprogramm in FLPL nicht implementierbar. Überhaupt genügte FORTRAN als Sprachbasis nicht mehr, aber das IBM-Team wollte sich auf eine solch drastische Änderung nicht einlassen. Außerdem schien ihnen die Brauchbarkeit der Neuheiten höchst fragwürdig [MCC78a].

Eine neue Sprache schien notwendig zu sein, und es war ein Glück für McCARTHY, daß er eine materielle Basis bekam, auf der er aufbauen konnte: Im Herbst 1958 wurde das MIT Artifical Intelligence Project ins Leben gerufen. McCARTHY wurde Assistant Professor im Department for Electric Engineering (sein Fach war Kommunikationswissenschaft), MINSKY Assistant Professor im Department für Mathematik. Vom Forschungslabor für Elektronik (R.L.E.) bekamen sie Unterstützung in Form zweier Programmierer, einer Sekretärin und einer Schreibmaschine sowie sechs anzuleitende Studenten.

Den Stand von McCARTHYs Vorstellungen über seine neue Sprache gibt das 1. Memo wieder, das er vermutlich Anfang September 1958 am MIT verfaßte. Es zeigt weiterhin Unsicherheit bei den Listenverarbeitungsfunktionen, Verwendung der 3-Bit-Quantitäten, IPL-ähnliche Speicherverwaltung, bedingte Ausdrücke, deklarative Teile (Vereinbarungen von P-Listen) sowie funktionale Argumente ohne Verwendung von $\lambda$ [MCC58a].

Diese Arbeit ist das wichtigste Dokument vor dem ersten Entwurf für die „Recursive functions ...". McCARTHY beschäftigt sich in ihr mit den Anwendungsbereichen der Sprache, den wichtigsten Sprachelementen und einigen Implementationsdetails. Daneben behandelt er die Besonderheiten der neuen „algebraischen Sprache für die Manipulation symbolischer Ausdrücke“, wie der Titel des Memos lautet.

Die von McCarthy anoisierten Anwendungsgebiete sind Teilgebiete der Symbolmanipulation: Manipulation von Sätzen in formalen Sprachen — wichtig für das *Advice Taker Project* —, Vereinfachung und Differentiation algebraischer Ausdrücke und Compilerprogrammierung für die Sprache selbst. Er betont die Eignung der Sprache für die Formulierung heuristischer Programme, weil sie sehr geeignet sei, „Bäume alternativer Aktionen“ darzustellen.

Die Sprache stellt McCarthy vor, indem er die Basisdatenstrukturen, die Anweisungsarten und einige Beispielprogramme durchspricht bzw. angibt.

Als Datenstrukturen sind vorgesehen: ganze Zahlen (als Indizes oder Adressen), ganze Worte, die vielleicht als Gleitkommazahlen zu interpretieren seien, Wahrheitswerte, sogenannte Locational Quantities, d. h. Adressen im Programm selbst, wie Sprungmarken u. dgl. und schließlich Functional Quantities, um funktionale Argumente als Daten verstenen zu können.

Der Verzicht auf die Datenstruktur „Liste“ und statt dessen die alleinige Benutzung der Adresszahlen weist wiederum auf die theoretischen Probleme hin, in FORTRAN über Funktionen von Listen zu sprechen. Übrigens hatte noch LISP1 [MCC60b] zwar eine Gleitkommaarithmetik, aber keine solche für ganze Zahlen! Im Zusammenhang mit den Grundfunktionen kommen wir noch ein weiteres Mal auf dieses Problem zu sprechen. An dieser Stelle zunächst begründet McCarthy das Auslassen der Listen: „Dies (die Auslassung, d. Verf.) ist, obwohl eine Zahl interessanter und nützlicher Operationen an ganzen Listen definiert worden sind, weil die meisten der Rechnungen, die wir in Wirklichkeit ausführen, bis jetzt nicht mittels dieser Operationen beschrieben werden konnten“ ([MCC58a], S. 5). Das bedeutet also, daß man Prozeduren, die aus einer Liste ein Element abspalteten, oder eine zugeordnete Zahl (etwa die Länge) nicht als Verwirklichungen von echten Funktionen ansah. Es darf angenommen werden, daß dafür nicht allein die FORTRAN-Begriffswelt verantwortlich war, sondern auch der zeitgenössische Stand der Implementation von Listenstrukturen die Sicht verstellte. Nicht umsonst wird diesem Punkt immer wieder soviel Platz eingeräumt.

Obwohl Listen also nicht als Datenstrukturen der Sprache galten, konnte man sie doch einlesen. Die externe Notation war

$$(e_1, e_2, e_3, \ldots, e_n),$$

wobei die $e_i$ Unterlisten oder Symbole sind. Neben den Listen sollten Zahlen, Symbole, Gleitkommazahlen und Text eingelesen werden können. Über die Art, wie der Text für eine solche Eingabe zu präparieren sei, sind keine Angaben enthalten.

Die algebraische Sprache sollte wie FORTRAN eine Reihe von Anweisungen erlauben. Neben dem *arithmetischen* (FORTRAN-Terminologie) *oder Ersetzungsstatement* sollten verfügbar sein: Ein **go**-Statement, ein **set**-Statement, Unterprogrammaufrufe, deklarative Sätze, ein **compound**-Statement, passende Anweisungen zur Iteration und schließlich Elemente zur Definition von Unterprogrammen.

Die Zuweisung (arithmetisches Statement) würde ähnlich wie in FORTRAN die wichtigste Anweisung sein. Auf der rechten Seite durften beliebige Ausdrücke, zusammengesetzt aus einfachen Funktionsausdrücken durch Verschachtelung, logische Verknüpfungen und bedingte Ausdrücke, stehen, während auf der linken Seite Variablen, indizierte Variablen (deren Verwendung noch etwas ungewiß war) und Ausdrücke stehen, durch die ein gewisser Teil eines Wortes ausgewählt wurde. So sollte z. B. eine Zuweisung

$$\mathbf{car}(i) = \mathbf{cdr}(j)$$

möglich sein.

In der Sprunganweisung

$$\mathbf{go}(e)$$

sollte der Argumentausdruck berechenbar sein (vom Typ Locational Quantity).

Durch die Zuweisungsmenge

$$(\mathbf{A};\, q_1\,, \ldots,\, q_m)$$

sollte eine Menge von Zuweisungen gleichzeitig ausgeführt werden. Durch die Anweisung wird ein Feld **A** mit den Dimensionen 1, ... ,$m$ aufgebaut, der die Werte der $q_i$ in naheliegender Weise zugewiesen bekommt. Diese können dann später als **A(i)** weiterverwendet werden.

Der Unterprogrammaufruf sollte ohne das in FORTRAN erforderliche Schlüsselwort **CALL** notiert werden.

Durch die deklarativen Sätze (sentences) sollten P-Listenstrukturen vereinbart werden. Ihre allgemeine Form sollte

$$\mathbf{I\ declare}\ (dcl_1, dcl_2, \ldots, dcl_n)$$

sein, wobei die einzelnen Deklarationen zwei verschiedenen Mustern entsprechen sollten: Durch

$$(a;\, p_1,\, p_2\,, \ldots,\, p_n)$$

sollte dem $a$ entsprechenden Symbol die Werte der Ausdrücke $p_1$ bis $p_n$ nacheinander in die P-Liste gestellt werden. („Jedes Symbol im Programm hat solch eine Eigenschaftsliste, die benutzt und erweitert wird durch den Compiler, aber auch dem Objektprogramm verfügbar gemacht wird"). Durch

$$(a_1, a_2, \ldots, a_n, p)$$

wird erreicht, daß der Ausdruck $p$ den Symbolen, die den $a_i$ entsprechen, in die P-Liste gestellt wird. Vermutlich sollte das letzte Komma ein Semikolon sein.

Von Indikatoren oder P-Listenzugriffsfunktionen ist allerdings noch nirgendwo die Rede.

Die Verbundanweisungen sollten aus einer Folge von geklammerten einfachen Anweisungen bestehen. „Die Symbole, die für diese ‚vertikalen Klammern' benutzt werden sollen, sind noch nicht bestimmt." In den Beispielprogrammen verwendet McCarthy die Klammern **** und **/**. Wenn eine ganze Funktion aus einem Ausdruck besteht, werden die Anweisungsklammern nicht benötigt.

Die Form der Iterationsanweisungen war noch nicht festgelegt. „... sie sollte die FORTRAN-Art umfassen, sowie ein **DO** über eine explizit gegebene Liste ..." [MCC58a], S. 9).

Auch die Unterprogrammdefinition sollte weitgehend der entsprechenden FORTRAN-Sprachform ähneln. Zusätzlich sollten aber Funktionen und Locational Quantities (und Ausdrücke aus denselben) als Parameter vorkommen, sie sollten separat compilierbar sein, und symbolische Referenzen zu anderen Variablen und Subroutinen sollten garantiert werden.

Die für die Listenmanipulation vorgesehenen Funktionen waren aufgeteilt in die für Basisoperationen bezüglich ganzer Listenstrukturen und in die Basisfunktionen für einzelne Worte (basic single word functions).

```
/ copy = (J = 0 → 0, 1 → consw (comb 4(cpr(J), copy(cdr(J)), ctr(J),
(cir(J) = 0 → car(J),  cir(J) = 1 → consw (cwr(car(J))),  cir(J) = 2 →
copy (car(J))))))
 \ return
```

a)

```
  equal (L1, L2) = (L1 = L2 → 1,  cir (L1) ≠ cir (L2) → 0,
cir (L1) = 0 ∧ car (L1) ≠ car (L2) → 0, cir (L1) = 1 cwr (car(Li)) ≠
cwr (car(L2)) → 0,  car(L1) = 2 ∧ ~ equa1 (car(L1),  car (L2)) → 0,
1 → equa1 (cdr(L1), cdr(L2))
```

b)

Abb. 2. Notation in LISP, September 1958 [MCC58a]
a) die Funktion **copy(J)**
b) die Funktion **equal(L1, L2)**

Die ersteren wurden durch die Funktionen **eralis**($j$), **copy**($j$), **search**($l$, $j$, $p_1$, $p_2$, $p_3$, $m$), **maplist**($l$, $j$, $f(j)$) und **list**($j_1$, ... , $j_n$) exemplifiziert. Dabei löschte **eralis** eine gesamte Listenstruktur und führte sie der Freispeicherliste zu, **copy** kopierte eine Listenstruktur, **search** suchte in $l$ nach dem ersten Element, das der Bedingung $p_1$ genügte, **maplist** bildete eine neue Liste, deren Elemente von der Ausgangsliste $l$ durch Anwendung der Funktion $f(j)$ auf jedes Element $j$ gebildet wurde und **list** bildete eine Liste von $n$ Elementen. Zusätzlich wurde an die Funktion **equal** gedacht.

Die Basisfunktionen für einzelne Worte betrachtete McCarthy nicht als Realisierungen echter mathematischer Funktionen. Zur Begründung gibt er ziemlich genau dieselben Eigenschaften der Selektorfunktionen an, die schon von Gelernter im Zusammenhang mit FLPL betont worden sind: Speicherabhängigkeit und Seiteneffekte.

Im Unterschied zu FLPL hatte McCarthy sich zwei Mengen von Zugriffsfunktionen ausgedacht: Solche, deren Argument ein wirkliches Rechnerwort sein sollte, und solche deren Argument die Adresse eines solchen Wortes zu sein hätte. Grundlage für die Bezeichnung seiner Funktionen ist eine leicht veränderte Wortaufteilung.

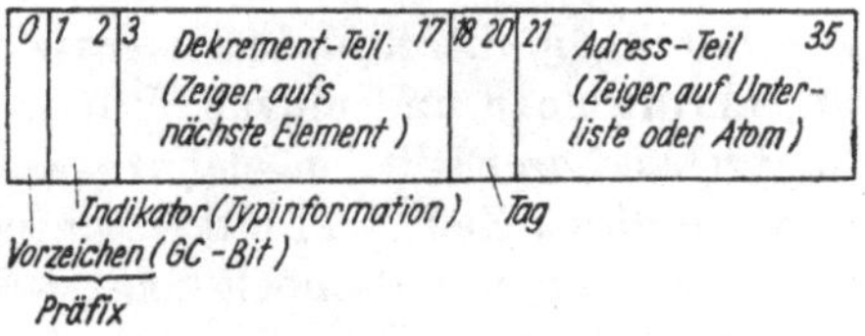


Abb. 3. Wortstruktur der IBM/704 und die LISP-Interpretation [MCC58a]

Jedem der Teile war ein charakteristischer Buchstabe zugeordnet: **w** (dem Wort insgesamt), **p** (dem Präfix), **i** (dem Indikator), **s** (dem Vorzeichen), **d** (dem Dekrement), **t** (dem Tag) und **a** (dem Adressteil).

Zu der ersten Klasse der Basisfunktionen gehörten die Extrahierungsfunktionen **pre**, **ind**, **sgn**, **dec**, **tag** und **add**. Dazu kam eine Funktion, die nur ein bestimmtes Bit lieferte: **bit**, und eine, die ein beliebiges Segment aus dem Wort herauslöste: **seg**. Um ein Wort wieder zusammenzufügen gab es **comb4(t, a, p, d)** und **comb5(t, a, s, i, d)** sowie eine bitorientierte Funktion **choice**.

In der zweiten Klasse wurden die Funktionen **cwr**, **cpr**, **csr**, **cir**, **cdr**, **ctr** und **car** zusammengefaßt. Ihr Argument war eine 15-Bit-Adresse. Natürlich waren sie mit den Funktionen der ersten Klasse verwandt. So galt:

$$\mathbf{add}(\mathbf{cwr}(j)) = \mathbf{car}(j) .$$

Den Funktionen **bit** und **seg** entsprachen die Funktionen **cbr** und **csgr**.

Es war aber schon ausgeführt worden, daß die Funktionen dieser zweiten Klasse auch auf der linken Seite einer Zuweisung stehen konnten. Der gleiche Effekt war durch Aufruf der Speicherfunktionen **stwr**, **stpr**, **stsr**, **stir**, **stdr**, **sttr** und **star** erreichbar. Jede dieser Funktionen hatte zwei Argumente: die Zahl des Wortes, in das gespeichert werden sollte und das zu speichernde Datum.

Die Konstruktionsfunktionen in dieser Klasse arbeiteten ähnlich zu den FLPL-Funktionen **XDWORDF** und **XLWORDF**: Sie lösten ein oder zwei Worte von der Freispeicherliste ab, verkürzten diese entsprechend und füllten das bzw. die Worte mit ihren Argumenten; **consw** hatte zum Argument ein ganzes Wort und füllte damit das freie aus der Freispeicherliste; **consel** hatte nur zwei Argumente und belegte mit ihnen Adress- bzw. Dekrementteil, alle anderen Teilfelder belegte es mit 0; **consls** arbeitete fast genauso, belegte aber das Indikatorfeld mit 2 (eine Unterliste anzeigend); **consfl** schließlich holte zwei Worte aus der Freispeicherliste, das erste wurde ganz mit dem ersten Argument von **consfl** gefüllt, das zweite mit einem Zeiger im Adressteil auf dieses erste Wort und im Dekrement das zweite Argument. Die Adresse dieses zweiten Wortes, in dem der Indikator auf 1 gestellt wurde, war das Ergebnis.

Die Klasse wurde komplettiert durch die Löschfunktion **erase** und die Zeigerbewegungsfunktionen **point**, **mova**, **movd** und **movup**. Wir wollen die Ideen zur Implementation, die weitgehend an FLPL angelehnt waren, nicht analysieren, da allzuviel unklar war zu dieser Zeit. Viel interessanter ist dagegen der Gebrauch der funktionalen Argumente, da noch keine $\lambda$-Notation verwendet wurde.

Schon bei Erwähnung der Funktion **maplist** war aufgefallen, daß sie drei Argumente haben sollte: Da als drittes Argument ein Ausdruck stehen sollte, mußte im zweiten Argument die lokale Variable bekanntgemacht werden. Dies kann schön in dem Beispielprogramm für die Differentiation betrachtet werden. Übrigens erkennt man, daß der Atomtest durch die Frage: „Ist der Indikator = 1 ?" erledigt werden sollte.

```
The program is:
  function diff(J)
  diff = (ctr(J) = 1 → 0, car(J) = „x" → 1, car(J)
= „plus" → consel („plus", maplist(cdr(J), K, diff(K))), car
(J) = „times" → consel(„plus", maplist (cdr(J), K, consel
(„times", maplist(cdr(J), L, (L = K → diff(L), L = K →
copy (L)))))))
  return
```

Abb. 4. Die Funktion **diff** für die Differentiation ([MCC58a], App. I)

Zweifellos kann man sich nur schwer vorstellen, daß dieses Programm lauffähig sein sollte. Aber das fühlte sicher auch McCarthy. Er dürfte so manche andere Variante versucht haben.

So hat höchstwahrscheinlich die Auseinandersetzung mit diesem Programm und seiner Implementation zur Aufnahme der $\lambda$-Notation in LISP geführt. Ob die Idee dazu von McCarthy allein kam, oder ob Rochester, Minsky oder Shannon, die als Professoren am MIT damals eng mit der Arbeit von McCarthy verbunden waren, hier einen Hinweis gaben, ist bisher nicht bekannt.

Es ist interessant, daß McCarthys Argumente, die Definition von **maplist** so zu ändern, daß sie nur noch zwei Argumente hat und eine Funktion als zweite auftritt, hauptsächlich aus der Implementation abgeleitet sind: McCarthy selbst hatte versucht, ein Assemblerprogramm für **maplist** zu schreiben [MCC58b]. Dieses hatte zwei Schwächen: Einerseits wurde die Variable, die als 2. Argument auftrat, zu oft in dem Ausdruck (3. Argument) benötigt. Dies ließ sich nicht bewältigen. Andererseits konnte die Variable sehr schlecht in die Aufruffolge für **maplist** integriert werden: Was sollte dann als Argument übergeben werden?

Indem er sich vorstellte, daß die Funktion, die als Argument auftauchte, als eine Instruktion zum Aufruf dieser Funktion in **maplist** verkörpert würde, war es möglich, zu einer befriedigenden Definition und Implementierung zu gelangen. Die in LISP geschriebene Definitionsgleichung lautete nun ([MCC58b], S. 2):

$$\mathbf{maplist}\,(L, f) = (L = 0 \rightarrow 0, 1 \rightarrow \mathbf{consls}\,(f(L),\ \mathbf{maplist}\,(\mathbf{cdr}(L), f)))\,.$$

Mit dieser neuen Form für das Funktional konnte die Differentiationsfunktion umgeschrieben werden:

```
diff(L, V) = (car(L) = const → copy(CO), car(L) = var → (car
(cdr(L)) = V → copy(CI), 1 → copy(CO)), car(L) = plus →
consel(plus, maplist(cdr(L), λ(J, diff(car(J), V)))), car(L) = times →
consel(plus, maplist(cdr(L), λ(J, consel(times, maplist(cdr(L),
λ(K, (J ≠ K → copy(car(K)), 1 → diff(car(K), V)))))))))
```

Abb. 5. Die verbesserte Funktion **diff** mit $\lambda$-Notation [MCC58b]

Man sieht, daß inzwischen weitere Verbesserungen angebracht worden waren: Ansätze, um Variable von Konstanten zu unterscheiden sind deutlich. Daneben sieht man, daß **1** als Wahrheitswert *true* verwendet wird, demzufolge sicher **0** als *false*. Aus der obigen **maplist**-Definition kann auch abgelesen werden, daß **0** auch das Listenende bezeichnete: Allerdings war die eine **0** eine Bit-Größe und die andere **0** eine 15-stellige Adresse. Aus Bequemlichkeitsgründen bei der Implementation wurden beide jedoch rasch durcheinandergewürfelt. Der Name der späteren LISP-Grundfunktion NULL resultiert ebenfalls aus diesen Implementationsdetails.

Zum Schluß soll die Aufmerksamkeit noch auf ein kleines Detail gelenkt werden: In der Diskussion der Besonderheiten dieser Sprache zur Symbolmanipulation, wo McCarthy die algebraische Notation und ihre Vorteile, die Rekursion und ihre Implementation mit Hilfe von Push-Down-Listen (nach Newell, Shaw und Simon: wirkliche Listen!), die bedingten Ausdrücke und die funktionalen Parameter abhandelt, wird auch kurz erwähnt, daß sich Ausdrücke günstig durch Listen darstellen lassen. Dies wird nicht auf Datenausdrücke beschränkt ([MCC58a], S. 2). Später (S. 11) zeigt er, daß ein funktionaler Ausdruck $f(e_1, \ldots, e_h)$ durch den Satz $(f, e_1, \ldots, e_h)$ dargestellt wird, und bemerkt, daß er so als Listenstruktur verwirklicht werden könne. Gemeinsam mit der Angabe, daß auch der Compiler in der Sprache selbst notiert werden solle, kann daraus geschlußfolgert werden, daß schon erste Ideen für die Repräsentation von Programmen als Listendaten entwickelt worden waren.

Da die Programmiersprache, nun einigermaßen konkretisiert, für die Realisierung der Ideen beider Leiter des Projekts — McCarthy hatte seine Vorstellungen von einem Programm, das künstliche Intelligenz zeigen sollte, in seiner Arbeit vom *Advice Taker* [MCC58c] zu Papier gebracht — notwendig war, begann man mit der Implementierung. Allerdings mußte niemand genau, wie ein Compiler zu schreiben sei, und das Beispiel FORTRAN war eher abschreckend, denn man hatte 30 Mannjahre dafür benötigt, und das war für jene Zeit ein unvorstellbar großer Aufwand.

Um Erfahrungen zu sammeln, begann man verschiedene Funktionen per Hand in die Assemblersprache umzusetzen. Dabei sollten Konventionen für Unterprogrammaufrufe, für Kellerspeicherarbeit und für die dynamische Speicherverwaltung erarbeitet werden. Diese Arbeit wurde hauptsächlich von den Programmieren K. Maling und S. B. Russell ausgeführt. Aber auch die Studenten, unter denen D. G. Bobrow, D. C. Luckham, D. Park und R. Brayton sowie L. Hodes, L. Kleinrock und J. R. Slagle waren, hatten einen gewissen Anteil.

Bei der Handübersetzung der Einlese- und Ausgabefunktionen wurde praktisch eine externe Standardnotation für symbolische Ausdrücke geschaffen, indem runde Klammern (parenthesis) als Listenklammern (Mc Carthy ist sich heute nicht mehr sicher, ob diese spezielle Entscheidung nicht schon früher gefallen war [MCC74]) verwendet wurden und eine Präfixnotation, in der alle mathematischen Operatoren in einheitlicher syntaktischer

Weise behandelt werden. So wird $a + 2b + c^2$ zu **(PLUS A(TIMES 2 B) (EXP C 2))**. Diese Notation wurde später *Cambridge Polnisch* genannt, um J. Łukasiewicz und W. V. Quine zu ehren.

Die externe Notation war relativ arm an Sonderzeichen auf Grund der beschränkten Zeichenmenge des IBM 026-Lochers.

Die Programmiersprache jedoch, die etwa in dieser Zeit ihren Namen LISP bekam, hatte einen größeren Zeichenvorrat, da sie eigentlich nie abgelocht werden mußte, sondern nur für „Papierprogramme“ verwendet wurde. Sie entsprach im Grunde genommen immer noch FORTRAN, nur konnte man bedingte Ausdrücke verwenden und ebenso die Listenverarbeitungsfunktionen und rekursiven Funktionen definieren. Um Listenkonstanten im Programm erwähnen zu können, schrieb man eckige Klammern (brackets), wenn man Argumente einer Funktion zusammenfassen wollte. Die später so genannte *M-Sprache* [MCC62c] dürfte dem LISP Ende 1958 weitgehend entsprechend, wenn wohl auch der Terminus **prog** gefehlt haben dürfte. Über Deklarationsvorschriften ist nichts bekannt.

```
    diff[s; v] =
          [atom[s] → [eq[s; v] → 1.0; T → 0.0];
          eq[car[s]; PLUS] → cons[PLUS;
                maplist[cdr[s]; λ[[si]; diff[car[si]; v]]]];
          eq[car[s]; TIMES] → cons[PLUS
                maplist[cdr[s]; λ[[si;
                cons[TIMES; maplist[cdr[s];
                λ[[sj]; [equal[si; sj] → diff[car[sj]; v]
a)                T → car[sj]]]]]]]]]

    pairmap[k; m; farg; z] = prog[[b];
    A       [null[k] → return[conc[reverse[b]; z]]];
            b := cons[farg[car[k]; car[m]]; b];
            k := cdr[k];
            m := cdr[m];
b)          go[A]]
```

Abb. 6. Zwei Beispiele für die M-Sprache mit **prog** ([BL64], S. 102, 104)
a) die Funktion **diff**
b) die Funktion **pairmap**

Als komplizierteste Probleme bei der Umsetzung der LISP-Programme in Assemblerprogramme entpuppten sich die Realisierung der rekursiven Funktionen und die Löschung unnötiger Listenstrukturen.

Die Organisation der rekursiven Funktionen (und überhaupt der Unterprogrammarbeit) war deshalb so wichtig, weil diese die grundlegende Begriffsbildung wurden. Man konnte bei der Lösung der hiermit verbundenen

Probleme auf das Beispiel von IPL zurückgreifen. Allerdings schien die Implementierung der Kellerspeicher als Listen nicht geeignet zu sein, und McCarthy entschied, zur Beschleunigung lineare Folgen von Maschinenworten zu verwenden. Dachte man zunächst daran, jeder Funktion ihren privaten Keller zuzuordnen, so nahm man doch schnell davon Abstand. Der zentrale Kellerspeicher blieb bestehen.

Die Unterprogramm-Eintrittskonventionen wurden jetzt vollendet, so daß beim Ansprung eines Unterprogramms einheitlich die benötigten temporären Register (Speicherworte) im Kellerspeicher gerettet wurden, um in dem Programm selbst zur Verfügung zu stehen. In jedem dieser Blöcke im Keller wurde später noch der Name der Funktion, die Größe des Blocks und seine Herkunft aus dem Speicher beschrieben.

In Entsprechung zu den Festlegungen beim Eintritt wurde auch das Verlassen der Unterprogramme vereinheitlicht.

Diese Arbeiten stellten durchaus Pionierleistungen dar, denn obwohl das Kellerprinzip bekannt war, wurde es für eine systematische Implementation noch nicht genutzt. Dijkstras Veröffentlichung über seine ALGOL-Implementation erfolgte erst 1960 [DI60].

Die Löschung unnötiger Listenstrukturen erwies sich als schwer lösbares Problem. IPL hatte für diesen Zweck ein sehr komplexes System eingeführt. Listen waren im allgemeinen nur über eine bestimmte Variable erreichbar. Jedoch konnte man sie sich zum Gebrauch borgen. Wollte der Programmierer eine solche Liste dem Arbeitsspeicher wieder zuführen, so mußte er sicher sein, daß sie nirgends mehr ausgeborgt war.

Es gab einen expliziten Löschoperator. Für den Löschvorgang selbst scheinen externe Geräte benutzt worden zu sein [MCC74]. Um bei diesem Vorgang nur die Teile zu löschen, die nicht mehr gebraucht wurden, hatte man Verfügbarkeitsbits eingeführt. Nur die Teile, die zur Löschzeit wirklich frei verfügbar waren, wurden auch zum Löschen freigegeben. Das Problem, die Verfügbarkeit einer Teilstruktur zu bestimmen, wurde so zu einer wichtigen und komplizierten Aufgabe, weil sich diese Verfügbarkeit ständig änderte und weil das „Ausgeborgtsein" nicht einfach zu überschauen war.

In IPL-Programmen kam ein Verfügbarkeitsfehler häufig vor; Man sprach von einem *Speicherplatz-Dieb* (space thief), wenn wichtige Listenstrukturen gelöscht waren. Oft rechnete solch ein Programm mit zerstörten Listenzellen noch lange Zeit, ehe es mit völlig verdorbenen Fehlermeldungen abbrach.

Zu jener Zeit bot sich eine Idee von Collins [COL60, 63] an, die Verfügbarkeit durch Referenzzähler zu bestimmen. Diese Zähler sind jedem Wort, das Teil einer Listenstruktur ist, zugeordnet und enthalten die Anzahl der

Bezugnahmen, die auf das betreffende Wort gemacht werden. Will man nun Teilstrukturen löschen, so werden nur die wirklich beseitigt, deren Referenzzähler gleich Null ist. Kann man einen Teil löschen, dann werden alle Referenzzähler, auf die sich dieser Teil bezieht, um Eins verringert.

Die Verfolgung dieser Idee für LISP erwies sich als ungünstig auf der IBM 704, denn diese Maschine besaß zwar sechs freie Bits in jedem Wort, aber diese waren getrennt.

Die neue Idee war, daß der Programmierer sich um das Löschen nicht mehr kümmern solle. Dies war zunächst die einfachste Lösung, da man noch keine Speicherprobleme hatte und so das Problem erst einmal weggeschoben war.

Später erarbeitete man (wahrscheinlich McCarthy selbst) die Vorstellung von der dynamischen Speicherverwaltung und ihrem Kernstück, dem Regenerator (reclaimer). Nur wenn der Speicherplatz erschöpft ist, beginnt ein Prozeß, bei dem alle erreichbaren Worte bestimmt werden und die unerreichbaren in die Freispeicherliste gestellt werden. Dieser Vorgang wurde von den Programmierern als *Abfallsammeln* (Garbage Collection) bezeichnet, ein Begriff, der zunächst wegen seiner Vulgarität in Veröffentlichungen nicht verwendbar schien (er wurde dann von den Rezensenten durch „reclaimer" ersetzt), sich aber inzwischen durchgesetzt hat.

Im Zusammenhang mit dem Garbage Collection mußte man bestimmen, welche Listenstrukturen erreichbar sein sollten. Da dazu jedenfalls alle diejenigen zu rechnen waren, die vorübergehend im Kellerspeicher aufgehoben worden waren, mußte man dafür sorgen, daß andere Informationen, die im Keller abgelagert worden waren, nicht als Zeiger in den Listenspeicher interpretierbar waren. So mußten ganze Zahlen und Gleitkommazahlen in einen Bereich der Konstanten umgelegt werden und mit Zeigern referiert werden. Allerdings scheinen die Zahlen zunächst als Listen von Ziffern dargestellt worden zu sein.

So war das Garbage Collection als Programm erfunden, ebenso seine Unterordnung als Teilprogramm von **CONS**. Später sorgte man dafür, daß dem Benutzer Ergebnisse des Garbage Collections als Speicherstatistiken zur Verfügung gestellt wurden.

Auf diese Art war nach und nach ein Programmsystem entstanden, das durch handübersetzte LISP-Funktionen erweiterbar war. Von den Programmen, die in dieses System eingebettet waren ist nur ein Programmsystem zur Behandlung elektrischer Netzwerke bekannt, das nach J. Moses [MOS71] das erste Vereinfachungsprogramm enthielt: [GOB59, ED59] und weiterhin Malings Differentiationsprogramm [MAL59].

Einige der Festlegungen sind für die Folgezeit ungünstig gewesen. Sicher gehört dazu die — für die Implementation technisch günstige — Idee, die

Listen mit Null abzuschließen und das Atom, das als Wahrheitswert verwendet wurde, ebenfalls (zunächst wurde sogar die 0 selbst dazu eingesetzt). Dieses Atom hieß **NIL** (bzw. wurde kurze Zeit später **NIL** genannt), aber die Frage nach **NIL** wird mit der Funktion **NULL** getätigt. „Außer der Ermutigung pornographischer Programmierung hat die Zuordnung einer speziellen Bedeutung zur Adresse 0 in allen darauffolgenden Implementationen Schwierigkeiten gemacht.“ [MCC78a].

Eine Definition der Programmiersprache LISP existierte zu dieser Zeit allerdings noch nicht, da ein Compiler fehlte, der eine exakt festgelegte Syntax erzwungen hätte. Für die Übersetzung der Papierprogramme in die Assemblerform genügten grobe Festlegungen, und zur Not reichte ein Kommentar. In dieser Situation sollte ein Artikel entscheidend werden, den McCarthy Anfang 1959 zu schreiben begann [MCC59d] und der Anfang 1960 in der Communications ACM erschien [MCC60c]. McCarthy wollte hier seine Auffassung darlegen, daß seine Sprache, wie sie damals war, genauso gut für die Theorie der Berechenbarkeit als Beschreibungsmittel geeignet sei, wie etwa der Apparat der Turing-Maschinen. Natürlich war sie auch praktischer, weil die wesentlichen Dinge viel schneller ausgeführt werden konnten („... man konnte wirklich beweisen, daß sie besser (neater) ist ... man konnte weniger komplizierte Beweise machen ...“ [MCC74].

Um zu zeigen, daß man mit LISP nicht nur die berechenbaren Funktionen viel einfacher beschreiben kann, sondern daß man auch den gleichen Funktionsumfang erhält, wählte McCarthy die Aufgabe, eine allgemeine (universelle) LISP-Funktion zu schreiben und zu zeigen, daß sie kürzer und verständlicher ist als die Beschreibung einer universellen Turing-Maschine. Eine universelle Turing-Maschine wird dadurch charakterisiert, daß sie auf ihrem Eingabeband die Beschreibung einer anderen Turing-Maschine und Daten für diese bekommt und sie dann imitieren kann. Demnach mußte die universelle LISP-Funktion die Beschreibung von LISP-Funktionen als Datum akzeptieren und damit entsprechende Leistungen zeigen, d. h. also die Arbeit der betreffenden Funktion ausführen können.

Zu diesem Zweck mußte eine Notation gefunden werden, in der alle LISP-Ausdrücke und LISP-Funktionen als symbolische Ausdrücke beschreibbar waren. Dies ist nicht so einfach, da die LISP-Ausdrücke schon symbolische Ausdrücke sind. Durch Einführung des Quotierens wurde dieses Problem gemeistert, und McCarthy gelangte zu dem bekannten Übersetzungsmechanismus ([MCC60c], S. 186f.):

1. Ist **E** ein S-Ausdruck, dann ist **(QUOTE E)** das Übersetzungsresultat.

2. Variable und Funktionsnamen, die durch Folgen von kleinen Buchstaben dargestellt sind, werden übersetzt in die entsprechenden Folgen mit großen Buchstaben.
3. Eine Form $f(e1; e2; \dots; en)$ wird zu $(f^+, e1^+, e2^+, \dots, en^+)$ übersetzt (dabei zeigt der Index + das Resultat des Übersetzungsvorgangs auf Teilausdrücke an).
4. $[p_1 \rightarrow e_1; \dots; p_n \rightarrow e_n]$ wird in **(COND**$(p_1^+, e_1^+) \dots (p_n^+; e_n^+)$**)** übersetzt.
5. $\lambda[[x_1; \dots; x_n]; e]$ wird in **(LAMBDA**$(x_1^+, x_2^+, \dots, x_n^+)\ e^+$**)** übersetzt.
6. label $a$:$e$ wird in **(LABEL,** $a^+$, $e^+$**)** übersetzt.

Der Operator label erschien notwendig, um auch rekursive Funktionen bezeichnen zu können. Als man diesbezügliche Schwierigkeiten mit dem λ-Kalkül zu haben glaubte, schlug Rochester diese Änderung vor. Allerdings wäre es auch ohne gegangen, nämlich mit einer Konstruktion, die dem Churchschen paradoxen Kombinator **Y** entspricht.

Natürlich war die Tragweite des Entschlusses, Daten und Programme in derselben Notation zu schreiben, nicht von Anfang an klar. Die der universalen Turing-Maschine äquivalente Funktion **EVAL**[1]) war nur als theoretisches Vehikel gedacht, um einen Beweis führen zu können, der Übersetzungsprozeß ebenfalls.

Die Niederschrift des Artikels und die Formulierung der Ausdrücke auswertenden Funktion hatte jedoch eine Reihe von unerwarteten Folgen. Diese wurden hauptsächlich ausgelöst durch die zufällige Entscheidung von S. Russell, die Funktion **EVAL** in ein Assemblerprogramm überzuführen. „Steve Russell sagte, ‚Gib mal her, warum sollte ich nicht dieses **EVAL** programmieren ... ?', doch ich antwortete ihm, ‚Ho ho, du verwechselst Theorie und Praxis, denn dieses **EVAL** ist zum Lesen gedacht und nicht fürs Rechnen...' Doch er ging und tat es..." [MCC74].

Zu dieser Zeit, als McCarthy an seinem Artikel arbeitete, war das Compilerprojekt noch gar nicht richtig begonnen worden. In der Situation ohne Compiler war die implementierte **EVAL**-Funktion als Interpreter ein regelrechter Lückenfüller [MCC76]. Da sie aber die Möglichkeit bot, die LISP-Programme nach einer einfachen Umformung an das laufende System anzuschließen, wurde sie auch benutzt.

Die Benutzung führte dazu, daß man die bisher inkonsequent aus Ausdrücken und Anweisungen aufgebauten Programme ganz streng zu verschachtelten Ausdrücken umformen mußte. Nun wurde es erst erforderlich, die „Funktion" **prog** einzuführen, um doch einen gewissen Teil des gewohnten

[1]) D. Park behauptet, daß im November 1958, als er zu McCarthys Gruppe stieß, **APPLY-EVAL** bereits arbeitete. Es mag sein, daß das arbeitende System mehr die damalige Gesamtheit der handübersetzten Funktionen war.

FORTRAN zu retten. LISP ist erst eine Ausdruckssprache, seit es die implementierte **EVAL**-Funktion gab.

Richtig ernst genommen wurde auch der Interpreter noch nicht. Einige der ersten Implementationen von LISP (mindestens auf der Q-32) verzichteten ganz auf die Interpretierung, ohne sich damit von LISP entfernen zu müssen. Erst als LISP in ein Time-Sharing-System eingebettet war, dürften alle Vorteile der Verarbeitung durch einen Einlesen-Interpretieren-Ausgeben-Zyklus klar geworden sein.

„Die unerwartete Existenz eines Interpreters führte zur Kaltstellung der Form der Sprache", schreibt McCarthy [MCC78a], um unerwünschte Folgen der **EVAL**-Implementierung zu charakterisieren, „und einige der Entscheidungen, die eher leichten Herzens für die Veröffentlichung von ‚recursive functions...' gefällt worden waren, erwiesen sich später als unglücklich. Diese schließen die **COND**-Notation für bedingte Ausdrücke ein, die zu einer unnötigen Menge von Klammern führt...".

„Ein Grund für die anfängliche Bereitschaft, mit den Nachteilen der internen Form von LISP zu leben, war, daß wir immer noch hofften, Programme als M-Ausdrücke zu schreiben. Das Projekt, M-Ausdrücke präzise zu definieren und sie zu compilieren oder sie mindestens in S-Ausdrücke zu übersetzen, war weder beendet noch explizit aufgegeben worden. Es war nur in die unbestimmte Zukunft verschoben, doch dann erschien eine neue Generation von Programmierern, die die interne Notation jeder FORTRAN- oder ALGOL-ähnlichen vorzog..." [MCC78a].

So ganz direkt war der Weg von der Veröffentlichung zur Implementierung allerdings nicht gewesen. Bei der Übersetzung und Testung müssen S. Russell und D. Edwards noch eine Reihe von Fehlern beseitigt haben. Dem heutigen Leser, wenn er einige Kenntnis von LISP hat, springen diese natürlich ins Auge. Es ist einigermaßen kurios, daß C. R. Jordan 1973 eine kritische Veröffentlichung über die Fehler dieser ersten **EVAL**-Funktion schrieb [JO73].

Neben notationellen Fehlern (Benutzung undefinierter Funktionen und unklaren Zeichen (z. B. =) in [MCC59d] deutlicher als in [MCC60c]) findet sich die unerwünschte Eigenschaft, daß bei jeder Bestimmung des Funktionsnamens in der Assoziationsliste (wo die lokalen Variablenbedeutungen abgelagert sind) die Argumente ausgewertet werden. Daß eine Funktion etwa errechnet werden könnte, ist völlig ignoriert worden. Diese Fehler sind in den später veröffentlichten **EVAL-APPLY**-Funktionen beseitigt worden [MCC62c, 63e].

Auch für McCarthys wissenschaftliche Interessen war der Artikel über die universelle LISP-Funktion folgenreich. Zunächst wurde sein Interesse für die Theorie der rekursiven Funktionen wesentlich erhöht, und er beschäftigte sich weiter mit der Frage, wie man auf seinem LISP-Kalkül eine brauchbare

Theorie der Berechenbarkeit aufbauen könnte. Beim Nachdenken darüber, was eine solche Theorie zu leisten hätte, kam er zum Problem des Beweisens von Programmeigenschaften usw., wie er dies in seiner Grundsatzarbeit [MCC63a] darlegte. In einer frühen Form äußerte er sich Anfang 1961 zu diesem Thema [MCC61b].

Andererseits hatte er, wie es ihm später klar werden mußte, nicht nur eine universelle LISP-Funktion geschrieben, sondern gleichzeitig die Semantik (der ihm noch gar nicht bekannten) Sprache LISP beschrieben. DIJKSTRAS Urteil [DI72] über die LISP-Definition „als kuriose Mischung dessen, was die Sprache bedeutet, und davon, wie der Mechanismus arbeitet", trifft die Sache genau, obwohl sie ins Leere zielt: Die Definition war nicht beabsichtigt!

Sicher ist, daß McCARTHY später von seinem Ansatz, LISP zu beschreiben, ausging, um Vorschläge für die Definition der Semantik von Programmiersprachen zu machen [MCC64] und daß diese Vorschläge ungemein einflußreich waren. Die Wiener Definitionssprache ist ein Abkömmling seiner Ideen.

Um es zusammenzufassen: Ganz plötzlich und unabsichtlich war durch die Implementierung von **EVAL** eine zweite Sprachform neben der bisherigen Sprache LISP entstanden. Vorerst nannte man die neue Sprache nach den symbolischen Ausdrücken (den LISP-Daten) *S-Sprache*. Die ältere Form bekam den Namen *M-Sprache*, weil man in ihr über die Arbeit in der S-Sprache (z. B. den Auswertungsmechanismus) sprechen konnte (M von meta). Obwohl die M-Sprache bald nur noch zum Entwerfen der Programme (wenn überhaupt) benutzt wurde und nicht einmal ein Übersetzungsprogramm von M-Sprache zu S-Sprache geschrieben wurde (dies kann an der Nichtverfügbarkeit eines Geräts mit dem erforderlichen Zeichensatz gelegen haben), verschwand sie nie ganz. McCARTHY selbst hat offenbar immer die M-Sprache bevorzugt. ALLENS Buch über LISP [ALL78] verwendet nur die M-Sprache und nennt die S-Sprache eine Repräsentationsform. SANDEWALL [SAN75b] betont die Unabhängdgkeit der externen Notationsweise von der internen Darstellung, die die S-Ausdrücke widerspiegeln. Dennoch ist LISP heute mit der S-Sprache von damals identisch.

Mit der Fertigstellung des Übersetzers der **EVAL**-Funktion und ihrer Verbesserung ist das erste LISP-System so weit gediehen daß es direkt benutzungsfähig war. Durch die Einfügung der Funktionen **APPLY**, **EVAL**, **EVCON** und **EVLIS** ([MCC60c], S. 189) in das vorhandene Programmiersystem war so ein interpreterorientiertes System geschaffen, dessen Vorteile durch McCARTHYS gleichzeitige Arbeiten auf dem Gebiete der Time-Sharing-Systeme sichtbar wurden.

Übrigens hatte sich so ziemlich am Anfang ein schöner Fehler [ALL78] in das System eingeschlichen, der die Form der Sprache wesentlich beeinflußte: Das Druckprogramm vergaß, die Kommata zu drucken, oder lieferte ein nicht druckbares Zeichen. Jedenfalls stellte man fest, daß die Listen ohne die Kommata viel besser lesbar waren. So wurde das Druckprogramm belassen und die Notation geändert.

Noch heute nimmt das Komma eine kuriose Stellung ein: Jedes LISP-Programm kann auch mit Kommata notiert werden, und üblicherweise würden die LISP-Systeme auch richtig einlesen. Aber niemand benutzt das Komma in dieser Weise. Weil das Komma aber dadurch zum Syntaxzeichen wird, führt es ein wahres Schattendasein: Falsche Benutzung würde syntaktische Fehler auslösen und richtige Benutzung ist nicht üblich! Es ist gewissermaßen ein Unzeichen.

Im Grund läßt sich kein genaues Datum für die Fertigstellung des ersten LISP-Systems angeben. Wenn wir von Parks Erinnerung ausgehen, daß eine frühe **EVAL-APPLY**-Version schon im November gelaufen war, dann dürfte durch schrittweise Erweiterung, Verbesserung und Überarbeitung des Systems, einzelner Funktionen oder Veränderung der Atomstrukturen immer ein mit weniger werdenden Einschränkungen benutzbares Programmiersystem vorhanden gewesen sein.

Die Studenten Edwards, Goldberg, Markstein und Rubenstein haben sicher schon Anfang 1959 mit ihren Arbeiten zur Nutzung der Formelmanipulation für die Berechnung elektrischer Schaltkreise begonnen. Leider enthält der Fortschrittsbericht vom Anfang Januar 1959 [MCC59b] keinerlei Hinweise.

Im April ist der Zustand aber schon sehr entwickelt. Es wird eine ganze Serie von Programmen explizit erwähnt, die in LISP geschrieben wurden. Allerdings scheint man daneben auch noch die Assemblersprache genutzt zu haben (so etwa vermutlich für das von Shannon, McCarthy, Abrahams und Kleinrock in Erarbeitung befindliche Schachprogramm). „Der gegenwärtige Status des Systems kann wie folgt zusammengefaßt werden:

(a) Die Quellsprache ist entwickelt worden und wurde in verschiedenen Memoranda der AI-Gruppe beschrieben.

(b) 20 nützliche Unterprogramme sind in LISP programmiert, in SAP (Assemblersprache der IBM 704) handübersetzt und ausgetestet worden. Darunter sind Routinen für Einlesen und Ausgeben von Listenstrukturen.

(c) Eine Routine zum Differenzieren elementarer Funktionen wurde geschrieben. Eine einfache Version ist ausgetestet und eine kompliziertere Version, die jede Funktion differenzieren kann, wenn eine Formel für ihren Gradienten gegeben ist, ist beinahe ausgetestet.

(d) Eine universelle Funktion **apply** ist in LISP geschrieben, handübersetzt und ausgetestet worden. Wenn ein symbolischer Ausdruck für eine LISP-Funktion und eine Liste von Argumenten gegeben sind, dann berechnet **apply** das Resultat der Anwendung der Funktion auf die Argumente. **apply** kann als Interpreter für das System dienen, und es wird für das Austesten von LISP-Programmen verwendet, bevor diese in die Maschinensprache übersetzt werden.

(e) Die Arbeit an einem Compiler ist begonnen worden. Ein Entwurf ist in LISP geschrieben und wird diskutiert, bevor er in die Maschinensprache übersetzt oder mittels **apply** ausgetestet wird.

(f) Das LISP-Programmiersystem basiert ... mathematisch auf einer Methode, die allgemeinen rekursiven Funktionen von symbolischen Ausdrücken zu generieren" ([MCC59c], S. 122).

In dem Report selbst, der ja der Entwurf für die Arbeit „Recursive functions ..." [MCC60c] darstellt, erwähnt McCarthy zwei Compilerversionen und das Garbage Collection.

Bis zum Sommer 1959 schlossen Edwards und Rubenstein ihre Arbeiten für den Grad des Bachelor of Science ab; im Herbst beendete Goldberg seine Masters Thesis.

Auf dem Jahrestreffen der ACM, Anfang September 1959, stellte Mc Carthy seine Programmiersprache LISP zum erstenmal der Öffentlichkeit vor [MCC59g]. Über das Echo ist nichts bekannt. Eine ähnliche Vorführung des über eine Schreibmaschine interaktiv benutzbaren Systems (das Flexowritersystem von Luckham und Edwards) wird von McCarthy in [MCC78a] sehr humorvoll beschrieben.

Edwards blieb nach seinem Abschluß am MIT und nahm mit der Zeit den Platz von Maling ein, der ab 1960 in den Vierteljahresberichten nicht mehr als Gruppenmitglied erwähnt wird. In dieser Zeit begann McCarthy an einem Manual für LISP zu arbeiten, wurde aber nicht damit fertig [MCC 59f].

Die Zeit bis Anfang 1960, wo fast gleichzeitig der Artikel „Recursive functions ..." [MCC60c] und das LISP1 Manual [MCC60b] erschienen sowie mit der Arbeit an der IBM709 begonnen wurde, war zum guten Teil ausgefüllt mit der Arbeit am Compiler und der Lösung des Problems mit den freien Variablen.

R. Brayton hatte, unterstützt von K. Maling und D. Park, den Compiler schließlich so weit, daß er weitgehend fehlerfrei arbeitete. Üblicherweise werden Beschleunigungen um das 60-fache oder Zahlen wie Laufzeit interpretativ 30 Minuten, compiliert 10 Sekunden, angegeben. Grob charakterisiert, kann der Compiler als einerseits zu den späteren Programmen gleicher

Art sehr ähnlich (er war ja das Vorbild!), aber auch andererseits als verschieden zu ihnen bezeichnet werden.

Zum einen produzierte der Compiler eine Liste von symbolischen Codes — in „LISP Assembler" (LAP). Anschließend wurde dieses Programm assembliert und als neue Maschinenfunktion dem System hinzugefügt. Viele der Programmteile sind in den späteren Compilern entweder kopiert oder direkt übernommen worden.

Zum zweiten aber war der produzierte Code in seiner Art sehr verschieden von dem durch spätere Compiler erzeugten Code: Für lokale Variablen wurden Plätze durch **GENSYM** erzeugt und am Programmende angehängt. Rekursive Funktionen mußten diese lokalen Variblen erst explizit in den Keller befördern, bevor sie mit ihrer Arbeit beginnen konnten. Da das Befehlsformat nicht wie später aus Befehl und Operanden bestand, sondern ein Element für Marken freigehalten wurde, traten keinerlei Atome innerhalb der **LAP**-Code-Ebene auf.

Um zu wirkungsvollen Programmen zu kommen, wurden die Funktionen **CAR**, **CDR**, **CONS**, **GO**, **NULL**, **PROG** und **RETURN** „offen" übersetzt. Hinzu kam möglicherweise auch **ATOM**.

Auch das Variablenproblem wurde in dieser Zeit gelöst. Einer der ersten großen Anwender des LISP-Systems, J. Slagle, stieß auf Unstimmigkeiten im Verlauf der Programmierung für sein Integrationsprogramm. Er arbeitete mit großer Intensität, wie McCarthy [MCC76] sich erinnert, und bemühte sich um effiziente Lösungen für die Teilfunktionen. Dazu verwendete er in einem Fall funktionale Argumente und die inzwischen eingebaute Möglichkeit, statt Funktionsnamen Variable und beliebige Ausdrücke in funktionaler Stellung zu notieren („... dies ist logisch unnormal, und ich lehnte diesen Gebrauch ab. Ich glaube aber, mancher benutzte es doch." [MCC76])

Slagle versuchte eine Funktion zu schreiben, die testen sollte, ob ein gegebenes Prädikat von allen Teilen eines S-Ausdrucks erfüllt würde. Er schrieb das „... in einer netten rekursiven Art mit Funktionen von Funktionen als Argumente, aber es arbeitete nicht. So beschwerte er sich natürlich. Ich verstand diese Beschwerde niemals allzu gut und sagte nur, ‚Oh, es muß irgendwo ein Fehler versteckt sein'. Steve Russell und Dan Edwards behaupteten, daß es hiermit fundamentale Schwierigkeiten gäbe, doch ich glaubte es nicht und forderte sie auf, den Fehler zu finden." [MCC74]

Irgend jemand, vermutlich Russell oder Edwards (Park weist auf Patrick Fischer hin [MCC78a]), bemerkte dann als Ursache dieses Problems die Konflikte zwischen den Werten der globalen bzw. freien Variablen bei der Funktionsdefinition und ihren Werten beim Aufruf der Funktion. Diese Konflikte treten im Normalfall nicht auf, weil alle Funktionen in einem

```
COMPILE
(((LABEL, MEMLIS, (LAMBDA, (X, Y), (PROG, (M1), (SETQ, M1, Y), M2,
(COND, ((NULL, M1), (RETURN, F)), ((EQUAL, (CAR, M1), X),
(RETURN, T))), (SETQ, M1, (CDR, M1)), (GO, M2))))))
(MEMLIS, BSS, 0)
( , SXD, G0001, 4)          save index register 4
( , STO, G0002)             store x
( , STQ, G0003)             store y
( , CLA, G0003)
( , STO, G0007)             set M1 = y
(G0006, BSS, 0)             location M2
( , CLA, G0007)
( , TNZ, G0008)             to G0008 if null[M1] = F, or
( , CLA, $ZERO)             return with AC = F if null M1 = T
( , TRA, G0005)
(G0008, BSS, 0)
( , LDX, G0007, 4)
( , CLA, 0, 4)
( , PAX, 0, 4)              car[M1]
( , SXD, G0011, 4)
( , LDQ, G0002)             x
( , CLA, G011)              car[M1]
( , TSX, EQUAL, 4)
( , STO, G00010)            result of equal test (note that the compiler
( , CLA, G00010)            stores everything it computes) transfer
( , TZE, G0009)             if car[M1] ≠ x
( , CLA, $ONE)              otherwise return with AC = T
( , TRA, G0005)
(G0009, BSS, 0)
( , LDX, G0007, 4)
( , CLA, 0, 4)
( , PDX, 0, 4)              cdr[M1]
( , SXD, G0007, 4)          set M1 = cdr[M1]
( , TRA, G0006)
(G0005, BSS, 0)
( , STO, G0004)             answer (true (one) or false (zero))
( , CLA, G0004)
( , LXD, G0001, 4)          restore original index register 4
( , TRA, 1, 4)              return
END OF APPLY, VALUE IS ...
(MEMLIS)
```

Abb. 7. Compilierung von **MEMLIS** in LISP1 ([MCC60c], S. 58, 59)

Grundniveau definiert werden. Da $\lambda$-Ausdrücke aber auch Funktionen darstellen, kann die Verwendung von globalen Variablen in solchen $\lambda$-Ausdrücken problematisch werden, wenn sie über ein funktionales Argument oder ein Auswertungsergebnis aus der Umgebung transportiert werden, in die sie ursprünglich eingepaßt waren. Ähnliche Probleme traten wenig später in ALGOL 60-Compilern auf (most recent error).

Um die Schwierigkeiten zu beseitigen, wurde **FUNARG** eingeführt (diese Lösung entspricht praktisch der Einführung von dynamischer und statischer Kette in ALGOL 60 [BERR70]).

„Man versuchte, es mir zu erklären, aber ich war zerstreut oder jedenfalls abgelenkt und nicht aufmerksam, so daß ich zunächst wirklich nicht begriff, was das **FUNARG**-Ding machte, sondern erst einige Jahre später. Aber dann wurde bekannt, daß dieselbe Art von Schwierigkeiten auch in ALGOL 60 auftauchten, und zu dieser Zeit war die LISP-Lösung dafür, diejenige, die Steve Russell und Dan Edwards einfach ausgekocht hatten, um den Fehler zu beseitigen, eine umfassendere (more comprehensive) Lösung dieses Problems als jene, die zur gleichen Zeit in ALGOL-Compilern existierte“ [MCC74].

Inzwischen hat sich allerdings gezeigt, daß die Fälle, die zu Variablenkonflikten führen, verhältnismäßig selten sind. Schon die Tatsache, daß mehrere Erläuterungen des Problems SLAGLES Funktion verwenden, um ein praktisches Beispiel zu haben, deutet darauf hin. Ebenso bezeichnend ist, daß diese Demonstrationen fehlerhaft sind (obwohl allerdings der entscheidende Punkt jeweils richtig herausgearbeitet wird); Fehler deuten aber auf das Unverständnis hin, wozu eine solche Funktion wohl nützlich sein könnte [SAU64a, MCC78a].

In den heute verwendeten LISP-Systemen wird **FUNARG** aber wohl doch nur im Ausnahmefall eingesetzt. Das gilt trotz der aufwendigen Implementierung in INTERLISP, die aber für andere Zwecke ebenfalls verwendbar ist und insgesamt höchst selten wirklich verwendet werden dürfte.

Die Ursache ist, daß sich inzwischen ein bestimmter Programmierstil durchgesetzt hat. LISP bietet mit der Verwendung funktionaler Argumente, mit impliziten $\lambda$-Ausdrücken und dem Label-Konzept viele Möglichkeiten, Programme zu schreiben, die kaum noch verständlich, schwer zu testen und zu verbessern, aber vielleicht besonders wirkungsvoll sind. Ein fehlerhaftes, aber schnelles Programm ist nicht sehr nützlich. So ist man mit der Zeit mehr und mehr dazu übergegangen, diese drei Sprachelemente nicht zu benutzen bzw. im Fall funktionaler Argumente nur noch mit Funktionsnamen zu arbeiten.

Dieser meistgeübte Programmierstil ist mehr auf unabhängige Funktionen gerichtet (globale Variablen werden als „schädlich“ betrachtet

[WU73]). Man definiert eine Menge von Funktionen, die gleichberechtigt nebeneinanderstehen. Die Unterordnung wird durch Übergabe der Kontrolle zur Laufzeit hergestellt; die Variablenbereiche sind so weit wie möglich getrennt und tunlichst lokal; globale Variable werden selten benutzt.

Dieser praktische und überschaubare Programmierstil entspricht weitgehend den Forderungen, die die moderne Programmiermethodik aufstellt. Man trifft zwar noch Ansichten, daß die vielen Freiheiten in LISP die wahren Stärken der Sprache wären. Dabei wird aber völlig vergessen, wie viele Programme ohne diese Sprachelemente geschrieben wurden und sich in durchaus komplizierten Umgebungen bewähren. Außerdem wird übersehen, daß ein mit solchen Mitteln arbeitendes Programm kaum jemals richtig ausgetestet oder gar verifiziert werden kann.

Das LISP1 Programmers Manual (datiert mit dem 1. 3. 1960) verfaßte P. A. Fox, die im September 1959 zu McCarthys Gruppe gestoßen war. Ein durchaus interessantes System wird darin beschrieben. Es umfaßte zu dieser Zeit etwa 90 Funktionen, von denen einige höchst eigenartig und speziell waren (wie die so unverständliche Funktion **CP1** in LISP1.5), andere aus Edwards und Goldbergs Arbeit stammten. So gab es Funktionen zum Vereinfachen, Differenzieren, Multiplizieren von Matrizen und für andere Matrizenmanipulationen, die wahrscheinlich im Rahmen der Arbeiten in Assembler umgesetzt worden waren und als Systemteile überlebt hatten.

Ein wichtiger Teil des Systems war das schon erwähnte *Flexowriter-System*, das auf der Basis einer das Time-Sharing vorwegnehmenden Idee (time stealing) interaktive Arbeit ermöglichte.

Es lag nun ein System vor, dessen Erarbeitung durch ein fehlendes Konzept nur langsam hatte vorangehen können [MCC76]. Die intellektuelle Führung lag ganz in den Händen von McCarthy und Minsky; die eigentliche Programmierarbeit wurde von S. R. Russell und D. E. Edwards ausgeführt. Weiterhin waren an der ersten Implementation L. Hodes, D. Luckham, K. Maling und D. Park beteiligt. Von diesen kann nur K. Maling ein konkretes Objekt, die Ein- und Ausgabeprogramme zugeordnet werden. Die Arbeit von Brayton und Park am Compiler ist schon mehrfach erwähnt worden.

Zu der Arbeitsatmosphäre jener Zeit liegt ein eindrucksvoller Bericht von Abrahams [AB76] vor: „Das ursprüngliche System wurde von zwei angestellten Programmierern, Steve Russell und Dan Edwards, entwickelt, zuzüglich einer Anzahl von Graduatestudenten, deren Namen im LISP1.5-Manual angeführt sind. Wir alle arbeiteten in einem großen Raum, der im selben Haus war, wie die IBM 704. Hier waren auch die Projektbesprechungen, die einmal in der Woche stattfanden. Unter Zimmer lag direkt neben den

Arbeitsräumen von M. Minsky und J. McCarthy. So begann das Treffen immer damit, daß M. Minsky und J. McCarthy durch die Verbindungstür eintraten. Die erste Implementation wuchs so ziemlich holterdiepolter, und es dauerte eine ganze Zeit, bis die Anstrengungen einigermaßen koordiniert waren. Die Maschinenmöglichkeiten waren keine allzu guten, und LISP-Jobs brauchten eine Menge Zeit. Ein bestimmter Standardlauf dauerte immer ein wenig mehr als 5 Minuten, und deshalb hatten Steve und Dan einen Standardtrick: Sie bestellten die Maschine für einen Anwesenheitstest, der auf 5 Minuten begrenzt war. Zum Schluß gelang es ihnen immer wieder, den Operator dazu zu bewegen, ihnen noch eine extra Minute zuzubilligen, von der sie natürlich von vornherein wußten, daß sie nötig sein würde."

Auch McCarthy erwähnt die fehlende Organisation [MCC76]: „Die Atmosphäre war sehr locker zu Anfang, zum Teil, weil das Projekt selbst eine informale Existenz hatte (es war nie ein offizieller Start für das MIT Artifical Intelligence Project gegeben worden). Es gab keinen geschrieben Vorschlag für seinen Beginn, und alle Beteiligten wurden vom MIT Rechenzentrum und vom MIT Forschungszentrum für Elektronik (R. L. E.) unterstützt (bzw. waren dort angestellt). Die einzigen wirklichen Projektleute waren die Sekretärin (M. B. Webber) und die Programmierer und unser einziges Gerät ein Lochstreifenlocher. Verlor jemand das Interesse an der Arbeit, so wechselte er einfach zu einer neuen Beschäftigung."

Die Studenten waren hauptsächlich Nutzer des Systems. Die Arbeiten von S. H. Goldberg [GOB59] zur Berechnung elektrischer Netzwerke und von D. J. Edwards [ED59], der Resultate Goldbergs benutzte, waren schon erwähnt worden. Der von Goldberg erarbeitete arithmetische Vereinfacher ist von den anderen Studenten, z. B. von C. S. Rubenstein [RUB59] und P. Markstein [MCC59c], benutzt worden und in der Arbeit von T. P. Hart [HART61] weiterentwickelt worden. Moses [MOS71] gibt an, daß Goldbergs Programm noch in Assemblersprache geschrieben war und als das erste existierende Vereinfachungsprogramm angesehen werden kann. Bekannt ist ferner, daß im Integrationsprogramm von Slagle dieser Vereinfacher benutzt wurde [SL61]. Das Differentiationsprogramm von Maling [MAL59] ist ebenfalls schon erwähnt worden.

Als weitere Hauptaktivktät darf die Überprüfung mathematischer Beweise angesehen werden, mit der sich McCarthy [MCC61a], Abrahams [AB63, 64] sowie Bobrow, Maling und Park [MCC59c] beschäftigten. Daneben wurde noch über automatische Beweisgenerierung gearbeitet; Bobrow und Raphael beschäftigten sich mit der Verarbeitung der natürlichen Sprache und einfachen Frage-Antwort-Systemen [BO63b, RA63]. Weitere Projekte waren: die Entwicklung einer mechanischen Hand (Bobrow, Minsky und Shannon), Schachprogramme (Abrahams, Kleinrock,

McCarthy und Shannon) und der Advice Taker (McCarthy, Minsky, Russell [MCC59b, c, 60a].
Aus diesen Aktivitäten erwuchsen für die Studenten Promotionsarbeiten, die zwischen 1961 und 1963 verteidigt wurden.

Es fällt auf, daß keiner der Studenten die durch McCarthys Arbeit aufgeworfenen theoretischen Probleme in der rekursiven Funktionentheorie oder der Theorie der Berechenbarkeit anging. Ebenso merkwürdig ist, daß die auf dem LISP1-Manual verzeichneten Studenten überhaupt nicht zu Promotionen bezüglich LISP oder unter Anwendung von LISP kamen.

Dazu schreibt Park [PAR78]: „Ich denke, daß McCarthy, während er uns darin überlegen war, die Bedeutung der Sache einzuschätzen, ..., selbst genauso wie jeder andere überrascht war, daß eine Sache von einer derartigen allgemeinen Bedeutung für die Informatik, entstanden war. LISP machte, daß alles einfach aussah. Paradoxerweise sahen für uns, die wir nach Forschungsgegenständen Ausschau hielten, in gewissem Sinne die Sachen zu einfach aus. McCarthy begann einen guten Teil der theoretischen Bedeutung in seine Arbeit über die „Mathematische Theorie der Berechnung" zu gewinnen — aber er mußte dies fast ganz allein tun. Der Rest von uns, insbesondere ich, hat die Botschaft viel langsamer erfaßt. Keiner der Forschungsstudenten, die als Koautoren des LISP1 genannt sind, begann eine Doktorarbeit, bei der Rechner benutzt wurden oder deren Thema Programmierung war. Ich selbst, der ich mich über LISP erregte und mit unberechtigtem Zorn McCarthys anfängliche Arbeit an seiner Theorie der Berechnung zusah, die mir viel zu schlicht erschien, als daß sich ein so intellektuell ambitionierter Student wie ich damit befassen sollte, ich endete bei einer Doktorarbeit in mathematischer Logik...".

Anfang 1960 war die Implementation des LISP-Systems für die IBM709 begonnen worden, wie McCarthy in [MCC60c] berichtet. In der Zeit danach schied ein guter Teil der Studenten aus, und andere, unter ihnen T. P. Hart und M. I. Levin, kamen und beteiligten sich an der Arbeit. Irgendwann wurde die IBM709 durch eine IBM7090 ersetzt, und Mitte 1962 war LISP durch so viele Verbesserungen gelaufen, daß ein neues Manual erforderlich wurde. Levin hat es erarbeitet. Es ist mit dem 17. 8. 1962 fertiggestellt worden und wurde mit „LISP1.5 Programmers Manual" überschrieben.

Die Unterschiede zwischen LISP1 und LISP1.5 können wie folgt beschrieben werden:

1. Unterschiede bei den Datenstrukturen

a) LISP1 erlaubte keine ganzen Zahlen, sondern nur Gleitkommazahlen. Diese waren ähnlich wie die Atome strukturiert und wurden in einer Liste der Gleitkommazahlen zusammengefaßt. Bei der Auswertung mußte eine etwa auftretende Gleitkommazahl quotiert werden.

LISP1.5 führt auch ganze Zahlen ein und ändert die Struktur beider Zahlentypen wesentlich. Es kann viele Zahlenobjekte gleichen Wertes geben. Zahlen können ohne Quotierung ausgewertet werden — sie selbst sind das Ergebnis.

b) LISP1 erlaubte keine Punktnotation **(A . B)**.

c) LISP1.5 führt Felder ein.

d) LISP1.5 ändert auch die Atomstruktur (es gibt nur noch **APVAL** als Indikator des globalen Wertes).

e) LISP1.5 führt die Notation **$$x** ... x für Atome mit Sonderzeichen ein.

f) LISP1 erlaubte keine zyklischer Strukturen.

2. Unterschiede bei den Funktionen

a) LISP1 erlaubte nur Funktionen mit 10 Argumenten. LISP1.5 erweitert dies bis zur Zahl 20.

b) In LISP1 durfte nur **LIST** unbestimmt viele Argumente haben. LISP1.5 systematisiert dies und führt eine ganze Reihe solcher Funktionen ein.

3. Änderungen in dem Funktionsspektrum

a) LISP1 stellte für die Arithmetik nur die Funktionen **SUM**, **PRDCT** und **EXPT** für Addition, Multiplikation und Exponentiation zur Verfügung. LISP1.5 hat ein breites Spektrum (s. Abschnitt 5.3).

b) LISP1.5 führt die Ein- und Ausgabefunktionen für Zeichenmanipulation ein.

c) In LISP1 hatte man versucht, durch Hilfsfunktionen die Verarbeitung von Funktionen der **CAR-CDR**-Familie zu effektivieren (**DESC**, **MAKCBLR**, **PICK**). LISP1.5 beseitigt dies, indem es dem Nutzer überlassen wird, für die erforderlichen Funktionen zu sorgen.

d) **GO** war in LISP1 eine **SUBR** und wertete das Argument in üblicher Weise aus.

e) Durch Einführung der gepunkteten Paare wird die A-Liste anders und mit ihr die Funktion **SASSOC**.

f) Die Funktion **TRACKLIST** heißt jetzt **TRACE**.

g) **CSET** und **CSETQ** werden in LISP1.5 eingeführt.

h) Die Funktion **ERRORSET** wird für den Beweis-Überprüfer von Abrahams in LISP1.5 eingeführt.

4. Änderungen am Compilersystem

a) Das LAP hat eine neue Struktur: Marken sind Atome in der Programmebene, die Befehle haben so ein Element weniger.

b) Der LISP1.5-Compiler ist wesentlich neu. Er erzeugt Funktionen, die für temporäre Variable Speicherplatz im Keller belegen.

5. Änderungen im Verarbeitungssystem überhaupt

a) In LISP1 war eine Art **APPLYQUOTE** die Hauptfunktion: Der Nutzer hatte Triplets zu liefern: Funktion, Argument und A-Liste.

In LISP1.5 ist **EVALQUOTE** die Hauptfunktion. Der Nutzer muß Doublets von Ausdrücken liefern: Funktion und Argumentliste.

b) In LISP1 sprach man davon, daß Atome eine Assoziationsliste haben und das System mit einer Eigenschaftsliste arbeite. In LISP1.5 sind die Bezeichnungsweisen vertauscht worden.

c) Das Flexowritersystem wurde in LISP1.5 beseitigt.

d) Die Objektliste ist als Hash-Liste organisiert.

e) Die Fehlermeldungen sind weitgehend geändert.

f) Jedes **PROG** mußte in LISP1 mit einem **RETURN** beendet werden.

g) Ein Spaßvogel sorgte dafür, daß am Anfang und Ende eines Laufs des LISP1.5-Systems Begrüßung und Endzeitangabe in Form eines Lewis-Caroll-Zitats erfolgte.

Nicht unerwähnt bleiben darf die Tatsache, daß aus etwa 90 Funktionen inzwischen rund 140 geworden waren. Daß zusätzlich eine Unmenge von Details in der Implementation geändert worden waren, versteht sich von selbst.

Das LISP1.5 Manual [MCC62c] stellt heute die klassische Beschreibung der Sprache LISP dar. Es hat sich gegenüber seinem Vorgänger von 1960 durchgesetzt wegen der Veränderungen und Verbesserungen, wegen der offenbar weiter verbreiteten Maschine, aber auch auf Grund des lange Zeit fehlenden Nachfolgers. Die kurze Verwendungszeit des LISP1-Systems auf der IBM704 hat dieses System fast völlig in den Schatten treten lassen. So gibt es heute Stimmen, die LISP1 mit dem sogenannten „reinen LISP" (LISP ohne Prog-Feature und Seiteneffekte) gleichsetzen. Daß dies nicht korrekt ist, zeigt ein kurzer Blick auf die von McCarthy in [MCC60c] angegebenen Teile des Systems, die das Prog-Feature mit einschlossen. Wie McCarthy berichtet [MCC76], gab es ja von Anfang an sequentielle Elemente und Zuweisungen.

Der Terminus „reines LISP" wird erst im LISP1.5 Manual ([MCC62c], S. 14) verwendet („the pure theory of LISP"). Er bezeichnet hier den Komplex, der aus M-Sprache, S-Ausdrücken, Übersetzungsprozeß M- zu S-Ausdrücken und theoretischen universellen Auswertungsprogramm APPLY-EVAL besteht. Jedoch „... der Leser sei gewarnt, denn diese Funktionen sind nur pädagogische Mittel...".

Ein weiteres terminologisches Problem stellt die Bezeichnung LISP1.5 dar. Nach McCarthy ist dieser Name erst 1962 eingeführt worden, als die Variante für die IBM7090 bereits lief: „Der Name kam mit dem neuen Manual“ [MCC76]. Man fühlte offenbar, daß das neue System dem alten wesentlich überlegen war. Man wollte aber nicht zu der Bezeichnung LISP2 greifen, weil die Ideen für LISP2 schon entwickelt worden waren [MCC76]: „Wir wußten schon, daß wir LISP 2 schreiben wollten.“ Die Ideen für LISP2 scheinen von Anfang an durch das Erscheinen von ALGOL in eine ganz bestimmte Richtung gegangen zu sein. Erste Veröffentlichungen zu LISP2 tragen diesen Namen jedoch nicht (vgl. allerdings [ED62]) und sind erst ab 1963 nachweisbar (z. B. [MCC63f.]).

Das LISP-System auf der IBM7090 gab den Benutzern große Arbeitsmöglichkeiten. Es war mit einem rudimentären Stapelverarbeitungssystem (**OVERLORD**) versehen, das die Abarbeitung von geschlossenen Paketen von Funktionsaufrufen gestattete und die Rettung bzw. Wiederherstellung des Systems auf einem Magnetband überwachte.

Entscheidend geprägt wurde das System durch das Eingabeformat (Doubletten von Funktionsnamen und Argumenten) und durch den Interpreter, der auf A-Listen-Verarbeitung beruhte. Nur in Ansätzen implementiert war die Arbeit mit Eigenschaften und P-Listen, was durch die **EXPR**-Form (d. h. nicht als Maschinenprogramme) der wichtigsten P-Listen-Funktionen (**DEFINE**, **DEFLIST**, **CSET**, **CSETQ**, **FLAG** usw.) belegt ist. Durch **ATTRIB** kam die neueste Eigenschaft ans Ende der P-Liste.

Die insgesamt implementierte Menge von Funktionen war mit 113 Elementen schon so enorm, daß das Programmsystem insgesamt 170 000 (oktal) Worte umfaßte. Der überarbeitete Compiler stellt den Ursprung einer ganzen Familie von Compilern dar, die teilweise noch heute im Gebrauch sind.

Jede heute existierende LISP-Implementation bezieht wesentliche Teile ihrer Entwurfsphilosophie aus dem LISP1.5-System auf der IBM7090 des MIT.

Diese kurze Charakteristik genügt an dieser Stelle. Im Kapitel 5 wird die LISP1.5-Implementation näher beschrieben.

Das LISP1.5-System übte eine starke Anziehungskraft auf alle Wissenschaftler aus, die im Umkreis von Cambridge an Problemen der Sprachimplementierung und künstlichen Intelligenz arbeiteten. Die mit LISP geschriebenen Programme erschlossen einen ganz neuen Bereich der Programmierung, und die Schöpfer dieser Programme wollten die so vorteilhafte LISP-Umgebung nicht mehr missen. Mußten sie ihren Arbeitsort wechseln, so nahmen sie das System mit. Der Kreis um McCarthy schwoll in kurzer Zeit stark an. Viele der heute auf dem Gebiet der künstlichen Intelligenz maßgebenden Wissenschaftler haben damals an der LISP1.5-Implementation mitgewirkt. Die eigentliche Hauptarbeit war natürlich von den beiden Programmierern geleistet worden.

Nach den Angaben des Manuals ([MCC62c], S. iv) sind folgende Arbeitsgebiete bekannt: Interpreter — S. R. RUSSELL und D. J. EDWARDS; Ein- und Ausgabe — J. MCCARTHY, K. MALING, D. J. EDWARDS und P. W. ABRAHAMS; Garbage Collection und Arithmetik — D. J. EDWARDS; Compiler — T. P. HART und M. I. LEVIN. In der anregenden Umgebung sind zu nennen: M. L. MINSKY, B. RAPHAEL, L. HODES, D. M. R. PARK, D. C. LUCKHAM, D. G. BOBROW, J. R. SLAGLE, N. ROCHESTER, C. E. SHANNON, R. K. BRAYTON, L. KLEINROCK, S. H. GOLDBERG, P. FOX, H. ROGERS Jr., H. TEAGER, D. A. DAWSON, E. L. IVIE, P. G. JENSEN und U. SHIMONY.

Als MCCARTHY im November 1962 das MIT verließ, um einer Berufung nach Stanford zu folgen, begann LISP bekanntzuwerden. Implementationen auf anderen Rechnern wurden gemacht, größtenteils von Teilnehmern an der LISP1.5-Implementation. Durch die Einbettung von LISP in Time-Sharing-Systeme und den dadurch möglichen interaktiven Betrieb sollten sich die Eigenschaften von LISP weiterhin bewähren.

Der Anfang war gemacht.

## 4.3. Lokale Verbreitung von LISP 1962—1966

Mit dem Wechsel von MCCARTHY vom MIT Cambridge zur Stanford University war ein zweites LISP-Zentrum entstanden.

Zunächst arbeitete MCCARTHY (mit den ihm folgenden Helfern) in der „Computer Science Division“ des Departements für Mathematik, später (1964) spaltete sich die Abteilung als eigenständiges Department ab. Die erste Zeit war neben der Verfolgung theoretischer Arbeiten [MCC63c, d] der Übernahme des LISP-Systems und seiner Verbesserung gewidmet. Als das Stanford Artifical Intelligence Project im Juni 1963 eröffnet wurde, hatte MCCARTHY sechs Mitarbeiter [EAR73].

Die nächste Etappe der Weiterentwicklung von LISP ist wesentlich durch die Arbeiten auf dem Gebiete der Time-Sharing-Systeme gekennzeichnet.

Die Idee, einen Rechner dadurch mehreren Benutzern verfügbar zu machen, daß man die Arbeitszeit der Zentraleinheit stückelt und die Zeitquanten gleichmäßig verteilt, taucht etwa 1958 bis 1959 auf [STR59].

MCCARTHY hatte schon 1959 begonnen, verwandte Ideen in die Tat umzusetzen. Noch auf der IBM704 war ein System aufgebaut worden, das auf dem Einschieben kleiner Programmstücke zwischen die Jobs eines Stapelverarbeitungssystems beruhte. Das Betriebssystem fragte nach Beendigung eines Jobs, ob von einem Terminal (damals zumeist ein einfacher Fernschreiber oder Flexowriter) eine Eingabe zu machen wäre und bediente, falls die Frage positiv beantwortet wurde, damit ein Zwischenprogramm. Wenn die Jobs im Stapel auf eine Verarbeitungszeit von 1 Minute begrenzt waren, so konnte der interaktiv arbeitende Programmierer mit einer akzeptablen Antwortzeit rechnen. Allerdings mußte das Programm für die Dialogarbeit ständig im Hauptspeicher sein. Durch einen Glücksumstand waren dafür die Voraussetzungen gegeben: Die Kundenprogramme erwarteten nur einen verfügbaren Speicherplatz von 8192 Worten, während der Speicher gerade auf 32768 Worte vergrößert worden war [MCC78a]. Nachdem EDWARDS und LUCKHAM [MCC60a] Anfang 1960 die nötigen Routinen geschrieben hatten, konnte McCARTHY die Vorteile der On-Line-Arbeit studieren. Offenbar war der an sich bescheidende Erfolg so ermutigend, daß McCARTHY sich stark für das Time-Sharing einsetzte. Das LISP1-System diente zur Demonstration der Vorteile interaktiver Arbeit, obwohl es eigentlich keine Zeitaufteilung benutzte, sondern sonst verlorene Zeit „stahl". Deshalb wurde dieses rudimentäre Verfahren auch *Time-Stealing* genannt [MCC78a].

Durch McCARTHYs Initiative wurde am MIT Interesse wach, und es wurde Studiengruppen gegründet, die sich mit dieser Problematik befassen sollten. McCARTHY leitete das MIT Computer Working Committee und war Mitglied in einem Preliminary Study Committee. Man bot ihm sogar die Leitung des MIT-Rechenzentrums an, um die Implementierung eines Time-Sharing-Systems direkt leiten zu können, doch er blieb bei der künstlichen Intelligenz. So wurde H. TEAGER, der Leiter der zweiten Studiengruppe, Organisator der MIT Arbeit zum Time-Sharing.[1])

---

[1]) In seiner ausführlichen Dartsellung der frühen Geschichte der Time-Sharing-Systeme hebt T. J. GLAUTHIER [GL67] den Anteil von McCARTHY hervor. GLAUTHIER zeigt die Beziehungen des CTSS zu den frühen interaktiven Systemen (z. B. FITZGERALDS Remote Computing System von 1955) und dem militärischen Großprojekt SAGE, einer Gemeinschaftsarbeit von Militärs, MIT und Lincoln Laboratories, an dem unter anderen die Time-Sharing-Pioniere FORRESTER, FANO, LICKLIDER, MILLER, MINSKY und McCARTHY mitgewirkt hatten. Daneben erwähnt er die Gründung der Firma Digital Equipment durch IBM-Mitarbeiter (als diese durch ihre Erfahrung, gewonnen bei der Arbeit an SAGE, zur Entwicklung eines neuen Rechners geführt wurden, trennten sie sich von IBM, sei es, weil man sie nicht genug förderte, sei es, weil ihnen die kommerzielle Bedeutung ihrer Idee klar war) und die Entwicklung des pdp-1, der von seiner Struktur her für Time-Sharing geeignet war.

Nach GLAUTHIER besteht folgende zeitliche Abfolge: 1. CTSS auf IBM7090 (CORBATO, MIT) 1961; 2. BBN auf pdp-1 (McCARTHY, BBN) Sept. 1962; 3. JOSS (RAND-Corp.) Mai 1963; 4. auf pdp-1 (FANO, MIT) Mai 1963; 5. auf pdp-4 (ADAMS, Adams Ass. Inc.) Juli 1963; 6. auf Q-32 (LINDE, SDC) Juli 1963; 7. auf pdp-1 (McCARTHY, Stanford) August 1963; wenig später das Basic-System am Darthmouth-College.

Allerdings scheinen seine Ideen etwas unrealistisch gewesen zu sein; jedenfalls zog F. J. Corbato einen bescheideneren Entwurf vor und begann 1960 auf eigene Faust, sein experimentelles Time-Sharing-System zu realisieren. 1961 lief auf einer IBM7090 die erste experimentelle Version [COR62a] dieses Systems. Man sammelte rasch Erfahrungen, und auch das LISP-System, ohne wesentliche Änderungen, lief unter der Steuerung dieses Betriebssystems. Im Verlauf des Jahres 1962 wurde so aus einem Versuch das bekannte CTSS [COR62b], das schließlich auf der IBM7094 lief.

McCarthy hielt nicht nur popularisierende Vorlesungen über Time-Sharing [MCC62a], sondern initiierte die Konstruktion eines kleineren Systems für die pdp-1 bei der Firma BBN [MCC63b]. Die Programmierarbeit leistete unter der Anleitung von E. Fredkin ein Angestellter der Firma, Boilen. Da der Rechner sehr klein war, nur 8 K umfaßte, konnte man nie mehr als ein Programm unterbringen. Fredkin erdachte als „schlechte Ersatzlösung“ die Auslagerung des gesamten Programms auf die Trommel und die Einlagerung des neuen Programms. Glücklicherweise konnte beides mit einer Operation ausgeführt werden. Die so entdeckte Technik des *Swapping* ist dann in fast allen Time-Sharing-Systemen die Standardlösung geworden. Obwohl bei der Trennung McCarthys vom MIT ausgemacht worden war, daß die Weiterentwicklung und Pflege des LISP-Systems nun in Stanford stattfinden sollte [MIN63a], erzwangen die durch den Time-Sharing-Betrieb erforderlichen Umstellungen viele Arbeiten am MIT. Die tägliche praktische On-Line-Arbeit mit LISP im CTSS erwies die vortreffliche Eignung der Sprache und des Programmsystems für die Dialogarbeit; sind doch Programme, Eingabe- und Ausgabedaten in einundderselben Sprache.

Die Entdeckung von Fehlern und die Verfolgung von Wünschen, die bei der Verwendung des Systems entstanden, führte zur ständigen Pflege und Überarbeitung auch am MIT. Des öfteren wurden verbesserte Versionen in den Dienst gestellt [ED64a, MART64].

Unter den Erweiterungen muß die Einführung von Makros erwähnt werden, die durch T. P. Hart [HART63b] ausgelöst wurde. Bemerkenswert an der Implementierung des Makro-Konzepts war, daß die LISP-Makros während der Interpretation wie spezielle Funktionen behandelt wurden, indem nämlich die Expansion eines Makros durch Berechnung des auszuwertenden Ausdrucks vorgenommen wurde. Die Makro-Expansion während der Compilierung unterschied sich nicht von der in anderen Programmiersprachen üblichen Verfahrensweise.

Eine zweite wesentliche Arbeit, die an LISP geleistet wurde, war die Bemühung, sekundäre Speichermedien in die Arbeit einzuschließen. Einen guten Überblick über den Stand vermittelt die Arbeit von D. J. Edwards [ED63] „Sekundäre Speicher in LISP“. Der Autor berichtet über die Magnetbandarbeit im ursprünglichen 7090-LISP und die erweiterte Benutzung dieser Geräte durch LISP-Bibliotheken, in denen Funktionen sowohl im Quellformat, d. h. als S-Ausdrücke, als auch im LAP-Format, d. h. als compilierte Funktionen, stehen könnten.

Für die Anordnung compilierter Funktionen im Hauptspeicher schlägt Edwards den Ring-Puffer vor, der es ermöglicht, daß jede geladene Funktion eine bestimmte Zeit im Speicher verbleibt. Da aktive Funktionen vor dem Entferntwerden geschützt werden sollten, versprach sich Edwards von dieser Lösung, daß sie in typischen LISP-Situationen nahezu in voller Maschinengeschwindigkeit angesprungen und abgearbeitet werden könnten.

Durch die Kombination dieser Idee mit der von Minsky geäußerten Vorstellung über ein kompaktierendes Garbage Collection, das die sekundären Speichermedien nutzt [MIN63c], könnte man die Größenverhältnisse von Ring-Puffer und Listenspeicher entsprechend den dynamischen Anforderungen ändern.

Eine dritte Möglichkeit, die Edwards sieht, um mit zu umfangreichen Funktionsmengen auszukommen, besteht in der Deklaration von „demnächst" benutzten Funktionen, die dann vorsorglich zu laden wären.

Für die LISP-Geschichte von höchstem Interesse sind Edwards' Ausführungen zu Paging-Techniken. Nach seinen Angaben hatte man schon 1963 einen pdp-1 am MIT mit einem virtuellen Speicher versehen (Mc Carthy und Fredkin halten J. Dennis für den Projektverantwortlichen [FRE77]). Der pdp-1, der 4096 Worte à 18 Bit besaß, stellte normalerweise nur etwa 800 Worte für den Listenspeicher bereit. Durch Seitenaustausch mit einer Trommel, die 88K Worte aufnehmen konnte, wurde dieser Arbeitsspeicher wesentlich vergrößert. Edwards bemängelt die noch unvollkommenen Techniken des Software-Paging für die Bezugnahmen auf andere Seiten (cross page references) und die daraus resultierende enorme Verlangsamung des Rechenprozesses. Leider erwähnt er nicht die Entwickler des Systems und gibt auch sonst keine Daten.

Die heute oft verwendeten Methoden des Auslagerns von Zwischenergebnissen mittels symbolischer Ausgabe auf Arbeitsdateien, von denen sie, falls benötigt, wieder eingelesen werden können, werden von Edwards skeptisch beurteilt. Die Ursachen hierfür liegen in den zu hohen Anforderungen, die der Autor an diese Variante der Verwendung von sekundären Speichern stellt. Aus heutiger Sicht erscheint die Begrenzung dieser Methode auf normale Listenstrukturen als völlig ausreichend. Die zyklischen und BLAM-Listen ([ED63], S. 5), mit denen sich Edwards beschäftigt, treten doch verhältnismäßig selten auf.

Als letzte Möglichkeit für die Arbeit mit externen Speichermedien beschreibt EDWARDS noch den automatischen kompaktierenden Listenstruktur-Hauptspeicherauszug, durch den versucht werden soll, wenigstens einen Teil des aktiven Listenspeichers zeitweise auf sekundäre Speicher abzulagern.

CENTRO DE CALCULO ELECTRONICO.

CIUDAD UNIVERSITARIA.

Mexico, 20, D. F.

FIRST INTERNATIONAL LISP CONFERENCE

December 30, 1963 - January 4, 1964

Preliminary List of Participants and papers.

| | |
|---|---|
| DULOCK, VICTOR.- | LISP. Applications to Symmetric group, Dirac groups and Lie algebras. |
| EDWARDS, DANIEL.- | Secondary Storage in LISP. |
| EVANS, THOMAS.- | Character String manipulation in LISP. |
| HART, TIMOTHY.- | Macro Instructions for LISP. |
| HAWKINSON, LOWELL.- | Data structures and arrangements in LISP. |
| HEARN, ANTHONY C.- | LISP. Computation of Feynman Graphs. |
| LEVIN, MICHEL.- | Algebraic Compiler with LISP. |
| Mc. CARTHY, JOHN.- | The LISP. 2 Compiler |
| Mc. INTOSH, HAROLD V.- | The use of operator predicates in LISP. |
| MINSKY, MARVIN.- | Garbage Collector methods |
| THOMAS, BILLY S.- | Use of arrays in LISP. Group theory programs. |
| WEIZENBAUM, JOSEPH.- | Open Ended compilation. |
| WILLIAMS, JOSEPH.- | A LISP. Page plotter. |
| WOOLDRIDGE, DEAN.- | An Algebraic Simplify Program in LISP. |
| YATES, ROBERT.- | LISP. Group Analysis programs in LISP. Compiler for a variable word machine (Gamma 30 Scientific) |
| RUSSELL | Debugging aids |
| VERHOVSKY | Fns analoguous and similar |

December 15. 1963

Abb. 8. Programm der 1. Internationalen LISP-Konferenz

Alles in allem bietet diese Arbeit eine gute Übersicht über das LISP-Know-How jener Zeit. Sie war für den 1. Internationalen LISP-Kongreß vorgesehen, der vom 30. 12. 1963 bis zum 3. 1. 1964 in Mexiko City stattfand. Diese Konferenz sollte als erstes internationales Forum für die Diskussion der Sprache und ihrer Implementierung dienen. Allerdings sind von den Materialien dieser Konferenz nur die beiden Arbeiten von Minsky und Edwards bekannt.

Daß ein solches Treffen sinnvoll war, zeigt die um die Jahreswende 1963 bis 1964 gestiegene Aktivität bezüglich LISP. In Cambridge wurde an mehreren Stellen an der LISP-Implementation gearbeitet; in Stanford wurde das alte System überarbeitet, und weitere Zentren, an denen LISP bearbeitet wurde, waren im Entstehen. Einen recht guten, allerdings unvollständigen Überblick über die Lage Ende 1963 gibt der Artikel von Bobrow und Raphael über Sprachen für die Symbolmanipulation [BO64c].

Allerdings ist diese Arbeit etwas unvollständig. Sie enthält nämlich keinen Hinweis auf die Bemühungen von H. McIntosh um die Weiterverbreitung von LISP. Dieser hatte etwa 1960 am MIT diese Programmiersprache kennengelernt und zunächst an der University of Florida eine LISP-Version implementiert, mit der er experimentierte. Später, Anfang 1963, ging er als Professor an die Universität von Mexiko nach Mexiko City. Dort scharte er einen Kreis von Studenten um sich, mit denen er Probleme der symbolischen Informationsverarbeitung in Angriff nahm. Man verfügte Ende 1963 über eine IBM 709 und benutzte entweder die originale LISP 1.5-Version aus Cambridge oder eine eigene Variante. Mitarbeiter McIntoshs waren damals unter anderen A. Guzman und L. Hawkinson.

Der letztere war zu dieser Zeit schon kein LISP-Neuling mehr. Er hatte LISP etwa 1962 kennengelernt und an der Yale-University ein System aus Interpreter und Compiler für eine IBM709 programmiert. Er folgte Mc Intosh über die University of Florida nach Mexiko, wo er erneut an einer Implementation arbeitete. Am Ort der Konferenz herrschte demnach ein anregendes Klima für die Weiterentwicklung von LISP.

Über vier der Systeme, die damals in Cambridge aufgebaut wurden, liegen gute Informationen vor. Alle vier haben einigen Einfluß auf die Weiterentwicklung der Implementierungstechnik und der äußeren Form der Sprache LISP gehabt.

Das von T. P. Hart und T. G. Evans für einen M460 [TH58] in den Air Force Cambridge Research Laboratories entwickelte LISP-System [HART 64a] zeichnete sich durch seine damals neuartige Entwicklungstechnologie aus: Zunächst wurden die Hauptfestlegungen über die internen Strukturen getroffen und der Garbage Collector programmiert. Dann wurden alle erforderlichen Maschinenroutinen geschrieben (**CAR, CDR, CONS, RPLACA, ATOM, GENSYM, NUMBERP, PLUS, TIMES, GREATERP, EQP, READ, PRIN1, TERPRI, PUN1, TERPUN, EVALQUOTE, SET, VALUE** und einige andere). Der Abschluß bestand in der Herstellung eines LISP-Compilers in LISP (durch Modifikation des 7090-LISP-Compilers) und dessen Verwendung, um den LISP-Interpreter und die restlichen Grundfunktionen für die neue Maschine zu übersetzen. Diese Arbeit wurde auf der IBM7090 durchgeführt. Resultat war ein großes Maschinenprogramm, das zu den vorher geschriebenen einzelnen Routinen hinzugefügt wurde. Schließlich wurde auch der zum Transport verwendete Compiler in die neue Umgebung übernommen.

Aber nicht nur technologisch stellte das M460-LISP eine Neuheit dar. Es enthielt drei wesentliche Unterschiede zum LISP1.5 auf der IBM7090, denen zukunftsweisende Ideen zugrunde lagen: Die Interpretation basierte auf dem A-listenfreien Zugriffsschema (shallow access) (vgl. S. 208) und arbeitete nur mit Kellerspeicher und Wertzellen.

Um die Speicherstruktur zu vereinfachen und einfache Zeichenkettenverarbeitung durchzuführen, hatte man Namen und Zahlen als Listen von Zeichen bzw. Zahlstücken implementiert (character string lists). Abgesehen von den compilierten Programmen mußte der Speicher daher nicht in getrennte Bereiche aufgeteilt werden.

Die Zeichenlisten erforderten ein neues Syntaxelement: Um S-Ausdrücke einlesen zu können, die solche Zeichenliterale enthielten, kam man zur Übereinkunft, jedes Zeichenliteral mit einem Schrägstrich anzukündigen, etwa **(/A /B /C)**.

Abb. 9. Die Zeichenkettenliste **(/a /b /c)** im M460-LISP ([HART64a], S. 197)

Eine weitere Differenz, die aber für den Nutzer des Systems nicht sichtbar wurde, bestand in dem kompaktierenden Garbage Collector. Soweit bekannt, ist dieses Schema hier zum erstenmal benutzt worden.

In der ersten Phase wurden die aktiven Zellen markiert. Da die Zeiger das ganze Wort belegten, mußte mit Bittafeln gearbeitet werden, um die Benutzung einer Zelle anzuzeigen. Die Ausgangsbereiche für das Markieren waren compilierte Programme und Kellerspeicher (Objektliste wird nicht erwähnt). Während der Markierung wurden die aktiven Zellen gezählt.

Anschließend wurde in der 2. Phase der Speicher aufgeteilt in den zu verschiebenden Bereich und in den festen Bereich; im festen Bereich wurden die freien Zellen erfaßt.

Die Zellen des zu verschiebenden Bereiches wurden in der 3. Phase in diese freien Zellen verschoben. Dabei kam ein Zeiger auf den neuen Platz in die alte Zelle.

Zum Schluß mußte in der letzten Phase der gesamte Speicher nach Bezugnahmen auf verschobene Zellen im zu verschiebenden Bereich durchsucht und die neue Adresse eingesetzt werden.

Kurz nach Fertigstellung des M460 LISP begann SAUNDERS für den Q-32-Computer[1]) der Firma System Development Corporation, Santa Monica, ein LISP-System aufzubauen, das sich stark auf die Erfahrungen und Ergebnisse, die bei der Arbeit mit dem M460 gemacht worden waren, stützte. SAUNDERS erwähnt die konkrete Hilfe sowohl von HART, EDWARDS und LEVIN von Cambridge als auch von RUSSELL und MCCARTHY aus Stanford.

Das Q-32-LISP [SAU64b] hielt sich im wesentlichen an die LISP1.5-Festlegungen. Das von HART entwickelte Makro-System war Bestandteil des Interpreters. Neu war die Eigenschaft des Q-32-LISP, daß alle Funktionen, die mit **DEFINE** bzw. daß alle Makros, die mit **MACRO** definiert wurden, sofort compiliert wurden. Der Compiler benutzte daher nicht mehr die **COMMON**-Variablen, die im 7090-LISP1.5 notwendig waren, um die Arbeit von Interpreter und compilierten Programmen zu koordinieren, sondern nur noch **SPECIAL**-Variablen. Diese ersetzten auch die **APVAL**-Größen.

Das Garbage Collection basierte, wie schon im M460-LISP, auf einem Kompaktierschema.

Die Technologie für die Herstellung des Q-32-LISP ist derjenigen, die beim M460-LISP angewandt wurde, sehr ähnlich. Nach SAUNDERS [SAU64b] wurde halb in der Assemblersprache SCAMP und halb in LISP programmiert. Der LISP-Teil, der etwa 1900 Karten ausmachte, wurde auf der IBM7090 compiliert — ein Vorgang, der 40 Minuten in Anspruch nahm.

Der Teil, der in der Assemblersprache notiert war, enthielt die Grundfunktionen, einen Programmteil, der das auf der IBM7090 produzierte Resultat (auf Magnetband) der Compilierung einlas und verarbeitete und schließlich einen Teil, der Hauptspeicherabzüge im Q-32-System ausführen konnte.

---

[1]) genaue Bezeichnung AN/FSQ-32/V; nach MCCARTHY [MCC 76] ein militärischer Rechner; nur der eine ... wurde für wissenschaftliche Arbeit benutzt. Die Maschine hatte einen 64K Speicher von 48 Bit Worten und war im Prinzip eine bessere Maschine als die 7090. Allerdings bekam sie nie mehr Speicher und war schwer zu warten. Nach GLAUTHIER [GL67] war die Q-32 eine von der 7090 abgeleitete IBM-Maschine.

Wichtig für LISP war, daß dieser Rechner im Time-Sharing-Betrieb lief und auch hardwaremäßig an die damit zusammenhängenden Aufgaben angepaßt war. Allerdings soll das Software-Paging recht langsam gewesen sein.

Compiler, (**LAP**)-Assembler und eine Unmenge von LISP-Funktionen waren in dem LISP-Teil enthalten. Dieser Teil der Programme des Q-32-LISP ist vollständig beschrieben in [SAU64c].

Überhaupt galt das Q-32-LISP (vgl. auch [KAM64, WEIS65]) als hervorragend beschrieben [AB68], und der veröffentlichte Compiler dürfte bei vielen später entwickelten LISP-Systemen Pate gestanden haben.

Q-32-LISP hat sich noch etwas weiterentwickelt (schon SAUNDERS berichtete über zwei Versionen, Mark I und II) und wurde bis Ende 1967 benutzt. Es hatte zeitweise große Bedeutung als Basissystem für CONVERT [GUZ66] und LISP2 [AB66b], da der Q-32 über Fernverarbeitung sogar aus Mexiko-City erreichbar war.

Aus einem ähnlichen Grund, wie er bezüglich des Q-32-LISP gegeben ist, wurde das pdp-1-Basic-LISP [DEU64] bekannt: Bei seiner Beschreibung wurden nur nicht allgemeine Eigenschaften angegeben, sondern der gesamte Interpreter ist als Assemblerprogramm veröffentlicht worden.

Dieses System ist von L. P. DEUTSCH erstellt worden, der 1963 am MIT studierte, allerdings mehr privaten Programmierinteressen als dem Studium nachging. Die erste Version lag im Oktober 1963 vor, eine weitere Verbesserung wurde im März 1964 fertiggestellt. Möglicherweise war dieses System auch die Basis des pdp-1-LISP von EDWARDS [ED63] in dem virtuellen Speicher.

pdp-1-Basic-LISP benutzte minimal 2000 Worte und konnte in einem erweiterten 16K-pdp-1 den gesamten Speicher belegen. Natürlich konnte in einer so begrenzten Umgebung nicht viel gemacht werden. Die Eingabemedien waren Fernschreiber und Lochstreifenleser; die Ausgabe erfolgte normalerweise auf dem Fernschreiber. Bei der Eingabe hatte der Nutzer genauer als im LISP1.5 auf das Format (bestimmte Forderungen an Leerzeichen) zu achten, da das Einleseprogramm nicht so variabel war.

DEUTSCH's System war das erste, das sich konsequent von der übergeordneten Funktion **EVALQUOTE** löste und **EVAL** an ihre Stelle rückte. Daraus folgte die etwas unbequeme Notwendigkeit, die Argumente im Hauptniveau (top level) zu quotieren. Eine weitere Erfindung von DEUTSCH ist das Slash-Zeichen. Im pdp-1-LISP konnte nach dem „—" (overbar) jedes beliebige Zeichen auftreten und wurde als Buchstabe behandelt.

Dieses LISP-System sollte nicht das letzte auf einer pdp-1 sein, denn diese Maschine zeichnete sich durch eine große Flexibilität und eine für jene Zeit ungewöhnliche breite Peripherie aus.

Die Beziehungen, die die Herstellerfirma Digital Equipment zum MIT geknüpft hatte (auf Grund der örtlichen Nähe), waren immer sehr eng. In mehreren Fällen wurden neue Rechner sehr früh an das MIT geliefert. Ein wichtiges Beispiel für diese enge Zusammenarbeit war die Entwicklung eines LISP-Systems für die pdp-6.

Im Frühjahr 1964 begann eine Gruppe (zu der GREENBLATT und NELSON gehörten) von DEC-Mitarbeitern und Mitgliedern des Technical Railroad Club, einer Interessengemeinschaft von Studenten am MIT[1]), einen Interpreter und ein minimales LISP-System für die pdp-6 zu entwerfen, zu programmieren und einzufahren [WHI70]. Dieser unwahrscheinliche Schritt (es gab zu dieser Zeit noch keine arbeitsfähige pdp-6!) war möglich durch die Verwendung einer pdp-4, die gut ausgerüstet war und die die Arbeit der Programmverwaltung und -änderung, der Assemblierung und später die Ausgabe übernahm. Ob das Programm auch auf der pdp-4 gelaufen bzw. simuliert worden war, ist nicht bekannt. Man bedenke dabei, daß beide Maschinen sich nicht sehr ähnlich sind, denn sie gehören zwei getrennten Zweigen der DEC-Rechnerfamilie an (pdp-1, -4, -7 usw.; pdp-5, -8, -12 usw.; pdp-6, -10).

Als Mitte 1964 der erste pdp-6 Rechner [BEL78] an das MIT geliefert wurde, war das neue System das erste Programm, das auf der Anlage lief, und es diente gleichzeitig als Mittel, um die Maschine zu testen. Nach J. L. WHITE [(WHI70], S. v) war es das erste Programm, das überhaupt jemals auf einer pdp-6 gelaufen ist.

Über die ursprüngliche Version ist nicht viel bekannt. Die Ideen für den Entwurf sollen von der CTSS-Version auf der IBM7094 und dem pdp-1-Basic-LISP genommen worden sein. Für längere Zeit muß aber das pdp-6-LISP vollständig mit LISP1.5 verträglich gewesen sein. Es wurde zunächst mehr erweitert als geändert; insbesondere die Ein- und Ausgabemöglichkeiten verbesserten sich enorm (vgl. [MART65a, b]).

Die Mitglieder des Laboratoriums für künstliche Intelligenz am MIT machten auch die neue DEC-Anlagge populär [ED64b].

Auch die LISP-Systeme auf den IBM7090- bzw. 7094-Maschinen befanden sich in ständiger Weiterentwicklung. Dies war hauptsächlich erforderlich, weil ursprünglich LISP in einer Umgebung gearbeitet hatte, die nicht durch ein Betriebssystem organisiert worden war. Durch den Aufbau von speziellen und ganzen Betriebssystemen (z. B. FORTRAN MONITOR SYSTEM des CTSS) ergab sich die Notwendigkeit, LISP an diese Basissysteme anzupassen. Nachdem dies geschehen war, wirkten sich vor allem die Erfahrungen aus, die beim interaktiven Umgang mit dem CTSS-LISP-System gewonnen worden waren. Die Arbeit bis Ende 1964 läßt sich in [PROM2] beurteilen.

---

[1]) Mitglieder waren beispielsweise S. RUSSELL, R. A. SAUNDERS und A. KOTOK, der das erste Schachprogramm in LISP geschrieben haben soll.

An der Erweiterung dieses LISP-Systems arbeiteten nicht nur HART und EDWARDS, sondern später neben L. NORTON, W. TEITELMAN und W. MARTIN vor allen JOEL MOSES und ROBERT FENICHEL. Diese beiden vollendeten Anfang 1966 eine neue Version [MOS66].

Das geänderte System bot mehr Platz für die Daten und für verschiedene neue Funktionen. Die Ein- und Ausgabemöglichkeiten, die Fehlermeldungen (die bis dahin aus den alten Kürzeln des LISP1.5 von 1962 bestanden hatten -- vgl. [MCC62c], S. 32) und verschiedene Unterprogramme wurden verbessert. Dabei wurden viele alte Fehler entfernt. Einige Fehler mußten als zwar bekannt, aber noch nicht beseitigt angezeigt werden ([MOS66], S. 7).

Die neuen Funktionen waren hauptsächlich numerischer Natur ($e^x$, ln $x$, **NUMVAL**, **EXPT**), ermöglichten bessere Arbeit mit Teilen des LISP-Systems (so konnte der Nutzer z. B. die Zahl der freien Zellen im Bereich der compilierten Funktionen ermitteln, den Zeitgeber stellen bzw. abfragen usw.) oder erlaubten neue Aktionen mit Listen. Erwähnenswert ist hier die Funktion **EXPLODE**, die, ausgehend von einem beliebigen S-Ausdruck, eine Liste von Zeichen liefert, wie sie beim Drucken des Ausdrucks auf dem Papier erscheinen (als Erfinder gilt W. MARTIN).

Dieses neue CTSS-LISP scheint nur am MIT genutzt worden zu sein. Es war offenbar auch das letzte Glied der Familie von LISP-Systemen, die am MIT für Rechner der Familie IBM704-IBM7094 aufgebaut worden waren. Mit dem Erscheinen der pdp-6 wandte sich das Interesse diesem Rechner zu, der teilweise unter dem Aspekt der Anwendungen für die Listenverarbeitung entworfen worden war.

Verbreitet wurde dafür das Ergebnis der Arbeiten an der Stanford University. Zu den Arbeitsgebieten, die MCCARTHY ins Leben gerufen hatte, gehörte neben Formalmanipulation [EN63b, RUS63b], neben der Entwicklung des pdp-1-Time-Sharing-Systems auch die Weiterentwicklung des LISP1.5-Systems, das nach Stanford transferiert worden war.

Neben kleinen Additionen (Zeitfunktionen [EN63a]), kleinen Änderungen (etwa am Compiler [WOL64a]) machte man sich Gedanken über die Verstärkung der Fehlersuchhilfen im LISP-System [RUS63a]. Völlig neu waren einige Funktionen, die für die Arbeit mit Dateien auf Plattenspeichern gedacht waren. Sie ermöglichten das zeitweilige Ausgeben von S-Ausdrücken. Der Nutzer mußte allerdings seine Dateien selbst verwalten, um in den se-

---

1) Dies war ein displayorientiertes System mit 12 Terminals, das verstärkt wurde durch eine Kopplung zur IBM7090 [MCC67]. Die Programmierer, unter ihnen J. ALLEN, waren der Kern der Gruppe, die später das neue pdp-6/10-System bearbeitete.

quentiell aufgebauten Folgen von S-Ausdrücken den richtigen zu finden, den er einlesen wollte [WOL64b].

Dieses System, zeitweise LISP1.55 genannt, wurde der IBM-Nutzergemeinschaft SHARE übergeben. Mit einigen weiteren kleinen Zusätzen ist es in der Auflage 1965 des Manuals [MCC62c] als Anhang I beschrieben. Seine Fertigstellung ist dort auf den Februar 1965 datiert.

McCarthy und seine Mitarbeiter hatten Einfluß auf die Implementierung des Q-32-LISP. Fallweise dürfte dieses System auch von Stanford aus benutzt worden sein. Gemeinsam mit dem MIT arbeitete man am Entwurf von LISP2, wofür öfters Konferenzen abgehalten wurden und Positionspapiere erarbeitet wurden [MIT64]. Eine für die LISP-Geschichte folgenreiche Entwicklung begann ca. 1963 mit A. C. Hearns Arbeit an seinem LISP-Programm für die Berechnung von Wirkungsquerschnitten von Elementarteilchenreaktionen mittels Feynman-Diagrammen. Hearn, zu dieser Zeit als Physiker arbeitend, fand viel Gefallen an der Symbolmanipulation und begann 1965 mit dem Aufbau eines der wichtigsten (und sicher meistbenutzten) Formelmanipulationssysteme.

Für manche der bearbeiteten Aufgaben und die meisten Projekte war jedoch das LISP-System auf der IBM7090 nicht leistungsfähig genug und die Anlage selbst zu klein. Die Situation sollte 1966 durch einen pdp-6 grundlegend verändert werden (vgl. [MCC65]). Zwischen 1963 und 1964 wurde von Studenten in Stanford ein kleines LISP-System für die B5000 erstellt. Es mußte in ALGOL, der Maschinensprache dieses Rechners, programmiert werden.

Mit dem Ausscheiden von Bobrow aus dem MIT und dem Beginn seiner Arbeit bei der Datenverarbeitungsfirma BBN (Bolt, Beranek & Newman) war das dritte LISP-Zentrum in den USA entstanden. Bobrows Hauptarbeitsgebiet hatte am MIT hauptsächlich bei der Symbolmanipulation [BO63a] und der Verarbeitung natürlicher Sprache [BO64a] gelegen. Doch neben diesen bis heute weitergeführten Interessengebieten hat er sich schon immer mit den für diese Arbeitsgebiete erforderlichen Hilfsmitteln beschäftigt (vgl. z. B. [BO64c, d]).

Er hatte schon frühzeitig erkannt, daß Symbolmanipulation durch Hilfsmittel des Mustervergleichs unterstützt werden muß, hatte diese Mittel aber in LISP vermißt (fand sie aber in COMIT [YN61, 62]). So setzte er sich denn auch dafür ein, die „neue“ LISP-Version (d. h. LISP2) mit diesen Mitteln auszurüsten [BO64b, 65] und hatte überhaupt großen Anteil am Entwurf und möglicherweise auch an der Implementation von LISP2 (wenigstens in der Anfangszeit).

BBN hatte 1964 eine Abteilung, die sich eingehend mit LISP beschäftigte. Dort wurde unter anderem Anfang jenes Jahres ein großes Experiment zum Vergleich von Programmiersprachen gestartet [BE64]: Zwölf ausgesuchte Programmierer hatten in den Sprachen, in denen sie als Experten galten, sieben verschiedene Probleme zu programmieren. Erfaßt wurden Parameter über die Zeit für den Programmentwurf, für die Testung usw. Dabei schnitt LISP erstaunlich gut ab.

So benötigten die ALGOL-Experten 2 Stunden, der FORTRAN-Experte 1 Stunde, der COBOL-Experte 2 Stunden und der LISP-Experte (T. P. Hart vom MIT) 1 Stunde für die Programmierung. Um das Programm auszutesten, brauchte der ALGOL-Bearbeiter 4 Stunden, der FORTRAN-Bearbeiter 15 Stunden (und das im Dialogbetrieb im CTSS!), der COBOL-Bearbeiter 6 Stunden und Hart mit dem MIT-LISP-System 1 Stunde.

Der Betrieb des LISP-Systems unter CTSS sorgte dafür, daß Hart in der Gesamtbearbeitungsdauer deutlich vorne lag: Während für die Bearbeitung mit ALGOL 7 Tage, für die mit FORTRAN 16 Stunden (CTSS!) und für die mit COBOL gar 5 Wochen benötigt wurde, konnte Hart bereits 4 Stunden nach Empfang der Aufgaben die vollständigen Lösungen abliefern.

Damit war bewiesen, daß LISP nicht nur zum Entwerfen und Austesten von Programmen geeignet, sondern auch leicht zugreifbar war.

Eines der ersten Projekte, mit dem Bobrow sich bei BBN beschäftigte, war die Entwicklung eines neuen LISP-Systems für einen dort installierten pdp-1. Wie schon erwähnt, war dieser Rechner zwar klein (16 K Worte zu 18 Bits) und einigermaßen schnell (Zugriffszeit 5 $\mu$s), aber er war einer der ersten echten Computer für Echtzeitaufgaben. Der pdp-1 bei BBN war mit einer ausgezeichneten Peripherie ausgestattet (Lochstreifenleser und -stanzer, Teletype mit Leser und Stanzer, Magnetbandgeräte, Display mit Lichtgriffel und ein Graphican Tablet; dazu eine 88K Trommel mit einer Zugriffszeit von 17 ms).

Gemeinsam mit D. L. Murphy entwarf Bobrow ein LISP-System, das auf einem virtuellen Speicherkonzept aufbaute [BO66a, b, 68a]. Dieses System ist vor allem wegen seiner Speicherverwaltungstechniken bekannt geworden. Es dürfte als Studienobjekt wesentlich die Entwicklung des Betriebssystems TENEX [BO72] beeinflußt haben.

Bei dem extrem kleinen Speicher müßte man dafür sorgen, daß nur die wichtigsten Programme permanent im Speicher waren: Unterbrechungsbehandlung, Time-Sharing-Supervisor und Paging-System (4K). Ein Bereich von ebenfalls 4K Worten diente als Überlagerungsbereich für Interpreter und Laufzeitroutinen der compilierten Funktionen, für nicht-„kritische" LISP-Unterprogramme zur Listenverarbeitung, Ein- und Ausgabeprogramme, Garbage Collection, Anfangsprogramm.

Um die compilierten Funktionen möglichst zeitgünstig abarbeiten zu können, war ein Ring-Puffer aufgebaut worden, der mittels eines *Transfer-Vektors* verwaltet wurde. Durch die begrenzte Größe des Ring-Puffers (3400 Worte) konnte es geschehen, daß ein Programm, das Unterfunktionen aufrief, durch diese aus dem Ring-Puffer gedrängt wurde. Um einer solch unangenehmen Situation vorzubeugen, sollten Funktionsgemeinschaften aufgebaut werden, d. h. untereinander verknüpfte Mengen von Funktionen ([BO66a], S. 6).

Die Grundidee des virtuellen Speichers bestand in der Zuordnung von Adressenbereichen und Datentypen. Es sollte immer möglich sein, den Typ eines Objekts aus dem Zeiger abzuleiten, der auf dieses Objekt zeigt. Dazu diente die Aufteilung der Atomköpfe in **PRINT-NAMES**, **PRINT-NAME-POINTERS**, **FUNCTION-CELLS**, **PROPERTY-LIST-CELLS** und **VALUE-CELLS**. Der Zeiger auf ein Atom war der Zeiger auf die Wertzelle (**VALUE-CELL**). Aus diesem ließen sich die anderen Teile ableiten.

Nur die großen Zahlen waren in einem Zahlenspeicherbereich dargestellt. Alle Zahlen zwischen −32767 und +32767 wurden direkt durch Zeiger dargestellt, so daß einerseits Vergleiche ohne zusätzliche Seitenzugriffe von der Trommel ausführbar wurden und andererseits Platz gespart wurde ([BO66a], S. 11).

Bei der Konstruktion von Listenstrukturen verfuhr CONS nach heuristischen Regeln, um die Seite zu bestimmen, auf die eine neue Zelle kommen sollte ([BO66a], S. 12). Das Garbage Collection bestand aus einem lokalen Verwalter für die Seiten und einem anscheinend selten benutzten Dump-Programm für kompaktierte Strukturen [BO66c].

Mit diesen Festlegungen war das LISP-System sicher ein interessantes System. Laufzeitmessungen ergaben starke Abhängigkeiten von den Datenstrukturen, so daß ein Programm zwischen 10% und 50% seiner Abarbeitungszeit auf die Trommel warten mußte ([BO66a], S. 16ff). Offenbar waren die Erfahrungen mit den heuristischen Regeln für die Begrenzung der Streuung von Listenstrukturen über die Seiten so gut, daß sie auch später beibehalten wurde. Es ist immer noch ein offenes Problem, ob ein konsequent-kompaktierendes Garbage Collection oder ein CONS, das nach den Bobrowschen Ideen arbeitet, die bessere Lösung ist. Messungen und konkrete Vergleiche liegen jedenfalls nicht vor.

Obwohl das pdp-1-LISP-System von BBN nichts mit dem System von Deutsch (vgl. S. 199) zu tun hatte, war Deutsch doch an der Arbeit beteiligt. Er beriet Bobrow bei dem Entwurf der Kellerspeicherarbeit und schrieb eine der ersten Compilerversionen [BO76]. Kurz danach sollte Deutsch erneut ein LISP-System auf einem Rechner aufbauen, den etwas später auch Bobrow als Arbeitsrechner bekam.

1964—1965 wurde an der University of California in Berkeley aus der SDS930 die Seitenmaschine SDS940 entwickelt [PIRT66], die Time-Sharing angepaßt sein sollte. DEUTSCH, der zu dieser Zeit dort arbeitete, implementierte ein LISP-System [DEU66][1]) und beschäftigte sich mit Textverarbeitung [MOE65] im Dialog. Auf Grund der in diesem Zusammenhang gesammelten Erfahrungen war er eine wichtige Stütze bei der Transferierung des BBN-LISP-Systems zur SDS940 und beim Entwurf des Software-Paging-Systems [BO76, DEU76].

Das oben erwähnte Vergleichsresultat machte LISP in den Kreisen der Programmierer, die sich mit nichtnumerischen Problemen beschäftigten, attraktiv. Durch den popularisierenden Artikel BERKELEYS [BE64] und vor allem durch den Sammelband „The Programming Language LISP: Its Operation and Applications", der von BOBROW und BERKELEY gemeinsam herausgegeben worden war [BB64], wurde LISP nicht nur in Amerika bekannt, sondern auch im Ausland begann man auf diese Sprache und ihre Möglichkeiten aufmerksam zu werden. Obwohl im Laufe des Jahres 1966 an mehreren Stellen außerhalb der USA LISP-Implementationen begonnen worden waren, brachte die IFIP-Konferenz über Sprachen für die Symbolmanipulation in Pisa vom 5. bis 9. 9. 1966 den eigentlichen internationalen Durchbruch [BO68b].

VAN DER POELS erstes LISP-System soll zu dieser Zeit schon funktionsfähig gewesen sein [POE78], J. KENTS Diplomarbeit war fast fertig — das dem LISP1.5 nachgearbeitete LISP-System auf der CDC3600 arbeitete. In Polen begann man nach dieser Konferenz mit der LISP-Implementierung.

In Pisa war nicht nur über spezielle Implementationstechniken gesprochen worden, sondern Programmsysteme zur Formelmanipulation, wie z. B. MATHLAB, wurden auch vorgestellt. Die Angaben ENGELMANS [ENG66] über die Bequemlichkeit der Arbeit mit LISP sprachen für sich und waren eine hervorragende Werbung. So dauerte es nicht mehr lange, und LISP wurde eine der meistbenutzten Programmiersprachen.

## 4.4. Weltweite Verbreitung von LISP 1966—1978

In den Jahren nach 1966 hat sich die LISP-Szene gewandelt. Während vorher die Entwicklung gekennzeichnet war durch die Ausbreitung von

---

[1]) DEUTSCH war mit der gesamten Arbeit in Berkeley verknüpft. Er beteiligte sich an der Entwicklung des Time-Sharing-Systems und vieler anderer Programme. Für den nicht umgerüsteten SDS930 hatte er ebenfalls ein LISP-System aufgebaut, das sicher wesentlich Pate stand für das System auf der 940 [DEU65].

LISP auf immer neue Rechner bei Beibehaltung der wesentlichen Grundeigenschaften sowie der wachsenden Ausnutzung bzw. der Aneignung der Charakteristika der Sprache und der Aussöhnung mit der Sprachform, kann man nun zwei recht verschiedene Formen der Weiterentwicklung unter scheiden:

Einerseits finden wir zu einem Gutteil die bisherige Ausbreitung auch weiterhin: neue Implementationen für bereits verwendete oder andere Rechner werden nach wie vor aufgebaut; neue Anwendergruppen initiieren die LISP-Implementierung in ihrer Arbeitsumgebung. Hier sind nun die geographischen Dimensionen ausgeweitet — Westeuropa, Japan und die sozialistischen Länder werden von LISP erfaßt.

Andererseits kann man die fortgeschrittenere Form der LISP-Entwicklung nun deutlich in Linien aufteilen. Obwohl möglicherweise jedes LISP-System von anderen verschieden ist, gibt es doch klar abgrenzbare Gruppen, die von einem Leitsystem angeführt werden. Die Fortentwicklung des Leitsystems wird über Jahre hinweg vorangetrieben durch einen jeweils gleichbleibenden Stamm von Systemprogrammierern und -pflegern. Wo diese ihr Interesse verlieren bzw. den Arbeitsplatz wechseln, hört die Weiterentwicklung des Leitsystems auf bzw. wird in seltenen Fällen von anderen übernommen.

Es ist recht schwierig, aus der Fülle des Materials das auszuwählen, was nicht nur auf lokale Programmverbesserungen bzw. -ausweitungen durch Erweiterung der Funktionsbasis reduzierbar ist, sondern das das Äußere der Sprache formt. Nun ist der Übergang hier in LISP sicher fließend (und ist es tendenziell immer in der Programmierung) — man kann ja mit einigem Recht LISP als Programmiersystem, als bloße Sammlung von Basisfunktionen verstehen.

Doch kann man auch die natürliche Sprache nicht einfach als Vokabelsammelsurium abtun. Ob die Programmiersprache durch den syntaktischen Zucker verkörpert wird bzw. wesentlich durch ihn geprägt wird, erscheint, um das andere Extrem auszusprechen, ebenfalls recht fraglich. Ob demnach „echte“ Sprachentwicklung notwendig von Wortschatzerweiterungen abzutrennen ist und für Programmiersprachen notwendig neue syntaktische Ausdrucksmittel anbieten muß, ist wiederum recht problematisch.

Dennoch wollen wir versuchen, diejenigen Funktionsneuschöpfungen, die nur eine Komplettierung gewisser Grundmengen sind (etwa die Aufnahme der trigonometrischen Funktionen) von solchen zu trennen, die eine gewisse Änderung im Sprachverständnis und -gebrauch zum Ausdruck bringen. Nur diese letzteren werden Aufmerksamkeit verdienen.

Ebenfalls wird so manche Verbesserung in der Implementierungstechnik nicht erwähnt werden können. Die damit zusammenhängende mühevolle Arbeit wird allerdings damit nicht genug gewürdigt.

Um die durch die Leitsysteme linienweise vorangetriebene Fortentwicklung der Sprache über diese Linien hinweg zu systematisieren, sollen folgende wichtige Triebkräfte genannt werden:

a) Die tägliche Verwendung der Sprache führte zu Bedürfnissen bezüglich Testhilfen, automatischen Fehlerbeseitigern, Unterstützungssystemen für die Arbeit mit großen Datenbeständen von LISP-Programmen und anderen Hilfsmitteln für die interaktive Dialogarbeit.

b) Die sich gleichzeitig entwickelnde Wissenschaftsdisziplin „künstliche Intelligenz" (McCarthy: „Die Wissenschaft sollte Cognology heißen, das Ziel ist, Programme zu entwickeln, die künstliche Intelligenz zeigen" [MCC 77]) führte zu neuen Problemstellungen, zu deren Lösung die Forscher neue Formulierungs- und Bewältigungsmittel verlangten [BO73b]. Obwohl LISP nicht nur im Kern unverändert blieb, hat man durch einige Erweiterungen diese Forderungen befriedigen können. Andere sind offen geblieben oder innerhalb der sogenannten höheren Programmiersprachen, die auf LISP aufbauen, befriedigt worden.

c) Die Verwendung von LISP für die Implementierung großer Formelmanipulationssysteme, die teilweise von den aktivsten LISP-Pflegern vorangetrieben wurde und wird, führte zu Widersprüchen zwischen der Eignung von LISP für die Symbolmanipulation und der für die numerische Rechnung. Daneben mußten diese Forscher ihren Kunden, d. h. den eigentlichen Anwendern, den Physikern und Ingenieuren, die LISP nicht kannten, Hilfsmittel bieten, die in mancher Art eine Weiterführung der Nutzerhilfsmittel aus a) darstellen.

d) Das letzte „große Thema" der LISP-Weiterentwicklung ist die Verwendung dieser Sprache für die Implementierung anderer Programmiersprachen. Hat sich auch der Akzent von den *erweiterbaren Sprachen* [BO64d] etwas entfernt, so blieb die Tendenz doch bestehen. LISP hat von diesen Projekten insofern profitiert (neben dem offensichtlichen Nutzen, verwendet worden zu sein), daß mancherlei Konzepte aus den höheren Sprachen in die Basis herüber gedriftet sind.

Wir werden die Metasysteme in Abschnitt 4.8 behandeln.

Um das Material zur LISP-Geschichte dieser 12 Jahre zu ordnen, werden die Entwicklungslinien von LISP für sich behandelt, soweit dies möglich ist und die Entwicklung durch das Leitsystem geprägt wird. Im übrigen wird geographisch vorgegangen. So trennen wir Westeuropa von den USA ab und wenden sowohl den sozialistischen Ländern als auch Japan gesonderte Aufmerksamkeit zu.

### 4.4.1. MACLISP

Durch die Anfragen des Autors angestoßen, hat der langjährige LISP-Experte J. L. White eine Arbeit über die Entwicklung von MACLISP veröffentlicht, so daß hier das wesentliche historische Material verfügbar ist [WHI77].

Anfang 1966 verfügte man am MIT über zwei LISP-Systeme: Das ständig weiter verbesserte LISP1.5-Sytsem im CTSS, das auf einer IBM7094 lief, und das neue LISP1.5-System auf der pdp-6. In der Zeit zwischen 1965 und 1966 hatte ein Wechsel der Mitarbeiter stattgefunden. Außer Minsky waren beinahe alle alten Forscher vom MIT abgegangen oder hatten in andere Bereiche gewechselt. Dafür arbeiteten nun J. Moses, W. Martin, R. Greenblatt, J. Nelson, P. Samson, W. Teitelman und andere an der LISP-Implementation. Im Labor für künstliche Intelligenz begann sich deutlich eine Gruppe von Forschern abzusondern, die sich für Formelmanipulation interessierte.

Durch die Erfahrungen mit großen LISP-Programmsystemen angeregt und durch die Erarbeitung des neuen Compilers (für die pdp-6) sicher angestoßen, begann man über die Idee zu diskutieren, die Bindung der Variablen mit Hilfe der Assoziationsliste aufzugeben und, ähnlich wie in den blockorientierten Programmiersprachen, ein Kellerspeichermodell zu verwirklichen. Nach White ([WHI77], S. 2) war es Greenblatt, der die Idee[1]) hatte, in Anlehnung an FORTRAN zu verfahren: Die aktuellen Variablenwerte wurden dezentral in die Atomrepräsentation eingefügt und damit jegliche Suche nach dem Wert unnötig. Die alten Variablenwerte wurden zentral in einem besonderen Kellerspeicher gerettet, dem *Special-Push-Down-Stack.*

Es ergaben sich bemerkenswerte Geschwindigkeitsvorteile des neuen Verfahrens. Demgegenüber konnte man das **FUNARG**-Modell zur Behandlung globaler Variabler nicht mehr vollständig verwirklichen. Doch das schien vorerst keine wesentliche Einbuße.

Vermutlich ist man von der Arbeit der compilierten Funktionen ausgegangen. In dem komplizierten Durcheinander von **APVAL**, **COMMOM**-, und **SPECIAL**-Variablen wurde viele Arbeit parallel ausgeführt und jemand, der die gesamte Systemarbeit gut übersah, konnte leicht feststellen, daß eigentlich nur ein solcher Typ erforderlich war. Man benutzte zunächst den wichtigsten: Alle interpretierten und freien compilierten Variablen wurden automatisch als **SPECIAL**-Variablen aufgefaßt; damit war vollständige Kommunikation zwischen compilierten und interpretierten Funktionen gesichert.

---

[1]) Merkwürdigerweise wird das M460-LISP als Vorläufer völlig vergessen. Die Beziehungen von Evans zu den LISP1.6-Implementatoren sind unklar.

Die Implementation dieses Verfahrens hat zunächst den Nachteil, daß allzuviele **SPECIAL**-Variablen auftreten, wenn vorher interpretiert wird. Auch die Darstellung der Wertzelle (**SPECIAL**-Zelle) als Element der P-Liste brachte Nachteile mit sich, obwohl sie teilweise durch die pdp-6-Wortstruktur erzwungen war: Wenn die P-Liste verändert wurde, konnte eine kleine Suchoperation in dieser Liste erforderlich sein. Es ist üblich geworden, ein LISP-System, das mit dieser Art der Variablenbindung arbeitet (*shallow access* nach J. Moses [MOS70]), als LISP1.6 zu bezeichnen.

Natürlich enthielt das erste LISP1.6-System, das etwa im Juni 1966 funktionsfähig war [SAMS66], viele weitere Änderungen. Für den Benutzer viel wichtiger als die Frage der Variablenbindung dürfte zunächst die Bequemlichkeit gewesen sein, die das neue System bot, die Menge der Funktionen und die Dienste, die es bereitstellte.

Nachdem das System offenbar durch weitere Stufen der Verbesserung gegangen war und teilweise stark überarbeitet worden war [PDP6a], scheint Anfang 1967 eine gewisse Stabilität eingetreten zu sein [PDP6b, c]. Im wesentlichen hat sich diese Version bis etwa 1970 gehalten [WHI70].

Typische neue Funktionen im pdp-6-LISP waren die zusammengehörigen Funktionen mit beliebig vielen Argumenten und mit zwei Argumenten **APPEND** und ***APPEND**, **GREATERP** und ***GREAT**, **LESSP** und ***LESS** usw., die Zeichenmanipulationsfunktionen **EXPLODE** und **EXPLODEC** als Parallele zu den Druckfunktionen **PRIN1** und **PRINC**, die Ein- und Ausgabefunktionen **UREAD**, **UWRITE**, **UFILE** und **UKILL**, die Mehrzweckfunktion **BOOLE** (schließt **LOGAND**, **LOGOR**, **LOGXOR** usw. ein) und die Funktionen für die P-Listenarbeit **DEFPROP**, **REMPROP**, **PUTPROP**, **GET** und **GETL**.

Vom pdp-1-LISP übernommen wurde der *Slashifier*, d. h. ein Zeichen (zuerst „/", der Slash), das dafür sorgte, daß nächste Zeichen als Buchstabenzeichen und dadurch als zulässiger Bestandteil eines LISP-Atoms betrachtet wurde. Damit wurde die alte **$**-Klammer des LISP1.5 abgelöst und alle Arten von symbolischen Ausgabeströme des Systems wieder einlesbar gemacht.

Das Jahr 1967 war gekennzeichnet durch die Entwicklung des pdp-6-Betriebssystems durch das AI-Laboratorium [EAS72] und den Wechsel von CTSS zu MULTICS im MIT Rechenzentrum [COR65]. Die Bearbeiter des LISP1.6 Systems, zu denen inzwischen J. L. White gestoßen war, sahen sich damit zunächst vor die Aufgabe gestellt, die Beziehungen zum Betriebssystem zu klären, und in möglichst günstiger Form zu gestalten. So erreichte man, daß das LISP-System innerhalb und außerhalb des Time-Sharing-Systems laufen konnte; man sorgte für Anschlüsse an andere Programmiersprachen, insbesondere an Assemblerprogramme [SILV 67]. Die umfangreichste Arbeit bezog sich jedoch auf neue Ein- und Ausgabemöglichkeiten, wobei sowohl neue Geräte (Fernsehkameras, Plotter, Displays) als auch verbesserte Zugriffsmöglichkeiten bereitgestellt wurden.

Die Gerätetechnik erreichte Anfang 1968 durch die Lieferung der pdp-10 und die Inbetriebnahme von MULTICS auf der GE634 einen Stand, der für Jahre stabil blieb. Am AI Laboratorium wurde die Entwicklung des *incompatiblen* Time-Sharing-Systems ITS abgeschlossen, das den großen Anforderungen der Arbeit mit Robotern und Visionssystemen gewachsen war.

Für die GE634 wurde schon 1967 ein erstes LISP-System [YO67] durch J. C. Yochelson im Rahmen seiner BS-Graduierung entwickelt. Die mit diesem System gewonnenen Erfahrungen insbesondere bezüglich der Speicherverwaltung [FEN69] waren wichtige Voraussetzungen für das spätere System, das mit dem pdp-10-System vollständig compatibel wurde.

Nachdem nun die Umgebung für die LISP-Systeme einigermaßen stabil war, begann eine neue Etappe der Entwicklung der Sprache am MIT. Die treibenden Kräfte waren dabei die Wissenschaftler, die am Aufbau des Formelmanipulationssystems MACSYMA arbeiteten (J. Moses, G. Martin, R. J. Fateman, J. L. White, J. P. Golden und eine Reihe Studenten), sowie diejenigen, die über neue Programmiersprachen für die Formulierung von Problemen der künstlichen Intelligenz nachdachten (C. E. Hewitt, G. J. Sussman, T. L. Winograd, I. P. Goldstein, V. Pratt, R. Greenblatt und T. O. Binford und ebenfalls einige Studenten).

Die erste wesentliche neue Idee, die im Zusammenhang mit den derzeit vieldiskutierten „erweiterbaren" Sprachkonzepten stand, war die Einführung der *Makrozeichen*. Jedem Zeichen kann ein Programm zugeordnet werden, das normalerweise irgendwie weitere Zeichenfolgen einliest und als Ergebnis einen Ausdruck liefert, der für das Makrozeichen und die anschließende Zeichenfolge verwendet wird. Das entsprechende Programm ist selbstverständlich in LISP notiert. Durch diese von White vorgeschlagene und verwirklichte Konstruktion wurde LISP zu einer dynamisch syntaktischen veränderbaren Sprache. Einfache Verwendungsmöglichkeiten betrafen das ' als Quote-Zeichen, das / als Slashifier und wenig später die Verwendung der Präfixzeichen in Sussmanns **MICROPLANNER**-Implementation [SUS70]. Zur gleichen Zeit fügte White auch die variable Basis für ganze Zahlen ein, so daß diese Zahlen sich auf Basen zwischen 2 und 36 beziehen konnten.

1968 begann man mit den Planungen für zwei wesentliche Neuentwicklungen, die dann Schritt für Schritt verwirklicht wurden: Mindestens bis 1969 überall und seitdem außerhalb des MIT immer noch fast überall war man der Meinung, daß LISP lediglich für nichtnumerische Probleme tauglich sei und daß gelegentliche numerische Berechnungen zwar möglich seien, aber mit unverhältnismäßig hohen Verweilzeiten bezahlt werden müßten.

Für die Entwicklung des **MACSYMA**-Systems, das nach symbolischen Vereinfachungen an Formeln auch deren numerische Auswertung erlauben sollte, war das damalige Verhältnis zur Abarbeitungsgeschwindigkeit von Programmen, die in FORTRAN geschrieben worden waren, ein ernstes Problem (White [WHI77] spricht von 1:100).

So ging man daran, bessere arithmetische Möglichkeiten bereitzustellen.

Die interne Repräsentation der Zahlen wurde, ausgehend von der LISP1.6-Konzeption (Zahlen haben ähnliche Struktur wie literale Atome), um zwei Drittel des Platzes verkleinert (W. A. Martin 1969). Die vorübergehend eingeführten *kleinen ganzen Zahlen* (in LISP1.6 als INUM bezeichnet) wurden der Einheitlichkeit wegen von White wieder beseitigt.

Eine ganze Reihe neuer arithmetischer Grundfunktionen wurden aufgenommen. Hierbei handelte es sich sowohl um neue Versionen bereits existierender Funktionen, die wegen der vorausgesetzten Typenreinheit (nur ganze Zahlen oder nur Gleitkommazahlen) schneller arbeiten, als auch um völlig neue (Quadratwurzeln, größter gemeinsamer Teiler usw.).

Für die Arbeit am Compiler entscheidend wurde die Idee von Binford, für die numerischen Zwischenergebnisse zwei (je für ganze und Gleitkommazahlen) Kellerspeicher einzuführen. J. P. Golden und E. C. Rosen begannen 1969 den Compiler für die Erzeugung guten Codes für numerische Programme umzuformen. Deklarationen sollten helfen, Typabfragen zur Laufzeit zu beseitigen; die inzwischen geschaffenen Datendarstellungen, die Zahlenkellerspeicher und die auf ihnen aufbauenden Aufrufbefehlsfolgen für numerische Unterprogramme sorgten insgesamt dafür, daß der neue Compiler Code generierte, der mit dem von einem FORTRAN-Compiler generierten Code vergleichbar war [FAT71].

Eine frühe Version dieses Compilers lief 1971 [GOE70], er wurde durch Optimierungsteile von White ergänzt — eine Arbeit, die etwa Ende 1976 abgeschlossen war. Überhaupt wurde in dieser Zeit der Compiler — als das zweite wichtigste Projekt neben der Verbesserung der arithmetischen Basis — wesentlich verändert und überarbeitet.

Um die Bemerkungen zu den Entwicklungen dieses ersteren Projekts zu beenden, muß noch der Aufbau der Arithmetik für beliebig große (bzw. beliebig genaue) ganze Zahlen erwähnt werden. Die Algorithmen, wurden, wie White [WHI77] erwähnt, von Knuth [KN69] übernommen.

Bis 1967 war der Compiler, wie noch heute in verschiedenen LISP-Systemen, vollständig in LISP geschrieben gewesen. Er lieferte eine Liste von Assemblerbefehlen, notiert in einer Listenform, kurz **LAP** genannt. Hatte White dieses Programm schon 1967 überarbeitet, so daß man die **LAP**-Listen auf externen Speichern auslagern konnte und im Bedarfsfall in Maschinencode umformen konnte [WHI67], so war dieses Format immer noch viel zu schwerfällig. Außerdem war der vom Compiler gelieferte Code durchaus verbesserungsfähig,

Der Anfang wurde schon 1967 von W. Diffie gemacht, der den Compiler in Assembler umschrieb und statt der umständlichen Listenarbeit Tabellen einbezog [GOE70]. Parallel zu den Arbeiten an dem Compiler für die schnelle Arithmetik wurde große Mühe auf die Optimierung des Objektcodes verwandt, und sorgfältig wurden alle Fehlermöglichkeiten überprüft und etwa gefundene Mißstände beseitigt. Golden, White und Rosen erarbeiteten auf der Basis eines von White entworfenen Schemas für dynamische Felder ein neues Format für verschiebliche Objektmoduln (d. h. Maschinenprogramme mit einigen zur Ladezeit einzusetzenden Adressverbindungen). Als das Ladeverfahren, welches dieses Format verwendete (G. L. Steele und J. L. White), zwischen 1972 und 1973 arbeitsfähig war, sanken die Verarbeitungszeiten wesentlich. White [WHI77] berichtet über die Verminderung der Ladezeit des gesamten MACSYMA-Systems von einer Stunde auf 2 Minuten. Kurz darauf wurde das neue Ladeverfahren ergänzt durch die Möglichkeit, Programme automatisch erst im Bedarfsfall nachzuladen.

Beachtet man die Zeitersparnisse, so kann man sich leicht vorstellen, wieviel mehr Anwendungsmöglichkeiten diese Änderungen mit sich brachten. Während die durch Anforderungen durch das MACSYMA-System vorgenommenen Änderungen und Erweiterungen vornehmlich die arithmetische Basis betrafen, so kamen von den Programmsystemen für die künstliche Intelligenz Hinweise auf wünschenswerte Erweiterung der Kontrollstrukturen.

Schon 1969 hatte Sussman parallel zu Lösungen, die das Betriebssystem MULTICS anbot, ähnliches für LISP gefordert: Unterbrechungsmechanismen wie Kontrollzeichen, Alarmuhren, Interprozeßkommunikation und Ausnahmebedingungen ([WHI77], S. 2). Etwa zur gleichen Zeit wie BBN-LISP (vgl. Abschnitt 5.2) wurden entsprechende Möglichkeitten implementiert. Mit der Zeit wurden die Forderungen präziser, und man erkannte Gefahren in den verwendeten Routinen zur Unterbrechungsbehandlung (Schutz von in LISP eingebetteten Programmsystemen vor unerwünschten, nur für LISP interessanten Unterbrechungen u.ä.). Die derzeit letzte Überarbeitung nahm Steele Ende 1973 vor.

Im Zusammenhang mit der **CONNIVER**-Implementierung durch Sussman entstand das Verlangen nach nichtlokalen Sprüngen. Da sich dieser Wunsch auf Hilfsmittel beschränkte, eine im Ablauf befindliche Berechnung abzubrechen, schlug White 1972 Sprachelemente für globale Exits vor. Mittels der Funktion **CATCH** wird nun ein Verschachtelungsniveau mit einer Marke versehen, zu dem man von einer beliebigen Stelle innerhalb dieses Niveaus zurückkehren kann (**THROW**).

Um die Hierarchien der ineinander enthaltenen Programmsysteme (etwa: 1. LISP, 2. **CONNIVER** in LISP, 3. Problemprogramm in **CONNIVER**) sorgfältig zu trennen, wurde 1971 durch WHITE und SUSSMAN die Objektliste (Liste aller Atomsymbole) zu einem auswechselbaren Feld umgeformt (**OBARRAY**). Damit wurden Konfliktmöglichkieten zwischen Namen in den verschiedenen Programmebenen beseitigt. Weitere hiermit verknüpfte Änderungen ermöglichten es den Nutzer, Grundhandlungen des LISP-Systems (wie etwa den Verarbeitungszyklus) völlig zu ändern und ihren Erfordernissen anzupassen [WHI77].

Durch die Erweiterungen anderer LISP-Systeme angeregt, hat man MACLISP, wie man die Sprachversion seit etwa 1970 nannte, weitere Änderungen erfahren. Zu nennen sind hier Einflüsse von STANFORD LISP1.6 [QA72a] auf den Entwurf des Programmsystems für die dynamische Veränderung der Ein- und Ausgabequellen ([WHI77], S. 4), das später allerdings nach dem MULTICS-Vorbild (**NEWIO**) umgestaltet wurde (G. L. STEELE, ca. 1975).

Auch INTERLISP hat Anregungen für Verbesserungen in MACLISP geliefert. Neben Ideen für gute Basisfunktionen sind dies vor allem die Seitenaufteilung des Speichers und die Testhilfen für die Programmierer.

Letztere wurden nicht direkt in MACLISP übernommen. Lediglich folgte man INTERLISP in der Einführung eines **BREAK**-Zustandes im Fehlerfall und nach programmierter Unterbrechung, in dem wie im normalen Verkehr mit dem System (im Hauptniveau) Auswertungsdialoge abgewickelt werden können. Mit den INTERLISP-Test- und Edierhilfen (die ja auch in LISP notiert sind) vergleichbare Programme wurden nach und nach erstellt und praktisch für jeden Nutzer zugreifbar.

Bis 1971 arbeitete jedes Programm in einem starren Adressraum, der von der Maschine vorgegeben war. Die Aufteilung dieses Raumes unter die verschiedenen Datentypen war nicht veränderbar. Während der Entwicklung von **MICROPLANNER** verlangte SUSSMAN Möglichkeiten für *intelligente dynamische Speicherverwaltung*, und WHITE führte 1971 erweiterbare Teilräume ein. Mit Hilfe von programmierbaren Parametern für das Garbage Collection konnte der Nutzer obere Grenzen für die Teilräume einführen und angeben, wieviel freier Platz mindestens verfügbar sein muß.

1972 wurde dies durch den GC-Dämon ergänzt — ein Programm das unmittelbar nach jedem Garbage Collection aufgerufen wird und dadurch die Verwendung der Speicherbereiche durch passende Änderung der Parameter überwachen und steuern kann.

Wesentlich verbessert wurde die Speicherplatzverwaltung durch die konsequente Seitenorientierung, ein Konzept, das von INTERLISP übernommen wurde. 1973 wurden von White, Steele und S. Macracis die Pläne dazu entworfen, und 1974 programmierte Steele die entsprechenden Routinen. Durch die typenreinen Seiten wurde nicht nur ein verbessertes Verhalten bei der Speicherexpansion erreicht, sondern es wurde auch möglich, Seiten, die unveränderliche LISP-Daten bzw. -programme enthielten, für die mehrfache Benutzung freizugeben.

Wenn heute mehrere Benutzer gleichzeitig z. B. mit MACSYMA arbeiten, muß nicht jeder für sich die MACSYMA-Programme laden. Sie sind nur einmal im Speicher und durch eine Schreibsperre vor Veränderungen geschützt. Dadurch werden die Fälle, wo Seiten nachgeladen werden müssen (page faults) wesentlich herabgesetzt. Hinzu kommt, daß der Garbage Collector diese Seiten ignorieren kann, da von ihnen aus keine Zeiger in die dynamisch veränderlichen Teile gehen können.

Etwa 1970—1971 trennte sich Martin von der MACSYMA-Gruppe und begann mit seinen Arbeiten zur automatischen Programmierung. Da er nun wesentlich auf das MULTICS-System angewiesen war, wünschte er sich ein LISP-System, das völlig mit dem auf der pdp-10 laufenden MACLISP verträglich ist. So wurde etwa Ende 1971 durch D. P. Reed die MULTICS-Version begonnen und 1973 abgeschlossen. Zum Schluß soll neben anderen auch D. A. Moon beteiligt gewesen sein.

Ähnliche Situationen waren schon vorher aufgetreten. Immer wenn ein Mitarbeiter das MIT verließ, wünschte er sich die alte Arbeitsumgebung. Da aber die Betriebssysteme auf den pdp-10 verschieden waren, scheiterte das Bemühen um den Export des MACLISP-Systems. Allerdings war in vielen Fällen auch der Rechner zu klein, denn, wie White [WHI77] angibt, benötigt allein der Compiler 65K Worte!

Im Sommer 1973 wurde ein neuer Anlauf genommen, um MACLISP wenigstens innerhalb des vom Hersteller der pdp-10 gelieferten Time-Sharing-Systems TOPS-10 verfügbar zu machen. Gemeinsam mit Angestellten des Worcester Polytechnical Computation Centers und des Computer Science Departments der Carnegie Mellon University wurde dieses Projekt erfolgreich beendet.

Sogar eine Einlagerung in das für INTERLISP verwendete Betiebssystem TENEX gelang 1971, allerdings fanden sich keine Nutzer.

So ist MACLISP gegenwärtig in drei wesentlich verschiedenen Umgebungen anzutreffen: Im AI-Laboratorium läuft es unter dem Betriebssystem ITS auf der pdp-10 (heute: DEC-10), im MATHLAB (MACSYMA-Gruppe), und außerhalb des MIT läuft es unter TOPS-10 (eine leicht abgeänderte

Version arbeitet im Time-Sharing-System des AI-Laboratoriums der Stanford University) ebenfalls auf der pdp-10, und außerdem ist es auf der Honneywell H6180 unter dem System MULTICS verfügbar.

MACLISP verfügt über eine außerordentlich große Zahl von implementierten Grundfunktionen (über 220), unter denen vor allem die Vielfalt der arithmetischen Funktionen auffällt. Durch eine recht große Anzahl von Funktionen kann der Nutzer auch in die Arbeit des Interpreters eingreifen, in direkte Kommunikation mit dem Basisbetriebssystem treten und die umfangreiche Menge von peripheren Geräten nutzen [MOO74].

Die Betriebssysteme, die dem Nutzer den virtuellen Speicher verwalten und ihm damit nahezu unbegrenzt Platz offerieren, bringen durch die vielen Möglichkeiten, die sie bieten, allerdings auch verlangsamende Effekte ins Spiel.

Die Time-Sharing-Umgebung ist für eine Rechnung, in der unverhältnismäßig viel Hauptspeicherplatz benötigt wird, in mancherlei Hinsicht wieder ungünstig. Das bewog die Wissenschaftler am MIT, eine Maschine zu planen und zu bauen, die LISP auf dem Maschinenniveau abarbeitet und einen größeren Adressraum bietet als die pdp-10. Diese LISP-Maschine, die etwa MACLISP entspricht, arbeitete 1977 [GREL74, BAW77].

Daneben wird MACLISP auch auf konventionelle Art weiterentwickelt. Für die neue Generation der Rechner von der Firma DEC, für den VAX11/780, wird ein LISP-System entworfen, das auf den mit MACLISP gemachten Erfahrungen aufbaut. Um die neuen Ideen zum Ausdruck zu bringen, nennt man dieses im Entstehen (1978) begriffene System **NIL**, d. h. *neue Implementation von LISP*. Wie man hört, soll dieses System etwas maschinenunabhängig sein, um den Transport auf andere Anlagen zu vereinfachen, und der GREENBLATTschen LISP-Maschine nachgebildet sein.

### 4.4.2. INTERLISP

Bei BBN hatte man gerade genug Erfahrung mit dem Software-Paging auf der pdp-1 sammeln können (vgl. Abschnitt 4.8), als Mitte 1966 die neue Maschine SDS940 eintraf. Diese war nicht nur dreimal so schnell wie die pdp-1, sondern hatte mit 24 Bit pro Wort und einem physischen Speicher von 64K Worten auch mehr Platz.

Der Rechner war für Time-Sharing-Aufgaben zurechtgebaut und bot eine begrenzte Unterstützung für einen kleinen virtuellen Speicher. BOBROW und MURPHY entschlossen sich über diese durch die Hardware gegebenen Möglichkeiten hinaus erneut, wie beim pdp-1, ein Software-Paging-System aufzurichten. Der virtuelle Adressraum sollte 2048 K Worte groß sein, also benötigte man 21 Bit.

Ansonsten war das neue LISP-System dem alten auf der pdp-1 nachgebildet. Aufteilung der Atome in Wertzelle, Funktionszelle, P-Liste und P-Namenzeiger wurden wieder übernommen, das „smarte" **CONS**, das die Zerstreuung über die Seiten aufhalten sollte, blieb, usw. usf.

Auch der kompatible (weil ohne **SPECIAL**-Deklarationen jede Funktion übersetzt werden konnte) Compiler wurde übernommen, wobei wiederum L. P. DEUTSCH mit D. BOBROW kooperierte. (DEUTSCH beriet außerdem die Implementierungsgruppe, zu der noch L. DARLEY gehörte, bei dem Entwurf des Software-Pagers.)

Sein besonderes Gesicht bekam dieses LISP-System allerdings durch die Nutzerhilfen, die nicht, wie in anderen Systemen dieser Zeit, als bloße Anhängsel in LISP-Form verfügbar waren, sondern die in das System integriert waren (obwohl Teile sicher in LISP notiert waren). Verantwortlich für diese Neuerung war WARREN TEITELMAN. Dieser hatte, wie bereits erwähnt, einigen Anteil an der Entwicklung des pdp-6-LISP am MIT. Er beschäftigte sich schon früh mit der Programmiertechnologie und entwarf Programmsysteme zum Fehlersuchen und Überwachen von LISP-Programmen [TE 65a]. Durch die Entwicklung des formatierten Listenverarbeitungssystems **FLIP** [TE65b] wollte er die Listenverarbeitung einfacher und populärer machen.

Nachdem TEITELMAN im September 1966 mit einem System zur interaktiven Programmentwicklung [TE66] promoviert hatte, wechselte er zu BBN. Dort wirkte er sofort wesentlich am Entwurf und an der Programmierung des im Entstehen begriffenen Systems für die SDS940 mit. Neben der Arbeit am Interpreter und vor allem an den Fehlermaßnahmeprogrammen, Protokollierungsfunktionen und Unterbrechungssystemen hat TEITELMAN einige große Teilsysteme aufgebaut, die die Arbeit des LISP-Anwenders wesentlich erleichtern sollten.

Unter diesen ist an erster Stelle der strukturorientierte Editor zu nennen. Die Idee dazu hatte DEUTSCH, der wohl auch eine erste Version lieferte. TEITELMAN hat ihn aber wesentlich neu programmiert, als das LISP-System Ende 1966 arbeitsfähig war. Später ergänzte TEITELMAN die Nutzerhilfen durch ein verbessertes **FLIP** [TE67] und durch das Subsystem **DWIM** (*Do what I mean*) zur automatischen Beseitigung von Fehlern. Dieses bei komplizierteren Fehlern allerdings interaktive System wurde 1968 ins BBN-940-LISP aufgenommen und diente hauptsächlich zur Behandlung von Abloch- bzw. Tippfehlern.

Mitte 1967 konnte das System auf der SDS940 den Nutzern übergeben werden; TEITELMAN verfaßte ein Manual [BO67].

Die nächste Etappe begann mit dem Kauf einer pdp-10 durch BBN. Wieder wurde, diesmal ausgehend vom SDS940 LISP, ein aufwärtskompatibles System entworfen. An diesem Akt waren neben D. G. BOBROW und D. L. MURPHY jetzt auch A. K. HARTLEY und W. TEITELMAN beteiligt; die Hauptarbeit bei der Implementierung trug HARTLEY unter der Mithilfe MURPHYS. Sie übertrug nicht nur die Programme, sondern modifizierte den Compiler so, daß er Maschinencode für die pdp-10 generierte. Das neue System wurde BBN-LISP genannt [TE71].

Basis des Systems war (und ist) das Time-Sharing-System TENEX [BO72], das auf dem (im Maschinenniveau leicht veränderten) Hardware-Paging der pdp-10 beruht und einen virtuellen Speicher von 256K Worten verwaltet. Im Unterschied zu den vorherigen Systemen genügte nun ein Maschinenwort für die Aufnahme einer ganzen LISP-Zelle. Obwohl der theoretisch verfügbare Speicher sank (auf 512K Zeiger), war praktisch mehr zugreifbar, da auf der SDS940 mit Größenordnungen von 96K gearbeitet worden war.

Später hat man (B. L. WEGBREIT und J. W. GOODWIN) eine Art von separatem virtuellem Speicher für compilierte Programme hinzugefügt — den *Swapper*. Damit wuchs der Raum für die in dieser Form vorliegenden Programme auf 128 Millionen Worte.

Neu bei der Umstellung auf die pdp-10 war, daß inzwischen bereits eine große Menge von LISP-Programmen vorlag. Viele von diesen waren ausgesprochene Systemprogramme, die unbedingt in das neue System übernommen werden mußten. Um der unübersehbaren Arbeit des Umschreibens aus dem Weg zu gehen, wurde ein LISP-Programm, **TRANSOR**, von GOODWIN aufgestellt, das diese Überführung ausführte. Später wurde **TRANSOR** erweitert, so daß es LISP-Programme aus anderen LISP-Dialekten, wie z. B. LISP1.5, STANFORD LISP1.6 usw., in INTERLISP überführen konnte.

Das LISP-System stellte nun eine derartig einsatzfähige Basis dar, daß man auch die Nutzerhilfen weiterentwickelte. So wurde das Subsystem **DWIM** weiterentwickelt und die Systeme *Programmer's Assistant* [TE72b] und **CLISP** [TE76], d. h. *Conversational LISP*, in das System aufgenommen.

BOBROW stellte 1971 einen Blockcompiler fertig, der Gesamtheiten von LISP-Programmen günstiger übersetzt als der normale Compiler. Sehr oft hat man es ja mit Systemen von LISP-Programmen zu tun, die nur untereinander abhängig sind und von außen nur über eine Hauptfunktion angesprungen werden. Hier bringt die lose Aneinanderfügung durch den normalen

LISP-Compiler und die Verwaltung der Funktionen über einen Ring-Puffer bei knappem Speicherplatz Probleme mit sich. (Die übergeordnete aufrufende Funktion wird durch die gerufene Funktion verdrängt.) Durch die Einführung schneller und enger Verbindungen zwischen den Funktionen im Funktionenblock und durch die Möglichkeit, globale Variablen nur einmal — nämlich bei Eintritt in den Block — im Kellerspeicher anordnen zu müssen, wird wichtige Zeit gespart. Selbst die Abarbeitung einer einzelnen rekursiven Funktion wird vereinfacht, wenn sie durch den Blockcompiler übersetzt wird ([TE71], S. 18, 17).

BBN-LISP wurde bald ein sehr bekanntes und begehrtes System. Besonders die vielen Test- und Arbeitshilfen waren sehr atraktiv für Implementatoren anderer LISP-Systeme. So nimmt es nicht wunder, daß bald schon der Versuch gemacht wurde, diese Teilsysteme in andere existierende LISP-Systeme zu integrieren. Ein bekanntgewordener Vorstoß in diese Richtung stellt UCI LISP dar [BOB73]. Der Aufbau dieses Systems wurde 1971 gestartet, indem ein STANFORD LISP1.6-System [QA72a] überarbeitet und aus der Sicht von BBN-LISP in eine neue Umgebung gestellt wurde. Umfangreiche Arbeiten waren zu erledigen, um die Programme reenterabel zu machen; dadurch wurde die Aufteilung in einen mehrfach verwendbaren Programmteil (sharable) von 15K Worten und in einen nutzerspezifischen Teil von 8K Worten möglich. Da der Führer dieses Projekts ein Bruder D. G. Brobows war (Rusty Robert J. Bobrow), war für gute Verbindung zu BBN gesorgt — Bobrow, Teitelman, Goodwin und Hartley halfen durch viele Ratschläge. W. Diffie von Stanford sorgte von Stanford aus dafür, daß das Programmiererteam R. J. Bobrow, R. R. Burton, J. M. Jacobs und D. Lewis keine offenen Fragen zum LISP1.6-System hatte.

UCI-LISP ist nun gekennzeichnet durch die günstige Speicherverwendung dank des reenterablen Codes, durch die einfachen Möglichkeiten, ständig die Speicherbereiche neu aufzuteilen, durch Erweiterung der LISP-Funktionen und Aufnahme der interaktiven Fehlersuch- und -beseitigungsprogramme von BBN. (Weitere Verbesserungen betreffen Ein- und Ausgabeprogramme.)

Interessant ist beim Studium des Fertigstellungsberichts festzustellen, daß in vielen Teilen des STANFORD LISP 1.6 Fehler beseitigt wurden ([BOB73], S. 0.8); solche Fehler wurden im Compiler und **LAP** (wo es immer selten benutzte Sonderfälle gibt, die sich als fehlerhaft herausstellen) und selbst im Garbage Collector gefunden. Und das in einem oft verwendeten Programm nach vier Jahren Laufzeit!

In der Zwischenzeit hat sich auch BBN-LISP verändert. 1972 gingen W. Teitelman und D. Bobrow zum XEROX Palo Alto Research Center, wo intensive Forschungen für die Büroautomatisierung auf der Grundlage der Verarbeitung natürlicher Sprache begannen. Da das LISP-System nun von zwei Institutionen gepflegt wurde, wechselte man 1973 den Namen zu INTERLISP [TE74].

1973 schlugen D. Bobrow und B. Wegbreit eine Implementationstechnik für die Arbeit mit beliebigen Variablenumgebungen vor [BOB73c, d]. Damit sollte einerseits das in der Kellerspeicherbindung von INTERLISP nur teilweise korrekt behandelte Problem globaler Variablen gelöst werden (**FUNARG**-Problem), andererseits hatten die Forschungen auf dem Gebiet der künstlichen Intelligenz dazu geführt, daß man auswechselbare Bindungsumgebungen (sogenannte Welten) als wesentliche programmtechnische Instrumente ansah (s. S. 149ff.).

BBN-LISP und als Nachfolger INTERLISP besitzen ja, wie auch LISP1.6 und MACLISP, keine Assoziationsliste wie LISP1.5. Ursache dieser Entscheidung war die Beobachtung, daß in einem virtuellen System die Assoziationsliste relativ oft (als Listenstruktur!) wenigstens teilweise auf dem externen Speichermedium ausgelagert ist. Der Kellerspeicher ist jedoch durch die häufige Arbeit, die mit ihm auszuführen ist, in seinen wichtigsten Teilen fast ständig resident. Eine Wertbeschaffung über die Atome, wie es in LISP1.6 üblich ist, erscheint aus dem gleichen Grund unerwünscht wie die über die A-Liste: Viele Seitenaustauschoperationen würden daraus resultieren.

Die Lösung, die schon für das pdp-1-LISP von 1965 erarbeitet wurde, besteht darin, daß in den Kellerspeicher Paare von Atom und Wert abgelagert werden. Damit wird gewissermaßen die A-Liste „linearisiert“. Vorteile dieser Entscheidung sind, wie beabsichtigt, ein schnellerer Zugriff zu den Werten als über die A-Liste (wenn kein Seitenaustausch erforderlich ist, erweist sich das LISP1.6-Schema als überlegen), als auch eine größere Einfachheit, Variablenzugriff von compilierten Funktionen und Interpreter unter einen Hut zu bringen (deshalb der *kompatible* Compiler).

Die Kellerspeicherlösung ermöglicht in einfachen Fällen eine korrekte Arbeit mit globalen Variablen (**FUNARG**): Wenn das funktionale Argument in einem äußeren Bindungsbereich auftaucht und dort die Variablen global verwendet, hat man bei der Arbeit mit diesem funktionalen Argument in inneren Variablenumgebungen nur die irrelevanten neuen Variablenbindungen zu überspringen.

Kompliziert wird jedoch die korrekte Versorgung mit Variablenumgebungen, wenn ein solches funktionales Argument als Wert in eine äußere Bindungsumgebung geliefert wird oder wenn aus der Benutzung des funktionalen Arguments selbst wieder verschachtelte Umgebungen resultieren. Dann genügt die lineare Anordnung bzw. das Kellerspeicherprinzip nicht mehr; es muß eine listenähnliche Struktur verwendet werden. Um in den linearen

Zwischenstücken (wo keinerlei funktionale Argumente auftreten) geschlossene Kellerspeicherstücke mit der damit verbundenen günstigen Verarbeitungsgeschwindigkeit verwenden zu können, schlugen Bobrow und Wegbreit den *Spaghettistack* vor.

Entsprechend dem theoretisch erarbeiteten Modell wurde der Spaghettistack implementiert (von Hartley) und war etwa 1975 verfügbar. Inzwischen hatten Wegbreit und Goodwin den Swapper für compilierte Programme fertiggestellt (1974).

Seitdem werden keine wesentlichen Änderungen in INTERLISP mehr erwartet. Die Pflege des Systems liegt bei W. Teitelman, A. K. Hartley, D. C. Lewis und L. M. Masinter. Teitelman ist für die Hilfsmittel des Nutzers verantwortlich, d. h., er beaufsichtigt Prettyprinter, Editor, Break- und Trace-Programme, den Advisor, Printstructure und die Subsysteme **DWIM**, **CLISP**, Programmer's Assistant usw. 1977 berichtete er über eine Weiterentwicklung der Dialogunterstützung durch INTERLISP [TE77], die durch Menüs[1]) und Fenster[2]) dem Nutzer erlaubt, gleichzeitig mehrere komplexe Programmumgebungen zu beherrschen und verschiedene Aufgaben zu verfolgen. Hartley ist für die eigentlichen Systemprogramme verantwortlich, d. h. für Interpreter, Garbage Collector, Compiler, Spaghettistack sowie alle von Hand codierten Funktionen in Maschinensprache. Lewis Aufgabenbereich umfaßt alle mit der Ein- und Ausgabe sowie der äußeren Umwelt (d. h. dem Betriebssystem) zusammenhängenden Fragen. Masinter verwaltet den Mustercompiler (pattern match compiler), das Programmpaket für Records (und nutzerdefinierten Datentypen) sowie **MASTERSCOPE**.

Ähnlich wie die MACLISP-Entwickler glauben auch die INTERLISP-Entwerfer an eine Zukunft des Systems auf Hardware-Niveau in einem mikroprogrammierten Rechner. Während BBN von einem pdp-11 ausging, versuchte man bei XEROX einen speziellen Kleinrechner zu entwerfen. Die Grundideen dafür hatte Deutsch schon 1973 veröffentlicht [DEU73]. Zu welchem Resultat man dabei gelangt ist, kann für BBN aus einem Zwischenbericht abgelesen werden [ASH77]. Über den Stand bei XEROX ist nichts bekannt, denn, so E. Fredkin: „XEROX hat mehr Geheinmisse zu schützen als die gesamte US-Regierung" [FRE77].

---

[1]) *Menü* ist ein Begriff aus der Digitalgraphik. Durch Angabe einer geordneten Menge von Operatoren (dem Menü) kann der Nutzer auf dem Bildschirm befindliche Objekte manipulieren, indem er auf die gewünschte Operation zeigt. Dadurch muß er nicht in Formulierungsmittel ausweichen, die unbequem und schwer überschaubar sind.

[1]) *Fenster* sind Regionen auf dem Bildschirm, die in gewisser Hinsicht als ein Objekt betrachtet werden. Sie können sich überlappen, dürfen verschoben werden usw., ohne daß sich der Inhalt ändert.

Im Unterschied zu MACLISP sind seit 1972 in verschiedenen Teilen der Welt weitere INTERLISP-Implementationen entstanden. Bekannt sind solche für die IBM/360, die Siemens 4004, die ICL-4, CDC3300, Burroughs 6700 und Fujitso M160 und M190[1]). Begonnen hat diese Übertragung mit der Initiative der Arbeitsgruppe für künstliche Intelligenz unter E. SANDEWALL in Uppsala.

Hier hatte JAAK URMI im Jahre 1970 eine kleinere experimentelle Version des BBN-LISP für den Prozeßrechner Siemens 305 entworfen und einige Erfahrungen gesammelt. Als die Universität sich 1971 entschloß, eine IBM/360 anzuschaffen, wurden auch Kontakte zu BBN aufgenommen, um INTERLISP zu übernehmen. Dies gelang in befriedigender Weise. So begannen denn im Frühsommer 1972 J. URMI, B. JANSSON und M. ANDERSSON mit der Programmierarbeit. Da wesentliche Teile von INTERLISP in LISP geschrieben sind, war die Hauptaufgabe dabei die Verwirklichung des Seitensystems.

Nach etwas mehr als einem Jahr lief eine experimentelle Variante (URMI schätzt 3 bis 5 Mann-Jahre) im OS/MVT. Als das System einigermaßen stabil war, kamen Wünsche für die Weitervergabe. So wurde 1975—76 in Zürich auf einer IBM/370 unter dem Betriebssystem CMS INTERLISP aus Uppsala übernommen.

Etwa zur gleichen Zeit kamen Anfragen aus Großbritannien und der BRD zur Übernahme von INTERLISP auf die IBM-kompatiblen Rechner Siemens 4004 und ICL-4. In beiden Fällen glaubte man, daß die Arbeit nur wenige Wochen dauern würde, es zeigte sich aber, daß kleine Unverträglichkeiten in den Betriebssystemen unangenehme Probleme mit sich brachten.

Die Transportation auf den Siemens 4004 wurde, unter Mithilfe URMIS, innerhalb einiger Monate bewältigt. Seit Ende 1977 verwaltet das Forschungslabor von Siemens dieses System selbständig. Die ICL-4 Übernahme soll Ende 1977 in Edinburgh ebenfalls abgeschlossen worden sein.

Von Uppsala aus wurde INTERLISP nach Japan übergeführt. Zunächst benutzte man als Zielanlage eine IBM/370.158 bzw. 138. Später wurden die japanischen Rechner Fujitso M160 bzw. M190 verwendet (Februar 1978).

Von den übrigen INTERLISP-Implementationen ist wenig bekannt. Die B6700-Übernahme in Los Angeles scheint immer noch nicht beendet zu sein.

---

[1]) Wie man hört, läuft in Palo Alto keine pdp-10. Vielmehr mußten die LISP- und TENEX-Fans einen Emulator auf dem verfügbaren Rechner herstellen (vgl. [TE77]).

### 4.4.3. STANFORD LISP 1.6

Als 1967 die erste Version des LISP1.6 am MIT einigermaßen stabil war, führte man das Programm nach Stanford über, wo inzwischen ebenfalls ein pdp-6 arbeitete. Dieses System wurde nun den speziellen Erfordernissen (insbesondere dem lokalen Time-Sharing-System) angepaßt. John R. Allen und Lynn Quam überarbeiteten das System und verbesserten dabei u. a. die Einleseprozedur, indem diese durch einen schnellen (superfast) tabellengesteuerten Scanner gesteuert wurde, der außerdem noch von den Nutzern einfach modifiziert werden konnte [QA72a]. Die wesentliche Arbeit leistete hier Quam, während Allen ein neues Speicherbereitstellungssystem aufbaute, das den dynamischen Wechsel der Speicherbereichsgrößen ermöglicht. Außerdem entwickelte er den Editor ALVINE.

W. Diffie, der seit etwa 1970 ebenfalls dieses System pflegte, verbesserte auf Grund seiner Erfahrungen vom MIT den Compiler ([QA72a], App. F). Allerdings „scheint der LISP1.6-Compiler keine so vollständige Überprüfung und Fehlersuche erlebt zu haben wie der MACLISP-Compiler, denn seine Empfehlung ist Unzuverlässigkeit" ([WHI77], S. 7). Über Fehler selbst im Garbage Collection berichteten auch die Entwickler des UCI-LISP, die STANFORD LISP1.6 als Basis verwendeten.

Früher als in anderen LISP-Systemen hat man jedoch in Stanford die Notwendigkeit erkannt, die Beziehung zwischen physischen und logischen Eingabegeräten wesentlich lockerer zu gestalten, als das bis dahin üblich war.

Die normale Situation in einem LISP-System war, daß der Nutzer über zwei Hauptein-Ausgabeeinheiten verfügte: die Eingabe — meist Kartenleser oder Fernschreiber- und die Ausgabe — meist Drucker oder Fernschreiber. Aus technischen Gründen waren weitere Ein- und Ausgabeeinheiten zugeordnet, die sich aber dem wirklichen Zugriff des Nutzers entzogen (für Systemabzüge usw.). Später wurden Geräte mit Bibliotheken hinzugefügt, von denen solch eine Bibliothek packenweise geladen wurde oder nur die gewünschte Funktion.

LISP1.6 machte dann 1967 den ersten Schritt auf die freie Auswechselbarkeit der externen Geräte. Für jedes Gerät gab es spezifische Kontrollzeichen, die das Gerät aktivierten. Speziell für DEC-Tapes (kleine, in Zweiachsen-Kasetten fest installierte Magnetbänder auf denen meist Zwischenergebnisse ausgelagert wurden) war eine Serie von Funktionen entwickelt worden, die das File-Directory ans LISP-System anschlossen, von ihm ablösen und die Ein- bzw. Ausgabe steuerten. Das Display war völlig aus dem System der Geräte getrennt [PDP6c].

STANFORD LISP1.6 vereinheitlichte dieses Stückwerk zu einem Konzept logischer Files. Gleichgültig welches Gerät, ob Teildatei oder ähnliches, wird mit der Funktion **INPUT** ein neuer Eingabekanal deklariert, der dann mit **INC** als aktuelle Eingabequelle erklärt bzw. wieder passiv gemacht wird. Ähnliches gilt für **OUTPUT** und **OUTC** bezüglich der Ausgabe. Der Nutzer steht damit einer logisch unbegrenzten Vielfalt von Ein- und Ausgabemöglichkeiten gegenüber, aus der er während der Laufzeit seiner Programme dynamisch wählen kann (vgl. [KUR78]).

STANFORD LISP1.6 ist heute eines der am weitesten verbreiteten LISP-Systeme. Überall, wo mit pdp-10-Anlagen mit LISP gearbeitet wird (mit den wenigen Ausnahmen, daß INTERLISP oder MACLISP verfügbar ist), hat man dieses System. Es wird auch über die Nutzergemeinschaft DECUS vertrieben.

Über die Weiterentwicklung zum UCI-LISP ist im Abschnitt über INTERLISP gesprochen worden. 1977–78 wurde dieses System erneut an der Rutgers University weiter entwickelt.

Heute scheint LISP1.6 in Stanford selbst kaum noch benutzt zu werden. Es ist aber mit der pdp-10 exportiert worden.

### 4.4.4. Weitere LISP-Implementationen in den USA

Anfang 1967 erfuhr man an der Stanford University von der Arbeit Jan Kents in Waterloo. Da man zu dieser Zeit gerade eine IBM/360.91 aufstellte, war man sehr interessiert, ebenfalls wie Waterloo ein einsatzfähiges LISP-System für diese Anlage zu haben. Kent kam nach Stanford und brachte die fertigen Programmteile mit.[1]) Gemeinsam mit R. I. Berns hat er im Laufe des Jahres das System vervollständigt und zum Abschluß gebracht. Es enthielt nun neben dem Interpreter — der dem von Waterloo weitgehend entsprach — auch einen Compiler (von IBM übernommen).

Als Kent Stanford am Ende des Jahres verließ, wurde dieses LISP-System, nun allgemein STANFORD LISP/360 genannt, als relativ leistungsfähiges und schnelles System angesehen. Es sollte die Verarbeitung vor allem außerordentlich großer Programme ermöglichen.

Hatten im ersten Jahr neben Kent und Berns auch A. C. Hearn, F. W. Blair und J. H. Griesmer an der Implementation mitgearbeitet, so ist seit 1968 nur noch Berns für die Weiterentwicklung in Stanford zuständig gewesen. Blair und Griesmer hatten schon vorher eine lokale Implementation entwickelt und haben auch später bei IBM mit LISP weitergearbeitet [BLA78b], und Hearn hat später in Salt Lake City die Weiterentwicklung des STANFORD LISP/360 für die Verwendung als Basissystem seines Formelmanipulationssystems **REDUCE** [HEA73] eingeleitet.

---

[1]) Es gibt Informationen, daß das „Mitbringen" der Programme von Waterloo nach Stanford nicht ganz problemlos verlaufen sein soll ...

Kennzeichnend für STANFORD LISP/360 ist, daß dieses System nicht auf den damals verfügbaren Erfahrungen vom MIT bzw. von BBN aufbaute, sondern nahezu vollständig mit LISP1.5 kompatibel war. Beim Studium der Programme wird ersichtlich, daß der Code weitgehend der Beschreibung der LISP-Interpretation aus dem LISP1.5-Manual [MCC62c] mit der LISP M-Sprache, die ja nur „pädagogisch" gemeint war, entspricht. So werden z. B. bei der Abfrage des Funktionstyps für jede der Möglichkeiten extra Aufrufe des Unterprogramms GET (das die zugehörige Bedeutung beschafft) ausgelöst, statt die P-Liste mit einem Mal durchzuarbeiten.

Insgesamt erscheint die Arbeit des Interpreters schlecht gelöst, während für die Listenverarbeitung viele ausgezeichnete Detaillösungen gefunden wurden. Unter ihnen ist die gesamte Kellerspeicherarbeit zu nennen (die nur durch die dogmatische Befolgung eines Makrokonzepts zeitweise nicht effizient ist) und die Implementierung der Basisfunktion **CONS**, die ohne Vergleiche bezüglich des Endes der Freispeicherliste auskommt. Statt dessen wird eine Unterbrechung ausgelöst und das Garbage Collection angesprungen — auch dies in seiner Kompaktheit und Kürze ein hervorragendes Beispiel für die harmonische Gestaltung der Grundentscheidungen im System.

Aus heutiger Sicht sind allerdings manche von ihnen in Frage zu stellen: Zeiger sollten, auf jeden Fall in der IBM/360, ihren Typ mit enthalten und nicht erst das Objekt, auf die gezeigt wird; das Garbage Collection macht vom Kellerspeicher unnötig oft Gebrauch [KUR76b]. Dennoch soll hier auf eine eingehende Kritik verzichtet werden.

Seit 1967 ist STANFORD LISP/360 nicht mehr ernstlich revidiert worden, sondern nur durch Neuaufnahme von Funktionen und Erweiterung gegebener Möglichkeiten gewachsen. Berns hat in Stanford neben der Systempflege [LISP] auch die Einbettung in das Stanforder Time-Sharing-System auf IBM/360.67 vorgenommen [BERN71].

In Utah, wie übrigens auch in der überwiegenden Zahl der Installierungen außerhalb der USA, wurde das System vornehmlich für die Unterstützung von **REDUCE** gebraucht. Für diese Zwecke erfüllte das LISP-System nicht alle Wünsche. Um z. B. Schwierigkeiten mit Speicherabzügen und der Verteilung der Speicherbereiche zu beheben wurde eine Menge Arbeit geleistet [KAY75]. Die wesentliche Neuerung aus Salt Lake City sind aber die ganzen Zahlen beliebiger Größe, die in das System der einfachen Datentypen eingegliedert wurden. Die Programme dazu wurden nahezu ohne Änderung aus dem STANFORD LISP1.6 übernommen (wo sie wiederum in Anlehnung an Collin's Formelmanipulationssystem SAC [COL71] programmiert sind).

Weitere kleinere Verbesserungen und die Einbringung des STANFORD LISP/360 in das Time Sharing System CP/CMS sind in Frankreich durch A. Lux an der Universität Grenoble [LUX77] durchgeführt worden.

STANFORD LISP/360 dürfte heute das meistbenutzte LISP-System der Welt sein. Das liegt einerseits daran, daß dieses System praktisch das einzige für IBM/360-Anlagen gewesen ist, das vertrieben wurde, und andererseits an der Verbindung mit **REDUCE**. Auch die fast kostenlose Verteilung hat viel zur Popularität beigetragen.

Im Zusammenhang mit **REDUCE** gibt es einen weiteren Aspekt, der für die LISP-Geschichte nicht ohne Auswirkungen geblieben ist: Hearn hatte 1964 [HEA64] begonnen, mit LISP-Programmen für die Formelmanipulation Probleme der Physik zu bearbeiten. Die Erfolge ermutigten ihn, systematisch auf dem Gebiet der Symbolverarbeitung vorzugehen. Er begann, das System **REDUCE** im LISP1.5 System auf der IBM/7090 der Stanford University aufzubauen. Bald kamen erste Interessenten (Hearn selbst ist ja Physiker), und das System konnte wegen der Verträglichkeit der LISP-Implementationen sowohl auf verschiedenen IBM/7090-Installationen als auch auf dem Q-32 der System Development Corporation benutzt werden. Er selbst hat die frühe Version seines Systems zwischen 1964 und 1965 nach England und der BRD gebracht. Kurz nachdem 1967 das erste Manual geschrieben war [HEA67], änderte sich jedoch die Situation: In Stanford wurde die pdp-6 aufgestellt, und LISP1.6 war verfügbar. Dieses System unterschied sich in einigen wichtigen Eigenschaften sehr vom LISP1.5. Die Situation änderte sich nicht, als mit STANFORD LISP/360 ein weiteres, bis in die Einzelheiten korrektes LISP1.5 verwendbar wurde.

Hearn schlug den Weg ein, mit einem Präprozessor in den verschiedenen Basissystemen zu einer Vereinheitlichung der Ausgangssituation für **REDUCE** zu gelangen und das eigentliche **REDUCE** über diesem Grundsystem aufzubauen. So wurde es möglich, daß ein und dasselbe LISP-Programmsystem auf zwei recht verschiedenen Rechnern und verschiedenen LISP-Versionen benutzbar wurde [HEA67].

Die Auseinandersetzung mit den zu dieser Zeit neu entstandenen LISP-Systemen bei BBN (BBN-SDS940-LISP) und an der University of Texas in Austin (UT-LISP) führte zu der Idee, mit Hilfe eines Präprozessors alle diese Systeme kompatibel zu machen, d.h. also eine standardisierte LISP-Umgebung zu schaffen. Hearn formulierte seine Ideen Anfang 1969 [HEA 69].

Die Grundlage von STANDARD LISP, wie er diese einheitliche Basis nannte, sollte LISP1.5 sein. Von den 139 Grundfunktionen in LISP1.5 [MCC62c] sollten 67 völlig ungeändert bleiben. Dies waren vornehmlich

Funktionen zur Listenmanipulation, Funktionale, das **PROG**-Feature sowie die Mehrzahl der arithmetischen und der P-Listenfunktionen. Acht Funktionen, unter ihnen etwa **ERRORSET** und **SETQ**, wurde eine etwas andere Bedeutung zugeordnet (**SETQ** sollte auch für freie Variable verwendbar sein anstelle von **CSETQ**). In sechs Sachbereichen trug STANDARD LISP den seit 1962 vorangegangenen Entwicklungen Rechnung und ging über LISP1.5 hinaus:

(a) Bei der Behandlung freier Variabler und von Konstanten. Auf diesem Gebiet bestanden 1968—69 die wesentlichen Unterschiede zwischen den verschiedenen LISP-Versionen. Da STANDARD LISP, nach der Meinung HEARNS, nicht die moderneren Lösungen von LISP1.6 oder BBN LISP aufgreifen könne, müsse man sich Beschränkungen auferlegen. Drei Fälle seien behandelbar: Die Konstanten, die am Anfang samt Wert zu deklarieren seien und dann durch die jeweiligen Werte ersetzt werden. Dann die globalen Variablen, die in keiner Variablenliste irgendeines **LAMBDA** oder **PROG** auftauchen. Hierbei kann kein Konflikt zwischen A-Listen-Implementation und Kellerspeicherimplementation auftreten — eine **SPECIAL**-Deklaration ist möglich, die eine Wertzelle einrichtet. Für die interpretative Auswertung muß mit extra Zugriffs- bzw. Speicherfunktionen gearbeitet werden (**GTS**, **PTS**, von get SPECIAL, put SPECIAL).

Schließlich sind die Variablen zu betrachten, die an irgendeiner Stelle gebunden werden und an anderen Stellen frei sind; HEARN nennt sie *extended variables*. Falls solche Variablen verwendet werden, so die Lösung in STANDARD LISP, muß die Gesamtheit der betroffenen Funktionen entweder compiliert sein oder für die Interpretation bereitstehen.

(b) Funktionale Argumente. Um zwischen den funktionalen Argumenten zu unterscheiden, die Bezug nehmen auf die Umgebung zur Bindungszeit, und denjenigen, die das nicht tun, wurde die Lösung von LISP 1.6 übernommen. Demgemäß werden die einfacheren Fälle mit **FUNCTION** behandelt, d. h. praktisch gequotet, während die anderen mit ***FUNCTION** zu kennzeichnen sind. Dabei sind die vorkommenden freien Variablen natürlich zu deklarieren.

(c) Zeichenbehandlung. Beim zeichenweisen Einlesen bzw. beim Zerlegen eines Atomnamens in seine Bestandteile (via **EXPLODE**) entstehen Atome mit einem Namen von einem Zeichen. STANDARD LISP schlug hier eine spezielle Unterscheidung vor zwischen Zeichenatomen und gewöhnlichen (literalen) Atomen. Zeichenatome haben keine P-Listen und stehen in keiner Beziehung zum Atom mit demselben Namen. Sechs Funktionen zur Arbeit mit diesen Zeichenatomen wurden vorgeschlagen (**READCH**, **PRINC**, **EXPLODE**, **COMPRESS**, **LITER** und **DIGIT**), daneben noch einige zur Steuerung der Ausgabe (**PRINC**, **OTLL**, **POS**, **SPACES**). Diese hätten wohl besser in die nächste Gruppe gehört.

(d) Filemanagement. Gegenüber LISP1.5 mußte STANDARD LISP den Wechsel der Quelle des Eingabestroms und des Ziels für den Ausgabestrom ermöglichen. An andere Möglichkeiten zur Arbeit mit externen Dateien wurde nicht gedacht. Die vorgeschlagenen Funktionen (**OPEN**, **WRS**, **RDS**, **CLOSE**) erlauben Deklaration, Wechsel zur neuen Datei und Abschließen.

(e) Funktions- und Makrodefinition. Merkwürdigerweise blieb STANDARD LISP auf diesem Teilgebiet etwas unentschlossen, obwohl doch einige neue Ideen schon 1969 vorlagen. Beeindruckt von der durchgehenden Compilierung des Q-32-LISP sollte Definition und Compilierung prinzipiell zusammenfallen. Mit **DEFINE** (parallel dazu **DEFEXPR**) sollten **EXPR** definiert werden. Für Macros, den Ideen T. P. Harts [HART63b], vermittelt durch Clark Weissman [WEIS67], folgend, war die Funktion **MACRO** vorgesehen. Immerhin sollte über die Funktion **GETD** jede Funktionsdefinition erreichbar sein.

(f) Felder. Die Entwicklung auf diesem Teilgebiet war zu dieser Zeit davon gekennzeichnet, daß man Feldtypen eingeführt hatte, deren Elemente (aus Effizienzgründen) nicht gültige LISP-Objekte sein konnten. STANDARD LISP schlug die strenge Begrenzung auf Felder mit LISP-Datentypen vor und die Verwendung der Funktionen **SETEL** und **GETEL** für Einspeichern bzw. Zugriff von Feldelementen.

Daneben steht eine gemischte Folge von Einschränkungen gegenüber LISP1.5, die durch den Zwang, den größten gemeinsamen Nenner aller aktuell existierenden LISP-Systeme zu finden, bestimmt sind. Atomsymbole mit 24 Zeichen, nur fünf Argumente für Funktionen, Verzicht auf **LABEL**, Verarbeitung mit **EVALQUOTE** usw. usw. sind charakteristische Vertreter dieser Folge.

So verdienstvoll der Ansatz zu STANDARD LISP auch war, wie wesentlich ein Erfolg von Standardisierungsbemühungen für LISP die weitere Sprachentwicklung hätte beeinflussen können, durch die wenig tragfähige Mischung neuer Ideen und eingeschränkter Parameter von zeitgenössischen LISP-Implementationen konnte nicht viel mehr erreicht werden, als einen privaten Sprachstandard zu begründen.

Hier sind durch die Entwicklung von Präprozessoren für STANFORD LISP1.6, STANFORD LISP/360 und CDC6000 LISP1.5 (UT-LISP) doch immerhin Voraussetzungen für eine recht große Maschinenunabhängigkeit des Formelmanipulationssystems **REDUCE** geschaffen worden. Ein wesentlicher Nachteil des Präprozessor-Ansatzes wurde deutlich, als **RLISP**, die ALGOL-ähnliche Formulierungssprache für **REDUCE**, als mit **MLISP** oder

**CGOL** gleichwertige LISP-Erweiterung verstanden wurde und man versuchte, Programme zu schreiben, die STANDARD LISP-Programme verarbeiten sollten.

Das STANDARD LISP-Modell ging davon aus, daß auf dem gegebenen Rechner ein „Gastgebersystem" existiert, das durch den Präprozessor mit STANDARD LISP überlagert wurde. Damit wurden auf verschiedenen Maschinen (bzw. in verschiedenen LISP-Systemen) gleiche STANDARD LISP-Funktionen verschieden realisiert. Für einen maschinenunabhängigen Compiler, der nach den Vorstellungen von Hearn in **RLISP** für STANDARD LISP geschrieben werden müßte, wäre damit die Aufgabe kompliziert durch systemabhängige Quellprogramme. Die Schlußfolgerung aus dieser Situation war für Hearn und seine Mitarbeiter, STANDARD LISP müsse eine präzise Sprachbeschreibung bekommen, in der die Datenstrukturen und die Arbeitsweise der Grundfunktionen genau festgelegt sind [MAR77].

Der neue Report für STANDARD LISP enthält diese Spezifikationen. Das Ziel dabei ist, daß ein vorgefundenes LISP-System nun zu ändern ist, wenn es den Standard erfüllen soll. Der Report selbst soll nur der erste Schritt sein. Die Autoren beabsichtigen, ähnlich wie Moore dies für INTERLISP getan hatte [MOO76], auch eine definierende Beschreibung auf dem Niveau der Implementierung vorzulegen.

Niemand kann heute und konnte 1977 erwarten, daß mit diesem Report wirklich ein Sprachstandard eingeführt werden kann, der etwa der Standardisierung von FORTRAN [FOR66] oder COBOL [COB74] entspricht. Die Entwicklung der maßgebenden LISP-Systeme ist so weit fortgeschritten, daß eine Standardisierung von LISP chancenlos sind. Es wäre schon viel erreicht, wenn die verschiedenen Implementationen dieser Systeme einigermaßen verträglich wären. 1969 war die Situation noch günstiger.

Wenn aber im Kreis der Interessenten der Formelmanipulation neben MACLISP nur STANDARD LISP verwendet würde, wäre dies ein erstaunlicher Erfolg. Dazu wird es wohl nicht kommen. So bleibt STANDARD LISP eine Variante unter mehreren, die von Freunden erarbeitet wurde und von diesen an verschiedenen Maschinen implementiert werden wird. Bekannt sind heute schon Implementationen auf der IBM/360-/370, pdp-10 (DEC-10, DEC-20), B6700, B1726 und UNIVAC1108.

Die Datentypen in STANDARD LISP entsprechen dem gewöhnlich implementierten Spektrum. Die Namen der Atomsymbole sind wiederum auf 24 Zeichen beschränkt — eine schwer verständliche Entscheidung.

Die Funktionstypen werden mit der von INTERLISP begründeten Terminologie beschrieben: Unabhängig voneinander gibt es die Merkmale **EVAL** oder **NOEVAL** für die Funktionen, die ihre Argumente ausgewertet bekommen bzw. unausgewertet, und **SPREAD** oder **NOSPREAD** für die Funktionen, denen die Argumente auf Parameter verteilt werden bzw. als Liste einem Parameter zugeordnet sind.

Die beschriebenen Funktionen — es sind etwa 115 — machen die übliche Grundmenge aus. Es fällt auf, daß gewisse konventionelle Ideen von LISP1.5 übernommen wurden. Ein Beispiel dafür sind die sogenannten *Flags* in den P-Listen, deren Beziehungen zu den gewöhnlichen Eigenschaften recht vage beschrieben sind. Dies rührt daher, daß in LISP1.6 Flags keine besondere Rolle mehr spielen und regelrechte Eigenschaften mit den Werten **NIL** und **T** sind, in STANFORD LISP/360 dagegen Indikatoren ohne Eigenschaft. Zur Funktionsdefinition werden endlich SANDEWALLS Funktionen **DE**, **DF** und **DM** akzeptiert. Zu den Ein- und Ausgabefunktionen werden diesmal rigoros alle Funktionen zur Zeichenmanipulation geschlagen. Dies hat für **COMPRESS** und **EXPLODE** noch einen präzisen Sinn, da man sich als Quelle bzw. Ziel die Zeichenliste vorstellen kann (s. S. 62).

Viele Gedanken hat man sich um die Variablentypen gemacht. Um die 1969 als *Extended Variables* bezeichneten globalen Variablen von den für alle Funktionen globalen Variablen abzuheben, wurde der Variablentyp der Fluidvariablen eingeführt. Diese sind also irgendwo gebunden und werden in den Unterfunktionen global verwendet. Tritt eine neue Bindung auf, so muß die alte gerettet werden. Nur die jeweils aktive ist erreichbar. Die Kooperation von interpretierten und compilierten Funktionen wird als gesichert angenommen.

Die Arbeit an dem transportablen LISP-Compiler, die bei dem alten STANFORD LISP/360 Compiler begann und durch mehrere Zwischenstufen gelaufen ist (dabei wurden zunächst vorgesehene Optimierungen des Quellcodes wieder beseitigt) wird bis zur Erscheinung des vorliegenden Buches abgeschlossen sein.

STANFORD LISP/360 blieb nicht das einzige LISP-System für IBM/360 bzw. /370 Rechner. Die vielen Maschinen, die von Universitäten und Forschungsinstituten angeschafft worden waren, wurden teilweise auch mit verschiedenen Betriebssystemen gefahren. In dem ersten LISP-Bulletin, das im April 1969 in den SIGPLAN-Notices [BO69] erschien, werden allein drei LISP-Systeme für diese Anlagen erwähnt[1]). Eines war Anfang 1968 bei SDC in Santa Monica als Nachfolger des Q-32-LISP für das Betriebssystem ADEPT [LI69] auf einer IBM/360.50 implementiert worden [BAR68], eines an dem Rensselaer Polytechnic Institute in Troy (N.Y.) und schließlich eines für die IBM/360.91 am IBM-Forschungsinstitut in York-

[1]) Kurioserweise (eine der vielen Unzuverlässigkeiten in der auswertbaren Literatur) wird das LISP/360 weder für Waterloo noch für Stanford erwähnt.

town Heights, das unter verschiedenen Betriebssystemen lief: im OS, im OS mit TSS und im System CP/CMS.

Bei IBM war das Anbieten der verschiedenen LISP-Systeme, die dort implementiert worden waren, lange Zeit als entweder geschäftlich uninteressant oder zu große Mühen verursachend vermieden worden. So ist wenig über die Arbeit bekannt, die über Jahre hinweg hauptsächlich von F. W. Blair und J. H. Griesmer geleistet wurde.

Nach Blairs Angaben konnte man in Yorktown Heights schon 1961 ein LISP1.5-System vom MIT benutzen. Damit sind wohl Probleme der Formelmanipulation und andere nichtnumerischen Aufgaben gelöst worden. Allerdings war der Nutzerkreis alle Jahre sehr beschränkt. Zwischen 1965 und 1966 scheint man, wie E. G. Wagner berichtet [WAG78], Zugriff zu dem LISP-System auf der IBM M44 gehabt zu haben. Es ist nicht klar, ob dies das von D. Wooldrige erstellte System mit dem Hash-**CONS** war [BOB68b, S. 152] oder ein anderes, das von D. Edwards, vielleicht unter Mithilfe von P. Abrahams aufgebaut wurde [BLA71]. Kurz darauf waren Blair und Griesmer an der Implementation von LISP2 auf der IBM/360 beteiligt. Da dieses Projekt zusammenbrach, begannen sie mit einer eigenen Implementierung für diesen Rechner.

Kennzeichnend für dieses IBM-System ist die Orientierung auf Halbworte. Dadurch sparte man Platz, verfügte aber andererseits nur über einen kleinen Adressraum. Damit dieser ausreichte, wuden möglichst nur Listenstrukturen in diesem Bereich angesiedelt. Die Atome wurden, ähnlich wie im pdp-1-LISP von BBN, in Teile zerlegt, von denen nur ein Teil im Zeigerbereich lag. Von diesem Teil aus gingen die Zeiger zur Buckettliste der Objektliste und auf die P-Liste.

Das System enthielt ganze und Gleitkommazahlen, Zeichenketten und Vektoren. Es bot ein recht großes Spektrum an Funktionen. Der Compiler war schon Mitte 1967 so weit entwickelt, daß J. Kent ihn nach einem Besuch in Yorktown Heights in das STANFORD LISP/360 übernehmen konnte.

Da Maurer [MAU73] von einem LISP1.14 berichtet, in dem seine Beispiele unter Mithilfe von Griesmer abgearbeitet wurden und in dem größeren Bericht die Version LISP1.15 erwähnt wird, ist es nicht unwahrscheinlich, daß die von J. Sammet [SAM69] ohne Referenz angegebenen Systeme LISP1.17 bzw. LISP1.19 IBM-Produkte waren.

Das jeweilige System galt als „experimentelles System", das zur Benutzung einem kleinen Kreis von nicht viel mehr als fünf Programmierern zur Verfügung stand.

Etwa 1970 wurde dieses System für den Aufbau des Formelmanipulationssystem **SCRATCHPAD** [GRI71b] verwendet; die dabei angewandte

Technologie wurde verallgemeinert, und eine Beschreibungssprache für Metasysteme [JE70] wurde entwickelt. Im Betriebssystem CP/CMS konnte man die Metasprache **LPL** [BLA70a] benutzen. Ihr Niveau entsprach etwa **MLISP**. Da die Syntaxverarbeitung auf den Ideen von V. Pratt bezüglich Operator-Precedence-Grammars basierte, konnte das System Präfixoperatoren außerordentlich günstig verarbeiten. Für den Nutzer resultierte etwa, daß

$A\ B\ C$ in **(A(B(C)))**

übersetzt wurde. Das "-Zeichen wurde zur Umschaltung in reine LISP-Syntax verwendet, Vektor-Datenobjekte mit spitzen Klammern. Wie schon **MLISP** enthielt LPL ebenfalls ALGOL-ähnliche Zyklenkonstruktionen.

Etwa 1974 überlegten die Mitarbeiter von IBM, ob sie einen neuen Anlauf wagen sollten. Man begann mit der „Task Force". Die Entscheidungen fielen, und 1975 wurde eine völlig neue Implementation gestartet. Diese sollte sich nun auf Doppelwortzellen orientieren, um den gesamten Adressraum verfügbar zu haben.

Im Laufe des Jahres 1976 ist dann die wesentliche Arbeit an dem neuen System LISP/370 geleistet worden. Daran hatte auch J. White vom MIT einen Anteil.

Typisch für LISP/370 sind die als Zeigerkomplexe organisierten Datenstrukturen und, insbesondere bei der Ein- und Ausgabe, recht einmaligen Funktionen.

1977 konnte das System LISP/370 den Nutzern angekündigt und angeboten werden, 1978 kam es als Installed User Program Nr. 5796-PKL auf den Markt [IBM78].

Ein weiteres LISP-System für Maschinen des Typs IBM/360 wurde Anfang der siebziger Jahre an der University of Michigan in Ann Arbor von Bruce Wilcox und anderen erstellt [HAF74]. Dieses System lief im Michigan Terminal System und ist in enger Anlehnung an MACLISP gestaltet worden. Deshalb hieß es zunächst MACLISP/360. Eine verbesserte Version mit dem Namen MTS-LISP entstand etwa 1974. Da es unentgeltlich verteilt wurde, ist eine auswärtige Verwendung anzunehmen [GÖ76]. So ist es unter anderem an das Institut für deutsche Sprache in Mannheim gelangt.

In dem ersten Artikel zu STANDARD LISP [HEA69] hatte A. C. Hearn die an der Univerity of Texas in Austin durchgeführte LISP-Implementation erwähnt. Die Geschichte dieses Systems ist typisch für die LISP-Verbreitung.

In einem Kursus hatten W. W. Bledsoe und S. Papert (vom MIT) in Austin die Ideen und Resultate der jungen Wissenschaftsdisziplin von der künstlichen Intelligenz bekanntgemacht und begeisterte Studenten zur

Mitarbeit bzw. zur Mithilfe bei Forschungen auf diesem Gebiet gewonnen. Dies war im Herbst 1966. Die Programmierung sollte natürlich in LISP vorgenommen werden, es war aber kein Rechner verfügbar, für den irgendwo eine LISP-Version implementiert war. BLEDSOE bestärkte die Studenten, selbst mit der LISP-Implementierung für den Universitätsrechner, eine CDC6600, zu beginnen [MOR76].

Man initiierte ein Graduate Student Project, das noch im Herbst von den Studenten J. B. MORRIS, R. RICHARDSON und D. C. SINGLETON gestartet wurde. Später kam noch ein Undergraduate Student, R. FREDRICKSON, hinzu. Gemeinsam entwarfen und programmierten sie ein LISP1.5-System. Dieses Programm soll etwa gegen Ende des Frühjahrssemesters im Jahre 1967 einsatzbereit gewesen sein.

Die Entwurfsarbeit war durchaus nicht einfach, denn die Maschinenstruktur der CDC6600 ist recht verschieden von anderen Maschinen. Für LISP eher ungünstig ist die enorme Wortlänge von 60 Bits, der 18 Bit-Adresse gegenüber stehen. Die Studenten entschieden sich, jeweils 6 Bits pro Wort als Typanzeiger zu verwenden. Damit waren in den Listenstrukturen 18 Bits unbenutzt! Dies ist eine mutige Entscheidung, wenn man bedenkt, daß ohne weiteres Varianten denkbar waren (etwa in der Atomstruktur), wo man sich zur besseren Speicherausnutzung von LISP hätte entfernen können. Bei den P-Listen lag die Verwendung des dritten Adressteils allerdings nahe: Man bekommt ja Indikator, Eigenschaft und Listenzeiger in ein Wort. Auch für Namenszellen, Zahlen u. dgl. lassen sich die vielen Bits gut einsetzen.

Das CDC6600 LISP wurde offenbar sofort nach außerhalb vergeben, denn das Bedürfnis nach ihm bestand schon lange. Wie üblich, gab es noch eine Reihe Fehler; MORRIS und SINGLETON verbesserten diese und verwerteten die ersten Nutzererfahrungen [MOR68a]. Anfang 1968 wurde nach einer genaueren Durchsicht des Systems (LISP1.5.5) dieses sogar in die von der CDC6600-Nutzergemeinschaft betreute Software aufgenommen (CDC VIM 6600 Users Group Software Library). 1969 hatten das System schon an die 20 Installationen übernommen. Unter anderem ist es auch in die VR Polen nach Warschau gelangt.

MORRIS hat das System bis 1969 gepflegt. Im Sommer 1969 übernahm E. M. GREENAWALT das CDC6600 LISP-System. Er überarbeitete das System vollständig, fügte einen Compiler hinzu und schrieb auch ein LAP-Assemblerprogramm. Besonders bemerkenswert ist dabei das neue Interpretationsschema für $\lambda$-Ausdrücke, das auf einer Variablenbindung beruht, die verschieden ist sowohl von der A-Listenimplementation in LISP1.5 als auch von dem LISP1.6-Schema, wo die Werte über eine Wertzelle erreichbar im Kellerspeicher angeordnet sind.

UT-LISP [GRE70], wie das System nun genannt wurde,[1]) verwendet dafür eine lokale *Pushdownliste*, d. h. einen Stack, der als Liste repräsentiert ist und direkt vom Atom aus erreichbar ist (im Car-Feld). Der aktuelle Wert befindet sich im Cdr-Feld. Damit sind die Wertzugriffe sicher sehr schnell ausführbar — die Verwaltung durch dezentrale Pushdownlisten aber scheint nicht sehr günstig zu sein.

UT-LISP ist heute (in der Version 4.0) eines der meistbenutzten und einsatzfähigsten Systeme [GRE75]. Mit ca. 220 Funktionen, guten interaktiven Möglichkeiten, freier Verfügbarkeit beliebiger Ein- und Ausgabefiles ist es recht leistungsfähig. Eine diese Eigenschaften verstärkende Möglichkeit besteht darin, daß der Nutzer zwischen verschiedenen Systemkonkretisierungen wechseln kann. Dieser Dienst heißt in der UT-LISP-Terminologie *Overlay*. Wird mit einem leeren LISP-Speicher gestartet und eine Reihe von Funktionen eingelesen, so entsteht schließlich eine Arbeitsumgebung die durch die interne Verfügbarkeit eines Systems von Funktionen charakterisiert ist. In diesem konkreten Systemaufbau ist nun Programmierarbeit oder normale Problemrechnung möglich. Da eine solche Systemkonkretisierung erst durch eine lange Reihe von Eingabeoperationen erreichbar ist, liegt es nahe, sie insgesamt als Einheit zu betrachten und als ein Datenelement auf externe Speicher zu retten. Bei späteren Systemstarts ist nur noch eine Eingabeoperation nötig, die des Overlays.

In dieser Hinsicht steht UT-LISP nicht allein — auch STANFORD LISP/360 und DOS/ES LISP1.6 erlauben ähnliche Operationen, nur daß hier in der betriebssystemabhängigen Terminologie von Prüfpunkten (Checkpoints) gesprochen wird. Einzigartig sind die Möglichkeiten, die man in UT-LISP hat, von einem Overlay zu einem anderen zu gelangen, von einem Overlay einen anderen mit Rückkehrabsicht zu verzweigen, dort gewisse Teilaufgaben erledigen und dann in das Ausgangssystem mit dem Ergebnis wieder eintreten. Diese Arbeitsweise kann sogar rekursiv organisiert sein [GRE73].

1973 verbrachte E. M. Greenawalt in Livermore beim Lawrence Radiation Laboratory und sorgte dort für die Überführung von UT-LISP in das Betriebssystem LTSS, das auf der CDC7600 läuft. Die Weiterentwicklung geriet dann ins Stocken, als Greenawalt 1974 Austin verließ. R. A. Amsler und J. Slocum betreuen seitdem das System. Sie faßten alle von Greenawalt zuletzt gemachten Erweiterungen und neue Elemente zusammen [AMS75]. Für CDC-Rechner, die nicht mit dem in Austin verwendeten relativ seltenen Betriebssystem ausgestattet sind, muß eine Anpassungsarbeit durchgeführt werden. In Europa tut dies D. de Champaux in Amsterdam.

[1]) von *U*niversity of *T*exas at Austin.

Weitere Verbesserungen am UT-LISP sind auch in Lausanne, am ISSCO-Institut unter P. Hayes und N. Goldman durchgeführt worden [GOLM 75].

Für die Rechnerfamilie UNIVAC 1100 [IB78] wurde erst 1969 ein LISP-System entwickelt. Über Umstände dieser Implementation ist nicht viel bekannt. UNIVAC LISP ist ein strenges LISP1.5 System, d. h. für die Variablenbindung wird eine Assoziationsliste verwendet. Als Begründung für diese Entscheidung gibt der Implementator, Eric Norman, an, die **SPECIAL**-Zellen Implementation würde nicht funktionieren („it just doesn't work") und meint damit natürlich die Schwierigkeiten, ein korrektes **FUNARG** zu bewerkstelligen. Sein Beispiel, die Kompositionsfunktion für zwei funktionale Argumente, ist sowohl einfach wie natürlich und würde tatsächlich in einer einfachen LISP1.6-Implementation (etwa DOS/ES LISP1.6) nicht korrekt ausgeführt. Aber wozu soll die Funktion nutzbringend sein?

**(DE COMPOSE(F1 F2) (FUNCTION(LAMBDA(X) (F1(F2 X))))) .**

Alle denkbaren Anwendungen lassen sich auch ohne **COMPOSE** verwirklichen.

In UNIVAC LISP ist der Speicher in Seiten aufgeteilt, in die typenrein die Daten abgespeichert werden. Es wird unterschieden zwischen Zahlen, Atomen (literalen Atomen), compilierten Programmen, und einigen speziellen Typen außer den Listenzellen [NOR69b]. Die Atome sind als Aggregat von vier Listenzellen (2 Worten) aufgebaut und enthalten neben Wert, P-Liste und Namenszeiger noch den Zeiger für das Hashbucket (Liste gleicher Hashcodes). Man beachte dabei, daß Atome nicht gleichzeitig als Variable und als Funktion verwendbar sind. Es war gerade die Absicht des Entwerfers, dies unmöglich zu machen: Funktionale Bedeutungen werden in der Tat wie Werte behandelt und auch mit den Funktionen **CSET** bzw. **CSETQ** zugewiesen.

Die Seitenaufteilung hat den Vorteil, daß der Nutzer keine Aufteilung des Speichers im voraus vornehmen muß. Die Seiten verschiedener Typen können willkürlich angeordnet sein. Durch das Garbage Collection werden dabei alle Typen erfaßt. Es wird allerdings nicht kompaktiert. Insgesamt scheint die Speicheraufteilung sehr gelungen (sie ähnelt ja den Schemata von INTERLISP bzw. MACLISP (**BIBOP**)) und fähig für Erweiterungen (Software-Paging).

UNIVAC LISP bot zunächst etwa 100 Grundfunktionen. Dabei sind die arithmetischen Funktionen recht stark vertreten, die Funktionen zur Listenverarbeitung entsprechen etwa dem normalen Spektrum, und Ein- und Ausgabefunktionen sind ebenfalls angemessen vertreten. In der Menge der Funktionale sind eher unübliche Namensgebungen anzutreffen (**MAPC** heißt

**MAPCAR**, **MAPCAR** heißt **INTO**). Die Auswirkungen der Behandlung der Funktionsdefinition als normaler Wert zeigen sich in der Funktionsmenge: Man kann keine FEXPR definieren, wie überhaupt der Begriff verschiedener Funktionstypen völlig aufgelöst ist. Die „Spezialformen" wie **PROG**, **COND** usw. sind offenbar „eingebaut", neue sind nicht hinzufügbar. Vor allem mit dieser Entscheidung steht UNIVAC LISP als recht merkwürdiger LISP-Dialekt mehr am Rande der LISP-Familie.

UNIVAC LISP ist unter anderem an die Universität von Maryland übernommen worden. Dort wurde an dem System weiter gearbeitet. Etwa 1973—74 hat Robert L. Kirby eine kompatible Version für die pdp-11 erstellt [KIR75]. Sie enthält nun auch Felder, leidet aber insgesamt unter den unharmonischen Festlegungen des Vorbildes.

Sehr verbreitet ist auch das pdp-11-LISP von der Harvard-University. Es wurde 1974—75 von Forrest Howard am HRSTS Science Center in Lynnfield programmiert [HOW75]. Ebenfalls für die pdp-11 ist das System von B. Webb, das am Bell Telephone Laboratory aufgebaut wurde. Alle drei laufen in dem weithin benutzten Betriebssystem UNIX [RIC74].

## 4.5. LISP in Westeuropa

### 4.5.1. Großbritannien

In Großbritannien beginnt die LISP-Rezeption außerhalb der USA.

Ein loser Kreis von Wissenschaftlern und Freunden Christopher Stracheys traf sich um 1960 bei ihm zum Tee und diskutierte neue Entwicklungen auf dem Gebiet der Computer Science. Als McCarthys Artikel in den Communications of ACM im März 1960 erschien, wurde man aufmerksam und beschäftigte sich damit. Irgendwann bald danach machte M. Woodger D. R. Jenkins vom Royal Radar Establishment in Malvern, Worcester, den Vorschlag, diese interessante Sprache zu implementieren.

Jenkins hatte Interesse an der Sache, und es gab in seinem Institut gewisse Erfahrungen bei der Sprachimplementierung: Man hatte eine einfache algebraische Sprache entwickelt und einen Compiler geschrieben. P. W. Woodward, der an dieser Angelegenheit mitgewirkt hatte, war bereit, Jenkins zu unterstützen. So begannen beide, auf Grund des Artikels „Recursive functions..." [MCC60c] LISP zu implementieren.

Am Royal Radar Establishment verfügte man damals über den TREAC, einen nicht allzugroßen Rechner, der mit einer Trommel ausgerüstet war. Es wurde ziemlich rasch klar, daß mit dem kleinen Hauptspeicher nicht viel anzufangen war. Durch die vielen Trommeltransfers wurde die LISP-

Interpretation recht langsam. In einem Artikel über LISP [WOW61] berichten die Implementatoren leider sehr wenig über ihre Arbeit, „... die noch zu wenig zurückliegt, um detaillierte Erfahrungen wirklicher Probleme anzugeben...“.

Immerhin ist in der Veröffentlichung eine Demonstration arithmetischer Grundoperationen ohne zuständige LISP-Basisfunktionen enthalten. In gleicher Art dürften die entsprechenden Programme um die Jahreswende 1958/59 am MIT ausgesehen haben. Eine Geschwindigkeitsangabe wird ebenfalls gemacht: Danach benötigte das System für die Berechnung des Differentialquotienten von $x$ nach $x$ (d. h. $dx/dx$) etwa 5 Sekunden.

Das LISP-System auf der TREAC diente insgesamt als Erfahrungs-Probeinstrument. Später hat man dann (unter Teilnahme von J. M. FOSTER) die Listenverarbeitung unabhängig von LISP weitergeführt.

Zu Beginn der sechziger Jahre war dann die Listenverarbeitung relativ populär in Großbritannien. Eine ganze Reihe von Systemen wurde entwickelt, die mehr oder weniger von LISP verschieden waren [FOX66, WILK65]. Unter ihnen verdient die Sprache WISP eine besondere Erwähnung [WILK 64].

LISP wurde erst wieder aktuell, als die ersten Maschinen der IBM/7090-Reihe nach Großbritannien geliefert wurden. Es scheint so zu sein, daß die Installation einer IBM/7090 Ende 1964 am Imperial College das auslösende Ereignis gewesen ist.

Für diese Anlage wurde durch A. C. HEARN, der sich vom September 1964 bis August 1965 in England aufhielt, das LISP1.55-System ([MCC62c], Anhang I, [CAM66]) eingeführt. Die Beweggründe dafür waren Bedürfnisse der Physiker am Imperial College und in anderen Universitäten bzw. Instituten in der Umgebung Londons, denn HEARN hatte sein Formelmanipulationssystem mitgebracht. Das Imperial College sollte als zentrales Rechenzentrum fungieren. HEARN hat auch während seines Aufenthaltes am Rutherford-Laboratorium in Didcot für die Popularisierung von LISP gesorgt.

Das System wurde bis August 1966 weiterentwickelt, um gewissen speziellen Bedürfnissen physikalischer Forschung entgegenzukommen und unter dem Namen LISP1.6 von Physikern des Clarendon Laboratoriums Oxford auf dem Rechner in London verwendet. Am Imperial College wurde dagegen eine nicht so spezialisierte Variante benutzt [CAM66].

Anfang 1967 sind zwar nicht sehr viele LISP-Programmierer tätig gewesen, aber die Anwendungsgebiete waren doch verhältnismäßig breit: Man verwendete LISP für Arbeiten an Modaler Logik, an Theorembeweisern für den Prädikatenkalkül 1. Stufe, für die Lehre, für „mechanische“ Antropologie (inklusive Edieren von Text), für Spektroskopie, Gruppentheorie, Neurophysiologie, für die automatische Erzeugung und Testung von FORTRAN-Programmen und zur Übersetzung zwischen verschiedenen Maschinen-Codes.

Das Erscheinen des LISP1.5 Systems aus Stanford und die rege Benutzung durch die Physiker des Rutherford Laboratoriums in Didcot inspirierte Dr. D. B. Russell vom Atlas Computer Laboratorium Chilton in Didcot, ein ähnliches System für den Atlas aufzubauen.

Der Atlas Computer darf in gewisser Weise als erster Rechner der dritten Generation angesehen werden, obwohl er noch nicht mit integrierten Bausteinen ausgerüstet war. Diese an der Universität von Manchester entwickelte Maschine hat jedoch mit ihrer zukunftsweisenden Architektur alle wesentlichen nachfolgenden Rechner beeinflußt [LAV78].

Die erste Version des Atlas LISP, LISPDEC66, war Mitte 1966 fertig. Sie war weitgehend kompatibel mit dem LISP1.5 auf der IBM/7090: Der Nutzer mußte lediglich die Steuerkarten für OVERLORD entfernen, und er konnte seinen Kartendeck im IBM-Format zur Abarbeitung im Atlas verwenden.

Kleinere Abweichungen waren: die Funktionen **ARRAY**, **TIME**, **TIME1** und **ERRORSET**, die Funtionen der Car-Cdr-Familie mit mehr als drei **A** bzw. **D** zwischen **C** und **R**, sowie alle Funktionen zum zeichenweisen Einlesen und Klassifizieren waren nicht vorhanden. Car und Cdr eines Atoms konnten nicht gebildet werden — es resultierten Fehler. Weder **EQ** noch **EQUAL** waren sinnvoll auf Gleitkommazahlen anwendbar: Die Vergleichsgenauigkeit war bis zur letzten Stelle exakt, und kleine Rundungsfehler sowie Einlesekonversionen führten zu verschiedenen Zahlen (d. h. $1 \neq 1.0$). Obwohl der erste Compiler nur „rudimentär" vorhanden war, hatte Russell ein komplettes **LAP** aufgebaut, das auf der Assemblersprache des Atlas, ABL, beruhte [RUS66].

Diese Möglichkeiten nutzte R. d'Inverno in seinem System **ALAM** [IN69], das das bekannteste Anwendungsprogramm des Atlas LISP-System geworden ist. Das Manual [IN68] stellt gleichzeitig ein Manual für das Atlas LISP dar. d'Inverno hatte von Hearns Aktivitäten keine Kenntnis und fand die Mitte 1966 verfügbaren Programme zur symbolischen Rechnung für Physiker auf dem Gebiete der Gravitationstheorie zu langsam und deshalb zu schwach. Er programmierte sein relativ großes System völlig in **LAP** — ein wohl einmaliger Fall der Verwendung von LISP.

Im Laufe des Jahres 1967 lernte Russell andere LISP-Implementationen kennen. Am meisten scheint ihn das BBN-LISP auf der SDS940 beeinflußt zu haben. So entwickelte er eine zweite Version des Atlas LISP (LISP68), die aber teilweise mit der vorhergehenden unverträglich gewesen zu sein schien. Wie Russell vermerkt [RUS68], konnte er für die Entwicklung des Compilers auf das BBN-Programm zurückgreifen.

Das LISP68-System basiert auf dem Bindungsschema von LISP1.6. Wie allerdings der Compiler gearbeitet hat, ist nicht ersichtlich, denn es gab keine Deklaration für freie Variable. Einzig mögliche Erklärung ist, daß auch der Compiler jede Variable als freie Variable auffaßt und Zugriff zur Wertzelle sichert. Eine ganze Reihe von Funktionen wurden offen compiliert — unter ihnen nicht nur die gängigen **FSUBR**-Funktionen, sondern auch alle Mitglieder der Car-Cdr-Familie bis zur vierfachen Verschachtelung, **CONS**, **RPLACA**, **RPLACD**, **EQ** und **ATOM** sowie die P-Listenfunktionen **PLIST** (holt die P-Liste) und **ASCRIBE** (setzt die P-Liste) und einige numerische Funktionen (**ADD**, **SUB**, **INCR** = **ADD1**, **DECR** = **SUB1**). Das System bot etwa 200 Grundfunktionen an und stellte insgesamt ein durchaus respektables Produkt dar. Der Listenraum mit insgesamt 100 Blöcken zu je 512 Worten (theoretisch bis 4096 Blöcke) ermöglichte ernstzunehmende LISP-Aktivitäten.

Noch 1967 hat eine Gruppe an der Queens University in Belfast ebenfalls ein LISP-System implementiert. Dies geschah unter der Leitung von F. V. McBride für die ICL1905. Dieses System wurde benutzt für die Einbettung von Möglichkeiten zum Pattern Matching in LISP [MCB69].

Seit dieser Zeit war in Großbritannien LISP wohl nur noch in den Kreisen der Physiker für Zwecke der Formelmanipulation in Gebrauch. Ausnahmen sind die seltenen Benutzer der LISP1.5-Systeme auf IBM/7090 bzw. 7094-Anlagen (etwa Luckham in Manchester, vgl. [LUC67]). Die in Edinburgh entwickelte Listenverarbeitungssprache POP2 hatte mehr Popularität bei den Forschern auf dem Gebiet der künstlichen Intelligenz.

Erst Mitte der siebziger Jahre wurden dann wieder eigene Implementierungsaktivitäten aufgenommen. Begonnen haben damit bezeichnenderweise wiederum Physiker: A. C. Norman hatte sich seit 1967 mit kleinen Systemen für die pdp-7 an der Universität von Cambridge beschäftigt. Die Erfahrung mit diesen Systemen und die nicht befriedigten Wünsche an verschiedenen anderen LISP-Systemen führten zum Entwurf eines eigenen, leistungsfähigen Systems für die IBM/360-/370.

Das Projekt startete etwa 1974. Folgende Grundentscheidungen wurden vor dem Programmentwurf gefällt: LISP1.6-Bindungsschema, Typcharakteristika in den Zeigern auf ein Objekt statt im Objekt selbst, kompaktifizierendes Garbage Collection, umfassende arithmetische Möglichkeiten, sorgfältige Gültigkeitsprüfungen innerhalb jeder Funktion. Eine methodologische Entscheidung beeinflußte die Programmerstellung wesentlich: Man wollte BCPL als Implementierungssprache nutzen.

Der Bericht [FIT77] über die fertiggestellte Implementation beschreibt ein interessantes System, dessen Leistungsvermögen nicht wesentlich unter dem des handcodierten STANFORD LISP/360 liegen. Während der Interpreter etwa 25% langsamer arbeitet, sind compilierte Programme etwa 20% schneller. Wird die Arithmetik exzessiv genutzt, wird sogar ein Faktor 2 (200%) erreicht.

Eine neuere wichtige Aktivität in Großbritannien ist die Implementierung von INTERLISP für die ICL-4 in Edinburgh. Unter der Leitung von G. Miller waren einige Schwierigkeiten zu überwinden, etwa ein Fehler im Garbage Collection. Als das System fertig war, wurden DEC-10-Anlagen nach Edinburgh geliefert, so daß heute keine Benutzer des ICL-4-INTERLISP bekannt sind.

### 4.5.2. Frankreich

In Frankreich begann man, wie in Großbritannien, Anfang der sechziger Jahre mit Arbeiten auf dem Gebiete der künstlichen Intelligenz. Die mit LISP verbundene Tätigkeit begann zunächst nicht sehr erfolgversprechend: J. Pitrat verfügte in Paris über eine IBM 704 (am Institut Blaise Pascal, vgl. [FIN66]) und wollte mit LISP arbeiten. Eine Bitte um Hilfe an Mc Carthy erreichte den Adressaten nicht oder wurde nicht akzeptiert, jedenfalls kam keine Antwort. So bemühte sich Pitrat um FLPL und arbeitete damit.

1966 hatte J. Kent sein LISP-System auf die CDC3600 an das gleiche Institut gebracht. Es wurde hauptsächlich für die Formelmanipulation genutzt.

Seit 1962 war in Grenoble eine IBM 7044 in Betrieb. Von Anfang an war hier LISP1.5 verfügbar. Etwa 1963—64 brachte T. Evans eine neuere LISP-Version aus Cambridge mit und hielt einen Programmierkurs. Das System wurde bis zum Abriß der Anlage 1968 von einem kleinen Nutzerkreis verwendet. 1963 wurde ein ALGOL-Compiler durch eine Gruppe von Programmierern und Wissenschaftlern unter der Leitung von J. C. Bousard aufgebaut. Diese Basis wiederum wurde durch Cohen und seine Mitarbeiter für eine LISP-Implementation genutzt [CO65]. Seit etwa Anfang 1964 konstruierte man ein System von ALGOL-Prozeduren für die Einbettung von LISP in ALGOL60 [CO67b].

Im Laufe des Jahres 1965 wurde dieses System sowohl für Arbeiten zur Symbolmanipulation (als Anwendungsgebiete werden Formelmanipulation und Theorembeweisen angegeben) als auch für Experimente zur Verwendung externer Speicher innerhalb einer LISP-Umgebung benutzt. Diese Experimente fielen recht ermutigend aus, da eine gewisse Lokalität der Arbeitsmengen von Listenseiten festgestellt werden konnte [CO67a].

In seinem Bericht über die Auslastung des IBM 7044-Systems konnte Bousard berichten, daß 5% der gesamten Rechenzeit an Benutzer von COMIT, COBOL oder LISP ging [BOU66].

Zwischen 1966 und 1968 scheint die LISP-Aktivität in Grenoble fortgeführt worden zu sein. Ein Indiz dafür ist einmal das Buch von Ribbens [RIB69], der in dieser Zeit Grenoble besuchte, zum anderen die weitere Geschichte: Y. Siret nutzte die erste Gelegenheit, die sich ihm bot, um 1968 aus den USA ein STANFORD LISP/360-System nach Grenoble mitzunehmen, als man dort eine IBM/360—67 aufgestellt hatte. Dort wurde es an die örtliche Modifikation des Betriebssystems CP/CMS angepaßt. Siret wechselte das Institut 1971. Mit seinem Abgang wurden alle Aktivitäten vernachlässigt und hörte gänzlich auf.

1973 ist dieses System dann von A. Lux betreut worden, der die wild gewachsenen Programmstrukturen etwas ordnete.

Seit etwa 1970 besteht die Gruppe von P. Greussay an der Universität Paris 8 (Vincennes). Man begann 1971 mit der ersten eigenen Implementation: Ein LISP-System für den CAE-510, einen heimischen 18Bit/8K-Rechner. Dieses System hatte viele Charakteristika von LISP1.6 [GREN72].

Die Erfahrungen mit dem kleinen Rechner führten zu Ideen bezüglich der Verbesserung der Interpretation (keine **CONS**-Operation während der Interpretation auf Grund von Systemanforderungen usw.). Kurz darauf wurde ein Tischrechner CAB-500 mit 16K Trommelspeicher und 32 Bit-Worten als Basis für eine erneute LISP-Implementation gewählt.

Die inzwischen erreichten Verbesserungen führten zur Ansicht, daß man eine eigenständige Weiterentwicklung erreicht habe: Also gab man dem verbesserten System auf dem Minirechner CAE-510 den Namen VLISP (von *V*incennes *LISP*). Neben den üblichen Methoden zur Platzeinsparung und Beschleunigung hatte Greussay den Begriff des Musters für die Interpretation von LISP erweitert zum sog. *Filter* [GREU76].

1974 erhielt die Gruppe, zu der inzwischen auch H. Wertz, J. Chailloux, D. Goossens und andere gehörten, die Möglichkeit, eine Telemechanique T1600 am Institut de'l'Environment zur LISP-Implementation zu benutzen. Dieses System wurde etwa 1975 abgeschlossen [GREU75].

Greussay formulierte die grundlegenden Ideen von VLISP 1976, als man gerade begann, VLISP auf einer pdp-10 zu implementieren [GREU76]. Mitte 1976 ist dieses System fertiggestellt worden [CHA76]. VLISP-10, wie es genannt wurde, ist ein recht umfangreiches System. Es enthält etwa 200 Basisfunktionen und eine Reihe nützlicher Hilfsmittel, wie das Testsystem

**PHENARETE** [WER76, 77, 78], das mit **DWIM** und anderen ähnlichen Erzeugnissen vergleichbar ist.

Die Datentypen umfaßten Atomsymbole (bis 18 Zeichen), Zeichenketten, ganze Zahlen und Listen. Die Funktionstypen sind **SUBR**, **NSUBR** (wie **LSUBR** in LISP1.6), **FSUBR**, **EXPR**, **FEXPR** und zwei Makrotypen: **MACIN** und **MACOUT**. Durch Notieren eines Atoms an der Stelle der Variablenliste kann, ähnlich wie in MACLISP, eine LEXPR-Verarbeitung initiiert werden. Allerdings bietet VLISP nicht die Hilfsfunktionen **SETARG** bzw. **ARG** an, sondern weist dem Atom die gesamte Argumentliste zu.

Unter den Funktionen fallen folgende Neuentwicklungen auf: **EPROGN** bekommt als Argument eine Liste von Ausdrücken, die sequentiell ausgewertet werden. Wie bei **PROGN** bestimmt der letzte Ausdruck den Gesamtwert. Eine Funktion **IF** mit *n* Argumenten bietet einfache **COND**-Möglichkeiten: Wenn das erste Argument bei der Auswertung nicht **NIL** ergibt, liefert die Auswertung des zweiten Arguments den Gesamtwert. In den übrigen Fällen (erstes Argument = **NIL**) werden die Argumente 3 bis *n* sequentiell ausgewertet und der Wert des letzten als Gesamtwert benutzt.

Daneben stehen Funktionen zur Selektion (**SELECT** und **SELECTQ**) und zyklischen Auswertung (**WHILE**, **UNTIL** und **REPEAT**). Zwei Funktionen dienen zu globalen Exits: **ESCAPE** und **LESCAPE**. Während **ESCAPE** als erstes Argument ein Atom als Exitfunktion einführt, deren Aufruf den gesamten **ESCAPE**-Ausdruck beendet, gleichgültig wie tief dieser Aufruf verschachtelt ist, dient **LESCAPE** dazu, den letzen **LAMBDA**-Ausdruck zu verlassen.

VLISP enthält eine Reihe von Funktionalen und ein großzügiges Sortiment von Grundfunktionen zur Listenverarbeitung. Ein nur dem Nutzer zugänglicher Keller kann mit zwei Zugriffsfunktionen **PUSH** und **POP** verwaltet werden. Die arithmetischen Funktionen haben teilweise ungewöhnliche Namen, das Spektrum entspricht etwa LISP1.6.

Bei der Ein- und Ausgabe wird wiederum etwa der LISP1.6-Standard geboten. Neu sind die Ein- und Ausgabemakros: Zum Beispiel kann mittels **DMI** ein Eingabemakro definiert werden:

```
(DMI IF (B THEN . ELSE)
        (LIST 'COND(LIST B THEN) (CONS T ELSE))) .
```

Immer wenn nun **IF** eingelesen wird, wird das darauffolgende Element zu **B** gebunden, das nächste Element zu **THEN** und der gesamte Listenrest zu **ELSE**. Dann wird der Funktionskörper ausgewertet, und das Resultat gilt als Einleseergebnis. Liegt z. B. der Ausdruck

```
(IF(GT A B) (SETQ X B) (SETQ X A) (INCR Y))
```

an, so ergibt sich:

```
(COND((GT A B) (SETQ X B))
     (T(SETQ X A) (INCR Y))) .
```

Ähnlich, nur bezüglich der Ausgabe, verläuft die Arbeit mit den Ausgabemakros: Durch

```
(DMO QUOTE X(PRIN1(QUOTE ')X))
```

kann erreicht werden, daß auch bei der Ausgabe statt des Atoms **QUOTE** der Apostroph ankommt.

Die Zeichenkettenmanipulation basiert auf den üblichen Basisfunktionen zur Typprüfung, zur Umformung von Zeichenketten zu Listen, zum Vergleich, Zusammenhängen, Duplizieren, Umkehren von Ketten sowie zur Suche von Teilketten, zur Ersetzung solcher und zur Ermittlung ihrer Position innerhalb einer umfassenden Zeichenkette.

Hochinteressant ist, daß VLISP eine Ausgabemöglichkeit in Braille-Schrift hat.

An dem fertigen VLISP wurden natürlich weitere Verbesserungen vorgenommen. Etwa im Mai 1977 konnte eine Beschreibung der neuen Möglichkeiten vorgelegt werden [CHA77], die nun auch Gleitkommazahlen, Verarbeitungsmakros (mit **DM** definiert) und Felder (mit **DA** definiert) umfaßten. Zusätzlich sind die Hilfsprogramme (Editor, Phenarete, Fehlerkorrektur) und der Compiler (samt **LAP**) verbessert bzw. überhaupt erst eingesetzt worden.

Mit diesem System hat man nun ein fortgeschrittenes Arbeitsmittel in der Hand. Die Erfolge bei der Implementierung haben zu weiteren Schritten ermutigt (Implementierung von VLISP für den Mikroprozessor Intel8080) und Überführung des pdp-10-Systems auf eine DEC-20 an der Open University in England.

Die Forschungsgruppe unter Greussay ist derzeit eine der aktivsten in Europa. Dies zeigt auch die Herausgabe des LISP-Bulletins durch Greussay seit Sommer 1978.

Neben Paris muß Toulouse erwähnt werden, wo unter J. L. Durieux eine LISP-Implementation TLISP entstanden ist [DU].

In Grenoble promovierte A. Lux 1975 mit einer Arbeit über die LISP-Implementation unter Verwendung einer virtuellen LISP-Basismaschine [LUX75a]. Er benutze diese Ideen für die Konstruktion des neuen LISP-Systems von Grenoble, das nach Ablösung der alten IBM/360-67 auf der IRIS80 läuft ([LUX78], vgl. auch [LUX75b]). Theoretische Arbeit über LISP wurde außerdem in Paris-Rocquencourt [DER77a, b] geleistet.

### 4.5.3. Norwegen

In Norwegen begann man sich etwa ab 1965 für LISP zu interessieren. Vermutlich bestanden von Oslo Verbindungen zu K. Korsvold, der in Stanford Formelmanipulation mit LISP betrieb. L. Monrad-Krohn beauftragte Jan Kent, eine Masters-Thesis über LISP-Implementation zu schreiben und die Implementation an der verfügbaren CDC3600 durchzuführen. Kent hatte Zugriff zu einem Listing des 7090-LISP (welcher Version ist nicht mehr klar), und er hielt sich bei seiner Programmierung weitgehend an das Vorbild. Im Dezember 1966 war das System hinreichend stabil, und Kent schloß seine Prüfungen für den Master of Science in Mathematik ab. Die Arbeit, die praktisch eine Beschreibung des LISP-Systems für die CDC3600 darstellte [KEN66], wurde als Interner Report des Norwegischen Forschungsamtes beim Verteidigungsministerium veröffentlicht.

Nach kurzer Zeit, d. h. noch 1966, wurde Kents System schon durch die Benutzer-Organisation der CDC-Rechner, CO-OP, vertrieben. Kent selbst hatte seine Arbeit an der Maschine in Kjeller in Norwegen durchgeführt. Er selbst brachte es zum Institut Blaise Pascal nach Paris, zur Technischen Hochschule nach Stockholm und an die Universität von Uppsala.

Anfang 1967 fuhr Kent in die USA und nach Kanada. Er nahm das CDC3600-LISP-System mit und hat es selbst in der Michigan State University sowie an der University of Waterloo in Kanada installiert. Das CDC3600-System muß weithin genutzt worden sein. Von der Systembeschreibung wurden über 100 Exemplare gedruckt, und alle wurden an Nutzer versandt.

In Waterloo hielt Kent eine Vorlesung über Listenverarbeitung und begann eine LISP-Implementation für die dortige IBM/360-40 zu planen. Seine Ideen sollten in dem dann nicht erschienenen Buch von E. C. Berkeley und D. J. Edwards „The nature, use and implementation of the computer programming language LISP“ veröffentlicht werden [KEN67, BE67].

Gemeinsam mit J. F. Bolce und R. H. Cooper von Waterloo begann Kent dann mit der Implementation auf der IBM/360. Nachdem das System weitgehend lauffähig war, wurde Kent nach Stanford eingeladen, um auf der dortigen Maschine die Implementation abzuschließen. Zusammen mit R. I. Berns wurde dann im Laufe des Jahres das System fertiggestellt, das später unter dem Namen STANFORD LISP/360 bekannt wurde (siehe S. 223). In Waterloo haben Bolce und Cooper den Interpreter für die IBM/360 ebenfalls in der gleichen Zeit fertiggestellt [BOL68]. Beide Systeme dürfen als identisch betrachtet werden. Allerdings hat Berns, wie schon an anderer Stelle vermerkt, noch eine längere Zeit in Stanford das System verbessert.

Etwa 1968—69 kehrte Kent nach Oslo zurück. Dort wurde nun er an der Universität von Oslo der Auftraggeber für eine Masters-Arbeit. Diesmal hieß der Student E. Holbaek-Hansen. Die Aufgabe bestand darin, ein LISP-System für die CDC3300 zu entwerfen und zu programmieren. Diese Arbeit wurde etwa Ende 1970 beendet und durch die Universität in Oslo publiziert [HOL71a]. Anfang 1971 konnte man im Ausland das LISP3300 beziehen — dies ist belegt für die Universität Erlangen-Nürnberg.

Obwohl dieses LISP-System nicht zu einem sehr großen Nutzerkreis gelangte, wurde in Oslo daran weitergearbeitet. Graduate Students hatten ihren Anteil an dieser Weiterentwicklung — doch scheint Holbaek-Hansen den Hauptanteil getragen zu haben. Die Nutzerhandbücher von 1972 [GÖ72] bzw. 1973 spiegeln diese Entwicklung wider [HOL71b].

Etwa 1973 wurde das System um ein **LAP** und einen Compiler (Minicomp) erweitert [HOL74a]. Schließlich lag Ende 1974 eine insgesamt überarbeitete Version vor [HOL74b]. Sie enthielt zwei Compiler: Den Minicomp, einen kleinen, eingeschränkten, aber extrem effizienten Compiler und einen größeren, umfangreicheren, über den aus [HOL74a] nicht viel zu entnehmen ist. Beide Compiler waren in LISP programmiert — ebenso wie der **LAP**-Übersetzer.

Eine weitere LISP-Implementation unter der Aufsicht Kents wurde Ende 1973 begonnen: A. Eide und H. K. Langva erstellten ein LISP 1.5-System für den CYBER-74. Ihre Masters-Arbeiten wurden 1974 publiziert [EID74, LAN74].

1976 arbeitete Kent an einer LISP-Implementation für Microrechner.

Sein System für die CDC3600 soll auch als Vorbild für verschiedene Implementationen für die CDC3400 gedient haben.

### 4.5.4. Schweden

Im Laufe des Jahres 1967 bezog die Universität in Uppsala das LISP1.5-System für die CDC3600. Man begann mit der Benutzung für einfache Probleme und für die Lehre. Ab 1968 versuchten einzelne Studenten, das System zu verbessern. So wurde am Compiler, am **LAP** [MAK69] und am Laufzeitsystem [NOD68] gearbeitet. Etwa Mitte 1969 war soviel geändert, daß ein neues Manual herausgegeben werden mußte [U70].

Nachdem man einige Kenntnis über LISP hatte, begann man, das existierende System kritischer zu sehen. Sandewall hielt sich einige Zeit in den USA auf, und auch J. Urmi war 1970 bei BBN in Cambridge. Man plante ein LISP-System für einen Siemens 305, doch der Rechner kam und kam nicht an. Um auch an anderen Rechnern in Schweden per RAX-Fernverarbeitung arbeiten zu können, verfiel man auf die Idee, ein LISP-System in FORTRAN zu erstellen. Damit wurde im Januar 1970 angefangen, und im September hatten M. Nordström und E. Sandewall ein einigermaßen akzeptables System in FORTRAN IV für IBM-Maschinen geschrieben [NOD70].

Dieses System wurde kurz darauf durch einen Editor und die **TRACE**-Funktion, die von D. Breslaw stammten, erweitert. LISP F1 war zwar für interaktive Arbeit gedacht, konnte aber auch im Stapelbetrieb laufen. Es entspricht etwa LISP1.5, enthielt aber schon gewisse Erweiterungen aus dem Vorrat von BBN-LISP, wie no-spread- **LAMBDA**-Ausdrücke, **BREAK**-Funktionen sowie nutzerkontrollierbare Fehlerbehandlung.

Der Speicherbedarf beruhte auf den für das Programm und dessen Arbeitsspeicher erforderlichen 36K Bytes, zu denen der dynamische Speicherplatz hinzukam (ca. 45 K und mehr). Die Namen waren auf acht Zeichen begrenzt; Gleitkommazahlen waren nicht verfügbar. Der Nutzer konnte zwischen dem **EVAL**-Modus und dem **EVALQUOTE**-Modus wählen. Das System bot 75 Funktionen, unter denen die Definitionsfunktionen **DE** und **DF** hier wohl zum erstenmal auftreten. Sie sind später in viele andere LISP-Systeme aufgenommen worden.

Als Urmi von BBN zurückkehrte, begann er mit der Implementierung eines BBN-LISP-ähnlichen Systems für den Prozeßrechner Siemens 305. Dieses System verfügte über keinen Compiler, erlaubte aber das Studium interaktiver Arbeit.

Im Januar 1970 gründete Sandewall gemeinsam mit acht interessierten Forschern (unter ihnen M. Nordström, J. Urmi, O. Willen und A. Haraldson) das Datalogilaboratoriet. Man wollte vor allem Probleme von Frage-Antwort-Systemen, Formelmanipulation und soziologischen Modellen bearbeiten [DAT70]. An dem Siemens-System, das ähnlich wie BBN-LISP als seitenorientiert gedacht war, arbeiteten neben Urmi auch Haraldson und Breslaw. PILS (*P*aged *I*nteractive *L*ISP *S*ystem) sollte in einem virtuellen 21-Bit-Adressraum arbeiten und mindestens vier Benutzern gleichzeitig Zugriff bieten.

Man hatte mit BBN über die Lieferung vieler Systemprogramme Abmachungen getroffen — so konnte man ganze Subsysteme, wie den Editor, **DWIM** und Programmer's Assistant, übernehmen. Obwohl geplant, wurde, nach Angaben von Urmi, der Compiler nicht fertiggestellt. Das gesamte System für die Siemens 305 galt 1972 als abgeschlossen [DAT75].

Ursache für diese unerwartete Beendigung des **PILS**-Projekts war die Planung des Kaufs einer IBM/370 durch die Universität von Uppsala, die seit Sommer 1971 diskutiert wurde. Ende 1971 entschloß sich die Gruppe dann, auf dieser Anlage eine leistungsfähige LISP-Implementation aufzubauen, in der ihre bisherigen Erfahrungen angewendet werden könnten, d. h. ein BBN-LISP-verträgliches System zu konstruieren, das auf einem Software-Paging-Mechanismus beruht.

Das Projekt wurde gemeinsam mit dem Universitätsrechenzentrum von Uppsala (UDAC) geplant und sorgfältig vorbereitet. Die Anlage, eine IBM/370.155, konnte seit Ende 1971 für die Implementationsarbeiten genutzt werden. Dennoch benötigte die Gruppe, die aus J. Urmi, M. Andersson und B. Jansson bestand, noch bis etwa 1975, bis alle Schwierigkeiten überwunden waren. Insgesamt wird gewöhnlich ein Aufwand von 3 bis 5 Mann-Jahren angegeben.

Der Vertrieb des Systems, das seit 1974 INTERLISP 360/370 [U75] hieß, wurde von UDAC übernommen. Für 40 000 schwedische Kronen wurde es weiterverkauft, wobei ein gewisser Prozentsatz an BBN abgeführt werden mußte. Bekannt ist die Lieferung an die Universität Zürich, die Medizinische Hochschule Hannover, das LAAS in Toulouse und das Weizmann-Institut in Israel.

1974 wurde von Siemens in München der Vorschlag gemacht, INTERLISP/360-370 auf Anlagen des Typs Siemens 4004 überzuführen. Da die Maschinen mit gleicher innerer Struktur und identischer Assemblersprache arbeiten, glaubte man, daß die Überführung innerhalb kurzer Zeit bewältigt sein könnte. Es stellte sich jedoch heraus, daß gewisse tückische Unterschiede der Betriebssysteme die Transportation komplizierten.

Obwohl laut Urmi nur einige Wochen erforderlich waren, diese Probleme zu lösen, übernahm Siemens erst im Herbst 1977 die Eigenverantwortung.

Im Laufe des Jahres 1977 wurde das INTERLISP-System auch nach Japan geliefert. Zunächst (im Oktober 1977) lief es auf einer IBM/370.158 der Fujitso Ltd. und einer anderen IBM/370.138; im Februar konnte es auf Anlagen des Typs Fujitso M160 bzw. M190 übernommen werden.

Auch das FORTRAN-System F1 wurde weiter gepflegt. Zunächst gelangen bedeutende Steigerungen der Effektivität [DAT74], dann kodierte Nordström im Sommer 1973 ein vollständig überarbeitetes System. Dieses System war nun dreimal schneller, bot einige der üblichen LISP-Funktionen anderer Systeme für die Ein- und Ausgabe und weitere für die Ein- und Auslagerung von Listen auf sekundäre Speicher (Rollin-Rollout). Das System ist weithin verteilt worden: Schon 1976 (2.1.) betrug die Anzahl der Nutzerinstallationen über 96 ([DAT75], S. 20).

In einem erneuten Anlauf wurde im Sommer 1976 ein Subset von INTERLISP in FORTRAN kodiert (LISP F3). Auch diesmal war Nordström der Autor. LISP F3 enthält etwa 100 Basisfunktionen und eine ganze Reihe von Programmpaketen von INTERLISP wie **EDIT**, **MAKEFILE**, **BREAK**, **ADVISE** und **TRACE** sowie ein Paket sonstiger grundlegender Funktionen.

Seit 1975 haben sich die Forscher getrennt: Eine Gruppe unter Sandewall wechselte von Uppsala nach Linköping. Die Arbeitsgebiete sind aber weiterhin stark mit LISP verbunden. Sandewall hat sich methodologischen Aspekten der LISP-Programmierung zugewandt [SAN75b, 76, 78]. URMI vollendete seine Promotionsarbeit [U78], ebenso HARALDSON [HAR77a]. Das INTERLISP/360–370 wurde etwa 1978 zur weiteren Pflege an das Weizmann-Institut nach Israel weitergegeben.

Mit dem Import amerikanischer Maschinen sind natürlich auch weitere LISP-Systeme nach Schweden importiert worden. Belegt sind STANFORD LISP/360, STANFORD LISP1.6 und INTERLISP auf DEC-20.

### 4.5.5. Niederlande

In den Niederlanden wird die LISP-Geschichte von zwei Personen bestimmt, von W. L. VAN DER POEL und G. VAN DER MEY.

Obwohl VAN DER POEL den Artikel [MCC60c] schon 1960 zur Kenntnis nahm, schien er zunächst LISP nicht allzu interessant zu finden. Jedenfall beauftragte er entweder 1962 oder 1963 VAN DER MEY, einen Interpreter für die Programmiersprache IPL V zu schreiben. Während dieser an dem Programm arbeitete, hatte VAN DER POEL die Gelegenheit, einen längeren Aufenthalt im Herbstsemester 1964 an der Stanford Universität zu verbringen. Dort wurde er von MCCARTHY mit LISP richtig bekanntgemacht. Das Studium der Anwendungsfälle und die Einfachheit der Sprache begeisterte ihn so, daß er bei seiner Heimkehr mit der enthusiastischen Nachricht, er habe eine viel schönere Programmiersprache entdeckt, zu VAN DER MEY fuhr.

„Er gönnte sich keine Zeit mehr, mein IPL-Programm zu testen, sondern beauftragte mich, einen Interpretator für LISP1.5 zu schreiben, zwecks Verwendung auf der Maschine pdp-8“ [MEY78]. Hier erinnert sich VAN DER MEY nicht ganz korrekt: Das erste System war nach VAN DER POEL für die ZEBRA bestimmt.

Dieses Programm war 1965 fertig und wurde zunächst noch im Labor der Niederländischen PTT erprobt. Es war ein relativ bescheidenes Programm, das nur einen 1K-Listenspeicher bot. Viele der sonst üblichen Basisfunktionen waren weggelassen worden, aber die Mitglieder der Car-Cdr-Familie bis zur 11-fachen Verschachtelung waren vorhanden. Kurz darauf wurde die pdp-8-Implementation begonnen.

Der Nutzer arbeitete in beiden Systemen mit **EVALQUOTE**, mußte also Paare liefern: Funktion und Liste von Argumenten. Diese Eingaben wurden als Lochstreifen oder direkt vom Fernschreiber akzeptiert. An der Implementierungstechnik ist interessant, daß der Kellerspeicher innerhalb des Listenspeichers lag: „Tatsächlich ist der Keller selbst als Liste im normalen Listenspeicher organisiert ...“ [MEY67]. Die komplizierten Speicherplatzprobleme hatte man dadurch zu lösen versucht, daß alle Standardatome gleichzeitig Funktionen bezeichneten. So hat die Funktion **NIL** beliebig sogar als Mehrzweckfunktion eingesetzt, mit der an eine bestimmte Stelle viele Argumente und liefert immer **NIL**, die Funktion **T** hat ein Argument und liefert dessen Wert, die Funktion **APVAL** wird für die Suche von Leerzeichen auf dem Eingabelochstreifen verwendet usw. usf. **EXPR** wurde des Hauptspeichers gesprungen werden konnte, um dort ein Codestück abzuarbeiten. Hier konnte sich der Nutzer eigene Befehlsfolgen bereitstellen, er hatte aber auch gewisse Standardvarianten. Zu diesen gehörten: Umschalten in Zustände, um Zahlen oktal bzw. dezimal zu akzeptieren oder auszugeben, maskieren oder logische Verknüpfungen von Zahlen, Drucken einzelner Zeichen usw.

Für die Systemfunktionen hatte man die P-Listen entleert, indem über den Wert ihres Atomzeigers die interessierenden Eigenschaften ablesbar waren.

Eine besondere Neuerung war auf Grund der Funktionsdefinitionen für **NIL** und **T** möglich: Man konnte bedingte Ausdrücke schreiben, ohne **COND** als Funktionsnamen anführen zu müssen: Eine Ausdrucksfolge wie

```
((NULL X) (RETURN Y))
((NULL Y) (RETURN X))
(T(RETURN(CONS X Y))
```

war erlaubt, und wurde wie folgt abgearbeitet: Zunächst wird **(NULL X)** ausgewertet, um die Funktion für den ersten Ausdruck zu ermitteln. Angenommen, es ergäbe sich **NIL**. Die Funktion **NIL** aber liefert **NIL**, ohne ihre Argumente weiter zu betrachten. So kommen wir zum zweiten Ausdruck. Hier geschieht ähnliches. Die Funktion **T** schließlich wertet ihr Argument aus und löst auf diese Art das **RETURN** aus.

Van der Meys pdp-8-LISP wurde etwa 1968 in die Bibliothek der Nutzergemeinschaft der Firma Digital Equipment, DECUS, aufgenommen [MEY68] und gilt noch heute als Vorbild für LISP-Implementationen auf Kleinstrechnern [NAK69].

Im Laufe des Jahres 1966 bekam das Labor der PTT eine Electrologica X8. Van der Poel schlug van der Mey vor, auch für diese wesentlich größere Maschine ein LISP-System aufzubauen.

Van der Mey wollte die LISP-Implementation nicht zur Routine werden lassen, und er dachte über Verbesserungen nach, die bis in das Sprachniveau reichten. Hier schienen ihm besonders bestimmte Beschränkungen bei der Ein- und Ausgabe von zyklischen Listen bzw. von Listen mit physisch identischen Unterlisten änderungsbedürftig. In der Tat kann man ja mittels **RPLACD** oder **RPLACA** leicht Strukturen erzeugen, die nicht in der S-Sprache notierbar sind.

Diese Möglichkeiten empfand etwa zur gleichen Zeit auch LANDIN als problematisch [LAN66]. Er spricht vom „Hardware-abhängigen Geruch der LISP-Pädagogik" bzw. von „einigen finsteren Ecken speziell außerhalb des ‚reinen LISP', in denen sowohl Lehrer als auch Programmierer gezwungen sind, über Adressen zu sprechen bzw. Speicherdiagramme zu zeichnen" und also die Sprache nicht benutzen können.

Da in der EL X8 genügend freie Bits zu Markierungszwecken frei waren, konnte VAN DER MEY ein Druckprogramm entwickeln, in dem die auszugebende Struktur zunächst auf identische Zweige abgesucht wird, dann die Listen und die mit Marken versehenen Unterlisten ausgegeben werden und schließlich die Struktur wieder auf ihren originalen Stand gebracht wird.

So wird die Liste

**((A B)A B)**

in gleicher Form ausgegeben. Vollführen wir aber ein

**(RPLACD** Liste **(CAR** Liste)) ,

dann ergibt sich in allen konventionellen Systemen die gleiche Zeichenkette beim Ausdrucken. Im EL X8-LISP wird nun jedoch gedruckt:

**((3000: A B) :3000)** ([KAL75], S. 105) .

Merkwürdigerweise hielt VAN DER MEY dieselbe Markierung für das Garbage Collection als Verbesserung gegenüber der Markierung im pdp-8-LISP.

Das EL X8-System ist etwa 1967 fertiggestellt worden [POE67]. Es wurde unter anderem 1968 nach Kiel geliefert [KAL75].

Der verfügbare Maschinenpark wechselte, als VAN DER POEL 1968 zum Professor an der Technischen Hochschule in Delft berufen wurde. Dort besaß man neben der pdp-8 auch eine pdp-9. Es war klar, daß VAN DER POEL, der Listenverarbeitung in sein Vorlesungsprogramm aufnahm [POE72], auch für diese Anlage eine Implementation wünschte.

Zunächst hat man (möglicherweise C. F. KNOET) einfach das LISP-System von der pdp-8 umgeschrieben [MEY70b]. Doch VAN DER MEY hatte neue Ideen: Er wollte die gegenüber der pdp-8 frei verfügbaren drei Bits verwenden, um eine kompakte Listenrepräsentation zu verwirklichen. Es ist nicht unwahrscheinlich, daß zu diesem Vorhaben nicht nur die Speicherknappheit am Rechner, sondern auch die Veröffentlichung von W. J. HANSEN in den Communications of the ACM 1969 [HAN69] beigetragen hatte.

Man ging davon aus, daß in den meisten Fällen nur echte Listen verwendet werden. Wenn man diese physisch dicht abspeichert, zeigen die Cdrs grundsätzlich auf die nächste Zelle, d. h. auf das nächste Maschinenwort. Nur der letzte Cdr enthält **NIL.** Diese Listen wurden so dargestellt, daß nur die

Cars Worte zugeordnet bekamen, und zwar mit Markierungen, die anzeigten, daß es sich um ein echtes Listenelement handelt. In das letzte Element wurde zusätzlich der Vermerk gebracht, daß der zugeordnete Cdr **NIL** ist. In der Terminologie VAN DER MEYS konnten also normale Listen durch *offene Zellen* und eine *Endzelle* repräsentiert werden [MEY71].

Probleme entstehen nun jedoch bei den Operationen **CONS** und **RPLACD**. Man löste diese, indem *Brückenzellen* eingeführt wurden, die die physisch verstreuten Listenteile koppeln. Um die Vorteile der linearen Anordnung nicht durch die nicht vorhersagbaren Verarbeitungsoperationen einzubüßen, wurde ein linearisierender Garbage Collector programmiert. Dieser markiert zunächst die aktiven Zellen, schiebt dann den gesamten Listenspeicher zusammen und kopiert die Listen in den freien Raum, um sie zu linearisieren.

Dieses System, HLISP genannt [MEY70a], war etwa 1974 funktionsfähig. VAN DER MEY entdeckte, daß die reguläre lineare Anordnung der Listen Möglichkeiten für eine beschleunigte Abarbeitung rekursiver Prozesse bot [MEY71]. Er veröffentlichte seine Ideen im selben Jahr.

Seit dieser Zeit ist VAN DER MEY nicht mehr so direkt mit der LISP-Implementation verbunden.

Unter VAN DER POEL wurden in Delft die Arbeiten jedoch fortgesetzt. So ist wohl das pdp-8-LISP verschiedentlich umgeschrieben und effektiviert worden. Möglichkeiten dazu boten hauptsächlich verbesserte Hauptspeicherverhältnisse: Eine Version für 8K wurde von A. KOOIMAN und M. R. VLENDRÉ erarbeitet, eine andere, wesentlich überarbeitete (Cars und Cdrs treten nicht direkt benachbart auf, sondern in zwei getrennten Feldern) für 16K durch A. J. MESMAN und H. W. VAN DER POEL, den Sohn W. L. VAN DER POELS [MEY74].

1974—1975 betreute VAN DER POEL die Promotionsarbeit von K. MÜLLER über konkurrentes Garbage Collection [MÜ76]. Diese Arbeit wurde im August 1975 abgeschlossen und entstand unabhängig von den etwa gleichzeitigen Arbeiten G. L. STEELES [STE75] und einer Gruppe um E. W. DIJKSTRA [DI75]. MÜLLERS Bemühungen beziehen sich nicht speziell auf LISP, sondern sind auf beliebige Datenstrukturen anwendbar, ermöglichen aber vergleichsweise weniger parallele Arbeit als die anderen Autoren.

1977 erstellte M. DEN HOED eine LISP Implementation für die pdp-11 [HOE77]. Er benutzte dazu die Systemprogrammiersprache HARVALIAS [EY75]. Dieses System beruht weitgehend auf den pdp-8-Systemen, indem es wie diese Wertzellen hat, beim Einlesen und Drucken zirkuläre Strukturen erlaubt und gleichartige Funktionsdefinitionen für **NIL** und **T** benutzt.

Neben dem LISP-Zentrum in Delft muß die Arbeit von D. DECHAMPAUX erwähnt werden, der für die europäischen Anwender des UT-LISP die Übertragung dieses Systems aus dem unüblichen lokalen Betriebssystem von Austin in das System SCOPE, das Standardbetriebssystem von CDC, durchführt.

Die Arbeit der Gruppe um E. W. Dijkstra, in der die Niederländer A. J. Martin, C. S. Scholten und E. F. M. Steffens mitwirkten, an der Entwicklung eines hochgradig parallel mit dem Listenverarbeitungssystem arbeitsfähigen Garbage Collector soll zum Ende angeführt werden. Sie ist zwar nicht direkt für eine LISP-Implementation gedacht, wird aber sicher zukünftige Arbeiten beeinflussen.

### 4.5.6. BRD

Etwa 1962 sind die ersten Anlagen des Typs IBM7090 in die BRD geliefert worden. Für die zweite Maschine, die an die Gesellschaft für Mathematik und Datenverarbeitung (GMD) in Bonn ging, besorgte C. A. Petri mit Hilfe seiner privaten Verbindungen zum MIT ein LISP1.5-System. Dies wurde Anfang Januar 1964 erprobt, doch meint Petri, dies und „die auf Grundlage der damals vorliegenden Veröffentlichungen von Studenten in den Übungen (in FAP-Makros) z. T. erfolgreich erstellten Versionen können nicht als ‚Übernahme in die BRD' angesehen werden" [PEI78].

Anfang 1964 schickte Hearn ein Magnetband mit LISP1.5 und seinem begonnenen Formelmanipulationssystem an den Physiker Weicksel am Institut für theoretische Physik der Universität Mainz. Es ist nicht bekannt, ob damit gearbeitet wurde. Mitte des gleichen Jahres kam Hearn selbst mit einer neuen Version. Er benutzte die IBM7090 in Darmstadt, und es ist sehr wahrscheinlich, daß auch nach seinem Aufenthalt weitergearbeitet wurde.

Im Institut für Instrumentelle Mathematik an der Univertität Bonn wurde LISP1.5 auf der Rechenanlage IBM7090 im Jahre 1965 zum allgemeinen Gebrauch installiert; es war frühestmöglich über SHARE oder European Program Library beschafft worden. Im Wintersemester 1965/66 wurde das „Seminar Datenverarbeitung" vorwiegend der Einführung in LISP und praktischen Übungen hierzu gewidmet; in den folgenden Semestern war LISP1.5 regelmäßiger Bestandteil von Vorlesungen.

Etwa 1967 begann Horst Hünke mit einer LISP-Implementation für die IBM/360. Auf Grund der Arbeiten von Genrich bezüglich METEOR versuchte er, dieses System von Anfang an zu integrieren. Das System **IDOL**, ein *interaktives displayorientiertes Listenverarbeitungssystem*, lief in dem von der GMD selbst aufgebauten Betriebssystem B.I.T.S. [HÜ68]. Dieses durchaus nicht uninteressante System scheint allerdings keine lebhafte Verwendung gefunden zu haben.

Über die Verwendung des LISP1.5 in Darmstadt ist bekannt, daß hauptsächlich Physiker mit **REDUCE** FEYNMAN-Graphen oder Probleme der Quantenmechanik bearbeiteten. Daneben standen Textverarbeitung, mathematische Textaufgaben und Spiele.

Schon 1967 hatte man Zugang zu IBM/360-Maschinen und beschaffte dazu das STANFORD LISP/360. Das seit 1968 von HEARN vertriebene **REDUCE** wurde ebenfalls besorgt. Doch LISP wurde nicht nur verwendet; man macht sich Gedanken über Testung und Verwaltung von LISP-Programmen [BA 68]. Die Universität in Kiel übernahm mit der EL X8 1968 das LISP-System aus den Niederlanden [KAL75]. In Kiel wurde an diesem System sehr viel Arbeit geleistet: Es wurde an die speziellen Gegebenheiten angepaßt und beträchtlich erweitert. Dabei ist es etwas kurios, wenn JÜRGENSEN erzählt, daß vor der Inbetriebnahme des VAN DER MEYschen Systems mit DEUTSCHS pdp-1-LISP experimentiert wurde. JÜRGENSEN schrieb einen pdp-1-Simulator und arbeitete so das originale Programm ab [DEU64].

Alle diese Arbeiten standen unter der Leitung von H. JÜRGENSEN, der nicht nur die Arbeiten von F. SIMON und H. KALHOFF betreute, sondern selbst unter anderem die erste Nutzerdokumentation verfaßte [JÜ70]. Durch SIMON wurde eine „automatische Sekundärspeicherorganisation zur Speicherung von S-Expressions und kompilierten Funktionen" aufgebaut [SIMO70]. KALHOFF ist der Autor eines Compilers für das X8-LISP [KAL72].

Die erste selbständige LISP-Implementation (bzw. Adaption) in der BRD ist nach 1967 durch H. D. BAUMANN in Geesthacht für eine CDC3400 durchgeführt worden. Er richtete sich nach den Ideen KENTS und dessen Implementation für die CDC3600.

Etwa 1970 begann H. MELENK mit einer Implementierung von LISP1.5 für den TR4 in Marburg. Dieses System ist stark an STANFORD LISP/360 bzw. VAN DER MEYS pdp-8-LISP angelehnt, so daß man das Vorhandensein dieser Implementation für 1970 annehmen darf. Etwa 1972 wurde ein Manual erarbeitet [MEL72]. MR-LISP, wie MELENK sein System nannte [LÜ73], sollte auch recht große Programme verarbeiten können, obwohl der TR4 nur 18K bietet. Deshalb wurde ein spezieller Compiler entwickelt, der eine lineare Folge von Pseudoinstruktionen erzeugt und diese auf einen externen Speicher ausgibt. Für diese übersetzten Funktionen wurde ein Seitenspeicher entwickelt, der softwaremäßig verwaltet wird. Ein spezieller Interpreter für Pseudobefehle arbeitet die geladenen Funktionen ab [LÜ73].

Etwa 1972 wechselte MELENK zum GRZ für die Wissenschaft in Berlin (West). Dort begann er gemeinsam mit R. ROITZSCH eine Implementation für den TR440. Man versuchte, ein LISP-System zu entwickeln, das besonders gut für interaktives Arbeiten an Konsolen und Sichtgeräten geeignet ist.

Deshalb wurde spezielles Augenmerk auf Fehlermeldungen und Testhilfen gelegt [MEL73]. Auch dieses System verfügte über einen Compiler in derselben Weise wie sein Vorgänger auf dem TR4.

Da das System weiterhin gepflegt wurde, konnten die Verbesserungen 1975 in einer Neuauflage des Manuals zusammengefaßt werden [ROI75]. Es handelt sich im einzelnen um erweiterte Arithmetik, neue Ein- und Ausgabefunktionen und verbesserte Systemteile (schnelleren Interpreter und Compiler, Demand-Paging-Speicherverwaltung). Dieses Spektrum deutet auf das Hauptanwendungsgebiet des Systems, die Formelmanipulation, hin. In G. Görz' Aufstellung der LISP-Systeme in der BRD [GÖ76] wird dieses System als B&LISP bezeichnet.

Diese Aufstellung zeigt auch die große Anzahl ausländischer Systeme, die 1976 in der Bundesrepublik Deutschland genutzt wurden. Dies waren neben den bereits erwähnten: STANFORD LISP/360 (hauptsächlich in Verbindung mit dem Formelmanipulationssystem **REDUCE**), UNIVAC LISP (S. 234), STANFORD LISP1.6 (S. 222), UT-LISP (S. 232), CDC3300-LISP (S. 249), LISP F1 (S. 245), LISP F2 (S. 246) und schließlich LISP1.6 für die B-6700 (S. 266).

Seit 1973 ist ein sprunghaft gestiegenes Interesse an LISP deutlich spürbar. In Kiel, Hamburg, Bonn, Mannheim, Karlsruhe, Stuttgart, Nürnberg-Erlangen und München entstanden regelrechte Forschungszentren für künstliche Intelligenz. Während man sich in Kiel, Hamburg, Mannheim und Karlsruhe mit vorhandenen Systemen begnügte bzw. bessere Systeme zu erhalten versuchte, wurden in den anderen Städten neue Systeme aufgebaut. Im Zuge von Diplomarbeiten erstellten M. Leppert in München [LEP74], R. Writok in Erlangen [WOI75] — beide auf dem TR440 — Systeme etwa der Größenordnung von LISP1.5. In Regensburg wurde zur gleichen Zeit ein LISP1.5 für die Siemens 4404/45 (BS 1000) entwickelt.

In Stuttgart schließlich begann eine Gruppe um H. J. Laubsch, MACLISP auf der TR440 zu implementieren. Dieses System dürfte 1975 lauffähig gewesen sein; ein Manual [LAU76] wurde 1976 produziert. Offensichtlich als Untermenge des MACLISP vom MIT konzipiert [MOO74], enthielt MACLISP im März 1976 schon 200 Grundfunktionen. Eingeschlossen sind Basisfunktionen zur graphischen Ausgabe auf Bildschirmen sowie (in LISP programmierte) Programmpakete zum Edieren, Tracen, Prettyprinten und sonstige Testhilfen.

Im Laufe des Jahres 1976 kamen eindimensionale Felder (einschließlich **OBARRAY**-Felder zum Auswechseln von **READ**-Umgebungen) und einige neue Funktionen hinzu. Interessanteste Änderungen sind dabei die drei Funktionen **FUNCTION**, **CLOSURE** und **EVALFRAME**.

**FUNCTION** liefert einen **FUNARG**-Ausdruck, der jedoch nur für tiefere Verschachtelungen brauchbar ist. Das betreffende funktionale Argument kann nicht als Wert nach außen gegeben werden. **CLOSURE** dagegen erzeugt einen echten **FUNARG**-Ausdruck. Es entspricht der von SANDEWALL vorgeschlagenen Lösung des **FUNARG**-Problems [SAN70], indem eine Liste von freien Variablen anzugeben ist, für die die Definitionsumgebung mitgegeben werden soll. Für diese Variablen sind auch Zuweisungen möglich, so daß eine Art Koroutinenkonzept verwirklicht werden kann.

**EVALFRAME** macht alle dynamisch höheren Formen von **EVAL** samt deren Umgebungen zugänglich. Dadurch lassen sich komplexe Kontrollstrukturen implementieren. Allerdings baut der normale Interpreter diese Umgebungen nicht auf. Dazu muß ein besonderer Modus eingeschaltet werden. **EVALFRAME** gibt als Wert eine Liste von drei Elementen, wobei das erste ein Kellerspeicherzeiger ist, das zweite die zugehörige Form und das dritte ein Zeiger in der Umgebung. Auf diese Werte kann man sich etwa mit **FRETURN** beziehen, das sein 2. Argument in der durch den Kellerspeicherzeiger (1. Argument) spezifizierten Umgebung auswertet und dann dorthin zurückspringt [LAU77].

Aus jüngster Zeit kann noch die Entwicklung eines LISP-Systems für die Interdata M85 bzw. 7/32 in Kaiserslautern berichtet werden.

Die wichtigste Entwicklung in der BRD ist aber wohl doch die Übernahme von INTERLISP durch Siemens. Dieser Vorgang wurde wesentlich durch das Institut für Deutsche Sprache in Mannheim ausgelöst. Im Zusammenhang mit dem Projekt „Linguistische Datenverarbeitung" bemühte man sich um verschiedene LISP-Systeme. So orderte man das MTS-LISP aus Ann Arbor (S. 231), im Februar 1974 dann LISP F2 aus Uppsala. Dieses wurde am Institut für Informationsverarbeitung in Technik und Biologie (IITB) in Karlsruhe implementiert. Aus diesem System wurde in der Bonner Zweigstelle die Version LISP FINT entwickelt, die gewissermaßen zwischen F2- und F3-Version (S. 246) steht und eine Art INTERLISP ohne Testhilfen darstellen sollte.

Doch bald kam man auf die Idee, das gesamte System zu übernehmen. URMI weilte in Mannheim und erklärte Details des Systems. Da das System einen Preis von 40000 Kronen kostete, kam man auf die Idee, Siemens am Kauf und an der Übernahme für die Siemens 4004.151 zu interessieren. Dies gelang, und gemeinsam mit den Partnern aus Uppsala ging man daran, INTERLISP in das Betriebssystem BS2000 überzuführen. Nachdem die Anfangschwierigkeiten überwunden waren, konnte Ende 1974/Anfang 1975 die erste Version den Benutzern übergeben werden.

An diesen Arbeiten beteiligt waren T. Krumnack, T. Christaller, C. Schwarz, D. Kolb, sowie die Herren Scott, Sievert, Vokand und Ritzer. Anfang 1975 verfaßte B. Epp das erste Programmierhandbuch [EP77]. SIEMENS-INTERLISP [GU78a], wie das System seitdem genannt wird, ist bis 1978 überarbeitet worden und liegt inzwischen in der Version 3 vor [GU78b]. Es entspricht dem Zustand des INTERLISP für die pdp-10 von 1972.

Ähnlich wie im INTERLISP 360/370 wird das System in zwei wesentliche Komponenten aufgeteilt: Das Grundsystem enthält alle LISP-Primitivfunktionen sowie alle betriebssystemabhängigen Routinen zur Speicher- und Betriebsmittelverwaltung. Dieses Grundsystem ist in der Assemblersprache unter Verwendung des *SPL-Laufzeitsystems* implementiert. Das Entwicklungssystem definiert den größten Teil des Sprachvorrats von SIEMENS-INTERLISP. Es enthält Funktionspakete wie Compiler, Editor, **BREAK**-Paket, **ADVISE** und **TRACE** usw. und ist in LISP geschrieben. Der Anteil des Grundsystems am gesamten SIEMENS-INTERLISP-System beträgt weniger als 10%.

Die Pläne im Jahre 1978 betrafen sowohl Teile des Grundsystems als auch die Erweiterung des Entwicklungssystems. Das Grundsystem sollte schneller gemacht werden durch eine Modifizierung des Variablenbindungsschemas mittels Integration von Wortzellen. Der Garbage Collector sollte zu einem parallelen Echtzeit-Garbage Collector weiterentwickelt werden. Die Verwendung von Direktzugriffsdateien und indexsequentiellen Dateien war als weitere Verbesserung gedacht.

Das Erweiterungssystem sollte **DWIM** aufnehmen. Der Compiler sollte verbessert werden; kurioserweise erwartete man die Generierung „optimaleren Codes“ ([GU78b], S. 17). Man hatte vor, auch den Blockcompiler zu übernehmen. Schließlich knüpfte man an das **LAP** die Hoffnung, zur Simulation von Maschinen („künftige Architektur neuartiger Hardware“) verwendet werden zu können. Dazu sollte ein **LAP**-Interpreter entwickelt werden.

### 4.5.7. Schweiz, Italien, Belgien und Dänemark

In der Schweiz begann mit der Gründung des Instituts für das Studium der Semantik und des Denkens (ISSCO) in Castagnola bei Lugano energische LISP-Aktivität. Für die Arbeiten zur Analyse der natürlichen Sprache brauchte man ein leistungsfähiges System. Da man Zugriff hatte zu einer CDC6600, übernahm man die aktuelle Version von UT-LISP (ca. 1974). Den Forschern um N. Goldman und P. Hayes genügte die Version aber nicht, und sie erdachten zahlreiche Verbesserungen [GOLM75]. Leider konnte das neue

LISP-System nicht zu neuen Forschungsergebnissen inspirieren, denn das Institut mußte wegen Geldmangels Ende 1975 geschlossen werden.

An der ETH und an der Universität in Zürich ist seit etwa 1976 INTERLISP360-370 verfügbar [EP77].

In Italien ist LISP seit mindestens 1966 in Benutzung. So erwähnt ([CAM 66], S. 63) das Laboratori Nazionali di Frascati in Frascati bei Rom, wo offenbar Physiker LISP für Zwecke der Formelmanipulation einsetzten. Kurze Zeit später implementiert A. Miola mit Freunden (C. Böhm, G. Ausiello, H. Moncayo, L. P. Deutsch) LISP auf einem Olivetti-Prototyp CINAC, die sein Institut (IAC-CNR in Rom) geschenkt bekommen hatte. Die Arbeit war höchst kompliziert, weil praktisch nicht ein einziges Programm auf der Maschine lief. Man mußte im Maschinencode beginnen.

Seit etwa 1972 wird in Pisa sowohl an der Universität als auch im Institut für Informationsverarbeitung an Problemen der künstlichen Intelligenz gearbeitet. Während man vorher in Italien mit importierten Systemen ausgekommen war, glaubte man, nun ein eigenes Verarbeitungssystem für LISP entwickeln zu müssen.

Das erste LISP-System wurde im Laufe des Jahres 1972 für die IBM/360 aufgebaut [ASI72]. Man betrachtete es mehr als Basissystem für **PLANNER**- oder **CONNIVER**-ähnliche Erweiterungen. In dieser Richtung wurden 1973 einige Ansätze gemacht [MON73a, b]. Vermutlich sind zum Experimentieren auch Teile dieser Systeme implementiert worden. In Pisa hat man dafür regelmäßig höhere Programmiersprachen verwendet, wie PL/I bzw. FORTRAN.

Alle diese Arbeiten gipfelten schließlich 1975 in der Erarbeitung und Implementierung von MAGMA-LISP [MON75]. Mit diesem System wollte man eine „Maschinensprache für die künstliche Intelligenz" bieten, die für Implementationszwecke benutzbar ist und für diese alle Basisoperationen bereitstellt. Grundbegriff in MAGMA-LISP ist der *Context*, eine Informationsstruktur, die sowohl die Daten bzw. Fakten einer bestimmten Situation des Rechenprozesses enthält (d. h. den Zustand der Datenbasis) als auch die Information, die für den dynamischen Ablauf wichtig ist, d. h. die Beziehungen zu umfassenden Prozessen und die Rückkehrpunkte.

Die Contexte sind untereinander baumartig verknüpft. Der Nutzer kann diese Baumstruktur manipulieren bzw. zu einem beliebigen Zeitpunkt der Verarbeitung erforschen. Mit Hilfe der Funktion **APPLY** kann man Prozesse innerhalb gewisser Contexte starten. Bei diesem Vorgehen werden gleichzeitig Anteile der in dem ursprünglichen Context vorhandenen Information in den neuen Context übergeben. Austausch von Contextbestandteilen kann auch direkt über die Funktionen **GET** und **PUT** veranlaßt werden.

Ende 1975 war MAGMA-LISP aktionsfähig [ASI75]. Es war in FORTRAN implementiert worden und lief auf der IBM/370.168 im Betriebssystem VM/370-CMS. Seitdem wird es für Ausbildung und Forschung in Pisa verwendet.

In Belgien ist LISP, wie auch in anderen westeuropäischen Ländern, seit Anfang der sechziger Jahre bekannt. Sicher wurden Systeme auf der IBM7090 genutzt. Eine heimische Implementation wurde von P. L. WODON 1967 am MBLE-Institut in Brüssel erstellt [WOD66]. Die Publikation des einzigen LISP-Lehrbuchs in französischer Sprache durch D. RIBBENS [RIB69], heute Universität von Liege, deutet ebenfalls auf LISP-Aktivitäten hin: auf sein 1967 am Faculté Polytechnique in Mons programmiertes System für den Bull Gamma M40 [RIB67].

In Dänemark scheint LISP lange Zeit unbekannt geblieben zu sein. Vielleicht benutzte man auf verschiedenen Anlagen fremde Systeme. Ein Indiz für die Nichtbenutzung ist, daß auf der CDC6400 der Universität von Aarhus noch 1975 kein LISP-System verfügbar war.

Im Frühjahr 1975 wurde im Rahmen einer Vorlesung über „Programmiersprachen höheren Niveaus" mit einer LISP-Implementation begonnen. 25 Studenten unter der Leitung von NIGEL DERRETT und M. SOLOMON programmierten elf kleine Moduln in BCPL und erstellten so einen Interpreter. Man hatte sich entschieden, kein PROG aufzunehmen und einfachere Zugriffsbereichsregeln als in LISP zu benutzen. Der Dialekt wurde Lisbet genannt. Dieselbe Aktion wurde im Frühjahr 1976 wiederholt. 1976 schließlich formte einer der beiden Leiter das Programm so um, daß es wesentlich maschinenunabhängig wurde. Es kann nun auf jedem Rechner laufen, der eine Wortlänge von 16 Bits und mehr hat sowie über einen BCPL-Compiler verfügt [DERR77].

## 4.6. LISP in den sozialistischen Ländern

### 4.6.1. Polen

Auf der Konferenz über Symbolmanipulationssprachen und -techniken vom 5.—7. September 1966 in Pisa hatte S. WALIGORSKI die Zeichenkettenverarbeitungssprache LOGOL vorgestellt. Er wurde dort jedoch mit einer derartigen Anzahl von Implementationen und Anwendungen von LISP konfrontiert, konnte sich von der Qualität überzeugen und mit Implementatoren sprechen, daß er zurückkehrte mit der Absicht, LISP zu implementieren.

Anfang 1967 erschien der Artikel von J. COHEN über die Einbettung von LISP in ALGOL [CO67a], und WAŁIGORSKI beschloß, diesen Weg ebenfalls zu gehen. Er verfügte mit dem GIER-ALGOL über ein berühmtes effizientes System [NAU67]. Gemeinsam mit den Studenten H. ZELMAN, J. ZAMORSKI und M. PLUCIAK wurde bis etwa 1968 ein LISP-System in die Version ALGOL4 eingebettet. Die eigentliche Programmier- und Testarbeit scheint dabei ZELMAN geleistet zu haben [Z69]. Dieses System wurde für die Lehre an der Warschauer Universität verwendet [WALI70].

Wie in COHENS System waren die Grundfunktionen als ALGOL-Prozeduren verwirklicht. Die Listen wurden in einem **ARRAY** dargestellt; die Indizes als Zeiger benutzt. Der Listenspeicher erreichte Ausmaße zwischen 2 und 4K.

Durch die Begeisterung WALIGORSKIS angesteckt und durch Z. PAWLAK ermutigt, begannen dann 1968 J. LOSKA und seine Helferin B. ZOCHOWSKA mit einer LISP1.5-Implementation auf der Odra1204. Dieser Rechner erreicht etwa 200 000 Operationen pro Sekunde und bot 64K Hauptspeicher. Das System, das 1970 verwendbar war, entsprach recht genau dem originalen LISP1.5 [MCC62c]. Zusätzlich war der Zugriff über Displays gewährleistet.

Das System sollte für Forschungen auf dem Gebiete des Schaltkreisentwurfs benutzt werden bzw. für theoretische Arbeiten über Datenstrukturen. Allerdings scheint es keine große Nutzergemeinde gegeben zu haben.

Dennoch starteten LOSKA und ZOCHOWSKA 1974 ein neues Projekt: diesmal wollte man STANFORD LISP1.6 auf der Odra 1304 bzw. Odra 1305 implementieren.

1975 umfaßte dieses System nahezu alles, was im STANFORD LISP1.6 enthalten ist. Ausnahmen waren: die Funktionen **EXPLODE**, **BOOLE**, und **DM** (d. h. keine Makros) und die Funktionen zum Austausch von Ein- und Ausgabekanälen. Eine weitere Einschränkung bestand in der Arithmetik, denn man hatte nur Integers erlaubt.

Da an dem System weitergearbeitet wurde, ist es etwa 1976 komplett fertiggeworden.

Für die Formelmanipulation entwickelte BARTNIK etwa 1974 ein LISP-System für den KAR65 an der Warschauer Universität (Sektion Physik).

Eine größere Gruppe, die sich der LISP-Implementation und -Anwendung verschrieben hat, wurde 1973 in Poznań gegründet. Man begann mit der Implementation von LISP für den Minicomputer K-202. Obwohl das System als LISP1.5 firmierte [BER73], enthielt es doch Funktionen wie **READCH**, **RATOM**, erlaubte es den Wechsel der Eingabekanäle usw. Auch ein Compiler war geschrieben worden. 1974 wandten sich M. BERLOG, B. BEGIER, J. KNIAT und M. STROINSKI dem Rechner Odra 1204 zu, für die ein in etwa kompatibles System erstellt wurde [BER74].

## 4.6.2. UdSSR

Obwohl man in der UdSSR LISP schon vor 1963 zur Kenntnis genommen hatte [FEI61], begann die eigentliche Aufnahme doch erst nach 1967. Grund für diesen späten Start kann man einerseits in der mangelnden Popularität von Rechneranwendungen für nichtnumerische Zwecke sehen. Zweitens aber hatte Turtschin [TUR68, 77] ein vorzügliches, der BESM-6 angepaßtes System zur nichtnumerischen Informationsverarbeitung namens REFAL entwickelt. Noch heute kann man in der UdSSR hören, dieses System sei viel besser und günstiger als LISP.

Die Einführung von LISP in die UdSSR ereignete sich, als S. S. Lawrow 1967 mit E. C. Berkeley bekannt wurde. Berkeley war zu dieser Zeit ein ausgesprochener LISP-Fan. Er steckte Lawrow mit seiner Begeisterung an, und beide programmierten in der Zeit von Berkeleys Moskau-Aufenthalt (vermutlicher Anlaß war eine internationale Konferenz) 1967 einen ersten Interpreter bzw. Teile für ein solches Programm.

Auf Initiative von Berkeley wurde Lawrow dann in die USA eingeladen, und zwar offiziell als Gast von Berkeleys eigener Firma. Hier konnte Lawrow das MIT besuchen, sich über LISP informieren und über die Implementation Auskünfte erhalten.

1968, nach Lawrows Rückkehr nach Moskau, begann die eigentliche Programmierarbeit am Rechenzentrum der Akademie in Moskau. Das System lief dann in seiner ersten Version noch 1968; stabil war es vermutlich seit Anfang 1969 [LAW69]. Mitarbeiter von Lawrow noch während der Implementation wurde der Georgier G. S. Silagadse. Unter Lawrows Leitung überwachte er die Korrektheit des Systems und begann mit den Arbeiten an einem Compiler.

Etwa 1971 legte Silagadse eine Doktorarbeit vor, deren Gegenstand der LISP-Compiler war [SIL71a]. Er übernahm die Pflege des BESM-6-LISP in eigener Regie nach Lawrows Wechsel zur Universität nach Leningrad.

Als Silagadse etwa 1973 nach Tbilissi zurückkehrte, wurde W. M. Jufa der Halter des LISP-Systems. Unter seiner Leitung wurden 1973 eine Reihe von neuen Funktionen bereitgestellt, das System in das von dem Mitarbeitern des Rechenzentrums der Akademie selbst entwickelte Time-Sharing-System PULT integriert [BRI72]. Die Begrenzung des Nutzerraums auf 32K BESM-6-Worte (á 48Bit) waren jedoch immer eine ernste Grenze für die Komplexität der möglichen Anwendungen. Kein Wunder, wenn man lange Zeit LISP nicht als zukünftige Basis der Forschung ansah. Das Erscheinen der ESER-Rechner mit ihren recht großen Hauptspeichern hat möglicherweise die Situation geändert.

Lawrow setzte seine Arbeit in Leningrad fort. Das Basissystem dafür wurde ein 1973 implementiertes LISP1.5-System auf einer Odra 1204.

Seit etwa 1974—75, vielleicht maßgeblich stimuliert durch den 4. Internationalen Kongress für künstliche Intelligenz in Tbilissi [AD75], ist eine wesentlich lebhaftere Tätigkeit auf dem Gebiet der künstlichen Intelligenz in der UdSSR in Gang gekommen. Verbunden damit ist die Entwicklung mehrerer LISP-Systeme.

BESM-6-LISP, das bis 1973 das einzige und weitverbreitete System war, hat bis heute eine Reihe von Konkurrenten bekommen: Pantelejew entwickelte 1975 auf der ICL-4 ein in jeder Hinsicht (Befehl für Befehl) kompatibles System mit BESM-6-LISP. Gitman, Feinman und einige Kollegen begannen im selben Jahr mit der Implementation für ESER-Rechner in Wladiwostok. Sie setzten diese Arbeit in Leningrad bei Lawrow fort und entwickelten ein interessantes, schnelles System, das im OS/MVT läuft und in vieler Hinsicht LISP1.6 entspricht.

In Moskau wurde 1975 am MEI das System LISP/EC entwickelt. Dieses System arbeitet im DOS. Es entspricht weder LISP1.5 noch anderen Vorbildern und enthält sowohl übliche Funktionen als auch signuläre Entscheidungen [BAI77]. Erwähnenswert mag die direkte Programmierbarkeit der Kopplung von LISP und PL/I-Programmen sein, die über die CALL-Funktion erledigt wird. An Datenstrukturen werden auch Zeichenketten und Felder geboten. 1979 wurde LISP/EC ins OS umgesetzt.

Neben den eigenen Entwicklungen sind schon seit geraumer Zeit einige ausländische LISP-Systeme in der UdSSR verfügbar. Dies ist gewiß für STANFORD LISP/360, das über Dubna Eingang fand, für UT-LISP, das mindestens auf der CDC6600 in Dubna läuft, sowie für das DOS/ES LISP1.6, das aus der DDR Ende 1976 importiert wurde [GER77]. Als McCarthy 1968 Nowosibirsk besuchte, begann er dort mit der Implementation eines LISP-Systems für die BESM 6 unter Verwendung der Systemprogrammiersprache ALPHA. Dieses System wurde später mit russischen Funktionsnamen weitergeführt und ist erst 1975—76 von L. Gorodnjaja vollendet worden.

### 4.6.3. DDR

In der DDR begann die Forschung auf dem Gebiet der künstlichen Intelligenz etwa 1969, kurz nach Gründung des Kombinats Robotron. Die kleine Arbeitsgruppe unter der Leitung E. Lehmanns war in einen Gesamtzusammenhang „Automatisierung der Programmierung“ gestellt worden. Ziemlich bald war klar, daß das Basissystem für die erstrebten praktischen Arbeiten nur LISP sein könne.

1970 begann P. String mit dem Entwurf eines Interpreters. Diese Arbeit war nicht einfach, weil die gesamte Information über LISP in dem bekannten Buch von Berkeley und Bobrow [BB64] bestand. Andere Information schien nicht erhältlich.

Als Mitte 1970 ein Rechner zur Verfügung stand, begann H. Stoyan unabhängig von dem Stringschen Ansatz mit der Auswertung des Artikels von L. P. Deutsch über das pdp-1-LISP. Der erste Interpreter war praktisch eine Umsetzung des Systems von Deutsch auf ESER-Anlagen. Trotz äußerst knapper Rechenzeit lief ein sehr eingeschränktes System noch 1970; LISP1.5 (ohne Felder und Gleitkommaarithmetik) wurde etwa Mitte 1971 erreicht.

Der Autor war zu dieser Zeit alles andere als ein LISP-Freund und stand Erweiterungen nicht mehr allzu bereitwillig gegenüber. Lehmann und andere Mitarbeiter benötigten für ihre Arbeiten jedoch ein leistungsfähigeres System. So begann String mit der Umsetzung des Q-32-Compilers [SAU64c] für ESER-Rechner, während der Autor mit den Mitarbeiterinnen I. Köhler und S. Kühnel das LISP-System nach und nach an das LISP1.6-Niveau heranführte. Als Ende 1971 erste Compiliertests vielversprechend aussahen, plante er das Run-Time-System für den Compiler und schlug eine Handcompilierung des bis dahin in LISP geschriebenen Compilers vor. Dies wurde durchgeführt, und das resultierende Programm zeichnet sich noch heute durch enorme Geschwindigkeit aus.

Anfang 1972 war das LISP1.6-System vollendet. Es umfaßte damals allerdings keine Felder, enthielt nur Ganzzahlarithmetik und erlaubte keinen Wechsel der Ein- und Ausgabeströme. Dagegen gab es eine Direktzugriffsmöglichkeit, die in den P-Listen die externen Adressen der ausgelagerten Eigenschaften enthielt und bei einer GET-Operation diese automatisch eingelagerte. An diese Datei war auch der Compiler angeschlossen, der die compilierten Programme im Maschinenformat auslagerte (zuzüglich einer Liste von Literalen im externen LISP-Format). Bei der Abarbeitung wurden die Funktionen automatisch von der Plattendatei geladen und nach Vorrangprinzipien, die der Nutzer festlegen konnte, beeinflußt.

Anfang 1973 wurde die Arbeit auf dem Gebiet der künstlichen Intelligenz gestoppt. Nur eine kleine Gruppe beschäftigte sich weiter mit Frage-Antwort-Systemen.

1974 wechselte der Autor zur Technischen Universität Dresden. Durch eine Reihe von Zufällen entstand eine Situation, in der eine Weiterentwicklung bzw. Neuaufnahme der LISP-Arbeiten als äußerst günstig erschien. Begonnen wurde mit einer völligen Neustrukturierung und Überarbeitung des Systems. Dadurch wurden zukünftige Änderungen erleichtert, das

System wurde überschaubar und modular. Ein Geschwindigkeitstest (vgl. S. 263) lieferte für eine Liste von 20-Elementen in diesem System eine Zeit von 1460 ms und für eine Liste mit 40 Elementen 6240 ms.

Anfang 1975 wurde ein neuer Effektivierungsansatz begonnen. Bis dahin waren die Wertezellen (**SPECIAL**-Zellen) gewöhnliche Eigenschaften beim zugeordneten **SPECIAL**-Indikator. Dies wurde geändert, so daß jedes Atom im Atomkopf den Wert trug. Gleichzeitig wurden die Typbeschreibungen aus der Datenzelle in den Zeiger auf die Datenzelle verschoben. Nun erreichte das System für denselben Test für die Liste aus 20-Elementen eine Zeit von 1000 ms und für die mit 40-Elementen 3620 ms.

Gemeinsam mit den Studentinnen STEINBORN und NEUHAUS wurde die Parameterübermittlung bis zum Sommer 1975 völlig neu erarbeitet. Bis dahin war eine Liste ausgewerteter Argumente gebildet worden, in die das jeweils nächste am Ende eingefügt wurde. Statt dessen wurden nun die ausgewerteten Argumente auch im Interpreterregime genauso wie für compilierte Funktionen im Kellerspeicher angeordnet. Gleichzeitig wurden Funktionen wie **LIST** und **TIMES** von **FSUBR**- zu **LSUBR**-Funktionen umgetauft. Für Zwecke der Fehlerüberwachung wurden die Argumente gezählt und bei Nichtübereinstimmung der gelieferten mit den geforderten Argumentzahlen Fehler gemeldet (im Fall der **LSUBR**-Funktionen wurden nur die aktuellen Argumente gezählt, um Einheitlichkeit in der zentralen Routine **EVLIS** zu haben). Die Messungen ergaben nun für die kürzere Liste (20 Elemente) 720 ms und für die längere Liste (40 Elemente) 2620 ms.

Etwa im Sommer 1975 erhielt der Autor zum erstenmal ein Assemblerlisting des STANFORD LISP. Vergleiche der Code-Stücken ergaben manche Vorteile des STANFORD LISP/360 und andere Vorteile des DOS/ES LISP 1.6. Die Unterschiede wurden sorgfältig ausgewertet und die betroffenen Systemteile umgeschrieben. Dies waren jedoch nicht zentrale Verarbeitungsprogramme, sondern z. B. das Garbage Collection (die Idee, im **CONS** keinen Test auf das Ende der Frei-Speicherliste zu machen, sondern einen Programmfehler zu erzeugen, waren bereits Anfang 1975 aus den Unterlagen des Waterloo LISP/360 [BOL68] entnommen worden).

Anfang 1976 erfuhr der Autor von den Effizienzvergleichen T. KUROKAWAS [KUR76c]. Um zu einem „ehrenhaften" Vergleichswert zu gelangen (auch die übrigen Messungen sind erst damals gemacht worden), sind noch einmal sorgfältig alle Bremsen gesucht und entfernt worden. Das System führte nun keinerlei **CONS**-Operationen bei der Interpretation mehr aus, berechnete die maximale Anzahl erforderlicher Kellerspeicherplätze an der Stelle, an der feststeht, daß überhaupt gekellert werden muß, und kellert von da an ohne Überprüfung usw. Durch kleinliche Befehlsaufrechnung und -ersetzung konnten schließlich für die 20-Elemente-Liste 580 ms und für die 40-Elemente-Liste 2120 ms erreicht werden. Dieser Wert erwies sich als nicht unterschreitbar.

Durch die Einführung von Meßmitteln gemäß dem INTERLISP-**BREAKDOWN**, die die Verarbeitung so wenig wie möglich beeinflussen sollten, mußte Anfang 1978 eine unbedeutende Laufzeitverschlechterung auf 680 bzw. 2540 ms in Kauf genommen werden. Der Compiler liefert Programme, die für die selben Beispiele 98 bzw. 340 ms benötigen.

Anfang 1977 wurden Experimente für ein Software-Paging des Listenspeichers gemeinsam mit S. Kanew [KAN78] bezüglich dessen Modell des Software-Pagers für das DOS/ES durchgeführt. Das sorgfältig auf minimale Benutzung des Listenspeichers zugeschnittene System benötigte für die gleichen Beispiele wie oben 2520 bzw. 9580 ms.[1])

In der Zwischenzeit ist das DOS/ES-LISP1.6 wesentlich gewachsen. Es enthält nun Zeichenketten und Felder beliebig vieler Dimensionen (wie übrigens auch die Argumentzahl der Funktionen unbegrenzt ist)[2]), über 400 Funktionen und einen insgesamt international durchaus vergleichbaren Zuschnitt [STO78].

### 4.6.4. ČSSR

Die LISP-Aktivitäten in der ČSSR begannen nach einem Besuch Koniceks von der Prager Technischen Hochschule in Stanford etwa 1970. K. Müller und J. Kolař begannen Ende 1971 für die Tesla 200 ein LISP-System zu entwickeln, das sich völlig an die Beschreibung des LISP1.5 [MCC62c] hielt. Außer dem Compiler und den Feldern wurden alle Elemente getreu implementiert. Dieses System lief etwa 1972 [KOL74] und wird seitdem zur Lehre benutzt.

Ein anderes, kleineres System wurde im Rahmen einer Diplomarbeit am Institut VUMS implementiert.

Inzwischen ist in der ČSSR auch STANFORD LISP/360 zusammen mit dem Formelmanipulationssystem **REDUCE** verfügbar.

---

[1]) Zum Vergleich: LISP 1.9 erreicht auf TOSBAC-5600 die Zeiten 263 ms, 946 ms; UT-LISP erreicht auf CDC6600 für die kürzere Liste 389 ms; STANFORD LISP 360 auf IBM/360.67 erreicht 960 ms bzw. 3580 ms; STANFORD LISP 1.6 auf DEC-20 erreicht 568 bzw. 2079 ms; LISP3300 auf CDC3300 erreicht in 40 K 4751 ms bzw. 20029 ms; UT-LISP auf CYBER-172 erreicht in 64 K 894 ms bzw. 5728 ms.

[2]) LISP 1.5 begrenzte auf 20 Argumente, MACLISP begrenzt auf 5 Argumente, STANFORD LISP/360 begrenzt auf 22 Argumente.

### 4.6.5. Ungarn

In Ungarn begann eine Gruppe von Mitarbeitern des SZTAKI-Institutes unter der Leitung von I. Bach 1972 mit der LISP-Implementation zu beschäftigen. Die Gruppe, zu der auch E. Farkas, M. Naszodi und J. Fabou gehörten, war vor allem vom äußeren Bild der Sprache fasziniert: Die völlige Verschiedenheit von anderen Programmiersprachen und die schöne Form fesselten diese Wissenschaftler, die sich zwischen 1970 und 1971 etwas mit künstlicher Intelligenz beschäftigt hatten.

Man hatte Kenntnis von Deutschs pdp-1-LISP, das als Vorbild diente, und vom LISP F1 aus Uppsala.

Bis 1973 wurde ein Interpreter implementiert, der etwa 40 Funktionen umfaßte und in einem einfachen Time-Sharing-System auf dem R10, einer ungarischen Entwicklung, lief. Der Listenspeicher faßte etwa 4K.

1974 begann F. Potari am TKI, ebenfalls in Budapest, mit der Implementation eines größeren Systems für denselben Rechner. Das System sollte für den Entwurf von Schaltkreisen verwendet werden. Potari programmierte über 180 Funktionen, entwickelte ein System für Datei-Verarbeitung und versuchte, Basisoperationen für Mustervergleich (pattern matching) in das LISP-System zu integrieren.

Das System erlaubte nur ganze Zahlen. Für die Notation der Atomsymbole waren 72 Zeichen lange Namen erlaubt, darüber hinaus konnte jedes Zeichen als *Character Atom* auftreten, wenn es durch " eröffnet wurde. Eindimensionale Felder, *Vectors* genannt, und zugeordnete Grundoperationen waren ebenfalls vorhanden.

Für das Pattern Matching hatte Potari den **LAMMAT**-Ausdruck eingeführt: Dieser hatte die Form (**LAMMAT** modvarlist ( form rulelist)). Statt form konnte in gewissen Fällen auch nur ein Funktionsnamen stehen. Die Regeln hatten die Form: (model predicate value). Die Musterfunktionen werden durch **EVAL** als **EXPR**-Funktionen behandelt, also wurden zunächst die Argumente ausgewertet. Der Funktion werden vier Argumente übergeben: die Modvar-Liste (Mustervariablen aus der Rule-Liste), die Rule-Liste, die Argumente (als Liste) und die aktuelle A-Liste.

Die implementierte Funktion **EVMATCH** arbeitet Regel für Regel aus der Rule-Liste in folgender Weise ab: Zuerst wird versucht, ob die Argumentliste auf das Muster (model) paßt. Ist das der Fall, dann werden die Mustervariablen gebunden, eine durch diese Bindungen erweiterte A-Liste hergestellt und Predicate wird ausgewertet. Liefert diese Auswertung **T**, dann wird Value in derselben Bindungsumgebung ausgewertet. Damit ist dann der Gesamtwert des **LAMMAT**-Ausdrucks bestimmt. Wenn entweder der Mustervergleich oder die Prädikatauswertung versagt, wird zur nächsten Regel übergegangen.

An das ganze System war ein externer Bibliotheksspeicher angeschlossen, der automatisch oder gerichtet benutzt werden konnte. Wurden alle Standardfunktionen geladen, so blieb lediglich ein Platz von 2000 Listenzellen übrig. Mit Hilfe eines Swappers zu der Festkopfplatte konnten auch in dieser Umgebung große Programme interpretiert werden. Jedoch 64K freier Speicher seien für vernünftige Anwendungen erforderlich, konstatierte Potari in seiner Beschreibung [POT75].

Nachdem Potari 1976 noch einen Compiler entwickelt hatte, mußte er sein System aufgeben. Seine Nutzer waren zum Schluß gekommen, daß Listen eine schlechte Repräsentation seien und das System überhaupt zu uneffektiv.

1977 begann am Institut SZAMKI P. Szöves eine LISP-Implementation für eine Honneywell H80. Er wollte ein mit INTERLISP kompatibles System erstellen.

## 4.7. LISP in Übersee

### 4.7.1. Kanada und Australien

Bezüglich Kanada war schon die Entwicklung des LISP/360 an der Universität in Waterloo durch J. Kent erwähnt worden, die durch J. F. Bolce und R. H. Cooper vollendet worden ist [BOL68].

Weitere eigenständige Implementationen scheinen nicht durchgeführt worden zu sein, da aus den benachbarten USA ständig neue Systeme erhältlich waren.

J. A. Campbell hat 1967 eine sehr frühe Version von UT-LISP (s. S. 232) und Kents 3600-LISP (s. S. 243) nach Australien gebracht. Das letztere lief auf einer CDC3600 in Canberra. Campbell hat das CDC6600 etwa auf den Stand gebracht, den er früher schon mit seinem LISP 1.6 am Imperial College (s. S. 236) erreicht hatte. Es wurde in Adelaide verwendet. Daneben sind nur Aktivitäten mit anderen Listenverarbeitungssprachen, etwa durch J. Hext mittels WISP (s. S. 236), bekannt.

### 4.7.2. Mexiko

H. McIntosh hat in Mexico City ein weiteres LISP-Zentrum gegründet. Im Rahmen der amerikanischen LISP-Geschichte war erwähnt worden, daß

---

[1]) In [CAM66] wird tatsächlich ein CDC3600-LISP erwähnt, das auf einer CDC6400 laufen soll. Möglicherweise ist ein CDC6600-LISP gemeint.

McIntosh 1963 nach Mexico City übersiedelte. Nicht lange nach ihm kam auch L. Hawkinson dorthin.

Die Arbeiten in Mexico wurden entweder am Centro nationale de calculo oder an dem Nacional polytechnical institucio durchgeführt. Dort war eine IBM709 verfügbar, und Hawkinson hat auf ihr etwa 1964 ein LISP 1.5-System implementiert.

1965 begann A. Guzman mit seinen Arbeiten für **CONVERT**. Dafür konnte er nach seinen Angaben das per Fernverarbeitung erreichbare Q-32-LISP in Santa Monica und zwei mexikanische LISP-Systeme verwenden. An diesen lokalen Systemen haben Hawkinson und Yates gearbeitet [GUZ67].

Das schnellere dieser beiden Systeme wurde MB-LISP genannt. Es lief ebenfalls auf der IBM709. Es sei „ein LISP-Dialekt, der sich von LISP1.5 in einer ganzen Reihe von technischen Details unterscheide...“. Er biete „exzellente Feld- und Gleitkommamöglichkeiten“ und sei überhaupt „sorgfältig organisiert“.

Etwa zur gleichen Zeit wurde der in Mexiko arbeitende Physiker T. A. Brody von der Brauchbarkeit von LISP für symbolische Rechnungen für die Physik überzeugt. Er entwickelte eine eigene Version für eine IBM1620, das LISPITO [BROD65].

Zwischen 1967 und 1972 ist LISP-Aktivität in Mexiko unbekannt. Daß man jedoch nicht geschlafen hat, zeigt die Implementation von LISP1.6 für den B6700-Rechner [MAG74].

Dieses System wurde 1971 durch M. Magidin und R. Segovia am Centro de Investigacion en Mathematicas Aplicadas y en Sistemas entwickelt (bzw. an der Universität von Mexico City). B6700-LISP ist in Burrough EXTENDED ALGOL [BURR64] programmiert. Es kann entweder im Stapelbetrieb oder interaktiv arbeiten.

Dem Nutzer entgegen tritt **EVALQUOTE**, so daß Paare von S-Ausdrücken verarbeitet werden. Der Listenspeicher ist ein Feld von 64K, in dem Räume (d. h. Seiten) von je 256 Worten typenrein auf folgende Datentypen aufgeteilt sind: Listen, Atome, große Integers (kleine sind als Zeiger dargestellt), und Felder. Die LISP-Zellen sind in die 48-Bit-Worte gepackt, so daß sowohl Car- als auch Cdr-Zeiger 22-Bits lang sind. Atome umfassen zwei Worte für die Wert-, P-List- und Verarbeitungsinformationen sowie weitere Worte für den Namen. Felder haben einen Kopf von zwei Worten und den dichtgepackten Bereich der Elementzeiger. Große Felder werden zerlegt.

Das B6700 LISP enthielt 1974 etwa 140 Grundfunktionen, von denen eine ganze Reihe mehr an INTERLISP als an LISP1.6 erinnerten. Für interaktive Arbeit stand ein Editor zur Verfügung.

### 4.7.3. Indien

In Indien ist LISP sicher benutzt worden, seit Maschinen vom Typ IBM7090 oder ähnliche eingeführt worden sind. Eine heimische Implementation ist bekannt: Die von N. Soundarajan für den TDC-316, einen indischen Rechner.

### 4.7.4. Japan

In Japan können seit 1974 äußerst lebhafte LISP-Aktivitäten bobachtet werden.

Bis etwa 1967 sind keinerlei Arbeiten bekannt. Es mag sein, daß auf importierten Anlagen vorher schon LISP1.5 verfügbar war. Etwa 1967 wurde in einer gemeinschaftlichen Arbeit der Universität von Tokyo und der Rechnerfirma Hitachi das anscheinend erste japanische LISP-System HELP auf einer HITAC-5020 implementiert. Nähere Einzelheiten fehlen.

1968 folgte M. Nakanishi von der Keio Universität (Keio Institute of Information Science) mit seinem System KLISP [NAK68]. Dieses für Lehrzwecke gedachte System vereinfachte LISP in verschiedener Weise. Es hatte nur einen Interpreter und etwa 120 Grundfunktionen. Der Basisrechner war eine TOSBAC-3400/30.

Einige Zeit darauf lernte Nakanishi die pdp-8-Implementation von van der Mey und van der Poel kennen. Nach Zusammenfassung der mit KLISP gemachten Erfahrungen und der Ideen aus Delft programmierte er unter Mithilfe einiger Kollegen die beiden LISP-Systeme MINILISP und KLISP-11 für die Kleinrechner HITAC-10 bzw. pdp-11 [NAK69].

Schon 1970 muß so viel an Ergebnissen und Erfahrungen vorhanden gewesen sein, daß ein Sammelband, herausgegeben von H. Amamiya, erschien [AMA70].

Noch vor 1974 entstanden die Systeme EDOS/EDOS-MSO LISP1.5 (Watanabe und Futamura, Hitachi Ltd.) auf einer HITAC-8350 und TLISP (Miyazaki et al.) auf TOSBAC-5600, das sich an KLISP anlehnte.

1972 begann man am Elektrotechnischen Labor der Toshiba Corporation mit der Implementation eines international vergleichbaren Systems. Man beschloß, sich an LISP1.6 zu halten. Das System sollte als erstes japanisches LISP-System sowohl Interpreter als auch Compiler besitzen, sich passend in ein Time-Sharing-System eingliedern, einigermaßen fortgeschrittene Programmierhilfen bieten und freie Arbeit mit Datenbeständen erlauben. Anfang 1973 konnte ein erstes Manual verfaßt werden. Dieses System, EPICS-LISP1.6, das im wesentlichen von T. Kurokawa konstruiert wurde, lief auf der TOSBAC-5600 und ersetzte TLISP.

Kurokawa arbeitete weiter und erreichte ein Jahr später einen solchen Stand, daß er glaubte, den Namen LISP1.6 nicht mehr vertreten zu können. So wurde das Manual [KUR74] mit LISP1.8 überschrieben.

Unter Verwendung von Ideen von INTERLISP veränderte Kurokawa in der Folgezeit den Speicher. Insbesondere wurde die Datenstrukturdarstellung der Atome so geändert, daß sie Zeigerkomplexe wurden, die die Verarbeitung maximal beschleunigten [KUR76c]. Seine Ideen über ein effizienteres Garbage Collection, die 1975 noch um Kellerspeicherausnutzung im Rahmen des einfachen McCarthyschen Algorithmus kreisten [KUR75], reiften zu einer Verbesserung des Grundalgorithmus und zu einer Behandlung der Kellerspeicherüberläufe dieses Algorithmus heran [KUR76b]. Die sorgfältige Analyse der wichtigsten Teile des Interpreters zeitigte Erfolg: Als die schwachen Punkte beseitigt waren, erreichte LISP1.9, wie es nun genannt wurde, erhebliche Laufzeitverbesserungen [KUR76c].

Heute dürfte LISP 1.9 von Kurokawa eines der effizientesten Systeme der Welt sein. Es ist sicher das verhältnismäßig schnellste mit konventioneller Speicherorganisation [IPSJ].

1973 hatten Sato et al. auf einem Symposium über Programmierung [SAT73] in Anlehnung an frühere Ideen von McCarthy, die in das unvollendete M44-LISP von Wooldridge eingeflossen waren, ein neues Hash-Schema für LISP vorgeschlagen. Diese Idee wurde von Goto aufgegriffen. Anders als im Hash-LISP, schlug er vor, sollten nur besondere Listenstrukturen dem Hash-Schema unterworfen werden. Sein System HLISP [GOT74a], das auf dieser Idee aufbaute, führte konsequenterweise zwei **CONS**-Funktionen ein: **CONS** und **HCONS**. Später trennte er die LISP-Strukturen noch deutlicher von den der Hash-Verwaltung unterworfenen: Diese wurden nun Tupel und Menge genannt [GOT76].

Das erste HLISP-System lief Anfang 1974. Dieses System war neben der Speicherverwaltung auch noch mit einer Ergebnisverwaltung ausgerüstet, einer weiteren Idee E. Gotos: Er hatte bemerkt, daß in vielen rekursiven Berechnungen bereits ausgewertete Ausdrücke wiederholt behandelt werden. Dies gilt insbesondere für viele der Basisfälle der Rekursion. Oft aber kommt es vor, daß auch komplexere Ausdrücke mehrfach berechnet werden. So kann es denn sein, daß ein bemerkenswerter Anteil der Rechenzeit für die Ermittlung bereits bekannter Resultate verschwendet wird.

Goto rüstete sein HLISP mit dem *Assocomp Feature* aus, durch das Werte von vorher spezifizierten Funktionen aufgehoben und automatisch mit assoziativen Mechanismen aufgesucht werden, wann immer dies möglich ist. So wird der gewöhnliche Auswertungsmechanismus durch ein *Tafelablesen* ergänzt und wesentlich effektiviert.

Als Basis-System des Formelmanipulationssystems **REDUCE** hat HLISP enorme Rechenzeitverkürzungen erreichen helfen [GOT76].

1974 veranstaltete die Japanische Gesellschaft für Informationsverarbeitung ein Symposium über Symbolmanipulation. Anläßlich dieses Ereignisses organisierte man einen Vergleich der arbeitsfähigen LISP-Systeme, den 1. LISP Contest. Zehn verschiedene Systeme, die auf zehn verschiedenen Anlagen liefen, waren beteiligt. Neben den schon erwähnten Systemen HLISP (damals auf HITAC-5020), EDOS/EDOS-MSO LISP1.5, KLISP und EPICS-LISP1.6 waren die Testprogramme auch in den Systemen OLISP, LISP43 und T-40 LISP gelaufen. Die beiden übrigen Systeme sind leider nicht überliefert.

OLISP war von H. Yauis und einigen Kollegen an der Osaka Universität implementiert worden. Es war ein relativ kleines, aber recht effizientes System. Der Basisrechner hieß NEAC-2200. Nach 1974 ist das System, nun auf einem NEAC 800-2, mit einem Compiler ausgestattet worden. Es hielt sich weitgehend an LISP1.5, behielt aber mit seinem eingeschränkten Nutzerkreis nur lokale Bedeutung.

LISP43 war von Y. Yoshida von der Nagoya Universität für eine OKITAC-4300 erstellt worden. Es war als LISP für Mini-Rechner einzuschätzen. Gleiches gilt für das T-40 LISP der Universität Kyoto, von K. Nakamura für eine TOSBAC-40C programmiert.

Ein größeres System war das von S. Ono und Kollegen des Mitsubishi Elektrotechnischen Laboratoriums implementierte LISP/M, auf einer MELCOM-1000, das auch über einen Compiler verfügte.

Seit 1974 ist das Interesse an LISP in Japan äußerst lebhaft geworden. Dazu hat vielleicht auch Gotos Einführung in LISP [GOT74b] beigetragen. Während sich die Systeme HLISP, LISP1.6 und OLISP weiterentwickelten, wurden neue Implementationen unternommen: 1974 LISP1.5 von H. Kimura an der Okayama University of Science auf dem MELCOM COSMO-700, sehr eng an das originale LISP 1.5 angelehnt, 1975 die Systeme NIT-LISP-U (T. Niwa et al., Nagoya Institute of Technology) und VS-DLISP1.5 (H. Imura, Doshisha Universität) und LIPQ [TA75].

1976 sind sechs neue Implementationen entstanden (ALPS/I, HLISP-Compiler, LISP38, PETL, TLICS und LISP/P). 1977 kam noch FLISP hinzu und 1978 HITAC-10 LISP und LISP1.7. Die meisten dieser Systeme werden allenfalls an der Ursprungsuniversität benutzt, oft nur von den Implementatoren. Nur das HLISP auf der HITAC 8800 bzw. 8700 und TOSBAC LISP1.9 haben größere Benutzerkreise erschließen können.

1977 wurde die Interessengruppe für Symbolmanipulation und Verarbeitung natürlicher Sprache gegründet. Ende 1977 bereitete diese einen neuen

Vergleich vor, den LISP Contest 1978 [IPSJ]. Daran waren diesmal neben 17 japanischen LISP-Implementationen auch drei ausländische beteiligt: UT-LISP auf CDC6600, STANDARD LISP auf B1726 und DOS/ES LISP1.6. Es zeigte sich, daß viele japanische Systeme die Listenverarbeitung von LISP1.5 sehr effizient verwirklicht hatten. Inwieweit sie den Unterstützungsstandard amerikanischer Systeme oder angemessene Funktionsspektren hatten, war nicht ersichtlich.

In Japan wird LISP offenbar viel für Lehrzwecke verwendet. Daneben stehen die üblichen Anwendungsgebiete: Basissystem für Formelmanipulation, Sprachverarbeitung, Programmsynthese und -analyse, Robotik und andere Gebiete der künstlichen Intelligenz. Neuerdings ist in Japan sehr viel Aktivität bei der Entwicklung von LISP-Maschinen zu verzeichnen.

## 4.8. Metasysteme

### 4.8.1. Einleitung

Ein Abriß der LISP-Geschichte kann nicht vollständig sein, ohne daß auch die Metasysteme betrachtet werden,[1]) die auf den LISP-Implementationen aufgebaut wurden. Sind doch diese Systeme bzw. die durch sie realisierten Sprachen oft das Mittel gewesen, durch das die Nutzer mit dem LISP-System verkehrten.

Diese Metasysteme sind geschlossene Sprachverarbeitungssysteme, die auf der Grundlage von LISP implementiert sind (meist mit LISP selbst als Systemprogrammiersprache) und sich in der Syntax oft wesentlich von LISP unterscheiden. Häufig sind erhebliche Anleihen bei ALGOL gemacht worden, jedoch treten auch Programmiersprachen für linguistische Probleme (COMIT) als Vorbilder auf. Charakterisiert werden die Verbesserungen zu LISP meist durch Sprachelemente, die die Programme verständlicher machen sollen,[2]) und durch solche, die neue Verarbeitungsweisen ermöglichen. Diese letzteren sind meist Reaktionen auf neuentwickelte Methoden der Forschung auf dem Gebiete der künstlichen Intelligenz.

Schon früh empfand man die Tatsache, daß LISP zwar an Einfachheit (diese wird manchmal als Eleganz bezeichnet) der syntaktischen Strukturen unübertroffen ist. Aber zur Erarbeitung komplizierter Programme durch den Menschen oder gar für Neulinge im Programmieren stellt diese Einfachheit meist einen Nachteil dar. Die Programme sind oft sehr schlecht lesbar

[1]) Eigentlich gehörte auch eine chronologische Darstellung der Anwendungen hierher.

[2]) Was verständlich ist, kann nicht einfach entschieden werden. Im Fall von LISP waren dies meist Formen anderer Sprachen.

und schwer verständlich; ihnen fehlt die Anknüpfung an die dem normal gebildeten Programmierer bekannten Notationsweisen.

Der Ablauf der Programme ist oft nur mit Mühe erkennbar; innerhalb der **PROG**-Blöcke sind undisziplinierte Programmierstile wie im gemeinsten FORTRAN möglich, und die freie Arbeit mit globalen Variablen und funktionalen Argumenten bereitet viele Verständnisschwierigkeiten. Andererseits kann kein Zweifel daran bestehen, daß sie wesentlich zur Ausdrucksstärke von LISP beitragen.

Diese Nachteile von LISP wurden durch den Vergleich mit ALGOL evident. Schon 1961 dachte man über eine nachfolgende Sprachversion nach. Das Vorbild ALGOL deutete auf die Nützlichkeit deutlicher, durch Blöcke geordneter Variablengültigkeitsbereiche, zur Zyklenorganisation geeigneter Sprachelemente und die bessere Lesbarkeit klammernarmer Ausdrücke (durch Einführung unterschiedlicher Klammern für mathematische Ausdrücke und Programmstrukturen sowie Vorrangregeln) hin.

### 4.8.2. Vor LISP2: Mustervergleich und systemunabhängige Eingabe

Durch die speziellen Anwendungsgebiete von LISP war das Augenmerk jedoch frühzeitig auch auf die Sprachen gelenkt worden, mit denen Probleme der Zeichenkettenverarbeitung bearbeitet werden sollten. Eine von diesen, COMIT, wurde etwa gleichzeitig mit LISP am MIT entworfen [YN61, 62, 63a, b]. Hochinteressant war an dieser Sprache, daß der Autor Yngve gewisse Ideen von IPL von Newell und Simon, die beim Beweisen mathematischer Formeln mit Mustern von Formeln arbeiteten und diese mit den zu beweisenden Formeln verglichen (matching of formulae), aufgegriffen und für den Mustervergleich (pattern matching) von Teilen von Zeichenketten fruchtbar gemacht hatte.

Bobrow, der sich mit der Verarbeitung natürlicher Sprache beschäftigte, wollte diese Möglichkeiten auch in LISP haben und baute sich auf LISP1.5 sein System **METEOR** auf [BO63a]. **METEOR** ist in gewissem Sinne das erste Metasystem über LISP. Die Sprachelemente sind Regeln, die als LISP-Listen zu schreiben sind. Die Sprache selbst wird aktiviert durch den Aufruf des Interpreters (**METEOR**) und die Übergabe von Regelmengen und Daten als Argumente. Für die Regeln werden einige Sonderzeichen als **METEOR**-Syntaxelemente verwendet: *****, **$** und **/** spielen hier eine besondere Rolle. Die Regeln selbst bestehen aus sieben Teilen: Regelname, Ablaufinformation, Muster (linke Seite), Transformationsvorschrift (rechte Seite), Sektion zur Verwaltung temporärer Speicher, Name der nächsten Regel, Kommentar. Alle diese Elemente sind entweder echte Atome oder Listen.

Die Abarbeitung der Regeln findet normalerweise in folgender Reihenfolge statt: Es wird versucht, das Muster auf die bearbeitete Zeichenkette zu passen.[1]) Gelingt das, werden die Umordnungs- und Speichervorschriften ausgeführt, und es wird zu der angegebenen Regel gesprungen. Gelingt der Vergleich nicht, so wird zur nächsten Regel gegangen.

Die Muster werden durch literale Atome, Zahlen und Dollar-Elemente beschrieben. Die Linearität der Daten drückt sich darin aus, daß nach der Musterpassung die einzelnen Teile über Zahlen angesprochen werden können. Kommt eine Zahl im Muster vor, bedeutet dies die Wiederholung des entsprechenden Elements. Mit **$**-Ausdrücken der Form **($ . n)** können *n* aufeinanderfolgende Elemente des Arbeitsspeichers bezeichnet werden. Durch **$0** kann eine Anfangs- bzw. Endposition, durch **($ . ATOM)** und ähnliche Formen können Datentypen bestimmt werden.

Alles in allem ist **METEOR** sicher kein ausgewachsenes Metasystem, da es sich deutlich an die LISP-Syntax hält. Es verwendet insbesondere keine eigene Leseroutine. Mit der Einbettung einer zu LISP fremden Abarbeitungsart und der Aufnahme des Pattern Matching hat **METEOR** aber nachfolgende Wirkungen ausgelöst.

```
METEOR((
(CHANGE   ($ ROSE) (FLOWER) (/ (*Q SHELF1   1 PRETTY)) CHANGE)
(*    ($)     ((*A SHELF1) 1)  (/ (*D PNTRET RULE3))   *)
(PRNTWS * ((*P THE WORKSPACE IS))  PNTRET)
(RULE2 ($)                          END)
(RULE3  (($.1) ($.1))0(/(*S ODD 1) (*Q EVEN 2) (*D PNTRET RULE3))
         PRNTWS  (THIS IS A CONTINUATION OF THE PREVIOUS CARD))
(*       ($)  ((A* ODD)  (*N EVEN))  (/ (*Q ODD (*N EVEN) ONLY)
         (*P ODD EVEN)  (*D PNTRET RULE2))      PRNTWS)
((A ROSE IS A ROSE IS A ROSE))
```

Abb. 10. Ein **METEOR**-Beispielprogramm ([BO63a], Fig. 4)

Im Laufe des Jahres 1964 wird zur Verarbeitung LISP-fremder Syntax übergegangen. Ziemlich wahrscheinlich ist J. Hext der erste gewesen, der die LISP1.5-Grundfunktionen für die zeichenweise Eingabe verwendete. Allerdings konstruierte Hext kein Metasystem, sondern entwickelte lediglich einen Eingabeteil für die Umsetzung arithmetischer Ausdrücke in LISP-S-Ausdrücke. **MATHREAD** [HEX64a], wie die Hauptfunktion hieß, konnte aber als Teilprogramm für ein Metasystem dienen. Als solches ist dies Programm ein wesentlicher Teil des ersten **REDUCE**-Systems von Hearn gewesen, denn dieser hatte das Programm von Hext gefordert.

[1]) Pattern Matching beinhaltet sowohl den Vergleich als auch die Identifizierung gewisser Teile und ihre Aufbewahrung.

Ausgehend von den Erfahrungen mit **MATHREAD** formulierte HEXT allgemeine Methoden zum Umsetzen einer beliebigen Programmiersprache in das LISP-Format [HEX64b]. Allerdings scheint die Syntaxbeschreibung und das Umsetzungsverfahren nicht in ein LISP-Programm für einen Compiler-Compiler geflossen zu sein.

### 4.8.3. LISP2

Während dieses und ähnliche Programme für die Zwecke der Formelmanipulation zögernd entwickelt wurden, war das erste größere Projekt eines Metasystems in die Phase der Realisierung getreten: **LISP2.** Obwohl als Nachfolger und somit auf gleichem Niveau wie LISP1.5 stehend gedacht, ist **LISP2** doch hauptsächlich als Metasystem entstanden und als solches wieder untergegangen.

Als die unbestimmten Diskussionen über „die neue Sprache" konkret wurden, waren inzwischen weitere Programmiersprachen entstanden, die als berücksichtigenswert erschienen. Unter diesen muß SLIP [WEIZ63] erwähnt werden, wie FLPL eine auf FORTRAN aufgebaute Listenverarbeitungssprache, die aus einer zu FORTRAN hinzugestellte Menge von Unterfunktionen (größtenteils in FORTRAN geschrieben) bestand. SNOBOL [GRIE68], eine noch heute benutzte Sprache zur Zeichenkettenverarbeitung [FAR64], enthielt viele Änderungen und Verbesserungen in bezug auf COMIT. Die weiterentwickelte Mittel zur Beschreibung der Muster und zum Beeinflussen des Vergleichsprozesses schienen höchst bedeutsam. Auch die Sprache TREET [HAI65] eröffnete neue Perspektiven. Sie basierte auf LISP[1]) und verwendete aber ALGOL- bzw. FORTRAN-Notation für die Arithmetik und die Steuerung der Programme. LISP wurde erweitert durch eine Reihe von Funktionen, die für die Arbeit mit Bäumen vorteilhaft sind.

Es mag durchaus sein, daß die **LISP2**-Entwicklung am Ende deshalb problematisch wurde, weil sie in eine äußerst fruchtbare Phase der Informatik fiel und so viele neue Ideen geäußert wurden, daß diese kaum voll durchdacht aufgegriffen werden konnten.

Die Arbeit an **LISP2** begann 1964 erst richtig, als die LISP1.5-Implementation auf der Q-32 der SDC lief (vgl. Kapitel 4). Mitarbeiter der Firmen Information International Inc. und Systems Development Corporation waren für die Festlegung des Sprachumfangs und für die Implementation verantwortlich, wobei der Q-32 als Basisrechner dienen sollte. Beraten wurde das Team dabei von Wissenschaftlern aus Stanford und vom MIT.

---

[1]) siehe [SAM66; BO68b].

Vom MIT scheinen hauptsächlich Vorschläge für die Zeichenkettenverarbeitung gekommen zu sein. Im Jahresbericht 1964—1965 wird der Standpunkt aus der Sicht des MIT wie folgt dargelegt: „**LISP2** bekommt ALGOL-ähnlichen Stil und hat erwünschte ALGOL-Eigenschaften wie: Dynamische Speicherverwaltung, rekursive Funktionen und dynamische Felder. **LISP2** enthält Listenverarbeitung wie das gegenwärtige LISP1.5, jedoch wird die Kontrollsprache eher ALGOL als LISP sein. Dabei werden die benutzten Listenstrukturen kompaktiert, um Platz für die Bereitstellung von Feldern und neuen Listenelementen zu bekommen.

**LISP2** wird formatgerichtete Zeichenkettenverarbeitung enthalten, ähnlich wie in der Programmiersprache COMIT. Innerhalb dieser Verarbeitung kann der Nutzer ein Muster angeben, mit dem eine Zeichenkette verglichen wird. Ist der Vergleich erfolgreich, dann wird die Zeichenkette in Teile zerlegt, die den verschiedenen Teilmustern entsprechen... .

Der Compiler für **LISP2** wird hergestellt, ausgehend von einem Bootstrap-Compiler, der in LISP1.5 geschrieben wird. Der eigentliche Compiler wird fast völlig in **LISP2** programmiert, so daß **LISP2** recht unabhängig vom Maschinentyp sein wird. Wir erwarten, daß auf folgenden Maschinen Versionen aufgebaut werden: Q-32 bei SDC, IBM/360, DEC pdp-6, GE645 ... Eine erste Version wird bald auf dem Q-32 bei SDC arbeiten.“ [PROM2].

Bekannte Beiträge vom MIT sind die Memos von Bobrow über die Zeichenkettenverarbeitung [BO64b] und die Musterbeschreibung [BO65] sowie Levins Vorschlag zur Syntax [LEV63]. Nach Bobrows Wechsel zu BBN (Anfang 1965) und der Lieferung der pdp-6 und der Implementierung des neuen LISP-Systems für diese Maschine sind vom MIT wenig konkrete Teilleistungen bekannt. Man hatte genug mit sich selbst zu tun, und die Implementation von **LISP2** schien auf dem rechten Weg.

Auch von Stanford kamen zunächst viele Beiträge: McCarthy machte sich um die Basisdatenstrukturen Gedanken und um die grundlegenden Operationen über diesen [MCC63f]. Im August 1964 wurde sogar ein Vorschlag für eine Sprachdefinition gemacht [MIT64]. Inhalt dieses Positionspapiers ist praktisch eine Erweiterung von ALGOL 60. Die erforderlichen neuen Elemente wurden nicht nur im Bereiche der Listenverarbeitung (Datenstrukturen, Operatoren und Standardfunktionen sowie angepaßte Zyklenkonstruktionen) gesehen, sondern auch auf dem Gebiete der Erweiterbarkeit der Sprache: Neue Datentypen, Operatoren und syntaktischen Konstruktionen sollten definierbar sein.

Schließlich schlug man als Änderung zur ALGOL 60-Semantik die Eliminierung der Parameterübergabe Call-By-Name vor.

Obwohl Stanford sehr nahe bei Santa Monica gelegen ist, scheinen auch in diesem Fall direkte Zuarbeiten seit Anfang 1965 unterblieben zu sein. Es ist nicht klar, ob dies auf bessere Vorschläge aus dem Implementatorenteam oder auf Meinungsverschiedenheiten hindeutet.

Nach allem, was an Vorschlägen aus dem MIT und von Stanford erwähnt worden ist, kann schon die übergroße Aufgabe des Teams um P. Abrahams ermessen werden, das unreale Wunschvorstellungen verwirklichen sollte.

1966 war die Implementation so weit gediehen, daß im Herbst in einem großen Beitrag zur FJCC berichtet wurde [AB66b]. Demnach sollte **LISP2** durch zwei Sprachniveaus gekennzeichnet sein: Die Quellsprache, das eigentliche **LISP2**, war ALGOL-ähnlich; die Zwischensprache entsprach LISP 1.5. Durch die Einführung neuer Datentypen (Felder, Zeichenketten, gepackte Datentabellen) und neuer Operationen (Teilwortextraktion und -einschub) sowie der mustergesteuerten Datenverarbeitung, sollte ein wirklich tragfähiges System entstehen. 1966 war noch nicht alles fertig implementiert, doch die wesentlichen Teile waren bereits gut zu erkennen.

**LISP2** erlaubte folgende Datentypen: Boolesche Werte, Integer, Oktalzahlen, Realzahlen, funktionale Elemente, Symbole und Felder. Die funktionalen Elemente entsprachen den LISP-Funktionen, die sowohl als Argumente als auch als Werte einer Funktion auftauchen dürfen. Der Datentyp „Symbol" kann den S-Ausdrücken von LISP1.5 zugeordnet werden. Die Elemente der Felder durften jedes anderen Typs sein, nur nicht wieder Felder (Array).

Die Ausdrücke (Programme) waren ähnlich wie in LISP definiert: Sie setzten sich aus Konstanten und aus Variablen zusammen. Quotiert wurde durch einen vorangestellten Apostroph (möglicherweise eine Erfindung von **LISP2**). Man unterschied drei Variablentypen: Fluid, Own und Lexical. Die Fluid-Variablen entsprechen in gewissem Sinne den globalen Variablen vom **SPECIAL**-Typ[1]), die Own-Variablen dienten zur Kooperation mit **LISP2**-fremden Programmen und die lexikalischen Variablen sind den gewöhnlichen lokalen Variablen zuzuordnen.

Um Funktionsanwendungen auf Argumente auszudrücken, wurden die operationalen Formen benutzt. Die Bezeichnung der Funktion stand wie in ALGOL vor der Argumentliste. Es gab die Möglichkeit, mit **MACRO** zu arbeiten. Auch Infix- und Präfixoperatoren für alle möglichen Arten von Operationen waren zugelassen. So wurde für **CONS** der Vorschlag von Mitchell aufgegriffen, den Punkt als Operator zu benutzen, für die **CAR**-

---

[1]) d. h. gebunden von einer Funktion und frei in Unterfunktionen.

und **CDR**-Operationen hat man sich aber zu keinen neuen Bezeichnungen entschließen können.

Die Blockstrukturen waren von ALGOL übernommen. Deklarationen mußten (einschließlich optionaler Anfangswerte) am Blockanfang getätigt werden. Eine Reihe von Anweisungstypen sollte die Strukturierung des Programmtextes ermöglichen: Man verfügte über **CASE**, **FOR**, **GO**, **RETURN**, **TRY**, bedingte, Verbund- und Blockanweisungen sowie über bedingte und Blockausdrücke.

Ein neues Element stellt hier die **TRY**-Anweisung dar, die zur Einrichtung von Verarbeitungsniveaus dient (ähnlich zu **ERRORSET** in LISP1.5): Tritt in einem Ausdruck oder in einer Anweisung im Innern der **TRY**-Anweisung eine **EXIT**-Bedingung auf, so wird die Steuerung der **TRY**-Anweisung zurückgegeben.

Man hatte versucht, für die Ein- und Ausgabe günstige Datei-Verarbeitungsmöglichkeiten zu schaffen. Ähnlich wie in LISP1.5 hatte man sich auch **LISP2** als interaktiv gedacht, so daß ständig nur ein Eingabedatei und ein Ausgabedatei aktiv sein konnte. Durch einfachen Wechsel der Ein- und Ausgabezuordnung konnte so jedes physische Gerät bedient werden. Mit dieser Freiheit war **LISP2** ein Vorbild für die später entstehenden Systeme LISP1.6 und BBN-LISP.

Das **LISP2**-Programmiersystem war gekennzeichnet durch die Koexistenz des **LISP2**-Syntaxtranslators, der aus der Quellsprache **LISP2** die internen (LISP1.5) S-Ausdrücke bildete, und dem **LISP2**-Verarbeitungssystem. Der **LISP2**-LISP1.5-Umsetzer war mit Hilfe eines Compiler-Compilers erzeugt worden. Er wurde von einem Scanner bedient, der als endlicher Automat arbeitete.

Die Besonderheit der Funktionsbehandlung im **LISP2**-System bestand in der sofortigen Compilierung der eingelesenen Funktionen und folgte darin dem Q-32-LISP1.5 [SAU 64b]. Der Compiler war, wie in LISP üblich, in den eigentlichen Compiler und das Assemblerprogramm aufgeteilt und enthielt eine Reihe von Optimierungsstufen. Bei der Speicherverwaltung wurde ein Gemisch aus Kelleranordnung von Zahlen und Variablen sowie dynamischer Listenspeicher mit kompaktierendem Garbage Collection verwendet.

Das **LISP2**-Team bestand aus bewährten Spezialisten der LISP-Implementation. Neben P. W. Abrahams müssen M. I. Levin, R. A. Saunders, S. Kameny, C. Weissman (Verfasser des LISP 1.5-Primers) sowie J. A. Barnett, E. Book, D. Firth und L. Hawkinson erwähnt werden.

Mitte 1966 lagen schon wesentliche Teile der Dokumentation vor; ein von Levin geschriebener Primer [LEV66] und das von Abrahams stammende Reference Manual [AB66a].

Die ersten Erfolge schienen sehr vielversprechend, doch dann kam eine unvorhergesehene Komplikation: Obwohl die Implementation auf anderen Rechnern vorhergesehen war, wäre doch die Sprache mit dem auf dem Q-32 aufgebauten System erst einmal zu popularisieren gewesen. Auf Grund des Fernzugriffs zum Q-32 stand dem nichts im Wege. Doch dieser wurde nun durch eine IBM/360.50 ersetzt.

So mußte, ohne daß von ernsthaften Nutzern die Rede war, bereits mit der zweiten Implementation begonnen worden. Schon Anfang 1967 sind alle wichtigen Entscheidungen gefallen, eine Serie von Beschreibungen wird fertiggestellt [BAR67a, b, c, d, FIR67, WIL67]) und die Implementation war in vollem Gange.

Außer dem **LISP2**-Projekt arbeitete man bei SDC auch an dem Time-Sharing-System ADEPT [LI69] für die IBM/360.50. Möglicherweise hat man damals geglaubt, mit Betriebssystem und allgemeiner Programmiersprache IBM ausstechen zu können. Doch man hatte offenbar nicht das Geld, um **LISP2**, das derweil der PL/I-Krankheit des „Feature-Krebs“ („Mehr, mehr, mehr...!!“) anheimgefallen war, zu halten.

Trotz der vielen Vorschußlorbeeren und der hochgespannten Erwartungen erwies sich **LISP2** nicht als der große Erfolg, den sich die Mitarbeiter und vermutlich auch die beteiligten Firmen erhofft hatten. Seit 1968 ist praktisch nicht mehr die Rede von diesem System, das also einen jähen Absturz genommen haben muß. Lediglich J. SAMMET berichtet in ihrem Buch über die Geschichte der Programmiersprachen, das erst 1969 erschien, noch mit mehr als lobenden Worten über das **LISP2**-Projekt. Aus Kreisen der Forschung zur künstlichen Intelligenz sind erst später spärliche Stimmen zu vernehmen: „Das abgebrochene (aborted) **LISP2**-System...“ [FEN71] oder „Leider entwickelten sie es zu Tode...“ [EAR73].

Wesentliche Hinweise auf die Ursachen der gedämpften Aufnahme gibt J. WEIZENBAUM in seiner Besprechung der **LISP2**-Veröffentlichung 1967 [WEIZ67]: Seiner Meinung nach hätten die Autoren von **LISP2** wesentliche Eigenschaften von LISP1.5 aufgegeben, ohne entsprechend wichtige Vorteile vorweisen zu können. Da die meisten der durch **LISP2** gelieferten Möglichkeiten auch in vielen anderen Programmiersprachen, so z. B. in PL/1, aufbaubar seien (unter anderem auch die mustergelenkte Datenmanipulation), bestünde nun nicht mehr viel Grund für **LISP2**.

Als wichtige und einzigartige Eigenschaften von LISP1.5 nennt WEIZENBAUM die „Einfachheit, mit der Programme als Daten behandelt werden können (ein gerade aktives Programm kann verarbeitet werden und eine resultierende Struktur kann wieder als Programm behandelt werden)...“ [WEIZ67].

Außerdem bemängelt Weizenbaum den Verlust der Interpretation als Verschlechterung der Atmosphäre bei der Programmentwicklung und das kompaktierende Garbage Collection. Er prognostiziert für das letztere bei Rechnern der Größe von 200 000 Worten eine Zeitdauer von 20 Sekunden und meint, daß dies unerträglich sei.

Ganz offenbar hatte keiner der in die Diskussion um die Ziele des **LISP2**-Projekts verwickelten Wissenschaftler an diese Eigenschaften von LISP1.5 gedacht. Insofern hat das **LISP2**-Projekt gerade durch sein jähes Ende wichtige Einsichten in die mehr zufällig entstandene LISP1.5-Sprache gewährt.

P. Abrahams erwähnt die von inhaltlichen Fragen abgeglittene Verfolgung des Projekts und die fehlerhafte Konzentration auf die Effizienz: „Während sich das Projekt entwickelte, wurde es mehr ambitioniert, und ein großer Teil der Mühen wurde auf die Optimierung verwandt. Der größte Fehler des Projekts war, zu versuchen, daß die erste Implementation von **LISP2** auch die beste sei, statt bloß einen Interpreter zu liefern, um das Projekt abzusichern. Es gab schon genug Schwierigkeiten, um das System auf der Q-32 zu implementieren, und so wurde das Projekt überdies noch verwirrt durch einen Vorstoß, auf die IBM/360 überzugehen. Das Projekt brach schließlich zusammen, weil es Ressourcen verbraucht hatte, die in keinem Verhältnis zu dem langsamen Fortschritt standen. Wir versuchten allzuviel zu erzielen und taten dies in der falschen Reihenfolge..." [AB76].

L. Hawkinson sieht weitere Gründe für das Versagen einerseits darin, daß **LISP2** die Tendenz zur interaktiven Benutzung von LISP nicht genügend wahrgenommen hatte. Dies wäre einfach kein vordringliches Entwurfsziel gewesen, und das war ein grober Fehler. Andererseits wurde LISP schon zu jener Zeit mehr und mehr zu einer Implementationssprache für andere Systeme und sei weniger verwendet worden, um Anwendungsprogramme zu schreiben. „Schöne Syntax und vielfältige Datentypen sind einfach nicht wichtig für die Implementation einer Programmiersprache höheren Niveaus." Eine Rolle hätten ferner die singuläre Maschine und die Tatsache gespielt, daß schließlich kein „wichtiger" LISP-Experte mehr beteiligt gewesen sei...

Es scheint, daß der negative Ausgang des **LISP2**-Projekts eines der wichtigsten Ereignisse auf dem Gebiet der künstlichen Intelligenz und vielleicht auf dem Programmiersprachensektor (vergleichbar mit dem Ende von ALGOL 68) in den sechziger Jahren gewesen ist. Die Analyse dieses Ereignisses ist von wesentlicher Bedeutung für die Zukunft von neuen Programmiersprachen. Im Grunde ist das gesamte vorliegende Buch ein Versuch, dieses Ereignis zu begründen. Für den Autor liegen die Ursachen in der unvollkommenen Weise, in der LISP1.5 seinerzeit verstanden worden ist. **LISP2** kam zu früh...

```
FUNCTION LCS(L1, L2); SYMBOL L1, L2;
  BEGIN SYMBOL X, Y, BEST←NIL; INTEGER K←0;
        N, LX←LENGTH(L2);
    FOR X ON L1 WHILE LX>K DO
      BEGIN INTEGER LY←LENGTH(L2);
        FOR Y ON L2 WHILE LY>K DO
          BEGIN N←COMSEGL(X, Y);
            IF N<=K THEN GO A;
            K←N;
            BEST←COMSEG(X, Y);
          A:LY←LY−1
          END;
          LX←LX−1
      END;
    RETURN BEST;
END;
```

Abb. 11. Ein **LISP2**-Beispielprogramm ([AB66b], S. 670)

### 4.8.4. Zwischen LISP2 und PLANNER: CONVERT, FLIP, MLISP und Formelmanipulationssysteme

1965 entstanden fast gleichzeitig zwei Systeme, die als Weiterentwicklung von **METEOR** gedacht waren: **CONVERT** [GUZ66] und **FLIP** [TE65b]. Die Absicht dieser Systeme war, die Orientierung auf lineare Listen (als Darstellungen von Zeichenketten) zu erweitern und Mustervergleichsprozesse für beliebige S-Ausdrücke zu ermöglichen. Beide Systeme waren in LISP eingebettet, d. h., sie waren, ähnlich wie **METEOR**, als System von LISP-Funktionen programmiert. Die Elemente der Mustersprache tauchten als gewöhnliche Argumente der Hauptfunktion auf, für ihre Formulierung wurden Sonderzeichen verwendet, die in LISP keine Rolle spielten.

**CONVERT**, entwickelt von A. Guzman und H. McIntosh in Mexico City, scheint die etwas schwerfälligere, langsamere und sich Modifizierungen widersetzende Schwester gewesen zu sein. In den Formulierungsmitteln erreicht **CONVERT** aber praktisch die Qualität von Teitelmans **FLIP**.

In **FLIP** besteht jeder Programmschritt, als Aufruf der Hauptfunktion **FLIP**, aus einem Mustervergleich und einer anschließenden Konstruktion, die durch ein Format gesteuert wird. Muster und Formate haben etwa gleiche Syntax, wobei letztere natürlich wesentlich einfacher sind, da der eigentliche Lokalisierungsprozeß für die Teile im Mustervergleich absolviert ist.

Die Muster werden fast mit denselben Zeichen beschrieben, wie sie in **METEOR** benutzt wurden: zu *, $ und / kommt nur = neu hinzu. Die Muster können durch **$**-Elemente für Segmente, durch Literale in Form beliebiger S-Ausdrücke und durch Ausdrücke, die auszuwerten sind, beschrieben werden. Unterlisten dienen als Muster, die in tiefere Listenniveaus weisen. An beliebiger Stelle des Musters können frühere Teile desselben referiert werden. Für die Referenzen sind Musterelemente gedacht, mit denen man sich auf das Hauptniveau des Musters, auf das aktuelle Niveau und auf beliebige Zwischenniveaus beziehen kann. Erst dadurch wird die Verwendung der strukturierten Muster eigentlich schlagkräftig.

Mit speziellen Atomen, wie **$***, **//**, usw., können recht spezielle Aktionen wie z. B. die Prüfung von Eigenschaften der Musterteile, die mit den Musterbeschreibungsmitteln nur schwer auszudrücken wären, oder die unmittelbare Beendigung des Musterpassungsprozesses erreicht werden.

**FLIP** übersetzte Regeln, die aus konstanten Elementen bestanden, in effiziente LISP-Programme. Damit war ein Schnitt über die bloße Einbettung hinaus getan.

Teitelman selbst paßte **FLIP** in sein umfassendes System **PILOT** [TE66] ein. Dort konnte es sowohl von den LISP-Programmen benutzt werden, diente aber auch für die Errichtung eines bequemen Interfaces für den Nutzer. Auch in dem Teil von **PILOT**, der für die Änderung der Programme gedacht war, dem Editor, wurde **FLIP** eingesetzt. **PILOT** war als Test- und Änderungshilfe für LISP-Programme gedacht und enthielt für diese Zwecke neben dem Editor das System **ADVISE** (zum Ändern der Eintritts- und Austrittselemente von Funktionen, damit also zur Beeinflussung der Beziehungen der Funktionen untereinander). Auch die Unterbrechungsfunktionen wie **BREAK** sind in das Gesamtsystem integriert (vgl. auch [TE65a]).

In einer weiterentwickelten Version von **FLIP** [TE67] werden einige der unschönen Stellen bereinigt: Zur Bezugnahme auf Musterelemente werden nicht mehr Zahlen, sondern spezielle Atome (mit # beginnend, allerdings folgt danach die alte Zahl) verwendet. Um die Literale sorgfältig von zu berechnenden Musterelementen zu trennen, sind erstere zu quotieren (mit **'**). Die Zahlen hinter **$** (um Segmente einer gewissen Länge zu bezeichnen) bzw. # sind durch beliebige Ausdrücke ersetzbar, die einen numerischen Wert haben. Die Prädikate können jetzt den Teilmustern oder Musterelementen direkt zugeordnet werden. Dabei wird die Bezugnahme auf das zugeordnete Element über den Stern * vollzogen.

Eine kürzere Formulierung von Mustern wird mit Hilfe der Schlüsselwörter **EITHER** (Alternativen von Mustern) und **REPEAT** (Wiederholung) erreicht. Ganze Rechnungen während des Musterpassens können mit Hilfe der Zuweisung **SET** erreicht werden.

Etwa zur gleichen Zeit entstanden mehrere Systeme zur Formelmanipulation in LISP. Im Unterschied zu den zeitgenössischen Programmsystemen für die künstliche Intelligenz schien für die Nutzer eines Formelmanipulationssystems nicht die LISP-Notation, sondern eine möglichst übliche mathematische Schreibweise erforderlich.

```
(DEFINE((FORMTRAN(LAMBDA(U)(CONVERT
(LIST)
(QUOTE(X(LL)(RR)))
U
(QUOTE( * (
        ((LLL P  RRR)(P(=BEGN=(LLL))(=BEGN=(RRR))) )
        ((LLL M  RRR)(M(=BRGN=(LLL))(=BEGN=(RRR))) )
        ((LLL *  RRR)(A(=BEGN=(LLL))(=BEGN=(RRR))) )
        ((LLL /  RRR)(/(=BEGN=(LLL))(=BEGN=(RRR))) )
        ((LLL ** RRR)(**(=BEGN=(LLL))(=BEGN=(RRR))) )
        ((X)(=BEGN= X))
        (()0)              )))  )))      ))
```

Abb. 12. Ein **CONVERT**-Beispielprogramm [BO68b, S. 41, 42]

```
(DEFINE((DERIV(LAMBDA(EXPR VARBLE)(TRANSFORM EXPR
          '((=VARBLE 1)
           ($1[ATOM *] 0)
           ((.. + ..) (SPLUS DL DR))
           ((.. − ..) (SMINUS DL DR))
           ((.. *  ..) (SPLUS (STIMES LL DR)(STIMES DL RR)))
           ((.. /  ..) (SDIV(SMINUS(STIMES RR DL)(STIMES LL DR))
                                                   (SEXPT RR 2)))
           ((.. ↑  ..) (STIMES RR (STIMES (SEXPT LL (SMINUS RR 1))
                                                   DL))))
    NIL
    '(K          PAV          $1[NUMBERP *]
      L          PAV          $1[NUMBERP *]
      LL         SKEL         =(UNLIST #1)
     RR          SKEL         =(UNLIST #3)
      DL         SKEL         ((BEGN) = (UNLIST #1))
          ...
```

Abb. 13. Teil eines **FLIP**-Beispielprogramms ([TE67], S. 84)

Während **MATHLAB** [ENG65] das Problem der Eingabe noch völlig ignoriert hatte und vom Nutzer die Umsetzung in LISP-Ausdrücke erwartete, lieferte es immerhin lesbare Resultate [ENG66].

Ähnlich standen die Dinge um das „Symbolische Mathematische Labor" von W. Martin [MART67]. Einem Vorschlag M. Minskys folgend [MIN63b], hatte sich MARTIN um die möglichst getreue Ausgabe mathematischer Ausdrücke auf einem Bildschirm bemüht und um Möglichkeiten, diese Ausdrücke mit Lichtgriffel und Tastatur sowie dem Symbolmanipulationssystem zu bearbeiten bzw. zu verändern. Die ursprüngliche Eingabe wurde durch MARTIN wenig behandelt.

**REDUCE** [HEA67] hat sich dagegen unter Benutzung des HEXTschen Programmes [HEX64a] von Anfang (1964) an sowohl in der Eingabe als auch in der Ausgabe von LISP gelöst und übliche mathematische Notation geboten. Ähnlich ist dann auch **SCRATCHPAD** [GRI71b] vorgegangen. Zu einem echten Metasystem wurde **REDUCE2** [HEA73], der zwischen 1968 und 1970 entwickelte Nachfolger. Neu war die durchgängige Aufnahme einer ALGOL-ähnlichen Notation für Daten und Programme. Diese über der LISP-Basis ausgebreitete höhere Programmiersprache konnte nun auch für andere Zwecke als Formelmanipulation genutzt werden [LUX75a] und wird heute **RLISP** genannt. **RLISP** führte für viele der Grundoperationen von LISP Infixoperationen ein[1]), erlaubte gemäß den üblichen Vorrangregeln die Notation klammernfreier Ausdrücke und bot einige Anweisungen zur Strukturierung der Programme, unter denen das **FOR**-Statement hervorzuheben ist. Es folgte hierin **MLISP**, dem ersten echten Metasystem [EN68].

Schon im SHARE-LISP, d. h. in der von Stanford seit 1965 vertriebenen Version des LISP1.5 für die IBM/7090, hatte es einzelne Funktionen für die Ablaufsteuerung gehabt, die Namen von ALGOL-Schlüsselworten ableiteten ([MCC62c], Ausgabe 1965, S. 98). Als das STANFORD LISP/360 Ende 1967 arbeitsfähig war, begann H. ENEA mit der Implementation eines Prä-Prozessors für die M-Sprache. Dieser sollte die alten, fast vergessenen M-Ausdrücke wieder aufleben lassen und damit die Nutzer von den vielen Klammern befreien.

**MLISP** führte Infixoperatoren für die wesentlichen arithmetischen Operationen ein. Nur für **EQUAL** und **APPEND**, als zwei Operationen über S-Ausdrücken, gab es ebenfalls Infixoperatoren (= bzw. @). Präfixoperatoren waren +, −, **NOT**, **NULL**, ' und **ATOM**. Während jede beliebige Funktion von zwei Argumenten mit ihrem Namen als Infixoperator zugelassen war, galt dies nicht für Präfixoperatoren.

**MLISP** war wie LISP eine Ausdruckssprache, d. h., alle Sprachelemente waren mit Wert gedacht. Neben der Zuweisung und dem bedingten Ausdruck hatte man einige Zyklenkonstruktionen (**FOR**, **UNTIL**, **WHILE**) entwickelt, die neben gewöhnlicher ALGOL-ähnlicher Abarbeitung auch eine Variante enthielten (**COLLECT**), in der die Teilergebnisse in einer Resultatsliste gesammelt wurden. Für die häufige LISP-Operation **LIST** war

---

[1]) = für **EQUAL**, . für **CONS**

eine besondere syntaktische Konstruktion entwickelt worden. Schließlich war auch die Funktionsdefinition in **MLISP** formulierbar.

Mitte 1968 war **MLISP** einsatzfähig und wurde lediglich als Präprozessor benutzt, d. h., die **MLISP**-Programme wurden direkt in LISP übersetzt und konnten als solche ausgeführt werden.

Als dann Ende 1968 die pdp-10 arbeitete, wurde ein ähnliches System für LISP1.6 gefordert. D. C. Smith implementierte **MLISP** und brachte einige Erweiterungen ein: Gleitkommazahlen, Zeichenketten, eine neue Form des **FOR**-Ausdrucks sowie verbesserte Fehlerreaktionen [SM69]. Mit der wachsenden Komplexität der Sprachkonstruktionen und dem nun eingerichteten Fehlerniveau (**ERRSET**), kam es zu einer gewissen Trennung der normalen LISP-Verarbeitung von der teilweisen schon erheblichen **MLISP**-Interpretation. Allerdings kann die interne Repräsentation der **MLISP**-Programme überhaupt nicht von der des Wirtsystems LISP unterschieden werden.

Im Laufe des Jahres 1969 hat Smith **MLISP** zu dem Stand weiterentwickelt, auf dem es noch heute benutzt wird [SM70]. Wesentliche Neuerung sind die Vektoroperationen, die aber andererseits, insbesondere die Vektorzuweisung, den Grad der Interpretation erhöhten. Vektoren konnten nämlich bezüglich der Zuweisung in zweierlei Art verstanden werden: Einmal konnte man ein Element ändern, so wie das nicht anders erwartet wird: Ist **L** ein Vektor (d. h. eine Liste) der Form **(A B(C D)E F)**, so hat die Zuweisung

**L [3, 1] ← 1**

die Folge, daß der Vektor **L** nun **(A B(1 D)E F)** ist.

Eine Vektorzuweisung (decomposition assignment) aber betrachtet die Elemente des Vektors als veränderbare Variablen und ändert ihre Werte in Abhängigkeit von der Struktur:

**L ← '(1 2(3 4 5 6 7) (8 9))**

löst folgende Veränderungen aus: **A** hat nun den Wert **1**, **B** den Wert **2**, **C** den Wert **3**, **D** den Wert **4**, das Stück **5** bis **7** wird ignoriert, **E** bekommt den Wert **(8 9)** und **F**, da kein Element mehr übrig ist, den Wert **NIL**. Man sieht leicht, daß sich mit dieser Zuweisung ein guter Teil Musterpassungsoperationen durchführen läßt.

Die Erfahrungen mit der Konstruktion des Syntaxanalysators in LISP führten Smith und Enea schließlich dazu, daß sie ähnlich wie Hext [HEX 64b] ein allgemeines Schema für die Umsetzung einer Sprachbeschreibung in BNF in einen LISP-Umsetzer entwickelten (SDIO). Die Fortschritte anderer Kollegen, speziell am MIT und am SRI, führten die beiden schließlich zu **MLISP2**.

```
REVERSE2 := # L:
IF NULL L THEN NIL ELSE REVERSE2(CDR(L)) @ <CAR(L)>;
REVERSE3 := *L:
  BEGIN NEW I, V; SPECIAL I, V;
    FOR I IN L DO V ← I CONS V;
    RETURN(V);
  END;
REVERSE4 := #L:
  BEGIN NEW V;  SPECIAL V;
    WHILE L DO PROG2(V ← CAR(L) CONS V, L ← CDR(L));
    RETURN(V);
  END;
```

Abb. 14. Ein **MLISP**-Beispielprogramm ([SM69], S. 29)

### 4.8.5. PLANNER: Backtracking, Pattern Matching und deduktive Mechanismen

Das wesentlich neue Element, das in die Diskussion um neue Ausdrucksmittel für die Programmierung auf dem Gebiete der künstlichen Intelligenz trat, war die Akzeptierung des Backtracking als brauchbarem Steuerprinzip.

Ein Programm verwendet Backtracking, wenn es an gewissen, nicht vollständig analysierbaren Stellen alle temporäre Information rettet und versuchsweise weiterarbeitet. Diese Stellen heißen *Entscheidungspunkte*. Gelangt das Programm auf dem eingeschlagenen Weg zum Ziel, dann war die Entscheidung richtig und die gerettete Information ist nicht mehr erforderlich. Wird das Ziel aber nicht erreicht, sei es, weil eine Zeitschranke abgelaufen ist, weil irgendein kritischer Zustand nicht eintritt (eine Frage wird verneint etc.) oder weil ein Fehler die Verarbeitung unterbricht, dann wird am Entscheidungspunkt erneut angesetzt. Unter den geretteten Informationen, mit deren Hilfe der alte Zustand so weit wie notwendig wiederhergestellt wird, befinden sich auch solche, die weitere mögliche Alternativen betreffen.

Diese werden nun in ähnlicher Weise wie die erste durchprobiert.

Ein unerwünschter Zustand tritt nur ein, wenn alle Alternativen versagen. In diesem Fall muß man die Vorgeschichte mit in Betracht ziehen: War der Entscheidungspunkt der einzige, dann kann das gesamte Programm nur erfolglos beendet werden. Liegen aber vor dieser Entscheidung noch weitere, dann müssen frühere Alternativen falsch ausgewählt gewesen sein. Es wird so verfahren, als ob das Programm bei der Verfolgung der aktuellen Alternative des vorletzten Entscheidungspunktes einen Fehler bemerkt hat: Der letzte Entscheidungspunkt wird aufgehoben und am vorletzten Punkt erneut angesetzt.

Schon in Abrahams Beweisüberprüfer [AB63] ist dieses Verfahren angewendet worden. Für seine Zwecke wurde etwa 1961 die **ERRORSET**-Funktion erfunden, die über die Wiederherstellung eines gewissen Zustands wacht. Die Veröffentlichung von Golomb und Baumert [GOLO65] hob wahrscheinlich zum erstenmal das Backtracking als Programmierprinzip ab.

Durch das Erscheinen dieser Arbeit ist die Diskussion um die methodologische Verwendung des Backtracking auch am MIT erst richtig in Gang gekommen, obwohl es schon vorher als Programmierprinzip benutzt worden war. Automatisches Backtracking nahm dann Carl Hewitt in seine Sprache **PLANNER** auf.

**PLANNER** galt zunächst als Theorembeweiser und dann als Instrument zur Steuerung von Robotern. Mit der Zeit wurde es aber mehr und mehr zu einem Spiegelbild der von den fortgeschrittensten Forschern auf dem Gebiet der künstlichen Intelligenz und der Programmiermethodik geäußerten Ideen.

Die erste Veröffentlichung über **PLANNER** erschien 1967 [HEW67]. Nach diesem Anfang wurden schnell weitere Ideen integriert, und 1969 bestand **PLANNER** mehr aus einem Komplex von verschiedenen Ideen bzw. Teilsystemen: Ein Teil bezog sich auf Mustervergleich, ein Teil umfaßte die Sprachelemente zur Ablaufplanung und enthielt dafür sowohl imperative als auch deklarative Elemente, einen weiteren Teil machte das mustergesteuerte Information Retrieval System aus, und schließlich wird die Abarbeitung gesteuert durch das *deduktive System* und die *hierarchische Kontrollstruktur* [HEW69].

Für den Mustervergleich wird eine Notation benutzt, die zusammenfassend als *musterorientierte Programmiersprache* **MATCHLESS** bezeichnet wird. Die Ideen dafür stammen nach Hewitts eigenen Angaben [ebd.] von der Programmiersprache **CONVERT** [S. 279]; sie sind durch das Studium von Postschen Produktionen bzw. allgemeinen regulären Ausdrücken weiterentwickelt worden.

Von **CONVERT** übernahm Hewitt bei der Beschreibung der Muster die Benutzbarkeit beliebiger Namen als Mustervariablen — gegenüber der Beschränkung auf Zahlen in COMIT, **METEOR** oder **FLIP**. Ähnlich wie in **CONVERT** war weiterhin der Typ zu deklarieren: Vorhanden sind die Typen Pointer, Atom, Segment, Integer, Gleitkommazahl, S-Ausdruck.

Im Unterschied zu allen Vorbildern, doch eine gewisse Entwicklung in **FLIP** aufgreifend, werden Präfixzeichen eingesetzt, um verschiedenartigen Gebrauch der Mustervariablen anzuzeigen. So bedeutet ein Präfix **$**, daß der folgenden Variablen beim Mustervergleichsprozeß ein Wert zugeordnet werden darf, **$$** besagt, daß die folgende Variable nur zu einem Objekt paßt, das ihrem Wert entspricht, **$?**, daß die Variable einen Wert bekommen darf, falls sie noch keinen bekommen hat, ansonsten paßt sie nur zu ihrem Wert, usw.

Die Muster sind durch bestimmte Funktionen verknüpfbar. Diese liefern keinen Wert, sondern haben nur Sinn bei einem Vergleichsprozeß, wie er etwa durch die Funktion **?assgn** ausgelöst wird, bei dem die im Muster auftretenden Variablen einen Wert bekommen.

Die Sprache **MATCHLESS** enthielt darüber hinaus einen Formalismus, um neue Musterfunktionen einzuführen. Mit allen diesen Elementen konnten wesentlich kompliziertere Mustervergleichsprozesse beschrieben werden, als bis dahin möglich war.

HEWITT hatte für die Streitfrage, ob Ausdrücke deklarativer oder imperativer Art seien (s. S. 100ff.), eine neue Lösung bereit: Als die wesentliche Idee von **PLANNER** betrachtete er 1969 die Dualität von imperativen und deklarativen Aussagen. So sei etwa ein Satz **(es folgt aus a b)** ein eindeutig deklarativer Satz, d. h. eine Aussage über einen Fakt. Dieser Satz könne jedoch in **PLANNER** auch imperativ verwendet werden, z. B. dazu, daß eine Prozedur eingeführt werden sollte, die zu prüfen habe, ob **a** schon angenommen werden darf, und, falls das so ist, die Annahme von **b** veranlassen sollte. Außerdem könne der Satz die Einführung einer Prozedur veranlassen, die dann, wenn es je das Ziel sein sollte, **b** zu deduzieren, nahelege, als Unterziel die Deduktion von **a** vorzunehmen ([HEW69], S. 295).

So wird also der Satz, der dem Muster **(implies $_a $_b)** entspricht, in zwei imperativen Formen benutzt: Als *Consequent-Theorem*, das für die Aufstellung von Zielen benutzt werden kann (rückwärtsgerichtete Deduktion (backward chaining): um **b** zu deduzieren, wird versucht, **a** zu deduzieren) und als *Antecedent-Theorem*, das benutzt werden kann, Konsequenzen aus der Tatsache abzuleiten, daß ein gewisser Satz angenommen worden ist (vorwärtsgerichtete Deduktion (forward chaining): aus **a** wird **b** deduziert).

Bei der Aufstellung von Zielen wird mit der Datenbasis gearbeitet. Dabei wird meist zunächst versucht, Fakten zu finden, die ein zu beweisendes Theorem direkt bestätigen (im Idealfall das bereits früher akzeptierte Theorem selbst) oder Theoreme, die das zu beweisende Theorem implizieren.

Da den Theoremen in **PLANNER** Prozeduren entsprechen, werden diese aktiviert, wenn sie zur Erreichung des Zieles tauglich erscheinen. Der Programmierer erstellt ein System von Theoremen, die mit den **PLANNER**-Funktionen die Suche nach den benutzbaren Theoremen oder Fakten steuern. Weil diese Suche meist bezüglich eines durch Muster beschriebenes Zieles durchgeführt wird, spricht man von *mustergesteuerter Prozeduraktivierung* (pattern directed procedure invocation).

„**PLANNER** wurde entworfen, um in Situationen zu helfen, wo man eine große Zahl von verknüpften Prozeduren (Theoremen) hat, die beim Lösen eines Problems nach einem allgemeinen Lösungsplan von Nutzen sein könnten. Die Sprache hilft, Prozeduren auszuwählen, den Plan zu verbessern und durch die Prozeduren in einer flexiblen Weise hindurchzugehen, selbst wenn nicht alles genau nach dem ursprünglichen Plan abläuft..." ([HEW69], S. 301).

Die für das Beweisen von Sätzen geschaffenen Funktionen und die Möglichkeit, mit ihnen die Beweisrichtung zu steuern, machten das logische Deduktionssystem von **PLANNER** in höherem Maße anwendungsbereit und anpassungsfähig als die zeitgenössischen Resolutionssysteme[1]).

Der hierarchische Kontrollmechanismus, der sowohl durch die Sprache selbst benutzt wird als auch dem Benutzer effektiv zur Verfügung steht, ist wesentliche Basis des deduktiven Systems. Historisch interessant ist, daß Hewitt in [HEW69] kaum die Backtracking-Mechanismen hervorhebt, sondern auf die starke Rekursivität der Sprachimplementation Wert legt. Hervorzuheben ist dabei (an dieser und an allen späteren Arbeiten Hewitts über **PLANNER**), daß Gedanken über die mögliche Implementation eine große Rolle spielen, obwohl nur eine einzige wirkliche Implementation einer Teilsprache in näherer Umgebung von Hewitt durchgeführt wurde.

Etwa 1970 hatten G. Sussman und E. Charniak sowie T. Winograd mit dieser Arbeit begonnen. Mitte 1970 lief der erste Interpreter für **MICROPLANNER**, wie dieser Teil von **PLANNER** nun genannt wurde [SUS70]. Nach ersten Erfahrungen wurde dieser Übersetzer durch die drei Autoren unter Mithilfe von D. V. McDermott, C. Reeve, B. Daniels, G. Benedict und G. Peskin weiterentwickelt [SUS71][2]). In [HEW71b] spricht Hewitt von mehreren Untersprachen, die am MIT implementiert worden seien[3]) und daß diese Arbeiten im MULTICS-LISP und im ITS-LISP (d. h. LISP 1.6) vorgenommen worden seien. Allerdings ist dies der einzige Hinweis auf weitere Implementationen. **MICROPLANNER** wurde auch in das STANFORD LISP1.6 übernommen und leicht verändert [BAUM72].

**MICROPLANNER** enthält alle wesentlichen Ideen von **PLANNER**, ist aber, insbesondere beim Mustervergleich, einigen starken Einschränkungen unterworfen. Analysiert man die vorhandenen Beschreibungen, so ergibt sich etwa folgendes Bild: Es wird mit zwei hauptsächlichen Datentypen gearbeitet — mit Assertions und mit Theoremen. Assertions sind geordnete $n$-Tupel von nichtnumerischen Objekten, die als Aussagen über Fakten interpretiert wer-

---

[1]) Dies betrifft nicht die Beweisgeschwindigkeit.
[2]) Vgl. auch Hewitts Beitrag in [AD73].
[3]) die Sprache MDL (auf sie verweist Hewitt).

den können. Die Theoreme entsprechen den Prozeduren in anderen Programmiersprachen; sie enthalten aber zusätzlich einen Informationsteil, der Aussagen darüber macht, wann das Theorem benutzt werden sollte und welche Art von Veränderungen das erfolgreich benutzte Theorem in der Datenbasis der Assertions hervorruft.

Sowohl Assertions als auch Theoreme können dynamisch erzeugt oder modifiziert werden durch arbeitende Programme. Als interpretative Sprache ist **MICROPLANNER** mit einer Reihe von Mitteln zur Strukturierung der Programme ausgerüstet; der Interpreter enthält Teile, die die Arbeit der Variablenbindung, der Behandlung von Zustandsbeschreibungen (Kontrolle im normalen Sinne, aber auch das Retten und Wiederherstellen im Backtrack-Fall) erledigen. Diese allgemeinen Möglichkeiten sind nicht durch den Benutzer direkt manipulierbar. Das System führt nicht nur die Einrichtung von Entscheidungspunkten aus, sondern erledigt auch die Wiederherstellung der Umgebung in diesem Punkt, wenn das Programm dorthin zurück muß. Diesen Vorgang kann der Benutzer durch Abbrechen eines Programmzweiges selbst auslösen.

Gegenüber der umfangreichen Musterformulierungssprache **MATCHLESS** in [HEW71c] ist der Beschreibungsformalismus für Muster in **MICROPLANNER** stark eingeschränkt. Es gibt nur zwei Variablentypen (Präfix **$?** und **$** ←)[1]), die nur im obersten Niveau des Musters auftreten dürfen. Muster werden nur mit Behauptungen (Assertions) verglichen.

Der deduktive Mechanismus benutzt drei Arten von Theoremen, die Consequent-, Antecedent- und Erase-Theoreme. Entsprechend **PLANNER** lösen die Consequent-Theoreme eine Unterzielaufstellung aus, so daß der Beweisverlauf dem Back-Chaining-Mechanismus entspricht. Mit den Antecedent-Theoremen sollen bestimmte Behauptungen so früh wie möglich abgeleitet und in die Datenbasis aufgenommen werden. Wenn z. B. eine Änderung der Datenbasis durch Hinzufügung neuer Assertions festgestellt wird,

```
(THASSERT (HUMAN SOCRATES))
(THASSERT (GREEK SOCRATES))
(THASSERT (HUMAN NEWTON))
(THCONSE (X)  (FALLIBLE $?X)
              (THGOAL (HUMAN $?X)))
(THPROG (X)
    (THGOAL  (FALLIBLE $?X)$T)
    (THGOAL  (GREEK $?X))
    (THRETURN $?X))
```

Abb. 15. Ein **MICROPLANNER**-Beispielprogramm ([SUS71], S. 5)

---

1) **$**← erlaubt Wertänderung, **$ ?** einmalige Wertzuweisung.

dann wird versucht, mit den Antecedent-Theoremen weitere Assertions abzuleiten. Bei diesem Forward-Chaining-Mechanismus besteht die Gefahr, daß die Datenbasis mit einer großen Zahl unnötiger Faktenaussagen (Behauptungen, Assertions) aufgebläht wird.

**MICROPLANNER** wurde in viele LISP-Systeme übernommen. Dabei scheinen allerdings wenig wirkliche Anwendungen zu sein [LAU75]. Etwa zur selben Zeit, teilweise in direkter Diskussion und Zusammenarbeit, entwickelte sich das Metasystem **QA4**.

### 4.8.6. QA4

Etwa 1967 begann C. Green mit der Arbeit an dem Frage-Antwort-System **QA1** bei Systems Development Corporation. Dieses System sollte eine Weiterentwicklung des Raphaelschen SIR [RA63] sein und wurde für das Q-32-LISP programmiert. Green setzte gemeinsam mit R. Yates die Arbeit am SRI fort (dort existierte eine SDS940 mit BBN-LISP). Gemeinsam entwickelten sie eine neue Version: **QA2**.

Als Green seine Promotionsarbeit Mitte 1969 an der Stanford University vorlegte, war aus dem System ein Resolutionsbeweiser geworden, der um sich herum Fähigkeiten zur Arbeit mit einer Datenbasis gruppiert hatte [GRC69a, b].

Dieses Frage-Antwort-System diente dann als Ausgangspunkt für eine neue Entwicklung zu einer einsatzfähigen Basis für die Programmierung in Bereichen der künstlichen Intelligenz. Man hoffte, zu einer Sprache zu gelangen, die natürlicher sein sollte als der Prädikatenkalkül 1. Ordnung und die die Hintergrundssprache eines Theorembeweisers sein könnte, der Beweise lieferte, die man als intuitiv und durch die Semantik des Problems bestimmt akzeptieren könnte. Da das normale LISP hier zu viele Beschränkungen zu enthalten schien, wurde Schritt für Schritt eine neue Sprache geschaffen, die, weil das Ausgangssystem **QA3** hieß, **QA4** genannt wurde [RUL70].

Die Entwicklung von **QA4** wurde zunächst mit handsimulierten Beispielen vorangetrieben; diese Beispiele stammten aus den interessierenden Bereichen automatische Programmsynthese, Roboterplanung bzw. Theorembeweis. Schon bald war eine Sprache geschaffen, die sich in manchen Punkten von den syntaktischen Strukturen der LISP-Ausdrücke unterschied. Später hat man diese Form wieder zurückgenommen. Neben Entscheidungen zur äußeren Form sind schon früh solche in bezug auf die Datentypen gefallen. Man wollte insbesondere in Listen gewisse Ordnungseigenschaften einführen. Eine Folge dieses Ansatzes war die Bestimmung, daß alle Funktionen in **QA4** nur ein Argument haben.

Der Zustand von Ende 1970 läßt sich gut an dem Beitrag der Autoren zum IFIP-Kongreß 1971 ablesen. Neben den einfachen Datenstrukturen, wie Zahlen, BOOLEsche Werte und literale Atome, sind Mengen, Ballen und Tupel[1]) neu eingeführt. Da beim Aufruf der Funktionen ein Mustervergleich stattfindet, kann man durch Forderung eines Ballen beispielsweise die Kommutativität der Funktion ausdrücken [RUL71].

Durch den Mustervergleich beim Funktionsaufruf ist es weiterhin möglich, die Eignung von Argumenten für bestimmte Funktionen zu prüfen. Durch Typen von Mustervariablen (z. B. Fragmentvariable, die einen ganzen Argumentteil zugeordnet bekommen kann) und Forderungen bezüglich Typ oder Wert sowie durch die Suche nach vorgegebenen Elementen in dem zu prüfenden Ausdruck, können die Argumentkomplexe auf lokale Variable aufgeteilt werden.

Der Mustervergleich wird auch für Fragen an die Datenbasis, für die Aktivierung von Strategien und Folgerungsregeln eingesetzt. Diese Strategien werden benutzt, um beispielsweise eine gewisse parallele Abarbeitung der Programme durchzuführen.

Neben dieser parallelen Abarbeitung bot **QA4** die übliche Hintereinanderausführung von Anweisungen, gewisse iterative Sprachelemente für die Verarbeitung von Datentypen (set, bag, tuple) und automatisches Backtracking[2]).

Der Speicher ist als Diskriminationsnetz organisiert. Jeder Ausdruck existiert nur einmal, da er auf eine kanonische Normalform zurückgeführt wird.

**QA4** enthielt noch vor **CONNIVER** (s. S. 298) einen Kontextmechanismus. Ein Context stellt eine Gesamtheit von Variablenbindungen dar. Durch die besondere Darstellung der Ausdrücke in **QA4** war es möglich, ihnen auch Eigenschaftslisten zuzuordnen. So umfaßt der Begriff des Kontextes nicht nur die Bindungsbereiche von Variablen, sondern auch Eigenschaftsbereiche: Ein Ausdruck kann verschiedene Eigenschaften in verschiedenen Kontexten bei einem Indikator haben.

Wie die meisten anderen LISP-Systeme und Metasysteme ist auch **QA4** ein Gemeinschaftswerk vieler Autoren und beeinflußt durch Diskussionspartner in vielen Forschungszentren. So hat neben L. P. DEUTSCH, A. KAY, E. SANDEWALL und einer Reihe von Anwendern (unter ihnen R. FIKES,

---

[1]) *Menge* (set): jedes Element ist nur einmal vertreten, die Reihenfolge ist uninteressant. *Ballen* (bag): Elemente können mehrfach auftreten, die Reihenfolge ist uninteressant. *Tupel* (tuple): die Reihenfolge ist wichtig, d. h. mehrfaches Auftreten ist bedeutsam.

[2]) das z. B. ausgelöst wird, wenn eine Funktion unpassende Argumente bekommt.

P. Hart, N. Nielsson, I. Greif) auch C. Hewitt manchen Vorschlag für die Weiterentwicklung beigesteuert.

Nach eingehenden Diskussionen der **QA4**-Entwickler mit Hewitt, Sandewall, Kay und Deutsch wurde Mitte 1972 die endgültige Version erreicht [RUL72].

Die wesentlichen Eigenschaften des Systems haben sich nicht geändert. Allerdings ist man wieder zu einer Quellsprache übergegangen, die dem normalen LISP recht ähnlich ist. Nur bei der Präfixnotation für Mustervariable existieren ins Auge fallende syntaktische Unterschiede zu den S-Ausdrücken.

**QA4** ist wie LISP eine Ausdruckssprache. Die Ausdrücke werden aus einfachen Elementen wie Namen, Zahlen, Wahrheitswerte, Mengen, Ballen und Tupel aufgebaut. Ausdrücke der Form (*function argument*) heißen *Anwendungen*. Generell tritt nur ein Argument auf, aber aus Bequemlichkeitsgründen darf statt eines Arguments vom Typ Tupel direkt die Folge der Tupelelemente notiert werden.

```
[TURNONLIGHT (LAMBDA (STATUS ←M ON)
    (PROG (DECLARE N)
          (EXISTS (TYPE $M LIGHTSWITCH))
          (EXISTS (TYPE ←N BOX))
          (GOAL $DO (NEXTTO $N $M))
          (GOAL $DO (ON ROBOT BOX1))
          ($DELETE (QUOTE (STATUS $M OFF)))
          (ASSERT (STATUS $M ON))
          ($BUILD (' (:STURNONLIGHT ACTION $M]
```

Abb. 16. Ein **QA4**-Beispielprogramm ([RUL72], S. 295)

Der Bindungsmechanismus in **QA4** ist grundsätzlich durch Mustervergleich gesteuert. Statt der Variablenliste wird das Muster angegeben, in dem dann die Variablen auftauchen. Entsprechend ihrer Funktion in dem Mustervergleichsprozeß, der dem Bindungsprozeß in LISP entspricht, sind die Variablen mit Präfixen gekennzeichnet. Dabei entspricht der Präfix **$** einer Bezugnahme auf den Wert der Variablen, der Präfix ← einer möglichen Zuweisung und der Präfix **?** stellt eine Zwischenstufe dar: Hat die Variable schon einen Wert, dann wird dieser genommen, hat sie noch keinen, dann wird zugewiesen. Doppelte Präfixe bezeichnen *Fragmentvariablen*, die also etwa statt einem Mengenelement der Restmenge oder statt einem Tupelelement einem Tupelstück entsprechen.

An Funktionen steht eine gewisse Menge von eingebauten Standardfunktionen sowie Spezialformen (z. B. **PROG**) zur Verfügung. Der Nutzer kann aber neue Funktionen definieren.

Die Bindungsoperation beim Eintritt in eine Funktion, die, wie bereits gesagt wurde, einen Mustervergleichsprozeß beinhaltet, kann beim Versagen des Vergleichs ein Backtracking auslösen. Dies gilt dann, wenn alle Bindungsmöglichkeiten erschöpft sind oder die Muster überhaupt nur eine Möglichkeit erlauben. Kann die Bindungsoperation erfolgreich abgeschlossen werden oder stehen weitere Möglichkeiten offen, dann wird ein Entscheidungspunkt eingerichtet.

Muß beispielsweise folgende „Anwendung“ ausgewertet werden

**((LAMBDA(SET ← X ← Y ←←Z) (F $X $$Z)) (SET 5 6 7))**

so gibt es neun Bindungsvarianten, zu denen unter anderen

**X = 5, Y = 5, Z = (SET 6 7)** oder

**X = 5, Y = 6, Z = (SET 7)**

gehören. Ähnlich wie die **LAMBDA**-Bindung operiert auch die Zuweisung (**SETQ**) als Mustervergleichsprozeß mit eventueller Einrichtung von Entscheidungspunkten. Daneben gibt es mehrere Arten von Ausdrücken (*Statements*), mit denen der Nutzer explizit solche Punkte aufbauen kann (**GOAL**, **ATTEMPT** usw.).

In dem Diskriminationsnetz existiert jeder Ausdruck nur einmal. Den Ausdrücken, die z. B. Faktenaussagen repräsentieren, können, wie in LISP den Atomen, Eigenschaften zugeordnet werden. Diese können direkt mit den Funktionen **PUT**, **GET** und **ERASE** manipuliert werden. Darüber hinaus kann man aber auch generelle Anfragen nach der Existenz von Ausdrücken einer gewissen Form (durch Muster beschrieben) mit bestimmten Eigenschaften stellen.

Ähnlich den Bindungsumgebungen von Variablen in LISP kann ein gewisser Zustand des Diskriminationsnetzes mit seinen Ausdrücken und deren Eigenschaften als *Bindung* betrachtet werden. Der **QA4**-Name dafür ist *Kontext*. Ein neues Kontext-Niveau wird immer dann aufgebaut, wenn eine Funktion oder **PROG** betreten wird. Im Unterschied zu LISP kann sich der Nutzer sowohl in den Wertzuweisungen (**SETQ**) als auch in den **PUT**-Operationen an P-Listen auf jeden Kontext beziehen, den er auswählen mag. Schließlich kann der Nutzer selbst Kontexte bilden.

Eine durch **QA4** in die Diskussion gebrachte Kontrollstruktur ist der *Dämon*. Hier handelt es sich um eine Funktion, die nur aktiviert wird, wenn bestimmte Änderungen in der Datenbasis (in der Eigenschaftsstruktur gewisser Ausdrücke im Diskriminationsnetz) vorgenommen werden. In **QA4** ist dazu ein **WHEN**-Statement zu formulieren:

**(WHEN** Bedingung **THEN** Aktion**)** .

Die Aktion entspricht einem Funktionsaufruf. In der Bedingung können die Änderungen (Zugriff mit **GET** – Schlüsselwort **SENDS**, Zuweisung mit **PUT** – Schlüsselwort **RECEIVES** usw.) sowie die Stelle, an der diese Änderungen vorkommen (Wert bzw. Eigenschaft) und als auch einschränkende Angaben der interessierenden Änderungswerte angegeben werden.

Es würde zu weit führen, wenn alle neuen Ideen, die in **QA4** eingeflossen waren, hier besprochen würden. Sicher ist, daß **QA4** einen Markstein in der Bewältigung von Programmierproblemen auf dem Gebiet der künstlichen Intelligenz darstellt.

In der wirklichen Anwendung war **QA4** nicht ganz so durchschlagend, wie es nach der zukunftsträchtigen Konzeption den Anschein haben mag. Das ist aber ein typisches Problem bei der Entwicklung von LISP-Metasystemen: Die Techniken, um ein solches System aufzubauen, sind recht einfach zu handhaben. Die Verarbeitung innerhalb des Metasystems läuft aber etwas langsam ab, da meist doppelt interpretiert wird. So ergeben sich Effizienzprobleme. Häufig liegen nach kurzer Anwendungszeit wieder soviel neue Ideen vor, daß das alte System ohne Bedauern vergessen wird. Ursache für dieses Vorgehen ist der zeitweise stürmische Fortschritt der Wissenschaft von der künstlichen Intelligenz.

### 4.8.7. MLISP2

In den Jahren 1971–72 erreichen die Metasysteme am SRI und an der Stanford University ihre endgültige Version. Sie sind beide dadurch charakterisiert, daß sie bis zum Ende als Metasysteme angesehen werden können.

An der Stanford University wurde **MLISP** recht häufig benutzt, so daß die Implementatoren, H. Enea und D. C. Smith, Sinn in einer Weiterentwicklung sahen. Sie betonten dabei die Compiler-Compiler-Linie unter Berücksichtigung der neuen, durch **PLANNER** und **QA4** entwickelten Ideen.

Die Verwendung von **MLISP** hatte nahegelegt, daß es wünschenswert wäre, die Syntax von **MLISP** so zu gestalten, daß sie leichter geändert werden kann. Dadurch wäre es möglich, auch Programme in den verschiedenen, sich äußerlich recht ähnlich sehenden LISP-Metasystemen zu akzeptieren. Die Erfahrungen mit der Umsetzung einer bequemen Programmiersprache in die intern so nützliche und wirksame LISP-Struktur führte zu dem Ziel, ein Metasystem zu schaffen, das es ermöglichen könnte, beliebige andere Programmiersprachen auf die gleiche Art zu behandeln. Die von LISP her naheliegende Syntaxanalysemethode der Top-Down-Analyse wurde um Backtracking verstärkt, um die Klasse der verarbeitbaren Sprachen zu vergrößern.

Durch das Vorbild von **PLANNER** hatten die Autoren die Möglichkeit, sich mit aktuellen Implementationen des Backtracking auseinanderzusetzen. Sie kamen zu einer eigenständigen effizienten Lösung.

Smith und Enea schlossen die Arbeit an **MILSP2** etwa 1971–1972 ab. In der Hauptinformationsquelle [SM73a] berichten sie von einem seit über zwei Jahren arbeitenden System.

**MLISP2** wird in [SM73a] vor allem als Basissystem zum Schreiben von Übersetzern bezeichnet. Es sei durch folgende Eigenschaften gekennzeichnet: Die Notation von **MLISP**, die Erweiterbarkeit der Sprache (die nicht nur **MLISP2** betrifft, sondern ermöglicht, neue Sprachen zu definieren), der Mustervergleich (pattern matching) und das Backtracking.

**MLISP2** ist in vielen Beziehungen als aufwärts kompatibel zu **MLISP** anzusehen; die hauptsächlichen Änderungen modifizieren nicht die Syntax der Sprache, sondern die Kontrollstruktur oder das Ausführungssystem (execution environment) von **MLISP**, so daß die Anwendungsmöglichkeiten wesentlich erweitert werden. Einige kleinere Änderungen[1]) sollen die Sprache in ihrer Lesbarkeit verbessern.

Die „großen" Änderungen im Vergleich zu **MLISP** werden durch die Ausdrücke **LET** und **SELECT** verkörpert.

Der **LET**-Ausdruck vereinigt einen Syntaxmustervergleicher (syntactic pattern matcher) und einen semantischen Ausdrucksauswerter. Er kann benutzt werden, um die Sprache zu erweitern, völlig neue Sprachen zu definieren oder um in beliebigen Zusammenhängen als Mustervergleicher zu dienen. In gewissem Sinne ist er das Herz des **MLISP2**-Erweiterungsmechanismus ([SM73a], S. 24).

Allerdings stellt die Auffassung von der Anwendbarkeit des Mustervergleichs und seiner Aufnahme in **MLISP2** eine Einschränkung gegenüber den Möglichkeiten etwa in **PLANNER** dar: In **MLISP2** ist der Mustervergleicher nur für die Verarbeitung von linearen Eingabedaten (Zeichenfolgen) gedacht, denn er soll hauptsächlich als Hilfsmittel zur Übersetzerkonstruktion eingesetzt werden.

Die Muster, die in einem **LET**-Ausdruck angegeben werden können, können in einer Notation formuliert werden, die man berechtigt als *Syntaxbeschreibungssprache* bezeichnen kann. Diese besteht aus vier Grundkonstruktionen (Literale, Nichtterminale, Inline-Ausdrücke und Metaausdrücke)

---

[1]) Beseitigung von **BEGIN-END**-Klammern ([SM73a], S. 12); Zulässigkeit beliebiger Zahlen von Qualifikatoren nach einem Basisausdruck, d. h. wiederholte Betrachtung des Resultats einer Funktionsanwendung als Funktion und Aufruf derselben ([SM73a], S. 182); eine bequeme Notation für die P-Listenverarbeitung — die Punktnotation ([SM73a], S. 20), Unzulässigkeit von Vektorzuweisungen ([SM73a], S. 18).

und gewissen zusätzlichen Elementen. Die Autoren sind der Ansicht, daß sie mit ihrem Ansatz jede kontextfreie oder kontextsensitive Grammatik beschreiben können. Dazu dient die Möglichkeit, während der Verarbeitung einer Sprache die Grammatik ändern zu können.

Der auf dieser Beschreibungssprache aufbauende Verarbeitungsmechanismus gewinnt seine Potenz aus dem Mustervergleicher und den in ihn eingebauten Backtrackingmöglichkeiten. Alle drei Metaausdrücke[1]) führen bei ihrer Abarbeitung während des Mustervergleichs zur Einrichtung von Entscheidungspunkten, zu denen im Irrtumsfall zurückgegangen werden kann ([SM73a], S. 36ff.).

Charakteristisch bei der Spracherweiterung bzw. -beschreibung mittels **LET**-Ausdruck ist die Tatsache, daß die Syntaxregeln, die als Muster angegeben werden, sofort in LISP-Programme umgesetzt und compiliert werden, während die semantischen Routinen in LISP-Ausdrücke umgesetzt bleiben ([SM73a], S. 26, 77).

Das in **MLISP2** implementierte Backtracking spiegelt sich hauptsächlich im **SELECT**-Ausdruck wider — wenn man die impliziten Elemente innerhalb des Mustervergleichers nun beseite läßt.

**SELECT** stellt eine Verallgemeinerung der FLOYDschen Wahlfunktion **CHOICE** dar ([SM73a], S. 50; [SM73b]. Der **SELECT**-Ausdruck benötigt fünf Angaben für die Ausführung von Teilaktionen, die, falls ausgelassen, durch Standardinformationen ersetzt werden. Diese Angaben sind: eine für die Wertfunktion, eine für den Bereich, aus dem ausgewählt werden soll, eine für die Nachfolgerfunktion (Bestimmung des nächsten Elements), eine für die Endebedingung und schließlich eine für eine Endefunktion. Diese Funktionen werden durch Ausdrücke repräsentiert, die gewissermaßen die **LAMBDA**-Körper darstellen ([SM73a], S. 50). Wird die Terminationsbedingung erfüllt, so wird die Terminationsfunktion auf den Wertebereich angewendet. Dabei kann es vorkommen, daß mit der Funktion **FAILURE** ein Backtracking explizit ausgelöst wird, das zu dem durch **SELECT** eingerichteten Entscheidungspunkt zurückführt ([SM73a], S. 49ff).

**MLISP2** bietet dem Nutzer reines Datenbacktracking ([SM73a], S. 5), wobei der Rückgang zu einem Entscheidungspunkt zu einer Wiederherstellung der Variablenwerte an diesem Punkte führt [SM73b]. Die Implementation folgt dabei einer sehr effizienten Strategie; für den Benutzer ist die Grundphilosophie einfach, plausibel und durchschaubar.

Die hervorragenden Eigenschaften von **MLISP2** führten zur Implementation einer ganzen Reihe bekannter und wichtiger Sprachverarbeitungssysteme, unter denen MILNERS Implementation von D. SCOTTS Logik für

[1]) **REP** — Wiederholung, **ALT** — Alternative, **OPT** — für wahlweises Element.

berechenbare Funktionen die folgenreichste gewesen ist [MIL72a]. Daneben muß aber ein Deduktionssystem [WEY74], ein Parser für Englisch, ein Englisch-Französisch-Übersetzer, ein ALGOL-Compiler und **MLISP2** selbst erwähnt werden ([SM73b], S. 680); nicht zu vergessen ferner den Pascal-LISP-Umsetzer von R. London und D. C. Luckham [IG73].

Den nächsten Schritt sollte das etasystem **LISP70** darstellen. Man hoffte durch Vervollkommnung der verfügbaren Kontrollstrukturen (*backtrack and coroutine control structure*) und Erweiterung der Datenmanipulationsmöglichkeiten (*pattern matching, streaming, long-term memory for large data bases, data typing, pattern directed computation*) eine neue Qualität von Basissystem für Arbeiten der künstlichen Intelligenz erreichen.

Nach den Berichten ([SM73a], S. 2, [TES73]) ist eine erste Version von **LISP70** im Juni 1973 gelaufen, jedoch eine wirkliche (production) Version war noch nicht und ist niemals vollständig implementiert worden.

Interessant an **LISP70** ist, daß seine Autoren in gewissem Sinne wieder an die Erarbeitung eines LISP-Nachfolgers dachten. Dabei haben sie so manche Eigenschaft des erfolglosen LISP2 wieder aufleben lassen: Die Vereinigung von LISP1.5 und ALGOL in Syntax und Sematik ([TES73], S. 671), die Compilierung aller Funktionen usw.

Die grundlegende Philosophie von **LISP70** geht von einem erweiterbaren Sprachkern aus, den der Nutzer durch Definieren neuer Hilfsmittel erweitern und durch Einbau effizienterer Implementationselemente für oft benutzte Teile der Sprache verändern kann. Für diese Veränderbarkeit in Richtung auf Erweiterung und Spezialisierung benutzten die Autoren eine maschinenunabhängige Sprache niederen Niveaus (Code für eine ideale LISP-Maschine [TES73], S. 671), um die Transferierbarkeit der Sprache zu sichern.

So liefert der **LISP70**-Compiler Programme in dieser Sprache ML, die anschließend in Objektcode übersetzt werden müssen. Nur der letzte Teil ist maschinenabhängig. Der Compiler ist Teil der Funktion **EVAL** — jedes Argument von **EVAL** wird compiliert bezüglich der aktuellen Umgebung und dann als Maschinencode ausgeführt. Dazu sind Teile der Symboltabellen und der ganze Compiler ständig im System präsent.

Die Forderungen bezüglich Effizienz sollen durch einen besonders schnellen mustergerichteten Übersetzer erfüllt werden, dessen Regeln in kurzen und effizienten Code compiliert werden.

Ebenso wie **LISP2** verschwand das „LISP für die 70er Jahre" recht schnell von der Bühne. Die Gründe hierfür scheinen im Wechsel der Autoren von der Stanford University zu anderen Arbeitsplätzen zu liegen.

**MLISP2** wird heute hauptsächlich nur noch zum bequemen Schreiben von Übersetzern benutzt. Auf Grund der doppelten Interpretation (**MLISP2**-

Programme werden in LISP umgesetzt und durch ein spezielles Verarbeitungsprogramm interpretiert, das seinerseits im LISP-System abgearbeitet wird) werden zu große Verarbeitungszeiten registriert. Obwohl die Reports [SM73a, TES73] beinahe überall unter LISP-Benutzern bekannt sind, ist doch das System nie exportiert worden. So blieb der Nutzerkreis ganz klein und lokal.

```
LET PATTERN (L) =
  { {REP 1 M * {
          {OPT '!}
          {OPT '#}
          {ALT [IDENTIFIER]
             | "  [TOKEN]
             | '< [IDENTIFIER] !'>
             | '[ <EXPRESSION> !']
             | <LBR> <META> <RBR>
  }}} }
  MEAN L;
```

Abb. 17. Ein **MLISP2**-Beispielprogramm ([SM73a], S. 78)

### 4.8.8. Von PLANNER zu CONNIVER

Bei der Implementation und Anwendung von **MICROPLANNER** konnte das Verhalten der Programmierer und ihre Probleme studiert werden. Schnell wurde klar, daß noch manches zu wünschen übrig blieb. Dies galt insbesondere in bezug auf die Effizienz.

Selbst Hewitt hat zugegeben, daß die **PLANNER**-Prozeduren innerlich uneffektiv sind ([HEW71b], S. 21). Sussman und McDermott als Implementatoren kamen zu dem Schluß, daß vor allem das automatische Backtracking Schuld ist, weil es zu schlechten Programmierpraktiken verleite ([SUS72a], S. 7). Ihre Hauptthese ist dabei, daß die wesentlichen Teile der Kontrollstrukturen, Backtracking und Multiprocessing, nur dem schlechten Programmierer diene — der gute käme auch ohne sie aus ([HEW71b], S. 13).

Auf Grund ihres Studium von **PLANNER** und des Gebrauchs von **MICROPLANNER** entwickelten McDermott und Sussman eine eigene Sprache, die sie **CONNIVER** nannten [SUS72b, MCD72].

Obwohl sich die Kritik von Sussman und McDermott vornehmlich gegen das Backtracking richtet, kann man doch leicht erkennen, daß sie sich in Wirklichkeit gegen das eigentliche Konzept von **PLANNER** wenden. Nicht zufällig drücken sie ja auch in dem Titel ihrer Streitschrift aus: „Conniving is better than planning!" (Sich um nichts kümmern ist besser als Voraussicht.)

Der Kern ihrer Analyse ist ohne Zweifel der Satz: „Was gebraucht wird, ist eine Programmiersprache, und nicht ein Theorembeweiser" [(SUS72a], S. 30).

Die beiden Autoren möchten also den Programmierer zwingen, sich seine Programme selbst gut auszudenken und nicht ohne Analyse ein schlecht aufgearbeitetes Problem einem zu allgemeinen Mechanismus aufzuhalsen. Damit wenden sie sich aber zugleich gegen das Prinzip, ein Problem nicht durch ein selbstentwickeltes Programm zu behandeln, sondern es zu beschreiben und das System mit Hilfe dieser Beschreibung die Lösung finden zu lassen. Insofern hat HEWITT auch Recht, wenn er [HEW75a] HAYES zitiert, der feststellt, daß hier ein Schritt zurück gemacht wurde („... something of a retrograde step... [HEW75a], S. 190).

Dennoch stellt **CONNIVER** eine interessante Entwicklung dar. Wie **MICROPLANNER** liegt **CONNIVER** als interpretierte Sprache vor, das Verarbeitungssystem wurde in LISP geschrieben.

**CONNIVER** benutzt, ausgehend von einem Implementationsmodell von BOBROW und WEGBREIT [BO73c], neben dem Baum von Kontrollinformationen (control environments) noch einen Datenbasenbaum, der *Kontextbaum* genannt wird. Der Nutzer hat es immer nur mit dem letzten Zweig dieses Baumes zu tun: Jede Änderung betrifft nur die Daten im gerade aktuellen Zweig. Er kann leicht die Kontexte wechseln, um etwa lokale Information zu einem äußeren Kontext zu übergeben.

Jeder Anwender kann seine Kontrollstrukturen selbst aufbauen; dadurch soll erreicht werden, daß er sich über den Ablauf mehr Gedanken machen muß. Neu im Unterschied zu **PLANNER** ist, daß die prozedurähnlichen Gebilde, die den Theoremen von **PLANNER** entsprechen, hier *Methoden* genannt, beim Mustervergleich nicht mit dem ersten (bzw. nächsten) Element aus der Datenbasis arbeiten, sondern eine Liste der Möglichkeiten geliefert bekommen, die sie dann selbst zu verwalten haben. **CONNIVER** stellt Sprachstrukturen zur Verfügung, in denen diese Arbeit notiert werden kann.

Durch die explizite Form der Verwaltung des Programmablaufs kann der Benutzer von **CONNIVER** sich jede Art von Ablaufplanung ausdenken und verwirklichen.

Der Mustervergleicher arbeitet mit ähnlichen syntaktischen Strukturen wie **MICROPLANNER**, ist allerdings in der Lage, beliebig strukturierte Muster zu verarbeiten.

Alle die LISP-fremden Teile in der Syntax, sowohl bei **MICROPLANNER** als auch bei **CONNIVER**, sind mit Hilfe der **MACRO**-Zeichen in MACLISP implementiert worden. Das betreffende Zeichen aktiviert ein LISP-Programm, das eventuell erneut zur Eingabe schreitet und das als Ergebnis die gewünschte interne Struktur liefert. Diese Möglichkeit hat dazu geführt, daß in MACLISP meist nur Metasprachen implementiert wurden, die weitgehend LISP-ähnlich in ihrer Syntax sind.

Von **PLANNER** erhalten geblieben ist in **CONNIVER** der mustergelenkte Prozeduraufruf. Beim Mustervergleich werden in den Möglichkeitenlisten nicht nur Elemente aus der Datenbasis berücksichtigt, die direkt dem Muster entsprechen (*items*), sondern auch die Methoden, die zu einem solchen passenden Element führen würden. Wenn der Mechanismus für das Ausprobieren der Möglichkeiten (**TRY-NEXT**) eine solche Möglichkeit findet, muß die mit ihr verknüpfte Prozedur aktiviert werden.

Der Streit um **CONNIVER** und **PLANNER** hat seit 1972 manches Treffen der Spezialisten auf dem Gebiet der künstlichen Intelligenz belebt. Schon 1971 dürfte es manche harte Auseinandersetzung am MIT gegeben haben.

```
(IF-NEEDED WINMOVES
    (WINMOVE ?PLAYER ?SQUARE ?MOVE)
    „AUX“ (PLAYER SQUARE MOVE (CONTEXT (PUSH'CONTEXT)
                                         P1 SQ1 P2 SQ2)
    (ADD '(HAS ,PLAYER ,SQUARE))
    (REMOVE '(FREE ,SQUARE))
    (CSETQ P1 (FETCH '(HAS ,PLAYER ?SQ1)))
  :OUTERLOOP
      (TRY-NEXT P1 '(GO 'END))
      (CSETQ P2 (FETCH '(HAS ,PLAYER ?SQ2)))
  :INNERLOOP
      (TRY-NEXT P2 '(GO 'OUTERLOOP))
      (COND ((AND (LESSP SQ1 SQ2)
                (CSETQ MOVE (THIRD-IN-ROW SQ1 SQ2))
                (PRESENT '(FREE ,MOVE)))
             (NOTE (INSTANCE))) )
      (GO 'INNERLOOP)
  :END
    (ADIEU)   ).
```

Abb. 18. Ein **CONNIVER**-Beispielprogramm ([SUS72a], S. 26)

In HEWITTS Beitrag zum 2. IJCAI 1971 wird auf diese Kontroversen und die Arbeit zwischen 1970 und 1971 praktisch mit keinem Wort eingegangen. Inzwischen waren die mit **PLANNER** verbundenen Ideen auf zwei Hauptkomplexe gerichtet: Das Problem der Darstellung von Wissen über die „reale Umwelt“ in Form von Prozeduren (procedural knowledge representation) — gegenüber der Faktenspeicherung mittels Daten — spielt neben der musterorientierten Kontrollstruktur (pattern directed multiprocess backtrack control structure) die Hauptrolle und hat sich als Schlüsselidee für die

Weiterentwicklung der Wissenschaft von der künstlichen Intelligenz erwiesen.

Die Arbeit [HEW71a] gibt gerade in ihrer gerafften Form einen guten Überblick über den Stand der Entwicklung in den Grundideen von **PLANNER**.

Die These von der prozeduralen Einbettung des Wissens (procedural embedding of knowledge) bedeutet nach HEWITT ([HEW71a],S.168), daß intellektuelle Strukturen (intellectual structures) analysiert werden sollten durch ihre prozeduralen Analogien. Dies ist etwa in folgender Weise interpretierbar: Beschreibungen sind Prozeduren, die beurteilen, wie gut gewisse Kandidaten diesen Beschreibungen genügen; Muster sind Beschreibungen, die mit Datenkonfigurationen vergleichbar sind. Datentypen sind Muster, die in Deklarationen der erlaubten Bereiche von Prozeduren und Variablen benutzt werden. Allgemeiner: Datentypen haben ihre Analogien in der Form, wie Prozeduren Daten bilden, zerstören, beobachten und transformieren...

„Modelle von Programmen sind Prozeduren für die Definition von Eigenschaften von Prozeduren und für die Verifikation dieser Eigenschaften..." ([HEW71a], S. 168).

Besonders schön wird die These wie folgt veranschaulicht: „Die prozedurale Analogie einer Zeichnung ist eine Prozedur, die die Zeichnung ausführt" [HEW71a].

Bei der Ablaufsteuerung soll dem Backtracking ein besonderer Platz eingeräumt werden. Damit ist hier ganz konkret die Rückkehr zu früheren Systemzuständen gemeint. So kann ein Versuch gemacht werden, der das verfügbare Wissen benutzt, und falls er nicht zum Erfolg führt, ist eine neue Wahl möglich, die auch das Wissen benutzen kann, das bei dem erfolglosen Versuch gesammelt wurde. Die spezielle Art der Implementierung des Backtracking in **PLANNER** spiegelt sich darin wider, daß alle Aktionen schrittweise rückgängig gemacht werden können: So sei es ebenso leicht möglich, ein Programm vorwärts wie rückwärts abzuarbeiten.

Durch das Konzept des Multiprocessing (gleichzeitig existieren mehrere Stellen, wo das Programm aktiv ist — 1973 natürlich beinahe etwas mehr als Zukunftsmusik) soll die Ablaufsteuerung verbessert werden. Mehrere Mustersuchprozesse durch einen Problemraum werden als gleichzeitig ausgeführt angenommen.

Durch die Orientierung auf die Arbeit mit Mustern werden in **PLANNER** die Aspekte der Arbeit mit der Datenstruktur und der Steuerung dieser Arbeit durch die Kontrollstruktur zusammengefaßt. Die Muster werden bei der Konstruktion und Zerlegung strukturierter Daten verwendet. Die Suche nach den Daten, die einem gegebenen Muster ähnlich sind, erfolgt zunächst direkt nach gespeicherten Daten in der Datenbasis. Zeigt sich bei der Verwendung eines zunächst passenden Datums, daß es dem weiteren Zwecke nicht entspricht, so wird ein Fehler ausgelöst und zu der Wahlsituation zurückgegangen. Ist die Datenbasis erschöpft (d. h. durchsucht), so wird nach Prozeduren gefahndet, die ähnliche Daten erzeugen. Deshalb müssen Prozeduren nicht nur ihre Arbeit machen, sondern man muß ihnen das auch ansehen: Jeder Prozedur sollte ein Muster dessen beigeordnet sein, was die Prozedur herzustellen beabsichtigt ([HEW71c], S. 172).

Mit dem weiteren Fortschritt der **PLANNER**-Konzeption löste sich Hewitt zunehmend von LISP. In seiner Promtionsarbeit, die er 1972 vorlegte, beschrieb er ein System, das nur noch bedingt innerhalb LISP implementierbar war [HEW71c]. Die Mustervergleichssprache **MATCHLESS** wird in wesentlich erweiterter Form dargestellt. Nicht nur das Spektrum der Variablenpräfixe — mit Wertbenutzung (.), Wertbenutzung falls Wert existiert bzw. Zuweisung (?) und Zuweisung (lokal mit _ , global mit :) — ist erweitert und verdoppelt (! bezeichnet Segmentorientierung vor dem zweiten Präfix) ([HEW71c], S. 62) sondern auch das Deklarationsschema für die Variablentypen ([HEW71c], S. 66).

Die Muster sind im allgemeinen Listen, die Konstanten, Variable, Teilmuster (d. h. Unterlisten), Funktionsaufrufe (syntaktisch mit spitzen Klammern bezeichnet liefern sie Element, mit geschweiften Klammern bezeichnet liefern sie Segment), Vektoren (mit eckigen Klammern begrenzt) und Actorausdrücke enthalten. Für den Zugriff zu Vektorelementen dienen Funktionsaufrufe, die eine Zahl in funktionaler Position haben. Actorausdrücke liefern nicht, wie die Funktionsaufrufe, Werte, d. h. Konstanten, sondern Muster.

Der Begriff des *Actors* sollte in der weiteren Entwicklung ein erheblich größeres Gewicht für die **PLANNER**-Systeme bekommen als 1971.

Im Laufe der Zeit hat Hewitt versucht, alle einigermaßen progressiven Ideen in Programmiermethodik und künstlicher Intelligenz in den **PLANNER**-Formalismus aufzunehmen. So wird der Komplex um **PLANNER** zu einem System von Vorstellungen über die Grundlagen der künstlichen Intelligenz, über allgemeine Vorstellungen zur Strukturierung von Programmen und die erforderliche Ausdruckskraft von Programmiersprachen. Dabei hat Hewitt zeitweise einen gewissen Eklektizismus offenbart.

Bezeichnend dafür ist etwa seine Arbeit zum 3. IJCAI 1973 in Stanford [HEW73]. Präsentiert wird eine lose Sammlung von Ideen für einen neuen Formalismus: **PLANNER73**. Obwohl durchaus relevante Konzepte präsentiert werden, ist doch gerade diese Arbeit äußerst schwer lesbar und stellt eher ein Gemisch von Werbekampagne für den Actorformalismus, von

Lewis-Caroll-Zitaten und bruchstückhaft hingeworfenen Elementen der formalen Sprache dar, noch angereichert mit der in späteren Veröffentlichungen noch heftiger werdenden Polemik gegen Sussman und McDermott.

Im Rahmen dieses Buches kann nicht näher auf die mit **PLANNER73** und **PLASMA** verknüpften Probleme eingegangen werden. Obwohl nach wie vor ein Gutteil LISP hinter dem Formalismus sichtbar wird, sollte **PLANNER73** nicht mehr als LISP-Metasystem (zu schweigen von der fehlenden Implementation) bezeichnet werden. Trotz der oft merkwürdigen Form der zugeordneten Veröffentlichungen darf die **PLANNER**-Linie als einflußreicher und zukunftsträchtiger Ansatz bezeichnet werden. Weitere Literatur: [PROM11, LAB12, 13, 14].

### 4.8.9. QLISP, CLISP, CGOL und RLISP

Als INTERLISP im SRI verfügbar wurde und man dort die Art studieren konnte, in der Teitelman das Subsystem **CLISP** in das tragende LISP-System eingebaut hatte, begann man in ähnlicher Weise **QA4** umzuformen. Mitte 1973 konnte ein Zwischenergebnis erreicht werden, etwa Ende 1975 das Endresultat: **QLISP**.

Ähnlich wie in **QA4** sind auch in **QLISP** alle Datenstrukturen in einer permanenten Datenbasis, dem Diskriminationsnetz, gespeichert. Bei Aufnahme in das Netz werden die Ausdrücke in die kanonische Form übergeführt, so daß jeder mögliche Ausdruck eine einzige Repräsentation und damit eine eindeutige Position im Netz hat.

Das Spektrum der Datenstrukturen ist um Vektoren erweitert: Während die Vektoren strukturell den Tupeln entsprechen, also eine geordnete Folge von Elementen enthalten, werden sie doch anders ausgewertet: Der Wert eines Vektors ist der Vektor der Werte der Elemente. Die Datenstruktur **SET** hat in **QLISP** den Namen **CLASS**.

Neben anderen Änderungen ([REB73], S. 2) sind besonders die bei den Funktionen für die Einfügung und Suche im Diskriminationsnetz gemachten Erweiterungen erwähnenswert. Deren Syntax wurde vereinheitlicht, so daß sich jeder dieser Ausdrücke (*statements*, wie in **QA4**) auf einen bestimmten Kontext beziehen kann. Hinzukommt, daß jedes Statement eine Menge von Dämonfunktionen (*Team* von Funktionen genannt) zitieren kann und selbst mit einem Namen belegbar ist, auf den sich eine Funktion aus dem Team beziehen kann.

Dämonfunktionen waren durch **QA4** eingeführt worden. Dies sind Funktionen, die nie explizit aufgerufen, sondern beim Eintreten irgendeiner Bedingung aktiviert werden. Solche Bedingungen hängen insbesondere mit der Hinzufügung neuer Daten in die Datenbasis zusammen. Man kann sich die Implementation so vorstellen, daß jede Veränderung in der Datenbasis eine Durchmusterung aller Aktivierungsbedingungen der Dämone auslöst. Alle durch die neue Situation der Datenbasis tangierten Dämone werden implizit aufgerufen innerhalb der Änderungsaktion.

```
(HITCH
   [QLAMBDA  (HAPPY ←HUMAN)
             (BIS (PERSON ←Y)
                  SEX
                  [@ (PARTNERSEX ('(PERSON $HUMAN]
                  THEN (ASSERT (MARRIED $HUMAN $Y)
                               APPLY $MARRIAGEDEMONS)
                       (QPUT (PERSON $HUMAN)
                             MARRIEDTO $Y WRT GLOBAL
                             APPLY
                            $COMPUTERELATIONS)
                       ('(HAPPY $HUMAN])
```

Abb. 19. Ein **QLISP**-Beispielprogramm ([REB73], S. 29)

Neben **QLISP** werden heute folgende Metasysteme benutzt: In STANFORD LISP1.6 vornehmlich **MLISP**, ebenso in UNIVAC LISP. In STANFORD LISP/360 ist es **RLISP**, die ALGOL-ähnliche Formulierungssprache des Formelmanipulationssystem **REDUCE**, die weltweit benutzt wird. In den verschiedenen Dialekten von MACLISP wird **CGOL** verwendet, und in INTERLISP nimmt **CLISP** die entsprechende Stelle ein.

**CLISP** ist über die Fehlerbehandlung in das umfassende INTERLISP-System eingebettet. Die **CLISP**-Programme werden nicht, wie etwa in **MLISP**, über einen Präprozessor in das interne LISP übertragen, sondern bleiben so, wie sie sind: In ALGOL-ähnlicher Form, mit **IF-THEN-ELSE**-Anweisungen, **FOR-DO**-Zyklen, usw. Bei der ersten Auswertung jedoch wird der **CLISP**-Ausdruck durch den äquivalenten LISP-Ausdruck ersetzt. Der Interpreter nämlich kann diese Ausdrücke nicht abarbeiten, meldet Fehler und initiiert als Fehlerbehandlung die Übersetzung. Wegen dieser Vorgehensweise kann **CLISP** völlig frei mit LISP gemischt werden. Alle korrekten LISP-Ausdrücke werden sofort verarbeitet — der **CLISP**-Behandler bekommt sie nie zu Gesicht.

Diese Art von Einbettung hat den Vorteil, daß nicht doppelt interpretiert wird. Außerdem arbeiten die Fehlerbehandlungsprogramme, insbesondere das Korrekturprogramm, voll für **CLISP** mit.

Die aus den **CLISP**-Ausdrücken abgeleiteten LISP-Ausdrücke werden bei einfacheren Konstruktionen direkt an die Stelle im Programm eingesetzt, wo das **CLISP**-Urbild steht (für Infix-, Präfix- und **IF-THEN-ELSE**-Notationen). In den übrigen Fällen führt der **CLISP**-Behandler eine Hash-Liste, in der aus dem **CLISP**-Ausdruck ein Eintrittspunkt abgeleitet wird. Dort ist dann das Übersetzungsergebnis zu finden. Diese letzte Variante gilt für die vielen Formen zyklischer Ausdrücke; aber auch für Mustervergleiche und Record-Ausdrücke (d. h. allgemeinere Datenstrukturen).

Die Musterbeschreibungssprache ist ähnlich flexibel wie in **MLISP2**. Es können nicht nur Elemente, sondern auch Segmente beschrieben werden. Zusätzlich sind, wie in allen fortgeschritteneren Musterbeschreibungssprachen, Vergleichsbedingungen und Teilzuweisungen möglich.

```
(IF N=0 THEN 1 ELSE N*(FACTORIAL N−1))
FOR OLD X FROM M TO N DO (PRINT X) WHILE (PRIMEP X)
(FOR I FROM 1 TO 5 SUM I 2)
(BIND X WHILE X → (READ) ~ = 'STOP DO (PRINT(EVAL X)))
(FOR X IN Y AS I FROM I TO 10 COLLECT X)
[PRODUCT; ($$VAL←$$VAL*BODY); (FIRST $$VAL←1]
(FIND X IN Y SUCHTHAT X MEMBER Z)
X : ($2 Y←$3)
X : (FOO←$ 'A −) ⇒ (REVERSE FOO)
('A $←FOO 'D $)
```

Abb. 20. **CLISP**-Programmzeilen ([TE74], §23)

Das Record-Verarbeitungssystem soll dem Nutzer eine gewisse Datenstruktur unabhängige Programmierweise ermöglichen ([TE74], S. 23, 50ff.). Alles in allem dürfte **CLISP** [TE76] **MLISP** wesentlich überlegen sein. Dies liegt nicht nur an den reicheren Möglichkeiten der Sprache selbst, sondern auch an der besseren Einbettung in das Trägersystem. Ein weiteres, noch nicht erwähntes Anzeichen dafür, ist die Rückübersetzungshilfe, die das **CLISP**-Verarbeitungssystem enthält.

**CGOL** [PRAT76] ist ähnlich zu **MLISP**. Es wurde etwa 1971 von V. Pratt als externe Repräsentation von LISP entwickelt. Etwa 1973 hat er die Arbeit fortgesetzt, und 1975 war das System verfügbar. Die Syntax wurde so gestaltet, daß sie gemäß Pratts Methode der Operator-Präzedenz optimal verarbeitbar war. Damit ist die Verarbeitung der Sprache wesentlich schneller möglich; zudem enthält die Syntax gewisse dynamische Elemente. Ebenso wie für **CLISP** existiert auch für **CGOL** ein Rückübersetzer. In MACLISP ist dieser so an das LISP-System angeschlossen, daß die Ausgabe grundsätzlich in **CGOL** erfolgen kann.

So können **CLISP** und **CGOL** als externe Sprachen über dem LISP-System angesehen werden.

```
define „GC-DAEMON“ (spacelist);
  let total_accessible = 0.0, total_consed = 0.0;
  for element in spacelist do
    (let space = car(element), freebefore = cadr(element),
      freeafter = caddr(element), sizebfore = cadddr(element),
      sizeafter = car(cddddr(element));
    consed ofq space := sizebefore-freebefore-accessible ofq space;
    total_consed := total_consed + consed ofq space;
    accessible ofq space := sizeafter-freeafter;
    total_accessible := total_accessible + accesible ofq space);
...
```

Abb. 21. Teil eines **CGOL**-Programms ([BAK77b], S. 4)

```
SYMBOLIC PROCEDURE APPLY(FN, X, A);
IF ATOM FN THEN IF FN EQ 'CAR THEN CAAR X
    ELSE IF FN EQ 'CDR THEN CDAR X
    ELSE IF FN EQ 'CONS THEN CAR X . CADR X
    ELSE IF FN EQ 'ATOM THEN ATOM CAR X
    ELSE IF FN EQ 'EQ THEN CAR X EQ CADR X
    ELSE APPLY(EVAL(FN, A), X, A)
  ELSE IF CAR FN EQ 'LAMBDA THEN EVAL(CADDR FN, PAIRLIS
                                          (CADR FN, X, A))
ELSE IF CAR FN EQ 'LABEL THEN APPLY(CADDR FN, X, (CADR FN .
                                          CADR FN).
  A) ;
```

Abb. 22. Ein **RLISP**-Beispielprogramm ([LUX75a], S. 20)

# 5. Beschreibung wichtiger LISP-Systeme

## 5.1. LISP 1.5 auf der IBM7090

Die zweite LISP-Implementation ist gut bekannt. Das Manual [MCC62c] stellt eine Beschreibung der Nutzermöglichkeiten dar und gibt auch eine ganze Reihe von Hinweisen zur LISP-Implementation.

### 5.1.1. Die Umgebung des LISP 1.5-Systems: Anlage, Peripherie, Betriebssystem

Die IBM7090 war ein 36 Bit, 32 K Worte-Rechner der zweiten Generation. Sie war als Nachfolgerin der Röhren-Maschine IBM709 vollständig kompatibel mit dieser und nahezu kompatibel mit der IBM704 (der Maschine des LISP1-Systems). Die Zykluszeit betrug 2.18 μs; 227000 Instruktionen in der Sekunde wurden durchgeführt. Dies war gegenüber der IBM704 mit 40000 Instruktionen pro Sekunde ein enormer Fortschritt. Für die LISP-Implementierung waren die drei Indexregister und die verfügbaren Transformationen zwischen Akkumulator (**AC**), Multiplikator-Quotient-Register (**MQ**) und den Indexregistern bedeutsam.

In den Worten befanden sich zwei 15-Bit-Anteile, die mit je einem Befehl geladen werden konnten: Dekrement und Adressteil (**PDX**- und **PAX**-Befehl). Damit konnten Zeigerstrukturen verwirklicht werden.

Die IBM7090 verfügte über die Anfang 1960 übliche Peripherie, die schon Magnetplatten enthielt; daneben standen Kartenleser, Drucker, Konsole und Magnetbänder zur Verfügung.

Da damals umfassende ausgearbeitete Betriebssysteme noch nicht mitgeliefert wurden (statt dessen einer Programmiersprache zugeordnete Verwalter, die die übliche Abfolge von Laden, Übersetzen und Ausführen steuerten, wie z. B. eines für das Assemblerprogramm SAP, eines für FORTRAN (das FORTRAN Monitor System) usw.), war für das LISP-System ein eigener Monitor aufgebaut worden. Dieses Programm, das **OVERLORD** hieß, erfüllte folgende Aufgaben ([MCC62c], S. 31, 80ff.): Organisation der Arbeit mit den E/A-Geräten, Starten, Wiederherstellen und Retten der LISP-System-Varianten.

Am MIT standen 1962 sieben E/A-Geräte für die normale LISP-Arbeit zur Verfügung: Kartenleser, Drucker und fünf Magnetbandgeräte. Von den letzteren konnten drei wahlweise für normale E-/A-Aufgaben anstelle der sonst üblichen kartenorientierten Geräten eingesetzt werden: **SYSPIT** (Eingabe), **SYSPOT** (Ausgabe) und **SYSPPT** (Ausstanzen). Es war üblich, über eine IBM1401 die Karten auf Magnetband zu übertragen bzw. die Magnetbänder auszudrucken. Die übrigen zwei Magnetbandgeräte dienten zur Verwaltung von Abzügen des Hauptspeichers: Eines nahm das Standardsystem auf, ein anderes das Nutzersystem.

Das Standardsystem (auf **SYSTAP**) war der normale Ausgang für kleinere LISP-Programme. Es enthielt nur die Maschinenfunktionen und die im Manual beschriebenen symbolischen Ausdrücke für einige komplexere Funktionen (**MAP**-Familie). Hatte der Nutzer eine Reihe von LISP-Funktionen definiert und sich so eine eigene spezielle Arbeitsumgebung geschaffen, so konnte er diese auf das zweite Band (**SYSTMP**) retten und im Fehlerfall immer wieder von diesem festgehaltenen Zustand ausgehen. Auch auf diesem Band war dann ein Hauptspeicherabzug gespeichert, so daß dieses temporäre System bei späteren Läufen als Ausgangssystem dienen konnte. Mit speziellen Steuerkarten konnte der Anwender dafür sorgen, daß nach der Abarbeitung von bestimmten Eingabefolgen ein Basissystem wiederhergestellt wurde. Ebenso war es möglich, den neu erreichten Zustand auf **SYSTMP** festzuhalten. Zu diesem Zweck kannte man folgende Arbeitsweisen (durch gleichlautende Steuerkarten eingeführt): **TEST**, **SET** und **DEBUG**.

Im **TEST**-Betrieb wurde so lange LISP-Eingabe von **SYSPIT** gelesen, bis die Endekarte **STOP** erreicht war. Dann wurde das gesamte System von **SYSTMP** her wieder auf den Anfangszustand gebracht. IM **SET**-Betrieb wurde nach der LISP-Verarbeitung durch die **STOP**-Karte ein Hauptspeicherabzug auf das Band **SYSTMP** geschrieben. Trat ein Fehler auf, so wurde wie im **TEST**-Betrieb verfahren (der Hauptspeicherabzug konnte jedoch auch erzwungen werden).

Der **DEBUG**-Betrieb unterschied sich vom **TEST**-Betrieb dadurch, daß nach dem Einlesen der Doubletten die Objektliste abgehängt wurde, so daß alle Informationen nur geschützt sind, wenn sie wirklich benutzt werden. Ein direktes Einlesen war dann allerdings nicht mehr möglich.

Für den Benutzer charakteristisch war das Eingabeformat. Da die Funktion **EVALQUOTE** die eingelesenen LISP-Ausdrücke verarbeitete (top level), wurden immer zwei Informationen als zusammengehörig betrachtet: Funktionsname und Liste der (nicht auszuwertenden) Argumente. Diese Paare wurden als *Doubletten* bezeichnet.

Das Einleseprogramm hatte die unangenehme Eigenschaft, bei Klammernfehlern aus dem Takt zu kommen. Waren insbesondere schließende Klammern vergessen worden, dann konnte es geschehen, daß bis zur **STOP**-Karte gelesen wurde und diese sogar ignoriert wurde. Deshalb wurden dann und wann Karten mit vielen schließenden Klammern zwischen die Doubletten gelegt, um solch einen Prozeß stoppen zu können. Vor bzw. hinter **STOP** waren immer viele schließende Klammern abgelocht (vgl. [SAU64c], S. 297, 305, 317).

Die Arbeit mit Hauptspeicherabzügen führte dazu, daß Basissysteme benutzt wurden, die bestimmte nützliche LISP-Funktionen nicht als implementierte Unterprogramme enthielten, sondern als Adressstrukturen im Listenspeicher, wie z. B. **DEFINE**.

### 5.1.2. Datentypen, Speicherplatzverwaltung, Garbage Collection

Der gesamte Speicher der IBM7090 war in acht Bereiche aufgeteilt. Der Lader, der zum Einlesen des gesamten Systems diente, nahm nur einen kleinen Teilbereich in Anspruch.

Der LISP-Compiler und das Assemblerprogramm **LAP** belegten einen recht großen Teilbereich. Da diese Programme meist nur eine zeitlang benötigt werden, wenn überhaupt, gab es eine Möglichkeit, um sie zu entfernen und so nützlichen Platz zu bekommen (**EXCISE**). Während der Compiler als LISP-Programm vorlag ([MCC62c], S. 76), ist dies von **LAP** nicht bekannt.

Das Programmiersystem selbst (**OVERLORD**, Interpreter und zugeordnete Funktionen) nahm etwa 7,5 K Worte (oktal 17000) in Anspruch. Der Nutzer konnte über das Monitorprogramm **OVERLORD** die Aufteilung des Restes, der als LISP-Speicher zur Verfügung stand, bestimmen. Die Standardauslegung des 7090-LISP ist nicht bekannt.

Aus den Daten für das SHARE-LISP[1]) kann man aber ableiten, daß diese ca. 51000 (oktal) Worte, also etwas mehr als 20 K Worte, in folgender Weise aufgeteilt waren: etwa die Hälfte für den Listenspeicher (*free storage*), ein Drittel für compilierte Programme (*binary program space*) und je ein Sechstel für Kellerspeicher und Zahlenbereich (*push down list* (PDL) bzw. *full word storage* (FWS)).

Der Listenspeicher diente zur Aufnahme der Listenstrukturen und der Atomstrukturen (P-Listen). Im BPS (binary programm space) fanden nicht nur die compilierten Programme, sondern auch die Felder (arrays) Aufnahme. Der FWS (full word storage) war für Zahlenwerte, interne Namensdarstellungen (Printnamen) und die zu den Indikatoren **SUBR** bzw. **FSUBR** gehörigen Bedeutungen (Sprünge zu den zugeordenten Routinen) gedacht.

Der Kellerspeicher war ein reiner Kontrollkellerspeicher (control stack), wenn nur interpretiert wurde. Bei der Verarbeitung compilierter Programme

[1]) Anhang I in der Ausgabe von [MCC62c] aus dem Jahre 1965.

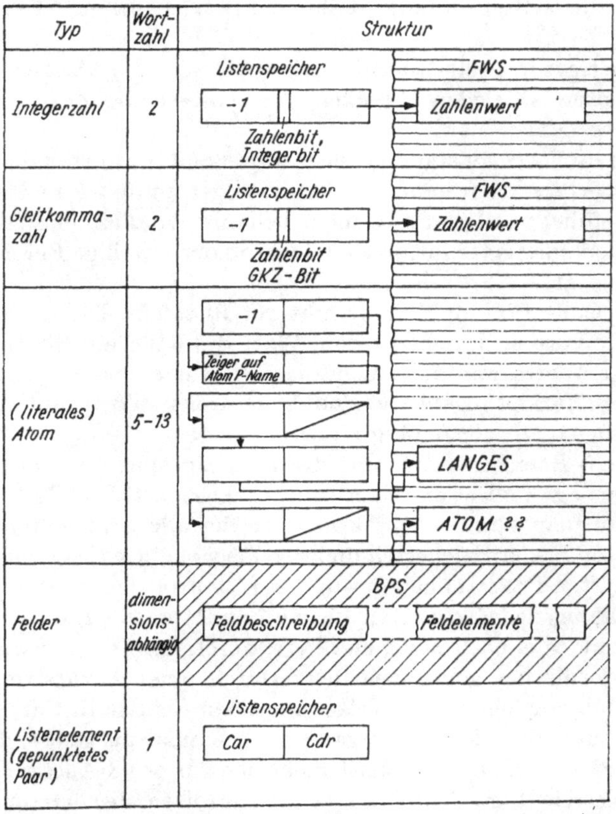


Abb. 23. Datenstrukturrepräsentation in LISP1.5 (nach [KUR76b], S. 127, verändert)

waren jedoch hier die lokalen Variablen abgespeichert. Diese standen dann neben den sonstigen hier geretteten Informationen (Rücksprungadressen, Zwischenresultaten und Teillisten bei der Steuerung rekursiver Programme).

Die Zellen im Listenspeicher belegten je ein Wort der IBM7090. Damit verfügte das System im Normalfall über ca. 10000 Zellen (entspricht 80 K Bytes auf ESER-Rechner). Interessanterweise waren die Zeiger in den Worten, d. h. jeweils im Adress- bzw. Dekrementteil, durch ihr Komplement dargestellt. Jedes Laden des Car bzw. Cdr benötigte daher mindestens drei Instruktionen: zwei für die Indexregistertransfers (der Akkumulator war nicht als Indexregister verwendbar) und eine AC-Ladeoperation. Um möglichst einfach arbeiten zu können, hatte man **NIL** die Adresse 0 (daher die sonst unverständliche Bezeichnung für die Funktion **NULL**!) und **T** die Adresse −1 gegeben.[1])

Die Zeiger belegten jeweils 15 Bit in den Worten, die übrigen drei Bits pro Zeiger dienten speziellen Zwecken (Verschlüsselung des Zahlentyps, Garbage-Collector-Marke usw.).

Da die Worte im FWS vollständig belegt waren und in ihnen kein Platz für Garbage-Collector-Marken frei war, mußten zwei getrennte Läufe des Garbage Collectors ausgeführt werden. Es ist nicht bekannt, ob diese immer nacheinander stattfanden oder getrennt, je nachdem, ob der jeweilige Bereich ausgeschöpft worden war.

Das Garbage Collection im FWS beruht auf Bittafeln. Diese bestand aus einer Folge von Worten, in denen jedem Wort des FWS ein Bit zugeordnet war. Für aktive Worte war das zugehörige Bit eingeschaltet, man konnte daher nach der Markierungsphase eine Liste freier Worte aufbauen und neuen Eintragungen zur Verfügung stellen.

Die dynamische Speicherverwaltung des Listenspeichers beruhte auf dem klassischen Garbage-Collection-Algorithmus. Die aktiven Zellen waren erreichbar, wenn man von der Objektliste (in der alle Atome stehen), dem zur Zeit benutzten Kellerspeicherteil und der *Temlis*, einer Liste von Zeigern, die von compilierten Programmen aus in den Listenspeicher führen, ausging.

Durch Verfolgung der Car-Ketten bis zu den Atomen wird jede aktive Zelle erreicht und, falls noch nicht markiert, durch Setzen des Sign-Bits als zu rettende Information gekennzeichnet. Durch einen rekursiven Prozeß wird nach Verfolgung einer Car-Kette um einen Schritt in Cdr-Richtung weitergegangen und der gleiche Vorgang noch einmal ausgelöst. Die Markierung ist beendet, wenn das letzte Element des Cdr des S-Ausdrucks in der obersten Ebene erreicht ist. Wird ein Zweig angetroffen, der bereits markiert ist, so wird ebenfalls in der Cdr-Richtung weitergegangen.

Wenn die Markierungsphase beendet ist, muß ein linearer Lauf durch den gesamten Listenspeicher gemacht werden. Alle nicht markierten Worte werden zu einer Liste der verfügbaren Zellen (*Freispeicherliste*) zusammengehängt. In den markierten Zellen wird das Kennzeichenbit gelöscht.

Wie in ([MCC62c], S. 90) angegeben, dauerte ein Garbage-Collection-Lauf etwa eine Sekunde.

### .1.3. Implementierte Funktionen

Die Menge der in LISP1.5 implementierten Funktionen gilt allgemein als klassisches Vorbild. Während die I/O-Funktionen in den heutigen LISP-

[1]) [MCC62c], S. 57; vgl. dagegen die Darstellung des Komplements von **T** als Oktal 1 000 000 im Widerspruch zu S. 36!

Systemen selten verwendet werden, sind die übrigen im allgemeinen doch anzutreffen.

*5.1.3.1. Listenmanipulationsfunktionen*

| Name | Argument-zahl | Typ | Aktion | Bemerkungen |
|---|---|---|---|---|
| **CAR** | 1 | SUBR | Car einer Zelle | Keine Prüfung, ob Wert gültiger Zeiger |
| **CDR** | 1 | SUBR | Cdr einer Zelle | Keine Prüfung, ob Wert gültiger Zeiger |
| **CONS** | 2 | SUBR | Konstruktion einer Zelle | Löst Garbage Collection aus |
| **LIST** | bel. | FSUBR | Liste aus Argumenten | FSUBR wegen variabler Argumentzahl |
| **APPEND** | 2 | SUBR | Zusammenhängen von Listen | 1. Liste wird kopiert |
| **NCONC** | 2 | SUBR | Zusammenhängen von Listen | 1. Liste wird physisch geändert |
| **REVERSE** | 1 | SUBR | Umkehren einer Liste | Es wird kopiert |
| **PAIR** | 2 | SUBR | Liste von gepunkteten Paaren aus den Elementen der Listen | Obwohl das Beispiel ([MCC62c], S. 60) als Ergebnis $(a_1 \cdot b_1)(a_2 \cdot b_2)$ ... zeigt, scheint die Reihenfolge verkehrt worden zu sein. Fehler bei ungleicher Listenlänge! |
| **LENGTH** | 1 | SUBR | Länge der Liste | |
| **RPLACA** | 2 | SUBR | Ändern des Car | Physische Änderung, „Pseudofunktion“ |
| **RPLACD** | 2 | SUBR | Ändern des Cdr | Physische Änderung, „Pseudofunktion“ |

| Name | Argumentzahl | Typ | Aktion | Bemerkungen |
|---|---|---|---|---|
| **SUBST** | 3 | SUBR | Substitution des 1. Arguments für 2. Argument im 3. Argument | |
| **SUBLIST** | 2 | SUBR | 1. Argument = Liste von gepunkteten Paaren. Im 2. Argument wird für jedes Atom, das als Car in einem Paar des 1. Arguments vorkommt, der zugehörige Cdr eingesetzt. | Kopiert |
| **SASSOC** | 3 | SUBR | 2. Argument = Liste von gepunkteten Paaren. 1. Argument wird als Car eines Paares im 2. Argument gesucht. Im Erfolgsfall: Ergebnis = Paar; im Mißerfolgsfall: 3. Argument, eine Funktion ohne Argument, wird aufgerufen. | Funktional |
| **EFFACE** | 2 | SUBR | Beseitigt 1. Vorkommen des 1. Arguments im 2. Argument (top level). | Physische Änderung, „Pseudofunktion“ |
| **COPY** | 1 | SUBR | Kopiert Argument. | |

Durchgehende Eigenschaft der Listenmanipulationsfunktionen in LISP1.5 ist die auf Listen eingeschränkte Anwendbarkeit. Bis auf die von der Funktion her gegebene Abweichung **SUBST** testen alle Funktionen ein **NIL**-Ende ab. Dadurch sind unangenehme Fehler bei der Anwendung auf allgemeine S-Ausdrücke möglich.

### *5.1.3.2. Prädikate für die Listenmanipulation*

| Name | Argumentzahl | Typ | Aktion | Bemerkungen |
|---|---|---|---|---|
| **ATOM** | 1 | SUBR | Atomtest | |
| **EQ** | 2 | SUBR | Atomgleichheit | Test auf physische Identität der Zeiger |
| **NULL** | 1 | SUBR | **NIL**-Vergleich | Test, ob Zeiger = 0 |
| **EQUAL** | 2 | SUBR | Gleichheitstest | Strukturgleichheit von S-Ausdrücken, **EQ**-Gleichheit von Atomen, numerische Gleichheit von ganzen Zahlen, für Gleitkommazahlen mit Toleranz $3 * 10^{-6}$ |
| **MEMBER** | 2 | SUBR | 1. Argument als Element vom 2. Argument gesucht (top level) | |

### *5.1.3.3. Funktionale (Funktionen mit Funktionen als Argument)*

| Name | Argumentzahl | Typ | Aktion | Bemerkungen |
|---|---|---|---|---|
| **MAP** | 2 | SUBR | Anwendung der Funktion auf Liste und ihre Enden (Cdr) | Ergebnis: **NIL** |
| **MAPCON** | 2 | SUBR | Wie **MAP** | Ergebnis wird aus Teilergebnissen zusammengeschoben (**NCONC**) |
| **MAPLIST** | 2 | SUBR | Wie **MAP** | Ergebnis wird aus Teilergebnissen aufgebaut (**CONS**) |

| Name | Argu-ment-zahl | Typ | Aktion | Bemerkungen |
|---|---|---|---|---|
| **SEARCH** | 4 | SUBR | Im 1. Argument wird Element gesucht, das Bedingung (2. Argument) erfüllt. Erfolgsfall: Auf Element wird Funktion des 3. Arguments angewandt. Mißerfolgsfall: 4. Argument wird mit Argument **NIL** aufgerufen | 2., 3., und 4. Argument sind Funktionen |

Die **MAP**-Funktionale in LISP1.5 bekommen die Parameterfunktion als 2. Argument übergehen.

### *5.1.3.4. Arithmetische Funktionen*

| Name | Argu-ment-zahl | Typ | Aktion | Bemerkungen |
|---|---|---|---|---|
| **ADD1** | 1 | SUBR | Addition von 1 | |
| **DIFFERENCE** | 2 | SUBR | Subtraktion 1. Argument — 2. Argument | |
| **EXPT** | 2 | SUBR | Potenz 1. Argument$^{\text{2. Argument}}$ | 1. Argument darf nicht negativ sein. Ist eines der Argumente Gleitkommazahl, wird mit Logarithmen gearbeitet. |
| **DIVIDE** | 2 | SUBR | Liste aus Quotient und Rest | |
| **LEFTSHIFT** | 2 | SUBR | Verschiebung der Bitfolge nach links oder rechts | |
| **LOGOR** | bel. | FSUBR | Verknüpfung der Bitfolgen durch bitweises „ODER“ | Disjunktion; FSUBR wegen variabler Argumentzahl |

| Name | Argument-zahl | Typ | Aktion | Bemerkungen |
|---|---|---|---|---|
| **LOGAND** | bel. | FSUBR | Verknüpfung der Bitfolgen durch bitweises „UND“ | Konjunktion; FSUBR wegen variabler Argumentzahl |
| **LOGXOR** | bel. | FSUBR | Verknüpfung der Bitfolgen durch bitweises ausschließendes „ODER“ | FSUBR wegen variabler Argumentzahl |
| **MAX** | bel. | FSUBR | Maximum von Zahlen | FSUBR wegen variabler Argumentzahl |
| **MIN** | bel. | FSUBR | Minimum von Zahlen | FSUBR wegen variabler Argumentzahl |
| **MINUS** | 1 | SUBR | Multiplikation mit $-1$ | |
| **PLUS** | bel. | FSUBR | Addition von Zahlen | FSUBR wegen variabler Argumentzahl |

Bekommt eine arithmetische Funktion nicht die erforderlichen Zahlen als Argumente übergeben, so resultiert ein Fehler. Weitere Fehler treten auf, wenn die logischen Funktionen **(LOG ...)** oder **LEFTSHIFT** Gleitkommazahlen verarbeiten sollen, bzw. wenn durch 0 diviert werden soll oder Gleitkommaunterlauf vorkommt.

Die Oktalzahlen (logischen Zahlen) wurden nicht von den ganzen Zahlen unterschieden. Der Typ des Ergebnisses einer Rechnung wurde in üblicher Weise aus den Argumenttypen abgeleitet: Sind alle Argumente ganze Zahlen, dann ist auch das Ergebnis eine ganze Zahl. Tritt auch nur eine einzige Gleitkommazahl unter den Argumenten auf, so ist das Ergebnis eine Gleitkommazahl.

### *5.1.3.5. Arithmetische Prädikate*

| Name | Argument-zahl | Typ | Aktion | Bemerkungen |
|---|---|---|---|---|
| **FIXP** | 1 | SUBR | Test, ob ganze Zahl | |
| **FLOATP** | 1 | SUBR | Test, ob Gleitkommzahl | |
| **GREATERP** | 2 | SUBR | Its 1.A $>$ 2.A ? | |
| **LESSP** | 2 | SUBR | Ist 1.A $<$ 2.A ? | |

| Name | Argument-zahl | Typ | Aktion | Bemerkungen |
|---|---|---|---|---|
| **MINUSP** | 1 | SUBR | Test, ob Zahl < 0 | |
| **NUMBERP** | 1 | SUBR | Test, ob Zahl | |
| **ONEP** | 1 | SUBR | Ist Zahl = 1 ? | Genauigkeit: **EQUAL** |
| **ZEROP** | 1 | SUBR | Ist Zahl = 0 ? | Genauigkeit: **EQUAL** |

Auch die arithmetischen Prädikate (Ausnahme: **NUMBERP**) verlangen Zahlen als Argumente. Die Typen sind mischbar. Gleichheit von Zahlen kann mit **EQUAL** abgefragt werden (**EQ** ist nicht verwendbar).

### 5.1.3.6. *Funktionen, die zur Steuerung des Programmablaufs dienen*

| Name | Argument-zahl | Typ | Aktion | Bemerkungen |
|---|---|---|---|---|
| **AND** | bel. | FSUBR | Wert ist **NIL**, wenn eines der Argumente **NIL** ist, sonst **T**. | Verarbeitung bricht beim 1. Argument, das **NIL** ist, ab. |
| **COND** | bel. | FSUBR | Die Argumente sind Paare: Bedingung — Folge. Die Bedingungen werden sequentiell ausgewertet, bis eine nicht **NIL** liefert, die zugehörige Folge gibt den Gesamtwert. | Steht **COND** nicht im **PROG**, so wird Fehler gemeldet, wenn alle Bedingungen **NIL** liefern. |
| **NOT** | 1 | SUBR | Wert ist **T**, wenn Argument **NIL** ist. | Entspricht **NULL**; Compiler optimiert. |
| **OR** | bel. | FSUBR | Wert ist **T**, wenn eines der Argumente nicht **NIL** ist, sonst **NIL**. | Verarbeitung bricht ab beim 1. Argument, das nicht **NIL** ist. |

| Name | Argument-zahl | Typ | Aktion | Bemerkungen |
|---|---|---|---|---|
| **PROG** | bel. | FSUBR | 1. Argument = Liste von Atomen (= lokale Variable); weitere Argumente, falls Atome, sind Marken, sonst „Anweisungen". Sprünge mit **GO**, Wert ≠ **NIL** mit **RETURN** | Marken dürfen beliebige literale Atome sein, auch lokale Variable |
| **GO** | 1 | FSUBR | Sprung zur Marke | Argument muß Marke im aktuellen **PROG** sein; **GO** darf nur im **PROG**-Niveau oder als Folge in einem **COND** auf **PROG**-Niveau stehen. |
| **RETURN** | 1 | SUBR | Aktuelles **PROG** wird verlassen mit Argument als Wert. | **RETURN** darf an „jedem Punkt" stehen. |

### 5.1.3.7. *Funktionen zur Beeinflussung des Interpreters*

| Name | Argument-zahl | Typ | Aktion | Bemerkungen |
|---|---|---|---|---|
| **COUNT** | 1 | SUBR | Aufstellen eines **CONS**-Zählers mit Grenze (= Argument). | Sind $n$ (= Argument) Aufrufe von **CONS** abgearbeitet worden, erfolgt Fehlerabbruch. |
| **ERROR** | 1 | SUBR | Fehlerfunktion: Drucken einer Nachricht (= Argument) und Rückkehr ins höchste Programmniveau. | |

| Name | Argument-zahl | Typ | Aktion | Bemerkungen |
|---|---|---|---|---|
| **ERRORSET** | 4 | SUBR | 1. Argument: auszuwertender Ausdruck, 2. Argument: erlaubte **CONS**-Zahl, 3. Argument: Nachrichtauswahl (**T** oder **NIL**), 4. Argument: Argument-Liste. Tritt Fehler bei Auswertung vom 1. Argument auf, so ist Gesamtwert **NIL**, sonst (**LIST** (**EVAL** 1. Argument)). Im Fehlerfall werden Variablenbindungen zurückgestellt. | Einrichten von Fehlerbehandlungsniveaus |
| **EXCISE** | — | SUBR | Schafft Platz durch Entfernen des Compilers. | Kann nur einmal aufgerufen werden. |
| **PAUSE** | — | SUBR | Programm wartet. | Weiterverarbeitung nach Druck auf Maschinenknopf. |
| **RECLAIM** | — | SUBR | Auslösung von Garbage Collection, Wert ist **NIL**. | |
| **SPEAK** | 1 | SUBR | Wert: Anzahl der **CONS**-Aufrufe. | Argument ist **NIL**. |
| **TEMPUS-FUGIT** | — | SUBR | Wert: **NIL**, Ausdruck einer Zeitinformation. | |
| **UNCOUNT** | 1 | SUBR | Abstellen des **CONS**-Zählers. | Argument ist **NIL**. |

*5.1.3.8. Basishandlungen des Interpreters*

| Name | Argument-zahl | Typ | Aktion | Bemerkungen |
|---|---|---|---|---|
| **APPLY** | 3 | SUBR | Anwendung der Funktion (1. Argument) auf Argumentliste (2. Argument) unter Beachtung der A-Liste (3. Argument) | Nur für SUBR und EXPR erlaubt, wenn 1. Argument ein Atom. Argumente werden nicht noch einmal ausgewertet. |
| **EVAL** | 2 | SUBR | Auswertung des Ausdrucks (1. Argument) unter Beachtung der A-Liste (2. Argument). | |
| **EVLIS** | 2 | SUBR | Auswertung von Argumentlisten (1. Argument) unter Beachtung der A-Liste (2. Argument). | |
| **FUNCTION** | 1 | FSUBR | Behandlung funktionaler Argumente; Wert: **(FUNARG** Argument A-Liste) | Wichtig für Compilierung und Funktionen als **LAMBDA**-Ausdruck mit globalen Variablen. |
| **PROG2** | 2 | SUBR | 2. Argument ist Wert | |
| **QUOTE** | 1 | FSUBR | keine Auswertung des Arguments. | |
| **SET** | 2 | SUBR | Zuweisung von Wert (2. Argument) zu Variable (1. Argument), die in A-Liste gebunden ist. | Fehler, wenn 1. Argument kein literales Atom; beide Argumente werden ausgewertet. |
| **SETQ** | 2 | FSUBR | Wie **SET** | Wie **SET**, nur 2. Argument wird ausgewertet. |

*5.1.3.9. Arbeit mit der P-Liste von Atomen*

| Name | Argumentzahl | Typ | Aktion | Bemerkungen |
|---|---|---|---|---|
| **ATTRIB** | 2 | SUBR | 1. Argument = Liste oder Atom, 2. Argument = Liste; 2. Argument wird ans Ende der Liste bzw. der zum Atom gehörenden P-Liste physisch angefügt. | Arbeitet vermutlich wie **NCONC**, ohne sofort auf das Ende (Atom) zu testen. |
| **GET** | 2 | SUBR | In Liste bzw. P-Liste des Atoms 1. Argument wird (mit **EQ**) nach 2. Argument gesucht Erfolgsfall: Wert ist nächstes Listenelement; sonst: **NIL**. | Wert: **NIL** ununterscheidbar vom Mißerfolgsfall. |
| **PROP** | 3 | SUBR | In Liste bzw. P-Liste des Atoms 1. Argument wird (mit **EQ**) nach 2. Argument gesucht Erfolgsfall: Wert ist Restliste nach 2. Argument. Mißerfolgsfall: Funktion ohne Argumente (3. Argument) wird aufgerufen. | Wert: **NIL** unterscheidbar vom Mißerfolgsfall. |
| **REMPROP** | 2 | SUBR | In Liste bzw. P-Liste des Atoms 1. Argument wird (mit **EQ**) nach 2. Argument gesucht. Jedes Vorkommen wird, mit zugehörigem nächsten Element entfernt. | Entfernen bedeutet beseitigen, nicht **NIL** setzen. |

Die Menge der Funktionen für die P-Listenarbeit ist überraschend gering. Die üblichen Funktionen wie **CSET, CSETQ, DEFINE, DEFLIST, FLAG** und **REMFLAG** waren nicht implementierte Funktionen, sondern vom Typ **EXPR** bzw. **FEXPR.**

Die Benutzung von **GET** hat den deutlichen Nachteil, daß der Wert **NIL** vom Versagen der Anwendung dieser Funktion (d. h. wenn überhaupt kein passender Indikator existiert) nicht zu unterscheiden ist. Die Folge dieser Tatsache ist, daß die dem Indikator **APVAL** zugehörige Bedeutung, mit der der Interpreter arbeitet, sich ein Niveau tiefer befinden muß.

Im LISP1.5 waren Flags nicht einzelne Elemente in der P-Liste, sondern Paare von Indikator und Bedeutung, wobei die Bedeutung **NIL** war. Aus diesem Grunde war **GET** nicht anwendbar ([MCC62c], S. 60).

### *5.1.3.10. Compiler und zugeordnete Funktionen*

| Name | Argument-zahl | Typ | Aktion | Bemerkungen |
|---|---|---|---|---|
| **COMMON** | 1 | SUBR | Deklarierung von globalen Variablen für die Kooperation von Interpreter und compilierten Funktionen. | Für Variable, die in EXPR gebunden sind und in SUBR verwendet werden und umgekehrt |
| **COMPILE** | 1 | SUBR | Compilierung einer Folge von Funktionen. | „Pseudofunktion" |
| **LAP** | 2 | SUBR | Assemblierung von in LISP geschriebenen symbolischen Programmen. | Assemblernotation mittels Listen |
| **SPECIAL** | 1 | SUBR | Deklarierung von globalen Variablen für die Kooperation von compilierten Funktionen. | Für Variable, die in SUBR gebunden und in SUBR verwendet werden |
| **UNCOMMON** | 1 | SUBR | Aufheben von **COMMON**-Deklarationen. | |
| **UNSPECIAL** | 1 | SUBR | Aufheben von **SPECIAL**-Deklarationen | |

### *5.1.3.11. Ein- und Ausgabefunktionen*

| Name | Argument-zahl | Typ | Aktion | Bemerkungen |
|---|---|---|---|---|
| **READ** | — | SUBR | Ein S-Ausdruck wird von SYSPIT bzw. vom Kartenleser gelesen. | Wert ist eingelesener Ausdruck |
| **PRINT** | 1 | SUBR | Ein S-Ausdruck wird auf SYSPOT bzw. Drucker ausgegeben. | Wert ist das Argument |
| **PRIN1** | 1 | SUBR | Ein Atom wird in den Druckbereich gestellt. | Wert ist das Argument |
| **PUNCH** | 1 | SUBR | Ein S-Ausdruck wird auf SYSPPT bzw. Drucker und Stanzer ausgegeben. | Wert ist das Argument |
| **TERPRI** | — | SUBR | Druckbereich wird als nächste Zeile ausgegeben. | „Pseudofunktion" |

Die Druck- und Einlesefunktionen werden durch Funktionen der Zeichenmanipulation (**ADVANCE, ENDREAD, STARTREAD**) ergänzt. Im Normalfall benutzt der LISP-Programmierer jedoch diese Funktionen nicht und arbeitet mit der vom System automatisch veranlaßten Ein- und Ausgabe im Auswertungszyklus.

Die im LISP1.5 vorgesehenen Funktionen haben einen Mangel, der nur mit Mühe und durch aufwendige Programme auszugleichen ist: Die ausgegebenen S-Ausdrücke müssen nicht einlesbar sein. Dieser schwerwiegende Defekt (erklärlich durch die damals übliche beschränkte Arbeit mit Ein- und Ausgabedateien)

### *5.1.3.12. Funktionen zur Zeichenbehandlung: Einlesen und Verarbeiten*

| Name | Argument-zahl | Typ | Aktion | Bemerkungen |
|---|---|---|---|---|
| **ADVANCE** | — | SUBR | Nächstes Zeichen wird gelesen. Das zugehörige Zeichenobjekt ist der Wert. | **CURCHAR** hat denselben Wert wie (**ADVANCE**); **CHARCOUNT** enthält Spaltennummer. |

| Name | Argument-zahl | Typ | Aktion | Bemerkungen |
|---|---|---|---|---|
| **ENDREAD** | — | SUBR | Rest der Karte wird ignoriert. Wert ist **$EOR$**. | **CURCHAR** ist **$EOR$**, **CHARCOUNT** undefiniert. |
| **ERROR1** | — | SUBR | Aktuelles Zeichen auf Karte wird markiert. | Ist Karte fertig verarbeitet, so wird sie samt Markierungen gedruckt. |
| **STARTREAD** | — | SUBR | Erstes Zeichen auf der nächsten Karte wird gelesen. Das zugehörige Zeichenobjekt ist der Wert. | **CURCHAR** hat denselben Wert wie **(STARTREAD)**; **CHARCOUNT** enthält 1. Besondere Reaktion auf **EOF**. |
| **DASH** | 1 | SUBR | Wert: **T**, falls Argument Minuszeichen, sonst **NIL**. | Argument ist Zeichenobjekt |
| **DIGIT** | 1 | SUBR | Wert: **T**, falls Argument Ziffer (0 bis 9), sonst **NIL**. | Argument ist Zeichenobjekt |
| **LITER** | 1 | SUBR | Wert: **T**, falls Argument Buchstabe, sonst **NIL**. | Argument ist Zeichenobjekt |
| **OPCHAR** | 1 | SUBR | Wert: **T**, falls Argument Zeichen: +, −, / oder *, sonst **NIL**. | Argument ist Zeichenobjekt |
| **CLEARBUFF** | — | SUBR | leert Zeichen-Puffer | |
| **MKNAM** | — | SUBR | Formt aus Zeichen-Puffer einen P-Namen; leert den Puffer. | |
| **NUMOB** | — | SUBR | Formt aus Zeichen-Puffer die entsprechende Zahl. | |
| **PACK** | — | SUBR | Packt Zeichen in Zeichen-Puffer. | Argument ist Zeichenobjekt |

| Name | Argument-zahl | Typ | Aktion | Bemerkungen |
|---|---|---|---|---|
| **INTERN** | — | SUBR | Aus P-Namen wird Atom geformt und in Objektliste gestellt. | Keine Aktion, wenn Atom bereits existiert. |
| **CP1** | 1 | SUBR | Kopiert P-Namen. | |
| **GENSYM** | — | SUBR | Generiert Atom der Form **G00001**; dies ist nicht in Objektliste. | |
| **REMOB** | 1 | SUBR | Beseitigt Atom aus Objektliste. | |
| **UNPACK** | 1 | SUBR | Aus P-Namen wird Liste von Zeichenobjekten erzeugt! | |

ergibt sich aus der Existenz spezieller Atome (durch **$**-Klammerung können Sonderzeichen im Atomnamen stehen: **$$! A + (B)!** wird als **A + (B)** ausgedruckt, denn dies ist der P-Name des Atoms; siehe [MCC62c], S. 84) und der Zeichenobjekte (character objects, vgl. [MCC62c], S. 83ff.).

Die Arbeit mit P-Namen und Zeichen ist deshalb so verwickelt im 7090-LISP1.5, weil die P-Namen aus Worten im FWS bestehen, in denen die internen Zeichendarstellungen dicht gepackt sind, während den Zeichen die Zeichenobjekte entsprechen, die selbst Atome sind und das entsprechende Zeichen als P-Namen haben.

Damit die Zeichenmanipulationsfunktionen mit diesen Zeichenobjekten möglichst schnell arbeiten können, wurde ihnen ein Bereich am Anfang des Speichers zur Verfügung gestellt, so daß jedes Zeichenobjekt die interne Adresse hat, die dem (BCD-)Code des zugeordneten Zeichens entspricht. Da diese Codes numerisch fortlaufend sind, können an den entsprechenden Stellen nur die Atomköpfe stehen, d. h. Atomanzeiger und Zeiger auf die P-Liste. Arbeitet man mit einem Atom, dessen P-Namen aus einem Buchstaben besteht, so verwendet man intern das entsprechende Zeichenobjekt (allerdings ist unklar, wie sich **T** in dieses Schema einordnete). Interessant an dieser Arbeitsweise ist nun, daß die Zeichenobjekte, die den Ziffern 0 bis 9 entsprechen, als Zahlen dargestellt sind, denn sie dürfen arithmetisch verknüpft werden ([MCC62c], S. 85). In diesem Fall befindet sich demnach in dem Wort, das dem Code einer Ziffer entspricht, der Kopf einer Zahl ([MCC62c], S. 41).

Einige Zeichenobjekte können nicht als legale Atomsymbole verwendet werden, nämlich die Syntaxzeichen. Sie können nur mittels der **$**-Klammerung oder über Atome angesprochen werden, deren Wert sie sind. Zu diesem Zweck sind die Atome **DOLLAR, SLASH, LPAR, RPAR, COMMA, PERIOD, DASH, STAR, BLANK** und **EQSIGN** vorhanden.

Auch für die Codes, denen kein Zeichen in externer Darstellung entspricht, gibt es zugehörige Zeichenobjekte. Sie haben einen P-Namen, der sich aus dem Code und einer Klammerung zusammensetzt (z. B. **$IL77$** für die Codekombination 77 (oktal)).

## 5.1.4. Der Interpreter

Der LISP1.5-Interpreter liegt gut dokumentiert vor ([MCC62c], S. 70ff.), obwohl dieses Programm nicht bis ins letzte Komma ernst genommen werden muß.[1]) Er stellt den Prototyp eines Auswertemechanismus dar, der mit Call-By-Value und A-Listenverarbeitung ausgerüstet ist. Die Grobstruktur zeigt drei Funktionen, eine Kombination von **APPLY**, **EVAL** und **EVALQUOTE**. Eine gewisse Zahl von zugeordneten Funktionen (**EVCON**, **ELVIS**, **SASSOC**, **ERROR**, **LIST**, **CONS**, **PAIR**, **NCONC**, **GET**, **MAPLIST** und **CAR-CDR**-Kombinationen) erledigt zweitrangige Aufgaben.

Dem Programmierer tritt die Funktion **EVALQUOTE** entgegen, die die Quotierung der Argumente unnötig macht und mit den zwei Argumenten (Funktion und Argumentliste) entweder **EVAL** (wenn der Funktionstyp **FEXPR** oder **FSUBR** ist) oder **APPLY** (sonst) aufruft.

Die eigentlich zentrale Funktion ist **EVAL**, die zur Auswertung beliebiger Formen benutzt wird. Ihre Argumente sind die auszuwertende Form (der Ausdruck) und die aktuelle A-Liste.

Die Auswertung der Atome ist durch die Suche von Variablen in der A-Liste bzw. die Suche nach dem Indikator **APVAL** in der P-Liste des Atoms gekennzeichnet. Dabei wirkt sich die Anwendung der Funktion **GET** insofern ungünstig aus, daß für die **APVAL**-Bedeutung eine zusätzliche LISP-Zelle benötigt wird (sonst wäre der Wert **NIL** nicht zu unterscheiden von dem Nichtvorhandensein des Indikators). Durch Anwenden der Funktion **CAR** wird der **APVAL**-Wert, der ein globaler Variablen Wert ist, aus dieser Zelle geholt. Die Suche in der A-Liste wird entweder direkt durch **SASSOC** oder durch eine interne äquivalente Funktion bewirkt.

Zahlen werden nicht ausgewertet — sie selbst gelten als Ergebnis der Auswertung.

Die Auswertung von Funktionsaufrufen folgt einem einheitlichen Schema: Mittels **GET** wird nach dem funktionalen Indikator gesucht und mit der gefundenen Bedeutung weitergearbeitet, entsprechend den Richtlinien, die von der Art des Indikators abgeleitet werden können.

---

[1]) „Diese M-Ausdrücke dürfen nicht zu ernst (literally) genommen werden. In vielen Fällen macht das wirkliche Programm eine Speicher- bzw. Sprungoperation, wenn hier Rekursion verwendet wird.“ ([MCC62c] S. 70)

Die Notierung dieses Programms ([MCC62c], S. 71) ist uneffizient und unelegant. Das liegt einerseits an der Absicht, **EVAL** ohne **PROG** zu formulieren, eine Absicht, die für die theoretischen **EVAL**-Funktion ([MCC62c], S. 13) durchführbar und sinnvoll erscheint, bei der Beschreibung des realen Interpreters aber fehl am Platze ist. Andererseits rührt dies her von der Beschreibung von Aktionen, die mit LISP nicht beschreibbar sind.

Bezüglich der Effizienz haben die Verfasser selbst schon vermerkt, daß einzelne Operationen anders implementiert sind, als hier ([MCC62c], S. 70–71) beschrieben. Man kann aber in einem so zentralen Programmteil nicht zulassen, daß ein und dieselbe Liste (die P-Liste der Funktion) viermal mit **GET** durchsucht wird, um einen funktionalen Indikator zu finden.

Ob die aus der Notation folgende Bevorzugung des Indikators **EXPR** beabsichtigt ist, darf bezweifelt werden.

Verbal kann die Vorgehensweise gut beschrieben werden: Bei Funktionen des Typs **EXPR** werden die Argumente ausgewertet, und der **LAMBDA**-Ausdruck, als normale Bedeutung zum Indikator **EXPR**, wird über die Funktion **APPLY** auf die ausgewerteten Argumente angewendet.

Bei **FEXPR**-Funktionen werden aus der Liste der Argumente und aus der A-Liste zwei unausgewertete Argumente hergestellt. Anschließend wird wie bei **EXPR**-Funktionen **APPLY** mit dem **LAMBDA**-Ausdruck als Funktion aufgerufen.

Die Verarbeitung der **SUBR**-Funktionen ist notwendig LISP-fremd notiert. Nach der Auswertung der Argumente und ihrer Verteilung auf Übergaberegister oder -bereiche (es waren nur bis zu 20 zugelassen) wird die Funktion angesprungen. Um die A-Liste zu schützen, wird sie vor dem eigentlichen Aufruf des Maschinencodestücks festgehalten.

**FSUBR**-Funktionen werden nahezu gleich behandelt. Hier sind die Argumente ohne Auswertung bestimmt: Das erste Argument ist die eigentliche Argumentliste, das zweite Argument die A-Liste.

Unverständlich in dem angegebenen Programm ist die besondere Herausstellung von **QUOTE**, **FUNCTION**, **COND** und **PROG**,[1]) wenn die Fußnote beachtet wird. Diese besagt nämlich, daß im praktisch realisierten Interpreter keine besondere Behandlung erfolgt. Man beachte dabei, daß das abgetrennte Bearbeiten von Sonderfällen ein einfaches Effizienzproblem ist, wenn man von dem Problem absieht, daß nach erfolgter Abtrennung der Benutzer die entsprechende Funktion nicht neu definieren kann. Zugegebenermaßen ist dies für die zur Diskussion stehenden Funktionen selten der Fall. Die Effizienzfrage wird beantwortet durch Berechnen des durchschnittlichen Auftretens eines entsprechenden Funktionsaufrufs und die

---

[1]) Die Fußnote bezieht sich vermutlich nur irrtümlich nicht auf **COND**.

Zahl der erforderlichen Befehle. Durch die mehrfachen **GET**-Operationen ist allerdings der Code bereits so schlecht geworden, daß derart feine Überlegungen nicht sinnvoll sind und eine Änderung nur eine weitere Verschlechterung mit sich bringt. (Auch die oft auftauchende Funktion **QUOTE** wird auf langsame Art bearbeitet, die zwei Vergleichsbefehle beeinflussen die übrigen Fälle unwesentlich.)

Funktionen ohne Indikator werden als lokale gebundene Variable angesehen und in der A-Liste gesucht. Wird auch hier nichts gefunden, so resultiert ein Fehler.

Wird ein Ausdruck ausgewertet mit einem allgemeinen Ausdruck in funktionaler Stellung, so wird dieser auf die Liste der ausgewerteten Argumente mittels **APPLY** angewandt. Es scheint aber sehr problematisch, die Argumente auszuwerten, bevor der Typ der berechneten Funktion bekannt ist — zudem widerspricht dies dem Verhalten bei Funktionsvariablen.

**APPLY** arbeitet mit drei Argumenten: Funktion, Argumentliste und A-Liste. In **APPLY** wird die Argumentliste bzw. werden die Argumente nicht ausgewertet. Die Funktion darf nicht vom Typ **FSUBR** oder **FEXPR** sein.

Recht unverständlich[1]) ist die erste Programmzeile in der Funktion **APPLY**: steht **NIL** in funktionaler Stellung, ist der Gesamtwert **NIL**. Die Programmierpraxis zeigt aber, daß **NIL** als Funktion nur auftaucht, wenn ein semantischer Fehler vorliegt. Es wäre besser, an dieser Stelle den Fehler zu melden, als den Konfliktfall weiter zu verschleppen.

Liegt ein Atom als Funktion vor, so wird nach dem Indikator **EXPR** gesucht und **APPLY** erneut auf die zugeordnete funktionale Bedeutung und die beiden übrigen Funktionen angewandt. Falls dieser Indikator nicht gefunden wird, schließt sich die Suche nach **SUBR** an. Die Behandlung dieses Falls ähnelt sehr der Verfahrensweise in **EVAL**, mit der Ausnahme, daß die Argumente nicht ausgewertet werden.

In allen anderen Fällen wird das als Funktion auftretende Atom in der A-Liste gesucht und erneut **APPLY** aufgerufen. Ähnlich wie in **EVAL** wird ein Fehler angezeigt, wenn keine lokale Bindung für das Atom existiert.

**APPLY** erlaubte vier verschiedene Arten von nichtatomaren Ausdrücken als Funktionen: **LAMBDA**-Ausdrücke, **LABEL**-Ausdrücke, **FUNARG**-Ausdrücke und allgemeine Formen, die durch Auswertung auf eine Funktion führen.

Die **LAMBDA**-Ausdrücke lösen die grundlegenden Handlungen der Variablenbindung aus: Bevor der Körper des **LAMBDA**-Ausdrucks als auszuwertende Form der Funktion **EVAL** übergeben wird, werden die **LAMBDA**-Variablen mit den Argumenten je nach ihrer Stellung gepaart und in die

---

[1]) Auf gleicher Ebene liegen neuere Festlegungen, z.B. in MACLISP ([WHI77], S. 8), wonach Car und Cdr von **NIL** wieder **NIL** sind.

A-Liste gestellt. Die Ablösung der Bindung erfolgt schnell und einfach beim Verlassen von **APPLY**: Der Anfang der A-Liste war aufgehoben (gemerkt) worden und wird wieder als solcher verwendet, d. h., der vorübergehend aktive Teil wird regelrecht abgehängt. Diese Vorgehensweise zeichnet sich also durch die unkomplizierte Art aus, mit der die Variablenbindung ausgelöst bzw. aufgehoben wird.

**LABEL**-Ausdrücke sollten verwendet werden, wenn man implizit Funktionen in der Form von **LAMBDA**-Ausdrücken verwendet, die rekursiv sind. Um den Wiederaufruf zu ermöglichen, bekommt die Funktion einen lokalen Namen. Dieser wird, zusammen mit seinem Wert, dem **LAMBDA**-Ausdruck, in die A-Liste gestellt. Die notierte Verarbeitung mutet etwas ungeschickt an: Mit **LAMBDA**-Ausdruck, der Argumentliste und der veränderten A-Liste wird erneut **APPLY** angesprungen, statt sofort weiterzuarbeiten. Allerdings muß die Beschreibung gerade an dieser Stelle nicht das wirkliche Verhalten schildern, weil z. B. **LABEL** ([MCC62c], S. 101) der Indikator **FSUBR** zugeschrieben wird.

Die **FUNARG**-Ausdrücke erlauben die korrekte Lösung des Variablen-Umgebungs-Problems im A-Listen-Interpreter. Mit ihrer Hilfe ist es möglich, Funktionen, die in einer bestimmten Umgebung von globalen Variablen definiert wurden (das Problem steht also nur für implizite Funktionen in der Form von **LABEL**- bzw. **LAMBDA**-Ausdrücken; „definieren" heißt in diesem Zusammenhang: als funktionales Argument binden) sowohl in tieferen Verschachtelungen (innere **LAMBDA**-Bindungsbereiche oder **PROG**-Blöcke) als auch in äußeren Bindungsumgebungen (innen definierte Funktion als Wert nach außen gegeben) so abzuarbeiten, daß die Variablenumgebung zur Definitionszeit benutzt werden kann.

Zu diesem Zweck enthält der **FUNARG**-Ausdruck neben der Funktion die A-Liste der Definitionsumgebung. Diese wird während der Anwendung der Funktion auf die Argumente als gültige A-Liste benutzt.

Die Verarbeitung allgemeiner Formen durch **APPLY** erfolgt unproblematisch einfach: Die Form wird ausgewertet, und mit dem Ergebnis wird **APPLY** erneut aufgerufen. Die Argumente werden nicht mehr geändert.

Es ist reizvoll, diesen unvollständigen LISP1.5-Interpreter aus dem LISP1.5 Manual mit einem wirklich verwendeten Programm zu vergleichen: mit dem von R. A. Saunders vorgelegten Interpreter für das Q-32-LISP, das compiliert und in das Gesamtsystem eingefügt worden ist ([BB64], S. 384).

Es ist erstaunlich, wie viele Ähnlichkeiten dieses korrekt ausformulierte Programm zu dem in M-Sprache geschriebenen LISP1.5-Interpreter aufweist. Leider ist allerdings kein **APPLY** dabei. Die Atomauswertung unterscheidet sich (an der Marke V) nur durch die Aufnahme weiterer Sonderfälle und allerdings durch die Bevorzugung der lokalen vor der globalen Bindung.

Die Behandlung atomarer Funktionen konnte im Q-32-LISP ausformuliert werden (übrigens ebenso wie die Ermittlung der globalen Atombindung), weil die Funktion **CAR**, auf Atome angewandt, die Wertzelle bzw. die Funktionsdefinition beschafft. Nur die in LISP nicht ausdrückbare Aktion des Funktionsaufrufs der implementierten **SUBR**-Funktionen wird mit einer hier undefinierten Basisfunktion (***EVQ**) erledigt.

Die Schwäche, eine Form in funktionaler Stellung mit den ausgewerteten Argumenten weiter zu begleiten, teilt der Q-32-Interpreter mit dem **EVAL** aus [MCC62c]. Dagegen scheint die Behandlung von **LAMBDA**-Ausdrücken, die unausgewertete Argumente übergeben bekommen, allenfalls sinnvoll im Zusammenhang mit der Annahme, daß sie nur vermittels **EXPR**- oder **FEXPR**-Definitionen auftauchen. Steht jedoch im **FUNARG**-Ausdruck ein **LAMBDA**-Ausdruck, so bekommt diese Funktion ihre Argumente in der Tat unausgewertet — eine sicher unerwünschte Konsequenz.

### 5.1.5. Der Compiler

Der von T. P. Hart und M. I. Levin nach Auseinandersetzung mit dem LISP 1-Compiler von R. Brayton entwickelte Compiler ist in LISP geschrieben worden ([MCC62c], S. 76). Anschließend war er in einem Bootstrap-Verfahren durch sich selbst compiliert worden. Dieser Vorgang dauerte auf der IBM7090 5 Minuten. Das Resultat, der Assemblercode, wurde, wenn ein Systemband erstellt wurde, eingelesen und in Maschinencode übersetzt. Diese Prozedur war zu jener Zeit eine unerhörte und einmalige Sache. Auch heute ist sie nur mit wenigen Programmiersprachen durchführbar.

Dieser Compiler ist der Stammvater einer ganzen Familie von LISP-Compilern. Seine exakte Form ist nicht bekannt, jedoch läßt er sich aus den verfügbaren Quellen, dem von R. A. Saunders veröffentlichten Compiler-Listing für den Q-32 [SAU64c] und dem leicht zugänglichen Listing des STANFORD LISP/360 verläßlich rekonstruieren.

Seine äußere Form ist gegeben durch die Aufteilung des eigentlichen Compilers in Vorpaß, Code-Generator und Assemblerprogramm **LAP**.

Der Vorpaß übernimmt die Arbeit der Erkennung globaler Variabler und ihrer Kennzeichnung, damit der Code-Generator hier keine Mühe mehr hat. Funktionen, die Variablen enthalten, die für andere Funktionen global sind, werden so umgeformt, daß die Aufrufe der Funktionen für die Errichtung und Auflösung der Bindungen in den Quelltext (d. h. in die Listenstruktur des **EXPR**) aufgenommen werden. Im Vorpaß werden funktionale Argumente mit impliziten Funktionsdefinitionen (Ausdrücke der Form **(FUNCTION (LAMBDA...))** oder **(FUNCTION(LABEL ...))** ) aus dem Zusammenhang herausgelöst, als selbstständige Funktion übersetzt und wie eine unabhängige Funktion behandelt. Der generierte Name für diese Funktion wird dann an der Stelle verwendet, wo die implizite Definition stand. Da einerseits der Name nicht vorhergesagt werden kann und andererseits die Variablenumgebungen nun völlig getrennt sind (deshalb müssen alle Variablen in der impliziten Definition, die dort nicht unmittelbar gebunden sind, ebenfalls als global deklariert werden), können Verwendungen von funktionalen Argumenten dieser Art nur unbequem verwaltet werden und werden deshalb tendenziell eher durch explizite Definitionen und Zitierung des Namens bereinigt.

Der Vorpaß sorgt weiterhin für die korrekte Verbindung zu Funktionen des **FSUBR**-Typs (kuriose Besonderheit: für Funktionen des **FEXPR**-Typs gibt es keine Vorkehrungen), behandelt die wichtigsten Funktionen dieser Art dabei direkt, überträgt einige Funktionen (etwa **SELECTQ** oder **CONC**) in äquivalente Formulierungen und nimmt durch Beseitigung einfacher Rekursionen eine gewisse Quelltextoptimierung vor.

Der Hauptpaß, der Code-Generator, ist in fünf wesentliche Teile gegliedert: Ein Teil, die Funktion **COMVAL**, steuert die Verarbeitung des gesamten Programms und wird auch sonst immer benutzt, wenn Argumentausdrücke allgemeiner Art (d. h. Formen) zu übersetzten sind. Die Funktion sorgt für die offene Compilierung von **SETQ**, stößt die offene Compilierung von **AND**-, **OR**-, **COND**- und **PROG**-Aufrufen an und teilt die gewöhnlichen Ausdrücke in Funktion und Argumentteil. Durch ein Zusammenspiel zweier Unterfunktionen (die fallweise **COMVAL** wiederaufrufen), von **COMLIS**, das für die Übersetzung der Argumentfolgen verantwortlich ist, und **CALL**, das die eigentliche Parameterübergabe und die Befehlsfolge zum Funktionsaufruf generiert, wird die Bearbeitung im allgemeinen Fall bewältigt. Als weitere Sonderfälle werden **GO** (wenn es in **COMVAL** auftaucht, gilt dies als fehlerhafter Gebrauch) **RETURN**, **LIST** und die Funktionen für die Variablenbindung angesehen.

**CALL** muß als zweiter wichtiger Teil bezeichnet werden, da die Übersetzung von Funktionsaufrufen offenbar das Herzstück des Ganzen darstellt. Hier wären auch Verbesserungen anzubringen, wollte man etwa **CAR** und **CDR** in offene Unterprogramme umsetzen.

Die weiteren Hauptteile des Code-Generators sind die Programmstücke für die offene Compilierung von **PROG** (**COMPROG**), **COND** (**COMCOND**) sowie von **AND** und **OR** (**COMBOOL**). Sie verwenden für ihre Arbeit die schon erwähnten zwei Programmteile, haben daneben eine Reihe von Unterfunktionen für den Zweck, Bedingungen ökonomisch zu übersetzen (**COMPACT**, **CEQ**). Die Funktion **COMCOND** (für **COND**-Verarbeitung) enthielt besondere Vorkehrungen für die Behandlung von „auslaufenden Aktivierungen von **COND**“, d. h. Aufrufen von **COND**, die keine Sicherung dagegen enthielten, daß alle Bedingungen falsch sind. Diese Operation konnte abgestellt werden, wenn **COMCOND** von **COMPROG** aus aufgerufen wurde, wenn sich also der **COND**-Aufruf im **PROG** befand. Durch passende Parameterübergabe zwischen **COMVAL** und **COMPROG** hatte man damit keine Schwierigkeiten.

In **COMPROG** selbst werden zu Anfang Befehle generiert für die Initialisierung der **PROG**-Variablen mit **NIL**, danach die Marken in eine Markenliste gesammelt. Durch die Bindung dieser Markenliste als lokale Variable in **COMPROG** wurde auf einfache Art abgesichert, daß keine Sprünge aus einem **PROG**-Niveau übersetzbar waren. Die Übersetzung der Ausdrücke im **PROG**-Körper wurde im Normalfall über **COMVAL** abgewickelt, nur **COND**-Ausdrücke lösten den direkten Ruf von **COMVAL** aus.

Die Technik der Argumentbehandlung von Funktionsaufrufen scheint schon damals auf Kosten der richtigen Übersetzung von Argumenten mit Seiteneffekten vorgenommen worden zu sein: Dadurch, daß quotierte oder atomare Argumente nicht in temporären Speicherbereichen gerettet wurden, sondern bei der Argumentübergabe erst geladen wurden, war es möglich (im Unterschied zu der Verfahrensweise im Interpreter), vordere Argumente durch später auftauchende **SETQ**-Aufrufe zu ändern.

Eine wesentliche Idee in diesem Compiler war die, Begrenzungsmarken zu verwenden, die gleichzeitig für den Wert eines Teilausdrucks und für den Ort verwendet wurden, an dem dieser Wert vorliegt. Für einen normalen Argumentausdruck, der selbst wieder Argumentausdrücke enthielt, wurde die Begrenzungsmarke nur als Wertbezeichnung im Compiler verwendet. Unter ihrem Namen wurde in einer Liste, die die temporären Speicherplätze beschrieb, die Adresse festgehalten, wo der Wert abgelegt wurde.

Wenn der Ausdruck jedoch ein **COND**- oder **PROG**-Ausdruck war, so wurde die Begrenzungsmarke direkt in den Objekttext (**LAP**) abgesetzt und hatte neben der Funktion, Bezeichnung für den Wert des Ausdrucks zu sein, noch die, als Endemarke für alle Sprünge aus dem Ausdruck heraus zu dienen.

War das Objektprogramm, ein assemblerähnlicher Code, fertig generiert, so übernahm **LAP** (LISP assembly program) die Steuerung, erzeugte den Maschinencode, ordnete ihn in den BPS an und veränderte die P-Liste der nun übersetzten Funktion so, daß künftige Aufrufe sie als **SUBR** benutzen konnten.

Insgesamt stellte dieser Compiler eine beachtliche Leistung dar, deren Voraussetzung in der Arbeit R. Braytons allerdings noch nicht geklärt ist.

Wie die Anmerkungen in einigen Veröffentlichungen zeigen, waren allerdings noch lange Zeit Fehler vorhanden (siehe z. B. [MOS66]).

## 5.2. MACLISP

MACLISP ist die Bezeichnung für die am MIT benutzten LISP-Systeme. Neben lokalen Weitergaben [WHI77] existiert nur ein System, das von einem MACLISP-Standard ausgeht und ihn erreichen will [LAU76]. Das Reference Manual [MOO74] stellt die Hauptinformationsquelle über dieses System dar. In jüngster Zeit haben G. L. Steele und J. L. White einige Beschreibungen innerer Details veröffentlicht. MACLISP wird heute wesentlich benutzt für Aufgaben der Formelmanipulation [BOG75], der automatischen Programmierung [MART74] und für die Programmierung in Bereichen der künstlichen Intelligenz (vgl. [HEW71c, SUS71, WINO71]).

### 5.2.1. Die Umgebung des MACLISP-Systems: Anlagen, Peripherie, Betriebssysteme

Die drei MACLISP-Implementationen laufen auf zwei verschiedenen Rechnern unter drei verschiedenen Betriebssystemen: Eine Variante, gewissermaßen das Stammsystem, arbeitet auf einer pdp-10 unter dem Time-Sharing-System ITS [EAS72], die zweite, ebenfalls auf der pdp-10, läuft in dem von der Herstellerfirma gelieferten Betriebssystem TOPS-10 [DECU] und die dritte Variante arbeitet im System MULTICS, [MUL73, COR65], dessen Rechnerkern gegenwärtig eine Honneywell H6180 ist. Die Varianten unterscheiden sich hauptsächlich durch die vom Betriebssystem bereitgestellten Möglichkeiten. Neben den für den Nutzer unwichtigen Differenzen in der Implementierungstechnik liegen daher die wichtigsten Unterschiede in der Ein- und Ausgabe.

Die pdp-10 ist ein Rechner der dritten Generation, der sich auszeichnet durch seine Eignung für Time-Sharing und Listenverarbeitung. Ein ungewöhnlich großes Befehlsangebot (310 Instruktionen) macht diesen Rechner für den Programmierer interessant [DECA].

Gegenwärtig gibt es drei Typen von pdp-10-Prozessoren: KA10, KI10 und KL10. Die letzteren sind schneller und leistungsfähiger, außerdem bieten sie ein etwas größeres Instruktionsrepertoire [BEL78]. Alle Prozessoren verarbeiten Worte von 36 Bits, die in einem Speicher untergebracht sind, dessen maximale Kapazität vom Prozessor abhängt. Intern verwenden die Prozessoren 18-Bit-Adressen und können so 265 K Worte verwalten (Nutzerraum). Dies ist für den KA10 der gesamte Adressraum, im KI10 und

KL10 ist dies aber nur der virtuelle Adressraum, der für ein einzelnes Programm verfügbar ist. Der physische Speicher kann bis zu 4M Worte umfassen ([DECA], S. 5).

Die Geschwindigkeit hängt von der konkreten Ausrüstung ab — es gibt unterschiedliche Speichertypen. Für den KA10 darf eine Zykluszeit von 1 μs und eine mittlere Befehlsausführungszeit (für einen Ladebefehl) von 2,8 μs erwartet werden. Die entsprechenden Daten für den KI10 sind: 1 μs, 1,5 μs (KL10 ist fünfmal schneller). Über die auf der pdp-10 (heute meist DEC-10) arbeitenden Betriebssysteme ist bei weitem nicht soviel veröffentlicht worden wie über das System MULTICS.

ITS [EAS72] ist der von den Programmierern des Laboratoriums für künstliche Intelligenz erstellte (lokale) Nachfolger für das CTSS[1]). Es hat eine extrem kurze Antwortzeit, wie es die Verhältnisse beim Betrieb von Robotern und ähnlichen Geräten verlangen. Die verarbeitbaren Dateien können auf allen Geräten liegen, die sequentielle Dateien aufnehmen können. Nur ganz geringe Vorsorge ist getroffen worden, um Direktzugriffsdateien in das LISP-System einzuordnen. Demgegenüber ist der Arbeit mit Terminals (Displays) große Aufmerksamkeit gewidmet worden. Eine ganze Reihe von verschiedenen derartigen Geräten ist insbesondere in der ITS-Implementation verfügbar ([MOO74], S. 152). ITS ermöglicht darüber hinaus (Subsystem Moby IO) sogar die Bildausgabe. Es enthält Möglichkeiten zur Echtzeitkontrolle bestimmter Geräte (Roboter) und bietet Zugriff zu einer großen Palette gewöhnlicher und ungewöhnlicher externer Geräte (Fernsehkameras, mechanische Hände, Bildschirme usw.; [MOO74], S. 170).

TOPS-10 ist ein Betriebssystem, das sowohl Time-Sharing als auch Batch-Multiprogramming-Subsysteme besitzt [DECU]. Es ermöglicht den Nutzern die interaktive Arbeit an Terminals und erlaubt die übliche freie Arbeit mit Dateien (Files). Es ist allerdings nicht seitenorientiert ([WHI77], S. 6).

MULTICS [MUL73] ist, zum Unterschied von den erwähnten beiden Betriebssystemen, international berühmt, viel besprochen und über viele Veröffentlichungen weithin bekannt. Es wurde am MIT als Nachfolger des CTSS seit 1965 entworfen und läuft seit etwa 1967. Zunächst für die GE645 implementiert (allerdings wurde, um möglichste Rechnerunabhängigkeit zu erreichen, PL/I verwendet), ist es seit 1974 auch auf dem Honeywell H6180 verfügbar (aus dem GE645 war nach der Fusion von General Electric mit Honeywell die H645 geworden). Diese neue Anlage scheint wesentlich mit dem Blick auf MULTICS entworfen zu sein, und viele vorher programm-

---

[1]) CTSS: *C*ompatible *T*ime-*S*haring-*S*ystem, ITS: *I*ncompatible *T*ime-Sharing-*S*ystem.

technisch erledigte Dienste führt nun die Maschine selbst im Hardware-Niveau aus [LAB12, 13]. Damit ist das Betriebssystem von der Anlage nicht mehr zu trennen, und nur konsequent spricht Toshiaki Kurokawa in seinem Vergleich verschiedener LISP-Systeme [KUR76d] von der „MULTICS-Maschine".

Nach seinen Angaben erreichte die MULTICS-Maschine eine Zykluszeit von 0,5 μs und eine durchschnittliche Abarbeitungsrate von 650000 Operationen in der Sekunde ([KUR76d], S. 1057). Für LISP weiterhin wichtig sind die vielfältigen File-Mechanismen, die das Betriebssystem bereitstellt und der praktisch unbegrenzte Speicher. „In der MULTICS-Implementation gibt es immer genug Platz, so daß der Fehler ‚Speicher erschöpft' nie vorkommt." ([MOO74], S. 105).

Die File-Orientierung der Betriebssysteme macht sich auch im LISP bemerkbar. So geht beispielsweise der Compiler davon aus, daß ein File in das LISP-System eingelesen wird. Dieses File besteht aus Deklarationen, Funktionsdefinitionen oder anderen LISP-Ausdrücken. Bei der Übersetzung wird dann ein File von compilierten Funktionen aufgebaut und ausgegeben, das später insgesamt geladen wird.

Die Peripherie der Anlagen am MIT entspricht dem internationalen Standard und geht darüber hinaus, wenn die verschiedenen Geräte im Labor für künstliche Intelligenz betrachtet wird. Dabei sind die Geräte für interaktive Arbeit für den Nutzer besonders wichtig. Es würde jedoch zu weit führen, sie alle hier zu erwähnen.

### 5.2.2. Datentypen, Speicherplatzverwaltung, Garbage Collection

Bei allen MACLISP-Implementationen sind die dem Programmierer verfügbaren Datentypen gleich. Allerdings kann die Verfügbarkeit durch unterschiedliche Basisfunktionen differieren (gute String-Manipulation z. B. nur in der MULTICS-Version).

In Erweiterung des Angebots von LISP1.5 bietet MACLISP neue Datentypen an. Um eine Systematik in diese zu bringen, hat man *atomare, nicht-atomare* und *zusammengesetzte* Datentypen unterschieden.

Atomare Datentypen sind Zahlen, Atomsymbole (literale Atome), Zeichenketten und **SUBR**-Objekte.

Zahlen können durch drei Typen von atomaren Objekten dargestellt werden: Es gibt *Fixnums, Flonums* und *Bignums*. Während Fixnums ganzen Zahlen entsprechen, soweit diese intern in einem Maschinenwort Platz finden, sind Flonums Gleitkommazahlen. Genauigkeit und Wertebereich der Flonums hängen von der Maschine ab (8 Bit für Exponent, 27 Bit für Mantisse). Bignums sind beliebig große ganze Zahlen. Es ist praktisch unmöglich, einen Überlauf in der Bignum-Arithmetik zu erzeugen, da diese durch Listen von Teilwerten dargestellt werden. Geht man davon aus, daß die größte Fixnum auf der pdp-10 bereits $2^{35}-1$ ist, so kann man ableiten, daß eine Bignum aus zwei Elementen bereits bis $2^{70}-1$ reicht. Da in den MACLISP-Systemen immer mindestens 256K Worte verfügbar sind, kann man leicht die in diesem Bereich darstellbare größte Bignum ausrechnen. Sie ist unvorstellbar groß und wird praktisch nie auftreten. Die Syntax der drei numerischen Datentypen unterscheidet sich nicht von der in LISP1.5 angegebenen. Bignums sind einfach ganze Zahlen (Integers), die nicht als Fixnums darstellbar sind.

Zeichenketten haben 0 und mehr Zeichen. Sie werden benutzt, um Nachrichten intern festzuhalten oder wenn ein Text mittels Listenverarbeitung nicht günstig verarbeitet werden kann. Dann lohnt es sich, zur Zeichenkettenverarbeitung zu greifen, die allerdings nur in der MULTICS-Implementation verfügbar ist.

Die normalen Atome, auch *Atomsymbole* oder *literale Atome* genannt, sind in der üblichen Art verfügbar. Eine Längenbegrenzung der Atomnamen ist nicht bekannt. Atome mit sehr langen Namen sollte man aber besser als Zeichenketten einführen. Hat ein Atom einen Namen, der kürzer als zwei Zeichen ist, so wird es *Zeichenobjekt* genannt.

Die Atome sind intern nicht in einer Liste oder in einer Liste von Hash-Buketts verfügbar, sondern in einem speziellen, mit Hash-Funktionen zugreifbaren Feld (Obarray). Der Nutzer kann dieses Feld austauschen und eigene Verwaltung der Atome durchsetzen.

Der letzte der atomaren Datentypen, der **SUBR**-Objekt-Typ, wird für die Eigenschaft der implementierten bzw. compilierten Funktionen benutzt. Ein **SUBR**-Objekt stellt den ausführbaren Maschinencode dar. Er läßt sich nicht manipulieren; nur der Zeiger auf den Code ist nützlich.

Einziger nichtatomarer Datentyp sind die Listenzellen oder gepunkteten Paare oder, wie in MACLISP formuliert wird, das *Cons*. Es ist, nicht anders als in LISP1.5, eine Struktur, die zwei Komponenten enthält, die von beliebigem Typ sein dürfen.

Die kompositen Typen bestehen aus drei Arten. Wir unterscheiden Felder (arrays), Dateien (files) und Listenvektoren (hunks).

Felder sind Gesamtheiten beliebigen LISP-Objekte. Sie werden als Folgen von Zeigern dargestellt. Es sind beliebig viele Dimensionen erlaubt. Der Zugriff zu einem Feld erfolgt über ein Atom, das in der P-Liste eine Eigenschaft beim Indikator **ARRAY** hat. Für den Nutzer ergeben sich kaum Notationsunterschiede etwa zu ALGOL60, wenn zugegriffen wird. Das Speichern erfolgt mit Hilfe der Funktion **STORE**. Felder können nicht ein-

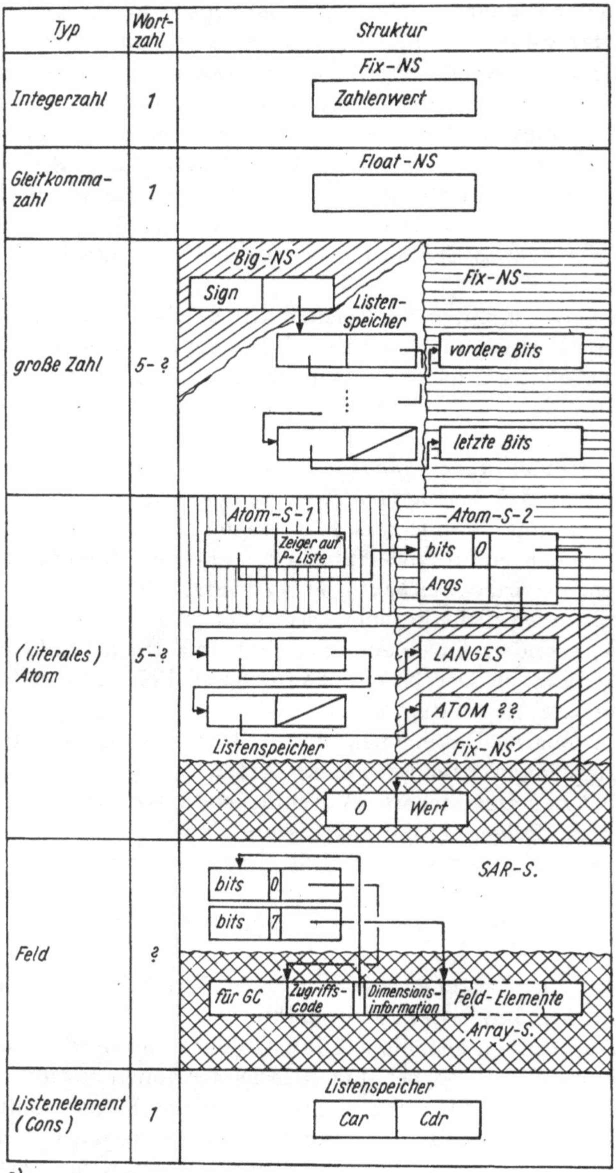
Typ
Wort-zahl
Struktur
Integerzahl
1
Fix-NS
Zahlenwert
Gleitkomma-zahl
1
Float-NS
große Zahl
5-?
Big-NS
Sign
Listen-speicher
Fix-NS
vordere Bits
letzte Bits
(literales) Atom
5-?
Atom-S-1
Zeiger auf P-Liste
Atom-S-2
bits
0
Args
LANGES
ATOM ??
Listenspeicher
Fix-NS
0
Wert
Feld
?
SAR-S.
bits
0
bits
7
für GC
Zugriffs-code
Dimensions-information
Feld-Elemente
Array-S.
Listenelement (Cons)
1
Listenspeicher
Car
Cdr

a)

| Typ | Wortzahl | Struktur |
|---|---|---|
| Pointer-Objekt (Listenelement, Atom etc.) | 1 | segment number / ring number / type bits / 043 tag<br>word number / 0 |
| Zahl (Integer oder GKZ) | 1 | not used / not used / type bits / 047 tag<br>Zahlenwert |

b)

Abb. 24. Datenstrukturrepräsentation in MACLISP
a) Datenstrukturrepräsentation in BIBOP-MACLISP [STE77b]
b) Datenstrukturrepräsentation in MULTICS-MACLISP ([KUR76d], S. 128)

gelesen werden, sondern nur gebildet, benutzt und vernichtet ([MOO74], S. 5ff).

Die File-Objekte beziehen sich auf sequentielle Dateien in der „externen Welt". Sie haben Attribute (wie z. B. den Namen, die **EOF**-Adresse, die Zeilenlänge usw.) und können eröffnet (d. h. das Objekt wird gebildet) und geschlossen (d. h. vernichtet) werden. Die Zeichenfolge in der externen Welt kann gelesen oder geschrieben werden.

Alle Datentypen werden auf drei verschiedene Arten intern dargestellt. Auch die Speicherverwaltung läuft in drei Varianten ab. Während bis 1973 nur eine Variante existierte (MACLISP unter ITS mit einer zu LISP1.6 vergleichbaren Verfahrensweise), kam im Laufe jenes Jahres die MULTICS-Version hinzu und 1974 die seitenorientierte Version (BIBOP). Unter TOPS läuft nur die alte Version, während unter ITS damit zwei verschiedene Systeme verfügbar sind.

Wichtigster Unterschied zwischen MULTICS- und pdp-10-Versionen ist die Größe des Adressraums: Während das Betriebssystem MULTICS einen nahezu unbegrenzten Adressraum zur Verfügung stellt (Adresse 35 Bit), arbeiten die beiden pdp-10-Varianten mit einem 256-K-Speicher (Adresse 18 Bit). BIBOP-Version und MULTICS-Version ist aber die Tendenz gemeinsam, daß das Garbage Collection eher ein Mittel ist, das Wachstum des gesamten Speichers zu Gunsten seiner ökonomischen Ausnutzung zu bremsen als an einer Grenze anzuhalten. Hat man nämlich auf allen Seiten ein paar Stücke aktiver Speicherstrukturen, so wächst der Organisationsaufwand zu sehr, die Verarbeitung verlangsamt sich.

Die Aufteilung des Speichers ist in der MULTICS-Version und in der früheren pdp-10-Version recht ähnlich. Sie lehnt sich an die Festlegungen in LISP 1.5 an. Der Speicher ist in Bereiche unterteilt, die im Hinblick auf das

Garbage Collection festgelegt wurden. So unterscheidet man in der MULTICS-Version den Sektor für Listen, in den alle gepunkteten Paare, Listen, Atome, P-Namen, Bignums und Zeichenketten angeordnet werden, den für permanente Informationsblöcke (static storage) für Felder, Files und Verbinder zu compilierten Funktionen und zwei Kellerspeicher (ein Keller, in dem LISP-Objekte während des Garbage Collection gerettet werden, ist **markedpdl**, und ein Keller für reine Steuerinformationen ist **unmarkedpdl**). Für Zahlen gibt es keinen gesonderten Bereich, da diese über virtuelle Zeiger implementiert sind.

In der älteren pdp-10-Version gibt es, ähnlich wie in LISP1.5, den Listenspeicher (free-storage) für Listen und Atome, den Speicher für Informationen, die das ganze Maschinenwort belegen (FWS), d. h. für Zahlen, P-Namen und Zeichenketten, dann den Bereich für compilierte Funktionen und Felder (BPS) und schließlich die zwei Kellerspeicher (normaler Steuerungskellerspeicher, der auch temporäre Listen enthält und Spezialkellerspeicher, in dem die Variablenbindungen — die **SPECIAL**-Zellen — gerettet werden).

Über die interne Darstellung der Datentypen ist bezüglich der MULTICS-Version recht wenig bekannt. Die ältere MACLISP-Version arbeitet mit ähnlichen Formaten wie STANFORD LISP1.6.

Aufteilung und Darstellung im Fall der BIBOP-Version sind durch STEELE recht gut beschrieben worden [STE77b].

Hier ist der Speicher in typenreine Seiten aufgeteilt. Aus der Adresse kann ein Zeiger in eine Seitentabelle abgeleitet werden, woher Information über Typen beschafft werden kann. Die Seiten unterschiedlicher Typen können bunt durcheinandergemischt sein. Folgende Seitensorten sind möglich: Für Listen und gepunktete Paare (list), für ganze (fixnum) und Gleitkommazahlen (flonum), für die Wurzelzellen von Bignums (bignum) — die Zahl selbst wird von einer Liste aus Fixnums gebildet —, für Atome zwei verschiedene Teiltypen: einmal die Atomwurzel mit Zeigern auf P-Liste und Atomblock und zum zweiten dieser Block mit Zeigern auf Wertzelle (die in Seiten des abgetrennten **VALUE**-Typs liegen), auf P-Namen (wie Bignum eine Liste von Flonums) und anderen Informationen.

Felder werden auch in zwei Teilen abgespeichert: Die Feldbeschreibung (special array cell, SAR) aus zwei Worten macht den einen Teil aus, der Block von Daten den anderen Teil; der letztere steht im Bereich der compilierten Funktionen. Auch die Hunks, die Zeigerfolgen, die zwischen gepunkteten Paaren und Felder stehen, werden auf eigenen Seiten abgespeichert.

Das Spektrum der Datentypen wird komplettiert durch die verschiedenen Kellerspeicher: Neben dem üblichen Keller für Kontrollinformationen und dem für die Variablenbindungen verfügt MACLISP noch über zwei Zahlenkeller (jeweils für ganze und Gleitkommazahlen) für die schnelle Arithmetik ([MOO74], S. 114).

Die eigentliche Verwaltung des Speicherplatzes, die zum Aufruf des Garbage Collectors führen kann, wird mit Hilfe von drei Parametern, die jedem Teilbereich zugeordnet sind, durchgeführt. Diese Parameter, **gcsize**, **gcmax** und **gcmin**, geben in Einheiten von Zellen Auskunft über den Zeitpunkt und die Möglichkeiten eines Aufrufs des Garbage Collectors.

Der Parameter **gcsize** gibt Auskunft über die erwartete Größe des Teilbereichs; solange Objekte in dem Teilbereich angeordnet werden können, ohne daß der durch **gcsize** bestimmte Umfang erreicht ist, wird kein Garbage Collection ausgelöst. Dies geschieht erst, wenn diese Grenze überschritten werden soll.

Beim Garbage Collection werden die beiden anderen Parameter berücksichtigt: **gcmax** bezeichnet den maximalen Umfang, bis zu dem der Teilbereich wachsen sollte — hat dieser die angegebene Größe erreicht, ist die Wahrscheinlichkeit sehr hoch, daß umfangreiche Läufe des Garbage Collectors häufig auftreten werden. Durch **gcmin** wird der minimale freie Speicherplatz nach dem Garbage Collection bezeichnet. Dieser kann entweder als Zahl von Zellen oder als auf den ganzen Teilbereich bezogene Prozentzahl spezifiziert werden. Kann der Garbage Collector nicht so viel freien Platz beschaffen, wie durch **gcmin** angegeben, so wird neuer Platz zugeordnet.

Ist es nicht möglich, diesen Platz bereitzustellen, entweder weil das Betriebssystem nicht dazu bereit ist oder wenn **gcmax** erreicht wurde, werden Unterbrechungen ausgelöst. Im letzteren Fall kann der Nutzer entscheiden, ob er mehr Speicherplatz anfordern will, um weiterrechnen zu können, oder ob eine fehlerhafte Situation vorliegt und er aufhören sollte.

Diese Analyse und eine intelligente Steuerung der Speicherplatzverteilung sind durch den *GC-Dämon* möglich, ein Programm, das vom Programmierer geliefert werden kann und nach jedem Garbage Collection mit vielfältigen Informationen versorgt wird. Wie damit problemangepaßtes optimales Speichermanagement verwirklicht werden kann, diskutiert H. G. BAKER in [BAK77b].

Über das Garbage Collection der pdp-10-Varianten ist wenig bekannt. Anscheinend wird der klassische Algorithmus (vorarbeiten in Car-Richtung, dabei Retten der Cdr-Zeiger und rekursives Abarbeiten der Listenstrukturen). Immerhin ist sicher, daß Bittafeln für die Markierung benutzt werden ([STE 77b], S. 7ff.), da die Zeiger keinen Platz für Markierungsbits lassen. Die Bittafeln holt sich der Markierer über die GC-Segmenttafel, eine ähnliche Beschreibung der Seiten wie die normale Seitentafel. Bei der Sammlung der nicht markierten Datenelemente bedient sich der Collector wiederum dieser

Tafel, da alle Seiten gleichen Typs durch Zeiger verbunden sind. So können dann Freispeicherlisten gebildet werden.

Etwas ungünstig bei dieser Lösung ist, daß keine Seiten freigemacht werden können. Nur der Feldspeicher kann so verwaltet werden, daß unbenutzter Platz wieder an den Reservepool zurückgeht. Durch die gegenüber der MULTICS-Version (16K Worte pro Seite) kleineren Seiten (512 Worte) wird diese Unumkehrbarkeit etwas beschränkt.

Im MULTICS-MACLISP wird im Unterschied zu dieser Lösung ein kompaktierendes Garbage Collection eingesetzt. Es stammt von dem von YOCHELSON implementierten LISP für MULTICS [YO67, FEN69].

## 5.2.3. Implementierte Funktionen

MACLISP bietet eine große Fülle (über 290) von implementierten Funktionen. Außerdem stehen viele in LISP geschriebene, aber compilierte und über einen schnellen Ladealgorithmus effizient zugreifbare Funktionsgruppen zur Verfügung.

Neben der äußerst aufwendigen Arithmetik liegen die Hauptunterschiede zu LISP1.5 in der erweiterten bzw. veränderten Menge der Ein- und Ausgabefunktionen und dem neuen Funktionstyp **LSUBR** (nicht zu vergessen die vielen anderen Verbesserungen, wie Makrozeichen usw., siehe S. 208ff.).

### *5.2.3.1. Listenmanipulationsfunktionen*

Wie in LISP1.5 (vgl. Abschnitt 5.1.3.1) sind definiert:

**CAR, CDR, LIST** (allerdings **LSUBR**), **APPEND** (ebenso, hat also *n* Argumente), **NCONC** (wie **APPEND**), **REVERSE, LENGTH, RPLACA, RPLACD, SUBST, SUBLIST, SASSOC** (allerdings mit **EQUAL** arbeitend). Neu hinzugekommen sind:

| Name | Argumentzahl | Typ | Aktion | Bemerkungen |
|---|---|---|---|---|
| **ASSOC** | 2 | SUBR | Wie **SASSOC**. Mißerfolgsfall: Wert ist **NIL**. | Suche mit **EQUAL** |
| **ASSA** | 2 | SUBR | Wie **ASSOC** | Suche mit **EQ** |

| Name | Argument-zahl | Typ | Aktion | Bemerkungen |
|---|---|---|---|---|
| **DELETE** | 2/3 | LSUBR | Mit 2 Argumenten: In Liste (2. Argument) werden alle Vorkommen vom 1. Argument beseitigt; Mit 3 Argumenten: Nur $n$(= 3. Argument) Vorkommen werden beseitigt. | Physische Änderung, arbeitet mit **EQUAL**. |
| **DELQ** | 2/3 | LSUBR | Wie **DELETE** | Arbeitet mit **EQ**. |
| **LAST** | 1 | SUBR | Wert: letztes gepunktetes Paar des S-Ausdrucks. | „Letztes" heißt: am Ende der Cdr-Kette. |
| **MAKNUM** | 1 | SUBR | Wert: Zahl zu S-Ausdruck. | pdp-10: Adresse, MULTICS: Hash-Code. Zwei strukturgleiche Ausdrücke haben nicht unbedingt dieselbe Zahl! |
| **MUNKNAM** | 1 | SUBR | Wert: der S-Ausdruck zur Zahl (Argument). | Nicht zu jeder Zahl existiert ein S-Ausdruck! |
| **NCONS** | 1 | SUBR | **(CONS** Argument **NIL)** | |
| **NRECONC** | 2 | SUBR | **(NCONC(NREVERSE** 1. Argument) 2. Argument) | |
| **NREVERSE** | 1 | SUBR | Wie **REVERSE** | physische Operation. |
| **SXHASH** | 1 | SUBR | Wert: Hash-Zahl zu S-Ausdruck | Strukturgleiche Ausdrücke haben gleiche Zahl. |
| **XCONS** | 2 | SUBR | **(CONS** 2. Argument 1. Argument) | |

Alle Mitglieder der **CAR-CDR**-Familie bis zu vierfacher Verschachtelung sind definiert. Weitere auf Listen anwendbare Funktionen sind **SORT** und **SORTCAR**, die jedoch, weil sie hauptsächlich für Felder gedacht sind, in 5.2.3.13 beschrieben werden.

### *5.2.3.2. Prädikate für die Listenverarbeitung*

Wie in LISP1.5 sind definiert: **ATOM, EQ, EQUAL, NULL, MEMBER** (liefert statt **T** den Listenrest, beginnend beim gesuchten Element). Zusätzlich bietet MACLISP:

| Name | Argu-ment-zahl | Typ | Aktion | Bemerkungen |
|---|---|---|---|---|
| **MEMQ** | 2 | SUBR | wie **MEMBER** (s. o.) | sucht mit **EQ** |
| **STRINGP** | 1 | SUBR | **T**, falls Argument eine Zeichenkette, sonst **NIL**. | |
| **SUBRP** | 1 | SUBR | **T**, falls Argument eine Zeichenkette, **NIL** sonst. | |
| **TYPEP** | 1 | SUBR | Wert ist ein Atom, das den Typ beschreibt. | |

### *5.2.3.3. Funktionale (Funktionen mit Funktionen als Argument)*

Die Definition der Funktionale ist gegenüber der von LISP1.5 leicht geändert: Die Argumentfunktion, die jetzt grundsätzlich als erstes Argument anzugeben ist, darf mehrere Parameter haben. Je nach dieser Zahl bestimmt sich auch die Zahl der weiteren Argumente des Funktionals. Bei Anwendung der Argumentfunktion auf die übrigen Argumente wird dann aus dem zweiten Argument des Funktionals das erste der Argumentfunktion abgeleitet usw.

Die Funktionen **MAP, MAPCON** und **MAPLIST** sind, wenn diese Änderung berücksichtigt wird, ihrem LISP1.5-Vorbild gleichwertig. Alle Funktionale sind vom Typ **LSUBR**.

Hinzugekommen sind:

| Name | Argu-ment-zahl | Typ | Aktion | Bemerkung |
|---|---|---|---|---|
| **MAPC** | 2/bel. | LSUBR | Wie **MAP**, nur wird jeweils der Car der Argumentliste verwendet. | |
| **MAPCAN** | 2/bel. | LSUBR | Wie **MAPCON**, mit Cars. | Steht zu **MAPCON** wie **MAPC** zu **MAP**. |

| Name | Argu- ment- zahl | Typ | Aktion | Bemerkung |
|---|---|---|---|---|
| **MAPCAR** | 2/bel. | LSUBR | Wie **MAPLIST**, mit Cars. | Steht zu **MAP-LIST** wie **MAPC** zu **MAP.** |
| **MAPATOMS** | 1/2 | LSUBR | Wendet Funktion 1. Argument auf alle Elemente des aktuellen oder angegebenen (2. Argument) Obarrays an. | |

#### *5.2.3.4. Arithmetische Funktionen*

Die normalen arithmetischen Funktionen sind in drei Klassen eingeteilt. In der allgemeinen Klasse ist, wie in LISP1.5, eine Typenmischung möglich: Ist eines der Argumente eine Gleitkommazahl (Flonum), so ist auch das Gesamtergebnis von diesem Typ; ansonsten entsteht eine ganze Zahl, falls die Funktion ganze Zahlen zu ganzen Zahlen verknüpft und der Wert als solche darstellbar ist. Ist dies nicht der Fall, wird eine große Zahl (Bignum) geliefert.

Die vier Grundfunktionen **PLUS, TIMES, DIFFERENCE** und **QUOTIENT** sind in dieser Klasse; damit **PLUS** und **TIMES**, wie in LISP1.5, beliebig viele Argumente haben können, sind sie vom Typ LSUBR. Dies trifft im Unterschied zu LISP1.5 (dort hatten die Funktionen zwei Argumente) auch für **DIFFERENCE** und **QUOTIENT** zu. **ADD1, SUB1, EXPT** und **REMAINDER** sowie **MINUS, MIN** und **MAX** entsprechen ihren Vorbildern in LISP1.5; die beiden letzten sind nun vom Typ **LSUBR.**

In der Klasse der Fixnum-Arithmetik sind die wichtigsten Funktionen noch einmal vertreten; jetzt allerdings nur noch für die Argumente den einheitlichen Typ ganzer Zahlen verlangend. Ähnliches gilt für die Klasse der Flonum-Arithmetik.

Zusätzlich existiert eine Reihe von Funktionen, die für verschiedene Typen von Argumenten zugelassen sind, aber nur einen Typ, meist Gleitkommazahlen, zum Wert hat.

Die Typenreinheit der Funktionen erlaubt es dem Compiler, aus dem Funktionsnamen auf den Ergebnistyp zu schließen und so optimalen numerischen Code herzustellen.

Die gegenüber LISP1.5 neuen Funktionen sind:

| Name | Argu- ment- zahl | Typ | Aktion | Bemerkungen |
|---|---|---|---|---|
| + | bel. | LSUBR | wie **PLUS** | Fixnumklasse |
| — | bel. | LSUBR | wie **DIFFERENCE** | Fixnumklasse |
| * | bel. | LSUBR | wie **TIMES** | Fixnumklasse |

| Name | Argu-ment-zahl | Typ | Aktion | Bemerkungen |
|---|---|---|---|---|
| / | bel. | LSUBR | wie **QUOTIENT** | Fixnumklasse |
| 1+ | 1 | SUBR | wie **ADD1** | Fixnumklasse |
| 1− | 1 | SUBR | wie **SUB1** | Fixnumklasse |
| \ | 2 | SUBR | wie **REMAINDER** | Fixnumklasse |
| \\ | 2 | SUBR | wie **GCD** | Fixnumklasse |
| ^ | 2 | SUBR | wie **EXPT** | Fixnumklasse |
| **GCD** | 2 | SUBR | berechnet größten gemeinschaftlichen Teiler | Argumente: Fixnums oder Bignums |
| **ABS** | 1 | SUBR | Betrag | allgemeine Klasse |
| **+$** | bel. | LSUBR | wie **PLUS** | Flonumklasse |
| **−$** | bel. | LSUBR | wie **DIFFERENCE** | Flonumklasse |
| ***$** | bel. | LSUBR | wie **TIMES** | Flonumklasse |
| **/$** | bel. | LSUBR | wie **QUOTIENT** | Flonumklasse; berechnet 1/Argument, wenn nur ein Argument |
| **1+$** | 1 | SUBR | wie **ADD1** | Flonumklasse |
| **1−$** | 1 | SUBR | wie **SUB1** | Flonumklasse |
| **^$** | 2 | SUBR | wie **EXPT** | Flonumklasse, 2. Argument muß Fixnum sein |
| **SQRT** | 1 | SUBR | berechnet Wurzel | Ergebnis: Flonum |
| **ISQRT** | 1 | SUBR | wie **SQRT**, rundet | Ergebnis: Fixnum |
| **EXP** | 1 | SUBR | (**EXPT** e Argument) | Ergebnis: Flonum |
| **LOG** | 1 | SUBR | ln (Argument) | Ergebnis: Flonum |
| **SIN** | 1 | SUBR | sinus (Argument) | Argument: Fixnum/Flonum Ergebnis: Flonum |
| **COS** | 1 | SUBR | cosinus (Argument) | Argument: Fixnum/Flonum Ergebnis: Flonum |

| Name | Argument-zahl | Type | Aktion | Bemerkungen |
|---|---|---|---|---|
| **ATAN** | 2 | SUBR | arctan (1. Argument/2. Argument) | Argument: Fixnum/Flonum Ergebnis: Flonum |
| **BOOLE** | 3/bel. | LSUBR | Verknüpfung der internen Bitdar-darstellungen der hinteren Argumente nach Vorschrift 1. Argument | Verknüpft von links nach rechts 1. Argument = 1, dann „AND" 1. Argument = 7, dann „OR" 1. Argument = 6, dann „XOR" |
| **FIX** | 1 | SUBR | Konversion | Ergebnis: Fixnum/Bignum |
| **FLOAT** | 1 | SUBR | Konversion | Ergebnis: Flonum |
| **HAIPART** | 2 | SUBR | liefert $n$ (= 2. Argument) Bits der internen Darstellung vom 1. Argument | $n \geqq 0$, dann von vorn $n < 0$, dann von hinten |
| **HAULONG** | 1 | SUBR | Anzahl der signifikanten Bits | |
| **LSH** | 2 | SUBR | Wie **LEFTSHIFT** | |
| **ROT** | 2 | SUBR | Rotiert interne Bitdarstellung. | |
| **RANDOM** | 0/2 | LSUBR | Liefert Zufallszahl nach Vorschrift. | |

Die Gleitkommaarithmetik kann durch den Wert des Atoms **ZUNDERFLOW** beeinflußt werden. Ist dieser nicht **NIL**, so wird ein unterlaufendes Resultat zu 0.0 gesetzt, ist der Wert **NIL**, wird ein Fehler ausgelöst. Außerdem gibt es noch eine stark von der Maschinenarchitektur der pdp-10 abhängige Funktion **FSC**, die aus zwei Zahlen eine Gleitkommazahl aufbaut und dabei von der internen Darstellung ausgeht. Diese Funktion existiert nicht in der MULTICS-Version.

### *5.2.3.5. Arithmetische Prädikate*

Identisch mit der Beschreibung von LISP1.5 verhalten sich **NUMBERP**, **MINUSP** und **ZEROP**. Die Funktionen **FIXP** und **FLOATP** sind ein wenig verändert, weil sie nicht ein numerisches Argument erfordern. Der LISP1.5-Funktion **GREATERP** entspricht >, die Funktion **GREATERP** ist nun **LSUER** und liefert nur dann **T**, wenn die Argumente eine streng monoton absteigende Folge bilden; entsprechendes gilt bezüglich **LESSP** in LISP1.5 und den Vertretern und **LESSP** (letzteres ist demnach **LSUBR**).

Weitere Prädikate sind:

| Name | Argument-zahl | Typ | Aktion | Bemerkungen |
|---|---|---|---|---|
| **BIGP** | 1 | SUBR | **T**, falls Argument Bignum, sonst **NIL.** | Argument muß keine Zahl sein. |
| **ODDP** | 1 | SUBR | **T**, falls Argument gerade, sonst **NIL.** | Argument: Fixnum oder Bignum. |
| **PLUSP** | 1 | SUBR | **T**, falls Argument > 0, sonst **NIL.** | |
| **SIGNP** | 2 | FSUBR | **T**, falls 2. Argument dem Test 1. Argument genügt, sonst **NIL.** | 1. Argument = **L, LE, E, N, GE, G**; z. B.: *le* bedeutet: 2. Argument ist $\leqq 0$. |
| **=** | 2 | SUBR | **T**, wenn Zahlen gleich, sonst **NIL.** | Nicht für Bignums verwendbar. |

### *5.2.3.6. Funktionen für die Steuerung des Programmablaufs*

**COND, AND, OR** und **NOT** entsprechen ihren Vorbildern in LISP1.5 weitgehend; **COND** ist allerdings so verallgemeinert worden, daß nicht nur ein Folgeausdruck zugelassen ist, sondern eine ganze Reihe, die nacheinander ausgewertet werden (der letzte liefert den Gesamtwert). Ist keine Bedingung von **NIL** verschieden, so ergibt sich als Wert nun **NIL** — ein Fehler wird nicht mehr angezeigt.

Auch **PROG, GO** und **RETURN** haben ihre alte Bedeutung behalten. Es gibt gewisse kleine Unterschiede bei der Abarbeitung eines **GO** zwischen Interpreter und compilierter Funktion: Der Compiler hält sich recht genau an die LISP1.5-Definition, während unter dem Interpreter beispielsweise die Marken durch einen Auswertungsprozeß ermittelt werden können.

**GO** und **RETURN** dürfen in der neuen Funktion **DO** verwendet werden. Insgesamt sind neu:

| Name | Argumentzahl | Typ | Aktion | Bemerkungen |
|---|---|---|---|---|
| **DO** | bel. | FSUBR | 1. Argument: Liste von Steuerinformationen, 2. Argument: Endetest und Exitformen. Danach **DO**-Körper (= **PROG**-Körper). Steuerinformation: Liste mit: Variable, Anfangswert, Änderungsausdruck für Zyklus. Anfangswerte und Änderungen werden den Variablen parallel zugewiesen. | Ist 2. Argument **NIL**, so wird der **DO**-Körper nur einmal abgearbeitet. |
| **CATCH** | 1/2 | FSUBR | 1. Argument wird ausgewertet und der Wert als Ergebnis geliefert. Wird innerhalb des 1. Arguments **(THROW** *y***)** ausgewertet, so wird **CATCH** unmittelbar mit dem Wert *y* verlassen. | 2. Argument ist eine Identifizierung der **THROW** und **CATCH**-Ausdrücke. |
| **THROW** | 1/2 | FSUBR | 1. Argument wird ausgewertet und zu letztem **CATCH** zurückgegangen. Ist 2. Argument angegeben, so wird zugehöriges **CATCH** ausgewählt. | |

Da MACLISP keinerlei Primitiva für Backtracking, parallele Prozesse, Koroutinen und ähnliches liefert, sind die mit **CATCH** und **THROW** möglichen nichtlokalen Ausgänge das wichtigste Arbeitsinstrument für den Programmierer bei der Verwirklichung neuer Steuerstrukturen.

### *5.2.3.7. Funktionen zur Beeinflussung des Interpreters*

MACLISP bietet dem Nutzer so viele Klassen von Funktionen zur Beeinflussung der Systemarbeit an, daß hier nur dann eine übersichtliche Beschreibung erfolgen kann, wenn entsprechend dieser Aufteilung vorgegangen wird. Meistenteils haben diese Funktionen keinerlei Entsprechung in LISP1.5.

*5.2.3.7.1. Funktionen zur Erzeugung und Kontrolle von Fehlern*

| Name | Argument-zahl | Typ | Aktion |
|---|---|---|---|
| **ERROR** | 0/3 | LSUBR | Fehlererzeugung: 0 Argumente: keine Nachricht; 1 Argument: Argument ist Nachricht; 2 Argumente: Nachricht setzt sich aus Argumenten zusammen; 3 Argumente: Ist 3. Argument eine arbeitende Nutzerfehlerbehandlungsroutine, so wird diese angesprungen. Liefert sie eine Liste, so ist der Car der Wert von **ERROR** (korrigierter Fehler). Ist Wert ein Atom, so arbeitet **ERROR** wie mit 2 Argumenten. |
| **ERR** | 0/2 | FSUBR | 0 Argumente: wie **(ERROR)**; 1 Argument: wird zu **ERRSET** zurückgegangen, so ist Argument Ergebnis, sonst wie **(ERR)**; 2 Argumente: **(ERR *x* NIL)** = **(ERR *x*)**, **(ERR *x* T)** sorgt für Auswertung von *x* (1. Argument) erst nach Rückstellung der Variablen (in **ERRSET**). |
| **ERRSET** | 1/2 | FSUBR | 1. Argument wird ausgewertet. Tritt kein Fehler auf, so ist Endwert: **(NCONS** Wert). Tritt Fehler auf, ist Endwert **NIL**. Wurde **ERR** aufgerufen, so bestimmt es den Wert von **ERRSET**. Hat **ERRSET** 2 Argumente und ist 2. Argument = **NIL**, werden keine Fehlernachrichten gedruckt. Andernfalls werden sie ausgegeben. |

Man kann in gewissen Grenzen **ERROR** mit seinem Namensvetter und **ERRSET** mit **ERRORSET** in LISP1.5 vergleichen.

Kehrt das System durch einen normalen Fehler oder durch einen vom Programmierer erzeugten (mittels **ERROR** oder **ERR**) in das Hauptniveau zurück, so beginnt wieder der normale Verarbeitungszyklus. Dies kann jedoch beeinflußt werden, indem der Variablen **ERRLIST** eine Liste von auswertbaren Ausdrücken (Formen) zugewiesen wird. Diese Liste wird dann abgearbeitet, wenn die Verarbeitung ins Hauptniveau zurückkehrt.

### 5.2.3.7.2. *Unterbrechungen*

Mit Hilfe der Funktion **BREAK** (FSUBR) können bedingte Unterbrechungen ausgelöst werden. **BREAK** hat zwei oder drei Argumente: das erste dient als Nachricht, es wird nicht ausgewertet; das zweite dient als Bedingung — ist sein Wert von **NIL** verschieden, wird eine Unterbrechung ausgelöst.

In der Unterbrechung kann der Nutzer wie im Hauptniveau Ausdrücke auswerten lassen; dabei führen Fehler nur ins Unterbrechungsniveau zurück. Soll die Unterbrechung beendet werden, kann **$P** oder **(RETURN** *x***)** eingegeben werden. Im ersten Fall wird entweder, wenn kein drittes Argument angegeben worden war, **NIL** als Wert zurückgegeben werden, sonst der Wert dieses dritten Arguments. Im zweiten Fall ist der Wert von *x* der durch **BREAK** zurückgegebene Wert.

### 5.2.3.7.3. *Kontrollzeichen*

Durch Eingabe von Kontrollzeichen kann der Benutzer sofortige Veränderungen im Verarbeitungsablauf auslösen (Erzeugung von Fehlern, Anspringen von Unterbrechungspunkten, Auskunft über aktuelle Arbeit usw. usf.). Normalerweise werden diese auf dem Terminal eingegeben und wirken sofort ([MOO74], S. 92ff.). Mit den Funktionen **IOC** und **IOG** kann man ähnliche Effekte auslösen; beide sind **FSUBR**-Funktionen.

**IOC** löst Interrupts aus, wenn das Argument eine Zahl ist; der entsprechende Interruptkanal wird angesteuert. Ist das Argument ein Atom, so wird der erste Buchstabe im P-Namen als Kontrollzeichen interpretiert.

**IOG** rettet zunächst gewisse Systemzustände und verfährt dann mit seinem erster Argument ähnlich wie **IOC** mit seinem. Anschließend werden die übrigen Argumente nacheinander ausgewertet; das letzte liefert den Gesamtwert. Nach der Abarbeitung werden die Systemzustände wiederhergestellt.

### 5.2.3.7.4. *Funktionen zur Beeinflussung des Fehlerbehandlungssystems*

In MACLISP werden zwei Fehlertypen unterschieden: unkorrigierbare und korrigierbare.

Die korrigierbaren Fehler lösen ein sogenanntes *Benutzerinterrupt* aus.[1]) Hier kann der Programmierer mit eigenen Maßnahmeprogrammen versuchen, den Fehler auszugleichen und die Verarbeitung fortzusetzen. Die erfolgreiche Behandlung wird durch nichtatomare Werte der Behandlungsprogramme angezeigt; diese werden über Verbindungsvariablen, die den einzelnen Interruptkanälen zugeordnet sind, erreicht.

So ist der Wert der Variablen **UNDF-FNCTN** die Behandlungsfunktion für den Interruptkanal 5, der aktiviert wird, wenn eine nichtdefinierte Funktion benutzt werden soll.

Mit Hilfe der Funktion **NOINTERRUPT** (**SUBR** mit einem Argument) können Interrupts aufgehoben werden, wenn das Argument **T** ist. So werden kritische

---

[1]) Die Fehlerbehandlung durch LISP-Systeme ist eines der entscheidenden Probleme bei der LISP-Weiterentwicklung. Man vergleiche die Lösung in INTERLISP!

Programmabläufe geschützt. Durch den Aufruf **(NOINTERRUPT NIL)** werden die hängenden Interrupts aktiviert und nacheinander behandelt.

Der Interruptkanal 3 wird durch die Funktion **ALARMCLOCK** verwaltet: Der Wert der Variablen **ALARMCLOCK** ist die Behandlungsfunktion für die Interrupts; die Funktion **ALARMCLOCK** startet eine Zeitbegrenzung.

Diese Funktion hat zwei Argumente: Mit dem ersten wird die Uhr ausgewählt (Echtzeit oder CPU-Zeit), mit dem zweiten wird entweder die Zeitschranke gestellt oder aufgehoben. Ist eine solche Schranke erreicht, wird der Interruptkanal 3 aktiviert.

#### *5.2.3.7.5. Funktionen für die Fehlersuche*

Die Hauptfunktionen zur Fehlersuche, **TRACE** und **UNTRACE** sind **FSUBRs** und bieten gegenüber den entsprechenden Funktionen von LISP1.5 erweiterte Dienste. Sie werden geladen als Paket, wenn sie zum erstenmal aufgerufen werden ([MOO74], S. 223), und können mittels **REMTRACE** beseitigt werden.

Daneben existieren weitere Funktionen, die zur Erkundung einer Fehlersituation genutzt werden können. Obwohl nicht erwähnt, scheinen sie vor allem in der Nutzer-Interrupt-Behandlung Anwendung zu finden.

Diese Funktionen sind:

| Name | Argumentzahl | Typ | Aktion | Bemerkungen |
|---|---|---|---|---|
| **BAKTRACE** | 0/2 | LSUBR | Druckt den Kellerspeicher der wartenden Funktionsaufrufe. | Argumente steuern Umfang der Liste. |
| **BAKTRACE1** | 0/2 | LSUBR | Wie **BAKTRACE**, liefert zusätzlich A-Listenzeiger. | **(MULTICS)** |
| **BAKTRACE2** | 0/2 | LSUBR | Wie **BAKTRACE1**, liefert zusätzlich Kellerspeicherzeiger. | **(MULTICS)** |
| **ERRFRAME** | 1 | SUBR | Liefert eine Fehlerbeschreibungslist, bestehend aus Kellerspeicherzeiger, Nachricht, A-Liste usw. Mit dem Argument kann Fehlersuche beeinflußt werden. | |
| **ERRPRINT** | 1 | SUBR | Wie **ERRFRAME**, druckt die Nachricht. | |

| Name | Argu-ment-zahl | Typ | Aktion | Bemerkungen |
|---|---|---|---|---|
| **EVALFRAME** | 1 | SUBR | Sucht im Kellerspeicher nach der Auswertung eines Funktionsaufrufs, liefert ähnliche Beschreibungsliste wie **ERRFRAME**. | |
| **FRETURN** | 2 | SUBR | Zwingt Auswertung, zu dem durch den Kellerspeicherzeiger (1. Argument) angegebenen Punkt zurückzugehen; übermittelt zu benutzenden Wert (2. Argument) | |
| ***RSET** | 1 | SUBR | Veranlaßt den Interpreter, Informationen für die Fehlersuchfunktionen bereitzustellen. | |

Wie es scheint, sind diese Funktionen noch nicht ausgereift. Überhaupt ist es ja schwierig, automatische Rettung aus fehlerhaften Situationen zu implementieren oder auch automatisch ausreichende Information über alle wichtigen Umstände einer Fehlersituation zu liefern.

Akzeptable Lösungen hat man bisher nur bei interaktiver Fehlerbehandlung erreicht.

### *5.2.3.7.6. Funktionen zur expliziten Speicherverwaltung*

Ähnlich wie in LISP1.5 kann der Benutzer von MACLISP selber einen Lauf des Garbage Collectors auslösen. Die Funktionen zur Information über den Speicherverbrauch gibt es nicht mehr: Es gibt ausreichend Platz, also auch keine Notwendigkeit, scharfe Kontrollen vorzusehen.

Die neuen Funktionen sind:

| Name | Argu-ment-zahl | Typ | Aktion |
|---|---|---|---|
| **GC** | 0 | FSUBR | Löst Garbage Collection aus, Wert **NIL**. |
| **GCTWA** | 0/1 | FSUBR | Ermöglicht Beseitigung von unwichtigen Atomen. |
| **ALLOC** | 1 | SUBR | Dynamische Festlegung der Speicherbeschreibung (-auslegung). |

Die Variable **GC-DAEMON** ist der Anschlußpunkt für eine mögliche Funktion des Nutzers, um nach jedem Garbage Collection in den Gang der Speicherverwaltung einzugreifen. Einen möglichen eigenen Verwalter hat H. Baker vorgeschlagen [BAK77b].

### *5.2.3.7.7. Die universellen Steuerfunktionen* STATUS *und* SSTATUS

Um die Aktivitäten logisch zu ordnen und zusammenzufassen, mit denen innere Systemzustände abgefragt und geändert werden können, sind die Funktionen **STATUS** und **SSTATUS** (*S*et *STATUS*) eingeführt worden.

Die Funktion **STATUS** wird benutzt, um den Wert der verschiedenen Systemvariablen zu ermitteln. Das erste Argument ist ein Atom, das anzeigt, welche Funktion von **STATUS** erwartet wird, die möglichen weiteren Argumente hängen von dieser Funktion ab.

Es gibt **STATUS**-Funktionen, die sich auf das Ein- und Ausgabesystem, auf den Leser und den Drucker speziell, auf die Speicherverwaltung, auf das Garbage Collection, auf die Zeit, das Datum und das Betriebssystem beziehen und weitere bezüglich vieler anderen Einzelheiten einer speziellen Implementation. **SSTATUS**, wie **STATUS** ein **FSUBR**, dient zur Veränderung der Systemparameter. Seine Argumente sind ähnlich wie bei **STATUS** aufgebaut. Beinahe zu jeder Erkundigungsaktion mittels **STATUS** gehört eine mögliche Veränderungsfunktion mittels **SSATUS**.

### *5.2.3.7.8. Zeitfunktionen*

| Name | Argument-zahl | Typ | Aktion |
|---|---|---|---|
| **RUNTIME** | 0 | SUBR | Liefert CPU-Zeit in Mikrosekunden, die der LISP-Job bisher beanspruchte. |
| **SLEEP** | 1 | SUBR | Erzeugt Pause von *n* (Argument) Sekunden. |
| **TIME** | 0 | SUBR | Wie **RUNTIME**, allerdings Echtzeit in Sekunden. |

### *5.3.2.7.9. Funktionen zur Kooperation mit dem Betriebssystem*

Diese Funktionen sind von Betriebssystem zu Betriebssystem verschieden. Man kann die wesentlichen Aktionen auch über die Kontrollzeichen auslösen. In der MULTICS-Implementation sind darüber hinaus noch die Funktionen **QUIT** (Beendigung der LISP-Arbeit), **SAVE** (Rettung einer entstandenen LISP-Umgebung) und **CLINE** (Ausführung eines MULTICS-Kommandos) vorhanden, während in der ITS-Implementation die Funktionen **MACDMP** (log-out oder Dump wichtiger Bereiche) und **VALRET**, womit im wesentlichen ebenfalls die LISP-Aktivität beendet werden kann.

*5.2.3.8. Basishandlungen des Interpreters*

Die Basisaktionen, wie Variablenbindung, Ausdrucksauswertung und Funktionsanwendung, werden in MACLISP mit nahezu denselben Funktionen wie in LISP1.5 durchgeführt. Die Definitionen von **EVAL** und **APPLY**[1]) sind nur insofern geändert, daß sie die A-listenfreie Verarbeitung unterstützen: Beide sind vom Typ **LSUBR**, die normalerweise ohne das letzte Argument verwendet werden, das sie in LISP1.5 hatten. In besonderen Fällen kann allerdings eine Art A-Listenzeiger übermittelt werden, mit dem eine Bindungsumgebung verändert werden kann.

**QUOTE** hat sich nicht geändert, **FUNCTION** entspricht **QUOTE**, nur daß der Compiler es für funktionale Argumente benötigt. Um die Aktionen des LISP1.5 bezüglich **FUNCTION** zu erzeugen (**FUNARG**-Ausdruck), gibt es ***FUNCTION**. Dies ist ein Ausdruck für die Seltenheit der Verwendung von Definitionsumgebungen gegenüber Bindungsumgebungen.

**PROG2** wurde etwas erweitert: Als LSUBR definiert, kann es beliebig viele Argumente (allerdings mindestens zwei) akzeptieren; der Wert wird durch das 2. Argument erzeugt.

Neu sind:

| Name | Argument-zahl | Typ | Aktion | Bemerkungen |
|---|---|---|---|---|
| **ARG** | 1 | SUBR | Argument = **NIL**, Wert: Argumentzahl; Argument = Zahl: Wert des *i*. Arguments des aktuellen LEXPR. | nur innerhalb eines LEXPR sinnvoll |
| **ARRAYCALL** | bel. | FSUBR | Direkter Feldzugriff über einen Feldzeiger. 1. Argumenttyp der Feldelemente, 2. Argument der Feldzeiger, danach die Indizes. | Wird äußerst effizient compiliert. |
| **COMMENT** | bel. | FSUBR | Ignoriert Argumente, liefert Wert: **COMMENT**. | |
| **FUNCALL** | bel. | LSUBR | Ruft die Funktion 1. Argument mit den Argumenten 2. Argument, 3. Argument usw. | Funktion darf kein **MACRO** sein. |

[1]) **APPLY** ist auch auf **FEXPR**- und **FSUBR**-Funktionen anwendbar.

| Name | Argument-zahl | Typ | Aktion | Bemerkungen |
|---|---|---|---|---|
| **LISTIFY** | 1 | SUBR | Bildet Liste von *n* (= abs(Argument)) Argumenten des aktuellen LEXPR. | Ist Argument>0, so werden die ersten *n* Argumente benutzt, sonst die hinteren. |
| **LSUBRCALL** | bel. | FSUBR | Direkter Funktionsaufruf über SUBR-Zeiger. 1. Argument: Typ des Funktionswertes, 2. Argument: SUBR-Zeiger; danach die Argumente für die LSUBR. | Wird äußerst effizient compiliert. |
| **PROGN** | bel. | LSUBR | Wert gibt letztes Argument. | |
| **PROGV** | bel. | FSUBR | Wertet erst 1. Argument und 2. Argument aus. Dann Bindung der Variablen aus 1. Argument mit Startwerten aus dem 2. Argument oder mit **NIL**. Dann Auswertung der übrigen Argumente wie bei **PROGN**. Rückstellung der Variablen und Exit. | |
| **BOUNDP** | 1 | SUBR | **NIL**, falls Atom (= Argument) keinen Wert hat, sonst **T**. | Änderung von 1974 zu 1975. |
| **MAKUNBOUND** | 1 | SUBR | Wert des Atoms (Argument) wird beseitigt. | |
| **SETARG** | 2 | SUBR | *i*. Argument (*i* = 1. Argument) des aktuellen LEXPR wird geändert zu 2. Argument. | Möglich nur innerhalb eines LEXPR. |

| Name | Argument-zahl | Type | Aktion | Bemerkungen |
|---|---|---|---|---|
| **SUBRCALL** | bel. | FSUBR | Direkter Aufruf einer SUBR über SUBR-Zeiger. 1. Argument: Typ des Wertes der SUBR, 2. Argument: SUBR Zeiger, ab 3. Arguments: die Argumente. | Wird sehr effizient compiliert. |
| **SYMEVAL** | 1 | SUBR | Argument muß Atom sein, Wert ist Wert des Atoms. | Wird sehr effizient compiliert. |

Auch die Funktionen **SET** und **SETQ** sind in MACLISP verfügbar. In der früheren Version waren sie praktisch mit **(PUTPROP** Atom **'VALUE)** identisch; in der BIBOP-Version, wo sich die Wertzelle nicht mehr in der P-Liste befindet, sind die Funktionen wieder eigenständig.

MACLISP läßt bei Verwendung von **SETQ** gleich eine ganze Reihe von Zuweisungen zu. Man kann dies an folgendem Schema sehen (dabei wird Valn als Gesamtwert verwendet):

**(SETQ** Sym1 Val1 Sym2 Val2 ... Symn Valn**)**

**SET** unterscheidet sich nicht von der gleichnamigen Funktion in LISP1.5.

### *5.2.3.9. Arbeit mit der P-Liste von Atomen*

Die Funktionen **GET** und **REMPROP** haben sich nicht geändert. Neu sind:

| Name | Argument-zahl | Typ | Aktion | Bemerkungen |
|---|---|---|---|---|
| **DEFPROP** | 3 | FSUBR | Gibt Atom (1. Argument) Bedeutung (2. Argument) zum Indikator (3. Argument). | Wert ist 1. Argument. |
| **DEFUN** | bel. | FSUBR | Definiert Funktionen. 1. Argument: Name, 2. Argument: Typ, 3. Argument: Parameterliste, ab 4. Argument: Körper. | Fehlt Typangabe, so EXPR. 1. und 2. Argument vertauschbar. |

| Name | Argument-zahl | Typ | Aktion | Bemerkungen |
|---|---|---|---|---|
| **GETL** | 2 | SUBR | 1. Argument: Atom, 2. Argument: Liste von Indikatoren. Wert ist P-Liste, beginnend mit dem ersten gefundenen Indikator aus den 2. Argument. | |
| **PLIST** | 1 | SUBR | P-Liste des Atoms (Argument). | |
| **PUTPROP** | 3 | SUBR | Wie **DEFPROP** | Wert ist 2. Argument. |
| **SETPLIST** | 2 | SUBR | Gibt dem Atom (1. Argument) die P-Liste (2. Argument). | |
| **SYSP** | 1 | SUBR | **NIL**, falls Atom (Argument) keine Funktion vom Typ SUBR, FSUBR oder LSUBR. Sonst dieser Indikator. | |
| **ARGS** | 1/2 | LSUBR | 1 Argument: Atom mit SUBR-Eigenschaft. Wert: Argumentzahl. 2 Argumente: Änderung der Argumentzahl im 2. Argument. Nur für compilierte Funktionen möglich. | |

In MACLISP werden folgende funktionale Indikatoren benutzt: **EXPR, FEXPR, LEXPR**[1]), **MACRO, SUBR, FSUBR, LSUBR, ARRAY, AUTOLOAD**[2]).

[1]) **LEXPR** sind **EXPR** mit einer unbestimmten Argumentanzahl. Sie haben ein Atom anstelle der **LAMBDA**-Variablenliste; dieses Atom bekommt die Argumentzahl zugewiesen. Zu den Argumenten wird mit **ARG** bzw. **SETARG** zugegriffen (vgl. 5.2.3.8).

[2]) für das Nachladen früher compilierter Funktionen; zugehörige Eigenschaft ist eine File-Spezifikation.

#### *5.2.3.10. Compiler und zugeordnete Funktionen*

Der Compiler in MACLISP liegt nicht als Funktion des LISP-Systems vor. Vielmehr wird er über ein Kommando aktiviert. Anschließend können gewisse Möglichkeiten spezifiziert werden (*options*). Um den Compiler zu starten, muß dann ein Inputfile (die zu übersetzenden Funktionen und Deklarationen) und ein Outputfile (der **LAP**-Code) angegeben werden. Es ist aber auch möglich, den Compiler anzuweisen, er solle direkt Objektcode liefern, der geladen werden kann.

Gegenwärtig sind zwei Compiler aktiv: der die Arithmetik optimierende **NCOMPLR** und die normale Version **COMPLR**.

**LAP**, das Assemblerprogramm, ist wie in LISP1.5 ein **FSUBR**. Allerdings arbeitet es auf wesentlich andere Art — nicht der gesamte **LAP**-Code muß präsent sein, sondern er wird nach und nach eingelesen (**LAP** arbeitet in einem Paß) ([MOO74], S. 194ff). Die übrigen Compilerhilfsfunktionen beeinflussen die Deklaration von Funktionen und Variablen, den Einlesevorgang des Compilers und die Auslegung der Objektprogramme.

| Name | Argument-zahl | Typ | Aktion | Bemerkungen |
|---|---|---|---|---|
| **DECLARE** | bel. | FSUBR | Deklarationen für Variable (global/lokal), aufgerufene Funktionen (Funktionstypen, Wertarten). Steuerung des Compilers. | |
| **%INCLUDE** | 1 | FSUBR | Schiebt File in Eingabestrom. | |
| **NOUUO** | 1 | SUBR | Beeinflußt Aufrufmechanismen in compilierten Funktionen. | |
| **PURCOPY** | 1 | SUBR | Ordnet Argument in mehrfach benutzbare Seiten an. | Nur in BIBOP. |

#### *5.2.3.11. Ein- und Ausgabefunktionen*

Die Ein- und Ausgabefunktionen von LISP1.5 sind in MACLISP weiterentwickelt worden. Der hauptsächliche Unterschied besteht in der freien Arbeitsweise mit den verschiedensten Ein- und Ausgabegeräten, die über Files angesprochen werden können.

Jedem File ist eine Reihe von Attributen zugeordnet (Name, **EOF**-Funktion, **ENDPAGE**-Funktion, Linelength, Characterposition, Charactercount, Pagelength, usw. usf.).

Neben den Funktionen für die Lese- bzw. Schreibaktionen stehen eine Reihe von Funktionen zur File-Manipulation zur Verfügung.

*5.2.3.11.1. Lesefunktionen*

| Name | Argument-zahl | Typ | Aktion | Bemerkungen |
|---|---|---|---|---|
| **READ** | 0/2 | LSUBR | 0 Argumente: Einlesen von normalem Eingabestrom. 1 Argument: Ist dies eine Filename, so wird von dort gelesen, sonst gilt das Argument als **EOF**-Wert. 2 Argumente: Ein Argument ist Filename, ein Argument **EOF**-Wert für **READ**. | **NIL** ist Name des Nutzterminals. |
| **READCH** | 0/2 | LSUBR | Liest ein Zeichen und liefert Zeichenobjekt. | Argumente wie bei **READ**. |
| **READLINE** | 0/2 | LSUBR | Liest Zeile ein und liefert Zeichenkette. | Argumente wie bei **READ**. |
| **TYI** | 0/2 | LSUBR | Liest ein Zeichen und liefert Zahl, die dem Code entspricht. | Argumente wie bei **READ**. |
| **TYIPEEK** | 0/1 | LSUBR | 0 Argumente: wie **TYI**, nur ist Zeichen nicht richtig gelesen. 1 Argument: sucht nach Argument im Eingabefile. | Es wird nur auf das Zeichen ge„piekt" ohne es zu „essen". |

*5.2.3.11.2. Ausgabefunktionen*

| Name | Argument-zahl | Typ | Aktion | Bemerkungen |
|---|---|---|---|---|
| **PRINT** | 1/2 | LSUBR | Erst wird die letzte Zeile ausgegeben, dann wird 1. Argument gedruckt, dann ein Leerzeichen. | 2. Argument gibt File an. Fehlt es, wird normaler Ausgabestrom benutzt. |
| **PRIN1** | 1/2 | LSUBR | Druckt 1. Argument in wieder einlesbarer Form aus. | Wie **PRINT** |
| **PRINC** | 1/2 | LSUBR | Wie **PRIN1**; nicht notwendig wieder einlesbar (Sonderzeichen, Zeichenketten ohne entspr. Syntax). | Wie **PRINT** |
| **TYO** | 1/2 | LSUBR | 1. Argument ist Zahl. Zugehöriges Zeichen wird ausgegeben. | Wie **PRINT** |
| **TERPRI** | 0/1 | LSUBR | Gibt letzte Zeile aus. | Argument gibt File an. Fehlt es, wird normaler Ausgabestrom benutzt. |

*5.2.3.11.3. Arbeit mit Files*

| Name | Argument-zahl | Typ | Aktion |
|---|---|---|---|
| **ALLFILES** | 1 | SUBR | Liefert zu einem File-Bezeichnungsmuster alle ähnlichen existierenden Files. |
| **CLEAR-INPUT** | 1 | SUBR | Löscht gerade (physisch) gelesene Eingabe. |
| **CLOSE** | 1 | SUBR | Schließt File ab. |
| **CURSORPOS** | 0/2 | LSUBR | Manipulation des Cursors; Zugriff zu einzelnen Zeichen auf dem Bildschirm. |

| Name | Argu-ment-zahl | Typ | Aktion |
|---|---|---|---|
| **DEFAULTF** | 1 | SUBR | In File-Bezeichnung werden ausgelassene Stellen ausgefüllt. |
| **DELETEF** | 1 | SUBR | File wird beseitigt. |
| **FILEPOS** | 1/2 | LSUBR | Liefert aktuelle Zeichenposition (als Zahl), oder setzt die Position auf bestimmten Punkt. |
| **FORCE-OUTPUT** | 1 | SUBR | Sendet Ausgabe unmittelbar an E/A-Gerät (wenn sinnvoll). |
| **EOFFN** | 1/2 | LSUBR | Ermittelt **EOF**-Funktion eines Inputfiles (1. Argument) oder verändert diese (2 Argumente). |
| **LISTEN** | 0 | SUBR | Liefert Zahl, wenn Terminal eingabebereit, wartet auf Ausgabe. |
| **MERGEF** | 2 u. mehr | LSUBR | Setzt File-Bezeichnungen zusammem. |
| **NAMELIST** | 1 | SUBR | Konvertiert File-Bezeichnung (extern in intern). |
| **NAMESTRING** | 1 | SUBR | Konvertiert File-Bezeichnung (intern in extern). |
| **OPENA** | 1 | SUBR | Bildet ein Fileobjekt für die Ausgabe durch Verwendung eines vorhandenen Files und Einstellen des bisher letzten Satzes. |
| **OPENI** | 1 | SUBR | Bildet ein Fileobjekt durch Eröffnen eines Eingabefiles. |
| **OPENO** | 1 | SUBR | Bildet ein Fileobjekt durch Eröffnen eines Ausgabefiles. |
| **RENAME** | 2 | SUBR | Ändert File-Bezeichnung. |
| **SHORTNAMESTRING** | 1 | SUBR | Konvertiert File-Bezeichnung, in der Directory oder Gerät nicht angegeben ist (intern in extern). |

*5.2.3.11.4. Veränderung der Systemeingabe*

Die Funktion **READ** arbeitet in MACLISP mit einer Syntaxtafel, die für jedes Zeichen ein Wort enthält (26 Syntax-Bits und ein Übersetzungszeichen, mit dem die Zeichen veränderbar sind, wenn sie in die internen P-Namen übernommen werden). Diese sogenannte **READTABLE**, ein Feld im Sinne der LISP-Datenkonventionen, kann vom Benutzer geändert oder ausgetauscht werden.

Die Eintragung einzelner Zeichen kann durch die Funktion **SETSYNTAX** geändert werden (**SUBR** mit drei Argumenten). Das betreffende Zeichen wird als Zahl (ASCII-Code) oder als Zeichenobjekt angegeben (erstes Argument), die Änderung durch eine zweite Zahl (der Benutzer muß die Bedeutung der Syntaxbits kennen ([MOO74], S. 159ff.) (zweites Argument) und das Übersetzungszeichen (drittes Argument). Es ist auch möglich, ein Zeichen als **MACRO** einzusetzen. In diesem Fall muß das zweite Argument **MACRO** heißen und das dritte Argument die Makrofunktion bedeuten.

Der Austausch der **READTABLE** ist möglich durch Erzeugung einer Kopie mittels **MAKREADTABLE** (SUBR, ein Argument), die einem Atom eine Kopie der aktuellen **READTABLE** als **ARRAY**-Eigenschaft zuordnet. Da das Einleseprogramm diese Eigenschaft als Wert des Atoms voraussetzt, kann durch

**(SETQ READTABLE(GET(MAKREADTABLE ATOMX)'ARRAY))**

zu der Tafel übergegangen werden, die über das Atom **ATOMX** zugreifbar ist.

### *5.2.3.11.5. Veränderung der Systemausgabe*

Um die Systemausgabe zu verändern, sind bestimmte Attribute des Ausgabefiles zu verändern (Zeilenlänge, Anzahl von Zeilen pro Seite usw.).

| Name | Argument-zahl | Typ | Aktion |
|---|---|---|---|
| **CHARPOS** | 1/2 | LSUBR | Liefert aktuelle Zeichenposition (1 Argument) oder verändert sie (2 Argumente). |
| **ENDPAGEFN** | 1/2 | LSUBR | Liefert aktuelle Seitenendefunktion (1 Argument) oder setzt neue ein (2 Argumente). |
| **LINEL** | 1/2 | LSUBR | Liefert aktuelle Zeilenlänge (1 Argument) oder verändert sie (2 Argumente). |
| **LINENUM** | 1/2 | LSUBR | Liefert aktuelle Zeilenzahl (1 Argument) oder verändert sie (2 Argumente). |
| **PAGEL** | 1/2 | LSUBR | Liefert Zeilenzahl pro Seite (1 Argument) oder ändert sie (2 Argumente). |
| **PAGENUM** | 1/2 | LSUBR | Liefert aktuelle Seitenzahl (1 Argument) oder ändert sie (2 Argumente). |

Der Druckvorgang kann nicht nur mit den angegebenen Funktionen gesteuert werden, sondern einige Variablen beeinflussen bestimmte Teilaktionen. So kann der Nutzer die Basis der Zahlen ändern (üblich: dezimal, also Basis 10), Zahlen mit sehr vielen Nullen verkürzen, das Drucken von komplizierten Listen an einem bestimmten Niveau aufhalten und die Zeilenlänge bei einem Druckvorgang begrenzen, so daß keine unendlichen Drucklisten entstehen können.

### *5.2.3.12. Zeichenmanipulation, Arbeit mit P-Namen, Zeichenkettenverarbeitung, Arbeit mit* **OBARRAY**

Alle Funktionen dieser Abteilung stehen für die kleine Klasse der Funktionen zur Zeichenmanipulation in LISP1.5. Dabei sind die Funktionen, die ein einzelnes Zeichen ausgeben oder einlesen (**READCH, TYI** usw.), schon unter den Ein- und Ausgabefunktionen erwähnt worden.

Die Zeichenverarbeitung in MACLISP wird durch Funktionen ausgeführt, die entweder einzelne oder Listen von Zeichenobjekten (weniger als zwei Zeichen im P-Namen) als Argument haben oder als Ergebnis liefern. Eine Besonderheit der Zeichenmanipulation in MACLISP liegt in der Äquivalenz von echten Zeichenobjekten (d. h. Atomsymbolen) und Zahlen (Fixnums), deren Wert dem ASCII-Code des Zeichens entspricht. Beide Formen können stets füreinander und miteinander gemischt auftreten.

#### *5.2.3.12.1. Zeichenmanipulation*

| Name | Argumentzahl | Typ | Aktion |
|---|---|---|---|
| **ASCII** | 1 | SUBR | Formt aus Zahl Zeichenobjekt. |
| **EXPLODE** | 1 | SUBR | Formt aus S-Ausdruck Liste von Zeichenobjekten, die der Ausgabe durch **PRIN1** entspricht. |
| **EXPLODEC** | 1 | SUBR | Wie **EXPLODE**; Bezugsfunktion: **PRINC**. |
| **EXPLODEN** | 1 | SUBR | Wie **EXPLODEC**; allerdings enthält die Liste statt Zeichenobjekten die entsprechenden Zahlen. |
| **FLATC** | 1 | SUBR | **(LENGTH(EXPLODEC** 1. Argument**))** . |
| **FLATSIZE** | 1 | SUBR | **(LENGTH(EXPLODE** 1. Argument**))**. |

| Name | Argu- ment- zahl | Typ | Aktion |
|---|---|---|---|
| **IMPLODE** | 1 | SUBR | Aus Liste von Zeichenobjekten (oder entsprechenden Zahlen) wird Atom gebildet (Name = Zeichenfolge) und, falls dort nicht vorhanden, in aktuellen **OBARRAY** aufgenommen. |
| **MAKNAM** | 1 | SUBR | Wie **IMPLODE**, jedoch ohne Aufnahme in **OBARRAY**. |
| **READLIST** | 1 | SUBR | Aus Liste von Zeichenobjekten wird entsprechender S-Ausdruck gebildet (als ob durch **READ** eingelesen). |

*5.2.3.12.2. Zeichenkettenmanipulation*

Die Funktionen zur Zeichenkettenmanipulation sind nur in der MULTICS-Implementation verfügbar. Sie können immer auch auf normale Atomnamen (P-Namen) angewendet werden. Wenn der Wert einer solchen Funktion eine Zeichenkette sein soll, wird allerdings in jedem Fall eine Zeichenkette gebildet.

| Name | Argu- ment- zahl | Typ | Aktion |
|---|---|---|---|
| **CATENATE** | bel. | LSUBR | Hängt zwei Zeichenketten zusammen. |
| **CTOI** | 1 | SUBR | Liefert 1. Zeichen als Zahl. |
| **GET-PNAME** | 1 | SUBR | Formt P-Namen in Zeichenkette um. |
| **INDEX** | 2 | SUBR | Liefert Position des 1. Vorkommens vom 2. Argument im 1. Argument als Zahl. |
| **ITOC** | 1 | SUBR | Formt aus Zahl (Code) Zeichenkette der Länge 1. |
| **MAKE-ATOM** | 1 | SUBR | Liefert Atom, dessen P-Namen der Zeichenkette entspricht. |
| **STRINGLENGTH** | 1 | SUBR | Länge der Zeichenkette |
| **SUBSTR** | 2/3 | LUSBR | Liefert Teilzeichenkette von Position 2. Argument bis Position 3. Argument (oder Ende). Position: Zahl. 1. Argument: Zeichenkette. |

*5.2.3.12.3. Arbeit mit P-Namen und* **OBARRAY**

| Name | Argument-zahl | Typ | Aktion |
|---|---|---|---|
| **ALPHALESSP** | 2 | SUBR | Argumente sind Atomsymbole oder Zeichenketten. Wert: **T**, falls in lexikalischer Ordnung, **NIL** sonst. |
| **GENSYM** | 0/1 | LSUBR | Generiert neue Atome. Argument ist Zahl, wird diese für den Ziffernteil verwendet, ist es ein Atomsymbol, so beginnen die generierten Atome mit dem ersten Buchstaben vom Argument. |
| **GETCHAR** | 2 | SUBR | Liefert *n*. Zeichen ($n = 2$. Argument) aus dem P-Namen vom 1. Argument. |
| **INTERN** | 1 | SUBR | Argument: Atomsymbol. Ist ein Atom mit gleichen Namen im **OBARRAY** vorhanden, so ist dieses der Wert. Sonst wird das Argument neu in den **OBARRAY** gestellt und ist selbst der Wert. |
| **REMOB** | 1 | SUBR | Argument: Atomsymbol. Dieses wird aus **OBARRAY** entfernt. Wert: **NIL**. |
| **SAMEPNAMEP** | 2 | SUBR | **T**, wenn beide Argumente den gleichen P-Namen haben, sonst **NIL**. |
| **COPYSYMBOL** | 2 | SUBR | Ist 2. Argument **NIL**: Wert ist Atomsymbol mit gleichen Namen wie 1. Argument, aber nicht im **OBARRAY**. Ist 2. Argument **T**, wird auch die gesamte P-Liste vom 1. Argument kopiert. |
| **MAKOBLIST** | 1 | SUBR | Liefert eine Kopie des aktuellen **OBARRAY**. |

Der **OBARRAY** ist als Array und als Variable zugreifbar. So kann das Atom **OBARRAY** verändert werden oder mit neuen Bedeutungen, die allerdings selbst Kopien des **OBARRAY** sein müssen, belegt werden. Dadurch ist es möglich, mit verschieden belegten „Namenslisten“ (vgl. S. 335) zu arbeiten bzw. den Standard-**OBARRAY** freizuhalten von unerwünschten Symbolmassen.

Mit den Ausdrücken:

**(SETQ PRIVATE-OBARRAY(GET(MAKOBLIST 'PRIVATE-OBARRAY) 'ARRAY))**

und

**((LAMBDA(OBARRAY) (READ))PRIVATE-OBARRAY)**

kann ein Leseprozeß mit einem eigenen **OBARRAY** gestartet werden.

### *5.2.3.13. Feldverarbeitung*

Felder sind implementiert durch einen Bereich, in dem die Elemente stehen und eine Funktion, die zu dem Feld zugreift. Der Name dieser Funktion gilt als Name des Feldes — insofern ist die **ARRAY**-Eigenschaft eine funktionale Eigenschaft.

Die Argumente der Funktion sind die Indizierungen (die immer mit 0 beginnen). Die Zugriffsfunktion liefert den Inhalt der addressierten Zelle und rettet gleichzeitig den Zeiger für eine eventuelle Speicheroperation.

Normalerweise werden die Elemente der Felder vor dem Garbage Collection geschützt. Es gibt eine spezielle Sorte von Feldern, bei denen dieser Schutz nicht durchgeführt wird. Eine weitere Feldsorte führt statt der Zeiger auf Zahlen die Zahlen direkt als Elemente.

Die Verarbeitungsfunktionen sind recht vielfältig:

| Name | Argument-zahl | Typ | Aktion |
|---|---|---|---|
| **ARRAY** | 3 und mehr | FSUBR | Definiert Feld mit Dimension 3. Argument, 4. Argument, ...; 1. Argument: Feldname, 2. Argument: Feldtyp. |
| ***ARRAY** | 3 und mehr | LSUBR | Wie **ARRAY,** nur werden die Argumente (LSUBR) vorher ausgewertet. |
| **ARRAYDIMS** | 1 | SUBR | Argument: **ARRAY**-Zeiger oder Feldname. Wert: Liste aus Typ und Dimensionen des Feldes. |
| **BLTARRAY** | 2 | SUBR | Kopiert ein Feld in ein anderes. Dimensionen nicht notwendig gleich! |
| **FILLARRAY** | 2 | SUBR | Füllt Feld mit Elementen aus der Liste (2. Argument). |
| **LISTARRAY** | 1/2 | LSUBR | 1 Argument: Bildet Liste aus Feldelementen; 2 Argumente: 2. Argument ist Längengrenze der zu erzeugenden Liste. |

| Name | Arg.-Z. | Typ | Aktion |
|---|---|---|---|
| ***REARRAY** | 1 und mehr | LSUBR | Definiert Dimensionen eines Feldes neu. |
| **STORE** | 2 | SUBR | 1. Argument: Bezugnahme auf Feldelement, 2. Argument: Ausdruck, dessen Wert in Feldelement gespeichert wird. |
| **SORT** | 2 | SUBR | 1. Argument: Feld oder Liste, 2. Argument: Sortierprädikat von 2 Argumenten. Ergebnis: sortiertes Feld oder sortierte Liste. |
| **SORTCAR** | 2 | SUBR | Wie **SORT**, nur werden jeweils die Cars der Elemente verglichen. |
| **DUMPARRAYS** | 2 | SUBR | Gibt Felder (1. Argument) in File (2. Argument) aus. |
| **LOADARRAYS** | 2 | SUBR | Lädt Felder (1. Argument) von File (2. Argument) in Speicher zurück. |

### 5.2.4. Der Interpreter

Der MACLISP-Interpreter folgt dem Schema des LISP1.6-Interpreters, der mit Call-By-Value und P-Listen-Verarbeitung (d. h. *shallow access*) ausgerüstet ist.

Im Vergleich zu LISP1.5 ist das Funktionensystem um **LSUBR**, **LEXPR**, **ARRAY** und **AUTOLOAD** erweitert. Inwieweit **APPLY** auch tatsächlich in die Struktur des Interpreters eingebunden ist, geht aus den Dokumentationen nicht hervor. Die wesentliche Funktion ist jedenfalls **EVAL**; sie tritt dem Programmierer auch im LISP-Hauptniveau entgegen.

Argument von **EVAL** ist der auszuwertende Ausdruck und, auf besondere Anforderung des Nutzers, ein Zeiger in einen Kellerspeicherbereich, mit dem ähnlich gearbeitet werden kann, wie mit der A-Liste. Die Auswertung der Atome ist durch den direkten Zugriff zur **VALUE**-Zelle über das Atom gekennzeichnet. Im BIBOP-System ist diese über zwei Ladebefehle vom Atomkopf her erreichbar. In den sonstigen Implementationen muß eine Suche nach dem **VALUE**-Indikator in der P-Liste durchgeführt werden. Dabei ist nicht ganz klar, ob dieser Indikator immer am Anfang der P-Liste stehen muß. Wäre dies nicht der Fall, könnte das P-Listenschema im MACLISP (wie in STANFORD LISP1.6) für Variablen mit vielen Eigenschaften ungünstig werden. Wenn **EVAL** zwei Argumente gehabt hat, wird eine Suche im Kellerspeicher durchgeführt.

Wie allgemein üblich, wird die Auswertung von Zahlen und Zeichenketten sofort mit dem Argument selbst als Ergebnis beendet.

Die Auswertung von Funktionsaufrufen ist gegenüber LISP1.5 vereinfacht und vernünftiger gestaltet worden: Es wird grundsätzlich die erste funktionale Eigenschaft benutzt. Damit ist auch der merkwürdige Fall ausgeschaltet, daß **NIL** in funktionaler Position akzeptiert wird.

Wird keine funktionale Eigenschaft bei dem Atom gefunden, so wird der Wert des Atoms (**VALUE**-Eigenschaft) als neue Funktion benutzt.

Tritt der Indikator **ARRAY** auf, so liegt eine Referenz auf ein Feld vor. Die Argumente werden von links nach rechts ausgewertet und als Indizes benutzt; sie müssen in gleicher Anzahl wie die Felddimensionen vorliegen und Fixnums innerhalb der Grenzen sein.

Bezüglich der Indikatoren **SUBR** und **FSUBR** verläuft die Auswertung wie in LISP1.5. Allerdings dürfen die Funktionen maximal nur fünf Argumente haben. Die Behandlung von **LSUBR**-Funktionen unterscheidet sich von derjenigen bei **SUBR**-Funktionen nur dadurch, daß auch eine Angabe über die Zahl der Argumente mitgeliefert wird.

Die Bedeutung zum Indikator **FEXPR** muß ein **LAMBDA**-Ausdruck sein, d. h. eine Funktion; diese muß entweder ein oder zwei Parameter haben. Die Bindung dieser zwei Variablen wird ohne Argumentauswertung vorgenommen: der ersten wird die gesamte Argumentliste, der zweiten, falls sie auftritt, ein sogenannter A-Listenzeiger zugeordnet, der den Bindungsstand vor Betreten der Funktion widerspiegelt. Anschließend wird der **LAMBDA**-Körper ausgewertet.

Auch die **EXPR**-Bedeutung darf nur eingeschränkter Art sein: entweder ein Atom oder ein **LAMBDA**-Ausdruck. Liegt ein Atom vor, so wird dies als neue Funktion benutzt, und die Auswertung beginnt von vorn. Dabei werden die Argumente nicht ausgewertet!

Wird dagegen ein **LAMBDA**-Ausdruck entdeckt, so werden die Argumente von links nach rechts ausgewertet. Bei der Bindung der Variablen sind wieder zwei Fälle zu unterscheiden: Steht hinter **LAMBDA** eine Liste von Variablen, so müssen genausoviele Argumente wie Parameter vorhanden sein. Jeder Variablen wird, nach Rettung ihres alten Wertes, das entsprechende Argument zugewiesen, d. h. in die Wertzelle eingespeichert.

Hat die Position hinter **LAMBDA** aber ein einzelnes Atom ($\neq$ **NIL**) inne, so wird diesem, ebenfalls nach Rettung des alten Wertes, die Argumentzahl als Wert zugewiesen. Die wirklichen Argumente sind mittels der Funktionen **ARG** und **SETARG** zugreifbar.

Dieser Spezialfall der **EXPR**-Verarbeitung wird auch **LEXPR**-Behandlung genannt, obwohl der Indikator **LEXPR** nicht existiert.

Wird der Indikator **MACRO** gefunden, dann wird, wie bei **FEXPR**-Funktionen vorausgesetzt, daß ein **LAMBDA**-Ausdruck die zugeordnete Bedeutung ist. Ansonsten ist die Verarbeitung sehr ähnlich der bei **FEXPR**; Unterschiede bestehen darin, daß der ersten Variablen nicht nur die Argumentliste, sondern der gesamte Ausdruck zugewiesen wird. Das Ergebnis der Auswertung wird natürlich anders behandelt: Durch den ersten Auswerteprozeß ist das Makro „expandiert" worden, anschließend wird der hergestellte Ausdruck als eigentlich auszuwertender Ausdruck angesehen und **EVAL** erneut übergeben.

Der letzte funktionale Indikator, **AUOTOLOAD**, wird benutzt, um Funktionen von einem externen File zu laden.

Die Verarbeitung von Ausdrücken (forms), die nicht ein Atom in funktionaler Stellung haben, folgt der Vorgehensweise von LISP1.5 in groben Zügen: Funktionen in Form von **LAMBDA**-Ausdrücken werden völlig gleichartig mit **EXPR**-Eigenschaften behandelt. **LABEL**-Ausdrücke werden durch Binden der Variablen mit dem funktionalen Ausdruck verarbeitet. Anschließend wird dieser, der als **LAMBDA**-Ausdruck vorzuliegen hat, gemeinsam mit den Variablen als neuer auszuwertender Ausdruck angesehen: die Auswertung folgt dem **EXPR**-Vorbild.

**FUNARG**-Ausdrücke unterscheiden sich nur insoweit von ihren Äquivalenten in LISP 1.5, als die dortige A-Liste in MACLISP durch einen A-Listenzeiger, d. h. einen Zeiger in der Variablen-Kellerspeicher, vertreten ist. Mit diesem wird der gleiche Effekt erzielt.

Man geht davon aus, daß **LABEL**- und **FUNARG**-Ausdrücke selten auftreten.

Fällt der funktionale Ausdruck nicht in eine dieser Klassen, dann wird er zunächst ausgewertet und der Wert an seiner Stelle als Funktion benutzt. Die Auswertung wird dann erneut gestartet.

Interessant für die Struktur des Interpreters ist die Art, wie die Hauptfunktionen **EVAL** und **APPLY** verknüpft sind: Während in LISP1.5-Interpreter beide Funktionen gleichwichtig waren und sich die Auswertarbeit teilter, scheint in MACLISP die Funktion **EVAL** alle Arbeit zu erledigen. **APPLY** ist nur eine der vielen, im LISP-System ebenfalls auftretenden Funktionen.

Übrigens akzeptiert **APPLY** Funktion und Argumente getrennt, weshalb **MACRO**-Funktionen als Argument nicht zugelassen sind. Die Argumente aus der Liste, die als zweites Argument **APPLY** übergeben werden, werden grundsätzlich nicht noch einmal ausgewertet.

### 5.2.5. Der Compiler

Die groben Strukturen des MACLISP-Compilers unterscheiden sich nicht von denen des LISP1.5-Compilers: Er arbeitet in zwei Pässen, zu denen in gewissem Sinne noch das Assemblerprogramm LAP als dritter Paß hinzukommt.

Im ersten Paß werden die S-Ausdrücke der zu übersetzenden Funktion studiert und in gewissem Sinne verändert. Diese Änderungen betreffen sicher die Arbeit mit globalen Variablen [GOL70] und sehr wahrscheinlich die arithmetischen Variablen im Fall des die numerischen Berechnungen optimierenden Compilers. Den Variablen werden verschiedene Tabellen zugeordnet ([GOL70], S. 1). Daneben werden die Makros expandiert, Quelltransformationen für einige Funktionen durchgeführt usw. In welchem Grade auch eine Rekursionsbeseitigung stattfindet, ist unbekannt.

Der zweite Paß generiert den Assemblercode. Dieser wird im allgemeinen auf ein externes File ausgegeben und erst von dort aus weiter verarbeitet. Dieser zweite Paß soll verschiedenartigste Codeoptimierungen durchführen, eine Aufgabe, die am pdp-10 nicht einfach ist.

Es ist nicht bekannt, welche Funktionen von dem Compiler offen übersetzt werden. Sicher gilt dies für alle **FSUBR**-Funktionen ([MOO74], S. 179), wahrscheinlich ist es auch für einige **SUBR**-Funktionen der Fall.

Die Besonderheit des MACLISP-Compilers ist, daß es eine Version gibt, die auch die arithmetischen Funktionen offen übersetzt. Die Ursache für die oft beklagte ungünstige Abarbeitung numerischer Algorithmen besteht einerseits in den unnötigen Funktionsaufrufen für die arithmetischen Grundoperationen und andererseits im Zwang, LISP-Zahlen aus den Ergebnissen zu formen. Eine weitere wesentliche Ursache für die Ineffizienz landläufiger LISP-Systeme bei der Abarbeitung numerischer Rechnungen ist die ständige Typabfrage zur Laufzeit.

Wird nicht offen übersetzt, so enthält der compilierte Code weiterhin Aufrufe in die Standardfunktionen, wo der Typ geprüft und das Ergebnis zur regelrechten Zahl umgeformt wird. Die Zeitdauer insbesondere für die letztere Operation schwankt; sie hängt einerseits von der Arbeit ab, die zu tun ist, um die Maschinenzahl in eine LISP-Zahl umzuformen und andererseits, da oft ein Wort für die Zahl bereitzustellen ist, kann es passieren, daß auch noch ein Garbage Collection ausgelöst wird.

Im MACLISP-Compiler wird zugleich mit der offenen Übersetzung der arithmetischen Funktionen auch dafür gesorgt, daß nur am Ende einer Kette von Operationen eine LISP-Zahl hergestellt wird; dazwischen wird mit Maschinenzahlen (in Registern) gearbeitet.

Diese Übersetzung basiert auf der Typ-Deklaration der Variablen und Funktionen durch den Nutzer. Wo dies nicht geschehen ist, kann der Compiler keinen Typ voraussetzen und muß Aufrufe zu den Funktionen der „allgemeinen Arithmetik" generieren, so daß Typprüfung und Zahlenaufbau resultieren.

Für alle Variablen, die als Fixnum oder Flonum generiert sind, fällt die Typprüfung zur Laufzeit jedoch weg. Um besseren Code zu ermöglichen, wurde für eine gleichartige interne Repräsentation beider Zahlentypen gesorgt. Dies führte insbesondere zur Unterdrückung des Typs der *kleinen ganzen Zahlen* durch J. L. White [WHI77].

Viele Zahlen tauchen nur als Zwischenergebnisse auf. Nicht in jedem Fall können sie in einem Register aufbewahrt werden. Um einen temporären Speicherplatz für diese Zahlen zu schaffen, wurden nach Ideen von Binford Zahlenkeller eingeführt, je einer für Gleitkomma- und ganze Zahlen. Da der Compiler nicht in jedem Fall entscheiden kann, ob eine Zahl wirklich nur Zwischenergebnis ist, muß zur Laufzeit darüber gewacht werden, daß Zahlen, die im Kellerspeicher aufbewahrt sind, nicht als Funktionswert verwendbar sind. Beim Austritt aus einer Funktion wird dieser nämlich zurückgestellt, und die Zahl kann vernichtet werden.

Für die Lösung dieses Problems wurden der Begriff des *sicheren Zeigers* ([STE77c], S. 4) eingeführt und explizite Umformungen von Zahlen im Kellerspeicher zu Zahlen im Zahlenspeicher vorgesehen, wenn eine Zahl auf unsichere Art gezeigt wird.

Die compilierten Funktionen untereinander übergeben sich die numerischen Ergebnisse als Maschinenzahlen. Wird eine solche Funktion vom Interpreter aufgerufen, so liefert sie eine LISP-Zahl. Diese verschiedenartige Resultatübergabe wird ermöglicht durch zwei Eintrittspunkte, in denen entsprechende Schalter gestellt werden.

Neben dem verbesserten Umgang mit Zahlen und ihren Typen sind auch Zugriffe zu Feldern so gestaltet, daß der Compiler optimalen Code generieren kann. Zwischen Feld und Feldzeiger wurde eine Datenstruktur von zwei Worten geschoben, um eine unveränderliche Quantität adressieren zu können (Felder können beim Garbage Collection ihren Platz wechseln). So kann über einen indirekten Zugriff mit einem Befehl das Dimensionsfeld erreicht werden, und die Berechnung des Elements aus den Indizes verläuft äußerst schnell. Dies kann durch den Programmierer weiter beschleunigt werden, indem er dem Compiler die Dimensionsgrenzen mitteilt.

Das Ergebnis, das durch diese Festlegungen und Entscheidungen über den Compiler und die numerischen Datenstrukturen erreicht wurde, ist äußerst respektabel: Der Compiler produziert Code, der mit dem eines guten FORTRAN-Compilers vergleichbar ist [FAT71, STE77c]!

Für den Programmierer wesentlich ist die Arbeit des Compilers mit Files. Der normale LISP-Compiler arbeitet mit einer internen Funktionsdefinition. Dabei gibt es einen bestimmten kritischen Punkt, der hohe Anforderungen an den Speicherplatz stellt: Wenn der zweite Paß kurz vor seiner Beendigung ist, sind von der Funktion drei Versionen enthalten: die ursprüngliche Definition, die unbedingt erhalten bleiben muß, bis der gesamte Übersetzungsprozeß beendet ist, die durch den ersten Paß für die eigentliche Übersetzung aufbereitete Funktionsform und schließlich die vom zweiten Paß aufgebaute Liste von Assemblerbefehlen.

Durch die Voraussetzung, daß der Compiler ein File von Funktionen und Deklarationen verarbeitet, ist die Rettung der ursprünglichen Funktionsdefinition unnötig. Durch die Festlegung, daß ein File von Assemblerbefehlen auszugeben ist, wird der Platz für die oft sehr aufwendige Befehlsliste gespart. So erweist sich die File-Orientierung als vorteilhafte Vorgehensweise. Daneben ermöglicht die Existenz des **LAP**-File, daß eine compilierte Funktion nicht noch einmal übersetzt werden muß; sie kann jederzeit assembliert und so mit wenig Zeitaufwand geladen werden.

Darüber hinaus liefert der Compiler im Normalfall ein File, das beits assemblierten Objektcode darstellt. Ein solches File, wegen der Schnelligkeit des Ladevorgangs *Fast*l*oad*-file (**FASL**-File) genannt, kann geschlossen geladen werden. Es ist aber auch möglich, aus diesem File eine bestimmte Funktion erst dann direkt zu laden, wenn sie benötigt wird. Dies ist die *Autoload*-Möglichkeit ([MOO74], S. 107, 192).

## 5.3. BESM-6-LISP

BESM-6-LISP ist die in der UdSSR hauptsächlich verwendete LISP-Implementation. Wegen der Unverträglichkeit der diversen Betriebssysteme bestanden bisher Schwierigkeiten für einen Export dieses Systems.

Das Buch von Lawrow und Silagadse [LAW69] stellt immer noch die Hauptquelle über BESM-6-LISP dar, obwohl in der Zwischenzeit bemerkenswerte Änderungen und Erweiterungen vorgenommen wurden [JU73]. Das angegebene Buch ist selbst in der UdSSR schwer beschaffbar; die Auslegung des jeweils benutzten Systems ist nur den Nutzern selbst bekannt.

### 5.3.1. Die Umgebung des LISP-Systems: die BESM-6, ihre Peripherie und Betriebssystem

Die BESM-6 [BRÄ72] ist eine Anlage der zweiten Rechnergeneration, die sich dennoch durch eine moderne Architektur und enorme Geschwindigkeit (ca. 1 MIPS) auszeichnet. So verfügt sie über eine hardwareunterstütztes virtuelles Speicherkonzept, Befehle zur Arbeit mit Kellerspeichern und andere Eigenschaften moderner Rechner. Lediglich die Verbindung zu den externen Geräten ist ein wenig ungünstig gelöst: Die Ein- und Ausgabe-Geräte sind nicht nach einem Kanalprinzip angeschlossen, sondern werden noch durch die Zentraleinheit gesteuert. Dadurch geht Zeit des Prozessors verloren. Bei der Ausgabe z. B. werden die einzelnen Zeichen gezählt und nicht die Zeilen. Diese Nachteile können aber durch Kopplung der zentralen Anlage mit einem geeigneten Satelliten ausgeglichen werden.

Mit ihrer Operationsgeschwindigkeit von 1 Million Befehlen pro Sekunde, gewissen parallelen Strategien bei der Befehlsabarbeitung kann sich die BESM-6 trotz ihres beachtlichen Alters (seit 1964 in Betrieb) immer noch mit vielen zeitgenössischen Datenverarbeitungsanlagen vergleichen.

Der Speicher, der in Segmente zu je 1024 48-Bit-Worten aufgeteilt ist, erreicht mit 64K Worten allerdings meist keine wesentlichen Größenordnungen. Daran ändert auch die mancherorts anzutreffende Erweiterung auf 128K nicht viel. Durch die Verfügbarkeit schneller Trommeln und viel Ein- und Auslagerungsarbeit läßt sich jedoch ein virtuelles Speicherkonzept gut verwirklichen.

Neben den Trommeln verfügt jede BESM-6 über ein umfangreiches Magnetbandsystem und die übliche Menge langsamer Ein- und Ausgabegeräte. Mit der Verfügbarkeit von Magnetplattenspeichern und Displays sind auch diese erfolgreich an die BESM-6 angeschlossen worden.

Ihre Zugehörigkeit zur zweiten Rechnergeneration kam zuerst hauptsächlich in der schwachen Ausrüstung mit Betriebssystemen zum Ausdruck. Dann jedoch war die Frage des Multiprogramming von Anfang an recht ausgeprägt in den ersten Betriebssystemen. Als das BESM-6-LISP 1969 implementiert wurde, dürfte im wesentlichen nur ein bescheidenes Monitorsystem die Aufgabenverteilung bewältigt haben. Seit 1970—71 aber arbeitet das Stapelverarbeitungssystem DISPAK, in dessen Rahmen ein begrenzter Dialogbetrieb mit dem LISP-System möglich wurde.

In neuester Zeit verfügt man z. B. am Rechenzentrum der Akademie der Wissenschaften in Moskau über ein Teilnehmersystem ПЧЛТ [BRI72], das im System DISPAK läuft und über ca. 16 Displays einen Direktzugriff zur Anlage gestattet.

### 5.3.2. Datentypen, Speicherplatzverwaltung, Garbage Collection

BESM-6-LISP arbeitet in einem 15-Bit Adressraum (in der BESM-6 steht jedem Programm ein virtueller Adressraum von 32K zur Verfügung). Die um vieles die Erfordernisse von zwei Zeigern (statt 30 Bit: 48 Bit) übersteigende Wortstruktur hat zu einigen sehr maschinenabhängigen Entscheidungen geführt (ähnlich wie an den Kleinrechnern pdp-8 usw.). Dadurch ist BESM-6-LISP nicht kompatibel mit anderen Systemen. Die vielen freien Bits wurden für die Darstellung von Informationen benutzt, die sonst frei in den P-Listen mittels Indikatoren angeordnet sind. Dennoch sind immer noch **neun** Bits völlig unbenutzt.

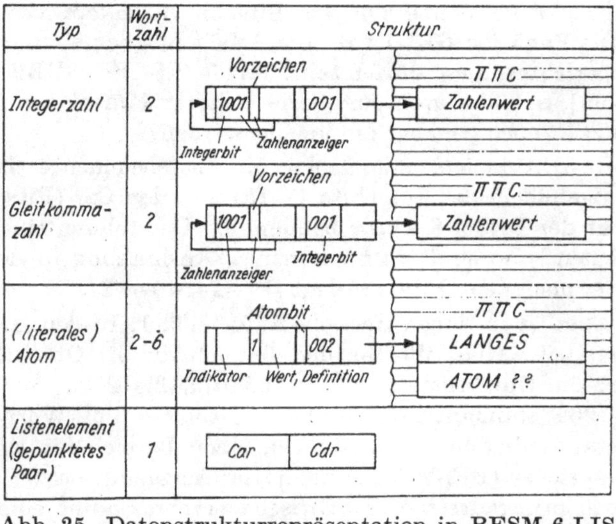


Abb. 25. Datenstrukturrepräsentation in BESM-6-LISP

Es werden drei verschiedene Arten von Grunddatenstrukturen angeboten: Listen, Zahlen und sonstige Atome.

Atome und Zahlen sind in den Bereich für Objekte, der als Hash-Liste organisiert ist, in einer nahezu identischen Weise dagestellt: Die Eigenschaft, ein Atom zu sein, wird im Bit 43 angezeigt.

Der Wert für **EVAL** befindet sich im Car der Zelle, in dem Bitbereich 25—39. Bei Zahlen ist hier ein Zeiger auf das LISP-Objekt selbst enthalten, so daß bei der Auswertung kein besonderer Test auf die Zahleigenschaft erfolgen muß. Der Cdr (Bits 1—15) zeigt entweder auf den P-Namen oder auf die Maschinenzahl. Beide Elemente sind im FWS untergebracht. Es gibt keine P-Listen.

Da die BESM-6 nur Gleitkommazahlen kennt, sind auch die ganzen Zahlen als Gleitkommazahlen dargestellt. Der Unterschied zwischen beiden Zahltypen ist nur beim Einlesen und Ausgeben wichtig. Die *logischen Zahlen* liegen als Maschinenworte mit Oktalzahlen vor. Sie sind beispielsweise für die Arbeit mit externen Speichern von Bedeutung.

Bei den Atomsymbolen sind maximal 29 Zeichen im Namen zugelassen. Intern ist der P-Name dargestellt als Aufeinanderfolge von bis zu fünf Maschinenworten. In den Bits 18 bis 25 des Atomkopfes ist die Länge des Namens verschlüsselt.

Die fehlende P-Liste wird durch die Möglichkeit ersetzt, jedem Atom eine Eigenschaft zuweisen zu können. Die Indikatoren für die funktionalen Eigenschaften und für globale Werte sind als Bits im Atomkopf verschlüsselt (Bits 44—47). Die Funktion **GET** ist für die Arbeit mit den so dargestellten Indikatoren eingerichtet, diese dürfen sein: **EXPR**, **FEXPR**, **SUBR**, **FSUBR**, **APVAL** ([LAW69], S. 93). Durch eine Serie weiterer Funktionen kann der Typ der Zahlen z. B. noch genauer untersucht werden.

Die normalen LISP-Zellen, mit denen die Listenelemente dargestellt werden, sind aufgeteilt in der Cdr (Bits 1—15) und den Car (Bits 25—39). Die Wortstruktur der BESM-6 würde bequem die Darstellung eines dritten Zeigers ermöglichen;[1]) so sind trotz extensiver Ausnutzung in der Atomdarstellung immer noch neun Bits unbelegt (19—24, 40—42).

Der Speicherplatz ist in sieben Bereiche aufgeteilt: 1. In den Bereich für den Interpreter (1969: $3100_8$ Worte), den Bereich für die Objektliste und Zahlen — kurz: die Objektliste (1969: standardmäßig $2000_8$ Worte), den Listenspeicher (1969: standardmäßig $10400_8$ Worte), den Voll-Wort-Speicher (FWS) (1969: standardmäßig $1400_8$ Worte), einen Bereich für E/A-Puffer und zwei Kellerspeicher (BESM-6-Terminologie: Magazin), davon einer für die üblichen Rücksprungadressen und Zwischenergebnisse und einer für die A-Liste (1969: standardmäßig $3000_8$ Worte). Der Benutzer kann beim Aufruf von LISP vier Parameter angeben, mit denen diese Größen verändert werden können.

Das Garbage Collection folgt dem klassischen Algorithmus. Zur Anzeige aktiver Elemente wird das Bit 48 verwendet.

### 5.3.3. Implementierte Funktionen

An arithmetischen und Listenverarbeitungsfunktionen ist das BESM-6-LISP nicht schlecht ausgestattet. Allerdings fällt die unübliche Namens-

---

[1]) Vergleiche dazu die Lösung in UT-LISP (S. 323) mit 60 Bits!

gebung vieler Funktionen auf. Es gibt keine Funktionale und keine Funktionen zur Zeichenverarbeitung.

### *5.3.3.1. Funktionen zur Listenmanipulation*

Ihren Vorbildern in LISP1.5 entsprechen völlig: **CAR**, **CDR**, **CONS**, **LIST**, **RPLACA**, **RPLACD**, **APPEND** (auch **APP** genannt), **LENGTH** (auch **LEL** genannt) und **COPY**. Die Funktion **REVERSE** heißt hier **REV**, **NCONC** dagegen **DAPPEND** bzw. **DAPP**. Aus der **CAR**-**CDR**-Familie sind alle Mitglieder bis zur vierfachen Verschachtelung vorhanden. Neu sind:

| Name | Argument-zahl | Typ | Aktion | Bemerkungen |
|---|---|---|---|---|
| **ASS** | 2 | SUBR | Wie **ASSQ** in MACLISP | |
| **LASS** | 2 | SUBR | Wie **ASSOC** in MACLISP | |
| **MCAR** | 2 | SUBR | Liefert Liste der ersten *n* Elemente (*n* = 1. Argument) von Liste (2. Argument). | Kopiert! |
| **DMCAR** | 2 | SUBR | Wie **MCAR** | Destruktiv! |
| **MCDR** | 2 | SUBR | Liefert Liste der letzten *n* Elemente (*n* = 1. Argument) von Liste (2. Argument). | Kopiert! |
| **LCONS** | 2 | SUBR | **(APPEND** 1. Argument **(LIST** 2. Argument**))** | Kopiert 1. Argument |
| **DCONS** | 2 | SUBR | **(NCONC** 1. Argument **(LIST** 2. Argument**))** | Zerstört 1. Argument |
| **INS** | 3 | SUBR | Fügt Element (3. Argument) hinter *i*. Element (*i* = 2. Argument) in Liste (1. Argument) ein. | Kopiert Anfang |
| **DINS** | 3 | SUBR | Wie **INS** | Fügt physisch ein |

| Name | Argument-zahl | Typ | Aktion | Bemerkungen |
|---|---|---|---|---|
| **DREV** | 1 | SUBR | Wie **NREVERSE** in MACLISP. | Zerstört Argument |
| **ELEM** | 2 | SUBR | Liefert *i*. Element ($i = 2$. Argument) einer Liste (1. Argument) | |
| **LAST** | 1 | SUBR | Wie **LAST** in MACLISP | |
| **TAIL** | 1 | SUBR | Liefert Listenstück mit letztem Element. | |
| **SSTORE** | 3 | SUBR | Ändert *i*. Element ($i = 2$. Argument) zu 3. Argument in Liste (1. Argument) | Kopiert Anfang |
| **STORE** | 3 | SUBR | Wie **SSTORE**, ändert. | Physische Änderung. |

### *5.3.3.2. Prädikate zur Listenverarbeitung*

Auf bekannte Funktionen in LISP1.5 gehen ohne Änderung zurück: **ATOM**, **NULL**, **EQUAL** und **MEMBER**. Die Funktion **EQ** arbeitet für alle Zahlen.

Neu ist **LISTP**, eine Funktion, die prüft, ob der vorgelegte S-Ausdruck mit einem korrekten Listenende (**NIL**) endet.

### *5.3.3.3. Arithmetische Funktionen*

Ein wesentlicher Unterschied der Arithmetik im BESM-6-LISP zu der in LISP1.5 besteht in der Dreiteilung der Typen. Die logischen Zahlenverknüpfungen sind nur für Oktalzahlen zugelassen.

Wie in LISP 1.5, auch hinsichtlich der Mischung von ganzen und Gleitkommazahlen, arbeiten **ADD1**, **DIFFERENCE**, **DIVIDE**, **EXPT**, **MINUS**, **MIN**, **MAX**, **PLUS**, **QUOTIENT**, **REMAINDER**, **SUB1** und **TIMES**. **RECIP** liefert, im Gegensatz zu LISP1.5, in jedem Fall eine Gleitkommazahl, die die reziproke Zahl repräsentiert.

Beachtet man, daß sie nur für Oktalzahlen (Bits) zugelassen sind, so unterscheiden sich auch die Funktionen **LEFTSHIFT**, **LOGOR**, **LOGAND** und **LOGXOR** nicht von den entsprechenden Funktionen in LISP1.5.

Neue arithmetische Funktionen sind eine Serie aus dem Repertoire der FORTRAN-Standardfunktionen: **ABS**, **SIGN**, **ENTIER**, **ROUND**, **SQRT**, **EXP**, **LN**, **SIN**, **COS**, **TG** (bzw. **TAN**), **CTG** (bzw. **COTAN**), **ARCSIN**, **ARCTG** (bzw. **ARCTAN**).

Bei den Oktalzahlen ist außer den angegebenen Funktionen noch **CLADD** verfügbar, womit zwei Oktalzahlen logisch addiert werden können. Bei dieser Operation wird der Übertrag zyklisch wieder in der untersten Stelle hinzugefügt.

#### *5.3.3.4. Arithmetische Prädikate*

Neben den bekannten Typprädikaten **NUMBERP**, **FIXP** und **FOLATP** gibt es das Prädikat für die Oktalzahlen **BITSP** und eine Kombination aus **FIXP** und **FLOATP**, nämlich **ARITHP**.

Für den Vergleich von Zahlen sind aus LISP1.5 übernommen: **LESSP**, **GREATERP**, **MINUSP**, **ONEP** und **ZEROP**. Neu sind **GREQP** für „größer oder gleich" und **LEQP** für „kleiner oder gleich".

#### *5.3.3.5. Funktionen zur Steuerung des Programmablaufs*

Wie in LISP 1.5 sind verfügbar: **COND**, **NOT**, **AND** und **OR**, **PROG**, **GO** und **RETURN**. Dabei beobachtet **COND** die erweiterten Konventionen wie in MAC-LISP.

Außerdem sind implementiert:

| Name | Argumentzahl | Typ | Aktion | Bemerkungen |
|---|---|---|---|---|
| **EXIT** | 0 | SUBR | Unterbrechung der Verarbeitung, Rücksprung ins LISP-Hauptniveau. | |
| **STOP** | 1 | SUBR | Ende des LISP-Jobs. | Argument wird als letzte Zeile gedruckt. |
| **TERPRI** | 1 | SUBR | Sprung zu interner Adresse. | Ungewöhnliche Namensgebung! |

#### *5.3.3.6. Basishandlungen des Interpreters*

Mußte schon das Fehlen von Funktionalen störend auffallen, so ist die Armut in dieser Funktionsgruppe sehr hemmend. Neben **QUOTE** ist nur **EVAL** vorhanden. **LAMBDA** ist der Name der **FSUBR**, die **LAMBDA**-Ausdrücke auf Argumente anwendet.

Die Funktionen **SET** und **SETQ** sind vorhanden; sie sind in die für BESM-6-LISP eigentümliche Gruppe der Funktionen zur Arbeit mit **PROG**-Variablen gestellt worden.

#### *5.3.3.7. Funktionen zur Beeinflussung des Interpreters*

Die Protokollfunktion **TRACE** und ihr Gegenstück **UNTRACE** sind fest implementierte **FSUBR**. **TRACE** löst den Druck des Namens der zu protokollierenden

Funktion aus, zeigt die Argumentwerte und beim Verlassen der Funktion wieder den Namen und den Funktionswert.

### *5.3.3.8. Arbeit mit der P-Liste*

Wie schon erwähnt, gibt es im BESM-6-LISP eine eigentliche P-Liste nicht. Jedes Atom kann höchstens eine Eigenschaft besitzen; der Indikator ist in Bits verschlüsselt.

Die Funktionen **GET** und **REMPROP**, die sich an ihre Vorbilder in LISP1.5 anschließen, können daher nur mit dieser einen Eigenschaft arbeiten.

Normalerweise kann der Programmierer über folgende Indikatoren verfügen: **EXPR, FEXPR, SUBR, FSUBR, APVAL, NONE.** Man hat versucht, das Spektrum durch Belegung der freien Bits im Atomkopf zu vergrößern; allerdings bleibt die Tatsache, daß auf einfache Art nicht mit P-listenähnlichen Objekten gearbeitet werden kann.

Ähnlich wie **GET** und **REMPROP** muß auch die Verfügbarkeit von **CSET** und **CSETQ** verstanden werden; hier sind die Unterschiede zu LISP1.5 allerdings verschwindend gering.

Weitere Funktionen sind:

| Name | Argu-ment-zahl | Typ | Aktion | Bemerkungen |
|---|---|---|---|---|
| **DEFINE** | bel. | FSUBR | wie **DEFINE** in LISP1.5 | |
| **GEFTPR** | 1 | SUBR | Wert: aktueller Indikator vom Argument | |
| **SEXPR** | 2 | FSUBR | definiert **EXPR.** 1. Argument: Funktionsname, 2. Argument: **LAMBDA**-Ausdr. | |
| **SFEXPR** | 2 | FSUBR | wie **SEXPR**, definiert **FEXPR.** | |
| **TCSET** | 3 | FSUBR | dem Atom (1. Argument) wird Bedeutung (2. Argument) zu Indikator (3. Argument) zugeordnet | Indikator als Oktalzahl zwischen 0 und 63. |
| **TRGET** | 1 | SUBR | Wert ist Indikator (Bitzahl) des Arguments. | |
| **TRPUT** | 2 | FSUBR | Indikator (Bitzahl) vom 1. Argument wird geändert. | |

### *5.3.3.9. Compiler und zugeordnete Funktionen*

Im BESM-6-LISP ist kein LAP verfügbar. Der Compiler wird, wie auch in LISP1.5, mit **COMPILE** aufgerufen, wobei die Argumente die Namen der zu compilierenden Funktionen sind. Mit Hilfe von **EXCISE** kann der Compiler beseitigt und der Platz für den Listenspeicher freigemacht werden.

### *5.3.3.10. Ein- und Ausgabefunktionen*

Die Ein- und Ausgabefunktionen im BESM-6-LISP beschränken sich auf die zwei Funktionen **READ** und **PRINT**. Mit Hilfe der Funktion **EDIT** kann dafür gesorgt werden, daß die Druckliste mit Zeilenabstand und nur im halben Format erstellt wird. Mit der Funktion **DIGIT** kann man die Zahl der zu druckenden Stellen in Gleitkommazahlen bestimmen.

Ansonsten ist die Funktion **READ** auch für die Arbeit mit externen Speichern gedacht. Es wird davon ausgegangen, daß LISP-Ausdrücke in externer Form auf Magnetband ausgegeben worden sind. Hat der Benutzer sich Kataloge der externen Adressen angefertigt, so kann er jederzeit diese Ausdrücke einlesen und verarbeiten. Mit **READ** können Zeichenketten eingelesen werden: Ergebnis ist eine Liste der Zeichenatome.

Das Funktionsspektrum dafür ist allerdings schmal; dabei fällt die Betonung der Arbeit mit numerischen Informationen auf. Dies erklärt sich aus der Tatsache, daß mit demselben Mechanismus der Anschluß von ALGOL-60-Programmen an das LISP-System erfolgt. Dann werden vor allem numerische Informationen ausgetauscht.

Bei der Arbeit mit einem externen Gerät ist dieses direkt zu adressieren. Dazu wird eine Oktalzahl angegeben, die aus folgenden Teilen besteht: Kanaladresse, Bandnummer, Zone und Wort. Folgende Funktionen arbeiten mit den externen Geräten über diese Adressen:

| Name | Argumentzahl | Typ | Aktion |
|---|---|---|---|
| **RNUMB** | 1 | FSUBR | Liest eine Zelle vom externen Speicher. |
| **RLNUMB** | 1 | SUBR | Liest eine Liste von Zahlen vom externen Speicher. |
| **WLNUMB** | 2 | SUBR | Schreibt eine Liste von Zahlen auf den externen Speicher. |
| **WNUMB** | 2 | FSUBR | Schreibt eine Zelle auf den externen Speicher. |
| **WRITE** | 2 | FSUBR | 1. Argument: Adresse, 2. Argument: Name des Atoms, dessen Wert geschrieben werden soll. |

### *5.3.3.11. Sonstige Funktionen*

#### *5.3.3.11.1. Funktionen zur Arbeit mit* **PROG**-*Variablen*

| Name | Argumentzahl | Typ | Aktion |
|---|---|---|---|
| **POP** | 1 | FSUBR | **(SETQ** *x* **(CDR** *x***))** |
| **POPUP** | 2 | FSUBR | **(SETQ** *x* **(CAR** *y***))**<br>**(SETQ** *y* **(CDR** *y***))** |
| **PUSH** | 2 | FSUBR | **(SETQ** *y* **(CONS** *x y***))** |
| **SADD1** | 1 | FSUBR | **(SETQ** *x* **(ADD1** *x***))** |
| **SSUB1** | 1 | FSUBR | **(SETQ** *x* **(SUB1** *x***))** |

Daneben gibt es **SET** und **SETQ** wie in LISP1.5.

#### *5.3.3.11.2. Funktionen zur Typumwandlung*

Mit Hilfe dieser Funktionen läßt sich in beschränktem Maße eine Zeichenverarbeitung durchführen. Die Funktion **ATL** etwa entspricht **EXPLODE** in MACLISP, und **LTA** korrespondiert mit **IMPLODE**.

| Name | Argumentzahl | Typ | Aktion | Bemerkungen |
|---|---|---|---|---|
| **ATL** | 1 | SUBR | **EXPLODE** in MACLISP | Sonderzeichen gibt es nicht. |
| **ATN** | 1 | SUBR | Aus Atomnamen wird Zahl aufgebaut. | |
| **BTF** | 1 | SUBR | Aus Oktalzahl wird ganze Zahl gebildet. | |
| **FTB** | 1 | SUBR | Aus ganzer Zahl wird Oktalzahl geformt. | |
| **LTA** | 1 | SUBR | **IMPLODE** in MACLISP | Immer intern![1]) |
| **NTA** | 1 | SUBR | Aus Zahl wird Atom gebildet, dessen Namen den zu druckenden Ziffern entspricht. | |

[1]) Das entstehende Atom wird immer in die Objektliste aufgenommen, falls es nicht schon dort ist.

*5.3.3.11.3. Restliche Funktionen*

| Name | Argument-zahlen | Typ | Aktion | Bemerkungen |
|---|---|---|---|---|
| **GENSYM** | 0 | SUBR | Wie in LISP1.5. | |
| **OBLIST** | 0 | SUBR | Druckt Objektliste. | |
| **RANDOM** | 0 | SUBR | Wie **RANDOM** in MACLISP. | Zufallszahl |
| **TIME** | 0 | SUBR | Zeit seit Jobstart | In Sekunden |

## 5.3.4. Der Interpreter

BESM-6-LISP benutzt kein **EVALQUOTE**. Die dem Programmierer entgegentretende Hauptfunktion ist **EVAL**. Charakteristisch für die Verarbeitung ist die Verwendung eines Variablenkellerspeichers anstelle der A-Liste — ähnlich wie in INTERLISP (allerdings gibt es generell kein **FUNARG**).

Bekommt **EVAL** ein Atom gegeben, so wird zunächst nach dem globalen Wert, der etwa dem **APVAL**-Wert von LISP1.5 entspricht, gesehen. Da die Atome keine P-Listen haben, kann dies durch einfache Bit-Testung im Atomkopf absolviert werden. Die Zahlen sind so repräsentiert worden, daß für sie dieselbe Aktion möglich ist: So sind keine Typprüfungen erforderlich. Für Zahlen wie für Atome mit globalem Wert ist demnach die Auswertung schnell beendet.

Wird im Atomkopf kein Bit gefunden, das einen Wert anzeigt, so beginnt die sequentielle Suche im Wertekeller, wo die temporären Werte abgelagert werden. Die lineare Organisation ermöglicht eine schnelle Abwicklung dieses Verarbeitungsschritts. Geht die Suche negativ aus, so wird entweder der fehlende Variablenwert bemängelt oder, falls das betreffende Atom funktionale Eigenschaften hat, wird ein Strukturfehler angezeigt.

Bekommt **EVAL** eine Liste als Argument, so wird, wie üblich, das erste Element dieser Liste analysiert. Es darf ein Atom mit funktionaler Bedeutung (**EXPR**, **FEXPR**, **SUBR**, **FSUBR**) sein, eine Variable mit funktionaler Bedeutung in der A-Liste oder ein **LAMBDA**-Ausdruck. In jedem anderen Fall wird ein Fehler gemeldet. Auch die zu den Indikatoren **EXPR** bzw. **FEXPR** gehörende Eigenschaft muß ein **LAMBDA**-Ausdruck sein [SIL75].

Ein wesentliches Problem im BESM-6-LISP ist die überaus langsame Arithmetik. Ursache dafür ist, daß die Zahlen (wie die Atome) in einer Hash-Liste verwaltet werden. Jede erzeugte Zahl wird erst aufgesucht, um doppelte Repräsentation zu vermeiden.

### 5.3.5. Der Compiler

Über den BESM-6-Compiler für LISP ist nicht allzuviel bekannt. Verbürgt ist, daß er hauptsächlich mit einem Variablentyp arbeitet, der den **COMMON**-Variablen in LISP1.5 ähnlich ist. Alle Variablen compilierter Funktionen werden, wie im Interpreterregime, mitsamt ihrem Wert in die A-Liste gestellt. Damit gibt es kein Problem der Koordinierung von Interpreter und compilierten Funktionen, aber eine wesentliche Quelle für die Effizienz der Maschinenprogramme ist vergeben.

Der Haupteffekt der Compilierung liegt somit in der offenen Übersetzung der Funktionen (**CAR**, **CDR**, **COND**, **CSETQ**, **GO**, **PROG**, **SETQ**), denn beim Zugriff zu freien Variablen muß in der A-Liste gesucht werden. Für den Zugriff zu lokalen Variablen wird das Anfangsstück des Variablenkellers mit einem Register adressiert. Es wird berichtet, daß der Compiler die Programme stark analysiert und dadurch wesentlich optimiert [JU76].

Der Compiler arbeitet ohne ein **LAP**. Er setzt den Code direkt in den Bereich für die Maschinenprogramme ab. Dies ist ersichtlich aus der Technik ([SIL71b], S. 4), die für die Behandlung von Sprüngen und Marken verwendet wird.

Die Übersetzung rekursiver Funktionen ist in [SIL71b] recht unklar beschrieben. Folgt man den Angaben, so werden „innere Rekursivitäten" **(DE F(X) ( ... (G(F(HX))) ... ))** aufgelöst mittels Zählmechanismen und optimiert, während „äußere Rekursivitäten" **(DE F(X) ( ... (COND((H X) (F X)) (... ))** aufrechterhalten bleiben müssen.

Einige Vergleichzahlen über den Effekt des BESM-6-Compilers sind bekannt:

| Funktion | Interpreterzeit (μs) | compiliert (μs) |
|---|---|---|
| **(CAR C)** | 232 | 12 |
| **(CDR C)** | 236 | 13 |
| **(CONS T NIL)** | 404 | 115 |
| **(EQ T T)** | 396 | 82 |
| **(EQUAL T T)** | 404 | 91 |
| **(COND(T T))** | 816 | 5 |
| **(XSETQ N 1)** | 160 | 12 |
| **(PLUS 5 9)** | 632 | 622 |
| **(ATL(QUOTE ABC))** | 892 | 621 |

## 5.4. INTERLISP

INTERLISP ist ohne Zweifel das für Zwecke der künstlichen Intelligenz wichtigste und umfassendste System. Seine gewaltige Basis standardmäßig verfügbarer Funktionen (über 500), seine die Programmierarbeit bequem und einfach machenden Subsysteme machen es zum Vorbild einer Arbeitsumgebung für die Programmierung.

Viele bekannte LISP-Systeme sind unter Verwendung von Teilen von INTERLISP erweitert worden. Zugleich ist dieses System als einziges Nachfolgersystem nach LISP1.5 auf einer ganzen Reihe von anderen Maschinen implementiert worden. INTERLISP läuft in den USA auf der pdp-10 (DEC-10), auf der DEC-20, in England auf der ICL-4, in Schweden und Japan auf der IBM/360 und IBM/370 und in Westeuropa auf der Siemens 4004.

Das Interesse an weiteren Implementationen wurde verstärkt durch die Veröffentlichungen des INTERLISP-Basissystems: Die INTERLISP-Virtual-Machine-Specification von J. S. Moore [MOO76]. Die Hauptquelle bezüglich INTERLISP ist das vorzügliche Manual von W. Teitelman [TE74], Beschreibungen der Implementationen an den von der pdp-10 verschiedenen Maschinen sind ebenfalls vorhanden [U75, GU78a]. Vergessen werden sollte auch nicht das kleinere Werk von A. Haraldson [HAR75], das eine durchsichtige Einführung bietet.

Es ist unmöglich, im Rahmen dieses Buches das ganze System einigermaßen zu beschreiben. Allein das Manual für die pdp-10 [TE74] hat über 550 Seiten!

So können wir auf keinen Fall auf die verschiedenen Implementationen eingehen. Basis des vorliegenden Überblicks ist Moores Veröffentlichung. Die Subsysteme, die die interaktive Arbeit des Programmierers mit dem System so entscheidend prägen, können ebenfalls nur ganz grob dargestellt werden. Dies scheint zu einem gewissen Grade gerecht gegenüber den anderen LISP-Systemen, die unter Zuhilfenahme von Hilfssystemen, die in LISP geschrieben, zur Test- und Programmierarbeit verwendet werden, ebensolche Dimensionen erreichen könnten.

Andererseits werden wir mit diesem Vorgehen INTERLISP nicht gerecht. Die verwendete Implementationstechnologie, nur einen Kern von ca. 200 Funktionen in Assemblersprache zu kodieren und darauf den entscheidenen Körper des Systems aufzubauen, indem LISP als Systemprogrammiersprache verwendet wird, hat sich als beste Lösung bei der Verbreitung des INTERLISP-Systems erwiesen. Der Nutzer des Systems kann keinen Unterschied zwischen handcodierten und zur Zeit der Systemgenerierung compilierten LISP-Funktionen feststellen.

### 5.4.1. Die Umgebung des INTERLISP-Systems: Anlagen, Betriebssysteme

INTERLISP läuft heute auf verschiedenen Anlagen: pdp-10 (DEC-10), DEC-20, IBM/370, IBM/360, CDC3300, Burroughs 6700 ([TE74], S. iii) sowie Siemens 4004, ICL-4 und Fujitso M160. Alle diese Maschinen gehören zu den derzeit modernsten, ihre Daten sind mehr oder weniger zugänglich.

Die Peripherie umfaßt ebenfalls alle modernen Geräte: Neben den üblichen langsamen Einheiten wie Karteleser, Lochstreifengeräten und ähnlichem sind Direktzugriffsgeräte wie Plattenspeicher, Großraumspeicher, Trommeln usw. und selbstverständlich Magnetbandspeicher zu finden und, dem Namen des Systems entsprechend (INTERLISP kommt von „interaktives LISP“), Terminalgeräte aller Art (Fernschreiber, Displays usw.).

Die Betriebssysteme können entweder auf einem hardwaremäßig realisierten virtuellen Speicher operieren (IBM/370, pdp-10, DEC-20 usw.), oder sie sind Software-Paging-Systeme (IBM/360). Einen besonderen Platz nimmt gewiß das Stamm-Betriebssystem von INTERLISP, das Time-Sharing-System TENEX ein [BO72]. Die für LISP so interessante Seite der Speicherverwaltung durch das Betriebssystem ist durch einen der Entwickler, D. Murphy, beschrieben worden [MUR72].

### 5.4.2. Datentypen, Speicherplatzverwaltung, Garbage Collection

INTERLISP hat zu den üblichen LISP-Datentypen neue eingeführt. Es enthält kleine und große ganze Zahlen, Gleitkommazahlen, Atomsymbole (literale Atome), Zeichenketten und P-Namen, Felder (Arrays) und Hash-Listen (hash arrays), Kellerspeicherzeiger (stack pointer) und Tafeln für die Ein-Ausgabe (read-tables und terminal-tables). Hinzu kommen einige Datentypen, die aus technischen Gründen verwendet werden und zu denen der Benutzer eingeschränkten Zugriff hat (Zeichenkettenzeiger, Bittafeln). Schließlich kann der Benutzer eigene Datentypen einführen.

Compilierte Funktionen, d. h. Stücke von Maschinencode, werden in der Form von Feldern dargestellt.

Zahlen sind also in drei Arten vertreten. Den in MACLISP benutzten Typ der Bignums gibt es nicht. Für den Nutzer interessant ist das Syntaxformat, das dem in ALGOL 60 üblichen entspricht. Auf der pdp-10 dürfen die ganzen Zahlen eine Größe von $2^{35}$ nicht erreichen. Während kleinere ganze Zahlen (im Bereich von $-1536$ bis $+1535$) durch den Zeiger selbst dargestellt sind, gilt dies für die größeren ganzen Zahlen nicht. Die Zeiger beziehen sich auf Worte im Zahlenspeicher (*boxes*), wo diese Zahlen abgelagert sind.

Wie die größeren ganzen Zahlen werden auch die Gleitkommazahlen behandelt. Ihr Wertebreich liegt zwischen $\pm$ 2,94E$-$39 und $\pm$ 1,69E $+$ 38 auf der pdp-10.

Da der Nutzer direkten Zugriff zu den Zahlenworten (boxes) hat und dort auch physisch ändern kann, gibt es in INTERLISP den Begriff des *sicheren Zeigers* [STE77c] nicht.

Die Atomsymbole, in INTERLISP *literale Atome* genannt, sind in der pdp-10-Implementation auf 99 Zeichen im Namen begrenzt. Jede Zeichenkette von nichtzutrennenden Zeichen, die nicht als Zahl interpretierbar ist, wird als solches Atom angesehen: z. B. also **2E + A**. Die Trennzeichen sind: Leerzeichen, End-Of-File, Line-Feed, (,), ", [ und ]. Mittels %, dem INTERLISP-Escape-Zeichen (slashifier), können diese Zeichen in den Atomnamen eingebaut werden.

Die Atome werden intern durch drei aufeinanderfolgende Worte dargestellt; der Nutzer kann direkt nur mit der P-Liste, dem Top-Level-Wert (in der pdp-10 Implementation Cdr bzw. Car des Atoms, in der Beschreibung der virtuellen Maschine mit spezifischen Zugriffsfunktionen) und der im zweiten Wort untergebrachten Funktionsdefinition arbeiten. Diese Funktionsdefinition ist in der pdp-10 als Funktionsaufrufinstruktion dargestellt, die für **SUBR** anders ist als für **EXPR**. Auf Grund der Maschinenarchitektur steht aber in der rechten Hälfte des Befehls praktisch die Adresse der Funktion selbst. Im dritten Wort ist noch der Zeiger auf den Namen enthalten.

Print-Namen gelten als getrennter Datentyp; sie können als Teil von Atomen oder als Repräsentationen von Zeichenketten vorkommen. Ihre maximale Länge entspricht in der pdp-10 126 Zeichen.

Das Problem von „internen" und „nicht internen" Atomen scheint in INTERLISP nicht vorhanden zu sein; die Art, wie die Atome verknüpft sind (als Liste, Feld oder Hash-Liste), ist nicht beschrieben und so dem Implementator überlassen. Grundsätzlich ist jedes Atom nur einmal da, auch Gensyms werden sofort in die Atomsammlung aufgenommen, so daß es vorkommen kann, daß ein schon vorhandenes Atom „neu" gebildet wird ([TE74], S. 10.5). Wie das Problem der unnötigen Atome und überquellenden Atomansammlung beherrscht wird, kann hier deshalb nicht beschrieben werden.[1])

Zeichenketten werden extern durch " umschlossen; intern sind sie dargestellt in zwei Teilen: als Zeichenkettenzeiger (in dem die Länge der Zeichenkette und ihr Beginn — entweder als Adresse oder als Adresse und ein Index ([MOO76], S. 27) — enthalten ist) und als P-namenähnliche Zeichenfolge, die jedoch in einem Zeichenkettenbereich enthalten ist. In der pdp-10 darf die längste Zeichenkette 12768 Zeichen lang sein ([TE74], S. 3.11).

Die Listenelemente (nodes) sind intern in Zellen untergebracht, die in Car- und Cdr-Teil zerfallen. In der pdp-10 kann ein Wort eine Zelle aufnehmen: Der Adressraum enthält 256K Worte. Felder sind nur mit einer Dimension möglich. Sie können, wie in MACLISP, weder eingelesen noch ausgedruckt werden; versucht man das letztere dennoch, erscheint ein #, gefolgt von der Oktaladresse des Zeigers.

---

[1]) Einziger Hinweis: der Fehler „**12-ATOM HASH TABLE FULL**".

Intern werden die Felder vierteilig dargestellt: Es gibt einen Kopf, einen Bereich von Maschinenzahlen, die nicht als Zeiger implementiert sind (*unboxed numbers*, z. B. Maschinenbefehle), einen Bereich von Zeigern und

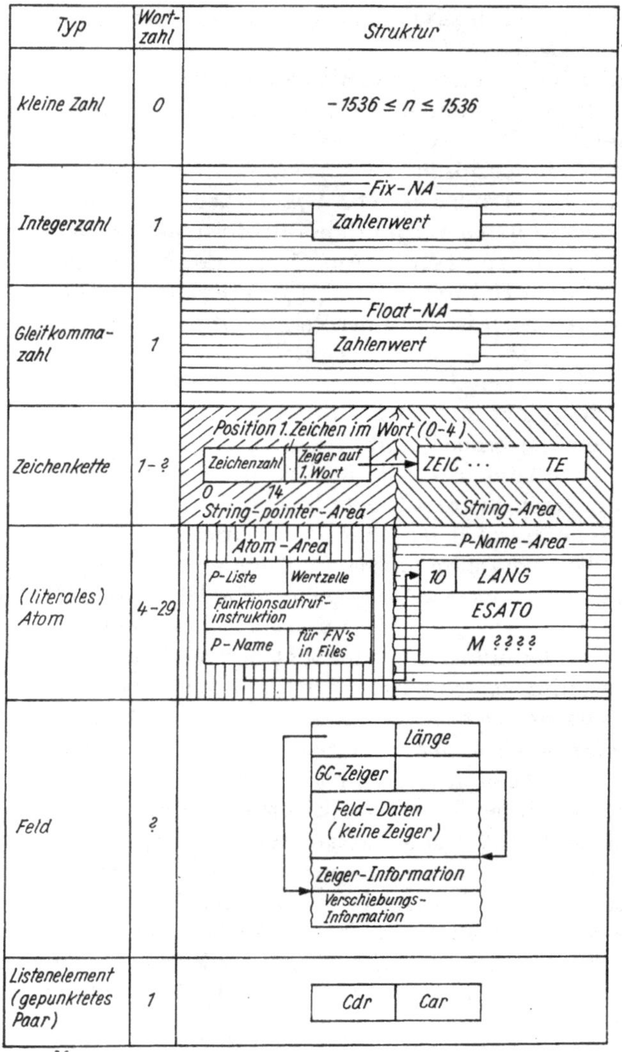


Abb. 26. Datenstrukturrepräsentation in INTERLISP ([KUR76], S. 128; [TE74])

eine Folge von Verschiebungsinformationen. Im Kopf wird die Länge des Feldes und die relative Anfangsadresse der Teilbereiche beschrieben.

Hash-Listen sind praktisch Felder, nur bestehen ihre Elemente aus zwei Teilen: Aus Hash-Item und Hash-Value. Sie werden benutzt, indem ausgehend von einem Hash-Item dessen Hash-Code gebildet wird und mit diesem ein bestimmtes Feld im Hash-Array adressiert wird. Ist zu dem Item schon eine Eintragung vorhanden, so gibt es einen zugeordneten Wert. Ist an der adressierten Stelle nichts enthalten, so kann das neue Item samt Wert eingetragen werden. Es wird angestrebt, daß die Hash-Liste nahezu voll ist, bevor sich Ereignisse häufen, daß ein Teilfeld besetzt ist mit einem Item das von einem neueinzufügenden Item verschieden ist ([MOO76], S. 23).

Read-Tables sind Objekte, die die syntaktischen Eigenschaften von Zeichen für die Ein- und Ausgaberoutinen beschreiben. Jedes Zeichen muß dabei zu genau einer Syntaxklasse gehören, von denen es neun Basistypen gibt und eine beliebige Menge von nutzerdefinierten Klassen (Makro-Zeichen). Die Read-Table garantiert die Beziehung zwischen einem Zeichen und ihrer Syntaxklasse.

Terminal-Tables sind Objekte, die die Ein-Ausgaberoutinen mit Information versorgen, die sich auf das Terminal beziehen.

Kellerspeicherzeiger werden zur Arbeit mit Umgebungs- und Kontrollinformationen benötigt, die üblicherweise im Kellerspeicher abgelagert sind. Das in INTERLISP verwirklichte komplizierte Modell baumartiger Kellerspeicherstrukturen (der *Spaghetti-Stack*) macht einen direkten Zugriff zu beliebigen Variablenumgebungen und die mehrfache Verwendung solcher Strukturen möglich.

Die vom Nutzer eingeführten Datentypen dürfen aus Zeigern, Zahlen und Bitfolgen bestehen. Mit einer Spezifikation hat der Programmierer seine Datentypen anzugeben. Er wird mit Zugriffsfunktionen versorgt; die Zeiger werden bei der Bewertung von Teilstrukturen als erreichbar beachtet.

Bei der Spezifikation der *virtuellen INTERLISP Maschine* [MOO76] sind keine Aussagen über die Organisation des Speichers und des Garbage Collectors aufgestellt worden. Die pdp-10-Implementation arbeitet in einem 18-Bit-Adressenraum. Dieser ist aufgeteilt in Seiten zu 512 Worten mit einer oberen Grenze von 512 Seiten, so daß jeder Benutzer des Systems einen Speicherplatz vom 256K Worten á 26 Bit zur Verfügung hat. Das Betriebssystem TENEX leistet die Verwaltungsarbeit dieses Speichers; nur die zu einer gewissen Zeit wirklich erforderlichen Seiten befinden sich in der Maschine.

Jedem Datentyp ist ein gewisser Speicherplatz zugeordnet. Zu Anfang ist dies ein relativ kleiner Raum (minimal eine Seite); wenn im Laufe der Arbeit mehr benötigt wird, so wird mehr zugeordnet.

Der Speicher ist in typenreine Seiten aufgeteilt. Der Typ des Datums, auf das ein bestimmter Zeiger zeigt, ist nicht aus diesem selbst oder aus der Form des gezeigten Objekts abzuleiten, sondern ergibt sich aus der Beschreibung der Seite, in der das gezeigte Objekt sich befindet. So kann ein Typvergleich erfolgen, ohne daß das Objekt sich wirklich im Hauptspeicher befindet.

Die Zuordnung von Platz bzw. die Belegung des Seitenraums, der einem bestimmten Datentyp zur Verfügung steht, folgt gewissen Regeln, die hauptsächlich darauf abzielen, den Seitenaustausch (Hauptspeicher mit Schwappbereich auf externen Speicher) gering zu halten.

So wird z. B. ein Unterschied zwischen Daten fester Länge (z. B. Listenelemente) und Daten variabler Länge (z. B. Zeichenketten) gemacht. Während die Daten fester Länge so in eine Seite eingepaßt werden, daß die Seitengrenzen nicht überschritten werden — die Folge ist, daß für Daten eines solchen Typs die Seiten nicht aufeinanderfolgen zu brauchen — so kann das bei Daten variabler Länge nicht ohne weiteres geschehen. Hier müssen aufeinanderfolgende Seiten zur Verfügung stehen.

Die Verwaltung der Bereiche für Daten fester Länge erfolgt mittels Frei-Speicher-Listen, während die Daten variabler Länge hintereinander abgespeichert werden.

Bei normaler LISP-Arbeit wird der Listenspeicher am stärksten belastet. Deshalb arbeitet die Funktion **CONS**, die allein neue Listenelemente erzeugt, nach bestimmten Regeln: Ein neues Listenelement wird auf die Seite plaziert, auf der sich der Listenrest schon befindet (also das 2. Argument von **CONS**). Ist dort kein Platz oder ist der Listenrest ein Atom, dann wird die Seite benutzt, auf der sich das 1. **CONS**-Argument befindet. Kann auch dort kein Platz gefunden werden, dann wird die Seite verwendet, auf die beim vorigen **CONS**-Aufruf zugegriffen wurde.

Sollte selbst nach einem Garbage Collection nicht genügend Platz für einen Datentyp zur Verfügung stehen, dann wird soviel neu bereitgestellt, daß das Minimum, das der betreffende Typ verlangt, erreicht wird. Dabei kann bei Daten fester Länge mit beliebigen Seiten gearbeitet werden, während bei Daten variabler Länge oft Daten verschoben werden müssen, um die erforderlichen aufsteigenden Seitenfolgen zu erreichen.

Das Garbage Collection beginnt zu arbeiten, wenn entweder für einen gewissen Datentyp kein Platz mehr verfügbar ist oder wenn der Benutzer es in Gang setzt. Die Bestimmung des aktiven Speicherplatzes geschieht im wesentlichen nach dem klassischen Algorithmus, allerdings werden für die Markierung Bittafeln verwendet.[1]) Jedenfalls gibt es keine Kompaktierung.

Es gibt hier einen interessanten Kontrast, wenn die Meinung von FENICHEL und YOCHELSON zitiert wird [FEN69], die die INTERLISP (damals noch BBN-SDS-940-LISP)-Methode als geeignet für einen kleinen Rechner bezeichnen und bei einem großen System ein kompaktierendes Garbage Collection für die einzige Lösung halten. Leider gibt es keine Erfahrungsberichte und Vergleiche der verschiedenen Strategien. Eine Untersuchung [CON74] kommt zum Resultat, daß möglichst gar kein Garbage Collection gemacht werden sollte, und wenn, dann kompaktierend. Die Ausgangsbasis dieser Untersuchung ist aber nicht bekannt.

Es scheint aber der Raum von 256K Worten nicht gerade klein zu sein, und die Tatsache, daß der Mechanismus seit über acht Jahren benutzt wird, ohne daß die Motivation für eine Veränderung gesehen wurde, spricht für sich.[2])

Für die Datentypen fester Länge wird also in INTERLISP keine Kompaktierung durchgeführt. Dies geschieht aber bei den Daten variabler Länge. Anschließend müssen allerdings alle Zeiger auf den kompaktierten Bereich erneuert werden.

Wird ein Garbage Collection initiiert, dann löst es nicht nur das Speicherproblem, um dessentwillen es arbeitet, sondern weitere schnell zu lösende Probleme. So wird bei jeder Reorganisation des Speichers eines beliebigen Datentyps auch jeder Datentyp fester Länge erfaßt. Außerdem wird diesen Datentypen vorausschauend neuer Speicherplatz zugeordnet, wenn der Verbrauch stark angestiegen war.

Mit Hilfe eines Überlagerungs-Schwapp-Bereiches kann der INTERLISP-Nutzer seinen aktiven Speicher um weitere 256K Worte vergrößern (64 Seiten á 512 Worte werden als Schwapp-Puffer eingesetzt); diese Möglichkeit wird vor allem für compilierte Funktionen genutzt.

### 5.4.3. Implementierte Funktionen

INTERLISP enthält so viele Funktionen, daß sie hier nicht alle beschrieben werden können. Ursache dafür ist die Tatsache, daß zwar nur 180[3]) Funktionen als *handcodierte* SUBR-Funktionen vorliegen, die übrigen aber, zu-

[1]) Bittafeln sind nötig, weil in den Zeigern kein Platz mehr ist. Sie sind günstig, weil während des Garbage Collection die Bittafel praktisch nicht ausgeschwappt wird und so weniger Seitenaustauschoperationen erforderlich sind.

[2]) Auch die Wahl in MACLISP trotz der Erfahrungen mit der MULTICS-Implementation zeigt in diese Richtung.

[3]) im Manual [TE74], 1. Revision, Oktober 1974.

nächst in LISP geschrieben, zur Systemgenerierungszeit compiliert werden und so in derselben Form verfügbar sind wie jene.

Für eine gewisse Klasse arithmetischer Funktionen ist überdies bekannt, daß sie handcodiert sind und mittels **ASSEMBLE** (d. h. LAP) zu dem System hinzugefügt wurden. Sie sind nicht als **SUBR** beschrieben ([TE74], S. 13.8, Fußnote 6).

Im Manual sind die Funktionsarten in dieser Hinsicht wenig unterschieden, was auf eine gleichartige Effizienz der Funktionen hindeutet.

Die in LISP1.5 gemachte Unterscheidung zwischen **SUBR**, **FSUBR**, **EXPR** und **FEXPR** ist in INTERLISP weitergeführt worden. Neben der Unterteilung in handcodierte (**SUBR**), zu interpretierende (**EXPR**) und compilierte (**CEXPR**) Funktionen dient die Auswertung der Argumente als weiteres Unterscheidungsmerkmal (**LAMBDA**-Funktionen, die mit ausgewerteten Argumenten beliefert werden und **NLAMBDA**-Funktionen, die unausgewertete Argumente bekommen) und auch die Verteilung der Argumente auf die Variablen. Hier sind die von INTERLISP eingeführten Begriffe für die Funktionen, die in üblicher Weise die Argumente aufgeteilt bekommen, die Spread-Funktionen, und diejenigen, die beliebig viele Argumente haben können und sie nicht aufteilen — die Nospread-Funktionen. Für die Bezeichnung wurde für die Nichtauswertung der Argumente der Präfix **F** wie in LISP1.5 gewählt und für die Nichtunterteilung der Postfix * (statt des **L** von MACLISP).

Es gibt also 12 Funktionstypen.

Der Sprachgebrauch verzichtet auf die Postfixe. So ist die bekannte Funktion **AND** ein **NLAMBDA**-Nospread-**SUBR** (**FSUBR***).

### *5.4.3.1. Funktionen zur Listenmanipulation*

Wie in LISP1.5 sind verfügbar: **CAR, CDR, CONS, RPLACA, RPLACD** und **LIST**[1]), laut Manual [TE74] ebenfalls **NCONC**. Die Funktionen **APPEND, COPY, LENGTH, REVERSE, SUBLIST** und **SUBST** sind in LISP geschrieben. Weitere Funktionen, deren Typ ebenfalls als **CEXPR** angegeben ist, sind: **ASSOC** (= **ASSQ** in MACLISP), **SASSOC** (= **ASSOC** in MACLISP), **REMOVE** (= **DELETE** in MACLISP, kopiert), **DREMOVE** (= **DELQ** in MACLISP), **DREVERSE** (= **NREVERSE** in MACLISP), **LAST** (= **LAST** in MACLISP), **SORT** (= **SORT** in MACLISP). Zu einigen Funktionen existieren zwei Versionen: die allgemein bekannte Version und eine, mit dem Präfix **F**, die offen compiliert wird: **FASSOC, FRPLACA, FRPLACD, FLENGTH, FNTH, FLAST**. Außerdem sind einige interessante Funktionen definiert worden; und zwar Varianten der Substitution: **DSUBST** (physisch arbeitend), **ESUBST** (kontrollierend, ob zu substituierendes Element vorkommt), **LSUBST** (Listensegmente einbettend); Varianten der Zusammenfügung: **NCONC1** (ein Element hinten anfügend), **TCONC** und **LCONC** (mit speziellen Zeigern arbeitend).

---

[1]) **SUBR***

Hinzu kommen bekannte Funktionen wie **NTH** (*n*-tes Element einer Liste), **INTERSECTION** (Liste der Elemente, die in beiden Argumentlisten vorkommen) und **UNION** (Liste der Elemente, die in mindestens einer Argumentliste vorkommt).

Alle Mitglieder der **CAR-CDR**-Familie bis zu vierfacher Verschachtelung sind im System verfügbar.

### *5.4.3.2. Prädikate für die Listenmanipulation (und Typprädikate)*

Wie in LISP1.5 sind definiert: **ATOM** (für literale Atome und Zahlen), **EQ** (auch für kleine ganze Zahlen), **EQUAL**[1]) und **NULL**. Zusätzlich gibt es:

| Name | Argumentzahl | Typ | Aktion |
|---|---|---|---|
| **ALPHORDER** | 2 | CEXPR | **T**, wenn 1. Argument vor 2. Argument in der inneren Ordnung steht. |
| **ARRAYP** | 1 | SUBR | **T**, wenn Argument Feld, sonst **NIL**. |
| **LISTP** | 1 | SUBR | **T**, wenn Argument Listenzelle, sonst **NIL**. |
| **LITATOM** | 1 | SUBR | **T**, wenn Argument literales Atom, sonst **NIL**. |
| **NTYP** | 1 | SUBR | Liefert Typbeschreibungszahl. |
| **STRINGP** | 1 | SUBR | **T**, wenn Argument Zeichenkette, sonst **NIL**. |

Zu **LISTP** und **EQ** gibt es negative Funktionen: **NEQ** und **NLISTP**. Die Funktion **MEMB** (= **MEMQ** in MACLISP), ihre offen compilierte Variante **FMEMB** sowie die Funktion **TAILP** (testet, ob ein Argument echtes Endstück des anderen ist) sind ebenso **CEXPR**.

### *5.4.3.3. Funktionale (Funktionen mit Funktionen als Argumente)*

Die Funktionale werden wir ausführlicher besprechen, obwohl nur **MAPATOMS** in [MOO76] aufgeführt ist. Die Definition der Funktionale ist gegenüber der von LISP1.5 leicht geändert, allerdings in einer anderen Richtung, als dies in MACLISP geschehen ist: Die **MAP**-Funktionale besitzen durchweg drei Argumente[2]). Die ersten zwei entsprechen den bei LISP1.5 üblichen (1. Argument = Liste, 2. Argument = Funktion); hinzu kommt ein drittes Argument zum Weiterstellen in der Liste (*Generierung des nächsten Elements*). Ist dies Argument **NIL**, dann wird wie in LISP 1.5 der normale Listenrest, d. h. die Funktion **CDR**, be-

[1]) **CEXPR**

[2]) beachte dabei, daß in INTERLISP jedes fehlende Argument automatisch durch **NIL** ergänzt wird!

nutzt. Aus der **MAP**-Familie (alle **CEXPR**) sind von LISP1.5 übernommen worden: **MAP, MAPCON** und **MAPLIST**. Wie in MACLISP sind **MAPC, MAPCAR** und **MAPCONC** (dort **MAPCAN**).

Weitere Funktionale sind:

| Name | Argument-zahl | Typ | Aktion | Bemerkungen |
|---|---|---|---|---|
| **EVERY** | 3 | CEXPR | Wert ist **T**, wenn Prädikat (2. Argument) für alle (bezüglich der Generatorfunktion 3. Argument) Elemente vom 1. Argument den Wert **T** hat, sonst **NIL**. | Auswertung stoppt beim ersten Element, für das **NIL** ermittelt wird. |
| **MAPATOMS** | 1 | SUBR | Funktion wird auf jedes Atom angewendet. | |
| **MAP2C** | 4 | CEXPR | Wie **MAPC**, allerdings sind zwei Listen vorhanden (1. und 2. Argument). Die Applikatorfunktion muß zwei Argumente haben. Ende ist erreicht, wenn eine der Listen fertig bearbeitet. | |
| **MAP2CAR** | 4 | CEXPR | Wie **MAPCAR**; mit den gleichen Änderungen wie bei **MAP2C**. | |
| **NOTANY** | 3 | CEXPR | **(NULL(SOME** 1. Argument 2. Argument 3. Argument)) | Auswertung stoppt beim ersten Element, für das **T** ermittelt wird. |
| **NOTEVERY** | 3 | CEXPR | **(NULL(EVERY** 1. Argument 2. Argument 3. Argument)) | |

| Name | Argu-mentzahl | Typ | Aktion | Bemerkungen |
|---|---|---|---|---|
| **SOME** | 3 | CEXPR | Wert ist die Restliste vom 1. Argument, deren erstes Element das erste in der Reihenfolge war, für das das Prädikat nicht **NIL** lieferte. | Siehe **NOTANY**. |
| **SUBSET** | 3 | CEXPR | Wert ist die Teilliste vom 1. Argument mit den Elementen, für die das Prädikat erfüllt war. | |

Viele der aufgeführten Funktionale werden offen übersetzt, d. h. mit einem Zyklus.

In anderen Funktionsklassen tauchen weitere Spezialfunktionale auf.

### *5.4.3.4. Arithmetische Funktionen*

Ähnlich wie in MACLISP gibt es drei Klassen arithmetischer Funktionen: die Klasse der Integerarithmetik, die Klasse der Gleitkommaarithmetik und die Klasse der allgemeinen arithmetischen Funktionen, deren Elemente auch für Typmischungen geeignet sind. Die Funktionen der Integerarithmetik sind durch den Präfix **I** und die der Gleitkommaarithmetik durch den Präfix **F** zu erkennen.

Diese Bezeichnung mit dem Präfix gilt für die aus LISP1.5 übernommenen Grundfunktionen **DIFFERENCE**[1]), **MINUS**, **PLUS**[2]), **QUOTIENT**, **REMAINDER** und **TIMES**[2]). In der Integerarithmetik werden die entsprechenden Funktionen[3]) ergänzt durch **ADD1**[1]) und **SUB1**[1]), die Funktion für den größten gemeinschaftlichen Teiler **GCD**[1]) sowie einige Funktionen, die die Zahlen als Bitfolgen interpretieren: wie in LISP1.5 sind **LOGAND**[2]), **LOGOR**[2]) und **LOGXOR**[2]) verfügbar; die Verschiebungsoperation heißen: **LSH** und **RSH**[1]) für arithmetische Verschiebungsoperationen und **LLSH** sowie **LRSH**[1]) für logische.

Ähnlich wie in MACLISP sind die Konvertiertungsfunktionen **FIX**[1]) und **FLOAT**[1]) vorhanden.

Mit einer Serie von Funktionen (der allgemeinen Arithmetik) für Potenzierung, Logarithmierung und solchen aus der Menge der trigonometrischen Grundfunktionen wird das INTERLISP-Spektrum abgerundet. Alle diese Funktionen sind

---

[1]) **CEXPR**

[2]) **SUBR***

[3]) d. h. **IDIFFERENCE, IMINUS, IPLUS, IQUOTIENT, IREMAINDER** und **ITIMES**.

aus der FORTRAN-Bibliothek übernommen worden und in LISP-Assembler codiert dem System hinzugefügt: **EXPT** (für $x^y$), **SQRT** (für $\sqrt{x}$), **LOG** (für ln $x$), **ANTILOG** (für $e^x$), dazu **SIN**, **COS**, **TAN**, **ARCSIN**, **ARCCOS**, **ARCTAN**.

Komplettiert wird dieses Sortiment durch zwei Funktionen für die Bildung von Zufallszahlen (**RAND** und **RANDSET**) und die Funktion für den Absolutbetrag **ABS**.

### *5.4.3.5. Prädikate für die Arithmetik*

Neben den in drei Varianten vorliegenden Vergleichsprädikaten **GREATERP** und **LESSP** (Integerversion mit Präfix **I**, Gleitkommaversion mit Präfix **F**[1])) sind wie in LISP1.5 vorhanden: **FIXP**[2]), **FLOATP**[2]) und **MINUSP**. Nur für die Integerarithmetik verwendbar ist **ZEROP**[2]). Neu ist das Typprädikat für kleine Integers **SMALLP**[2]) und die Vergleichsfunktion **EQP**, die für alle Zahlen und literale Atome verwendbar ist.

### *5.4.3.6. Funktionen zur Steuerung des Programmablaufs*[3])

INTERLISP enthält die Möglichkeit, **LAMBDA**-Körper als Folgen von Formen aufzubauen: das implizite **PROGN**. Es ist z. B. erlaubt, **(LAMBDA(X) (PRINT X) (TERPRI 1)X)** zu schreiben. Die Funktionen **COND**, **AND**, **OR** und **NOT** entsprechen den gleichnamigen Funktionen in MACLISP.

Innerhalb von **PROG** können die Anfangszuweisungen zu den **PROG**-Variablen innerhalb der Variablenliste notiert werden: Diese darf aus literalen Atomen oder aus zweielementigen Listen bestehen, deren erstes Element die Variable bezeichnet und das zweite den für den Startwert auszuwertenden Ausdruck. Auswertung und Anfangswertzuweisung geschehen praktisch „parallel".

**GO** und **RETURN** entsprechen weitgehend ihren Vorbildern in LISP1.5. Ihr Anwendungsbereich ist insofern erweitert, als alle diesbezüglichen Aufrufe sich grundsätzlich auf das letzte **PROG** beziehen, das aktiviert wurde. So können **GO**- oder **RETURN**-Aufrufe innerhalb beliebiger Funktionen gegeben werden — allerdings ist nicht klar, was der Compiler dann unternimmt.

Die Funktion **PROGN** ist identisch mit der in MACLISP vorhandenen Funktion gleichen Namens; **PROG1** ist ein **FSUBR***, das nach linearer Auswertung der Argumente den Wert des ersten annimmt.

Oberhalb des Niveaus der virtuellen INTERLISP-Maschine liegen die Funktion **SELECTQ** und die Familie der **RESET**-Funktionen. **SELECTQ** ist eine Erweiterung der **FEXPR**-Funktion **SELECT** aus LISP1.5 und stellt eine Art **CASE**-Konstruktion dar, die mit einem sonst — Ausgang versehen ist. Die **RESET**-Funktionen werten eine oder mehrere Ausdrücke in gegen Fehler geschützten (**ERRORSET**!) Umgebungen aus und etablieren in diesen Umgebungen gewisse Zustände (z. B. globale Variablenbindungen), die beim Verlassen wieder aufgehoben werden.

---

[1]) In [MOO76] ist diese Parallelität konsequent, in [TE74] steht **FGTP** für **FGREATERP**.

[1]) **CEXPR**

[2]) Wir verzichten hier auf die Berücksichtigung der Spaghetti-Stack-Implementation in den Funktionsbeschreibungen.

Da Funktionen für die Steuerung des Programmablaufs mehr organisatorische als produzierende Aufgaben haben, wird durch ihre offene Compilierung ein erheblicher Geschwindigkeitsgewinn erreicht.

### *5.4.3.7. Funktionen zur Beeinflussung des Interpreters*

Die Beeinflussung der Arbeit des Interpreters (in INTERLISP bedeutet dies die Beeinflussung der Arbeit der virtuellen Maschine) verläuft weitgehend anders als etwa in MACLISP. Ursache für diese Unterschiedlichkeit ist die völlig andere Entwurfsphilosophie: INTERLISP bietet praktisch alles, was MACLISP auf diesem Gebiet möglich machte, aber die Funktionen, die die gewünschten Aktionen ausführen, gehören nicht selbst zur Basis, d. h. sind keine Elemente der virtuellen Maschine, sondern können in LISP geschrieben werden.

So sind nahezu alle Funktionen der Fehlerbehandlung, alle Funktionen zur Unterstützung der Testarbeit durch programmierte Unterbrechungen usw. in LISP programmiert worden. Grundlage für diese den Benutzer unterstützenden Teilsysteme sind die Funktionen zur Manipulation des Kellerspeichers.

Diese Funktionen arbeiten über Stackzeiger mit dem Kellerspeicher (der in der Spaghetti-Stack-Implementation in verkettete Blöcke, *Frames* genannt, aufgegliedert ist). Sie können einen solchen Block analysieren (bezüglich der Bindungen zwischen Variablen und Werten, der Variablennamen usw.) beziehungsweise die Struktur eine Kette von Blöcken.

Durch die Manipulation von Frames, das Löschen bzw. Ändern von Stack-Strukturen, können schließlich jene Effekte der Fehlerbehandlung, einschließlich Auslösung und Wiedereintritt, hervorgerufen werden.

Die Funktionen zur Analyse und Manipulation des Kellerspeichers sind:

| Name | Argument-zahl | Typ | Aktion |
|---|---|---|---|
| **STACKP** | 1 | SUBR | **T**, wenn Argument ein Stackzeiger, sonst **NIL**. |
| **CLEARSTK** | 1 | SUBR | Falls Argument = **NIL**: Löscht alle existierenden Stackzeiger. sonst: Liefert alle Stackzeiger, die nicht gelöscht sind (als Liste). |
| **COPYSTK** | 2 | SUBR | Kopiert eine Kette von Frames zwischen 1. und 2. Argument (A-Links). |
| **FRAMESCAN** | 2 | SUBR | **T**, wenn im Frame (2. Argument) eine Bindung der Variablen (1. Argument) enthalten ist; sonst **NIL**. |

| Name | Argument-zahl | Typ | Aktion |
|---|---|---|---|
| **MKFRAME** | 5 | SUBR | Kopie eines Frame (1. Argument) mit A-Link (2. Argument), C-Link (3. Argument). In Abhängigkeit vom 4. Argument wird entweder ganzes Frame kopiert oder nur die sogenannte Frame Extension. 5. Argument, ein Stackzeiger, kann zur Wertdarstellung benutzt werden. |
| **RELSTK** | 1 | SUBR | Löscht Stackzeiger (Argument). |
| **RELSTKP** | 1 | SUBR | **T**, falls Argument ein Stackzeiger und dieser gelöscht ist, sonst **NIL**. |
| **SETSTKARG** | 3 | SUBR | *n*. Bindung (*n* = 1. Argument) im Frame (2. Argument) wird geändert, so daß Variable zum Wert (3. Argument) gebunden ist. |
| **SETSTKARGNAME** | 3 | SUBR | *n*. Bindung (*n* = 1. Argument) im Frame (2. Argument) wird geändert, so daß Variable (3. Argument) statt der bisherigen Variablen zum bisherigen Wert gebunden ist. |
| **STKARG** | 2 | CEXPR | Liefert aus *n*. Bindung (*n* = 1. Argument) im Frame (2. Argument) den Wert (entspricht etwa dem aktuellen Parameter). |
| **STKARGNAME** | 2 | CEXPR | Liefert aus *n*. Bindung (*n* = 1. Argument) im Frame (2. Argument) den Namen der betreffenden Variablen. Ist 1. Argument ein literales Atom, wird die Zahl *n* geliefert, in der das Atom zum erstenmal als Variable auftaucht. |
| **STKNAME** | 1 | SUBR | Liefert Bezeichnung des Frame. |
| **STKNARGS** | 1 | SUBR | Liefert Größe des Frame, d. h. Anzahl der lokalen Variablen. |
| **STKNTH** | 3 | SUBR | Liefert *n*. (*n* = 1. Argument) von Frame (2. Argument) erreichbares Frame. Ist 1. Argument 0, so bezieht sich die Zahl auf die Folge der C-Links, sonst wird die Folge der A-Links verwendet. Ergebnis kann im 3. Argument untergebracht werden. |

| Name | Argumentzahl | Typ | Aktion |
|---|---|---|---|
| **STKNTHNAME** | 2 | CEXPR | **(STKNAME(STKNTH** 1. Argument 2. Argument **PTR))**, wo **PTR** ein bestimmter Stackzeiger ist. |
| **STKPOS** | 4 | CEXPR | Sucht das *n*. Vorkommen ($n$ = 2. Argument). des Frame (1. Argument) ausgehend vom Frame (3. Argument). Ergebnis kann im 4. Argument untergebracht werden. Vorzeichen vom 2. Argument dient zur Auswahl der Framefolgen wie in **STKNTH**. |
| **STKSCAN** | 3 | SUBR | Sucht erstes Frame ausgehend vom Frame (2. Argument), in dem die Variable (1. Argument) gebunden wird. Ergebnis kann im 3. Argument untergebracht werden. |

*5.4.3.7.1. Funktionen zur Erzeugung und Kontrolle von Fehlern*

Die entscheidenden Fehlerbehandlungsroutinen, **ERRORX** und **FAULTEVAL**, analysieren die Fehler und entscheiden über eine interaktive Fehlerbereinigung oder den Abbruch der Verarbeitung.

Basis des automatischen Abfangens von Fehlern ist die Funktion **ERRORSET**, die weitgehend **ERRSET** in MACLISP entspricht; sie ist allerdings vom Typ **SUBR**. Handcodiert sind nur die Funktionen, die ohne Fehleranalyse zum letzten **ERRORSET** zurückspringen (**ERROR!**) bzw. direkt ins Hauptverarbeitungsniveau (**RESET**).

Der Programmierer kann sowohl eigene Fehler auslösen, indem er **ERRORX** aufruft, als auch für die Behandlung bestimmter Fehler-Typen sorgen, indem er das betreffende Element der **ERRORTYPELST** ändert.

Sind die typischen Interpreterfehler *undefinierte Funktion* und *nichtgebundene Variable* aufgetreten, dann versucht im Normalfall das Programmpaket **DWIM**, den Fehler durch sorgfältige Untersuchung des LISP-Programms als Schreib- oder Klammernfehler zu erkennen und zu beheben. **DWIM** arbeitet in zwei Ermächtigungsstufen: In der unteren verlangt der Nutzer extreme Sorgfalt, und so informiert das Programm ihn über jede beabsichtigte Korrektur (*Cautious Mode*). In der oberen vertraut der Nutzer **DWIM** völlig, und das Programm informiert nur über durchgeführte Änderungen (*Trusting Mode*). Kann **DWIM** den Fehler beseitigen, dann wird die Verarbeitung unter Benutzung der Funktion **RETEVAL** mit dem korrekten Ausdruck erneut betreten und schließlich verlassen, als ob kein Fehler aufgetreten wäre.

Kann **DWIM** nicht helfen oder lag einer der anderen Fehlerarten vor, wird geprüft, ob eine Unterbrechung sinnvoll oder erwünscht ist. Entscheiden sich die Fehlerbehandlungsfunktionen dafür, so tritt das System in den Unterbrechungszustand ein. Dies geschieht durch Aufruf der (ebenfalls in LISP geschriebenen) Funktion **BREAK1**.

Wenn INTERLISP in den Unterbrechungszustand eintritt, wird zunächst eine Nachricht gedruckt. Anschließend wird durch Ausgabe eines antwortverlangenden Zeichens (prompt character), des **:**, dem Nutzer angezeigt, daß nun ein besonderer Dialogzustand etabliert ist. Der Nutzer befindet sich in einer Unterbrechung (he is in the break).

In der Unterbrechung kann der Programmierer den Systemzustand erforschen, den Zustand und damit den zukünftigen Abarbeitungsverlauf beeinflussen, beliebige LISP-Ausdrücke auswerten lassen und spezielle Kommandos eingeben. Macht der Nutzer Fehler oder bricht er einen Auswertungsablauf ab, so bleibt er dennoch im Unterbrechungszustand. Schließlich kann über die Kommandos **GO**, **OK** oder **RETURN**, in diesem Fall durch Angabe eines expliziten Ersatzwertes für den Ausdruck, der zum Fehler geführt hatte, der Unterbrechungszustand aufgehoben werden.

Das Programmpaket für Unterbrechungen **BREAK** besteht sowohl aus der Hauptfunktion **BREAK1**, die die Unterbrechung auslöst und betreut, als auch aus einer Reihe von Funktionen, die Unterbrechungsanforderungen in Nutzer-LISP-Programme einbauen, wie z.B. **BREAK, BREAKO, BREAKIN** und **TRACE**, und ausbauen, wie z. B. **UNBREAK, UNBREAKO** usw.

Wenn der Programmierer etwa die Vorgeschichte eines Fehlers wissen will, kann er mittels **BAKTRACE** eine Übersicht über den Zustand des Kellerspeichers anfordern, in der die wartenden Funktionsaufrufe ablesbar sind.

Ein weiteres Subsystem von INTERLISP, das über dem Interpreterkern, der virtuellen INTERLISP-Maschine, gelagert ist und dem Anwender vielfältige Einflußmöglichkeiten auf den Abarbeitungsverlauf bietet, ist der *Assistent des Programmierers* (programmer's assistant).

Dieses System wurde mit der Absicht geschaffen, daß der Programmierer nicht einem passiven Auswertesystem gegenüberstehe, sondern einem hilfreichen, geduldigen Medium. Wichtigster Dienst dieses Helfers ist sein Erinnerungsvermögen: Er merkt sich die Wünsche des Nutzers, führt sie aus, kann frühere Wünsche erneut befriedigen unter eventuellen Änderungen und ist schließlich auch noch in der Lage, frühere Aktionen rückgängigzumachen. Der Assistent des Programmierers ist in INTERLISP regelrecht an der Stelle tätig, wo in LISP1.5 **EVALQUOTE** arbeitete und in MACLISP **EVAL**.

Seine Absicht verwirklicht dieses Programmsystem durch die Erstellung und Verwaltung sogenannter *History-Listen*, d. h. Verzeichnisse von Aktionen des Nutzers. Indem man sich auf frühere LISP-Eingaben oder Kommandos bezieht, kann man sie erneut ausführen lassen, ungeschehen machen oder in geänderter Weise wiederholen. Dies wird über *History-Kommandos* erreicht.

Der Assistent des Programmierers erstellt auch Listen der Funktionen und Variablen des jeweiligen Programmierers, so daß die Schreibkorrektur innerhalb **DWIM** auf mögliche Kandidaten korrekt geschriebener Funktionen zurückgreifen kann.

Eine Hauptfunktion des Assistenten besteht im Rückgängigmachen aller vom Nutzer als falsch bezeichneten Aktionen. Dies ist für Zuweisungen und Bindungen relativ einfach, jedoch schwierig, wenn destruktive Aktionen durchgeführt wurden. Um auch in diesen Fällen die erforderlichen Informationen für das Rückgängigmachen aufzuheben, gibt es zu allen primitiven destruktiven Funktionen eine zweite Variante, die leicht rückgängig gemacht werden kann. Alle Aufrufe der destruktiven Funktionen vom Hauptverarbeitungsniveau aus werden zu Aufrufen der reversiblen Funktionen geändert. Will man jede destruktive Aktion, auch die in beliebiger Programmtiefe, rückgängig machen können, so muß man sich in den *Testmodus* begeben. Natürlich wird die Verarbeitung dann einigermaßen gebremst.

Der Assistent kann auch unterscheiden, ob eine Eingabe für **EVALQUOTE** oder für **EVAL** gedacht war, er filtert die Kommandos aus und ermöglicht sogar, daß der Nutzer vor die Verarbeitung eine private Sprachverarbeitungsphase einschiebt, mit der Eingaben analysiert und so umgeformt werden können, daß sie LISP-Ausdrücke sind.

Schließlich kann der Benutzer des INTERLISP alle die Aktionen, mit denen er das normale Grundsystem für seine Bedürfnisse zurechtstutzt, in einem File aufbewahren. Der Assistent sorgt dann beim Beginn jeder Sitzung für die Einrichtung dieses Verwendungsprofils von INTERLISP.

Hauptfunktion des Subsystems Programmer's Assistant ist die Funktion **LISPX**, die, wie die übrigen aus diesem System, in LISP notiert wurde.

### *5.4.3.7.2. Kontrollzeichen und zugeordnete Funktionen*

Während die üblichen Unterbrechungen innerhalb INTERLISP programmiert auftreten, kann es nützlich sein, auf unvorhergesehene Situationen sofort zu reagieren: wenn z. B. eine Rechnung zu lange dauert oder ein Druckvorgang unnötig ist und wenn etwa klar ist, daß die Verarbeitung in eine gänzlich unerwünschte Richtung abgleitet.

Die virtuelle INTERLISP-Maschine geht davon aus, daß über die Terminale Unterbrechungen ausgelöst werden können durch Eingabe spezieller Zeichen (der Kontrollzeichen). Unterbrechungen können verarbeitet und unterdrückt werden. Nach einer Periode der Unterdrückung muß wenigstens der letzte Versuch einer Unterbrechung erinnert werden. Die Unterdrückung wird durch ein **NIL** im Unterbrechungsfeld (interrupts armed field) angezeigt.

Wird ein Kontrollzeichen eingegeben, dann wird, falls die Verarbeitung nicht unterdrückt wird, das Zeichen in das Rettungsfeld für das Unterbrechungszeichen (saved interrupt character filed) eingespeichert und in der Unterbrechungstabelle (interrupt table) kontrolliert, ob diesem Zeichen eine Unterbrechungsart zugeordnet ist. Handelt es sich dabei um eine der sieben Basis-Unterbrechungsklassen, dann wird in der LISP-Verarbeitung ein *sicherer* Punkt abgewartet und die Unterbrechung wird behandelt.

Als *sicher* gilt der Punkt, wenn ein Funktionsaufruf **EVAL** übergeben wird. Dieser Ausdruck kann in seiner Abarbeitung ohne schwerwiegende Systemänderungen verzögert werden.

Den Basis-Unterbrechungsklassen darf jeweils höchstens ein Kontrollzeichen zugeordnet sein. Diese Klassen und die ihnen gegenwärtig in der pdp-10 Implementation zugeordneten Zeichen sind:

| Name der Klasse | Zeichen | Funktion/Erklärung |
|---|---|---|
| **HELP** | H | Am nächsten sicheren Punkt wird die Funktion **INTERRUPT** gerufen. Diese löst einen **BREAK1**-Aufruf aus. |

| Name der Klasse | Zeichen | Funktion/Erklärung |
|---|---|---|
| **PRINTLEVEL** | P | Nutzer kann Zahlen eingeben, um **PRINTLEVEL**-Felder zu ändern und damit die Tiefe und Länge der ausgedruckten Information ändern. |
| **RUBOUT** | delete/rubout | Aktuelle Eingabezeile wird gelöscht. |
| **ERROR** | E | Löscht Ausgabe-Puffer, erzeugt Fehler (ohne **BREAK1**) durch Aufruf von **ERROR**! |
| **RESET** | D | Löscht Ausgabepuffer, geht mittels Funktion **RESET** direkt ins Hauptverarbeitungsniveau. |
| **OUTPUTBUFFER** | 0 | Löscht Ausgabe-Puffer. |
| **BREAK** | B | Löscht Ausgabe-Puffer; löst **BREAK1**-Aufruf sofort aus (d. h. möglicherweise an einem unsicheren Punkt) durch Erzeugung eines Fehlers. |
| **ERRORX** | U | („**USER**"). Löscht Ausgabe-Puffer, löst **BREAK1**-Aufruf an sicherem Punkt aus durch Erzeugung eines Fehlers. |
| **INTERRUPT** | (definierbar) | Löscht Ausgabe-Puffer. Am nächsten sicheren Punkt wird die Funktion **INTERRUPT** gerufen (mit anderen Argumenten als durch **HELP**). |
| **NONE** | | Es wird keine Unterbrechung erzeugt. |

Die pdp-10-Implementation bietet noch:

| | | |
|---|---|---|
| **TIME** | T | Löst Informationsnachricht über den Programmlauf einschließlich Gesamtausführungszeit aus. |
| **STORAGE** | S | Änderung der minimalen Auslegung der einzelnen Speicherbereiche möglich. |

Zu allen übrigen Zeichen, denen Unterbrechungen gehören, stehen in der Unterbrechungstabelle Variablen. Wird nun das entsprechende Kontrolzleichen auf dem Terminal gedrückt, dann bekommt die zugeordnete Variable einen Wert **T** zugewiesen, und die unterbrochene Verarbeitung läuft weiter.

Die erwähnte Funktion **INTERRUPT** hat drei Argumente. Das erste ist die anschließend aufzurufende Funktion, das zweite deren Argumentliste und das dritte eine Steuerinformation. In Abhängigkeit von dieser löst **INTERRUPT BREAK1**-Unterbrechungen aus oder führt andere Aktionen durch.

In der virtuellen Maschine sind folgende Funktionen für die Manipulation der erwähnten Tafeln vorhanden:

| Name | Argumentzahl | Typ | Aktion |
|---|---|---|---|
| **INTERRUPTABLE** | bel. | | Argumentzahl $\neq 0$: Ist 1. Argument nicht **NIL**, so wird das Interrupts Armed Field zu **T** gesetzt. Ist im Saved Interrrupt Character Field ein Zeichen eingespeichert, so wird dieses Feld wieder auf **NIL** gelöscht und die zu dem Zeichen gehörende Unterbrechungsaktion durchgeführt. Ist die Argumentzahl $= 0$, so wird das Interrupts Armed Field auf **NIL** gelöscht. Wert ist der frühere Wert des Interrupts Armed Field. |
| **GETINTERRUPT** | 1 | | Ist das Argument ein Zeichen, so wird die zugehörige Unterbrechungsklasse geliefert. Ist das Argument eine Unterbrechungsklasse, so wird das zugehörige Zeichen geliefert |
| **SETINTERRUPT** | 2 | | Weist dem Zeichen (1. Argument) in der Unterbrechungstabelle 2. Argument als Unterbrechungsklasse zu. Dabei werden eventuell andere Zeichen, die dieselbe Klasse haben, verändert. |

### *5.4.3.7.3. Funktionen zur Speicherverwaltung*

Wie in LISP1.5 oder MACLISP kann der Programmierer selbst ein Garbage Collection auslösen. Es gibt Funktionen, die ihn bei der Steuerung des Speichergebrauchs durch Lieferung von Statistiken unterstützen. In diesen Daten sind Zeitinformationen, Anzahlen verwendeter Listenzellen oder Zahlenzellen (Boxen) sowie Häufigkeitsangaben über Seitennachladeoperationen enthalten.

| Name | Argumentzahl | Typ | Aktion |
|---|---|---|---|
| **BOXCOUNT** | 2 | SUBR | Zählt die Zahlenzellen (boxen), die für den Typ (1. Argument) seit Systemstart nötig waren. Ist 2. Argument nicht **NIL**, so wird der Zähler auf diese Zahl gesetzt. |
| **BREAKDOWN** | bel. | FEXPR* | Ermöglicht Analyse des Auswertungsvorgangs aufgeschlüsselt auf einzelne Funktionen (Argumente): mißt Zeit, zählt Aufrufe, Cons, Boxen, Pagefaults usw. |
| **CLOCK** | 1 | SUBR | Liefert in Abhängigkeit vom Argument verschiedene Zeitinformationen. |
| **CONSCOUNT** | 1 | SUBR | Liefert Anzahl der Cons-Aufrufe seit Systemstart. Ist Argument nicht **NIL**, so wird Zähler auf diese Zahl gesetzt. |
| **GCGAG** | 1 | SUBR | Argument wird die bei Garbage Collection gedruckte Nachricht. |
| **GCTRP** | 1 | SUBR | Erzeugt eine Unterbrechung, wenn im Listenspeicher noch *n* (= Argument) freie Zellen vorhanden sind. |
| **MINFNS** | 2 | SUBR | Setzt für Datentyp (2. Argument) minimalen Betrag (1. Argument) fest, den der Garbage Collector als Grenze betrachtet, von wo ab neuer Speicherplatz hinzuzufügen ist. |
| **PAGEFAULTS** | — | EXPR | Liefert Anzahl der Fälle, wo eine Seite nachgeladen werden mußte. |
| **RECLAIM** | 1 | SUBR | Startet für Datentyp (Argument) ein Garbage Collection. |
| **RESULTS** | — | EXPR | Wertet die durch **BREAKDOWN** erstellten Statistiken aus. |
| **STORAGE** | 1 | EXPR | Druckt die Datentypzahlen und den zugeordneten Speicherplatz des Nutzers bzw. (Argument = **T**) auch den des Systems. |
| **TIME** | 3 | FSUBR | Wertet 1. Argument aus und mißt dabei die Zeit und Anzahl der Cons-Aufrufe. |

*5.4.3.8. Basishandlungen des Interpreters*

Die grundlegenden Funktionen zur Variablenbindung, Ausdrucksauswertung und Funktionsanwendung entsprechend weitgehend den Funktionen für diese Zwecke in LISP 1.5. Allerdings wird weder in **EVAL** noch in **APPLY** eine A-Liste angegeben.

Eine Einschränkung von INTERLISP ist die Tatsache, daß der Ausdruck in funktionaler Stellung ein direkt als Funktion interpretierbares Element (Atom mit funktionaler Bedeutung, **LAMBDA**-, **NLAMBDA**- oder **FUNARG**-Ausdruck) haben muß.

Die interne Verarbeitung ist allerdings wesentlich durch die reiche Kellerspeicherstruktur geprägt. Dadurch sind völlig neue Operationen möglich. Die prinzipiell nichts Neues bietenden Funktionen **APPLY**, **EVAL**, **SET** und **SETQ** werden nicht beschrieben.

| Name | Argumentzahl | Typ | Aktion |
|---|---|---|---|
| **APPLY*** | bel. | SUBR* | Wie **FUNCALL** in MACLISP. |
| **ARG** | 2 | FSUBR | Zunächst Auswertung des 2. Arguments, dann Suche eines Frame, in dem das 1. Argument gebunden ist. Ein Fehler wird erzeugt, wenn entweder der Wert vom 1. Argument in diesem Frame nicht die Größe des Frame bedeutet oder wenn der Wert vom 2. Argument $< 1$ oder größer als der gefundene Wert vom 1. Argument ist. Wert ist der zur $n$. Variable ($n =$ 2. Argument) gehörende Wert in dem Frame. |
| **ENVAPPLY** | 6 | | Ausführung eines **APPLY** in einer neu zu konstruierenden Frame-Umgebung. Zunächst Konstruktion eines Frame ohne Bindungen mit Namen **NIL**, das das 3. Argument als A-Link und das 4. Argument als C-Link enthält. Die Stackpointer 3. Argument bzw. 4. Argument werden wieder freigegeben, wenn 5. Argument bzw. 6. Argument $\neq$ **NIL** sind. Das aktuelle Frame wird so geändert, daß der zugeordnete Prozeß, wenn er mit einem Wert $x$ wieder aktiviert wird, mit ebendiesem Wert unmittelbar darauf wieder abschließt. |

| Name | Argu-ment-zahl | Typ | Aktion |
|---|---|---|---|
| **ENVAPPLY** (Fortsetzung) | 6 | | Dann wird das konstruierte Frame als aktuelles Frame verwendet und **(APPLY** 1. Argument 2. Argument**)** ausgewertet. Mit dem Wert dieses Ausdrucks wird in den Prozeß zurückgekehrt, der durch den C-Link bezeichnet wurde (4. Argument). |
| **ENVEVAL** | 5 | | Ausführung eines **EVAL** in einer neuzukonstruierenden Frame-Umgebung. Die Operation verläuft wie bei **ENVAPPLY**, nur daß die Argumente jeweils eine Nummer kleiner zu nehmen sind und **(EVAL** 1. Argument**)** ausgewertet wird. |
| **EVALA** | 2 | SUBR | 2. Argument ist eine A-Liste im Sinne von LISP1.5. Ein Frame wird konstruiert, das die in der A-Liste dargestellten Bindungen verwirklicht. A-Link und C-Link zeigen auf das aktuelle Frame. Bezüglich des konstruierten Frame wird **(EVAL** 1. Argument**)** ausgewertet. Dann wird wieder das alte aktuelle Frame aktualisiert und der ermittelte Wert übergeben. |
| **EVALV** | 2 | | Suche des Wertes der Variablen (1. Argument) in den vom 2. Argument aus erreichbaren Frames. Falls die Variable nicht gefunden wird, ist das Ergebnis der globale (top-level) Wert. |
| **DEFEVAL** | 2 | | Legt Auswertung eines Datentyps fest (nicht erlaubt für Atome, d. h. literale Atome und Zahlen sowie für Listen). Ist 2. Argument = **NIL**, so ist Ergebnis die zum Typ (1. Argument) gehörende Auswerteprozedur; sonst wird die Prozedur zum 2. Argument verändert und die alte Prozedur als Wert geliefert. (**T** bedeutet, daß eine Größe des Typs bei Auswertung selbst das Ergebnis ist). |

| Name | Argu-ment-zahl | Typ | Aktion |
|---|---|---|---|
| **RETFROM** | 3 | | Rückkehr aus spezifiziertem Frame. Ist 3. Argument ≠ **NIL**, so wird der Stackpointer (1. Argument) gelöscht. Reaktivierung des mit dem Frame verknüpften Prozesses, der als C-Link von Frame (1. Argument) erreichbar ist. Als Rückkehrwert wird 2. Argument benutzt. |
| **RETTO** | 3 | SUBR | Rückkehr in spezifiziertes Frame. Ist 3. Argument ≠ **NIL**, wird der Stackpointer (1. Argument) gelöscht. Reaktivierung des mit Frame (1. Argument) verknüpften Prozesses mit Rückkehrwert (2. Argument). |
| **SETARG** | 3 | FSUBR | Siehe **ARG**. Ist richtige Bindung der Variablen (1. Argument) gefunden, so wird *n*. Variable ($n =$ 2. Argument) mit neuem Wert (3. Argument) versorgt. |

Zu den auf dieser Basis implementierten **CEXPR**-Funktionen gehört **E**, eine **FSUBR**-Variante von **EVAL**, **RPT** und **RPTQ**, zwei Funktionen, die wiederholte Auswertungen durchführen, **SETQQ**, eine Variante von **SETQ**, die die Quotierung des 2. Arguments unnötig macht sowie die Zuweisungsfunktionen für globale (top-level) Werte **RPAQ** und **RPAQQ**.

### *5.4.3.8. Arbeit mit der P-Liste und den funktionalen Bedeutungen von Atomen*

In INTERLISP sind die funktionalen Indikatoren nicht, wie in LISP1.5 und MACLISP, in der P-Liste als Eigenschaften üblicher Art aufbewahrt, sondern in der *Funktionsdefinitionszelle.* Es gibt eine ganze Serie von Funktionen, die bezüglich dieser Unterstruktur literaler Atome agieren.

| Name | Argu-ment-zahl | Typ | Aktion |
|---|---|---|---|
| **ARGLIST** | 1 | | Liefert Argumentliste der Funktion; für **SUBR** oder **CEXPR** gibt es Standardform: „das Parameter *n*-Tupel“. |

| Name | Argument-zahl | Typ | Aktion |
|---|---|---|---|
| **ARGTYPE** | 1 | SUBR | Liefert Zahl, mit der die Argumentübergabe beschrieben wird (z. B. **eval/spread: 0, noeval/ nospread: 3**). |
| **CCODEP** | 1 | SUBR | **T** für **CEXPR**, sonst **NIL** (alle Arten!) |
| **EXPRP** | 1 | SUBR | **T** für **EXPR**, sonst **NIL** (alle Arten!) |
| **FNTYP** | 1 | | Liefert Typbeschreibung (z. B. **SUBR**). |
| **GETD** | 1 | SUBR | Liefert Funktionsdefinition des Arguments. |
| **NARGS** | 1 | | Liefert Anzahl der Argumente (für **nospread**-Funktionen: 1). |
| **PUTD** | 2 | SUBR | Belegt Definitionszelle des Atoms 1. Arguments neu mit Funktionsdefinition (2. Argument). Keine Prüfung, ob wirklich gültige Definition vorliegt! |
| **SUBRP** | 1 | SUBR | **T** für **SUBR**, sonst **NIL** (alle Arten!) |

Auf der Grundlage dieser Funktionen aus der virtuellen INTERLISP-Maschine sind noch folgende Funktionen definiert: **DEFINE** (verhält sich wie **DEFINE** in LISP1.5; verlangt also eine Liste von Paaren Atom — Funktionsdefinition. Es ist erlaubt, statt des **LAMBDA**-Ausdrucks zwei Elemente zu notieren: Argumentliste und Funktionskörper), **DEFINEQ** (wie **DEFINE**, Listenklammer um das Argument kann weggelassen werden), **MOVD** (transportiert Funktionsdefinition vom 1., zum 2. Argument), **PUTDQ** (**FSUBR**-Variante von **PUTD**) sowie **SAVEDEF** und **UNSAVEDEF**, mit denen die Funktionsdefinition bei einem Indikator in der P-Liste gerettet werden kann.

Die Funktionen für die Arbeit mit der P-Liste gehören ausnahmslos dem höheren INTERLISP-Niveau an, d. h., sie sind in LISP geschrieben und benötigen nur zwei Basisfunktionen, **GETPROPLIST** bzw. **SETPROPLIST**, um zur P-Liste zuzugreifen. **GET** und **PUTL**, das dem **PROP** in LISP 1.5 entspricht, verlangen, wie ihre Vorbilder in LISP1.5, nicht unbedingt ein Atom als 1. Argument, sondern können auch mit beliebigen Listen arbeiten.

P-Listenfunktionen im engeren Sinne sind daher **ADDPROP** (stellt 3. Argument in die Liste, die als Bedeutung zum Indikator (2. Argument) auftritt), **CHANGEPROP** (verändert den Indikator (2. Argument) zu dem Indikator (3. Argument)), **DEFLIST** (wie in LISP1.5), **GETLIS** (wie **GETL** in MACLISP),

**GETP** (wie **GET**; nur für P-Listen benutzbar), **PUT** (wie **PUTPROP** in MACLISP) und **REMPROP** (wie in LISP1.5).

Das INTERLISP-System benutzt für seine Arbeit eine ganze Menge von Indikatoren. Der Verwendungszweck ist allerdings von dem in anderen Systemen, wie z. B. LISP1.5 oder MACLISP, völlig verschieden. Sie dienen hauptsächlich der Fehlerkorrektur, den Unterbrechungsfunktionen, dem Assistent des Programmierers und dem Compiler. Der Interpreter arbeitet nicht mit ihnen.

### *5.4.3.10. Compiler und zugeordnete Funktionen*

Die Stellung des Compilers in INTERLISP stellt einen Kompromiß der zwischen der völligen Einbettung in LISP1.5 und der völligen Selbstständigkeit in MACLISP. Es ist hier sowohl möglich, ganze Files von Funktionen nacheinander zu übersetzen als auch einzelne Funktionen. Der Compiler wird als Funktion aufgerufen.

Die Funktion **COMPILE** arbeitet, ähnlich wie in LISP1.5, mit einer Folge von Funktionsnamen von intern verfügbaren Funktionen. Daneben gibt es noch etwa sechs weitere Hauptfunktionen, die eine Compilierung auslösen:

**COMPILE1** übersetzt immer eine Funktion (2. Argument) und ordnet den Code dem Atom (1. Argument) als neue Funktionsdefinition zu;

**TCOMPL** übersetzt alle Funktionen einer Liste von Files;

**RECOMPILE** übersetzt aus einem File nur bestimmte Funktionen. Für die übrigen werden aus einem 2. File die Übersetzungsresultate genommen;

**BLOCKCOMPILE** übersetzt eine Guppe von Funktionen in einen Block, so daß Querverbindungen zwischen den Funktionen extrem schnell verwirklicht werden;

**BCOMPL** übersetzt die Funktionen aus einer Liste von Files mit dem Blockcompiler;

**BRECOMPILE** erlaubt Neucompilierung von Funktionen innerhalb eines Blocks.

**LAP**, das Assemblerprogramm, ist nicht, wie in anderen LISP-Systemen, direkt aufrufbar. Es dient zur Assemblierung der Ausgabe des ersten Compilerpasses. Will der Nutzer dennoch direkt Assemblerprogramme schreiben, so muß er den Compiler benutzen und die Folgen von Assemblerbefehlen mit dem Atom **ASSEMBLE** ankündigen.

Wie in MACLISP wird die Funktion **DECLARE** benutzt, um die Compilierung zu beeinflussen. In INTERLISP geschieht das entweder durch Spezifizierung von Ausdrücken, die während der Compilierung auszuwerten sind (z. B. um Makros einzuführen oder durch Angabe von Ausdrücken, die nicht in das Ausgabefile übernommen werden sollen.

Die für die Blockcompilierung nötigen Informationen werden über die Funktion **PRETTYDEF** als globaler Wert einem dem File zugeordneten Atom zugewiesen.

### *5.4.3.11. Ein- und Ausgabefunktionen*

Ähnlich wie in MACLISP, führte die Einbetung von INTERLISP in ein Betriebssystem, das die Arbeit mit Datenfiles organisiert, zu einer erheblichen Ausweitung der Ein- und Ausgabefunktionen gegenüber LISP1.5.

Neben den Funktionen für die eigentlichen Lese- und Schreiboperationen (in deren Argument jetzt Filebezeichnungen auftreten) gibt es ein großes Spektrum von Funktionen für die Organisation der Files. Viele der Argumente der hauptsächlichen Funktionen sind optional. Das resultiert aus der Tatsache, daß nicht angegebene Argumente als **NIL** übergeben werden.

### *5.4.3.11.1. Lesefunktionen*

In den wesentlichen Lesefunktionen kann neben dem File auch noch die Syntaxtabelle angegeben werden, nach der die Syntaxklasse der Zeichen bestimmt wird. Wird hier **NIL** als Argument gefunden, so benutzt das Leseprogramm die Standardsyntaxtabelle.

INTERLISP erlaubt auch **MACRO**-Zeichen (vgl. 5.4.3.11.4).

| Name | Argu-ment-zahl | Typ | Aktion |
|---|---|---|---|
| **BKLINBUF** | 1 | SUBR | Leert Zeilen-Puffer und stellt Argument (Zeichenkette) hinein. |
| **BKSYSBUF** | 1 | SUBR | Leert Systemeingabe-Puffer und stellt Argument (Zeichenkette) hinein. |
| **BUFP** | — | | Zahl der Zeichen im Zeilen-Puffer oder **NIL**, wenn dieser leer ist. |
| **CLEARBUF** | 1 | SUBR | Argument = **NIL**: löscht Systemeingabe-Puffer und Zeilen-Puffer, sonst: wenn Puffer nicht leer ist, kopiert Systemeingabepuffer in **SYSBUF** und Zeilenpuffer in **LINBUF**. |
| **COPYBYTES** | 4 | | Kopiert nacheinander Zeichen vom File (1. Argument) auf File (2. Argument) von *i*. Zeichen ($i = 3$. Argument) ab bis zum *k*. Zeichen ($k = 4$. Argument). |
| **FILEPOS** | 6 | | Liefert Zahl, die die Zeichenposition einer Zeichenkette (P-Name vom 1. Argument) auf einem File (2. Argument) zwischen den Positionen vom 3. und 4. Argument bezeichnet. Dabei kann Deckzeichen (5. Argument) verwendet werden. Ist 6. Argument = **T**, so Endeposition, sonst Startposition. |

| Name | Argument-zahl | Typ | Aktion |
|---|---|---|---|
| **LASTC** | 1 | SUBR | Wurde vom File (Argument) noch kein Zeichen gelesen, ist das Ergebnis undefiniert; sonst: letztes gelesenes Zeichen. |
| **LINBUF** | 1 | SUBR | Argument = **NIL**: Lösche **LINBUF**; sonst: Wert ist Zeichenkette aus **LINBUF**-Inhalt. |
| **PEEKC** | 2 | SUBR | Liefert nächstes lesbares Zeichen vom File, ohne es zu entfernen. 2. Argument beeinflußt Pufferbenutzung. |
| **RATEST** | 1 | SUBR | Liefert **T**, wenn vor letztem Atom ein Separator, Unterbrecher oder Escape-Zeichen gefunden wurde (in Abhängigkeit vom Argument). |
| **RATOM** | 2 | SUBR | Liest Atom vom File (1. Argument). Besondere Behandlung eines führenden Separators. 2. Argument: Readtafel — für Syntax. |
| **ERAD** | 3 | SUBR | Liest S-Ausdruck von File (1. Argument) unter Benutzung der Readtafel (2. Argument). 3. Argument beeinflußt Pufferung. |
| **READC** | 1 | SUBR | Liest nächstes Zeichen vom File (Argument). |
| **READP** | 2 | SUBR | **T**, wenn lesbare Eingabe im Puffer oder File vorhanden. |
| **RSTRING** | 2 | SUBR | Liest bis zum nächsten Terminator ein und bildet eine Zeichenkette. |
| **SKREAD** | 2 | | Springt hinter S-Ausdruck in File (1. Argument), als ob er gelesen wurde. Startposition ist dabei der aktuelle Filezeiger, beeinflußt durch 2. Argument, einer Folge von zusätzlichen Zeichen. Liefert letzte Klammer dieses hypothetischen Lesens (), ,, ]) oder **NIL**. |
| **SYSBUF** | 1 | SUBR | Argument = **NIL**: Löscht den Systemeingabe-Puffer. Sonst: Wert ist Zeichenkette aus Inhalt des Systemeingabe-Puffers. |

Nicht in der virtuellen Maschine enthalten sind die Funktionen **READLINE** (liest eine Zeile vom Terminal und liefert Liste von Zeichen) und **RATOMS** (liest Atome, bis ein spezifiziertes gefunden wurde).

### *5.4.3.11.2. Ausgabefunktionen*

In einigen Ausgabefunktionen taucht als Argument wiederum eine Syntaxtabelle auf, die erforderlich ist für die Hervorhebung von Sonderzeichen in Atomen für ein späteres Wiedereinlesen.

| Name | Argument-zahl | Typ | Aktion |
|---|---|---|---|
| **LINELENGTH** | 1 | SUBR | Ist Argument Zahl: setze Zeilenlänge neu mit dieser Zahl fest. Sonst: Wert ist Zeilenlänge. |
| **PRIN1** | 2 | SUBR | druckt S-Ausdruck (1. Argument) in File (2. Argument). Sonderzeichen in Atomen werden nicht angekündigt — File nicht wiedereinlesbar. Atome werden nicht über Zeilenende gedruckt. |
| **PRIN2** | 3 | SUBR | Wie **PRIN1**. Allerdings mit Sonderzeichenankündigung (Escape-Zeichen) bezüglich Readtafel (3. Argument). |
| **PRIN3** | 2 | | Wie **PRIN1**. Allerdings ohne Beachtung des Zeilenendes beim Atomnamen. |
| **PRIN4** | 3 | | Wie **PRIN2**. Allerdings ohne Beachtung des Zeilenendes bei Atomnamen. |
| **PRINT** | 3 | SUBR | **(PRIN2** 1. Argument 2. Argument 3.) **(TERPRI** 2. Argument). |
| **PRINTLEVEL** | 1 | SUBR | Ausgabe zum Terminal wird auf $i$ (Argument) Listenniveaus beschränkt. |
| **RADIX** | 1 | SUBR | Setzt Zahlenbasis fest (Standard: 10, d. h. Dezimalzahlen werden gedruckt). |
| **SPACES** | 2 | SUBR | Gibt in File (2. Argument) $n$ ($n$ = 1. Argument) Leerzeichen aus. |
| **TERPRI** | 1 | SUBR | Beendet Druckzeile, gibt sie physisch aus. |

*5.4.3.11.3. Arbeit mit Files*

Files sind externe Folgen von Zeichen. Der Name eines File wird mittels eines literalen Atoms dargestellt. Mit der Eröffnung eines Files wird sein Verarbeitungsmodus festgelegt. Dieser kann einer der folgenden Möglichkeiten sein: **INPUT** (File nur zum Einlesen), **OUTPUT** (File nur zum Ausgeben), **BOTH** (File für Ein- und Ausgabe) sowie **APPEND** (File nur zur Ausgabe; wird am Ende fortgeschrieben). Jedem File sind drei Zähler zugeordnet: die Position, der Filezeiger und der **EOF**-Zeiger.

Die Position stellt einen Zähler für Zeichen dar, die in eine Zeile des File geschrieben wurden bzw. von dort gelesen wurden. Der Filezeiger stellt einen Zeiger auf das jeweilige Zeichen dar. Er kann eine direkte Adresse sein oder ein Zeichenzähler relativ zum Anfang. Der **EOF**-Zeiger enthält die Gesamtzeichenzahl.

Die Filenamen werden vom Betriebssystem bestimmt. **T** wird in INTERLISP als Name für das Terminal benutzt. Neben dem Terminal spielen drei standardmäßige Files eine wesentliche Rolle: die Haupteingabe, die Hauptausgabe und das Dribble File (für die Aufzeichnung des Dialogs am Terminal). Es gibt kurze Versionen der Filenamen, die das INTERLISP-System kennt und mit den im Betriebssystem zu verwendenden exakten vollständigen Namen in Verbindung bringen kann.

Zusätzlich ist jedem File ein Verfügbarkeitszustand zugeordnet, je nachdem ob es sich um ein altes, neues oder eine alte Version eines File handelt.

| Name | Argument-zahl | Typ | Aktion |
|---|---|---|---|
| **CLOSEALL** | — | SUBR | Schließt alle Files außer Terminal ab. |
| **CLOSEF** | 1 | SUBR | Schließt File (Argument) ab. |
| **DELFILE** | 1 | | Beseitigt vorher abgeschlossenes File. |
| **DRIBBLE** | 1 | | Eröffnet und benutzt Argument als Dribble-File. |
| **DRIBBLEFILE** | — | | Liefert vollständigen Namen des Dribble-File. |
| **FULLNAME** | 2 | | Falls 1. Argument eine abkürzende Bezeichnung für ein eröffnetes File im Zustand (2. Argument) ist, wird vollständiger Filename geliefert. |
| **GETEOFPTR** | 1 | | Liefert für eröffnetes File (Argument) den Inhalt des **EOF**-Zeiger-Feldes. |
| **GETFILEPTR** | 1 | | Liefert für ein eröffnetes File (Argument) den Inhalt des Filezeiger-Feldes. |

| Name | Argu-ment-zahl | Typ | Aktion |
|---|---|---|---|
| **INFILE** | 1 | SUBR | **(INPUT(OPENFILE** Argument **'INPUT 'OLD))** |
| **INFILEP** | 1 | SUBR | **(FULLNAME** Argument **'OLD)** |
| **INPUT** | 1 | SUBR | Argument = **NIL**: Name des Haupteingabefiles. Sonst: File (Argument) ist nun Haupteingabefile. Wert: Name des alten Haupteingabefiles. |
| **IOFILE** | 1 | SUBR | **(OPENFILE** Argument **'BOTH 'OLD)** |
| **OPENFILE** | 4 | | Eröffnet File (1. Argument) im Zustand (3. Argument) im Verarbeitungsmodus (2. Argument) und Bytegröße (4. Argument). |
| **OPENP** | 3 | | Auskunft über ein File (1. Argument) oder, falls 1. Argument = **NIL**, über alle Files mit Zustand (3. Argument) und Verarbeitungsmodus (2. Argument). Wert ist entweder vollständiger Name von 1. Argument oder Liste von vollständigen Filenamen oder **NIL**. |
| **OUTFILEP** | 1 | SUBR | **(FULLNAME** Argument **'NEW)** |
| **OUTFILE** | 1 | SUBR | **(OUTPUT(OPENFILE** Argument **'OUTPUT 'NEW))** |
| **OUTPUT** | 1 | SUBR | Argument = **NIL**: Name des Hauptausgabefiles. Sonst: File (Argument) ist nun Hauptausgabefile. Wert: Name des alten Hauptausgabefiles. |
| **POSITION** | 2 | | 2. Argument = **NIL**: gegenwärtiger Wert des Positionsfeldes vom File (1. Argument). Sonst wird das Feld mit dem 2. Argument neu belegt und der alte Wert übergeben. |
| **RANDACCESSP** | 1 | | Argument, wenn File (Argument) Direktzugriff erlaubt. Sonst **NIL**. |
| **RENAMEFILE** | 2 | | Eingabefile (1. Argument) bekommt, wenn nicht eröffnet, Filenamen (2. Argument), wenn dieser zu keinem existierenden File gehört. Das umbenannte File hat Zustand **NEW**. |

| Name | Argu-ment-zahl | Typ | Aktion |
|---|---|---|---|
| **SETFILEPTR** | 2 | | Nur möglich bei Direktzugriffsdateien: Ist 2. Argument = —1, so setze Filezeiger auf **EOF**. Sonst (2. Argument $\geqq 0$) setze Filezeiger auf das 2. Argument. |

In der pdp-10-Implementation von INTERLISP dürfen nur zehn Files gleichzeitig eröffent sein. Außerdem gibt es eine Reihe von Funktionen, die bestimmte Eigenschaften des TENEX-Filesystems ausnutzen (**OPENF**, **OPNJFN**, **GTJFN**, **RLJFN**, **JFENS**).

Die Funktionen **ECHOCONTROL**, **ECHOMODE**, **DELETECONTROL** und **RAISE** erlauben spezielle Arbeitsweisen am Terminal.

Drei Gruppen von Funktionen erlauben das Umgehen mit Files in bequemerer Weise, als es mit nur den Ein- und Ausgabefunktionen möglich wäre: Mit den Funktionen **READFILE** bzw. **LOAD** kann ein ganzes File auf einmal (durch das Atom **STOP** oder das Ende des Files begrenzt) bzw. mittels **LOADFNS** aus dem File ausgewählte Teile (Funktionsdefinitionen) eingelesen werden. Diese Files werden durch die Funktionen **WRITEFILE**, **PP**, **PRETTYPRINT**, **PRETTYDEF** und deren Unterfunktionen **PRINTFNS**, **PRINTDATE**, **TAB**, **ENDFILE** und **PRINTDEF** erstellt.

Das File-Programmpaket mit der Hauptfunktion **MAKEFILE** stellt ein ganzes System zum Aktualisieren von Files dar ([TE74], S. 14, 63).

### *5.4.3.11.4. Veränderung der Systemeingabe*

Die Einlesfunktionen in INTERLISP arbeiten mit einer Syntaxtafel, und, falls das Terminal Eingabequelle ist, mit einer zweiten geräteabhängigen Zeichentafel.

In der **READ**-Tafel sind die Informationen über die Syntaxbedeutungen der Zeichen enthalten: die Syntaxklassen **LEFTPAREN**, **RIGTHPAREN**, **LEFTBRACKET**, **RIGHTBRACKET**, **STRINGDELIM**, **ESCAPE**, **BREAKCHAR**, **SEPCHAR** und **OTHER**. Normalerweise wird das Zeichen " als **STRINGDELIM** benutzt, das Leerzeichen und die vier technischen Zeichen Wagenrücklauf, Zeilenvorschub, Seitenvorschub und End-of-Line als Separatoren (**SEPCHAR**), % als Escape-Zeichen. Außerdem enthält die Read-Tafel die Eintragung **T** bei einem Zeichen, das als **MACRO**-Zeichen verarbeitet werden soll.

In der Terminal-Tafel sind den Zeichen technische Bedeutungen zugeordnet. Dies können sein: **WAKEUPCHAR**, **CHARDELETE**, **LINEDELETE**, **RETYPE**, **CTRLV** und **NONE**. Für die ersten fünf Klassen müssen jeweils fünf verschiedene Zeichen zur Verfügung stehen (die *speziellen Terminalzeichen*). Diese Zeichen dienen einer einfachen Editierung der Eingabezeilen.

Diese Tafeln können manipuliert werden: Außer der Änderung der System-Read-Tafel (Funktionen **SETSYNTAX**, **SETSEPR**, **SETBRK**) können neue Tafeln durch **COPYREADTABLE** (**COPYTERMTABLE**) hergestellt werden, sie sind untereinander kopierbar (**RESETREADTABLE**, **RESETTERMTABLE**), und eine bestimmte Tafel kann an die Stelle einer Systemtafel treten (**SETREADTABLE**, **SETTERMTABLE**).

Eine besondere Möglichkeit bei der Eingabe ist die Einführung von **MACRO**-Zeichen. Durch die Funktion **READ-MACROS** kann die Berücksichtigung dieser Zeichen eingeschaltet werden; Wird danach ein solches Zeichen gefunden, dann wird aus der Read-Tafel ein Ausdruck entnommen (das *Body-Attribut*), der ausgewertet die Makroaktion hervorruft. Mit weiteren Attributen (Type-, Kontext-, Wake-Up-Mode-, Escape-Flag- und Body-Attribut) kann ein Kontext angegeben werden, es kann spezifiziert werden, was mit dem Wert der **MACRO**-Auswertung gemacht wird und wie das Zeichen auszudrucken ist.

Mit diesem Hilfsmittel lassen sich Infixoperatoren an die funktionale Stellung versetzen, Literale durch Expandierung auflösen und Zeichen in Teilausdrücke umsetzen (etwa ' in **(QUOTE ... )** ).

### *5.4.3.12. Zeichenmanipulation, Arbeit mit P-Namen, Zeichenkettenverarbeitung*

In INTERLISP werden die Zeichen, die durch die Funktion **PRIN1** ausgegeben werden, als P-Name bezeichnet. Damit hat jedes Datenelement seinen P-Namen; nur Atome und Zeichenketten besitzen einen intern explizit dargestellten P-Namen.

Alle Funktionen, die P-Namen manipulieren, können daher nicht nur auf Atome angewendet werden, sondern auf beliebige Datenstrukturen (vgl. **EXPLODE** und **READLIST** in MACLISP!).

| Namen | Argument-zahl | Typ | Aktion |
|---|---|---|---|
| **CHARACTER** | 1 | SUBR | Formt aus Codezahl (Argument) Atom mit entsprechendem Zeichen als P-Namen. |
| **CHCON** | 3 | SUBR | Wie **UNPACK**; Ergebnisliste enthält Codezahlen für die einzelnen Zeichen (**EXPLODEN** in MACLISP). |
| **CHCON1** | 1 | SUBR | Liefert Codezahl des 1. Zeichens im P-Namen vom Argument. |
| **DCHCON** | 4 | | Steht zu **CHCON** wie **DUNPACK** zu **UNPACK**. |
| **DUNPACK** | 4 | | Destruktive Version von **UNPACK**. 1. Argument wird in Liste (2. Argument) zerlegt, d. h., 2. Argument nimmt die Zeiger zu den einzelnen Atomen auf. |

| Namen | Argument-zahl | Typ | Aktion |
|---|---|---|---|
| **NCHARS** | 3 | SUBR | Zahl der Zeichen im P-Namen vom 1. Argument. Ist 2. Argument $\neq$ **NIL**, so **PRIN2** Name (d. h. mit Escape-Zeichen). 3. Argument: Readtafel. |
| **NTHCHAR** | 4 | SUBR | Liefert Atom, das dem *i*. Zeichen ($i$ = 2. Argument) des P-Namens vom 1. Argument entspricht. Ist 3. Argument $\neq$ **NIL**, so **PRIN2** Name (d. h. mit Escape-Zeichen). 4. Argument: Readtafel. |
| **PACK** | 1 | SUBR | **(MKATOM(CONCAT** *a*1 *a*2 *a*3 ... *an*)) wenn Argument = (*a*1 *a*2 *a*3 ... *an*). |
| **PACKC** | 1 | SUBR | wie **PACK**; Liste enthält aber Codezahlen. |
| **UNPACK** | 3 | SUBR | P-Name vom 1. Argument wird in Liste von Atomen zerlegt, deren P-Namen je ein Zeichen enthält (**EXPLODEC** in MACLISP). Ist 2. Argument $\neq$ **NIL**, so **PRIN2**-Name (d. h. mit Escape-Zeichen: **EXPLODE** in MACLISP). 3. Argument: Readtafel. |

Die Funktion **GENSYM** ist auf der Grundlage dieser Funktionen in LISP geschrieben.

Die Funktionen für die Zeichenkettenmanipulation sind eng verwandt mit denen zur Verarbeitung von P-Namen: P-Namen werden als eine Art von Zeichenketten angesehen. Eine ganze Reihe der Funktionen erzeugt sich zunächst aus dem Argument eine Zeichenkette, die dem P-Namen entspricht, um mit ihm zu arbeiten. Hinzu kommt die nahezu vollkommene Identität der internen Realisierung von Zeichenketten und P-Namen von Atomen (in der pdp-10-Implementation).

| Namen | Argument-zahl | Typ | Aktion |
|---|---|---|---|
| **CONCAT** | bel. | SUBR* | Bildet neue Zeichenkette aus aneinandergehängten Argumenten (dabei werden Argumente, die keine Zeichenketten sind, vorher konvertiert). |

| Name | Argument-zahl | Typ | Aktion |
|---|---|---|---|
| **GLC** | 1 | SUBR | Liefert letztes Zeichen einer Zeichenkette (falls keine vorliegt, wird konvertiert). Das Zeichen wird durch Erniedrigen des Längenfeldes aus der Zeichenkette entfernt. |
| **GNC** | 1 | SUBR | Liefert erstes Zeichen einer Zeichenkette (falls keine vorliegt, wird konvertiert). Das Zeichen wird durch Erhöhen des Startzeigers aus der Zeichenkette entfernt. |
| **MAKEBITTABLE** | 3 | | Baut Bit-Tafel für **STRPOSL** auf (für jedes Zeichen einer Zeichenmenge ein Bit an). |
| **MKATOM** | 1 | SUBR | Bildet aus Zeichenkette Zahl, falls Syntaxregeln erfüllt sind, sonst literales Atom. |
| **MKSTRING** | 1 | SUBR | Bildet aus beliebigem Argument eine Zeichenkette, die dem P-Namen entspricht. |
| **RPLSTRING** | 3 | SUBR | Ersetzt in Zeichenkette (1. Argument) ab *i*. Zeichen ($i = 2$. Argument) alle Zeichen durch die der Zeichenkette (3. Argument) (falls keine Zeichenketten vorliegen, wird konvertiert). |
| **STREQUAL** | 2 | | Vergleicht zwei Zeichenketten. **T**, wenn sie gleich sind, **NIL** sonst. |
| **STRPOS** | 6 | | Zeichenkettenvergleich (*match*) 1. Argument wird im 2. Argument gesucht, ab Position 3. Argument. Mit weiteren Argumenten (4. Argument: Deckzeichen, 5. Argument: Wiederholungsschalter, 6. Argument: Schalter für Anfangs- oder Endposition) kann Suche beeinflußt bzw. Ergebnis bestimmt werden. |
| **STRPOSL** | 4 | | 1. Argument: Liste von Zeichen oder Bittafel (siehe **MAKEBITTABLE**), 2. Argument: Komplementschalter (d. h., die angegebe- |

| Name | Argument-zahl | Typ | Aktion |
|---|---|---|---|
| **STRPOSL** (Fortsetzung) | 4 | | nen Buchstaben sollen *nicht* gesucht werden). In Zeichenkette (2. Argument) wird ab Position 3. Argument nach dem ersten Zeichen aus dem 1. Argument gesucht. Dessen Position ist der Wert (als Zahl). |
| **SUBSTRING** | 3 | SUBR | Liefert Teilzeichenkette des 1. Arguments vom *i*. Zeichen (*i* = 2. Argument) bis zum *k*. Zeichen (*k* = 3. Argument). Liegt keine Zeichenkette vor, so wird Ergebniszeichenkette neu gebildet. |

Aktionen, die **MAKOBLIST** in MACLISP vergleichbar wären, sind in INTERLISP nicht durchführbar.

### *5.4.3.13. Funktionen zur Verarbeitung von Feldern und neuer Datentypen*

Die Felder dürfen in INTERLISP nur eine Dimension haben. Es gibt zwei verschiedene Typen: normale Felder, wo die Elemente beliebige Datentypen von LISP sein können und Zahlenfelder, wo die Elemente ganze Zahlen sind, die die Elemente direkt darstellen (sogenannte *unboxed numbers*).

| Name | Argument-zahl | Typ | Aktion |
|---|---|---|---|
| **ARRAY** | 3 | SUBR | Erstellt Feld mit Größe (1. Argument), vom Typ (2. Argument) und Anfangswerten (3. Argument). |
| **ARRAYP** | 1 | SUBR | **T**, wenn Argument ein Feld, sonst **NIL**. |
| **ARRAYSIZE** | 1 | | Größe des Feldes Argument. |
| **ARRAYTYP** | 1 | | Typ des Feldes Argument. |
| **ELT** | 2 | SUBR | Liefert *i*. Element (*i* = 2. Argument) des Feldes 1. Argument. |
| **SETA** | 3 | SUBR | Setzt *i*. Element (*i* = 2. Argument) des Feldes 1. Argument auf Wert des 3. Arguments. |

Hash-Felder (Hash-Arrays, Hash-Listen) sind sequentielle Datenstrukturen aus zweiteiligen Elementen. Die zwei Teile heißen *Hash-Item* bzw. *Hash-Wert*. Ein Element wird als *Hash-Link* bezeichnet. Es ist möglich, über ein bestimmtes Hash-Item zu dem zugeordneten Hash-Wert zuzugreifen, ihn zu verändern und ein ganzes Hash-Link hinzuzufügen bzw. zu beseitigen. Der Zugriff erfolgt mittels eines Hash-Algorithmus, der zu einem gegebenen Hash-Item einen Hash-Code bestimmt, der dann als Index in dem Hash-Feld verwendet wird. Es wird vorausgesetzt, daß der Algorithmus so gut arbeitet, daß er erst, wenn das Hash-Feld fast voll ist, für verschiedene Items denselben Hash-Code liefert.

| Name | Argument-zahl | Typ | Aktion |
|---|---|---|---|
| **CLRHASH** | 1 | SUBR | Beseitigt alle Hash-Links aus Hash-Feld (Argument). |
| **GETHASH** | 2 | SUBR | Liefert den zum Hash-Item (1. Argument) gehörenden Hash-Wert im Hash-Feld (2. Argument). |
| **HARRAY** | 1 | | Erstellt Hash-Feld der Größe des 1. Arguments. |
| **HARRAYP** | 1 | | **T**, falls Argument Hash-Feld; sonst **NIL**. |
| **HARRAYSIZE** | 1 | | Größe des Hash-Feldes |
| **PUTHASH** | 3 | SUBR | Ist Item (1. Argument) im Hash-Feld (3. Argument) vorhanden und 2. Argument $\neq$ **NIL**, setze neuen Hash-Wert fest (2. Argument). Ist 2. Argument = **NIL**, beseitige das Hash-Link. Ist Item nicht vorhanden, so füge neues Link mit Item (1. Argument) und Wert (2. Argument) ein. |
| **REHASH** | 2 | SUBR | 1. **CLRHASH** bezüglich 2. Argument.<br>2. **(APPLY* 'PUTHASH** item val 2. Argument) für alle Items aus dem 1. Argument. |

Die virtuelle INTERLISP-Maschine gestattet die Einführung neuer Datentypen. Diese Datentypen müssen so strukturiert sein, daß man sie als Zusammensetzung von Feldern bestimmter Art beschreiben kann. Als Teilfelder eines neuen Datentyps sind zugelassen: Zeiger zu LISP-Objekten, ganze und Gleitkommazahlen sowie kurze Zahlen, die aus Bits verschiedener Anzahl bestehen. Beim Zugriff zu den **BIT**-Teilelementen werden LISP-Zahlen abgeschnitten bzw. durch Einlagerung der Bits in die normale Zahlendarstellung erzeugt.

Bei der Einführung des Datentyps muß der Nutzer die Teilfelder mittels der Spezifikationen **POINTER, FLOATP, FIXP (BIT** *i*) bzw. **(SIGNEDBIT** *i*) beschreiben. In **BIT**-Teilfelder dürfen nur positive ganze Zahlen gespeichert werden.

Aus der Spezifikation eines Teilfeldes sind Deskriptoren ableitbar, die für die Verarbeitung wesentlich sind.

| Name | Argumentzahl | Typ | Aktion |
|---|---|---|---|
| **DECLALREDATATYPE** | 2 | | 1. Argument ist der Name des Datentyps (ein literales Atom), 2. Argument ist eine Liste von Teilfeldbeschreibungen. Es wird eine neue Objektklasse mit dem angegebenen Typ vorgesehen. Wert ist eine Liste von Teilfelddeskriptoren. |
| **FETCHFIELD** | 2 | | Zugriff zu einem bestimmten Teilfeld, dessen Deskriptor (1. Argument) vorliegt, im Objekt (2. Argument). |
| **GETDESCRIPTORS** | 1 | | Liefert für Datentyp (Argument) die Liste der Teilfelddeskriptoren. |
| **GETFIELDSPECS** | 1 | | Liefert Teilfeldbeschreibung aus Teilfelddeskriptor. |
| **NCREATE** | 2 | | Bildet neues Objekt vom Datentyp des 1. Arguments Initialisierung erfolgt mit Inhalt vom 2. Argument, wenn $\neq$ **NIL** und Objekt desselben Typs. |
| **REPLACEFIELD** | 3 | | Veränderung eines bestimmten Teilfeldes, dessen Deskriptor (1. Argument) vorliegt im Objekt (2. Argument) zu Wert (3. Argument). |

### 5.4.4. Der Interpreter

Das Variablenbindungsschema in INTERLISP hatte zunächst große Ähnlichkeit mit dem in BESM-6-LISP verwendeten[1]) und folgte damit mehr dem LISP1.5-Verfahren als LISP1.6.

Die Grundlage für die Entscheidung, die Variablenbindungen im Kellerspeicher abzulagern, lag zunächst in den Überlegungen über einen effizienten Einsatz des Systems innerhalb eines virtuellen Speichers begründet.

[1]) Lineare A-Liste im Kellerspeicher, siehe S. 381

Man geht dabei davon aus, daß, die Spitze des Wertkellerspeichers ständig physisch im (realen) Hauptspeicher verfügbar ist, während sowohl die Seiten mit den Atomen als auch die Seiten mit den Teilelementen einer A-Liste häufiger ausgelagert sein dürften. So stellt ein kurzer sequentieller Suchlauf durch den realen Wertspeicher im Mittel eine bessere Lösung dar als das Nachladen der Seite, auf der sich das Atom befindet beim direkten Wertzugriff.

Die Implementierung des Spaghetti-Stack hat im Grunde genommen die Ähnlichkeit zu LISP1.5 weiter verstärkt: Der Keller ist nun noch listenähnlicher; allerdings sind die lokalen Bindungen einer Funktion (eines **PROG**) nicht über eine Reihe von Listenelementen verstreut, sondern in Blöcken, den Frames. Durch die Aufnahme der Kontrollbeziehungen zu den Bindungen und Gültigkeitsbeziehungen und durch die Manipulierbarkeit dieser Struktur hebt sich der Spaghetti-Stack wesentlich von dem A-Listenmodell ab, das auch schon vernetzte Bindungsbereiche darstellen konnte (über **FUNARG**-Ausdrücke und explizite A-Listen-Manipulation).

Abgesehen von den mit dem Spaghetti-Stack erreichten Möglichkeiten (vgl. [MOO76], S. 43ff.) stellt sich die Auswertung in INTERLISP etwa wie folgt dar:

Wird der Interpreter mit einem literalen Atom betreten, so wird zunächst im Gültigkeitsbereich nach der Variablen gesucht. Das bedeutet, daß vom aktuellen Frame ausgehend, die Kette der A-Links durchgegangen wird und in jedem Frame nach einer eventuellen Bindung gefragt wird. Ist eine solche vorhanden, wird der zugeordnete Wert genommen und die Auswertung ist beendet. Ist keine Bindung zu finden, wird der globale Wert (top-level-binding) benutzt. Ist auch er nicht vorhanden, resultiert der Fehler „u.b.a.“ (vgl. 5.4.3.7.2). Für alle Zahlen und die Datentypen, die in der **EVAL**-Tafel ein **T** eingetragen haben, wird die Auswertung mit dem Objekt selbst beendet.

Soll eine Liste verarbeitet werden, dann muß eine Funktion in funktionaler Stellung stehen. Es ist nicht gestattet, dort beliebige Ausdrücke zu verwenden, die erst nach Auswertung auf die Funktion führen.

Als Funktionen sind möglich: Atome mit Funktionsdefinition, **LAMBDA**- oder **NLAMBDA**-Ausdrücke (darunter **LAMBDA**-Ausdrücke mit Variablenliste oder mit einzelnem Atom) oder **FUNARG**-Ausdrücke.

Die Art der Funktion (**LAMBDA**- oder **NLAMBDA**-Typ) entscheidet über die Auswertung der Argumente und (spread bzw. nospread) über die Aufteilung der Argumente auf die Variablen, d. h. die Durchführung der eigentlichen Bindung.

### 5.4.5. Der Compiler

Der Compiler ist im Standardsystem von INTERLISP enthalten. Er wurde in LISP geschrieben und liegt als compilierte Funktion vor. Man unterscheidet zwei Compilervarianten, die durch eine Menge von umfassenden Funktionen — mit denen die Compilierung von Funktionsfolgen oder -files ausgeführt werden kann — aufgerufen werden (vgl. 5.4.3.10). Diese Varianten unterscheiden sich in der Art, wie die einzelnen compilierten Funktionen zusammengefügt bzw. abgelagert werden: einzeln oder im Block.

Der Compiler, der die Funktionen einzeln übersetzt und sie isoliert aufbaut, läßt sich gut mit dem LISP1.5-Compiler vergleichen. Seine Besonderheit ist die *offene Compilierung* vieler Funktionen und die prinzipielle Verträglichkeit des Compilers mit den Interpreter-Spezifikationen: Für die Compilierung sind in INTERLISP keine Deklarationen globaler Variabler erforderlich. Das Variablenbindungsschema ermöglicht die Kooperation compilierter Programme mit dem Interpreter — der Compiler ist *kompatibel.* Erreicht wird dieser Effekt dadurch, daß lokale Variable innerhalb einer Funktion zwar direkt adressiert werden, aber im Kellerspeicher Variablenwert und Variablenname abgelagert wird. Während die compilierte Funktion die Namen ignoriert, werden sie vom Interpreter benötigt; auch beim Zugriff zu nichtlokalen Variablen während der Abarbeitung einer compilierten Funktion sind sie erforderlich.

Aus der Literatur ist bekannt, daß der Compiler aus zwei wesentlichen Teilen besteht, dem Teil, der den Assemblercode generiert, und dem Assembler selbst.

Der erste Teil besteht vermutlich aus zwei Pässen. Im ersten Paß werden, wie im LISP1.5-Compiler, die globalen Variablen ausgezeichnet, aufgerufene **FSUBR**-Funktionen speziell behandelt und gewisse Rekursivitäten aufgelöst. Mit den impliziten Funktionen (funktionale Argumente in der Form von **LAMBDA**-Ausdrücken) wird anders verfahren als in anderen Compilern: Diese bleiben im Programmtext enthalten und werden nicht herausgelöst, wenn sie als Argumente eines offen übersetzten Funktionals auftreten.

Bei der Übersetzung eines Funktionsaufrufs hat der Compiler darauf zu achten, daß er nicht Argumentauswertung plant, wenn die Funktion vom Typ **NLAMBDA** ist. Deshalb versucht sich der Compiler bei jedem Aufruf zu informieren: Ist die Funktion noch nicht definiert und hat der Nutzer dem Compiler keine Information geliefert, indem er den Funktionsnamen in eine der Listen **LAMS** (normale **LAMBDA**-Spread-Funktionen), **NLAMA** (**NLAMBDA**-Nospread) bzw. **NLAML** (**NLAMBDA**-Spread) stellt. Sonst sucht der Compiler das ganze zu übersetzende File nach Information ab.

Hat der Compiler keine Information, so nimmt er an, es handle sich um eine **LAMBDA**-Spread-Funktion: der Code kann also fehlerhaft sein.

Variable, die in der Liste **GLOBALVARS** vorkommen, werden so behandelt, daß ein Zugriff zur Wertzelle erfolgen kann. Gleiches gilt für alle Atome, die eine Eigenschaft beim Indikator **GLOBALVAR** haben.

Der Compiler übersetzt eine große Menge von Funktionen offen. Ende 1974 enthielt die Liste der Funktionen, die so behandelt wurden, 101 Elemente. Unter diesen sind kleine, oft benutzte Funktionen, wie die Funktionen der **CAR-CDR**-Familie, **EQ**, **CONS** usw., dann eine Serie von Funktionen, die mit **F** beginnen und eine Version einer anderen Funktion sind (z. B. **FMEMB**, offene Version von **MEMB**, **FASSOC**, offene Version von **ASSOC**, usw.). Schließlich gibt es kompliziertere Funktionen, mit denen der Kontrollfluß beeinflußt wird, und Funktionale, die offen übersetzt werden (**PROC**, **COND**, **SELECTQ**, **MAP**, **MAPC**, ...) .

Der Programmierer kann die Compilierung durch Bereitstellung eines eigenen Generators für die Übersetzung von Funktionsaufrufen (**COMPILEUSERFN**) oder durch Angabe von **MACRO**-Definitionen beeinflussen.

Bei der Übersetzung von **PROG**, Funktionalen u. ä. bildet der Compiler im Strom der Assemblerbefehle Unterlisten, die der Assembler dann in die normale Codefolge aufnimmt.

Die Compiler-Makros zerfallen in drei Klassen: Es gibt die einfachen offenen Makros, bei denen der Compiler über eine Art Funktionsdefinition verfügt. Die zweite Art sind die errechneten Makros, bei denen das **MACRO** während der Übersetzung expandiert wird. Die dritte Art von Makros werden mittels Substitution verwendet. Beispiele für die Klassen sind: **(LAMBDA(X) (COND((GREATERP X 0)X) (T(MINUS X))))** für **ABS**, **(X(LIST 'CONS(CAR X) (AND(CDR X) (CONS 'LIST(CDR X))))** für **LIST** und **((X) (IPLUS X 1))** für **ADD1**. Der Anfang des Makros legt die jeweilige Art fest. Die Makros befinden sich beim Indikator **MACRO** in der P-Liste der jeweiligen Funktion.

Der Code-Generator liefert nicht direkt Assemblerbefehle, sondern Assembler-Makros. Damit kann er leicht an verschiedene Maschinen angepaßt werden. Die Assembler-Makros stehen für Basisaktionen auf dem Maschinenniveau, die aber LISP-orientiert sind. Es gibt z. B. ([TE74], S. 18.46): **LDV** bzw. **STV** (lade bzw. speichere Variable), **LDT** bzw. **STT** (lade bzw. speichere Temporäre), **CLL** (rufe Funktion mit $n$ Argumenten), **JN** (springe, wenn **AC = NIL**) usw. usf.

In INTERLISP ist zwischen Variablen zu unterscheiden, deren Wertzelle verarbeitet werden soll (*global*) und solchen, die in einer Funktion lokal sind und global für eine Unterfunktion (*frei*). Im letzten Fall liegt der Wert im Kellerspeicher, wie bei normalen lokalen Variablen. Da auch die compilierte

Funktion die Namen der Variablen im Kellerspeicher vermerkt, unterscheidet sich der Kellerspeicherzustand bei Eintritt in eine compilierte Funktion nicht von dem, der einträte, wenn dieselbe Funktion interpretiert würde.

Damit ist zunächst die Kommunikation zwischen Interpreter und compilierten Funktionen gesichert. Die Verarbeitung der freien Variablen wird dadurch erledigt, daß eine compilierte Funktion sich, bevor ihre Arbeit beginnt, ihre freien Variablen zusammensucht und im Kellerspeicher hinter die lokalen Variablen speichert. So muß die Suche nur einmal durchgeführt werden, und die Funktion kann auch die freien Variablen direkt adressieren. Um ein Durcheinander im Kellerspeicher zu verhindern, werden die so umgespeicherten Variablenbindungen besonders gekennzeichnet.

In einer normalen Umgebung wäre dies sicher ein schlechtes Schema; die Notwendigkeit, Zugriffe auf ausgelagerte Seiten mit freien Variablen zu vermeiden, ändert aber diese Beurteilung.

Dennoch bleibt diese Variablenbehandlung in vielen Fällen ungünstig, genauso wie die oft langsame Verbindung zu anderen compilierten Funktionen. Oft hat man eine Gruppe von kooperierenden Funktionen: Die Verbindungslinien zwischen den Funktionen werden oft durchlaufen und die Variablen gemeinsam benutzt. Auch in einer virtuellen Umgebung ist es dann klar, daß mit einer Funktion auch die anderen im Hauptspeicher sein müssen und daß der Kellerspeicherbereich von einer bestimmten Stelle ab oft verarbeitet wird und daher mit der betreffenden Seite eingelagert sein muß. Würde man hier das allgemeine Schema verwenden, so käme man zu sehr langsamen Verarbeitungsprozessen.

In diese Lücke springt der Blockcompiler. Er ermöglicht die Übersetzung eine Menge von zusammengehörigen Funktionen und ihre Zusammenführung in einen Block. Die Verbindungen zwischen den Funktionen sind dann optimiert, d. h. direkt. Die freien Variablen werden nur beim Eintritt in den Block lokalisiert und bleiben immer an dieser Stelle. Jede Funktion beschäftigt sich nur noch mit ihren lokalen Variablen. Man erkennt leicht, daß ein erheblicher Geschwindigkeitsgewinn resultieren muß.

Die offene Compilierung der arithmetischen Funktionen scheint nicht so gelungen zu sein wie in MACLISP. Das liegt aber nach Steele [STE77c] nicht so sehr am Compiler, als an der vorgenommenen Typprüfung zur Laufzeit und an der Möglichkeit, Zahlen in ihren Boxen zu ändern. Wie J. Urmi berichtet, beseitigt der Compiler in seltenen Fällen (vermutlich ähnlich dem Q-32-Compiler [SAU64c]) Rekursivitäten. Eine eigentliche Code-Optimierung findet im nachhinein nicht statt. Inwieweit der Compiler mit den Marken umgeht und ob er die globalen Sprünge so ermöglicht, wie dies in [MOO76] gefordert wird, ist nicht bekannt.

## Literaturverzeichnis

Hinter den einzelnen Literaturzitaten werden die Seiten dieses Buches angegeben, auf denen die Quelle benutzt wird.


[AB63] ABRAHAMS, P. W.: Machine Verification of mathematical proofs. MIT Ph. D. Thesis, Cambridge 1963. [45, 186, 285]

[AB64] ABRAHAMS, P. W.: Application of LISP to machine checking of mathematical proofs. In [BB64]. [45f., 48, 186]

[AB66a] ABRAHAMS, P. W.: LISP2 reference manual. Systems Development Corporation Santa Monica, 1966. [276]

[AB66b] ABRAHAMS, P. W., J. BARNETT, L. HAWKINSON, E. BOOK, D. FIRTH, M. I. LEVIN, S. L. KAMENY, R. A. SAUNDERS, and C. WEISSMAN: The LISP2 language and system. Proc. AFIPS 1966 FJCC, vol. 29, Washington and London 1966. [156, 199, 275, 279]

[AB68] ABRAHAMS, P.W.: Symbol manipulation languages. In[ALR68]. [199]

[AB76] ABRAHAMS, P. W.: persönliche Mitteilung 1976. [185, 278]

[AC29] ACKERMANN, A.: Zum Hilbertschen Aufbau der reellen Zahlen. Math. Annalen **99** (1929), 118—133. [83, 86]

[AD70] Аделсон-Велский, Г. М., В. Л. Арлазаров, А. Р. Битман, А. А. Животовский и А. В. Усков: Программирование ЭВС для шахмат. Усп. матем. наук **25** (1970), 221—269.

[AD69] Advance Papers 1. IJCAI, Washington 1969. Bedford 1969.

[AD71] Advance Papers 2. IJCAI, London 1971. London 1971.

[AD73] Advance Papers 3. IJCAI, Stanford 1973. Stanford 1973. [287]

[AD75] Advance Papers 4. IJCAI, Tbilissi 1975. Cambridge 1975. [32, 65, 123, 260]

[AD77] Advance Papers 5. IJCAI, Cambridge 1977. Cambridge 1977.

[AD79] Advance Papers 6. IJCAI, Tokyo 1979. Tokyo 1979.

[AL78] ALLEN, J.: Anatomy of LISP. New York etc. 1978. [13, 95f., 103, 127, 130, 179f.]

[AL79] ALLEN, J.: An overview of LISP. Byte **4** (1979) 8, 10—17.

[ALL69] ALLEN, J., and D. C. LUCKHAM: An interactive theorem proving program. In [MI4]. [43]

[ALP66] ALPAC report: Languages and machines — computers in translation and linguistics. Nat. Acad. Sci. USA, Washington D. C. 1966. [30]

[ALR68] ALT, F. L., and M. RUBINOFF: Advances in Computers. Vol. 9, New York 1968.

[AMA70] AMAMIYA, H. (Ed.): LISP and its applications. Sangyo Tosho 1970 (japanisch).

[AMS75] AMSLER, R. A., J. SLOCUM, and M. TYSON: LISP Reference manual, CDC6000. The University of Texas at Austin, Computation Center, Dezember 1975. [233]

[ASA76] ACM SIGSAM 3. Symposium on algebraic and symbolic manipulation. New York 1976. [107]

[ASD76] ACM SIGPLAN-SIGMOD Symposium on data structures. New York 1976. [107]

[ASH77] ASH, W., R. J. BOBROW, M. GRIGNETTI, and A.K. HARTLEY: Intelligent on-line assistant and tutor system. Final technical report, 10. 9. 75—31. 1. 77, BBN Report 3607, Cambridge 1977.

[ASI72] ASIRELLI, P., C. MONTANGERO, and G. PACINI: Implementazione del nucleo di un sistema LISP orientato verso le elaborazione di modelli semantici. Nota technica IEI, Uni Pisa, C72-5, Pisa, November 1972. [256]

[ASI75] ASIRELLI, P., C. LEVI, C. MONTANGERO, G. PACINI, M. SIMI, and F. TURINI: MAGMA LISP reference manual. IEI del CNR, Uni Pisa, Pisa 1975. [256]

[ASS72] ASSER, G.: Einführung in die Mathematische Logik I, II. Leipzig 1959 bzw. 1972. [39]

[AU74] Авторный коллектив института кибернетики АН УССР: Математическое обеспечение для ЭВМ серии МИР. Киев 1974. [129]

[AW74] AIELLO, L., and R. WEYHRAUCH: LCFsmall — an implementation of LCF. STAN-CS-74-446, Stanford University, Stanford 1974. [47]

[B57] BACKUS, J. W., et al.: The FORTRAN automatic coding system. Proc. WJCC 1957, IRE New York 1957, S. 188—198. [161]

[B62] BACKUS, J. W., et al.: Bericht über die algorithmische Sprache ALGOL 60 (Übers. a. d. Engl.: I. Kerner), Berlin 1962. [146]

[BA68] BAHR, K.: An auxiliary program for the analyse of LISP programs. Communications ACM 11 (1968), 6. [252]

[BAI77] Байдунов, В. В., С. С. Курбатова, Ч. С. Наиров, П. Л. Чарнова и Е. Т. Семенова: Интерпретирующая система ЛИСП/ЕС. МЕИ, кафедра прикладной математики, Москва 1977. [260]

[BAK77a] BAKER Jr., H. G.: Shallow binding in LISP1.5. MIT AI Lab., AI Working paper No. 138, Cambridge, Januar 1977. [95]

[BAK77b] BAKER Jr., H. G.: A note on the optimal allocation of spaces in MACLISP. MIT AI Lab., AI Working Paper No. 142, Cambridge, März 1977. [305, 339, 352]

[BAK77c] BAKER, Jr., H. G.: Shallow Binding in LISP1.5. MIT AI Working Paper No. 138. Cambridge, Januar 1977.

[BAKK75] DE BAKKER, J.W.: Least fixed points revisited. In [BÖH75]. [81, 148]

[BAN70] BANERJI, R. B., and M. D. MESAROVICH (Eds.): Theoretical Approaches to Non-Numerical Problem Solving. Lecture Notes in Economics and Mathematical Systems, vol. 28, Berlin-Heidelberg-New York 1970.

[BAR67a] BARNETT, J.: LISP2 compiler context resolver language and processor specifications. Systems Development Corporation Santa Monica, April 1967. [277]

[BAR67b] BARNETT, J.: LISP2 garbage collection specifications. Systems Development Corporation Santa Monica, April 1967. [277]

[BAR67c] BARNETT, J.: LISP2 internal storage conventions. Systems Development Corporation Santa Monica, April 1967. [277]

[BAR68] BARNETT, J.: LISP/360 manual. Systems Development Corporation Santa Monica, Januar 1968. [229]

[BARR67] BARRON, D. W.: Recursive techniques in programming. London 1967 (deutsche Übers.: Leipzig 1971). [21, 74]

[BARS63] BARRON, D. W., C. STRACHEY et al.: The main features of CPL. Computer J. **6** (1963), 2. [89]

[BAS75] BASU, S. K., and J. MISRA: Proving loop programs. IEEE Trans. Software Engineering **SE-1** (1975) 1. [51]

[BAT76a] BATES, D. (Ed.): Structured Programming. Infotech State of Art Report, Maidenhead 1976. [20, 104]

[BAT76b] BATES, D. (Ed.): Program Optimization. Infotech State of Art Report, Maidenhead 1976.

[BAU76] BAUER, F. L., and K. SAMELSON (Eds.): Language hierarchies and Interfaces. Lecture Notes in Computer Science, vol. 46, Berlin-Heidelberg-New York 1976.

[BAUM72] BAUMGART, B. G.: MICROPLANNER alternate reference manual. Stanford AI Lab., Operating Note No. 67, Stanford University, April 1972. [287]

[BAW77] BAWDEN. A., R. GREENBLATT, J. HOLLOWAY, T. KNIGHT, D. MOON, and D. WEINREB: LISP machine progress report. MIT AI Lab., AI Memo No. 444, Cambridge, August 1977. [215]

[BEL78] BELL, C. R., A. KOTOK, T. N. HASTINGS, and R. HILL: The evolution of the DECsystem 10. Communications ACM **21** (1978), 1, 44–62. [200, 332]

[BB64] BERKELEY, E. C., and D. G. BOBROW (Eds.): The programming language LISP; It's operation and applications. MIT, Cambridge 1974. [29, 205, 328]

[BE64] BERKELEY, E. C.: LISP — an introduction and appraisal. Computers and Automation, September 1964. [203, 205]

[BE67] BERKELEY, E. C., and D. J. EDWARDS: The nature, use and implementation of the computer language LISP. Cambridge 1967 — Nie erschienen. Einziger bekannter Beigrag: [KEN67]. [243]

[BER73] BERLOG, M., B. BEGIER, H. KATULSKI, J. KNIAT, Z. LICZYNSKI, J. MARTINEK, M. STRIONSKI, and W. WOYCIECHOWSKI: System programmirowania minikomputera K-202 w jazyku LISP1.5. Polytechnika Poznańska, Institut automatiki, Poznań 1973. [258]

[BER74] BERLOG, M., B. BEGIER, J. KNIAT, and M. STROINSKI: System programmirowania w jazyku LISP1.5 dla maszyny cytowej ODRA 1204. Instrukcija usylkownika. Polytechnika Poznańska, Institut automatiki, Poznań 1974. [258]

[BERN71] BERNS, R. I.: A paged LISP using the dynamic relocation hardware of an IBM 360/67. Stanford University, Stanford 1971. [224]

[BERR70] BERRY, D. M.: LISP for ALGOL afficionados and ALGOL for LISP afficionados. Brown University, Providence, September 1970. [95f., 184]

[BERR71] Berry, D. M.: Implementing the contour model lambda-calculus machine. TR No. 71—44, Brown University, Providence 1971. [89]
[BET55] Beth, E. W.: Semantic entailment and formal derivability. Medt. konigl. Nederl. Akad. Wetenschapen **18** (1955) 13. [40]
[BL64] Black, F.: Styles of programming in LISP. In [BB64]. [21,173]
[BLA70a] Blair, F. W., and R. D. Jenks: LPL — LISP programming language. IBM Th. Watson Research Center, Yorktown Heights 1970. [231]
[BLA70b] Blair, F. W., J. H. Griesmer, and R. D. Jenks: An interactive facility for symbolic mathematics. IBM Research Report No. RC2766, Januar 1970. [62]
[BLA71] Blair, F. W., J. H. Griesmer, J. Harray, and M. Pivovonsky: Design and development document for LISP on several S/360 Operating systems. IBM Yorktown Heights 1971. [230]
[BLA78a] Blair, F. W.: The definition of LISP 1.8 + 0.3i. IBM Yorktown Heights 1978.
[BLA78b] Blair, F. W.: persönliche Mitteilung 1978. [223]
[BLE71] Bledsoe, W. W.: Splitting and reduction heuristics in automatic theorem proving. Artifical Intelligence **2** (1971) 1, 55—77. [42]
[BLE72] Bledsoe, W. W., R. S. Boyer, and W. W. Henneman: Computer proofs of limit theorems. Artifical Intelligence **3** (1972),1, 27—60.[43]
[BLE75a] Bledsoe, W. W., and M. Tyson: The UT-interactive theorem prover. The University of Texas at Austin, Dept. of Mathematics, ATP 17, August 1975. [44, 143]
[BLE75b] Bledsoe, W. W.: Non resolution theorem proving. Tutorial at 4. IJCAI Tbilissi. The University of Texas at Austin, Dept. of Mathematics, ATP 29, 1975. [43]
[BO63a] Bobrow, D. C.: METEOR, a LISP interpreter for string transformations. MIT AI Lab., AI Memo No. 51, Cambridge, April 1963. [156, 202, 271]
[BO63b] Bobrow, D. G.: STUDENT — a question answering system for high shool algebra word problems. Proc. AFIPS 1963 FJCC, vol. 24, Washington und London 1963. [32, 186, 202]
[BO64a] Bobrow, D. G.: Natural language input for a computer problem solving system. MIT Ph. D. Thesis, Cambridge 1964. [202]
[BO64b] Bobrow, D. G.: String manipulation in the new language. MIT AI Lab., AI Memo No. 71, Cambridge, Juli 1964. [274]
[BO64c] Bobrow, D. G., and B. Raphael: A comparison of list processing computer languages. Communications ACM **7** (1964) 4. [196, 202]
[BO64d] Bobrow, D. G., and J. Weizenbaum: Extension of languages by embedding. IRE Trans. Electronic Computers **EC-14** (1964), 395—400. [155, 202, 207]
[BO65] Bobrow, D. G.: The COMIT feature in LISP2. MIT AI Lab., AI Memo, Cambridge 1965. [202, 274]
[BO66a] Bobrow, D. G., and D. L. Murphy: The structure of a LISP-system using two-level storage. BBN Report No. 6. Nov. 1966 (siehe auch Communications ACM **10** (1967), 3, 155—159). [203f.]
[BO66b] Bobrow, D. G., et al.: The BBN LISP system. BBN Report 1346, 1966. [203]

[BO66c] Bobrow, D. G.: Storage management in LISP. In [BO68b]. [204]

[BO66d] Bobrow, D. G., and W. Teitelman: Format directed list processing in LISP. BBN Report 1366, Cambridge, April 1966.

[BO67] Bobrow, D. G., D. L. Darley, L. P. Deutsch, D. L. Murphy, and W. Teitelman: The BBN 940 LISP System. BBN Project 8668, Sci. Report No. 9, Cambridge, Juli 1967. [217]

[BO68a] Bobrow, D. G., and D. L. Murphy: A note on the efficiency of a LISP computation on a paged machine. Communications ACM **11** (1968) 8. [203]

[BO68b] Bobrow, D. G. (Ed.): Symbol manipulation languages and techniques. Amsterdam 1968. [108, 119, 205, 230, 273]

[BO69] Bobrow, D. G. (Ed.): LISP Bulletin No. 1, SIGPLAN Notices **4** (1969) 9, 25–45. [124, 229]

[BO72] Bobrow, D. G., et al.: TENEX, a paged time sharing system for the pdp-10. Communications ACM **14** (1972) 3. [203, 217, 384]

[BO73a] Bobrow, D. G., and B. Raphael: New programming languages for AI-research. SRI AI Center, Technical Note No. 82, Menlo Park, August 1973 (siehe auch [AD73]). [119]

[BO73b] Bobrow, D. G.: Requirements for advanced programming languages for list processing applications. Communications ACM **15** (1973) 7. [72, 135, 150]

[BO73c] Bobrow, D. G., and B. Wegbreit: A model for control structures for artifical intelligence programming languages. In [AD73]. [151f., 219, 298]

[BO73d] Bobrow, D. G., and B. Wegbreit: A model and stack implementation of multiple environments. BBN Report 2334, 1972; Communications ACM **16** (1973) 10. [151ff., 219]

[BO75] Bobrow, D. G., and A. M. Collins (Eds.): Representation and understanding: Studies in cognitive science. New York 1975. [32]

[BO76] Bobrow, D. G.: persönliche Mitteilung 1976. [204]

[BO79a] Bobrow, D. G., and L. P. Deutsch: Extending INTERLISP for modularization and efficiency. In [NG79].

[BO79b] Bobrow, D. G., and D. W. Clark: Compact encodings of list structure. ACM Trans. Prog. Languages and Systems, vol 1, No. 2, Oktober 1979.

[BOB73] Bobrow, R. J., R. R. Burton, J. M. Jacobs, and D. Lewis: UCI LISP Manual. Dept. of Information and Computer Sci., University of California, Irvine, T. R. 21, Irvine, Oktober 1973. [218]

[BÖ64] Böhm, C.: The CUCH as a formal and a description language. In [STE66]. [89]

[BÖ75] Böhm, C. (Ed.): Lambda-calculus and computer science theory. Lecture Notes in Computer Science, vol. 37, Berlin-Heidelberg-New York 1975.

[BÖT75] Böttger, H.: Theorembeweisen. In [KLI75]. [42]

[BOG75] Bogen, R.: MACSYMA reference manual. Version 8. Mathlab Group, MIT Lab. for Computer Science, MIT Cambridge 1975. [56–59, 62, 148, 332]

[BOL68] Bolce, J. F., and R. H. Cooper: A description of the university of Waterloo LISP1.5 Interpreter for the IBM/360. Computing Center, University of Waterloo, März 1968. [243, 262, 265]

[BOO75] Boon, C. (Ed.): Microprogramming and systems architecture. Infotech State of Art Report, Maidenhead 1975.

[BOT66] Botvinnik, M. M.: Computers, Chess and Long-Range-Planning. Berlin-Heidelberg-New York 1966. [70]

[BOU66] Bousard, J. C.: An ALGOL compiler construction and use in an elaborated operating system. Communications ACM **9** (1966) 3, 179—182. [240]

[BRAF63] Brafford, P., and D. Hirschberg (Eds.): Computer programming and formal systems. Amsterdam 1963.

[BRÄ72] Bräuer, H., H. W. Meier und R. Wiedemann: Das Gerätesystem der Rechenanlage BESM-6. Rechentechnik-Datenverarbeitung **9** (1972) 2. [372]

[BRI72] Бриабрин, В. М., В. И. Сафонов и В. М. Юфа: Система ПУЛТ для управления программами на АЛГОЛе, ЛИСПе и автокоде. Вычисл. центр АН СССР, Москва 1972. [259, 372]

[BROA75] Broadbent, D. K.: Beitrag in [BOO75]. [128]

[BROD65] Brody, T. A.: LISPITO. A LISP processor for the IBM1620. Instituto di fisica, UNAM, Center nacional del calculo, instituto politecnico nacional, Mexico City 1965. [266]

[BROU8] Brouwer, L. E.: De onbetrouwbaarheid der logische principes. Tidschrift for wijsbegeerte **2** (1908), 152—158. [76]

[BROU28] Brouwer, L. E.: Intuitionistische Betrachtungen über den Formalismus. Sitzungsber. Preuß. Akad. Wiss., Phys.-math. Klasse, 1928, 48—52. [76]

[BROW76] Brown, P. J.: Throw away compiling — a middle path between interpretation and compilation. In [BAT76b]. [128]

[BROWN78] Brown, F. M.: An automatic proof of the completeness of quantificational logic. Research Report No. 52, Dept. of Artificial Intelligence, University of Edinburgh 1978. [44]

[BRW79] Brown, W. S., and A. C. Hearn: Applications of symbolic algebraic computation. Computer Physics Communications **17** (1979), 207 bis 215.

[BUC68] Buchanan, B. G., G. L. Sutherland, and E. A. Feigenbaum: Heuristic DENDRAL: A program for generating explanatory hypotheses in organic chemistry. In [MI4]. [67]

[BUC69] Buchanan, B. G., G. L. Sutherland, and E. A. Feigenbaum: Rediscovering some problems of artifical intelligence in the context of organic chemistry. In [MI5]. [67]

[BUC76] Buchanan, B. G., D. H. Smith, W. C. White, R. J. Gritter, E. A. Feigenbaum, J. Lederberg, and C. Djerassi: Applications of artifical intelligence for chemical inference XXII. Automatic rule formation in mass spectrometry by means of the META DENDRAL program. J. of the ACS 89:6158 (1976). [67]

[BUC77] Buchanan, B. G., and T. M. Mitchell: Model directed learning of production rules. STAN-CS-77-597, Stanford University, Februar 1977. [67]

[BUR64a] Burge, W. H.: Interpretation, stacks and evaluation. In [WEG64]. [89]

[BUR64b] BURGE, W. H.: The evaluation, classification and interpretation of expressions. 19. ACM Nat. Conference 1964.
[BUR75] BURGE, W. H.: Recursive programming techniques. Reading etc. 1975. [73, 105]
[BURR64] Burroughs B5500 Reference manual, Detroit, Mich., 1964. [129, 266]

[CA72] CADIOU, J. M.: Recursive definitions of partial functions and their computations. STAN-CS-266-72, Stanford University 1972. [81, 148]
[CAM66] CAMPBELL, J. A.: LISP on the Imperial College 7090 Computer. Imperial College of Science and Technology, Computer Unit, Oktober 1966. [236, 265]
[CAR74] CARRINGTON, R. A. G. (Ed.): Computers for spectroscopy. London 1974.
[CAR76] CARTWRIGHT, R.: A practical formal semantic definition and verification system for typed LISP. STAN-CS-77-592. Stanford University 1976. [29]
[CHA76] CHAILLOUX, J.: VLISP-10 manual de référence. Rapport technique 17—76, Université de Paris VIII, März 1976. [151, 240]
[CHA77] CHAILLOUX, J.: Notes sur le VLISP 10.2. Dept. d'Informatique, RT 17—76b, Université de Paris VIII, Mai 1977. [242]
[CH32] CHURCH, A.: A set of postulates for the foundations of logic I. Ann. of Math. **33** (1932) 346—366. [88]
[CH33] CHURCH, A.: A set of postulates for the foundations of logic II. Ann. of Math. **34** (1933) 839—864. [88]
[CH34] CHURCH, A.: The Richard paradox. Amer. Math. Monthly **41** (1934), 356—361. [88]
[CH35] CHURCH, A.: A proof of freedom from contradiction. Proc. Nat. Acad. Sci. USA **21** (1935), 275—281. [88]
[CH36a] CHURCH, A.: An unsolvable problem of elementary number theory. Amer. J. Math. **58** (1936), 345—363. [77, 88]
[CH36b] CHURCH, A., and J. P. ROSSER: Some properties of conversion. Trans. Amer. Math. Soc. **39** (1936), 472—482. [88]
[CH36c] CHURCH, A.: A note on the Entscheidungsproblem. J. Symb. Logic **1** (1936), 40—41. [88]
[CH41] CHURCH, A.: The calculi of lambda-conversion. Princeton 1941. [14, 46, 87, 89, 91, 93]
[CL76] CLARK, D. W.: List structure: Measurements, algorithms, and encodings. Ph. D. Thesis, Dept. of Computer Science, Carnegie Mellon University, Pittsburgh, Pa., August 1976.
[CL77] CLARK, D. W., and C. C. GREEN: An empirical study of list structure in LISP. Communications ACM **20** (1977) 2, 78—87.
[COB74] American National Standard COBOL, ANS X3. New York 1974, 23—74. [228]
[CO65] COHEN, J., and NGUYEN HUU DUNG: Definition de procedures LISP en ALGOL. Examples de utilization. Rev. francaise traitment information **8** (1965) 4, 271—293. [239]
[CO67a] COHEN, J.: The use of fast and slow memories in list processing languages. Communications ACM **10** (1967) 2. [239, 257]
[CO67b] COHEN, J.: Remarques et additions aux procedures LISP en ALGOL. Calculo 4, Jan.-March 1967.

[CO72] COHEN, J., and C. ZUCKERMAN: Evalquote in simple FORTRAN. BIT **12** (1972) 3.

[CO76] COHEN, H. I., Ö. LERINGE, and Y. SUNDBLAD: The use of algebraic computing in general relativity. General Relativity and Gravitation **7** (1976) 3. [55f.]

[COL71] COLLINS, G. E.: The SAC-1 system — An introduction and survey. In [PEK71]. [224]

[COL60] COLLINS, G. E.: A method for overlapping and erasure of lists. Communications ACM **3** (1960) 12. [117, 174]

[COL63] COLLINS, G. E.: REFCO III, a reference counter list processing system for the IBM7094. IBM Th. Watson Research Center, Research Report RC-1-1436, Yorktown Heights 1963. [117, 174]

[CON70] CONROW, K., and R. G. SMITH: NEATER2: A PL/1 source statement reformatter. Communications ACM **13** (1970) 11. [124]

[CON74] CONRAD, W. R.: A compactifying garbage collector for ECL's nonhomogeneous heap. Technical Report 2—74. Center for Research in Computer Theory. Harvard University, Cambridge, Februar 1974. [389]

[COR62a] CORBATO, F. J., et al.: An experimental time sharing system. Proc. AFIPS 1962 SJCC., San Francisco. [193]

[COR62b] CORBATO, F. J.: The compatible time sharing system, a programmers guide. MIT, Cambridge 1962. [193]

[COR65] CORBATO, F. J., and E. GLASER et al.: The MULTICS system. Proc. AFIPS 1965 FJCC, vol. 24, Washington-London 1965. [209, 332]

[COR79] CORREIRA, A.: Cyber-LISP. Extensions to UTLISP for interactive users. VIM-30, Mai 1979.

[CU29] CURRY, H. B.: An analysis of logical substitution. Amer. J. Math. 51 (1929), 363—384. [88]

[CU30] CURRY, H. B.: Grundlagen der kombinatorischen Logik. Amer. J. Math. **52** (1930), 509—536; 789—834. [88]

[CU58] CURRY, H. B., and R. FEYS: Combinatory logic I. Amsterdam 1958. [88f.]

[DA70] DAHL, O.-J., et al.: The SIMULA 67 common base language. Oslo 1970. [125]

[DA72] DAHL, O.-J., E. W. DIJKSTRA, and C.A. R. HOARE: Structured programming. New York 1972. [20, 49, 51, 104, 154]

[DAT70] Datalogilaboratoriet. Project Technical Report for 1970 and plans for 1971. Uppsala University, Dept. of Computer Science, Uppsala 1971. [245]

[DAT74] Datalogilaboratoriet. Project Technical Report 1974. Uppsala University, Dept. of Computer Science, Uppsala 1975. [246]

[DAT75] Datalogilaboratoriet. Ferarsrapport 1970—75. Uppsala University, Dept. of Computer Science, DLU76/A2, Uppsala 1976. [245f.]

[DAV58] DAVIS, M.: Computability and unsolvability. New York 1958. [77]

[DE93] DEDEKIND, R.: Was sind und was sollen die Zahlen. Braunschweig 1893 (2. Aufl. der Neuauflage, Berlin 1967). [75]

[DECA] DEC System 10, Assembly language handbook. DEC-10-NRZB-D,DEC Maynard (Mass.) 1967—1972. [332f.]

[DECU] DEC System 10, Users handbook. DEC-10-NGZA-D, DEC Maynard (Mass.) 1967—1972. [332]

[DEN76] DENNING, P. J.: A hard look at structured programming. In [BAT76a]. [154]

[DER77a] DERANSART, P.: Definition et implantation de LISP a l'aide d'un compilateur.Rapp.de recherché, IRIA-Lab. No. 224,März 1977.[242]

[DER77b] DERANSART, P.: Definition and implementation of a LISP-system using semantic attributes. IRIA Labs. 16.—19. September 1977. [242]

[DERR77] DERRETT, N., and M. SOLOMON: LISBET, a LISP dialect for teaching. DAIMI MD-25, Matematik Institut Aarhus Universitet, Februar 1977. [257]

[DEU64] DEUTSCH, L. P., and E. C. BERKELEY: The LISP implementation for the pdp-1 computer. In [BB64]. [199, 252]

[DEU65] DEUTSCH, L. P., and B. LAMPSON: Reference manual for 930 LISP. University of California, Berkeley, Doc. No. 30.50.40, Berkeley 1965. [205]

[DEU66] DEUTSCH, L. P.: SDS 940 LISP reference manual. University of California, Berkeley, Februar 1966. [205]

[DEU76] DEUTSCH, L. P.: persönliche Mitteilung 1976. [205]

[DEU73] DEUTSCH, L. P.: A LISP machine with very compact programs. In [AD73]. [220]

[DI60] DIJKSTRA, E. W.: Recursive programming. Numer. Math. **2** (1960) 5, 312—318. [16, 145, 174]

[DI72] DIJKSTRA, E. W.: The humble programmer. Communications ACM **15** (1972) 10, 859—866. [107, 179]

[DI75] DIJKSTRA, E. W., L. LAMPORT, A. J. MARTIN, C. S. SCHOLTEN and E. F. M. STEFFENS: On-the-fly garbage collection: An exercise in cooperation. In [BAU76]. [118, 250]

[DI76] DIJKSTRA, E. W.: A discipline of programming. Englewood Cliffs 1976. [14]

[DU] DURIEUX, J.L.:TLISP. Université de Toulouse (ohne Jahresangabe). [242]

[EAR73] EARNEST, L., et al.: Final report ... the first 10 years. Stanford AI project, AIM228, Stanford University 1973. [191, 277]

[EAS72] EASTLAKE, D.: ITS-Status report. MIT AI Lab., AI Memo No. 238, Cambridge, April 1972. [209, 332f.]

[ED59] EDWARDS, D. J.: Symbolic circuit analysis with the 704 electronic computer. MIT BS Thesis, Cambridge 1959. [175, 186]

[ED62] EDWARDS, D. J.: LISP2 garbage collector. MIT AI Lab., AI Memo No. 19, Cambridge 1962. [190]

[ED63] EDWARDS, D. J.: Secondary storage in LISP. MIT AI Lab., AI Memo No. 63, Cambridge, Dezember 1963. [193f., 199]

[ED64a] EDWARDS, D. J.: A new LISP-system, more compatible with FMS. MIT, ProjectMAC, Memo MAC-M-132, Cambridge, Januar 1964.[193]

[ED64b] EDWARDS, D. J.: General comments about pdp-6 coding and hardware. MIT, Project MAC, Memo MAC-M-190, MAC-M-191, Cambridge 1964. [200]

[EID74] EIDE, A.: Implementation of a LISP1.5 Interpreter and assembly system on the CYBER74 computer. Norwegian Computer Center, Oslo, März 1974. [244]

[EIS76] EISENBERG, P. (Ed.): Maschinelle Sprachanalyse. Berlin 1974.

[EL75] ELSON, M.: Data structures. Chicago 1975. [190, 119]

[EN63a] ENEA, H.: Clock function for LISP1.5. Stanford AI Project, AIM 4, Stanford University, August 1963. [201]

[EN63b] ENEA, H., and D. WOOLDRIDGE: Algebraic simplification. Stanford AI Project, AIM 5, Stanford University, September 1963. [201]

[EN68] ENEA, H.: MLISP. Technical Report No. CS 92. Dept. of Computer Science, Stanford University, März 1968. [282]

[ENG65] ENGELMAN, C.: MATHLAB: A program for online assistance in symbolic calculations.Proc.AFIPS 1965 FJCC, vol. 24, Washington-London 1965. [281]

[ENG66] ENGELMAN, C.: Rational functions in MATHLAB. In [BO68b]. [205, 281]

[ENG68] ENGELMAN, C.: MATHLAB 68. Proc. IFIP Congress 1968, Amsterdam 1969.

[ENG77] ENGELMORE, R. S., and H. P. NII: A knowledge based system for the interpretation of protein X-ray crystallographic data. STAN-CS-77-589, Stanford University, Februar 1977. [67]

[EP77] EPP, B.: INTERLISP Programmierhandbuch. Institut für deutsche Sprache, Mannheim, März 1977. [255f.]

[ELS77] ELST, G., C. KOFER und A. REIBIGER: DELPHI — Programmsystem zur Analyse elektrischer Netzwerke. Nachrichtentechnik Elektronik **27** (1977) 3, 101—103. [65]

[EV66] EVANS, T. G., and D. L. DARLEY: On-line debugging techniques: A survey. Proc. AFIPS 1966 FJCC, vol. 29, Washington und London 1966.

[EY75] VAN DEN EYCK, P. J. C.: HARVALIAS reference manual. TH Delft, 1975. [250]

[FAR64] FARBER, D. J., R.E. GRIESWOLD, and I. P. POLONSKY: SNOBOL, a string manipulation language. J.ACM **11** (1974) 1, 21—30. [107,273]

[FAR66] FARBER, D. J., R. E. GRIESWOLD, and I.P. POLONSKY: The SNOBOL 3 programming language. Bell Systems Techncial J. **IV** (1966) 6, 895—944. [107]

[FAT71] FATEMAN, R. J.: Reply to an editorial. SIGSAM Bull. 25. März 1973, 9—11. [211, 371]

[FAT78] FATEMAN, R. J.: Is a LISP machine different from a Fortran machine? SIGSAM Bulletin **12** (1978) 4, 8—11.

[FEI61] FEIGENBAUM, E. A.: Soviet cybernetics and computer sciences — 1960. IRE Trans. Electrical Computers **EC-10** (1961), 759—776. [259]

[FEI63] FEIGENBAUM, E. A., and J. FELDMAN (Eds.): Computers and Thought. New York 1963.

[FEN69] FENICHEL, R. R., and J. C. YOCHELSON: A LISP garbage collector for virtual memory computer systems. Communications ACM **12** (1969) 11, 611—612. [210, 240, 389]

[FEN71] FENICHEL, R. R.: List tracing in systems allowing multiple cell types. In [PEK71]. [277]

[FIK71] FIKES, R. E., and N. J. NILSSON: STRIPS: a new approach to the application of theorem proving to problem solving. Artifical Intelligence **2** (1971) 1, 189—208.

[FIN66] Finerman, A.: The usage of computers in western European universities. Communications ACM **9** (1966) 3. [239]

[FIN75] Findler, N. (Ed.): Künstliche Intelligenz und heuristisches Programmieren. Wien 1975.

[FIRE80] Firestone, R. M.: An experimental LISP system for the Sperry Univac 1100 Series. SIGPLAN Notices **15** (1980) 1, 117—129.

[FIR67] Firt, D., and P. W. Abrahams: LISP2 language specifications. Systems Development Corporation Santa Monica, April 1967. [277]

[FIT77] Fitch, J. P., and A. C. Norman: Implementing LISP in a higher-level language. Software — Practice and Experience **7** (1977) 6, 713—726. [238]

[FIT79] Fitch, J. P.: The application of symbolic algebra to physics. In [NG79a].

[FL67a] Floyd, R. W.: Assigning meanings to programs. In [SCHW67]. [51]

[FL67b] Floyd, R. W.: Nondeterministic algorithms. J. ACM **14** (1967) 4. [151]

[FOR54] Preliminary report: Specifications for the IBM mathematical FORmula TRANslating System. FORTRAN. IBM Corp., Progress Res. Group, Appl. Sci. Div., 1954. [159]

[FOR56] The FORTRAN automatic coding system for the IBM 704 EDPM, Programmers manual. IBM Corp., 32—7026, Oktober 1956. [159f.]

[FOR58] FORTRAN II for the IBM704 data processing system. Reference manual, IBM Corp., C28—6000, 1958. [161]

[FOR66] American National Standard FORTRAN ANS X3.9, 1966. [228]

[FOS67] Foster, J. M.: Listprocessing. London 1968, Amsterdam 1967. [119]

[FOX66] Fox, L. (Ed.): Advances in programming and nonumerical computation. Oxford etc. 1966. [236]

[FRA76] Frankel, R. E., S. J. Rosenschein, and S. W. Smoliar: A LISP-based system for the study of Schenkerian analysis. Computers and the Humanities **10** (1976) 1, 21—32. [69]

[FRE77] Fredkin, E.: persönliche Mitteilung 1977. [194, 220]

[FRI74] Friedman, D. P.: The little LISPer. Menlo Park 1974. [13]

[GE59] Gelernter, H., and N. Rochester: Realization of a geometry theorem proving machine. Information Processing, Proc. ICOI Paris 1959, München 1960. [164]

[GE60a] Gelernter, H., J. R. Hansen, and C.L. Gerberich: A FORTRAN compiled list processing language. J. ACM **7** (1960) 2, 87—101. [160—163]

[GE60b] Gelernter, H., J.R. Hansen, and D. Loveland: Empirical explorations of the geometry machine. Proc WJCC 1960.

[GEN35] Gentzen, G.: Untersuchungen über das logische Schließen. Math. Z. **39** (1935), 176—210. [43, 47]

[GER75] German, S. M., and B. Wegbreit: A sythnesizer of inductive assertions. IEEE Trans. Software Engineering **SE-1** (1975) 1. [51]

[GER77] Гердт, В. П., О. В. Таразов и Д. В. Жирков: Аналитичные вычисления на ЗВС в физике и математике. P2—11547, Дубна 1977. [260]

[GL67] Glauthier, T. J.: The early time sharing systems. Computer and automation **16** (1967) 10, 23—27. [192, 198]

[GÖ31] Gödel, K.: Über formal unentscheidbare Sätze der Principia Mathematica und verwandter Systeme I. Monatshefte Math. Phys. **38** (1931) 173—188. [76]

[GÖ34] Gödel, K.: On undecidable propositions of formal mathematical systems. Mimeographed notes, Princeton 1934. [75f.]

[GÖ72] Görz, G.: LISP1.5 Handbuch für die CDC3300. Mitteilungsblatt des Rechenzentrums der Universität Erlangen-Nürnberg Nr. 11, Erlangen, März 1972. [244]

[GÖ76] Görz, G.: Die Verwendung von LISP an den wissenschaftlichen Rechenzentren der BRD. Universität Erlangen-Nürnberg, Rechenzentrum, IAB Nr. 63, Dezember 1976. [231, 253],

[GOB59] Goldberg, S. H.: Solution of an electrical network using a digital computer. MIT MS Thesis, Dept. EE., Cambridge, September 1959. [175, 186]

[GOE70] Golden, J. B.: A users guide to the AI groups LISCOM LISP compiler — interim report. MIT AI Lab., AI Memo No. 210, Cambridge, Dezember 1970. [211f., 369]

[GOLM73] Goldman, N. M., C. Rieger, C. Riesbeck, and R. Schank: MARGIE: Memory, analysis, response, generation and inference of English. In [AD73]. [35]

[GOLM75] Goldman, N. M., and P. Hayes: LISP manual. ISSCO, Genf 1975 (es existieren nur zwei Exemplare). [234, 255]

[GOLS73] Goldstein, I.: Prettyprinting: Converting list to linear structure. MIT AI Lab., AI Memo No. 279, Cambridge, Februar 1973. [124]

[GOLO65] Golomb, S. W., and L. D. Baumert: Backtrack programming. J. ACM **12** (1965) 4, 516—524. [151, 285]

[GOO70] Good, D. I.: Toward a man-machine system for proving program correctness. Ph. D. Thesis, University of Wisconsin, Madison 1970. [52]

[GOO75a] Good, D. I.: Provable programming. Proc. Int. Conf. Reliable Software 1975, IEEE New York. [51]

[GOO75b] Good, D. I., R. L. London, and W.W. Bledsoe: An interactive program verification system. IEEE Trans. Software Engineering **SE-1** (1975) 1. [50]

[GOOD77] Goodwin, J.: A guided tour of the INTERLISP system, part I. Linköping University 1977.

[GOT74a] Goto, E.: Monocopy and associative algorithms in an extended LISP. IS Labs, University of Tokyo, Mai 1974. [268]

[GOT74b] Goto, E.: Introduction to LISP. Kyoritso Shuppan 1974. [269]

[GOT76] Goto, E., and Y. Kanada: Hashing lemmas on time complexities with applications to formula manipulation. In [ASA76]. [268f.]

[GRB61] Green, B. F.: Computer languages for symbol manipulation. IRE Trans. Electronic Computers **EC-10**, (1961), 729—736. [154]

[GRB63] Green, B. F., A. K. Wolf, C. Chomsky, and K. Langhery: Baseball, an automatic question answerer. In [FEI63]. [32]

[GRC69a] Green, C. C.: The application of theorem proving to question answering systems. Ph. D. Thesis, Stanford University (AIM116), August 1969. [32, 289]

[GRC69b] GREEN, C. C., Application of theorem proving to problem solving. In [AD69]. [32, 289],

[GRE70] GREENAWALT, E. M., J. B. MORRIS, and D. J. SINGLETON: UT 6400/6600 LISP1.5 reference manual. Revision III and Addendum. University of Texas at Austin, Computation Center, 1969 bzw. Februar 1970. [233]

[GRE73] GREENAWALT, E. M.: An overlay facility for LISP programs. SIGSAM Bulletin, 21/27, ca. 1973. [233]

[GRE75] GREENAWALT, E. M., J. SLOCUM, and R. A. AMSLER: UT-LISP reference manual, UT-LISP documentation, Version 4.0, University of Texas at Austin, Computation Center, Mai 1975 (Listing). [233]

[GREB62] GREENBERGER, M. (Ed.): Management and the computer of the future. MIT, Cambridge 1962.

[GREL67] GREENBLATT, R. D., D. E. EASTLAKE, and S. D. CROCKER: The Greenblatt chess program. Proc. AFIPS 1967 FJCC, vol. 31, Montvale 1967. [69]

[GREL74] GREENBLATT, R. D.: The LISP machine. MIT AI Lab., AI Working paper No. 79, Cambridge 1974. [215]

[GREU72] GREUSSAY, P.: Manuel LISP510: Description et utilisation. Institut d'Intelligence Artificielle, Université de Paris VIII — Vincennes, NTP No. 2, Oktober 1972. [240]

[GREU75] GREUSSAY, P.: LISPT1600: Manuel de reference. Dept. d'Informatique, Université de Paris VIII—Vincennes, Februar 1975. [240]

[GREU76] GREUSSAY, P.: Iterative interpretation of tail recursive LISP procedures. Dept. d'Informatique TR-20-76, Université de Paris VIII — Vincennes, September 1976. [240]

[GREU77] GREUSSAY, P.: Contribution a la definition interpretative et a l'implantation des lambda-languages. These de Doctorat d'Etat. Institut de Programmation, Université de Paris VII, November 1977.

[GREU78] P. GREUSSAY, and J. LAUBSCH (Eds.): (LISP BULLETIN) Nr. 2, Paris, Juli 1978.

[GRI71a] GRIES, D.: Compiler construction for digital computers. New York 1971. [62]

[GRI71b] GRIESMER, J. H., and R. D. JENKS: SCRATCHPAD/1, an interactive facility for symbolic mathematics. In [PEK71]. [62, 230, 282]

[GRIE68] GRIESWOLD, R. E., J. F. POAGE, and I.P. POLONSKY: The SNOBOL4 programming language. Englewood Cliffs 1968. [107, 116, 119, 273]

[GRIE75] GRIESWOLD, R. E.: String and list processing in SNOBOL4. Englewood Cliffs 1975. [108]

[GRIF] GRIFFITH, A. K.: An introduction to LISP. University of Florida.

[GRIS79a] GRISS, M. L., and A. C. HEARN: A portable LISP compiler. UUCS-79-113, Dept. of Computer Science, University of Utah, Salt Lake City 1979.

[GRIS79b] GRISS, M. L., R. R. KESSLER, and G. Q. MAGUIRE Jr.: TLISP — a "transportable LISP" implemented in PCode. In [NG79].

[GU78a] GUNTERMANN, R., and D. KOLB: SIEMENS-INTERLISP. User Manual. Siemens AG, München 1978. [255, 383]

[GU78b] Guntermann, R., und D. Kolb: LISP Aktivitäten im Hause Siemens. Rundbrief der Fachgruppe künstliche Intelligenz in der GI, No. 14, 1978, S. 15. [255]

[GUZ66] Guzman, A., and H. McIntosh: CONVERT. Communications ACM **9** (1966) 8, 604–615. [199, 266, 279]

[HAF74] Hafner, C., and B. Wilcox: LISP/MTS programmers manual. University of Michigan, Mental Health Research Institute, Communication 302, Ann Arbor 1974. [231]

[HAI65] Haines, E. C.: The TREET list processing language. MIT MS Thesis, Cambridge 1965. [273]

[HAL69] Halpern, M. I., and C. J. Shaw (Eds.): Annual review in automatic programming. Vol. 5, Oxford etc. 1969.

[HAL74] Halpern, M. I., and W. C. McGee (Eds.): Annual review in automatic programming. Vol. 10, Oxford etc. 1974.

[HAN76] Hansen, G., and W. A. Wulf: Adaptive code optimization. In [BAT76b]. [130]

[HAN60] Hansen, J. R.: The use of the FORTRAN compiled list processing language. IBM Th. Watson Research Center, Research Report RC-282, Yorktown Heights, Juni 1960. [164]

[HAN69] Hansen, W. J.: Compact list representation: Definition, garbage collection and system implementation. Communications ACM **12** (1969) 9, 499–507. [249]

[HAR75] Haraldson, A.: LISP details INTERLISP/360–370. Uppsala University, Dataloglaboratoriet, Dept. of Computer Science, DLU-75/9, Uppsala 1975. [383]

[HAR77a] Haraldson, A.: A programm manipulation system based on partial evaluation. Linköping Series in Science and Technology, Dissertation, No. 14, Dept. of Mathematics, Linköping University, Linköping 1977. [247]

[HAR77b] Haraldson, A.: A partial evaluator and its use for compiling iterative statements in LISP. Annual ACM Symposium on Principles of Programming Languages, ACM, New York 1977.

[HARR70] Harrison, M. C.: BALM — an extendable list processing language. Proc. AFIPS 1970 SJCC, vol. 36 Montvale 1970.

[HART61] Hart, T. P.: Simplify. MIT AI Lab., AI Memo No. 27, Cambridge 1961. [186]

[HART63a] Hart, T. P.: Syntax of the new language. MIT AI Lab., AI Memo No. 68, Cambridge, Mai 1963.

[HART63b] Hart, T. P.: MACRO definitions in LISP. MIT AI Lab., AI Memo No. 57, Cambridge, Oktober 1963. [193, 227]

[HART64a] Hart, T. P., and T. G. Evans: Notes on Implementing LISP for the M460 Computer. In [BB64]. [61, 196f.]

[HART64b] Hart, T. P.: CTSS LISP Notice Supplement to AIM67. MIT AI Lab., AI Memo No. 74, Cambridge, Dezember 1964.

[HAT79] Hartley, A. K.: INTERLISP-11. BBN-4076, BBN, Cambridge, März 1979.

[HEA64] HEARN, A. C.: Symbolic computation of Feynman graphs using a digital computer. Bull. Amer. Phys. Soc. Series II, **9** (1964), 436. [55, 225]

[HEA66] HEARN, A. C.: Computation of algebraic properties of elementare particle reactions using a digital computer. Communications ACM **9** (1966) 8 (siehe auch [KLE66]).

[HEA67] HEARN, A. C.: REDUCE — a user oriented interactive system for algebraic simplifications. Stanford AI Project, AIM 57, Stanford University 1967. [55, 225, 282]

[HEA69] HEARN, A. C.: Standard LISP. Stanford AI Project, AIM90, Stanford University, Mai 1969 (siehe auch [BO69]). [225, 231]

[HEA73] HEARN, A. C.: REDUCE2 — user's manual. 2. ed., University of Utah, UCP-19, Salt Lake City 1973. [55, 62, 65, 136, 156, 223, 282]

[HEN75] v. HENKE, F. W., and D. C. LUCKHAM: A methodology for verifying programs. STAN-CS-75-474, Stanford University 1975. [54]

[HERB31] HERBRAND, J.: Sur les non-contradiction de l'arithmetique. J. reine angewandte Math. **166** (1931), 1—8. [75]

[HERM61] HERMES, H.: Aufzählbarkeit, Entscheidbarkeit, Berechenbarkeit. Berlin 1961 (engl. Übers.: Berlin 1965). [86]

[HEW67] HEWITT, C.: PLANNER — a language for proving theorems. MIT AI Lab., AI Memo No. 137, Cambridge, Juli 1967. [285ff.]

[HEW69] HEWITT, C.: PLANNER — a language for proving theorems in robots. In [AD69]. [285]

[HEW71a] HEWITT, C.: Procedural embedding of knowledge in PLANNER. In [AD71]. [300]

[HEW71b] HEWITT, C.: PLANNER implementation proposal to ARPA 1972—1973. MIT AI Lab., AI Memo No. 250, Cambridge, Dezember 1971. [287, 297]

[HEW71c] HEWITT, C.: Description and theoretical analysis (using schemata) of PLANNER, a language for proving theorems and manipulating models in a robot. Mit Ph. D. Thesis, Cambridge 1971. [64, 106, 116, 151, 288, 301, 332]

[HEW73] HEWITT, C.: An universal modular ACTOR formalism for artifical intelligence. In [AD73]. [301]

[HEW74a] HEWITT, C., et al.: PLANNER. In [PROM11].

[HEW74b] HEWITT, C., P. B. BISHOP, R. J. STEIGER, I. G. GREIF, B. C. SMITH, W. E. MATSON and R. HALE: Behavioral semantics of nonrecursive control structure. In [PROG74].

[HEW75a] HEWITT, C.: How to use what you know. In [AD75]. [298]

[HEW75b] HEWITT, C.: PLANNER. In [PROM12].

[HEX64a] HEXT, J.: An expression input routine for LISP. Stanford AI Project, AIM 18, Stanford University, Juli 1964. [272, 282]

[HEX64b] HEXT, J.: Programming languages and translation. Stanford AI Project, AIM 19, Stanford University, August 1964. [273, 283]

[HEY34] HEYTING, A.: Mathematische Grundlagenforschung, Intuitionismus, Beweistheorie. Berlin 1934. [76]

[HIG67] HIGHMAN, B.: Programming languages, a comparative study. London 1967 (deutsche Übers.: Leipzig 1971). [119, 127, 146]

[HIL4] HILBERT, D.: Über die Grundlagen der Logik und der Arithmetik. Verh. 3. Int. Math. Kongress, Heidelberg 8.—13. 8. 1904, Leipzig 1905, 174—185. [75f.]

[HIL34] HILBERT, D., und P. BERNAYS: Grundlagen der Mathematik I, Berlin 1934. [76]

[HIN55] HINTIKKA, J.: Form and content in quantification theory. Acta philosophica Fennica, fasc. III (1955). [40]

[HOA69] HOARE, C. A. R.: An axiomatic basic for computer programming. Communications ACM **12** (1969) 10. [52]

[HOA73] HOARE, C. A. R.: Recursive data structures. STAN-CS-73-400, Stanford University 1973. [21, 73]

[HOE77] DEN HOED, M.: Een LISP-Interpretator voor de pdp-11, TH Delft 1977. [250]

[HOL71a] HOLBAEK-HANSSEN, E.: Implementation of LISP1.5 on CD3300. University of Oslo 1971. [244]

[HOL71b] HOLBAEK-HANSSEN, E.: LAP3300, Oslo, April 1971. [244]

[HOL74a] HOLBAEK-HANSSEN, E.: LISP3300, LAP3300, MINICOMP. Implementation guide for CD3300, Oslo, Oktober 1974. [244]

[HOL74b] HOLBAEK-HANSSEN, E.: LISP3300, Version 2, Oslo 1974—75.[244]

[HOO76] HOOKWAY, R. J.: A program verification system. Case Western Reserve University, Jennings Computer Center, Rep. No. 1171, Cleveland, Oh., 1976. [60]

[HOR69] HOROWITZ, E.: Algorithmus for symbolic integration of rational functions. Ph.D. Thesis, University of Wisconsin, Madison 1969.[60]

[HOU75] HOUSDEN, R. J. W.: On string concepts and their implementation. Computer J. **18** (1975) 2, 150—156. [119]

[HOW75] HOWARD, F.: L110 programmers manual. HRSTS Science Center, Lynnfield (Mass.), März 1975. [235]

[HU75] HUANG, J. C.: An approach to program testing. Computing Surveys, 7, 3, September 1975. [49]

[HÜ68] HÜNKE, H.: IDOL, ein interaktives Display-orientiertes List-processing System. GMD Bonn, BMwF-GMD-2 1968. [251]

[IB78] IBBIT, R. N., et al.: The evolution of the Sperry Univac 1100 Series: A history, analysis and projection. Communications ACM **21** (1978) 1, 25—43. [234]

[IBM78] IBM: LISP/370 Program description/Operations manual. SH20-2076-0, März 1978. [231]

[IG73] IGARASHI, S., R. L. LONDON and D. C. LUCKHAM: Automatic program verification I: A logical basic and its implementation. STAN-CS-73-365. Stanford University 1973 (siehe auch: Acta Informatica **4** (1975) 145—182). [50—54, 296]

[IM69] DE IMPERIO, M. E.: Data structures and their representation in storage. In [HAL69]. [107]

[IN68] D'INVERNO, R. A.: ALAM programmers manual. Kings College, Dept. of Mathematics, London 1968. [237]

[IN69] D'INVERNO, R. A.: ALAM — Atlas LISP Algebraic Manipulator. Computer Journal **12** (1969) 2, 124—127. [237]

[IPSJ] Information Processing Society Japan, Special Interesting Group for symbol manipulation and artifical intelligence: LISP contest 1978. [268, 270]

[JE70] JENKS, R. D.: META/LISP: An interactive translator writing system on System/360. IBM Th. Watson Research Center, Research Report No. RC2968, Yorktown Heights, Juli 1970. [231]

[JE71] JENKS, R. D.: META/PLUS — the syntax extension facility for Scratchpad. Prac. IFIP 1971, Amsterdam-London.

[JO73] JORDAN, C. R.: A note on LISP universal functions. Computer J. **16** (1973) 2. [178]

[JÜ70] JÜRGENSEN, H.: LISP-X8-Kiel. Rechenzentrum der Christian-Albrechts-Universität, Dok. X8.22—1, Kiel 1970. [252]

[JÜ74] JÜRGENSEN, H.: Zur Übersetzbarkeit von Programmiersprachen. In [SCHL74].

[JU73] Юфа, В. М.: Развитие системы программирования ЛИСП-БЕСМ-6. In [LAW73]. [371]

[JU76] Юфа, В. М.: persönliche Mitteilung 1976. [382]

[KAL72] KALHOFF, B.: Ein Compiler für das System LISP1.5-X8-Kiel. Diplomarbeit, Christian-Albrechts-Universität, Institut für Informatik und praktische Mathematik, Kiel 1972. [252]

[KAL75] KALHOFF, B., und F. SIMON: Programmieren in LISP1.5 — Benutzerhandbuch. Christian-Albrechts-Universität, Institut für Informatik und praktische Mathematik, Bericht 2/75 (3/77), Kiel, Juni 1975. [249, 252]

[KALM55] KALMÁR, L.: Über ein Problem, betreffend die Definition des Begriffes der allgemein-rekursiven Funktionen. Z. math. Logik und Grundl. Math. **1** (1955) 1, 93—96. [80]

[KALM56] KALMÁR, L.: Ein direkter Beweis für die allgemein-rekursive Unlösbarkeit des Entscheidungsproblems des Prädikatenkalküls der ersten Stufe mit Identität. Z. math. Logik und Grundl. Math., **2** (1956) 1, 1—14.

[KAM64] KAMENY, S. L.: LISP1.5 reference manual for the Q-32. TM-2337/101/00, Systems Development Corporation, Santa Monica 1964. [199]

[KAN57] KANGER, S.: Provability in logic. Stockholm 1957. [40]

[KAN75] KANGER, S. (Ed.): Proc. 3. Scandinavian Logic Symposium. Amsterdam 1975.

[KAN78] KANEW, S.: Entwurf, Implementierung und Untersuchung des dynamischen Verhaltens eines virtuellen Speichers im DOS-ES. Diss., Fakultät für Elektrotechnik, TU Dresden 1978. [263]

[KAY75] KAY, K. R.: Appendix — Utah Modifications. Stanford LISP/360 reference manual. 4. ed., University of Utah. Computational Physics Group, Operating Note 20, Utah 1975. [224]

[KEN66] KENT, J.: An interpretative system for programming recursive functions on a digital computer. Masters Thesis in Mathematics, University of Oslo, Dezember 1966. [243]

[KEN67] KENT, J.: LISP1.5 implementation on the CD3600 and the IBM System/360 series. In [BE67]. [243]

[KEN70] KENNEDY, M., and M. B. SOLOMON: Ten statement FORTRAN and FORTRAN IV. Englewood Cliffs 1970. [129]

[KER74] KERNIGHAM, B. W., and P. J. PLAUGER: The elements of programming style. New York etc. 1974. [20]

[KIN69] KING, J. C.: A program verifier. Ph. D. Thesis, Carnegie Mellon University, Pittsburgh 1969. [52]

[KIR75] KIRBY, R. L.: pdp-11-LISP documentation. University of Maryland, TR-400, August 1975. [235]

[KLE35a] KLEENE, S. C., and J. P. ROSSER: The inconsistency of certain formal logics. Ann. of Math. **36** (1935) 630—636. [88]

[KLE35b] KLEENE, S. C.: A theory of positive integers in formal logic. Amer. J. Math. **57** (1935). 153—173, 219—244. [88]

[KLE36] KLEENE, S. C.: General recursive functions of natural numbers. Math. Ann. **112** (1936), 727—742. [76]

[KLE38] KLEENE, S. C.: On notation for ordinal numbers. J. Symbolic Logic **3** (1938), 150—155. [77]

[KLE52] KLEENE, S. C.: Introduction to metamathematics. Amsterdam 1952. [77, 81f.]

[KL77] DE KLEER, J., J. DOYLE, G. L. STEELE, and G. J. SUSSMAN: AMORD Explicit control of reasoning. Proc. Symp. on AI and Programming languages. SIGPLAN Notices **12** (1977) 8.

[KLE68] KLERER, M., and J. REINFELS (Eds.): Interactive systems for experimental applied mathematics. New York and London 1968.

[KLE75] KLEY, A., und B. JOHNSSON: Was ist rekursiver Abstieg? Elektron. Rechenanlagen **17** (1975) 4. [62]

[KLI75] KLIX, F., W. KRAUSE und H. SYDOW (Eds.): Analyse und Synthese von Problemlösungsprozessen II. Kybernetik Forschung 5, Berlin 1975.

[KN68] KNUTH, D.: The art of computer programming. Vol. I, Reading 1968. [108f., 11, 118f.]

[KN69] KNUTH, D.: The art of computer programming. Vol. II, Reading 1969. [211]

[KOL74] KOLAŘ, J., und K. Müller: Programmovaci jazyk TESLA-LISP1.5. TH Prag 1974. [263]

[KOF79] KORNFELD, W. A.: Pattern directed invocation languages. Byte **4** (1979) 8, 34—48.

[KOR65] KORSVOLD, K.: An online algebraic simplification program. Stanford AI Project, AIM37, Stanford University, November 1965.

[KOW74] KOWALSKI, R.: Predicate logic as programming language. Proc. IFIP 1974, Amsterdam-London-New York, 569—574. [32]

[KUP76] KUPKA, I., und H. WILSING: Dialogsprachen. Stuttgart 1976. [132, 135f.]

[KUL69] KULSRUD, H. E.: HELPER, an interactive debugging system. In [RUT69]. [129]

[KUR73] KUROKAWA, T.: LISP1.6 users manual. EPICS-5-ON, März 1973.

[KUR74] KUROKAWA, T.: LISP1.8 users manual. Toshiba Research Center, Tokyo 1974. [268]

[KUR75] KUROKAWA, T.: New marking algorithms for garbage collection. 2. USA-Japan Computer Conference 1975, S. 580—584. [118, 268]

[KUR76a] Kurokawa, T.: LISP1.9 users manual, EPICS-5-ON-2. Tokyo, März 1976. [143]

[KUR76b] Kurokawa, T.: A new fast and safe marking algorithm. Tokyo 1976. [224, 268]

[KUR76c] Kurokawa, T.: Why is the LISP1.9 Interpreter so fast? Tokyo 1976. [262, 268]

[KUR76d] Kurokawa, T.: The LISP1.9 programming system (jap.). J. Inform. Proc. Soc. Japan **17** (1976) 11, 1056—1063. [309, 334, 337]

[KUR78] Kurokawa, T.: Input/Output facilities in LISP1.9. Software: Practice and Experience 8 (1978), 277—284. [120, 138, 223]

[KUR79] Kurokawa, T.: LISP activities in Japan. In [AD79].

[KUT77] Kutschke, K. H.: Einheitliches Konzept der Realisierung der Kommunikation Mensch/EDVA in Dialogsystemen. Rostocker Mathematisches Kolloquium, H. 5, Rostock 1977. [133]

[KW75] Квеселава, Д. А., и Е. Н. Деканосидзе: Вопросы вычислительной математики программирования. Тбилиси 1975.

[LAB12] Laboratory for Computer Science, Progress Report XII, Juli 1974 bis Juli 1975, Cambridge 1975. [302, 334]

[LAB13] Laboratory for Computer Science, Progress Report XIII, Juli 1975 bis Juli 1976, Cambridge 1976. [302, 334]

[LAB14] Laboratory for Computing Science, Progress Report XIV, Juli 1976 bis Juli 1977, Cambridge 1977.

[LAN64a] Landin, P. J.: The mechanical evaluation of expressions. Computer J. **6** (1964), 308—320. [89]

[LAN64b] Landin, P. J.: A formal description of ALGOL60. In [STE66]. [89]

[LAN65] Landin, P. J.: A correspondence between ALGOL60 and Church's Lambda-Notation. Communications ACM **8** (1965) 1, 89—101; 2, 158—165.

[LAN66] Landin, P. J.: The next 100 programming languages. Communications ACM **9** (1966) 3, 157—164. [89, 103, 105, 249]

[LAN74] Langva, H. K.: The LISP-74 compiler. Norwegian Computer Center Oslo, Juli 1974. [244]

[LAU75] Laubsch, J. H.: Organisation eines semantischen Gedächtnismodells mit MICROPLANNER. 2. Treffen der GI-Fachgruppe für künstliche Intelligenz, Dortmund, 7. 10. 1975. [289]

[LAU76] Laubsch, J. H., D. Krause, K. Hess und W. Schatz: MACLISP Manual. CUU Memo 3, Institut für Informatik, Universität Stuttgart, Mai 1976. [253, 332]

[LAU77] Laubsch, J. H., K. Hess und C. Rathke: Erweiterungen MACLISP. CUU Memo 8, Institut für Informatik, Universität Stuttgart, Dezember 1977. [254]

[LAU79] Laubsch, J., G. Fischer, and H. D. Bocker: LISP-based systems for education. Byte **4** (1979) 8, 18—25.

[LAV78] Lavington, S. H.: The Manchester Mark 1 and Atlas: A historical perspective. Communications ACM **21** (1978) 1, 4—12.

[LAW69] Лавров, С. С., и Г. С. Силагадзе: Входной язык и интерпретатор системы программирования на базе языка ЛИСП для машины БЕСМ-6. Вычисл. центр АН СССР, Москва 1969. [259, 371, 374]

[LAW73] Лавров, С. С. (Ред.): Обработка символьной информации I. Вычисл. центр АН СССР, Москва 1973.

[LAW79] Лавров, С. С., и Г. С. Силагадзе: Автоматическая обработка данных. Язык ЛИСП и его реализация. Москва 1979.

[LAWV72] Lawvere, F. W.: Toposes, algebraic geometry and logic. Lecture Notes in Mathematics, vol. 274, Berlin-Heidelberg-New York 1972.

[LEH72] Lehmann, E.: PLANET, ein experimenteller Problemlöser. Dissertation, Fakultät für Elektrotechnik, TU Dresden 1972. [123]

[LEH76] Lehmann, E.: Computer-Simulation des Verstehens natürlicher Sprache. Nova Acta Leopoldina, Halle 1976. [30, 32]

[LEN75] Lenat, D. B.: BEINGS: Knowledge as interacting experts. In [AD75]. [66]

[LEN77] Lenat, D. B.: AM: An artifical intelligence approach to discovery in mathematics as a heuristic search. Stanford AI Project, AIM286, Stanford University 1977. [67]

[LEP74] Leppert, M.: LISP-System für den TR440. Benutzermanual. Interner Bericht, TU München, Dezember 1974. [253]

[LES75] Lesser, V. R., L. D. Erman and D. D. Reddy: Organization of the Hearsay II speech understanding system. IEEE Trans. Acoustics, Speech and Signal Processing **ASSP-23** (1975) 1, 11—23. [37]

[LEV63] Levin, M. I.: Syntax of the new language. MIT AI Lab., AI Memo No. 68, Cambridge, Mai 1963. [274]

[LEV64] Levin, M. I.: Proposed instructions on the GE645 for list processing and push down stacks. MIT AI Lab., AI Memo No. 72, Cambridge, September 1964.

[LEV66] Levin, M. I.: LISP2 Primer. SDC Doc. TM-2710/101/00. Systems Development Corporation, Santa Monica, Juli 1966. [276]

[LI69] Linde, R. R., C. Weismann, and C. Fox: The ADEPT-50 time sharing system. Proc. AFIPS 1969 FJCC, vol. 35, Montvale 1969. [229, 277]

[LIN63] Lindsay, R. K.: Inferential memory as a basic of machines which understand natural language. In [FEI63]. [32]

[LISK74] Liskov, B., and S. Zilles: Programming with abstract data types. MIT, Computer Structures Group, Memo No. 99, Cambridge 1974. [125]

[LISP] LISP/360 reference manual. Stanford Center for information processing, Stanford University (undatiert). [224]

[LOE74] Loeckx, J. (Ed.): Automata, Languages and Programming. Lecture Notes in Computer Science, vol. 14, Berlin-Heidelberg-New York 1974.

[LÖ15] Löwenheim, L.: Über Möglichkeiten im Relativkalkül. Math. Ann. **76** (1915) 447—470. [76]

[LOM62] Lombardi, L. A.: Zwei Beiträge zur Morphologie und Syntax deklarativer Systemsprachen. Akten der 1962-Jahrestagung der GAMM, Bonn 1962, ZAMM **42**, Sonderheft T27—T29. [101, 105]

[LON71] London, R. L.: Correctness of two compilers for a LISP-subset. STAN-CS-71-240, Stanford University 1971. [50],

[LOW76] Lowere, B. T.: The HAPPY speech recognition system. Ph. D. Thesis, Carnegie Mellon University, Pittsburgh 1976. [37]

[LUC67] Luckham, D. C.: Some tree parsing strategies for theorem proving. In [MI3]. [238]

[LÜ73] Lügger, J., und H. Melenk: Darstellung und Bearbeitung umfangreicher LISP-Programme. Angewandte Informatik **6** (1973) 257, bis 262. [252]

[LUK21] Łukasiewicz, J.: Logika dwuwartosciowa. Przeglad Filosoficzny, xxiii (1921), 189—205. [104]

[LUK78] Łukasiewicz, L.: On functional grammars. In [WINK78]. [29]

[LUX75a] Lux, A.: Etude d'un modele abstrait pour une machine LISP et de son implantation. These de 3eme cycle, Université de Grenoble, März 1975. [242, 282, 305]

[LUX75b] Lux, A.: Implementing LISP using an abstract machine. FCIP 75, Bled, Oktober 1975. [242]

[LUX77] Lux, A.: persönliche Mitteilung 1977. [225]

[LUX78] Lux, A.: LISP-IRIS-80. Manuel d'utilisation. IMAG Grenoble, Februar 1978. [242]

[MAD67] Madnick, S. E.: String manipulation techniques. Communications. ACM **10** (1967) 6, 420—424. [108, 121]

[MÄ75] Mätzel, K.: Formelmanipulation — eine Übersicht. Weiterbildungszentrum für math. Kybernetik und Rechentechnik, Vorträge zur Formelmanipulation. Heft 11/75, Dresden 1975. [59]

[MAG74] Magidin, M., and R. Segovia: Implementation of LISP1.6 on the B-6700 Computer. Communicaciones tecnicas del CIMAS, vol. V, Serie B: Investigacion, No. 70. Mexico City, April 1974. [266]

[MAK69] Makila, K.: LAP for CD3600. Uppsala 1969. [244]

[MAL74] Malcev, A. I.: Algorithmen und rekursive Funktionen. Berlin 1974. [80]

[MAL59] Maling, K.: The LISP differentiation demonstration program. MIT AI Lab., AI Memo No. 10, Cambridge 1959. [175, 186]

[MAN74] Manna, Z.: Mathematical theory of computation. New York 1974. [148]

[MAR54] Марков, А. А.: Теория алгорифмов. Труды мат. ин-та АН СССР **42**, Москва — Ленинград 1954. [108]

[MAR77] Marti, J., A. C. Hearn, M. Griss and C. Griss: Standard LISP report. Utah Computational Physics Operating Note No. 27, Salt Lake City, August 1977. [228]

[MART64] Martin, W. A., and T. P. Hart: Revised user version: LISP for CTSS. MIT AI Lab., AI Memo No. 67, Cambridge, April 1964. [193]

[MART65a] Martin, W. A.: pdp-6-LISP Input-Output for dataphone. MIT AI Lab., AI Memo No. 79, Cambridge, Juni 1965. [200]

[MART65b] Martin, W. A.: pdp-6-LISP Input-Output for the display. MIT AI Lab., AI Memo No. 80, Cambridge, Juni 1965. [200]

[MART67] Martin, W. A.: Symbolic mathematical laboratory. MIT Ph. D. Thesis, Project MAC, MAC-TR-36, Cambridge 1967. [281]

[MART74] Martin, W. A.: Automatic programming group. In [PROM11]. [332]

[MAU73] MAURER, W. D.: A programmers introduction to LISP. New York 1973. [13, 230]

[MCB69] MCBRIDE, F. V., D.T. J. MORRISON, and R. M. RENGELLY: A symbol manipulation system. In [M15]. [238]

[MCC56a] MCCARTHY, J.: Inversion of Turing machines. In [MCC56b]. [158]

[MCC56b] MCCARTHY, J., and C. SHANNON: Automata studies. Princeton 1956.

[MCC58a] MCCARTHY, J.: An algebraic language for the manipulation of symbolic expressions. MIT AI Lab., AI Memo No. 1, Cambridge, September 1958. [165f., 168ff., 172]

[MCC58b] MCCARTHY, J.: A revised version of „MAPLIST". MIT AI Lab., AI Memo No. 2, Cambridge, September 1958. [171]

[MCC58c] MCCARTHY, J.: The advice taker, a program with common sense. Symposium on the mechanization of thought processes. Nat. Phys. Lab. Teddington (England) 24.—27. 11. 1958. [172]

[MCC59a] MCCARTHY, J.: Letter to the editor, Communications ACM **2** (1959) 8. [164]

[MCC59b] MCCARTHY, J., and M. L. MINSKY: Artifical Intelligence. Quaterly Progress Report of RLE, No. 52, Cambridge, Januar 1959. [180, 187]

[MCC59c] MCCARTHY, J., and M. L. MINSKY: Artifical Intelligence. In: Quaterly Progress Report of RLE, No. 53, Cambridge, April 1959. [176, 181, 186f.]

[MCC59d] MCCARTHY, J.: Recursive functions of expressions and their computation by machine. In [MCC59c]. [176, 178]

[MCC59e] MCCARTHY, J., and M. L. MINSKY: Artifical Intelligence. Quaterly Progress Report of RLE, No. 55, Cambridge, Oktober 1959.

[MCC59f] MCCARTHY, J., S. R. RUSSEL, D. J. EDWARDS et al.: LISP Programmers Manual. Handschriftlicher Entwurf von MCCARTHY, ca. November 1959. [181]

[MCC59g] MCCARTHY, J.: LISP: A programming language for manipulating symbolic expressions. Annual meeting ACM, MIT Cambridge, 2.—4. September 1959.

[MCC60a] MCCARTHY, J., and M. L. MINSKY: Artifical Intelligence. In: Quaterly Progress Report of RLE, No. 56, Cambridge, Januar 1960. [187, 192]

[MCC60b] MCCARTHY, J., R. BRAYTON, D. EDWARDS, P. FOX, L. HODES, D. LUCKHAM, K. MALING, D. PARK, and S. RUSSELL: LISP1 programmers manual. Artifical Intelligence group, Computation Center and RLE, MIT, Cambridge, 1. März 1960. [166, 181]

[MCC60c] MCCARTHY, J.: Recursive functions of symbolic expressions and their computation by machine. Part I. Communications ACM **3** (1960) 3. [60, 89, 105, 117, 176, 178f., 181, 183, 187, 189, 235, 247]

[MCC61a] MCCARTHY, J.: Computer programs for checking mathematical proofs in recursive function theory. Proc. AMS Symp. pure Math. (Recursive function theory), vol. 5, Providence 1962. [45, 186]

[MCC61b] MCCARTHY, J.: A basis for a mathematical theory of computation. Proc. WJCC 1961, Washington 1961. [179]

[MCC62a] MCCARTHY, J.: Time sharing computer systems. In [GREB62].

[MCC62b] MCCARTHY, J.: Towards a mathematical science of computation. Proc. IFIP Congress 1962. Amsterdam und München 1963.

[MCC62c] McCarthy, J., P. W. Abrahams, D. J. Edwards, T. P. Hart and, M. I. Levin: LISP1.5 programmers manual. Computation Center and RLE, MIT, Cambridge, 17. August 1962. [13, 143, 173, 178, 189, 191, 201f., 224, 235f., 258, 263, 282, 306, 308, 310f., 321, 324f., 329]

[MCC63a] McCarthy, J.: A basis for a mathematical theory of computation. In [BRAF63]. [83, 87, 89, 179]

[MCC63b] McCarthy, J., S. Boilen, E. Fredkin, andJ. C. R. Licklider: A time sharing system for a small computer. Proc. AFIPS 1963, SJCC, vol. 23, Washington-London 1963.

[MCC63c] McCarthy J.: Predicate Calculus with "undefined" as a truth-value. Stanford AI Memo 1, März 1963. [191]

[MCC63d] McCarthy, J.: Situations, Actions and causal laws. Stanford AI Project, AIM2, Stanford University, Juli 1963. [191]

[MCC63e] McCarthy, J.: A new EVAL-function. Mit IA Lab., AI Memo No. 34, Cambridge 1963. [178]

[MCC63f] McCarthy, J.: Storage Conventions in LISP2. Stanford AI Project, AIM 8, Stanford University, September 1963. [190, 274]

[MCC64] McCarthy, J.: A formal decription of a subset of ALGOL. In [STE66]. [29, 89, 179]

[MCC65] McCarthy, J.: Plans for the Stanford Artifical Intelligence Project. Stanford AI Project, AIM31, Stanford University, April 1965. [202]

[MCC67] McCarthy, J., D. Brian, J. Allen, and G. Feldman: THOR — a display based time sharing system. Proc. AFIPS 1967 FJCC, vol. 30, Montvale 1967. [201]

[MCC74] McCarthy, J.: LISP history. Talk at MIT, Spring-Summer 1974 (unveröffentlicht). [164, 172, 174, 176f., 182, 184]

[MCC76] McCarthy, J.: persönliche Mitteilung 1976. [177, 182, 185f., 189f., 198]

[MCC77a] McCarthy, J.: Cognology. Talk at 1. Firebush meeting, Repino near Leningrad, April 1977.

[MCC77b] McCarthy, J.: Recursive programming in LISP. Stanford University 1977.

[MCC78a] McCarthy, J.: LISP history. SIGPLAN Notices, August 1978. Preprints from the ACM SIGPLAN History of Programming Languages Conference, Los Angeles (Cal.), 1.—3. Juni 1978. [159, 165, 176, 178, 181, 192]

[MCC78b] McCarthy, J., and C. Talcott: LISP — Programming and Proving. Stanford University 1978.

[MCCH76] McCharen, J. D., R. A. Overbeck, and L. A. Wos: Problems and experiments for and with automated theorem proving programs. IEEE Trans. Computers **C-25** (1976) 8. [42]

[MCCO77] McCorduck, D.: History of Artifical Intelligence. In [AD77]. [159]

[MCD72] McDermott, D., and G. J. Sussman: The CONNIVER reference manual. MIT AI Lab., AI Memo No. 259, Cambridge, Mai 1972. [64, 151, 297]

[MCG71] McGowan, C.: Correctness results for Lambda-calculus interpreters. Ph. D. Thesis, Cornell University, Ithaca, N. Y., 1971.

[MCG72] McGowan, C.: The contour model Lambda-calculus machine. In [PROC72]. [89]

[MCG77] McGate, G.: LISP — a hobby language. Byte **2** (1977) 12, 156—161. [89]

[MEL72] Melenk, H.: MR-LISP Manual. Programmbeschreibung der ZRA Marburg 1972. [252]

[MEL73] Melenk, H., und R. Roitzsch: LISP1.5 für den TR440. GRZ für die Wissenschaft, Berlin(West), November 1973. [253]

[MEL75] Meltzer, B.: Vorbemerkungen zu einer Theorie der Effizienz von Beweisverfahren. In [FIN75]. [42]

[MEN53] Menger, K.: The ideas of variable and function. Proc. Nat. Acad. Sci. USA **39** (1953), 956—961. [77]

[MEY67] van der Mey, G., and W. L. van der Poel: A LISP interpreter for the pdp-8. TH Delft 1967. [247]

[MEY68] van der Mey, G., and W. L. van der Poel: DECUS Program Library No. 8—102a. [248]

[MEY70a] van der Mey, G., and W. L. van der Poel: A manual for HISP on the pdp-9. TH Delft, unpublished note, ca. 1970. [250]

[MEY70b] van der Mey, G., C. F. Knoet, and W. L. van der Poel: A LISP interpreter for the pdp-9, TH Delft, ca. 1970. [249]

[MEY71] van der Mey, G.: General list processing. Delft 1971. [250]

[MEY74] van der Mey, G., W. L. van der Poel, A. Kooiman, M. R. Vendré, A. J. Mesman, and H. W. van der Poel: LISP8K and LISP16K, two systems for the pdp-8. TH Delft 1974. [250]

[MEY78] van der Mey, G.: persönliche Mitteilung 1978. [247]

[MI3] Michie, D. (Ed.): Machine Intelligence 3. Edinburgh 1968.

[MI4] Meltzer, B., and D. Michie (Eds.): Machine Intelligence 4. Edinburgh 1967.

[MI5] Meltzer, B., and D. Michie (Eds.): Machine Intelligence 5. Edinburgh 1968.

[MI7] Meltzer, B., and D. Michie (Eds.): Machine Intelligence 7. Edinburgh 1972.

[MIC74] Michie, D., and B. G. Buchanan: Current status of the heuristic DENDRAL programm for applying artifical intelligence to the interpretation of mass spectra. In [CAR74]. [67]

[MIL72a] Milner, R.: Logic for computable functions. Description of a machine implementation. STAN-CS-288-72, Stanford University 1972. [47, 296]

[MIL72b] Milner, R.: Implementation and application of Scott's logic for computable functions. In [PROC72]. [47]

[MIL72c] Milner, R., and R. W. Weyhrauch: Proving compiler correctness in a mechanized logic. In [MI7]. [47]

[MIN63a] Minsky, M. L.: Artifical Intelligence. Quaterly Progress Report No. 68, RLE, Cambridge, Januar 1963. [193]

[MIN63b] Minsky, M. L.: Mathscope — a proposal for a mathematical manipulation display system. MIT Project MAC, Memo MAC-M-118, Cambridge 1963. [281]

[MIN63c] Minsky, M. L.: A LISP garbage collector algorithm using serial secondary storage. MIT AI Lab., AI Memo No. 58, Cambridge, Dezember 1963. [194]

[MIN67] MINSKY, M. L.: Computation — finite and infinite machines. Cambridge 1967 (deutsche Übers.: Stuttgart 1972). [78, 80]

[MIN68] MINSKY, M. L. (Ed.): Semantic Information Processing. New York 1968.

[MIT64] MITCHELL, R. W.: LISP2 specifications proposal. Stanford AI Project, AIM 21, Stanford University, August 1964. [202,274]

[MOE65] MOOERS, C. N., and L. P. DEUTSCH: TRAC, a text handling language. In [WINN65]. [205]

[MON73a] MONTANGERO, C., and G. PACINI: LISPP — an interactive extended LISP system. SEAS Spring Technical Meeting 1973 on Interactive Computing, Rimini 1973. [256]

[MON73b] MONTANGERO, C., and G. PACINI: An extended LISP system for complex control structures programming. Nota Interna B73–1, Dept. of Computer Science, University of Pisa 1973. [256]

[MON75] MONTANGERO, C., G. PACINI, and F. TURINI: MAGMA-LISP, a "machine language" for AI. In [AD75]. [153, 256]

[MOO74] MOON, D. A.: MACLISP reference manual. Revision 0. MIT Cambridge, April 1974. [15, 63, 101, 122, 150, 156, 215, 253, 332–371]

[MOO76] MOORE II, J. S.: The INTERLISP virtual machine specification. XEROX Palo Alto Research Center, CSL76-5, Palo Alto, September 1976. [228, 382–423]

[MOR68a] MORRIS, J. B., and D. J. SINGLETON: The University of Texas 6400/6600 LISP1.5, an adaption of MIT LISP1.5, Revision II, April 1968. The University of Texas at Austin, Computation Center, TRM-2, April 1968. [232]

[MOR68b] MORRIS, J. B.: Notes to the use of LISP Version 1.5.6, 1. 6. 1968 (Appendix zu [MOR68a]).

[MOR76] MORRIS, J. B.: persönliche Mitteilung 1976. [232]

[MORR76] MORRIS, J. E., and B. HENDERSON: A lazy evaluator. SIGPLAN Notices 11 (1976) 1. [148]

[MORS68] MORRIS, Jr., J. H.: Lambda-calculus models of programming languages. Ph. D. Thesis, MIT Cambridge 1968. [81, 100]

[MOS66] MOSES, J., and R. R. FENICHEL: A new version of CTSS LISP. MIT AI Lab., AI Memo No. 93, Cambridge, Februar 1966. [201, 332]

[MOS67] MOSES, J.: Symbolic integration. Ph. D. Thesis, MAC-TR-36, MIT Cambridge 1967. [56, 60]

[MOS70] MOSES, J.: The function of FUNCTION in LISP or why the FUNARG problem should be called the environment problem. MIT AI Lab., AI Memo No. 199, Cambridge, Juni 1970. [209]

[MOS71] MOSES, J.: Simplification — a guide for the perplexed. Communications ACM 14 (1971) 10 (vgl. [PEK71]). [59, 175, 186]

[MÜ76] MÜLLER, K. G.: On the feasibility of concurrent garbage collection. Ph. D. Thesis, TH Delft, 1976. [118, 250]

[MUL73] Introduction to MULTICS. Project MAC Techn. Report, MAC-TR-123, MIT Cambridge 1973. [332f.]

[MUR72] MURPHY, D. L.: Storage organization and management in TENEX. Proc. AFIPS FJCC 1972. Montvale. [384]

[NAK68] NAKANISHI, M.: KLISP Reference manual. Keio Institute of Information Sciences, Yokohama 1968. [267]

[NAK69] NAKANISHI, M., C. NISHIMURA, K. YAMASHITA, and T. SAKAI: A design of a LISP interpreter for mini computers. Keio University, Yokohama ca. 1969. [248, 267]

[NAK77] NAKANISHI, M.: The Programming language LISP. Kindai kagaku-sha, 1977.

[NAU67] NAUR, P.: A manual of Gier ALGOL 4. Regencentralen, Copenhagen 1967. [258]

[NE76] NEUHOLD, E. J. (Ed.): 6. GI Jahrestagung, Stuttgart 29. 9. — 1. 10. 1976. Informatik Fachberichte, Bd. 5, Berlin-Heidelberg-New York 1976.

[NEW56] NEWELL, A., and H. A. SIMON: The logic theory machine — a complex information processing system. IRE Trans. Information Theory. September 1956, S. 61—79. [43, 159]

[NEW57a] NEWELL, A., J. C. SHAW, and H. A. SIMON: Empirical explorations of the logic theory machine: a case study in heuristics. Proc. WJCC 1957, New York. [160]

[NEW57b] NEWELL, A., J. C. SHAW, and H. A. SIMON: Programming the logic theory machine. Proc. WJCC, Februar 1957, New York. [160]

[NEW58] NEWELL, A., J. C. SHAW, and H. A. SIMON: Chessplaying programs and the problem of complexity. IBM J. Res. and Development **2** (1958) 4, 320—335. [69]

[NEW60] NEWELL, A., and F. M. TONGE: An introduction to IPL-V. Communications ACM **3** (1960) 4. [160]

[NEW61] NEWELL, A. (Ed.): IPL-V manual. Engelwood Cliffs 1961. [107, 117, 119, 126]

[NEW74] NEWEY, M. C.: Formal semantics of LISP with applications to program correctness. Ph. D. Thesis, Stanford University 1974. [47]

[NG79a] NG, W. (Ed.): Symbolic and algebraic computation. Proc. EUROSAM79, Marseilles, Juli 1979. Lecture Notes in Computer Science, vol. 72, Berlin-Heidelberg-New York 1979.

[NG79b] NG, E. W.: Symbolic-numeric interface: A review. In [NG79a].

[NIL71] NILSSON, N. J.: Problem-Solving Methods in Artificial Intelligence. New York 1971. [43]

[NO74] NOONAN, R. E., and D. J. PANTON: Structured recursive programming. In [PROG74]. [104]

[NOD68] NORDSTRÖM, M.: RA routine for LISP3600, Uppsala University, Dept. of Computer Science, Uppsala 1968. [244]

[NOD70] NORDSTRÖM, M., E. SANDEWALL, and D. BREZLAW: LISP F1, a FORTRAN implementation of LISP1.5. Uppsala University, Datalogilaboratoriet, Dept. of Computer Science, Uppsala 1970. [245]

[NOD74] NORDSTRÖM, M.: LISP F2, Changes in the LISP Code. Uppsala University, Datalogilaboratorie, Dept. of Computer Science, Uppsala 1974.

[NOR69a] NORMAN, E.: UNIVAC 1108 LISP Reference manual. University of Wisconsin, Academic Computer Center, Madison (undatiert).

[NOR69b] NORMAN, E.: Description of Univac 1108 LISP implementation. University of Wisconsin, Academic Computer Center, Madison (ohne Titel, undatiert). [143, 234]

[PAI67] PAINTER, J. A.: Semantic correctness of a compiler for an ALGOL-like language. Stanford AI Project, AIM44, Stanford University 1967. [50]

[PAL75] PALME, J.: Rechenanlagen, die natürliche Sprache verstehen. In [FIN75]. [29, 32f., 36, 38]

[PAR78] PARK, D. M. R.: persönliche Mitteilung 1978. [187]

[PDP6a] pdp-6-LISP vom 14. 10. 1966. AI Lab., MIT, Cambridge. [209]

[PDP6b] pdp-6-LISP (LISP1.6). MIT, AI Lab., AI Memo No. 116, Cambridge, Januar 1967. [209]

[PDP6c] pdp-6-LISP (LISP1.6). MIT, AI Lab., IA Memo No. 116A, Cambridge, April 1967. [209, 222]

[PEA91] PEANO, G.: Sul consetto di numero. Revista di matematica **1** (1891) 1—10. [75]

[PE51] PÉTER, R.: Rekursive Funktionen. Budapest 1951. [75, 77]

[PE75] PÉTER, R.: Die Rekursivität der Programmiersprache LISP1.5. Acta Cybernetica **2** (1975).

[PE76] PÉTER, R.: Rekursive Funktionen in der Komputertheorie. Budapest 1976. [73]

[PEE73] PETERSON, W. W.: On the capabilities of while, repeat and exit statements. Communication ACM **16** (1973) 8, 503—512. [149]

[PEI78] PETRI, C. A.: persönliche Mitteilung 1978. [251]

[PEK71] PETRICK, S. R. (Ed.): Proc. 2. Symposium on symbolic and algebraic manipulation. ACM, New York 1971. [56]

[PIL70] PILLEY, J. C.: The NPS LISP1.5 Vers. 1 programming system. Naval Postgraduate School, Monterey, Cal., August 1970.

[PIR74] PIROTTE, A.: Automatic theorem proving based on resolution. In [HAL74]. [42]

[PIRT66] PIRTLE, M.: Modifications of the SDC930 Computer for the implementation of time sharing. Doc. 30. 10. 10, Dept. of Defense, Contract SD-185, US Printing Office, Washington, D.C., 1966. [205]

[POE67] VAN DER POEL, W. L., G. VAN DER MEY et al.: PTT LISP interpreter voor EL-X8. Dokumentation, Dr. Neher Lab., Delft 1967—68. [109, 249],

[POE72] VAN DER POEL, W. L.: A comparative study of some higher programming languages. Amsterdam 12.—23. 3. 1972 (unveröffentlichtes Manuskript). [249]

[POE78] VAN DER POEL, W. L.: persönliche Mitteilung 1978. [205]

[POS21] POST, E.: Introduction to a general theory of elementary propositions. Amer. J. Math. **43** (1921), 163—185. [76]

[POS36] POST, E.: Combinatory processes — formulation. I.J. Symb. Logic **1** (1936), 103—106. [77]

[POT75] POTARI, F.: The LISP1.5/R10 programming system. Telecommunication Research Institute, Budapest, August 1975. [265]

[PRAT76] PRATT, V.R.: CGOL — an alternative external representation for LISP users. MIT AI Lab., AI Working paper No. 121, Cambridge, März 1976. [304]

[PRAT77] PRATT, V. R.: LISP — an amicus curiae brief. MIT, AI: PRATT. LSPLUG 380, Cambridge, Januar 1977.

[PRAT79] PRATT, V. R.: A mathematician's view of LISP. Byte **4** (1979) 8, 162–168.

[PRAW60] PRAWITZ, D., H. PRAWITZ, and N. VOGHERA: A mechanical proof procedure and its realization in an electronic computer. J. ACM **7** (1960) 2. [40]

[PRAW65] PRAWITZ, D.: Natural deduction — a proof theoretical study. Stockholm 1965. [47f.]

[PRI79] PRINI, G., and M. RUDALICS: The Lambdino storage management system. Byte **4** (1979) 8, 26–32.

[PRO66] Proceedings 1. Symposium on symbolic and algebraic manipulation, Communications ACM **9** (1966) 8. [56]

[PROC72] Proceedings ACM Conference on proving assertions about programs. SIGPLAN **7** (1972) 1.

[PROG74] Programming Symposium, Proceedings, Colloque sur la Programmation. Paris 9.–11. 4. 1974. Lecture Notes in Computer Science, vol. 19, Berlin-Heidelberg-New York 1974.

[PROM2] Project MAC Progress Report II, July 1964–July 1965. MIT Cambridge 1965. [200, 274]

[PROM11] Project MAC Progress Report XI, July 1973–July 1974. MIT Cambridge 1974. [60, 302]

[QA72a] QUAM, L. H., and W. DIFFIE: STANFORD LISP1.6 reference manual. Operating Note 28.7, Stanford University 1972. [143, 150, 213, 218, 222]

[QA72b] QUAM, L. H.: A user modifiable LISP scanner. Anhang zu [QA72a]. [62]

[QI68] QUILLIAN, M. R.: Semantic memory. In [MIN68]. [32]

[QIN60] VAN ORMAN QUINE, W.: Word and object. New York, London 1960. [101]

[RA63] RAPHAEL, B.: SIR — a computer program for semantic information retrieval. Ph. D. Thesis, MIT Cambridge 1963. In [MIN68]. [32, 186, 289]

[RA69] RAPHAEL, B.: Programming a robot. Proc. IFIP 1968, Amsterdam 1969. [65]

[REB73] REBOH, R., and E. SACERDOTI: A preliminary QLISP manual. SRI AI Center. Technical Note 81, Menlo Park, August 1973. [302]

[RES76] REISER, J. (Ed.): SAIL. Stanford AI Project, AIM 289, Stanford University, August 1976. [64]

[RET75] REITMAN, W., and B. WILCOX: Perception and representation of spatial relations in a program for playing GO. In [WHIT75]. [70]

[RIB67] RIBBENS, D.: Implantation du LISP sur l'ordinateur M40. ICC Bull. 6. Januar–März 1967. [257]

[RIB69] RIBBENS, D.: Programmation nonumeriqueen LISP1.5. Paris 1969. [240, 257]

[RIC68] RICHARDSON, D.: Some unsolvable problems involving functions for a real variable. J. Symb. Logic **33** (1968), 511–520.

[RIC74] RICHIE, D. M., and K. THOMPSON: The UNIX time sharing system. Communications ACM **17** (1974) 7, 365–375. [235]

[RIS69] RISCH, R. H.: The problem of integration in finite terms. Trans. Amer. Math. Soc. **139** (1969) 3, 167–189. [60]

[ROB65] Robinson, J. A.: A machine oriented logic based on the resolution principle. J. ACM **12** (1965) 1. [40]

[ROB70] Robinson, J. A.: An overview of mechanical theorem proving. In [BAN70]. [42]

[ROBG69] Robinson, G., and L. A. Wos: Paramodulation and theorem proving in 1. order theories with equality. . In [MI4]. [42]

[ROC71] Rochfeld, A.: New LISP techniques for a paging environment. Communications ACM **15** (1971) 12.

[ROE74] de Roever, W. P.: Recursion and parameter mechanisms: An axiomatic approach. In [LOE74]. [81, 148]

[ROG67] Rogers, Jr., H.: A theory of recursive functions and effective computability. New York 1967. [77, 85f.]

[ROI75] Roitzsch, R.: LISP Anleitung. GRZ für die Wissenschaft, Berlin (West), September 1975. [253]

[ROS35] Rosser, J. P.: A mathematical logic without variables. Ann. Math. **36** (1935), 127–150. [88]

[RUB59] Rubenstein, S.: The construction of the admittance matrix with a digital computer. MIT SB Thesis, Dept. of EE, MIT Cambridge, Juni 1959. [186]

[RUL70] Rulifson, J. F., J. A. Derksen, and R. J. Waldinger: QA4 working paper. SRI, AI group, Technical Report No. 42, Menlo Park, Oktober 1970. [289]

[RUL71] Rulifson, J. F., R. J. Waldinger, and J. A. Derksen: A language for writing problem solving programs. Proc. IFIP 1971. Amsterdam-London 1972. [290]

[RUL72] Rulifson, J. F., J. A. Derksen, and R. J. Waldinger: QA4 — a procedure calculus for inductive reasoning. SRI, AI Center, Technical Note No. 73, Menlo Park, November 1972. [63f., 148, 151, 291]

[RUS66] Russell, D. B.: A LISP-System for Atlas I, various internal documents. Atlas Computer Labs., Chilton (England) 1966. [273]

[RUS68] Russell, D. B.: LISP Index. Atlas Computer Labs., Chilton (England), Juli bzw. Oktober 1968. [273]

[RUS63a] Russell, S. R.: Improvements in LISP. Stanford AI Project, AIM10, Stanford University, Dezember 1963. [201]

[RUS63b] Russell, S. R.: Mark IV Simplify. Stanford AI Project, Stanford University 1963. [201]

[RUT69] Rustin, R. (Ed.): Debugging in large systems. Englewood Cliffs 1969.

[SAC73] Sacerdoti, E.: Planning in a hierarchy of abstraction spaces. In [AD73]. [64]

[SAC75] Sacerdoti, E.: The nonlinear nature of plans. In [AD75]. [64]

[SAC76] Sacerdoti, E., et al.: QLISP: A language for the interactive development of complex systems. SRI, Menlo Park 1976. [63f., 151, 155]

[SAM66] Sammet, J.: Revised annotated descriptor based bibliography on the use of computers for nonumerical mathematics. In [BO68b]. [273]

[SAM69] Sammet, J.: Programming languages: History and fundamentals. Englewood Cliffs 1969. [121, 159f., 230]

[SAMS66] Samson, P.: pdp-6-LISP. MIT AI Lab., AI Memo No. 98, Cambridge, Juni 1966. [209]

[SAN69a] Sandewall, E.: A set oriented property structure representation for linear relations. In [MI5]. [38, 144]

[SAN69b] Sandewall, E.: A property list representation for certain formulas in predicate calculus. University of Uppsala, Dept. of Computer Science, Uppsala 1969.

[SAN70] Sandewall, E.: A proposed solution to the FUNARG-problem. University of Uppsala, Dept. of Computer Science, Datalogilaboratoriet, Uppsala 1970. [254]

[SAN71] Sandewall, E.: Formal methods in the design of question answering systems. In [M17]. [35]

[SAN75a] Sandewall, E.: Ideas about management of LISP data bases. In [AD75]. [125]

[SAN75b] Sandewall, E.: Some observations on conceptual programming. DLU 75/19. Datalogilaboratoriet. Uppsala University, Dept. of Computer Science, Uppsala 1975. [26f., 120, 122, 125, 179, 247]

[SAN76] Sandewall, E.: LISP: principles. University of Uppsala, Dept. of Computer Science, Datalogilaboratoriet, Uppsala 1976. [247]

[SAN78a] Sandewall, E.: Programming in the interactive environment — the LISP experience. Computing surveys **10** (1978) 1, 35—71. [120, 134—137, 247]

[SAN78b] Sandewall, E.: Design and downloading of a display-based data editor. Linköping University 1978.

[SAT73] Sato, H., K. Noshita, A. Nozaki, and E. Goto: Some remarks on data structures in LISP. Proc. of the Programming Symposium. Information Processing Society of Japan, Januar 1973 [268]

[SAT75] Satterthwaite, E. H.: Some language debugging tools. STAN-CS-75-494, Stanford University 1975. [129]

[SAU64a] Saunders, R. A.: LISP — on the programming system. In [BB64]. [184]

[SAU64b] Saunders, R. A.: The LISP-System for the Q-32 Computer. In [BB64]. [61, 198, 276]

[SAU64c] Saunders, R. A.: The LISP-listings for the Q-32 Compiler. In [BB64]. [199, 261, 308, 329, 423]

[SCHA73] Schank, R., and K. Colby (Eds.): Computer models of thought and language. San Francisco 1973. [32]

[SCHA75a] Schank, R. and the Yale AI Project: SAM — a story understander. Yale University, Computer Science Research Report No. 43, New Haven, August 1975. [36]

[SCHA75b] Schank, R., and R. Abelson: Scripts, Plans and Knowledge. In [AD75]. [36]

[SCHL74] Schlender, B., and W. Frielinghaus (Eds.): 3. Fachtagung über Programmiersprachen, Kiel, 5.—7. 3. 1974. Lecture Notes in Computer Science, vol. 7, Berlin-Heidelberg-New York 1974.

[SCHO78] Scholz, S.: Programmierung und Erprobung eines Programmverifikationssystems. Diss., Fakultät für Mathematik und Naturwissenschaften, TU Dresden 1978. [50]

[SCHÖ25] Schönfinkel, M.: Über die Bausteine der mathematischen Logik. Math. Ann. **92** (1925), 305—316. [77, 87]

[SCHR95] Schröder, E.: Vorlesungen über Algebra der Logik. Bd. 3: Algebra und Logik der Relative. Leizpig 1895. [76]

[SCHÜ54] Schütte, K.: Ein System des verknüpfenden Schließens. Archiv math. Logik Grundl. Math. **20** (1954—1956), 55—67. [40]

[SCHW67] Schwartz, J. T. (Ed.): Mathematical aspects of computer science. Proc. Symp. Appl. Math. 19, AMS, Providence, R. I., 1967.

[SCO66] Scott, D.: Notes on the Lambda-Calculus. Princeton 1966. [89]

[SCO69a] Scott, D.: Logic of computable functions. Unpublished Memo, Oxford 1969. [57]

[SCO69b] Scott, D., and J. W. de Bakker: A theory of programs. IBM seminar in Wien 1969 (unveröffentlicht). [89]

[SCO70] Scott, D.: Outline of a mathematical theory of computation. TM-PRG-2, Oxford 1970. [89]

[SCO71] Scott, D., and C. Strachey: Towards a mathematical semantics of computer languages. Proc. Symp. Comp. and Automata, Microwave Res. Inst. Symp. Ser., vol. 12, Polytech. Institute Brooklyn, New York 1971. [89]

[SCO72] Scott, D.: Continuous lattices. In [LAWV72]. [89]

[SCO73] Scott, D.: Various Models for type free Lambda-calculi. In [SUP73]. [89]

[SCO75a] Scott, D.: Lambda-calculus and recursion theory. In [KAN75]. [89]

[SCO75b] Scott, D.: Some philosophical issues concerning theories of combinators. In [BÖ75]. [90]

[SCO76] Scott, D.: Datatypes as lattices. SIAM J. Computing **5** (1976) 522—587. [89]

[SHA75] Shapiro, S. C., and S. L. Kwasny: Interactive consulting via natural language. Communications ACM **18** (1975) 8, 459—462.

[SHAW75] Shaw, D., W. Swartout and C. C. Green: Inferring LISP-Programs from examples. In [AD75]. [66]

[SHO75] Shortliffe, E. H., R. Davis, B. G. Buchanan, S. G. Axline, C. C. Green, and S. N. Cohen: Computer based consultations in clinical therapeutics: Explanation and rule acquisition, capabilities of the MYCIN system. Computers and Biomedical Research **8** (1975), 303—320. [67]

[SHO76] Shortliffe, E. H.: MYCIN — a rule based computer program to advise physicians regarding antimicrobial therapy selection. Ph. D. Thesis, Stanford University, Oktober 1974. Computer based medical consultations: MYCIN. New York 1976. [67]

[SIK75] Siklossy, L., and D. Sykes: Automatic program synthesis from example problems. In [AD75]. [65]

[SIK76] Siklossy, L.: Let's talk LISP. Englewood Cliffs 1976. [13f.]

[SIL71a] Силагадзе, Г. С.: Система программирования с языка ЛИСП для машины БЕСМ-6. Канд. дисс., вычисл. центр АН СССР, Москва 1971. [259]

[SIL71b] Силагадзе, Г. С.: Компилатор системы программирования ЛИСП-БЕСМ-6. Сообщения АН Груз. ССР **61** (1971) 3, 545—548. [382]

[SIL75] Силагадзе, Г. С.: Интерпретатор с языка ЛИСП для машины БЕСМ-6. In [KW75].

[SILV67] SILVER, R.: Incorporating MIDAS into pdp-6-LISP. MIT AI Lab., AI Memo No. 127, Cambridge, März 1967. [209]

[SIMM65] SIMMONS, R. F.: Answering English questions by computers — a survey. Communications ACM 8 (1965) 1, 53—70. [32]

[SIMM70] SIMMONS, R. F.: Natural language Question Answering Systems — 1969. Communications ACM **13** (1970) 1. [32]

[SIMO70] SIMON, F.: Sekundärspeicher in LISP. Diplomarbeit, Christian-Albrechts-Universität, Institut für Informatik und praktische Mathematik, Kiel 1970. [252]

[SK19] SKOLEM, T.: Untersuchungen über die Axiome des Klassenkalküls und Produktions- und Summationsprobleme gewisser Klassen von Aussagen betreffend. Skrifter utgit av Videnskapsselskapet i Kristiana I, Math.-Naturv. Klasse 1919, No. 3. [76]

[SK23] SKOLEM, T.: Begründung der elementaren Arithmetik durch die rekursive Denkweise ohne Anwendung scheinbarer Veränderlicher mit unendlichem Ausdehnungsbereich. Videnskapsselskapets Skrifter I, Math.-Naturv. Klasse. 6, 1923. [75]

[SL61] SLAGLE, J. R.: A heuristic program that solves symbolic integration problems in freshman calculus. MIT Ph. D. Thesis, MIT Cambridge, Mai 1961. [186]

[SM69] SMITH, D. C.: MLISP users manual. Stanford AI Project, AIM84, Stanford University, Januar 1969. [283]

[SM70] SMITH, D. C.: MLISP. STAN-CS-70-179, Stanford University, Oktober 1970. [62, 156, 283]

[SM73a] SMITH, D. C., and H. J. ENEA: MLISP2. STAN-CS-73-356, Stanford University 1973. [62f., 116, 144, 153, 156, 294—297]

[SM73b] SMITH, D. C., and H. J. ENEA: Backtracking in MLISP2. In [AD73]. [151, 295f.]

[SMO66] SMOLIAR, S. W.: EUTERPE. MIT AI Lab., AI Memo No. 129, Cambridge 1966. [68]

[SMO67] SMOLIAR, S. W.: EUTERPE-LISP: A LISP-System with music output. MIT AI Lab., AI Memo No. 141, Cambridge 1967. [68]

[SO74] SOLNTZEFF, N., and A. YEZERSKI: A survey of extensible programming languages. In [HAL74]. [63]

[STE66] STEEL, T. B. (Ed.): Formal language description languages for computer programming. Amsterdam 1966.

[STE75] STEELE, G. L.: Multiprocessing compactifying garbage collection. Communications ACM **18** (1975) 9, 495—508. [118, 250]

[STE76a] STEELE, G. L., and G. J. SUSSMAN: Lambda, the ultimate imperative. MIT AI Lab., AI Memo No. 353, Cambridge 1976.

[STE76b] STEELE, G. L.: Lambda, the ultimate declarative. MIT AI Lab., AI Memo No. 379, Cambridge, November 1976. [97]

[STE77a] STEELE, G. L.: Maccaroni is better than spaghetti. Proc. of Symp. on AI and Programming languages. SIGPLAN Notices **12** (1977) 8. [152]

[STE77b] STEELE, G. L.: Data representations in pdp-10 MACLISP. MIT AI Lab., AI Memo No. 420, Cambridge, September 1977. [337ff.]

[STE77c] STEELE, G. L.: Fast arithmetic in MACLISP. MIT AI Lab., AI Memo No. 421, Cambridge, September 1977. [370f., 384, 423]

[STE77d] STEELE, G. L.: Debunking the "expensive procedure call myth". MIT, AI Memo No. 443, Cambridge, Oktober 1977.

[STE78a] STEELE, G. L., and G. J. SUSSMAN: The revised report on SCHEME. A dialect of LISP. MIT, AI Memo No. 452, Cambridge, Januar 1978.

[STE78b] STEELE, G. L., and G. J. SUSSMAN: The art of interpreter. MIT, AI Memo No. 453, Cambridge, Mai 1978.

[STE78c] STEELE, G. L.: RABBIT: A compiler for SCHEME. MIT AI-TR-474. Cambridge, Mai 1978.

[STE79] STEELE, G. L. and G. J. SUSSMAN: Design of LISP-based processors. MIT, AI Memo No. 514, Cambridge, März 1979.

[STEF77] STEFIK, M. J., and N. MARTIN: A review of knowledge based problem solving as a basis for a genetics experiment designing system. STAN-CS-77-596, Stanford University, März 1977. [67]

[STOU79] STOUTEMYER, D. R.: LISP-based symbolic math systems. Byte 4 (1979) 8, 176–192.

[STO78] STOYAN, H.: LISP-Programmierhandbuch. Berlin 1978. [13f., 62, 138, 143, 150, 263]

[STR59] STRACHEY, C.: Time sharing in large fast computers. Proc. ICOI Paris 1959, München 1960. [191]

[STR64] STRACHEY, C.: Towards a formal semantics. In [STE66]. [89]

[STR72] STRUNK, Jr., W., and E. B. WHITE: The elements of style. New York 1972. [20]

[SUM77] SUMMERS, P. D.: A methodology of LISP program construction. J. ACM 24 (1977) 1.

[SUP73] SUPPES, P. (Ed.): Logic, methodology and philosophy of science IV. Amsterdam 1973.

[SUS70] SUSSMAN, G. J., and T. WINOGRAD: MICROPLANNER reference manual. MIT AI Lab., AI Memo No. 203, Cambridge, Juli 1970. [151, 210, 287]

[SUS71] SUSSMAN, G. J., T. WINOGRAD and E. CHARNIAK: MICROPLANNER reference manual. MIT AI Lab., AI Memo No. 203A, Cambridge, Dezember 1971. [63, 151, 287f., 332]

[SUS72a] SUSSMAN, G. J., and D. V. MCDERMOTT: Why conniving is better than planning. MIT AI Lab., AI Memo No. 255 A, Cambridge, April 1972. [166, 297f.,]

[SUS72b] SUSSMAN, G. J., and D. V. MCDERMOTT: From PLANNER to CONNIVER — a generic approach. Proc. AFIPS 1972 SJCC, vol. 36, Montvale 1972. [297]

[SUZ76] SUZUKI, N.: Automatic verification of programs with complex data structures. Ph. D. Thesis, Stanford University 1976. [50]

[SY66] ACM Symposium on programming languages and operating systems. Communications ACM 9 (1966) 3. [101, 103, 286]

[TAF79] TAFT, S. T.: The design of an M6800 LISP interpreter. Byte 4 (1979) 8, 132–152.

[TA75] TAKEEUCHI, I., and H. OKUNO: A list processor LIPQ. 2. USA-Japan-Computer conference 1975. Montvale, N. J., 416–421. [269]

[TE65a] TEITELMAN, W.: Edit and break functions for LISP. MIT AI Lab., AI Memo No. 84, Cambridge, Juli 1965. [124, 216, 280]

[TE65b] TEITELMAN, W.: FLIP — a format list processor. MIT, Project MAC, Memo MAC-M-263, Cambridge, September 1965. [216, 279]

[TE66] Teitelman, W.: PILOT: A step towards man-computer symbiosis. MIT Ph. D. Thesis, Cambridge, September 1966. [124, 216]

[TE67] Teitelman, W.: Design and implementation of FLIP, a LISP format directed list processor. BBN, Scientific Report No. 10, Cambridge, Juli 1967. [216, 280f.]

[TE69] Teitelman, W.: Toward a programming laboratory. In [AD69]. [124, 137]

[TE71] Teitelman, W., D. G. Bobrow, A. K. Hartley and D. L. Murphy: BBN-LISP TENEX reference manual. BBN, Cambridge Juli 1971. [217f.]

[TE72a] Teitelman, W.: DWIM — the programmer's assistant. Computers and automation, April 1972. [124, 137]

[TE72b] Teitelman, W.: Automated programming laboratory — The programmer's assistant. Proc. AFIPS 1972 FJCC, Montvale 1972. [124, 137, 217]

[TE74] Teitelman, W.: INTERLISP reference manual. Palo Alto 1974. [63, 101, 109, 122, 124, 137, 142f., 150, 155, 219, 304, 382—423]

[TE76] Teitelman, W.: CLISP — conversational LISP. In [AD73]. IEEE Trans. Computers **C-21** (1976) 4. [124, 217, 304]

[TE77] Teitelman, W.: A display oriented programmers assistant. In [AD77].[124, 137, 220f.]

[TE78] Teitelman, W.: INTERLISP reference manual. XEROX, Palo Alto 1978.

[TES73] Tesler, L. G., H. J. Enea, and D. C. Smith: The LISP70 pattern matching system. In [AD73]. [296f.]

[TH58] Thornton, J. E., et al.: The Univac M460 Computer. Proc. WJCC 1957, New York. [196]

[TU36] Turing, A. M.: On computable numbers, with an application to the Entscheidungsproblem. Proc. London Math. Soc., Ser. 2, **42** (1936 bis 1937), 230—265. [77]

[TU69] Turing, A. M.: Intelligent machinery. In [MI5]. [29]

[TUR68] Турчин, В. Ф.: Рефал. Кибернетика **4** (1968), 45—50. [259]

[TUR77] Турчин, В. Ф., и А. Г. Красовский: Refal. Ч. 1, описание языка и примеры программирования у пособе. Москва 1977. [259]

[U70] Urmi, J.: 3600 LISP U3 users manual. Uppsala University, Department of Computer Science, Report No. 26, Uppsala, September 1970. [244]

[U75] Urmi, J.: INTERLISP 360/370 user reference manual. Uppsala University, Uppsala Data Center, Uppsala 1975. [246, 383]

[U78] Urmi, J.: A machine independent LISP compiler and its implication for ideal hardware. Linköping Studies in Science and Technology, Dissertations, No. 22, Dept. of Mathematics, Linköping University, Linköping 1978. [247]

[V73] Vuillemin, J. E.: Proof techniques for recursive programs. STAN-CS-73-393, Stanford University 1973. [81, 148]

[WAD76] Wadler, P. L.: Analysis of an algorithm for real time garbage collection. Communications ACM **19** (1976) 9, 491—500. [118]

[WAG78] Wagner, E. G.: persönliche Mitteilung 1978. [230]

[WAL75] Waldinger, D., and Z. Manna: Knowledge and reasoning in program synthesis. In [AD75]. [66]

[WALI70] WALIGÓRSKI, S.: Przetwarzanie napisów — wyniki prac prowadzonych na universytecie Warszawskim. Naukowe problemy maszyn matematycznych, Warszawa 1970. [258]

[WALK75] WALKER, D. E., W. H. PAXTON, J. J. ROBINSON, G. G. HENDRIX, L. P. DEUTSCH, and A. E. ROBINSON: Speach understanding research. Annual Report, SRI Project 3804, Menlo Park 1975. [37]

[WAN60] WANG, H.: Toward mechanical mathematics. IBM-Journal of Research and Development **4** (1960) 1. [43]

[WEG64] WEGNER, P. (Ed.): Introduction to systems programming. London 1964.

[WEG68] WEGNER, P.: Programming languages, information structures and machine organization. New York 1968. [89, 91, 93, 102]

[WEG72a] WEGNER, P.: Operational semantics of programming languages. In [PROC72]. [89]

[WEG72b] WEGNER, P.: The Vienna definition language. Computing Surveys **4** (1972). [29]

[WEIN70] WEINBERG, G. M.: PL/1 programming: A manual of style. New York etc. 1970. [20]

[WEIS65] WEISSMAN, C.: LISP Primer: A self tutor for Q-32 LISP1.5. Systems Development Corporation, Santa Monica, Juni 1965. [199]

[WEIS67] WEISSMAN, C.: LISP1.5 Primer. Belmont 1967. [13, 227]

[WEIZ63] WEIZENBAUM, J.: Symmetric list processor. Communications ACM **6** (1963) 9. [273]

[WEIZ66] WEIZENBAUM, J.: ELIZA: A computer program for the study of natural language communication between man and machine. Communications ACM **9** (1966) 1. [33]

[WEIZ67] WEIZENBAUM, J.: Review 67—22 of P. ABRAHAMS et al.: The LISP2 language and system. IEEE Trans. Electronic Computers **EC-16** (1967), 236—239. [277]

[WEY72] WEYHRAUCH, R. W., and R. MILNER: Program semantics and correctness in a mechanized logic. Proc. USA-Japan Computer Conference, Tokyo 1972. [47]

[WEY74] WEYHRAUCH, R. W., and A. J. THOMAS: FOL: A proof checker for first order logic. STAN-CS-74-432, Stanford University 1974. [47, 63, 296]

[WEY79] WEYHRAUCH, R., and H. GRAVES: LISP applications in Boolean logic. Byte **4** (1979) 8, 206—211.

[WEYL18] WEYL, H.: Das Kontinuum. Kritische Untersuchungen über die Grundlagen der Analysis. Leipzig 1918. [76]

[WER76] WERTZ, H.: Understanding LISP programs is improving LISP programs. In [NEU76]. [241]

[WER77] WERTZ, H.: Understanding and improving LISP programs. In [AD77]. [241]

[WER78] WERTZ, H.: Un systeme de comprehension, d'amelioration et de correction de programs incorrects. Diplome de Docteur, Université de Paris VI, 1978. [241]

[WHI67] WHITE, J. L.: Additions to LAP. MIT AI Lab., AI Memo No. 132, Cambridge, Juli 1967. [212]

[WHI70] WHITE, J. L.: An interims LISP user's guide, MIT AI Lab., AI Memo No. 190, Cambridge 1970. [200, 209]

[WHI77 ] White, J. L.: Programm is data — a historical perspective on MACLISP. 1977 MACSYMA users conference, Berkeley, 27.—29. Juli 1977. NASA CP-2012. [208, 211—214, 222, 327, 332f., 370]

[WHIT75] White, J. D. (Ed.): ACM annual conference. Minneapolis 20.—22. Oktober 1975, ACM, New York 1975.

[WIJ75] v. Wijngarden, A., et al.: Report on the algorithmic language ALGOL68. Num. Math. **14** (1969), 79—218. Revised Report: Acta Informatica 1975 (deutsche Übers.: Berlin 1972 bzw. 1978). [143]

[WIL67] Wills, R.: LISP2 document conventions. Systems Development Corporation, Santa Monica, April 1967. [277]

[WILK64] Wilkes, M. V.: An experiment with a self compiling compiler for a simple list processing language. Annual Review in automatic Programming, vol. 4, 1964. [236]

[WILK65] Wilkes, M. V.: Lists and why they are useful. Computer J. **7** (1965) 1. [119, 236]

[WILK73] Wilks, Y.: Computer analysis of philosphical arguments. Cirpho **1** (1973) 1. [69]

[WILN72] Wilner, W. T.: The design of the Burroughs B1700. Proc. AFIPS 1972 FJCC, vol. 36, Montvale 1972. [130]

[WILS76] Wilson, G. A., and J. Minker: Resolution, refinements and search strategies: A comparative study. IEEE Trans. Computers **C-25** (1976) 8. [42]

[WIŃK78] Winkowski, J. (Ed.): MFCS78, 7. Symposium, Zakopane 1978, Lecture, Notes in Computer, Science, vol. 56, Berlin-Heidelberg-New York 1978.

[WINN65] Winner, L. (Ed.): Proc. 20. Nat. Conference of ACM, Cleveland August 1967. New York 1965.

[WINO71] Winograd, T.: Procedures as a representation for data in a computer for understanding natural language. MIT Ph. D. Thesis, Cambridge 1971. [35, 332]

[WINO72] Winograd, T.: Understanding natural language. New York 1972. [32]

[WINO74] Winograd, T.: Five lectures in artifical intelligence. STAN-CS-74-459, Stanford University 1974.

[WINS72] Winston, P. H.: The MIT robot. In [MI7]. [65]

[WINS77] Winston, P. H.: Artifical Intelligence. Reading etc. 1977. [13]

[WIR72] Wirth, N.: The programming language Pascal (revised report). Eidgenössische Technische Hochschule Zürich, Berichte des Institutes für Informatik, No. 5, 1972 (deutsche Übers.: Berlin 1976). [143]

[WOD66] Wodon, P. L.: A LISP1.5 interpreter for the P3 computer. MBLE Lab. de Recherche report R52, Brüssel 1966. [257]

[WOI75] Woitok, R.: Ein neuer Interpreteralgorithmus für LISP und seine Korrektheit. Arbeitsberichte des Instituts für mathematische Maschinen und Datenverarbeitung, Bd. 8, No. 6, Erlangen, Juli 1975. [253]

[WOL63] Wooldridge, D.: An algebraic simplify program in LISP. Stanford AI Project, AIM11, Stanford University, Dezember 1963.

[WOL64a] Wooldridge, D.: Non printing compiler. Stanford AI Project, AIM6, Stanford University, August 1964. [201]

[WOL64b] WOOLDRIDGE, D.: The new LISP-System (LISP1.55). Stanford AI Project, AIM13, Stanford University, Februar 1964. [202]
[WOO68] WOODS, W. A.: Procedural semantics for a question answering machine. Proc.AFIPS 1968 FJCC, vol.34, Washington 1968. [32, 123]
[WOO72] WOODS, W. A., R. M. KAPLAN, and B. NASH-WEBBER: The lunar sciences natural language information system. BBN Report 2378, Cambridge 1972. [35]
[WOO75] WOODS, W. A.: Motivation and review of SPEECHLIS: An experiment prototype for speech understanding research. IREE Trans. Acoustics, Speech and Signal Processing. **ASSP-23** (1975) 1. [37]
[WOO76] WOODS, W. A., et al.: Speech understanding systems. Quarterly technical progress report No. 6, BBN Report 3303, Cambridge 1976. [37]
[WOW61] WOODWARD, P. W., and R. D. JENKINS: Atoms and lists. Computer J. **4** (1961) 1, 47—53. [236]
[WOW66] WOODWARD, P. W.: Listprocessing. In [FOX66].
[WU70] WULF, W. A., D. B. RUSSELL, et al.: BLISS reference manual. Carnegie Mellon University, Pittsburgh 1970. [101, 106, 150]
[WU73] WULF, W. A., and M. SHAW: Global variables considered harmful. SIGPLAN Notices **8** (1973) 2. [185]
[WU76] WULF, W. A., R. L. LONDON and M. SHAW: An introduction to the construction and verification of ALPHARD programs. IEEE Trans. Software Engineering **SE-2** (1976) 4. [51]

[YN61] YNGVE, V. H.: A introduction to COMIT programming. MIT Cambridge 1961. [202, 271]
[YN62] YNGVE, V. H.: COMIT programmers manual. MIT Cambridge 1962. [107, 126, 156, 202, 271]
[YN63a] YNGVE, V. H.: COMIT. Communications ACM **6** (1963) 3. [271]
[YN63b] YNGVE, V. H.: Changes and additions to the programmers reference manual for COMIT II. MIT Cambridge, November 1963. [271]
[YO67] YOCHELSON, J. C.: MULTICS LISP. MIT BS-Thesis, Dept. EE, Cambridge, Juni 1967.
[YO75] YOURDON, E.: Techniques of program structure and design. Englewood Cliffs, N. J., 1975. [124]
[Z69] ZELMAN, H.: Interpreter LISP 1.5. Praca magisterska, Uniwersytet Warszawskiego 1969. [258]

# Verzeichnis der Programme und der Funktionen


**ABS** 344, 376, 394, 422
**ADD** 238, 422
**ADD1** 238, 314, 343f., 376, 393
**ADDPROP** 406
**ADVANCE** 322
**ADVISE** 246, 255, 280
**ALAM** 237
**ALARMCLOCK** 350
**ALLFILES** 359
**ALLOC** 351
**ALPHALESSP** 364
**ALPHORDER** 391
**AM** 67
**AND** 316, 330, 346, 377, 390, 394, 422
**ANTILOG** 394
**APP** 375
**APPEND** 209, 282, 311, 340, 375, 390, 422
***APPEND** 209
**APPLY** 177ff., 181, 319, 325ff., 353, 366, 368, 403f.
**APPLY*** 403
**ARCCOS** 394
**ARCSIN** 376, 394
**ARCTAN** 376, 394
**ARCTG** 376
**ARG** 241, 353, 356, 367, 403
**ARGLIST** 405
**ARGS** 356
**ARGTYPE** 406
**ARITHP** 377
**ARRAY** 237, 365, 417
***ARRAY** 365
**ARRAYCALL** 353
**ARRAYDIMS** 365
**ARRAYP** 391, 417
**ARRAYSIZE** 417
**ASCII** 362
**ASS** 375
**ASSEMBLE** 390, 407
**ASSOC** 340, 375, 390, 422
**ASSQ** 340, 375, 390
**ATAN** 345
**ATL** 380
**ATN** 380
**ATOM** 197, 238, 282, 313, 342, 376, 391
**ATTRIB** 190, 320

**BAKTRACE** 350, 398
**BAKTRACE1** 350
**BAKTRACE2** 350
**BCOMPL** 407
**BIGP** 346
**BKLINBUF** 408
**BKSYSBUF** 408
**BLOCKCOMPILE** 407
**BLTARRAY** 365
**BOOLE** 209, 345
**BOUNDP** 354
**BOXCOUNT** 402
**BREAK** 213, 245f., 255, 280, 349, 398
**BREAK1** 398ff.
**BREAKDOWN** 402
**BREAKIN** 398
**BREAKO** 398
**BRECOMPILE** 407
**BTF** 380
**BUFP** 408

**CAR** 169, 188, 197, 275, 311, 325, 329f., 340f., 375, 382, 390f., 422
**CASE** 276
**CATCH** 150, 212, 347
**CATENATE** 363
**CCODEP** 406
**CDR** 188, 197, 276, 311, 325, 330, 340f., 375, 382, 390f., 422
**CGOL** 228, 303ff.
**CHANGEPROP** 406

CHARACTER 414
CHARPOS 361
CHCON 414
CHCON1 414
CLADD 377
CLEARBUFF 323, 408
CLEAR-INPUT 359
CLEARSTK 395
CLINE 352
CLISP 217, 302f., 305
CLOCK 402
CLOSE 359
CLOSEALL 411
CLOSEF 411
CLOSURE 253f.
CLRHASH 418
COMMENT 353
COMMON 321
COMPILE 321, 379, 407
COMPILE1 407
COMPLR 357
COMPRESS 226
CONC 330
CONCAT 415
COND 235, 241f., 316, 326, 330f., 346, 377, 382, 394, 422
CONNIVER 64, 106, 151, 212f., 290, 297ff.
CONS 197, 216, 224, 238, 250, 275, 311, 313, 317f., 325, 375, 390, 422
CONSCOUNT 402
CONVERT 266, 279, 281, 285
COPY 312, 375, 390
COPyBYTES 408
COPyREADTABLE 413
COPYSTK 395
COPYSYMBOL 364
COPYTERMTABLE 413
COS 344, 376, 394
COTAN 376
COUNT 317
CPI 324
CRYSALIS 67
CSET 188, 190, 321, 378
CSETQ 188, 190, 226, 321, 378, 382
CTG 376
CTOI 363
CURSORPOS 359

DA 242
DAPP 375
DAPPEND 375
DASH 323
DCHCON 414
DCONS 375
DE 15
DECLALREDATATYPE 419
DECLARE 357, 407
DECPOINT 153
DEFAUTF 360
DEFEVAL 404
DEFEXPR 227
DEFINE 190, 227, 321, 378, 406
DEFINEQ 406
DEFLIST 190, 321, 406
DEFPROP 209, 355f.
DEFUN 355
DELETE 341, 390
DELETECONTROL 413
DELETEF 360
DELFILE 411
DELQ 341, 390
DENDRAL 67
DIFFERENCE 314, 343f., 376, 393
DIGIT 226, 323, 379
DINS 375
DIVIDE 314, 376
DM 242
DMCAR 375
DMO 242
DO 346f.
DREMOVE 390
DREV 376
DREVERSE 390
DRIBBLE 411
DRIBBLEFILE 411
DSUBST 390
DUMPARRAYS 366
DUNPACK 414
DWIM 124, 142, 216f., 241, 245, 255, 397f.

E 405
ECHOCONTROL 413
ECHOMODE 413
EDIT 246, 379
EFACE 312
ELEM 376
ELT 417
ELVIS 325

**ENDFILE** 413
**ENDPAGEFN** 361
**ENDREAD** 322f.
**ENTIER** 376
**ENVAPPLY** 403f.
**ENVEVAL** 404
**EOFFN** 360
**EPROGN** 241
**EQ** 313, 338, 340ff., 376, 391, 422
**EQP** 197, 394
**EQUAL** 160, 237, 282, 316, 340ff., 376, 391
**ERAD** 409
**ERR** 150, 348
**ERRFRAME** 350
**ERROR** 317, 325, 348, 397, 400
**ERROR1** 323
**ERRORSET** 149f., 188, 226, 237, 276, 285, 318, 348, 394
**ERRORX** 397
**ERRPRINT** 350
**ERRSET** 150, 348, 397
**ESCAPE** 151, 241
**ESUBST** 390
**EUTERPE** 68
**EVAL** 177ff., 199, 245, 254, 296, 318f., 325ff., 329, 353, 366ff., 372, 381, 398f., 403ff.
**EVALA** 404
**EVALFRAME** 253f., 351
**EVALQUOTE** 189, 197, 199, 225, 227, 247, 266, 307, 325, 381, 398f.
**EVALV** 404
**EVCON** 179, 325
**EVERY** 392
**EVLIS** 179, 319
**EXCISE** 318, 379
**EXIT** 276, 377
**EXP** 344, 376
**EXPLODE** 201, 209, 226, 362, 380, 414
**EXPLODEC** 209, 362
**EXPLODEN** 362
**EXPRP** 406
**EXPT** 201, 314, 343f., 376, 394

**FAILURE** 153, 295
**FASSOC** 422
**FAULTEVAL** 397
**FETCHFIELD** 419
**FGREATERP** 394
**FGTP** 394
**FILEPOS** 360, 408
**FILLARRAY** 365
**FIX** 345, 393
**FIXP** 315, 345, 377, 394
**FLAG** 190, 321
**FLAST** 390
**FLATC** 362
**FLATSIZE** 362
**FLENGTH** 390
**FLIP** 216, 279ff., 285
**FLOAT** 345, 377, 393f.
**FLOATP** 315, 345
**FLUSH** 153
**FMEMB** 391, 422
**FNTH** 390
**FNTYP** 406
**FOL** 47f., 63
**FOR** 276, 282
**FORCE-OUTPUT** 360
**FRAMESCAN** 395
**FRETURN** 254, 351
**FRPLACA** 390
**FRPLACD** 390
**FTB** 380
**FULLNAME** 411f.
**FUNCALL** 353, 403
**FUNCTION** 226, 253f., 319, 326, 353
***FUNCTION** 226, 353

**GC** 351
**GCD** 393f.
**GC-DAEMON** 352
**GCGAG** 402
**GCTRP** 402
**GCTWA** 351
**GEFTPR** 378
**GENSYM** 182, 197, 324, 364, 381, 415
**GET** 143f., 209, 292, 320f., 325f., 355, 361, 365, 372, 378, 406f.
**GETCHAR** 364
**GETD** 227, 406f.
**GETDESCRIPTORS** 419
**GETEOFPTR** 411
**GETFIELDSPECS** 419
**GETFILEPTR** 411
**GETHASH** 418
**GETINTERRUPT** 401
**GETL** 209, 356, 406

**GETLIS** 406
**GET-PNAME** 363
**GETPROPLIST** 406
**GNC** 416
**GO** 149, 276, 317, 330, 346, 377, 382, 394
***GREAT** 209
**GREATERP** 197, 209, 315, 346, 377, 394, 422
**GREQP** 377
**GTJFN** 413

**HAIPART** 345
**HAPPY** 37
**HARRAY** 418
**HARRAYP** 418
**HARRAYSIZE** 418
**HAULONG** 345
**HEARSAYII** 37
**HWIM** 37

**IDIFFERENCE** 393
**IF** 241
**IMINUS** 393
**IMPLODE** 363, 380
**INC** 223
**%INCLUDE** 357
**INDEX** 363
**INFILE** 412
**INFILEP** 412
**INPUT** 223, 412
**INS** 375
**INTERN** 324, 364
**INTERRUPT** 399ff.
**INTERRUPTABLE** 401
**INTERSECTION** 391
**IOC** 349
**IOFILE** 412
**IOG** 349
**IPLUS** 393, 422
**IQUOTIENT** 393
**IREMAINDER** 393
**ISORT** 344
**ITIMES** 393
**ITOC** 363

**JFENS** 413

**LABEL** 327f., 368
**LAMBDA** 377
**LAP** 308, 321, 329, 331, 357, 371, 379, 382, 390, 407
**LASS** 375
**LAST** 341, 376, 390
**LASTC** 409
**LCF** 47f.
**LCONC** 390
**LCONS** 375
**LEFTSHIFT** 314, 376
**LEL** 375
**LENGTH** 311, 340, 362, 375, 390
**LEQP** 377
**LESCAPE** 151, 241
***LESS** 209
**LESSP** 209, 315, 346, 377, 394
**LINBUF** 409
**LINEL** 361
**LINELENGTH** 410
**LISP70** 296
**LIST** 311,318,325,330,340,375,390,422
**LISTARRAY** 365
**LISTEN** 360
**LISTIFY** 354
**LISTP** 376, 391
**LITATOM** 391
**LITER** 226, 323
**LLNEUM** 361
**LLSH** 393
**LN** 376
**LOAD** 413
**LOADARRAYS** 366
**LOADFNS** 413
**LOG** 344, 394
**LOGAND** 209, 315, 376, 393
**LOGOR** 209, 314, 376, 393
**LOGXOR** 209, 315, 376, 393
**LPL** 231
**LRSH** 393
**LSH** 345, 393
**LSUBRCALL** 354
**LSUBST** 390
**LTA** 380
**LUNAR** 35, 67

**MACDMP** 352
**MACRO** 227, 275, 353
**MACSYMA** 56, 59f., 62
**MAKE-ATOM** 363
**MAKEBITTABLE** 416
**MAKEFILE** 246, 413

**MAKNAM** 363
**MAKNUM** 341
**MAKOBLIST** 364f., 417
**MAKREADTABLE** 361
**MAKUNBOUND** 354
**MAP** 313, 342f., 391f., 422
**MAPATOMS** 391f., 343
**MAPC** 234, 342f., 392, 422
**MAP2C** 392
**MAPCAN** 342, 392
**MAPCAR** 235, 343, 392
**MAPCON** 313, 342, 392
**MAPCONC** 392
**MAPLIST** 169, 171, 313, 325, 342f., 392
**MARGIE** 35f.
**MATCHLESS** 285f.
**MATHLAB** 56, 218
**MATHREAD** 272f.
**MAX** 315, 343, 376
**MCDR** 375
**MEMB** 391, 422
**MEMBER** 313, 342, 376
**MEMQ** 342, 391
**MERGEF** 360
**METEOR** 272, 279, 285
**MICROPLANNER** 63, 151, 210, 213, 297f.
**MIN** 315, 343, 376
**MINFNS** 402
**MINUS** 315, 343, 376, 393, 422
**MINUSP** 316, 345, 377, 394
**MKATOM** 415f.
**MKFRAME** 152, 396
**MKNAM** 323
**MKSTRING** 416
**MLISP** 62, 227, 231, 282ff., 293f., 303f.
**MLISP2** 62f., 73, 293ff., 304
**MOLGEN** 67
**MOVD** 406
**MUNKNAM** 341
**MYCIN** 67

**NAMELIST** 360
**NAMESTRING** 360
**NARGS** 406
**NCHARS** 415
**NCOMPL** 357
**NCONS** 341
**NCREATE** 419
**NEQ** 391
**NIL** 215, 248
**NLISTP** 391
**NOINTERRUPT** 349f.
**NOT** 282, 316, 346, 377, 394
**NOTANY** 392f.
**NOTEVERY** 392
**NOUUO** 357
**NRECONC** 341
**NREVERSE** 341, 376, 390
**NTA** 380, 391
**NTHCHAR** 415
**NTYP** 391
**NULL** 282, 310, 313, 316, 342, 376, 391
**NUMBERP** 197, 316, 345, 377
**NUMOB** 323

**OBLIST** 381
**ODDP** 346
**ONEP** 316, 377
**OPCHAR** 323
**OPENA** 360
**OPENF** 413
**OPENFILE** 412
**OPENI** 360
**OPENJFN** 413
**OPENO** 360
**OPENP** 412
**OR** 316, 330, 346, 377, 394
**OTLL** 227
**OUTC** 223
**OUTFILE** 412
**OUTFILEP** 412
**OUTPUT** 223, 412

**PACK** 323, 415
**PACKC** 415
**PAGEFAULTS** 402
**PAGEL** 361
**PAGENUM** 361
**PAIR** 311, 325
**PAUSE** 318
**PEEKC** 409
**PHENARETE** 241
**PILOT** 280
**PLANNER** 64, 106, 151, 256, 284ff., 293f., 297ff.
**PLASMA** 302

**PLIST** 356
**PLUS** 197, 315, 343f., 376, 393
**PLUSP** 346
**POP** 241, 380
**POPUP** 380
**POS** 227
**POSITION** 412
**PP** 413
**PRETTYDEF** 407, 413
**PRETTYPRINT** 413
**PRIN1** 197, 209, 322, 359, 410, 414
**PRIN2** 410, 415
**PRIN3** 410
**PRIN4** 410
**PRINC** 226f., 359
**PRINT** 322, 359, 379, 394, 410
**PRINTDATE** 413
**PRINTDEF** 413
**PRINTFNS** 413
**PRINTLEVEL** 410
**PROG** 189, 226, 235, 292, 316f., 326, 328, 330f., 346f., 377, 380, 382, 420, 422
**PROG1** 394
**PROG2** 319, 353
**PROGN** 241, 354, 394
**PROGV** 354
**PROP** 320, 406
**PUN1** 197
**PUNCH** 322
**PURCOPY** 357
**PUSH** 241, 380
**PUT** 292, 407
**PUTD** 406
**PUTDQ** 406
**PUTHASH** 418
**PUTL** 406
**PUTPROP** 144, 209, 355f., 407

**QA1** 289
**QA2** 289
**QA3** 289
**QA4** 63f., 151, 289ff., 302
**QLISP** 63f., 73, 151, 155, 302ff.
**QUIT** 352
**QUOTE** 319, 326f., 353, 377
**QUOTIENT** 343f., 376, 393

**RADIX** 410
**RAISE** 413
**RAND** 394
**RANDACCESSP** 412
**RANDOM** 345, 381
**RANDSET** 394
**RATEST** 409
**RATOM** 409
**RATOMS** 410
**READ** 197, 253, 322, 358, 360, 363, 365, 379
**READC** 409
**READCH** 226, 358, 362
**READFILE** 413
**READLINE** 358, 420
**READLIST** 62, 363, 414
**READP** 409
***REARRAY** 366
**RECIP** 376
**RECLAIM** 318, 402
**RECOMPILE** 407
**REDUCE** 62, 65, 136, 224f., 227, 252, 282, 303
**REHASH** 418
**RELSTK** 396
**RELSTKP** 396
**REMAINDER** 343f., 376, 393
**REMFLAG** 321
**REMOB** 324, 364
**REMOVE** 390
**REMPROP** 209, 320, 355, 378, 407
**REMTRACE** 350
**RENAME** 360
**RENAMFILE** 412
**REPEAT** 241
**REPLACEFIELD** 419
**RESET** 394, 397, 400
**RESETREADTABLE** 413
**RESETTERMTABLE** 413
**RESULTS** 402
**RETEVAL** 397
**RETFROM** 150, 405
**RETTO** 150, 405
**RETURN** 189, 276, 317, 330, 346, 349, 377, 394
**REV** 375
**REVERSE** 311, 340, 375, 390
**RLISP** 227f., 282, 303, 305
**RLJFN** 413
**RLNUMB** 379
**RNUMB** 379
**ROT** 345

**ROUND** 376
**RPACQ** 405
**RPAQQ** 405
**RPLACA** 197, 238, 248, 311, 340, 375, 390
**RPLACD** 238, 248ff., 311, 340, 375, 390
**RPLSTRING** 416
**RPT** 405
**RPTQ** 405
***RSET** 351
**RSH** 393
**RSTRING** 409
**RUNTIME** 352

**SADD1** 380
**SADSAM** 32f.
**SAM** 36
**SAMEPNAMEP** 364
**SASSOC** 188, 312, 325, 340, 390
**SAVE** 352
**SAVEDEF** 406
**SCRATCHPAD** 62, 230, 282
**SEARCH** 314
**SELECT** 241, 295
**SELECTQ** 241, 330, 394, 422
**SET** 197, 319, 355, 377, 380, 403
**SETA** 417
**SETARG** 241, 354, 356, 367, 405
**SETBRK** 413
**SETFILEPTR** 413
**SETINTERRUPT** 401
**SETPLIST** 356
**SETPROPLIST** 406
**SETQ** 226, 292, 319, 330f., 355, 365, 377, 380, 382, 403
**SETQQ** 405
**SETREADTABLE** 414
**SETSEPR** 413
**SETSTKARG** 396
**SETSTKARGNAME** 396
**SETSYNTAX** 361, 413
**SETTERMTABLE** 414
**SEXPR** 378
**SFEXPR** 378
**SHORTNAMESTRING** 360
**SHRDLU** 35
**SIGN** 376
**SIGNP** 346
**SIN** 56, 60, 376, 344, 394
**SIR** 32f.
**SKREAD** 409
**SLEEP** 352
**SMALLP** 394
**SOME** 393
**SORT** 341, 344, 366, 390
**SORTCAR** 341, 366
**SOUP** 64
**SPACES** 227, 410
**SPEAK** 318
**SPECIAL** 321
**SPEECHLIS** 37
**SQAP** 35
**SQRT** 376, 394
**SRI-SDC** 37
**SSTATUS** 352
**SSTORE** 376
**SSUB1** 380
**STACKP** 395
**STARTREAD** 322f.
**STATUS** 352
**STKARG** 396
**STKARGNAME** 396
**STKNAME** 396f.
**STKNARGS** 393
**STKNTH** 396f.
**STKNTHNAME** 397
**STKPOS** 397
**STKSCAN** 397
**STOP** 377
**STORAGE** 402
**STORE** 366, 376
**STREQUAL** 416
**STRINGLENGTH** 363
**STRINGP** 342, 391
**STRPOS** 416
**STRPOSL** 416
**STUDENT** 32f.
**SUB** 238
**SUB1** 238, 343f., 376, 393
**SUBLIST** 312, 340, 390
**SUBRCALL** 355
**SUBRP** 342, 406
**SUBSET** 393
**SUBST** 312, 340, 390
**SUBSTR** 363
**SUBSTRING** 417
**SXHASH** 341
**SYMEVAL** 355
**SYSBUF** 409

**SYSP** 356

**T** 248
**TAB** 413
**TAIL** 376
**TAN** 376, 394
**TCOMPL** 407
**TCONC** 390
**TCSET** 378
**TEMPUS-FUGIT** 318
**TERPRI** 197, 322, 359, 377, 394, 410
**TERPUN** 197
**TG** 376
**THROW** 150, 213, 346
**TIME** 237, 352, 381, 402
**TIMES** 197, 343f., 376, 393
**TRACE** 188, 245f., 255, 350, 377, 398
**TRANSOR** 217
**TRGET** 378
**TRPUT** 378
**TRY** 276
**TYI** 358, 362
**TYIPEEK** 358
**TYO** 359
**TYPEP** 342

**=** 346
**>** 346
*1* **+** 344
*1* **+ $** 344
*1* **−** 344
*1* **− $** 344
**+** 343
**+ $** 344
**−** 343

**UFILE** 209
**UKILL** 209
**UNBREAK** 398
**UNBREAKO** 398
**UNCOMMON** 321
**UNCOUNT** 318
**UNION** 391
**UNPACK** 324, 415
**UNSAFEDEF** 406
**UNSPECIAL** 321
**UNTIL** 241, 282
**UNTRACE** 350, 377
**UREAD** 209
**UWRITE** 209

**VALRET** 352
**VALUE** 197

**WHILE** 241, 282
**WLNUMB** 379
**WNUMB** 379
**WRITE** 379
**WRITEFILE** 413

**XCONS** 341

**ZEROP** 316, 345, 377, 394

**− $** 344
***** 343
***$** 344
**∧** 344
**∧$** 344
**/** 344
**/$** 344
\ 344
\\ 344

# Namensverzeichnis


ABRAHAMS, P. W. 45, 48, 160, 180, 185f., 188, 191, 230, 275, 278, 285
ACKERMANN, A. 85f.
ADAMS, C. W. 192
AIELLO, L. 47
ALLEN, J. R. 13, 96, 103, 127, 130, 179, 201, 222
AMAMIYA, H. 276
AMSLER, R. A. 233
ANDERSSON, M. 221, 246
ARCHIMEDES 75
ARLASAROW, W. L. 70
AUSIELLO, G. 256

BACH, I. 264
BACKUS, J. W. 165
BAKER, H. 352
DE BAKKER, J. W. 89, 148
BARNETT, J. A. 276
BARRON, D. W. 74, 89
BARTNIK, E. A. 258
BAUMANN, H. D. 252
BBN (Bolt, Beranek & Newman) 192f., 202ff., 215, 217, 220, 225, 230, 274
BEGIER, B. 258
BENEDICT, G. 287
BERKELEY, E. C. 29, 205, 243, 259, 261
BERLOG, M. 258
BERNAYS, P. 76
BERNS, R. I. 223f., 243
BERNSTEIN, A. 159
BINFORD, T. O. 210f., 370
BLAIR, F. W. 223, 230
BLEDSOE, W. W. 42, 231f.
BOBROW, D. G. 29, 33f., 151ff., 172, 186, 191, 196, 202f., 205, 215ff., 261, 271, 274, 289
BOBROW, R. J. 218
BÖHM, C. 89, 256
BOILEN, S. 193
BOLCE, J. F. 243, 265
BOOK, E. 276
BOUSARD, J. C. 239f.
BRAYTON, R. 172, 181, 185, 191, 329, 331
BRESLAW, D. 245
BROADBENT, D. K. 128
BROUWER, L. E. 76
BURALI-FORTI, C. 87
BURGE, W. H. 73, 89, 105
BURTON, R. R. 218

CADIOU, J. M. 148
CAMPBELL, J. A. 265
CHAILLOUX, J. 240
DE CHAMPAUX, D. 233, 250
CHARNIAK, E. 287
CHRISTALLER, T. 255
CHURCH, A. 14, 45, 77, 88, 90, 93, 105
COHEN, J. 55, 75, 239, 257f.
COLLINS, G. E. 117, 174, 224
COOPER, R. H. 243, 265
CORBATO, F. J. 192f.
CURRY, H. B. 88

DANIELS, B. 287
DAVIS, M. 77
DAWSON, D. A. 191
DEDEKIND, R. 75
DENNING, P. J. 154
DENNIS, J. 194
DERETT, N. 257
DEUTSCH, L. P. 199, 204f., 216, 220, 252, 256, 261, 264, 290f.
DIFFIE, W. 212, 222
DIJKSTRA, E. W. 14, 104, 107, 154, 174, 179, 250f.
DONSKOI, M. V. 70

DULOCK, V. 195
DURIEUX, J. L. 242

EDWARDS, D. J. 178, 180ff., 191ff., 198f., 230, 243
EIDE, A. 244
ELSON, M. 119
ENEA, H. 151, 153, 282f., 293f.
ENGELMAN, C. 56, 205
EPP, B. 255
EULER, L. 75
EVANS, T. G. 195f., 208, 239

FABOU, J. 264
FANO, R. M. 192
FATEMAN, R. J. 210
FARKAS, E. 264
FEINMAN 260
FENICHEL, R. R. 201
FIBONACCI, L. 75
FIKES, R. 290
FIRTH, D. 276
FISCHER, P. 182
FITZGERALD, E. L. 192
FLOYD, R. W. 151, 295
FORRESTER, J. W. 192
FOSTER, J. M. 236
FOX, P. A. 185, 191
FREDKIN, E. 193f., 220
FREDRICKSON, R. 232
FREGE, G. 87
FRIEDMAN, D. P. 13
FUTAMURA 267

GELERNTER, H. 161, 163f., 169
GENRICH, H. 251
GENTZEN, G. 43
GERBERICH, C. L. 163f.
GITMAN 260
GLAUTHIER, T. J. 192, 198
GÖDEL, K. 45, 75f.
GOLDBERG, S. H. 180f., 185f., 191
GOLDEN, J. P. 211f.
GOLDMAN, N. M. 234, 255
GOLDSTEIN, I. P. 210
GOLOMB, S. W. 151, 285
GOODWIN, J. W. 217f., 220
GOOSSENS, D. 240
GORODNJAJA, L. 260
GÖRZ, G. 253
GOTO, E. 268f.
GREEN, C. C. 66, 289
GREENAWALT, E. M. 232f.
GREENBLATT, R. D. 69, 200, 208, 210, 215
GREIF, I. 291
GREUSSAY, P. 240, 242
GRIESMER, J. H. 223, 230
GUZMAN, A. 196, 266, 279

HANSEN, G. 130
HANSEN, J. R. 164
HANSEN, W. J. 249
HARALDSON, A. 245, 247, 383
HART, T. P. 186f., 191, 193, 195f., 198, 201, 203, 227, 291, 329
HARTLEY, A. K. 217f., 220
HAWKINSON, L. 195f., 266, 276, 278
HAYES, P. 234, 255, 298
HEARN, A. C. 195, 202, 223, 225, 228, 231, 236, 251, 272
HENDERSON, B. 148
HERBRAND, J. 75
HEWITT, C. E. 210, 285ff., 291, 297ff.
HEXT, J. 256, 265, 272f., 282f.
HEYTING, A. 76
HIGHMAN, B. 119, 126f.
HILBERT, D. 75f.
HOARE, C. A. R. 52, 73
HODES, L. 172, 185, 191
DEN HOED, M. 250
HOLBAEK-HANSEN, E. 244
HOUSDEN, R. J. W. 119
HOWARD, F. 235
HÜNKE, H. 251

IMURA, H. 269
d'INVERNO, R. 237
IVIE, E. L. 191

JACOBS, J. M. 218
JANSSON, B. 221, 246
JENKINS, D. R. 235
JENSEN, P. G. 191
JORDAN, C. R. 178
JUFA, W. M. 259
JÜRGENSEN, H. 252

KALMÁR, L. 81
KALTHOFF, H. 252

KAMENY, S. 276
KANEW, S. 263
KAY, A. 290f.
KENT, J. 205, 223, 230, 239, 243, 252, 265
KIMURA, H. 269
KING, J. C. 52
KIRBY, R. L. 235
KLEENE, S. C. 76f., 80ff., 88
KLEINROCK, L. 172, 180, 186, 191
KNIAT, J. 258
KNOET, C. F. 249
KNUTH, D. 111, 118f., 211
KÖHLER, I. 261
KOLAŘ, J. 263
KOLB, D. 255
KONICEK, O. 263
KOOIMAN, A. 250
KORSVOLD, K. 243
KOTOK, A. 200
KRUMNACK, T. 255
KÜHNEL, S. 261
KUPKA, I. 132, 135f.
KUROKAWA, I. 118, 262, 267f., 334
KUTSCHKE, K. H. 133
KWASNY, S. L. 34

LANDIN, P. J. 89, 103, 105, 112, 249
LANGVA, H. K. 244
LAUBSCH, H. J. 253
LAWROW, S. S. 259f., 351
LEHMANN, E. 260f.
LEPPERT, M. 253
LEVIN, M. I. 187, 191, 195, 198, 274, 276, 329
LEWIS, D. C. 218, 220
LICKLIDER, J. C. R. 192
LOMBARDI, L. A. 106
LONDON, R. 296
LOSKA, J. 258
LÖWENHEIM, L. 76
LUCKHAM, D. C. 172, 181, 185, 191f., 238, 296
ŁUKASIEWICZ, J. 104, 173
LUX, A. 225, 240, 242

MACRACIS, S. 214
MAGIDIN, M. 266
MALING, K. 172, 175, 181, 185, 191
MANNA, Z. 148
MARKOV, A. A. 108f.
MARKSTEIN, P. 180, 185
MARTIN, A. J. 251
MARTIN, G. 210
MARTIN, W. A. 56, 201, 208, 211, 214, 281f.
MASINTER, L. M. 220
MAURER, W. D. 13, 230
MCBRIDE, F. V. 238
MCCARTHY, J. 13, 29f., 45, 63, 72, 78, 83, 89, 100, 117, 158ff., 174ff., 182ff., 195, 198, 201f., 207
MCDERMOTT, D. V. 287, 297, 302
MCGOWAN, C. 89
MCINTOSH, H. V. 195f., 265f., 279
MELENK, H. 252
MESMAN, A. J. 250
VAN DER MEY, G. 109, 113, 247ff., 252, 267
MILLER, G. (Großbritannien) 239
MILLER, G. (USA) 192
MILNER, R. 47, 295
MINSKY, M. 78, 158, 161, 164f., 171, 185ff., 191ff., 208, 281
MIOLA, A. 256
MITCHELL, R. W. 275
MONCAYO, H. 256
MONRAD-KROHN, L. 243
MOON, D. A. 214
MOORE, J. S. 228, 383
MOORE, T. 159
MORRIS, J. B. 148, 232
MORRIS Jr., J. H. 89, 102
MOSES, J. 56, 175, 186, 201, 208ff.
MÜLLER, K. 250, 263
MURPHY, D. L. 203, 215, 217, 384

NAKAMURA, K. 269
NAKANISHI, M. 267
NASZODI, M. 264
NELSON, J. 200, 208
NEUHAUS, M. 262
v. NEUMANN, J. 123, 158
NEWELL, A. 159f., 172, 271
NIELSSON, N. 291
NIWA, T. 269
NORDSTRÖM, M. 245f.
NORMAN, A. C. 238
NORMAN, E. 234

NORTON, L. 201

ONO, S. 269

PALME, J. 33
PANTELEJEW, G. A. 260
PAPERT, S. 231
PARK, D. M. R. 172, 177, 180ff., 185ff., 191
PAWLAK, Z. 258
PEANO, G. 75, 83, 87
PESKIN, G. 287
PÉTER, R. 73, 75, 77
PETRI, C. A. 251
PITRAT, J. 239
PLATO 69
PLUCIAK, M. 258
VAN DER POEL, H. W. 250
VAN DER POEL, W. L. 205, 247f., 250, 267
POST, E. 40, 77, 285
POTARI, F. 264f.
PRATT, V. R. 210, 231, 304
PRAWITZ, D. 40, 47f.

QUAM, L. 222
QUINE, W. V. 101, 173

RAPHAEL, B. 186, 191, 196, 289
REED, D. P. 214
REEVE, C. 287
RIBBENS, D. 240, 257
RICHARDSON, R. 232
ROBINSON, J. A. 40
ROCHESTER, N. 159, 161, 171, 177, 191
DE ROEVER, W. P. 148
ROGERS Jr., H. 77, 86, 191
ROITZSCH, R. 252
ROSEN, E. C. 211f.
ROSSER, J. B. 77, 88, 93
RUBENSTEIN, C. S. 180f., 186
RUSSELL, D. B. 237
RUSSELL, S. B. 172, 177f., 182, 184ff., 191, 195, 198, 200

SAMMET, J. 121, 159f., 230, 277
SAMSON, P. 208
SAMUEL, A. 159
SANDEWALL, E. 26f., 38, 120, 125, 136f., 144, 179, 221, 229, 244ff., 254, 290f.
SATO, H. 268
SAUNDERS, R. A. 198ff., 276, 328f.
SCHENKER, H. 68
SCHOLTEN, C. S. 251
SCHÖNFINKEL, M. 87
SCHRÖDER, E. 76
SCHWARZ, C. 255
SCOTT, A. 47
SCOTT, D. 89, 295
SDC (Systems Development Corporation) 192, 198, 229, 273f., 289
SEGOVIA, R. 266
SELFRIDGE, O. 159
SHANNON, C. E. 158, 171, 180, 186f., 191
SHAPIRO, S. C. 34
SHAW, D. E. 66
SHAW, J. C. 160, 172
SHIMONY, U. 191
SIKLOSSY, L. 13f.
SILAGADSE, G. S. 259, 371
SIMMONS, R. F. 32
SIMON, F. 252
SIMON, H. A. 159f., 172, 271
SINGLETON, D. C. 232
SIRET, Y. 240
SKOLEM, T. 75f.
SLAGLE, J. R. 172, 182, 184, 186, 191
SLOCUM, J. 233
SMITH, D. C. 151, 153, 283, 293f.
SMOLLIAR, S. 68
SOLOMON, M. 257
SOLOMONOFF, R. 159
SOUNDARAJAN, N. 267
SPINOZA, B. 69
STEELE, G. L. 151, 212ff., 250, 332, 338, 423
STEFFENS, E. F. M. 251
STEINBORN, H. 262
STOYAN, H. 261
STRACHEY, C. 89, 235
STRING, P. 261
STROINSKI, M. 258
SUSSMANN, G. J. 210, 213, 287, 297, 302
SWARTOUT, W. R. 66
SZÖVES, P. 265

Tarski, A. 45
Teager, H. 191f.
Teitelman, W. 124, 137, 201, 208, 216ff., 279f., 302, 383
Thomas, B. S. 47, 195
Turing, A. M. 29, 45, 77
Turtschin, W. F. 259

Urmi, J. 221, 244ff., 423

Verhovsky 195
Vlendré, M. R. 250
Vuillemin, J. E. 148

Wagner, E. G. 230
Waligorski, S. 257
Wang, H. 43
Watanabe 267
Webb, B. 235
Webber, M. B. 186
Wegbreit, B. 151ff., 219f., 298
Wegbreit, E. L. 217
Wegner, P. 89, 93
Weissmann, C. 13, 227, 276
Weizenbaum, J. 34, 195, 277f.
Wertz, H. 240
Weyhrauch, R. W. 47
Weyl, H. 76
White, J. L. 200, 208, ff., 214, 231, 332, 370
Wilcox, B. 70, 231
Wilks, Y. 69
Willen, O. 245
Williams, J. 195
Wilsing, H. 132, 135f.
Winograd, T. L. 210, 287
Winston, P. H. 13
Wodon, P. L. 257
Woodger, M. 235
Woodward, P. W. 235
Wooldridge, D. 195, 230, 268
Writok, R. 253
Wulf, W. A. 130

XEROX Palo Alto Research Center 36, 218, 220

Yates, R. 195, 266, 289
Yauis, H. 269
Yngve, V. H. 271
Yochelson, J. C. 210
Yoshida, Y. 269

Zamorski, J. 258
Zelman, H. 258
Zochowska, B. 258

# Sachwortverzeichnis

abstrakte Datenstruktur 125
Abstraktion 90
Abstraktionsstufe 15
Actor 301
ADEPT 277
Advice Taker 172, 187
ALGOL 58, 90, 121, 124, 146, 154f., 160, 164, 174, 178, 190, 202f., 239, 257f., 266, 273ff., 282, 296, 303
ALGOL 60 16, 89, 116, 125, 145, 152, 156, 184, 335, 384
— —; Einbettung von LISP 239
ALGOL 68 17, 28, 119, 143, 278
Algorithmenmodell von Markov 108f.
ALPS/I 269
**AM** 67
Analyse, lexikalische 31, 62
Argumente, funktionale 165, 170, 226
Arrays 335
Atlas 237
Atomsymbol 16
Aufruf nach Auswertung 147
— ohne Auswertung 147
— mit verzögerter Auswertung (call-by-delay) 148
— nach Möglichkeit 148
— über Namen (call-by-name) 93, 100, 145f., 274
— über Referenz 145f.
— über Wert (call-by-value) 73, 81, 93, 100, 102, 145ff., 325, 366
— über Zielmuster 151
Ausdrücke, bedingte 78, 83ff., 105, 165
Ausdrucksmittel 20
Ausdruckssprache 18, 100ff., 291
Ausgabemakros 241f.
Ausgänge, globale 149f., 241
Ausnahmebedingungen 149

B 1726 228, 270
B 6700 228, 266
Backtracing 139
Backtracking 63, 148, 151ff., 284ff., 290ff., 297, 300
**BASEBALL** 32 f.
Basisfunktionen; System 104
Basishandlungen 15
Baumstrukturen 111
BBN-SDS940-LISP 225
BBN-LISP 212, 217ff., 221, 226, 237, 276
BCPL 238
bedingte Ausdrücke 78, 105, 165
— —; Kalkül 83ff.
Beschreibungssprachen 29
BESM-6 259f., 371ff., 382
BESM-6-LISP 110, 112, 259, 371, 373, 376, 378f., 381, 419
Berechenbarkeit; Theorie 179, 187
Beweisen von Programmeigenschaften 179
Beweisüberprüfer 45
Beweisüberprüfung 44ff.
Beweisverfahren, natürliche 43f.
Bignum 334
Bignum-Arithmetik 211
Bindung 328
—, statische 145
B. I. T. S. 251
BLISS 101, 106
B &LISP 253
Blockcompiler 217
Bootstrapping 61
Bull Gamma M 40 257
Burroughs 6700 221, 383

CAB-500 240
CAE-510 240
CDC 3300 221, 244, 263, 383

CDC 3300-LISP 253
CDC 3400 244, 252
CDC 3600 239, 243f., 252, 265
CDC 6000, LISP 1.5 227
CDC 6400 257
CDC 6600 232, 255f., 260, 263, 270
CDC 7600 233
**CGOL** 228, 303 ff.
**CLISP** 217, 302 f., 305
CMS 221
COBOL 203, 228, 240
Cognology 30, 207
COMIT 107, 126, 156, 202, 240, 271 ff.
Compiler 103
Compilierung 19, 127
CONNIVER 106, 256
CONVERT 199
CP/CMS 154, 225, 230
CPL 145
**CRYSALIS** 67
CTSS 192f., 200ff., 208f., 333
CYBER-74 244
CYBER-172 263

Dämon 151, 292f., 302f.
Dartmouth Summer School on Artificial Intelligence 158
Datenbanken 136
Datenbasis 31f., 37f., 39, 43, 120, 122f., 125, 286, 288ff., 292, 298f., 301 ff.
Datenstrukturen 15f., 26
—, abstrakte 125
—, rekursive 21, 24, 73
Datenstrukturdarstellung von Programmen 119ff., 136, 277
Datenstrukturform, interne 19
DEC-10 228, 239
DEC-20 228, 247, 263, 383f.
Deduktion 38
—, negative 38
—, positive 38
—, rückwärtsgerichtete 286
—, vorwärtsgerichtete 44, 286
Definition einer Funktion 15
—, induktive 82
—, rekursive 21
Definitionssprache, Wiener 181, 187
**DENDRAL** 67
Dialog 19, 43, 55, 118, 122, 131f., 142
Dialogsprache 121, 132, 135
Dialogsystem 20
Diskriminationsnetz 290, 292, 302
DISPAK 372
DOS/ES 23
DOS/ES LISP 1.6 115, 138, 150, 153, 156, 233f., 260f., 270
Editor 124. 133, 135, 137, 142
—, strukturorientierter 216
EDOS/EDOS-MSO LISP 1.5 267, 269
Eigenschaftslisten 17, 26, 32, 143f.
Einbettung von LISP in ALGOL 60 239
Eingabemakros (**READ**-Makros) 62, 241
Einsetzung 81
Elektrologica X8 109, 113, 248ff., 252
**ELIZA** 29, 33 f.
Entscheidungspunkt 151, 284, 288, 292, 295
Entscheidungsverfahren 39f.,76
EPICS-LISP 1.6 267, 269
erweiterbare Sprachen 63
Erweiterbarkeit 207, 274, 294
— von LISP 153
Erweiterung, syntaktische 155
Expansionsregel 93
Fehlerbehandlungsniveaus 149
Fehlereinflußbereiche 149
Fehlerzustände 149
Felder 227
Filemanagement(Wechsel der I/O-Ströme) 213, 223, 227, 233, 258, 357ff., 379ff., 407
**FLIP** 216, 279 ff., 285
FLISP 269
FLPL 239, 273
Fluidvariable 229
**FOL** 47 f., 63
Formelmanipulation 54ff.
FORTRAN 28, 64f., 100, 107, 130, 146, 159ff., 172f., 178, 203, 208, 211, 228, 237, 256f., 271, 273, 306, 371, 376, 394
Frage-Antwort-Systeme 29ff., 39, 289
freie Variable 92
Fujitso M 160 221, 246, 384
Fujitso M 190 221, 246

**FUNARG** 96ff., 182ff., 208, 219, 254, 319, 327ff., 352, 368, 381, 403, 420
Funktion 77, 87, 90
—; Definition 15
—, rekursive 71ff., 88, 93, 99, 108, 165, 173, 177f.
funktionale Argumente 165, 170, 226
Funktionsausdrücke 14
Funktionsebenen 15
Funktionsmengen 15

Garbage Collection 117f., 175, 181, 204, 310, 337ff., 351, 374, 388
— —, kompaktierendes 197, 276, 278, 389
GC-Dämon 213, 339
GE 634 210
GE 645 274, 333
gebundene Variable 92
geordnetes Paar 94
GIER 258
GIER-ALGOL 258
Gleichungskalkül 80ff.
globale Ausgänge 149f., 241
— Variable 321, 369
Grundhandlungen 111

HARVALIAS 250
Hash-Arrays 384, 387, 418
Hauptebene 21
Hauptniveau 135
Hauptspeicherabzug 308
**HEARSAY II 37**
HELP 267
HITAC-10 267
HITAC-10 LISP 269
HITAC-5020 267
HITAC-8350 267
HITAC 8700 269
HITAC 8800 269
HLISP 250, 268f.
Honeywell H 645 333
Honeywell H 6180 215, 332f.
Hunks 335, 338
**HWIM 37**

IBM/360 221ff., 228ff., 238, 243, 251f., 256, 263, 274, 277f., 383f.
IBM/370 221, 228, 238, 245f., 257, 383f.
IBM 650 160
IBM 704 160ff., 169, 175, 180, 185, 189, 191, 201, 239
—; Wortstruktur 162
IBM 7044 239f.
IBM 709 181, 187, 196, 266
IBM 7090 61, 121, 187, 190, 192f., 197ff., 225, 236ff., 243, 251, 257, 267, 281, 306ff., 329
IBM 7094 193, 200f., 238
IBM 1620 266
IBM M 44 230
ICL-4 221, 239, 260, 383f.
ICL 1905 238
Identität 109
induktive Definition 82
innere Repräsentation 32
Intel 8080 242
Interaktion 132
interaktive Programmentwicklung 132
Interdata M 85 254
Interdata 7/32 254
INTERLISP 63, 101, 109, 115f., 137f., 142, 147, 150, 153, 155, 184, 213ff., 228, 234, 239, 247, 254, 263, 266, 268, 302ff., 349, 381ff., 387ff., 395, 399, 403ff., 411ff., 421
INTERLISP 360/370 246, 255f.
interne Datenstrukturform 19
Interpretation 18f., 127ff.
—, semantische 31
Interpreter 103, 126
IPL 107, 117, 126, 159ff., 165, 174
IPL II 159
IPL III 160
IPL IV 160
IPL V 119, 160, 247
ITS 210, 214, 287, 332f., 337

JOHNNIAC 159
JOSS 192

K-202 258
Kalkül der bedingten Ausdrücke 83ff.
KAR 65 258
Klauseln 32
KLISP 267, 269
KLISP-11 267
kompakte Listenrepräsentation 249ff.
kompaktierendes Garbage Collection 197, 276, 278, 389

Konstruktoren 111
Kontext 153, 292, 298
Konversion 96, 105, 145
kopierende Operationen 112
künstliche Intelligenz 29f.

Label 105, 177, 184
λ-Ausdrücke 184
λ-Definierbarkeit 94
λ-Kalkül 47, 72, 77, 87ff., 101, 105, 145, 177
λ-Konversion 46, 92
λ-Notation 170f.
**LCF** 47 f.
lexikalische Analyse 31, 62
Lisbet 257
LISP 156
— ; Einbettung in ALGOL 60 239
—, reines 189
LISP 1 149, 166, 181ff., 189, 192, 329
— ; Unterschiede zu LISP 1.5 187ff.
LISP 1.14 230
LISP 1.15 230
LISP 1.17 230
LISP 1.19 230
LISP 1.5 61, 101, 106, 109, 121, 149, 187, 189ff., 196ff., 201, 205, 208f., 217, 219, 224ff., 234, 237f., 245, 251ff., 258, 260ff., 269ff., 282, 296, 306, 310, 321, 328, 334f., 337, 340, 342ff., 350ff., 362, 368f., 390ff., 398, 401ff., 419ff.
— ; Unterschiede zu LISP 1 187ff.
LISP 1.55 202, 236
LISP 1.5.5 232
LISP 1.6 23, 208f., 211, 219, 222, 225f., 229, 232, 234, 236, 238, 240f., 253, 260f., 266f., 269, 276, 283, 287, 337, 366, 419
LISP 1.7 269
LISP 1.8 268
LISP 1.9 263, 268
LISP 2 156, 190, 199, 202, 230, 273ff., 296
— ; Zeichenkettenverarbeitung 247
LISP 38 269
LISP 43 269
LISP 68 237f.
LISP 70 296
LISP 370 231
LISP 3300 263
LISP-Bulletin 229
1. LISP Contest 269
LISP Contest 1978 270
LISPDEC 66 237
LISP/EC 260
LISP F1 253, 264
LISP F2 253f.
LISP FINT 254
LISP-Funktion, universelle 176
LISPITO 266
LISP/M 269
LISP-Maschinen 215, 270
LISP/P 269
LISP-System (auf CDC 3600) 239
LIPQ 269
Listenrepräsentation, kompakte 249ff.
— von Programmen 100
Listenstrukturen; Löschung 174
Listenverarbeitung 18, 32, 107ff., 110, 112ff., 119, 274
LL 159
logic theory machine 159
LOGOL 257
Löschung unnötiger Listenstrukturen 174
LTSS 233
**LUNAR** 35, 67

M 460 61, 196
M 460-LISP 197f., 208
MACLISP 16, 63, 101, 115, 150f., 156, 208ff., 213, 219ff., 228, 231, 234, 253, 263, 298f., 303f., 327, 332ff., 347ff., 366ff., 375ff., 389ff., 414, 417, 423
MACLISP/360 231
MACRO-Zeichen 62, 210, 361, 408, 413f.
MACSYMA 210ff., 214
MAGMA-LISP 153, 256ff.
Makro 193, 198, 368f.
**MARGIE** 35 f.
MARKOVsches Algorithmenmodell 108f.
Maschinen, virtuelle 104, 154
**MATCHLESS** 285 f.
MATHLAB 205

M-Ausdrücke 178
MB-LISP 266
MDL 287
MELCOM-1000 269
MELCOM COSMO 700 269
METEOR 156, 251, 271
Michigan Terminal System 231
**MICROPLANNER** 63,151, 210, 213, 277f.
MINILISP 267
Minimalisierung 80
MLISP 156
MLISP 2 144, 153, 156, 283
**MOLGEN** 67
MR-LISP 252
M-Sprache 173, 179, 189
— ; Übersetzungsmechanismus in eine S-Sprache 176
MTS-LISP 231, 254
MULTICS 209ff., 287, 332ff., 341, 345, 350, 352, 363, 389
musterbedingter Parameterübergabemechanismus 148
mustergelenkter Prozeduraufruf 286, 299
Mustervergleich 59, 64, 148, 202, 264, 271, 279, 285ff., 290ff., 294f., 298f., 304
**MYCIN** 67

natürliche Beweisverfahren 43f.
— Sprache 29ff.
natürliches Schließen 43, 47
NEAC 800-2 269
NEAC-2200 269
negative Deduktion 38
Netze, semantische 32
nichtlokale Sprünge 212
**NIL** als Funktion 248
NIT LISP-U 269
NSS-Liste 161

**OBARRAY** 335, 362ff.
Odra 1204 258, 260
Odra 1304 258
Odra 1305 258
OKITAC-4300 269
OLISP 269
Olivetti-CINAC 256
**ON**-Mechanismus (in PL/I) 149
Operationen, kopierende 112
Operationen, physische 112
OS/MVT 221
Overlay 138, 233

Paging-System 203
Paging-Techniken 194
Parameterübergabe 145
—, musterbedingte 148
Pascal 83, 121, 126, 143, 145, 152
pattern directed multiprocess backtrack control structure 299
pdp-1 192ff., 199ff., 203, 216, 252, 261, 264
pdp-1-Basic-LISP 199f.
pdp-1-LISP 204, 209, 219, 230, 252, 261, 264
pdp-4 192, 200
pdp-5 200
pdp-6 200ff., 208, 216, 225, 274
pdp-6/10 201
pdp-7 200, 238
pdp-8 200, 247f., 250, 252, 267
pdp-10 200, 210, 214f., 217, 223, 228, 240, 255, 283, 332f., 337ff., 341, 345, 369, 383ff., 413
pdp-11 235, 250, 267
pdp-12 200
PETL 269
**PHENARETE** 241
physische Operationen 112
**PILOT** 280
**PILS** 245
PL/I 17, 28, 116, 119, 124, 126, 143, 145, 154, 256, 260, 277
PL/S 28
**PLANNER** 64, 106, 151, 256, 284 ff., 293 f., 297 ff.
**PLASMA** 302
POP2 238
positive Deduktion 38
POSTsche Produktionen 285
Prädikate 111
Pragmatik 102
primitive Rekursion 79
Programme; Datenstrukturdarstellung 119, 136, 277
— ; Listenrepräsentation 100
—, rekursive 20, 23f., 160
Programmeigenschaften; Beweisen 179
Programmentwicklung, interaktive 132

Programmer's Assistant 217
Programmerzeugung 65f.
Programmierstil 20ff.
Programmierung, rekursive 20ff.
—, sequentielle 149
—, strukturierte 20, 104
Programmlogik 52
Programmspezifikation 50
Programmverifikation 39, 49ff.
prozedurale Wissensrepräsentation (procedural knowledge representation) 32, 123, 299
Prozeduraufruf, *siehe* Aufruf
PULT 259, 372

**QA4** 63f., 151, 289ff., 302
Q-32 61, 178, 192, 198f., 225, 266, 273f., 278, 289, 328f., 423
Q-32-LISP 198f., 202, 227, 229, 266, 276, 289, 328f., 423
QLISP 155
Quote-Zeichen 210

R 10 264
R 40 23
**READ**-Tafel (read table) 384, 387, 413
**REDUCE** 156, 223, 253, 263, 269, 272
Reduktion 91
Reduktionsregel 93
REFAL 259
referential transparency 101
Referenzzähler 117, 174
reines LISP 189
Rekursion 154
—, primitive 79
rekursive Datenstrukturen 21, 24, 73
— Definition 21
— Funktionen 71ff., 88, 93, 99, 108, 165, 173, 177f.
— Programme 21, 23f., 160
— Programmierung 20ff.
Rekursivität 287
Repräsentation, innere 32
Resolution 287, 289
Resolutionsprinzip 40
Resolutionsverfahren 40ff.
**RLISP** 227 f., 282, 303, 305
Robotersteuerung 39, 63ff.
rückwärtsgerichtete Deduktion 286

**SADSAM** 32 f.
SAGE 192
SAIL 64
**SAM** 36
S-Ausdrücke 100, 178, 189
Schließen, natürliches 43, 47
SDS 930 205
SDS 940 205, 216f., 237
Seitenaufteilung 234
Seitenorientierung 214
Selektoren 111
Semantik 102
semantische Interpretation 31
— Netze 32
sequentielle Programmierung 149
**SHRDLU** 35
sicherer Zeiger 370, 384
Siemens 305 221, 245
Siemens 4004 221, 246, 383f.
SIEMENS-INTERLISP 254ff.
SIMULA 67 125
**SIN** 56, 60, 344, 376, 394
SIR 289
Slash-Zeichen (slashifier) 199, 209f.
SLIP 273
SNOBOL 107f., 119f., 121, 126, 273
SNOBOL 4 116
Software-Paging 205
Sonderzeichen 324
**SOUP** 64
Spaghetti-Stack 153
Sprache, natürliche 29ff.
Sprachen, erweiterbare 63
—; Überlagerung 155
**SQAP** 35
S-Sprache 61, 179
—; Übersetzungsmechanismus aus einer M-Sprache 176
STANDARD LISP 225ff., 231, 270
STANFORD LISP 1.6 213, 217f., 222ff., 227, 247, 253, 258, 287, 303, 338, 367
STANFORD LISP/360 138, 223ff., 227; 229f., 233, 239f., 243, 247, 252f., 260, 262f., 282, 303, 329
stack pointer 384, 387

statische Bindung 145
Strategien 42
Strukturgleichheit 109, 112, 114
strukturierte Programmierung 20, 104
strukturorientierter Editor 216
**STUDENT** 32 f.
Speicher, virtueller 204
Sprünge, nichtlokale 212
Substitution 79, 81, 91, 97, 145
syntaktische Erweiterung 155
Syntax 102
Syntaxanalyse 31
Syntaxtafel (syntax table) 360, 410, 413
Systeme von Basisfunktionen 104
**$**-Klammerung 324

**T** als Funktion 248
T-40 LISP 269
T 1600 240
TDC-316 268
Team 302
TENEX 214, 217, 284, 387, 413
Terminal-Tafel (terminal table) 384, 387, 413
Textverarbeitung 28
Theorembeweisen 39, 44, 50
Theorembeweiser 40, 43, 285, 298
Theorie der Berechenbarkeit 179, 187
Time-Sharing-Systeme; Geschichte 191
TLICS 269
TLISP 267
TOSBAC-40C 269
TOSBAC-3400/30 267
TOSBAC-5600 263, 267
TOSBAC LISP 1.9 269
TOPS-10 214, 332f., 337
TR 4 252f.
TR 440 252f.
TREET 273
TRAC 126
TREAC 235f.
Triade 94
TSS 230
TURING-Maschine 83, 158, 175, 177
TURING-Test 29, 33f.

Überlagerung von Sprachen 155
Übersetzungsmechanismus von einer M-Sprache in eine S-Sprache 176
UCI-LISP 218, 222f.
Umbenennung 145
Umbenennungsregel 93
UNIVAC 1100 234
UNIVAC 1108 228
UNIVAC LISP 234, 253, 303
universelle LISP-Funktion 176
UNIX 235
Unterbrechungsmechanismen 212
UT-LISP 138, 225, 227, 233, 253, 255f., 260, 263, 270, 374

Variable, freie 92
—, gebundene 92
—, globale 321, 369
VAX 11/780 215
Vereinfachung 44, 56
Verifikationsbedingungen 51, 53
virtuelle Maschine 104, 154
virtueller Speicher 204
VLISP 151, 240ff.
VM/370-CMS 257
vorwärtsgerichtete Deduktion 44, 286
VS-DLISP 1.5 269

Werteklasse 93
Wiener Definitionssprache 179
WISP 236, 256, 265
Wissensrepräsentation 32, 37
—, prozedurale 32, 123
Wissenssysteme 66ff.
Wortstruktur der IBM 704 162

ZEBRA 247
Zeichenatome 226
Zeichenketten 16, 109, 111
Zeichenkettendarstellung 120
Zeichenkettenverarbeitung 73, 107ff., 113, 115f., 119
— (in LISP 2) 274
Zeichenobjekte 324
Zeiger, sicherer 370, 384

FSC
www.fsc.org
MIX
Papier | Fördert gute Waldnutzung
FSC® C083411

Kolibri 360 GmbH
Ferdinand-Jühlke-Straße 7
99095 Erfurt, Deutschland
produktsicherheit@kolibri360.de